MIT BESTEN EMPFEHLUNGEN

D1754808

medianet
WIRTSCHAFTSZEITUNG FÜR MARKETING & SALES

4
DANKSAGUNG

DIE 17. AUSGABE DIESES BIERGUIDES IST DIE DICKSTE, DIE WIR JE HERGESTELLT HABEN – und das war ein Riesenaufwand für das Team, das diesmal noch härter gearbeitet hat als in den Jahren davor. Unser Verleger Germanos Athanasiadis hatte wieder viel Geduld. Und er hatte schließlich die Großzügigkeit, für noch mehr Information noch mehr Platz zu schaffen, wofür ich ihm herzlich danke. Die Kolleginnen und Kollegen im Verlag haben zwar unter der Fülle des Materials gestöhnt, aber schließlich ist auch heuer wieder ein Buch daraus geworden.

Das ist vor allem Marion Kaiser zu verdanken, die fleißig, genau und mit einer Nervenstärke, die mir selber oft fehlt, jene Informationen zusammengefasst hat, die das Team im Lauf des Jahres einzeln nachrecherchiert hat. Ihnen gebührt ebenso viel Dank wie der Grafikerin Alexandra Denk, die ein Auge darauf hat, dass auch die Optik stimmt. Apropos Optik: Günter Menzl hat wie in den vergangenen Jahren das Coverbild gemacht, auch das gehört gewürdigt!

Ohne die Inserenten, die Günter Konecny und ein Team von Medianet angesprochen und zur Unterstützung dieses Projekts gewonnen haben, hätte es nicht geklappt. Danke also an die stets bemühten Leute aus der Anzeigenabteilung, aber vor allem auch an jene Inserenten, die dieses Projekt bereits im 17. Jahr unterstützt haben. Danke, danke, danke!

Dank nicht zuletzt an die vielen Informanten: Freunde, Kollegen und Bierfreunde aus dem In- und Ausland haben mir Fragebögen, Anregungen und Verbesserungsvorschläge geschickt. Mit vielen meiner Helfer habe ich darüber gestritten, welche Lokale in den Guide hineingehören und welche nicht – mein liebster meinungsstarker Mittester Michael Stockinger war mir da stets ein wertvolles Korrektiv, auch wenn ich seiner Meinung nicht in jedem Punkt gefolgt bin.

Natürlich bin ich auch allen anderen dankbar, die mir beim Testen geholfen haben – und erbitte weitere Tipps, Kritik und Anregungen an: bierguide2017@gmx.at oder auf der Website www.bier-guide.net!

Conrad Seidl

Gaumenfreude

BY **CASINOS AUSTRIA**

Jetzt bestellen!

shop.casinos.at

Glück & Genuss – das Dinner & Casino-Paket: Um nur 59,– Euro genießen Sie ein Glas Frizzante und ein 4-gängiges Menü und versuchen Ihr Glück mit Begrüßungsjetons im Wert von 25,– Euro und Glücks-Jetons mit der Chance auf 7.777,– Euro. Auch als Geschenk ideal!

CASINOS AUSTRIA
Das Erlebnis.

Serviceline: +43 (0)1 534 40 50
casinos.at · facebook.com/casinosat

Verbraucherinfos auf spiele-mit-verantwortung.at und in allen Casinos

INHALT

VORWORT

8 Herausgeber Conrad Seidl über die bewegte Bierszene in Österreich.

10 Sigi Menz, Obmann des Verbandes der Brauereien Österreichs, über die Genusskultur und warum Österreich das Prädikat „Bierland" verdient.

12 **BIERHANDEL**
Eine kurze Geschichte der Biervielfalt: Vom Bierkartell über den Beginn einer Marktwirtschaft bis zum Bierhandel in der Gegenwart.

20 **REISE ZUM BIER**
Brauereien und Biermuseen als Ausflugsziel: Wo es nicht nur etwas Bieriges zu kosten, sondern auch viel zu schauen gibt. Die österreichischen Brauereien und Biermuseen im Überblick.

62 **BIER-INNOVATIONEN**
Es lebe die Freude der Brauer an Neuem: Die interessantesten Biere des vergangenen Jahres.

72 **BIERGESCHÄFTE**
Biere zum Shoppen: Die besten Biergeschäfte von Vorarlberg bis Wien und was sie zu bieten haben.

80 **BIER GUIDE EHRENTAFEL**
Einmal ausgezeichnet – noch immer top: Welche Lokale in welchem Jahr berühmt geworden sind.

DIE BESTEN DER BESTEN IN 4 KATEGORIEN

87 Bier & Käse-Lokal des Jahres
88 Mikrobrauerei des Jahres
89 Bierrestaurant des Jahres
90 Bierinitiative des Jahres

WERTUNG NACH BUNDESLÄNDERN

94 **BURGENLAND**
Die besten Bierlokale von Drassmarkt bis Weppersdorf.

108 **KÄRNTEN**
Die besten Bierlokale von Althofen bis Zell-Pfarre.

136 **NIEDERÖSTERREICH**
Die besten Bierlokale von Amstetten bis Zwettl.

194 **OBERÖSTERREICH**
Die besten Bierlokale von Afiesl bis Zipf.

158 **SALZBURG**
Die besten Bierlokale von Abtenau bis Zell am See.

292 **STEIERMARK**
Die besten Bierlokale von Admont bis Zeutschach.

326 **TIROL**
Die besten Bierlokale von Absam bis Zirl.

356 **VORARLBERG**
Die besten Bierlokale von Au bis Thüringen.

374 **WIEN**
Die besten Bierlokale von Alsergrund bis Wieden.

SERVICE

88 Zeichenerklärung
460 Index
466 Impressum

Weihenstephan

ÄLTESTE BRAUEREI DER WELT

URSPRUNG DES BIERES

8
VORWORT

VON CONRAD SEIDL

LIEBE BIERFREUNDIN, LIEBER BIERFREUND

Bei zwei Dutzend Bieren muss Schluss sein. Nein, das ist nicht die Aufforderung, 24 Krügel Bier an einem Abend hinunterzuleeren. Es ist der Umfang der Liste von Bierinnovationen des Jahres – die ich in dem Bewusstsein abgeschlossen habe, dass eigentlich noch viele weitere Biere hineingehört hätten. Wären die beiden neuen glutenfreien Biere vom Brauhaus Gusswerk respektive von der Weissen, beide in Salzburg, nicht auch erwähnenswert gewesen? Sicher. Und ebenso einige der Biere vom Alefried und von der Hengist Brauerei in der Steiermark. Axel Kiesbyes Waldbier ist auch jedes Jahr empfehlenswert – vom jüngsten Sud hat der innovationsfreudige Braumeister aus Obertrum sogar einen Fuder voll zur „wilden" Vergärung im Wald beiseite geschafft. Wird leider erst nach dem Redaktionsschluss dieses Guides auf den Markt kommen – dürfte sich aber als Bierinnovation des kommenden Jahres empfehlen.

Man sieht: Die Bierszene ist in Bewegung. Vorbei die Jahre, als dieser Guide keine zehn neuen Biere aus Österreich empfehlen konnte. Vorbei auch die Zeit, als es gerade eine Handvoll Gasthausbrauereien gegeben hat. Dabei ist diese Zeit noch gar nicht so lange her: 30 Jahre gibt es jetzt das Fischerbräu in Wien, von vielen als Geburtsstätte der neuen Brewpub-Kultur geschätzt. Und 17 Jahre gibt es Conrad Seidls Bierguide – er erschien erstmals im Jahr 2000 im bescheidenen Umfang von 196 Seiten, die Liste der Brauereien hatte auf zweien davon Platz. Bierinnovationen waren zehn gelistet, davon zwei Radler. Na ja. Aber dafür war gleich in der ersten Ausgabe das Schwechater Zwickl ganz vorne gereiht. Und die Ottakringer Brauerei machte ihre ersten Anläufe, sich dem Wiener Lagerbierstil zu nähern – damals noch in Bockbierstärke.

Conrad Seidls Bierguide versucht, die wichtigsten dieser Entwicklungen zu dokumentieren – und wird dabei unvermeidlich immer dicker. (Ich als Autor auch, aber glücklicherweise nicht im selben Ausmaß wie der Guide...) Manches ist ein Minderheitenprogramm, manche der Neuerungen waren gut, aber kurzlebig. Ebenso manche der Lokale. Und dann gibt es Klassiker, die seit der ersten Ausgabe dieses Buches an Spitzenplätzen zu finden sind: Das schon erwähnte Fischerbräu gehört ebenso dazu wie das Schweizerhaus in Wien; der Klosterhof in Linz und das Müllnerbräu in Salzburg; der Pumpe in Klagenfurt und das Sternbräu in Rankweil. Wir wollen keines dieser Lokale missen – und wollen trotzdem Lust machen darauf, neue Biere zu entdecken, neue Bierlokale zu finden. Viele Lokale haben in den vergangenen Jahren entdeckt, dass sie mit größerer Biervielfalt, mit einem breiteren Angebot und einer kompetenteren Beratung neue Kunden, interessiertere Gäste und insgesamt eine bessere Bierkultur erreichen können.

Dafür braucht es aber auch die Bereitschaft der Gäste, das Neue zu probieren.

Fragen muss man halt danach. Tun Sie das, genießen Sie! Schreiben Sie mir, wo es Ihnen geschmeckt hat – und wo Sie vielleicht enttäuscht waren! Und jetzt: Herzliches Prost!

Conrad Seidl
Bierguide2017@gmx.at

VORWORT

VORWORT

SIGI MENZ

Sigi Menz, Obmann des Verbandes der Brauereien Österreichs.

LIEBE FREUNDINNEN UND FREUNDE DES BIERIGEN GENUSSES!

Die Österreicherinnen und Österreicher lieben ihr Bier: Mit einem Gesamtausstoß von rund 9,3 Millionen Hektoliter erreichte die österreichische Brauwirtschaft 2015 ein sehr erfreuliches Ergebnis. Mit mehr als 1000 verschiedenen Bieren und mittlerweile 214 Brauereien bleiben im „Bierland Österreich" – von Vorarlberg bis zum Burgenland – keine Wünsche von Konsumentinnen und Konsumenten offen.

Das bestätigt auch eine aktuelle Meinungsumfrage, die der Nation das Prädikat „Bierland" eindeutig attestiert: Für 94 % der befragten Männer bzw. für 92 % der befragten Frauen ist Österreich ein ausgesprochenes Bierland! Ausschlaggebend dafür sind die lange Tradition der österreichischen Brauereien, die hohe Qualität der Produkte, die große Anzahl an Braustätten sowie die enorme Sorten- und Geschmacksvielfalt. Besonders bemerkenswert ist zudem der Umstand, dass sich in den vergangenen fünf Jahren im Vergleich zur letzten Befragung das Interesse an neuen Biersorten fast verdoppelt hat. Jede zweite Frau und mehr als jeder zweite Mann gaben an, gerne neue bierige Geschmäcker zu probieren. Mit einem weiterhin konstant hohen jährlichen Pro-Kopf-Verbrauch von rund 105 Liter bzw. 210 Krügerl konnte das Bierland Österreich im Europa-Ranking wieder Platz zwei behaupten. Nur die Tschechen genießen mit rund 135 Liter noch mehr.

Neben genannten Attributen darf ein wesentlicher Faktor nicht vergessen werden: das Wissen rund um Bier und Bierkultur. Denn schließlich schmeckt es einfach besser, je mehr man übers Bier weiß. Daher sind wir Brauer besonders stolz auf Österreichs dreistufiges Ausbildungssystem rund um den gepflegten Biergenuss, welches in Europa nach wie vor einzigartig und Vorbild für viele andere Nationen ist. Ein flächendeckendes Ausbildungssystem von Wien bis Vorarlberg an berufsbildenden höheren Schulen, Berufsschulen und Braustandorten zum Bier-Jungsommelier, Biersommelier und Diplom-Biersommelier garantiert Wissensvermittlung auf höchstem Niveau und trägt maßgeblich zur Verankerung der Genusskultur in unserer Gesellschaft bei.

Abschließend darf ich mich bei Ihnen, liebe Leserinnen und Leser des Bier Guides, für die Treue sehr herzlich bedanken. Bier ist und bleibt das Lieblingsgetränk der Nation, ist wichtiger Impuls für die österreichische Wirtschaft und genießt höchste Wertschätzung über die Grenzen des „Bierlandes Österreich" hinaus.

In diesem Sinne wünschen Ihnen die österreichischen Brauer viele genussvolle Stunden!

Sigi Menz

Underberg®

seit 1846

ZUM BIER

Natural Herbal Digestive

»Auch heute noch wird die Auswahl der erlesenen und aromatischen Kräuter aus 43 Ländern und deren fein abgewogene Mischung durch die Mitglieder meiner Familie persönlich vorgenommen. Das ist seit fünf Generationen einer unserer ehernen Grundsätze. Deshalb garantiere ich die immer gleichbleibende Güte und Qualität von Underberg«.

Dr. Hubertine Underberg-Ruder

www.underberg.com

12
BIERHANDEL
BIER IN ÖSTERREICH

EINE KURZE GESCHICHTE DER BIERVIELFALT

SIEBEN JAHRZEHNTE LANG HATTE DAS BIERKARTELL ÖSTERREICH IM GRIFF – wer Bier wollte, musste das Angebot einer mit sogenannten Einlagerungsrechten ausgestatteten Brauerei in Anspruch nehmen oder sich auf den weiten Weg in ein anderes Vertriebsgebiet machen. Man muss sich das vorstellen: Selbst in der Bundeshauptstadt war der Markt streng aufgeteilt, man konnte allenthalben Ottakringer, Schwechater, Liesinger und (bis 1959) Stadtbräu trinken. Nachdem der städtische Betrieb in Rannersdorf mit der Spitzenmarke „Steffl" an ein Konsortium verkauft wurde, dem auch Hubertus, Gösser und Reininghaus angehörten, gab es auch ein größeres Angebot dieser Markenbiere. Jede der insgesamt sieben Brauereien, die den begehrten Wiener Markt beliefern durften, hatte ein Flaschenbierkontingent zugeteilt: Die damals noch eigenständige Brauerei Schwechat (die seit 1960 „Steffl" braute) 50 Prozent, Ottakringer 21, Gösser 12, Brau AG (zu der die bis 1973 betriebene Brauerei Liesing gehörte) 11 und Reininghaus 4 Prozent. Alle anderen Marken blieben Raritäten, selbst in Wien.

Stiegl etwa kam lange nicht weit über Salzburg hinaus und war noch um 1990 weniger als halb so groß wie heute. Zipfer war auf den oberösterreichischen Heimatmarkt und in Tirol stark, aber in Wien eine Rarität. Die Brau AG, Vorläufer der heutigen BrauUnion, versuchte sich als nationale Marke (plus der damals als Premium positionierten Marke Kaiser) zu etablieren – kam aber damit südlich des Alpenhauptkamms nicht wirklich an; da hatten die Steirer und Kärntner Gebietsschutz.

Berühmt geworden ist die Geschichte von Neumarkt in der Steiermark: Dort ist 1965 das ausgebrochen, was die lokalen Gastwirte durchaus ernsthaft als einen „Bierkrieg" bezeichnet haben. Der Anlass war, dass die Gösser Brauerei damals ihr Vertriebsgebiet arrondiert und die Lieferungsrechte nach Neumarkt an die Reininghaus-Brauerei abgegeben hat. So war das im seit 1907 wirksamen „Schutzverband alpenländischer Brauereien" vorgesehen. Die Marktordnung der Monarchie wirkte noch bis weit in die Zweite Republik hinein, rechtlich abgesichert durch den „Kundschaftsversicherungsvertrag österreichischer Brauereien", ergänzt um vier weitere Abkommen, von denen der „Flaschenbierkontingentierungsvertrag für das Gebiet des Polizeirayons Linz" schon dem Namen nach einen Hauch k.u.k. vermittelte. Da war nach den Vorstellungen der späten Kaiserzeit ziemlich streng geregelt, welche Brauereien wohin Bier liefern durften. Wenn eine Brauerei ihr Bier in ein neues Absatzgebiet liefern wollte, musste sie das Recht dazu dem angestammten Lieferanten abkaufen – oder man kaufte den Mitbewerber mitsamt seinen Kunden einfach auf. Ganze Ortschaften wechselten auf diese Art den Besitzer – beziehungsweise den Bierlieferanten. Neumarkt war ein solcher Fall.

Auf einem 1965 in Neumarkt verbreiteten Plakat heißt es „Bierkrieg geht weiter! Seit Jahrzehnten gab es hier das begehrte Gösser Bier. Die Brauerei will uns keins mehr bringen, wir lassen uns zu keinem anderen zwingen." Die Presse hatte ihre Schlagzeilen – „Ein Ort kämpft um sein Bier". Aber die Neumarkter hatten das Nachsehen: Schließlich wurden sämtliche Wirte des Ortes nur noch mit Reininghaus Bier beliefert.

DIE FRAGE, WELCHES BIER JEMAND GERNE TRINKEN WÜRDE, hatte sich erübrigt. Klar: Von Neumarkt ist es nicht wirklich weit nach Murau – und im Vertriebsgebiet der Murauer Brauerei gab es vor 50 Jahren eben kein anderes Bier als das aus der örtlichen Brauereigenossenschaft. Wer Gösser oder Reininghaus haben wollte, musste sich in das benachbarte Vertriebsgebiet begeben. Oder in ein Getränkefachgeschäft. Aber derer hat es damals wenige gegeben. Das Bier holte

13
BIERHANDEL

14
BIERHANDEL

BIER IN ÖSTERREICH

man sich beim Wirten – der zumeist auf Gedeih und Verderb an die Brauerei gebunden war. Als Alternative gab es die lokalen Feinkostgeschäfte und Greißler – Supermärkte mit Selbstbedienung begannen erst im Lauf der 1960er-Jahre Fuß zu fassen. Die Idee von größeren Märkten mit eigenem Parkplatz setzte sich überhaupt erst im folgenden Jahrzehnt langsam durch. Aber sie machte einen bedeutsamen Unterschied zum bestehenden System: Die nach und nach motorisierte Gesellschaft stellte sich darauf ein, dass man Bier auch kistenweise kaufen kann. Das wäre bei den früher üblichen hölzernen Bierkisten noch recht wenig praktikabel gewesen.

Gleichzeitig begannen einige Brauer das bis dahin bestehende Kartellsystem zu unterlaufen: Zwei Brauereien aus dem oberösterreichischen Altheim gelangten zu nationaler Berühmtheit, denn in den Supermärkten fand man nun Biere der Brauereien Raschhofer und Wurmhöringer, die fröhlich die großen Ketten belieferten und damit in den Mittelstand der Brauwirtschaft aufrückten. Andere Brauereien fanden Geschmack an dem Modell – die steirischen Brauereien Gösser, Reininghaus und Puntigamer hatten sich zur Steirerbrau zusammengeschlossen und begannen in den 1970er-Jahren die Supermärkte in Ostösterreich zu beliefern. Egger verkaufte seine Brauerei in Kufstein an die Brau AG (die den Betrieb nicht weiterführte), errichtete aber 1978 einen neuen Betrieb in Unterradlberg bei St. Pölten und belieferte fortan ebenfalls vor allem den Handel. Es waren die Ottakringer und die Zwettler Brauerei, die das Kartell schließlich zu Fall brachten: Am 18. März 1980 kam es im Brauereiverband zu einer denkwürdigen Sitzung, bei der 19 Brauereibosse für das Ende des Kartells stimmten – 17 ihrer Kollegen, die an der alten Ordnung (die allerdings neuen, schärferen Rechtsvorschriften hätte angepasst werden müssen) festhalten wollten, blieben in der Minderheit.

UND PLÖTZLICH HERRSCHTE MARKTWIRTSCHAFT. Zur Freude der Konsumenten, denn ab 1981 konnte man Lokale finden, in denen nebeneinander verschiedene Biere unterschiedlicher Brauereien am Zapfhahn angeboten wurden. Theoretisch zumindest. Denn nicht alle Wirte haben mitgespielt, nicht alle konnten mitspielen: An die Stelle der strengen Regeln des Kartells traten nun die Bierlieferungsverträge. Das Prinzip dahinter ist einfach: Wirte verpflichten sich, eine gewisse Menge Bier exklusiv von einer Brauerei abzunehmen – und bekommen vorab einen Rabatt eingeräumt. Dieser hat eigentlich die Funktion eines Darlehens, das etwa zur technischen Ausstattung des jeweiligen Lokals genutzt werden kann. Dieses Darlehen wird dann über Jahre mit der jeweiligen Bierrechnung abgestottert. In der Praxis bedeutet das, dass viele Lokale zumindest in der Anlaufphase doch nur das Bier von einer einzigen Brauerei führen (dürfen), weil sie sich eben zu einer gewissen Exklusivität verpflichtet haben.

Bierlokale und Bierhändler ohne Brauereibindung gab es bis in die 1980er-Jahre kaum – aber sie hatten eine wichtige Funktion: Durch sie kamen Importe auf den Markt; und damit Anstoß zur Innovation. Irisches Stout, böhmisches Pils, deutsches Hefeweizen kamen über unabhängige Händler ins Land. Die Firma Kolarik & Buben (heute Kolarik & Leeb) war einer dieser Pioniere: Sie versorgte nicht nur das Schweizerhaus im Prater, sondern eine ganze Reihe weiterer Wirte – eben solche, die sich nicht an eine Brauerei gebunden hatten – mit dem beliebten Budweiser Bier aus Tschechien. Zentgraf und Formanek lieferten, wenn auch in bescheidenen Mengen, die konkurrierende Marke Pilsner Urquell für den Wiener Markt aus, ein entzückender, 1964 wohl im 8-mm-Format aufgenommener Stummfilm erinnert auf Youtube an diese frühen Versuche, Biervielfalt zu leben. Andere Händler – beispielsweise Abaco in Lienz – spezialisierten sich auf Importe aus Belgien, wieder andere verankerten australische und französische Marken auf dem heimischen Markt. Und in Rankweil setzte sich gelegentlich der Chef vom Sternbräu selbst an das Steuer seines Lkw, um ein paar Paletten britischen Biers nach Österreich zu bringen.

Schließlich auch, das darf man nicht übersehen, hat der Bierhandel dazu geführt, dass die durch den Fall des Bierkartells entstandene Freiheit auf dem österreichischen Binnenmarkt genutzt werden konnte: Was in Obertrum oder Hirt, in Murau oder Bludenz gebraut wurde, konnte man ab den 1980er-Jahren praktisch im gesamten Bundesgebiet genießen. Ein Indikator für den Wandel ist in der Werbung abzulesen: Es ist auffallend, dass es bis Mitte der 1970er-Jahre kaum Bierwerbung (mit Ausnahme heute gesuchter Emailletafeln und der billig herzustellenden Bierdeckel) gab – und dass auch die Glaskultur erst in den Kinderschuhen steckte: Augenseidel und Willibecher, allenfalls mit Brauereilogo, dominierten das Bild. Aber die ersten

BIERHANDEL
BIER IN ÖSTERREICH

Anzeichen für einen Wandel waren da: In den 1970er-Jahren kamen die ersten Exklusivgläser auf, Vorboten dessen, was die österreichischen Brauereien in den folgenden Jahren als Genusskultur etabliert haben.

DAS ANGEBOT IST AUF DIESE ART STÄNDIG GEWACHSEN, auch wenn die Vielfalt zunächst eher eine der Biermarken als eine der Bierstile war. Die Österreicher sind ja nach wie vor auf Märzenbiere eingeschworen, nur in Vorarlberg wird vielfach deren stärkere Version, das Spezialbier, bevorzugt.

Aber auch das hat sich nach und nach geändert. Die erste wesentliche Ausweitung der verfügbaren Geschmacksrichtungen kam mit dem Weizenbier. Das war zwar gefühltermaßen schon immer da – aber die Mengen waren extrem gering. Natürlich gab es in der Stadt Salzburg die Weisse, Österreichs einzige reine Weissbierbrauerei und mit dem Gründungsjahr 1901 gleichzeitig das dienstälteste Brewpub Österreichs; mehrere Dutzend sind in den vergangenen vier Jahrzehnten gefolgt. Das Bier kam in dieser ersten Gasthausbrauerei des 20. Jahrhunderts (und kommt bis heute) in Bügelverschlussflaschen zur Nachgärung und Reifung, wurde damals aber nur in dem winzigen Bräustüberl ausgeschenkt. Diese Flaschen haben Kultstatus – auch die Rieder Brauerei verwendet ähnliche. Ried war ja mit der Brauerei Träger seit den 1920er-Jahren ebenfalls Heimstatt einer Weizenbierbrauerei, die kleine Brauanlage kann man heute noch im ersten Stock des Braugasthofs bewundern. Die Produktion wurde allerdings 1981 an die weitaus größere Brauereigenossenschaft Ried übertragen, die Rieder haben das Erbe wohl gewahrt.

Den bedeutendsten Schub bekam das Weizenbier allerdings durch die Brauerei Sigl in Obertrum: Josef Sigl VI. – inzwischen ist mit Seppi Sigl bereits der achte Josef Sigl am Ruder der Brauerei – führte als erster Mittelständler ein Weißbier ein, sein Weizengold wurde

ALPENSTOFF.
DAS BIER DER BERGE

So kraftvoll, klar und doch harmonisch mild. Mit seiner elften DLG-Goldmedaille erstürmt DAS BIER DER BERGE die Gipfel des besonderen Biergeschmacks. Lassen Sie Ihren Geschmack entscheiden. Und entdecken auch Sie diesen Gipfel bayerischer Braukunst für sich.

INFO-TEL. 08651-608-626
WWW.ALPENSTOFF.DE

Ein Spitzenprodukt der privaten Alpenbrauerei Bürgerbräu Bad Reichenhall

VERTRIEBSPARTNER IN ÖSTERREICH
Petra und Franz Schachner OG
Sandstrasse 8, 4451 Garsten
www.schachnerhalle.at

16
BIERHANDEL

BIER IN ÖSTERREICH

ein großer Erfolg. Dies nicht zuletzt deshalb, weil die Steirerbrau (der Zusammenschluss von Gösser, Reininghaus und Puntigamer in den 1970er-Jahren) das spritzige Bier als Spezialität angeboten hat. Zunächst war es übrigens das filtrierte Kristallweizen (damals durfte es noch „Champagnerweizen" genannt werden), das dem Publikumsgeschmack entsprochen hat, erst später sind die hefetrüben Varianten eingeführt worden. Mit der Verbreitung des Weizengold als Handelsware hat die Steirerbrau sich als Bierhändler profiliert und den Markt wesentlich geprägt: Weizengold war eine Zeit lang quasi das Synonym für heimisches Weißbier.

WEISSBIER TRINKEN WILL GELERNT SEIN. Tatsächlich war das etwas säuerliche – hoher Kohlensäuregehalt! – und kaum bittere Bier für manch eingefleischten Märzenbiertrinker ein zu scharfer Kontrast zum Gewohnten. Mit 149.400 Hektolitern ist dieses obergärige Bier, das definitionsgemäß einen Weizen(malz)anteil von mindestens 50 Prozent der Schüttung (also des gesamten für das Bier verwendeten Getreides) haben muss, österreichweit eine Randsorte. Diese 149.400 Hektoliter stellen ja nur etwa 1,7 Prozent des Gesamtausstoßes dar. Aber im langjährigen Schnitt ist der Weizenbierabsatz in Österreich gestiegen, zum Teil auch wegen der Importe: Das eher von Gewürzaromen (Nelken!) dominierte Bier der Schneider Weisse ist ebenso gut im Markt vertreten wie das nach Bananen, Mango und Ananas duftende Paulaner und natürlich der deutlich weniger Aromen verströmende deutsche Marktführer Erdinger.

Hier kommen noch einmal die Bierlieferungsverträge ins Spiel. Sie sehen in der Regel vor, dass ein Wirt alles Bier von seinem Lieferanten beziehen muss – sofern er ein entsprechendes Bier im Angebot hat. Das betrifft eben nicht nur die Hauptsorte (in der Regel ein Märzenbier), sondern auch Biere wie Pils oder Weizenbier. Hat aber die Brauerei so etwas nicht im Angebot, dann ist es dem Wirt unbenommen, sich mit dem jeweiligen Bierstil anderwärtig einzudecken. Dies dürfte mit ein Grund dafür sein, dass sehr viele Brauereien (Stiegl, Murauer, zuletzt Baumgartner) in den vergangenen Jahren ihre eigene Weizenbierproduktion aufgezogen haben: Da ein gutes Bierlokal kaum ohne Weizenbierangebot auskommen kann, müssen die Brauereien lieferfähig sein, um bei den jeweiligen Wirten ihren Marktanteil halten zu können.

Das mag auch die Brau AG bewogen haben, im Jahr 1986 in die Produktion von Edelweiss einzusteigen: Auch das Weizenbier der Brau AG, damals in Kaltenhausen produziert, war zunächst ein filtriertes Kristallweizen – in der Zwischenzeit ist dieser Typus aber völlig vom Markt verschwunden, die trüben Weizenbiere dominieren. Die Fusion von Brau AG und Steirerbrau 1995 war dann auch die Gelegenheit, Edelweiss im gesamten zur BrauUnion verschmolzenen Konzern anzubieten. Die Marke Weizengold verschwand langsam, sie wurde von Stiegl eine Zeit lang weitergeführt, konnte aber nie mehr an die frühere Bedeutung anschließen. Dafür kann man in vielen von der BrauUnion belieferten Lokalen (neben oder statt dem Edelweiss) das von der Bayrischen Staatsbrauerei Weihenstephan gebraute Weizenbier finden. Auch hier betätigt sich also eine Großbrauerei als Bierhändler.

DIE GRÜNDE MÖGEN GESCHÄFTLICHE SEIN, für den Konsumenten aber steht natürlich der Genussaspekt im Vordergrund. Beim Weizen- oder Weißbier (die Begriffe sind Synonyma) liegt auf der Hand, dass es um geschmackliche Nuancen geht – kein anderer im deutschen Sprachraum üblicher Bierstil ist ja so vielfältig: Weizenbiere können sehr hell oder sehr dunkel sein (wobei die dunklen Malze oft einen Schokoladenton ins Bier bringen); sie können vollmundig und sogar süß sein oder aber auch ganz trocken im Nachtrunk; sie können sehr stark sein bis hin zum Weizen-Eisbock – oder auch alkoholfrei. Und sie können, wie erwähnt, ganz unterschiedliche Aromen haben. Hier kommt es auf die verwendeten Hefen an – die einen geben mehr fruchtige (meist: an Bananen, aber auch an Birnen, Pfirsich, Südfrüchte erinnernde) Aromen ins Bier, die anderen gewürzhafte wie Nelken oder Zimt.

Allein das ergibt schon eine ansehnliche Auswahl von Geschmacksrichtungen, spannend wird es aber in der Kombination mit Speisen: Wegen der geringen Hopfung sind Weizenbiere ideale Begleiter zu Fischgerichten. Einige, vor allem die kräftigeren und alkoholreicheren, passen auch zu Süßspeisen. Und bei der Käseplatte ein robustes Weizenbier ein verlässlicher Partner von intensiv gereiften Käsen mit Weißschimmel (Camembert, Brie) oder mit Rotschmier.

Es ist dieses Wissen um die kulinarischen Aspekte, das die Bierkultur in den vergangenen Jahren so befördert hat: Inzwischen gibt es hunderte Biersommeliers,

Franziskaner sagt Danke
und wünscht Ihnen weiterhin viel Freude beim Genießen!

Zeit für das Besondere.

18
BIERHANDEL

BIER IN ÖSTERREICH

die sich mit dem Beer&Food-Pairing beschäftigen. Und das widerum hat Rückkoppelungseffekte: In den Restaurants gibt es mehr fachkundiges Personal, das die Gäste auf interessante Kombinationen hinweisen kann – und das kurbelt wiederum die Nachfrage an. Klar, dass dadurch die Brauereien (in denen übrigens auch bereits mehrere hundert Biersommeliers tätig sind) gefordert sind, die Herausforderung anzunehmen. Und sie tun das auch.
Biertrends, sagt man, gehen von der Gastronomie aus. Bei den Pairings von Bier und Essen scheint es logisch zu sein, dass die Entwicklung von der Gastronomie getragen und verfeinert wird. Das stimmt teilweise und natürlich vor allem in gut geführten Brauereirestaurants wie der Eigengastronomie von Stiegl, der Schwarzalm in Zwettl oder dem Brauhof in Villach.

IN DEN VERGANGENEN JAHREN ABER HAT DER BIERHANDEL AN BEDEUTUNG GEWONNEN. Das hängt mit der Dynamik zusammen, die sich – oft neben der Gastroszene – entwickelt hat: Mit Pils, Weizen und vielleicht auch Bockbier neben dem das Angebot beherrschenden Weizenbier sind die meisten Betriebe ja ausreichend aufgestellt. Viele Gäste wollen ja auch gar nicht mehr, manche sogar weniger. Zum Beispiel noch einmal das Schweizerhaus in Wien: Dieser Biergarten hat eine der besten böhmisch-wienerischen Speisekarten; aber die meisten Gäste bestellen halt doch die legendäre Stelze. Das Schweizerhaus hat auch ein Bierangebot, das als ziemlich sensationell bezeichnet werden kann (inklusive belgischem Fruchtbier von Liefmanns und einem India Pale Ale vom Gusswerk), aber die eingefleischten Stammgäste greifen in der Regel dann doch zum Budweiser Budvar, das hier so schön gezapft wird wie nirgendwo sonst.
Wer das Besondere, das Ausgefallene sucht, geht dafür nicht unbedingt in einen Biergarten. Sondern entweder in eines der Spezialitätenlokale (die besten davon sind in diesem Guide auch mit den höchsten Auszeichnungen versehen) oder in ein Spezialitätengeschäft. Hier hat sich in den vergangenen Jahren ein ganz neuer Trend entwickelt: Gerade weil der Biermarkt 35 Jahre nach Ende des Bierkartells so viel mehr Vielfalt bietet, hat die Bedeutung der unabhängigen Einzelhändler eher noch zugenommen.
Zum Beispiel die der Firma Ammersin, die erst Sodawasserabfüller war, dann Bierimporteur und inzwischen zum Spezialisten für Craftbiere avanciert ist. Erst im März 2016 wurde ein prestigeträchtiger Importvertrag mit der Founders Brewery in Grand Rapids, Michigan, geschlossen. Erhältlich sind diese Biere im neben 800 anderen im Vorjahr eröffneten Geschäft Beerlovers in der Gumpendorfer Straße, das als besondere Einrichtung einen begehbaren Kühlschrank bietet.
Zudem hat es einen Seminarraum, in dem neuerdings ein Ausbildungsprogramm für fortgeschrittene Bierkenner läuft. Denn Biergeschäfte wie Bierlovers oder auch das Shop 013 in Kärnten können den interessierten Bierfreunden meist eine größere Auswahl bieten als die Bierlokale – hier läuft man vielleicht auch nicht so sehr Gefahr, sich zu blamieren, wenn man ein Bier oder einen Bierstil nicht kennt.
Tatsächlich werden manche Bierspezialitäten heute weniger über die Gastronomie als über die Biergeschäfte populär gemacht. India Pale Ale zum Beispiel: Man weiß ja, dass dieser extrem gehopfte, mehr oder weniger vollmundige Bierstil manchem Märzenbiertrinker einfach zu kräftig ist. Im Bierhandel kann man sich ein Fläschchen von einem solchen Bier kaufen und sich daheim dann damit auseinandersetzen, ob einem der Stil zusagt. Oder man kauft sich mehrere verschiedene Flaschen, bei denen man im privaten Kreis überprüfen kann, ob und wie sie sich mit den eigenen Geschmackspapillen vertragen.

INTERESSANT IST, WIE RASCH DER HANDEL NUN IN FAHRT GEKOMMEN IST. Inzwischen sind Bierstile wie California Common, Porter, Pale Ale und natürlich das India Pale Ale, mit dem vor 40 Jahren die amerikanische Craft Bier Revolution begonnen hat, auch im österreichischen Handel angekommen – in den Regalen von Merkur und Interspar (Interspar hat auch eine sehr gute Broschüre für die weniger versierten Bierkäufer aufgelegt) ebenso wie im Internet bei www.bierfracht.at (dessen unermüdlicher Chef Clemens Kainradl ein höchst versierter Biersommelier ist) und sogar beim Weinhändler Wein & Co.
Für den Konsumenten heißt das: Auswahl und Beratung wie noch nie. Für die Gastronomie heißt das: Herausforderung annehmen!

1516

**BREWING COMPANY
VIENNA / EARTH**
*Ales & Lagers
Filterless*

Established in 1999 in downtown Vienna, 1516 Brewing Company is famous for being as authentic as an American-style brewpub can be.

It won several awards, including „Best Brewpub in Austria" in 2001 and is constantly on the shortlist for the most innovative beers featured in every single edition of Conrad Seidl's BIERGUIDE.

Some of these beers are on tap regularly, including our version of the Hop Devil, Americas award winning Imperial India Pale Ale. In our large bar, the (non smoking) restaurant upstairs and in our spacious beer garden on the patio, you can sample an unparalleled variety of beer styles plus fine examples of American, Asian and - of course - Viennese food.

Enjoy the international atmosphere, relax, and have a beer. Cheers!

1010-Vienna – Schwarzenbergstraße 2 / Krugerstraße 18
Daily 11 am to 2 am – Phone: 01-961 15 16

20 BRAUEREIEN

BURGENLAND · KÄRNTEN

BIERE ZUM SCHAUEN UND ZUM KOSTEN

BURGENLAND

BIERARIUM, 1. BURGENLÄNDISCHES BRAUEREISOUVENIR-MUSEUM
7400 Oberwart, Keplergasse 14
0 66 4/16 20 699
info@bierarium.at
www.bierarium.at
Kleines Privatmuseum, das ausschließlich gegen telefonische Voranmeldung besucht werden kann. Gezeigt werden unter anderem 9.000 Bierdosen aus 164 Ländern und 5.000 Bieröffner.

BRAUEREI SCHARRER
7453 Steinberg-Dörfl, Obere Hauptstraße 129
0 69 9/88 45 32 31
marariel@celebro.at

KOBERSDORFER SCHLOSSBRÄU
7332 Kobersdorf, Hauptstraße 43
0 26 18/201 73
bier@kobersdorfer.at
www.kobersdorfer.at
Rund 650 Hektoliter produziert das Kobersdorfer Schlossbräu pro Jahr als Zwei-Mann-Betrieb. Die Braugerste stammt von Bio-Bauern aus der Region Mittelburgenland und wird in der Mälzerei Plohberger in Grieskirchen vermälzt, der Bio-Hopfen stammt aus dem Mühlviertel. Bier auch online erhältlich bei www.mybier.at

PANNONIA BRAUEREI GOLS GMBH
7122 Gols, Sandgrube 1a
0 21 73/27 19
office@golserbier.at
www.golserbier.at

Die 2007 errichtete Privatbrauerei mit Markus Sautner als Braumeister bietet neben traditionellen Bierstilen saisonal auch regional verwurzelte Kreationen wie Kästen-, Dinkel-, oder Marillenbier an. Ebenfalls neu ist der Ausschank von Kostproben im Rampenverkauf. Auf Bestellung gibt es auch Sonderfüllungen – beziehungsweise Individualetiketten. Besichtigung mit Verkostung immer freitags um 13.30 Uhr gegen Voranmeldung.

RABENBRÄU
7423 Neustift/Lafnitz, Nr. 64
0 33 38/23 30
schmidts-rabenbraeu@aon.at
www.rabenbraeu.com
Gasthausbrauerei mit angeschlossener Brennerei „Old Raven". Siehe auch unter Lokale Burgenland – Neustift.

KÄRNTEN

BRAUEREI HIRT GMBH
9322 Micheldorf, Hirt 9
0 42 68/20 50-28
office@hirterbier.at; wolfgang.wieser@hirterbier.at
www.hirterbier.at
Brauereiführungen ganzjährig Montag bis Sonntag nach Vereinbarung – ab 9,60 Euro pro Person inkl. Verkostung im Hirter Braukeller und einem Gutschein zum Einkauf in der Hirter Bierathek. Reservierungen: Tel. 0 42 68/20 50 oder Mail: führungen@hirterbier.at
In der BeerCademy haben Bier-Fans die Möglichkeit, weiter in die vielfältige Bierwelt einzutauchen. Beim Hirter Brautag wird die Möglichkeit geboten, mit dem Hirter Braumeister Bier zu brauen. Das Ausbildungsangebot zum Biersommelier macht aus jedem Bier-Liebhaber einen echten Profi. Infos: www.beercademy.eu

21
BRAUEREIEN

BRAUEREIEN
KÄRNTEN

BRAUHAUS BREZNIK
9150 Bleiburg, 10. Oktober Platz 9
0 42 35/20 26
brauhaus@breznik.at
www.brauhaus.breznik.at
Stefan Breznik führt mit dieser 2007 eingerichteten Gasthausbrauerei die Tradition einer lokalen Steinbier-Brauerei und der viel größeren Stich-Brauerei in Bleiburg-Sorgendorf weiter, die 1991 von der Steirerbrau geschlossen wurde. Siehe auch unter Lokale Kärnten – Bleiburg.

GELTER BRÄU
9300 Sankt Veit an der Glan, Goggerwenig 8
0 42 12/368 78
office@wirtshaus-gelter.at
2015 eingerichtete Kleinbrauerei im 500 Jahre alten Guts- (und deutlich neueren) Gasthaus der Familie Gelter. Auf der Labu-Brauanlage wird hauptsächlich das Märzenbier Simale gebraut. Zum Wirtshaus mehr unter Lokale Kärnten – Sankt Veit an der Glan.

JAUNTALER BAUERNBIER
9132 Gallizien, Pirk 1
0 42 21/20 31 oder 0 65 0/507 88 09
info@jauntaler-bauernbier.at, www.jauntaler-bauernbier.at
Lotte Sorgers Bauernhofbrauerei zwischen Völkermarkt und St. Margarethen im Rosental am Fuße des Hochobirs. Das Bier kann vor Ort im ehemaligen Kuhstall verkostet werden.

MALLE BIERMANUFAKTUR
9500 Villach-Oberwollanig, Hochpirkachweg 3
0 66 0/762 40 40
braumeister@mallebier.at
www.mallebier.at
Rudolf Malles Nanobrauerei – die Manufaktur positioniert sich als „kleinste Brauerei Österreichs" – mit einer Grundfläche von nur 8,3 Quadratmetern. Wer Bier kaufen will, kann das Montag bis Freitag von 9.00 bis 12.00 und 14.00 bis 17.00 Uhr tun, aber nur nach vorheriger Anmeldung. Und ebenfalls nach vorheriger Anmeldung gibt es eineinhalbtägige Brauseminare für angehende Hobbybrauer.

MÜHLENBRÄU OSCHENITZEN
9100 Völkermarkt, Oschenitzen 10
0 42 25/25 93
Franz Posod hat 2015 die von ihm gepachtete alte Mühle in Oschenitzen bei Völkermarkt reaktiviert – sie liefert nun den Strom, mit dem er sein Bier braut.

PRIVATBRAUEREI LONCIUM
9640 Kötschach-Mauthen, Nr. 60
0 69 9/512 13 68 94
bier@loncium.at
www.loncium.at
Die Privatbrauerei Loncium wurde 2008 von Alois Planner und Klaus Feistritzer gegründet, ein Neubau des Sudhauses erfolgte im Spätsommer 2013. Der Brauerei angeschlossen befindet sich ein sehr schöner Verkostungsraum, in dem hausgebrautes Bier zelebriert werden kann – nach vorheriger Terminvereinbarung. Bestellungen des Bieres unter www.mybier.at.

SCHLEPPE BRAUEREI
9020 Klagenfurt, Schleppe-Platz 1
0 46 3/427 00
schleppebrauerei@schleppe.at
www.schleppe.at
Seit 1607 wird in der Schleppe Brauerei in Klagenfurt das Brauhandwerk gepflegt. Seit 2014 gibt es mit dem Schleppe No 1 auch ein Pale Ale – ein kraftvoller und international viel beachteter Einstieg in die Craft Bier Szene – jüngst bereits ausgezeichnet als bestes Pale Ale Europas. Führungen Schleppe Brau- und Brennwelt: Mo bis Fr um 10.30 Uhr oder für Gruppen ab 20 Personen ganzjährig nach Vereinbarung.

BRAUEREIEN

KÄRNTEN · NIEDERÖSTERREICH

SHILLING BREWERY
9545 Untertweng bei Radenthein, Gartenraststraße 9
0 42 46/20 17
uli@shilling.at
www.shilling.at
Der Name „Shilling" dieser 2014 gegründeten Brauerei bezieht sich auf die (inzwischen abgekommene) schottische Kategorisierung der Biere, für die je nach Alkoholgehalt ein gewisser Preis gezahlt werden musste.

STAMPERL AM KATSCHBERG
9863 Rennweg, Katschberghöhe 19
0 47 34/612
info@stamperl-katschberg.at, www.stamperl-katschberg.at
Im Dezember 2015 hat die Hinteregger-Hotelgruppe in ihrer Pizzeria auf dem Katschberg auf 1670 m Seehöhe eine moderne 10-Hektoliter-Brauanlage installiert – sie ist die höchst gelegene Brauerei Österreichs. Mehr zum angeschlossenen Bierlokal unter Lokale Kärnten.

TURMBRÄU MELCHER
9500 Villach-Maria Gail, Anton-Tuder-Straße 2
0 42 42/378 75
info@gaestehaus-melcher.at
www.gaestehaus-melcher.at
Villachs erste Hausbrauerei braut seit 2008 naturtrübes und dunkles Zwickl auf einer 8 hl-Sudanlage. Das Bockbier gewann 2009 den zweiten Platz bei der Staatsmeisterschaft der Haus- und Kleinbrauer.

VEREINIGTE KÄRNTNER BRAUEREIEN – VILLACHER BRAUEREI
9500 Villach, Brauhausgasse 6
0 42 42/277 77
brauerei@villacher.com
www.villacher.com
Die 1858 gegründete Villacher Brauerei ist mit einem Jahresausstoß von 280.000 Hektolitern Bier Marktführer in Kärnten – elf Prozent der Produktion gehen in den Export. Angeschlossen ist das Kunsthaus mit dem Musikkeller im Sudhaus. Hier finden auch Biersommelier-Schulungen statt. Führungen durch die Villacher Brauerei sind in Gruppen ab 25 Personen nach Vereinbarung möglich.

WIMITZBRÄU
9311 Kraig, Wimitz 7
0 42 12/309 30
brauerei@wimitzbraeu.com
www.wimitzbraeu.com
2011 gegründete Kleinbrauerei, die Märzen- und Weizenbier braut und in Flaschen und im Fass anbietet.

NIEDERÖSTERREICH

ALLANDER STIERKOGL BRÄU
2534 Alland, Wagenhofstraße 538
0 22 58/68 91
allander-stierkoglbraeu@tele2.at
Ulrike und Christian Kurz haben ihr Hobby Homebrewing zum Nebenberuf gemacht und brauen seit 2008 gewerblich. Für Sammler gibt es Gläser und Bierdeckel.

BAHNHOFSBRÄU
3200 Obergrafendorf, Bahnhofsplatz 1
0 27 47/32 50
bahnhofsbrau@styx.at, www.bahnhofsbräu.com
Wolfgang Stix, der in Obergrafendorf die World of Styx mit Schokolademanufaktur und Naturkosmetik etabliert hat, ist im Herbst 2014 unter die Brauer gegangen und hat im ehemaligen Bahnhof eine Kleinbrauerei eröffnet. Zum Brauereiausschank mehr unter Niederösterreich – Obergrafendorf.

BIERWERKSTATT WEITRA
3970 Weitra, Sparkasseplatz 160
0 28 56/23 87
info@bierwerkstatt.at
www.bierwerkstatt.at
Weitra hat das älteste städtische Braurecht (von 1321), und diese Tradition wird von der Bierwerkstatt Weitra im Verbund mit der Privatbrauerei Zwettl gepflegt. Schönes kupfernes Sudhaus aus den 1960er-Jahren, offene Gärkeller. Jährlich Mitte Juli wird in der Braustadt Weitra der traditionelle Bierkirtag gefeiert.

BRAUEREI HAINFELD
3170 Hainfeld, Wienerstraße 10
0 27 64/23 50
office@brauerei-hainfeld.at
www.brauerei-hainfeld.at

24
BRAUEREIEN

NIEDERÖSTERREICH

1757 gegründete Mittelstandsbrauerei, in Hainfeld ist nun Peter Riedmüller in sechster Generation Braumeister – und auf Anfrage zeigt er den Betrieb gerne her. Besuchergruppen von acht bis 25 Personen sind nach Terminvereinbarung willkommen.

BRAUEREI SCHREMS
3943 Schrems, Niederschremser Straße 1
0 28 53/772 75
office@schremser.at
www.schremser.at
Die Familie Trojan braut in Schrems seit 1838. Der experimentierfreudige Brauereichef braut auch verschiedene Spezialitäten für andere Unternehmen – und exportiert sein Bier sehr erfolgreich nach England. Führungen durch diese familiär geführte Brauerei gibt es für Gruppen von 5 bis 50 Personen nach telefonischer Voranmeldung. Der Spaß kostet an Wochentagen 5,00 € und 6,00 € am Wochenende.

BRAUEREI SCHWECHAT
2320 Schwechat, Mautner-Markhof-Straße 11
01/701 40-42 90
service@schwechater.at
www.schwechater.at, www.facebook.at/BrauhausSchwechat
Die im 19. Jahrhundert von Anton Dreher zu internationaler Berühmtheit geführte Brauerei ist die Geburtsstätte des Lagerbiers Wiener Art. Brauereiführungen für Gruppen ab 10 Personen: ganzjährig Mo, Di, Do und Freitag von 10.00 bis 18.00 Uhr. Kosten pro Person ab 10,00 € für die Führung und anschließender Bierverkostung inkl. einer Bierbrezn.

BRAUEREI WIESELBURG
3250 Wieselburg, Dr.-Beurle-Straße 1
0 74 16/501 0
office.wg@brauunion.com
www.wieselburger.at
1770 gegründete Brauerei, heute Heimstätte des Kaiser Biers, der traditionsreichen Wieselburger-Marke sowie Braustätte des Heineken für den österreichischen Markt. Neben der ständigen Entwicklung neuer Biersorten wie beispielsweise dem seit Kurzem erhältlichen Wieselburger Schwarzbier wird auch die Produktion stets weiterentwickelt.
Die Brauerei und das kleine, mit vielen Exponaten ausgestattete Museum können nach Anmeldung bei Frau Martina Scheibel unter m.scheibel@brauunion.com oder telefonisch unter 0 66 4/838 17 18 (7.00 bis 15.00 Uhr) besichtigt werden. Weitere Infos auf www.wieselburger.at

BRAUEREIMUSEUM WEITRA
3970 Weitra, Schloss Weitra
0 28 56/33 11
info@schloss-weitra.at
www.schloss-weitra.at
Das Braumuseum im Keller des Schlosses Weitra bietet mit zahlreichen historischen Gegenständen einen Überblick über die Entwicklung des Brauwesens in Weitra seit 1321 und über Brauereien, die mit den Fürstenbergern verbunden waren. Öffnungszeiten für Schloss-Besucher: Mai bis Oktober Mi–Mo von 10.00 bis 17.30 Uhr, Gruppenführungen ganzjährig nach Voranmeldung. Eintritt: Erwachsene 8,50 €; Senioren, Studenten, Präsenzdiener 7,00 €.

BRAUGASTHOF DIEWALD
2640 Gloggnitz, Raach am Hochgebirge 38
0 26 62/439 05
gasthof@gasthof-diewald.at
www.gasthof-diewald.at
Seit 1998 werden beim Diewald im Braukeller Spezialitäten aus Braugerste, Hopfen, Wasser, Hefe, Hanf, Kräutern und Gewürzpflanzen hergestellt. Besichtigungen sind möglich. Siehe auch unter Lokale Niederösterreich – Raach.

BRAUGASTHOF ZUM FIAKERWIRT
3550 Langenlois, Holzplatz 7
0 27 34/21 50
office@fiakerwirt.at
www.fiakerwirt.at
Seit Juni 2008 wird im Stadtzentrum von Langenlois das Fiakerbräu gebraut – Siehe auch unter Lokale Niederösterreich – Langenlois.

BRAUHOTEL WEITRA
3970 WEITRA, RATHAUSPLATZ 6
0 28 56/29 36-0
info@brauhotel.at
www.brauhotel.at
Das Brauhotel Weitra, ein ehemaliges Hofbräuhaus, befindet

SAPHIR
PREMIUM PILS

Gutes Gelungen

Nur die besten Zutaten, wenn's wirklich gut werden soll – das gilt fürs Backen wie fürs Brauen.
Bäckermeister Erich Kasses

SAPHIR - Premium Pils von Zwettler.
www.zwettler.at/saphir

Zwettler

BRAUEREIEN

NIEDERÖSTERREICH

sich direkt am Stadtplatz der alten Braustadt Weitra, die ihr Braurecht im Jahre 1321 erhalten hat. Wer zum echten Bierspezialisten werden möchte, kann ein 1- oder 3-tägiges-Bierseminar besuchen. Siehe auch unter Lokale Niederösterreich.

BRAUWERKSTATT THOMAS FRITSCHE
2486 Siegersdorf, Pottendorfer Straße 106
0 68 0/204 28 99
brauwerkstatt@siegersdorfer.at
www.siegersdorfer.at
Thomas Fritsche braut in seiner Brauwerkstatt kleine Chargen, die in Flasche und Fass vermarktet werden. Auf Anfrage gibt es auch einen Ausschank.

BRUCKNERS BIERWELT – ERZBRÄU
3292 Gaming, Grubberg 4a
0 74 85/985 99
office@bruckners-bierwelt.at
www.erzbräu.at
Dipl. Biersommelier Peter Bruckner hat seine Brauerei im Frühjahr 2012 eröffnet. Der Standort am Grubberg ist Produktionsstätte, Platz für Veranstaltungen und natürlich Biererlebnis. Er braut auf einer 10 Hektoliter Sudanlage das Erzbräu – und zwar mit erneuerbarer Energie, der Dampferzeuger funktioniert mit Biomasse, der Strom kommt aus Fotovoltaik. Gebraut werden Bergquell, Schwarzer Graf, Schwarzer Peter, Dinkel Weisse sowie einige Ales (India Pale Ale, Imperial Ale). Auch ein Single Malt Whisky wird auf einer Brennanlage hergestellt.

Peter Bruckner veranstaltet öffentliche Brautage zu gewissen Terminen, mit geführter internationaler Bierverkostung und Theorie „Wissenswertes rund ums Bier". Es werden belgische Biere, Porters, Stouts, Samichlaus, Trappistenbiere usf. bei den Verkostungen den Gästen nähergebracht.
Führungen: Mittwoch bis Sonntag jeweils um 11.00 und 15.00 Uhr. Dauer ca. 1 Stunde. Direktverkauf von Erzbräu und regionalen Produkten, viele Geschenkideen. Öffnungszeiten: Di–So 10.00 bis 18.00 Uhr, geschlossene Feiertage: 25./26. Dezember. Mikrobrauerei des Jahres Seite 88.

DANGL HAUSBRAUEREI
3763 Japons, Zettenreith 7
0 29 14/702 06 oder 0 664/730 59
danglbier@gmx.at
www.danglbier.at
Zettenreith ist eine winzige Ortschaft im Bezirk Horn – und dort braut Günther Dangl sein Waldviertler Hausbier – und zwar zwei Sorten: Das Märzen und Das Helle. Die Biere sind in 0,33 l und 0,5 l Flaschen sowie in 5 l Bierdosen und im Fass erhältlich. Partyfässer werden ausschließlich nach telefonischer Vereinbarung abgefüllt. Derzeit erfolgt der Verkauf ab Hof nach telefonischer Voranmeldung.

DUNKELSTEINER BRÄU
3121 Karlstetten, Schaubing 2
0 27 82/869 61
kuerbishof.diesmayr@turbo.at
www.schaubing.at
Kleine Brauerei auf einem Bauernhof nahe St. Pölten mit unregelmäßigen Öffnungszeiten wie ein Heuriger. Nähere Informationen unter Lokale Niederösterreich – Karlstetten.

EMMERBERG-BRÄU – ERSTE ÖSTERREICHISCHE ÖKOBRAUEREI
2722 Winzendorf, Hauptstraße 137
0 26 38/229 93
emmerberg-brauerei@gmx.at
Kleine Brauerei von Walter Sparber, der sich seit seinen ersten Versuchen 1986 vom Hobbybrauer zum ersten Bio-Brauer Österreichs gemausert hat.

ERLAUFTALER BRÄU
3250 Wieselburg, Teichweg 6
0 66 4/413 62 60
fred.hoelzl@aon.at
Manfred Hölzl betreibt seine kleine, selbst designte und pro-

Der Schärdinger Quargel!

Mit nur 0,3% Fett ist Quargel ein fast fettfreies Produkt, mit seinem würzigen Geschmack passt er bestens zur Jause und harmoniert optimal mit Bier.

Genuss-Tipp:

für die Bierjause
Schärdinger Zwiebelquargel

Den Quargel einfach mit Kürbiskernöl und Apfelessig marinieren, salzen und pfeffern. Nach Geschmack mit Zwiebelringen und Paprikastücken verfeinern und auf Blattsalat anrichten.

Mit Schärdinger schmeckt das Leben.

Euer Schärdinand

BRAUEREIEN
NIEDERÖSTERREICH

fessionell aufgebaute Brauerei seit 2006 nur einen Kilometer von der Großbrauerei der BrauUnion in Wieselburg entfernt. Das Bier gibt es nur vom Fass.

GABLITZER PRIVATBRAUEREI
3003 Gablitz, Hauptstraße 14
0 66 4/852 03 52
markus.fuehrer@gablitzer.at, www.gablitzer.at
Markus Führer hat mit seiner 2009 gegründeten Kleinbrauerei 2016 die Marke des Hütteldorfer Bieres neu belebt. Das „Hütteldorfer Bräu" gibt es aber auch in der 0,33 l-Flasche im Retrodesign.

GEROLDINGER BRAUHAUS
3392 Gerolding, Graf Geroldstraße 43
0 664/340 85 92
bier@geroldinger-brauhaus.at
www.geroldinger-brauhaus.at
Bei der Brauerei (deren Sudwerk putzigerweise nach der Lokomotive aus der Serie Jim Knopf „Emma" genannt wird) gibt es auch einen Hofladen, wo man Dienstag und Freitag von 14.00 bis 19.00 Uhr Bier sowie Whisky, Edelbrände, Liköre und Honig aus der Region kaufen kann.

HAGENTHALER BIER - BRAUHAUS MARCHART
3423 St. Andrä-Wördern, Greifensteinerstraße 92
0 67 6/911 25 12, 0 22 42/331 56
brauhaus.marchart@a1.net
www.hagenthaler-bier.at, www.brauhaus-marchart.at
Die Gasthausbrauerei wurde 2014 als Familienbetrieb neu gegründet. Siehe auch unter Lokale Niederösterreich – Brauhaus Marchart.

HASEL-BRÄU – WIRTSHAUSBRAUEREI HASELBÖCK
3662 Münichreith am Ostrong, Hausbrauerstraße 3
0 74 13/61 19
bier@wirtshausbrauerei.at
www.wirtshausbrauerei.at
Landgasthaus aus dem frühen 19. Jahrhundert, in dem Paul Haselböck 1999 eine 3 hl-Brauerei eingebaut hat: Hopfen aus Neufelden, Malz aus Bamberg. Auch online erhältlich unter myproduct.at. Siehe auch unter Lokale Niederösterreich – Münichreith.

HASSBACHER BRAUECK
2831 Haßbach, Berggasse 6
0 26 29/73 26, 0 66 4/451 5416
braueck@a1.net
www.braueck.at
Martin Gruber hat sich 1999 eine kleine, gewerblich betriebene Brauerei in seinem Privathaus eingerichtet. Er braut – wie schon vorher als Hobbybrauer – neben seiner Hausmarke „Grader Michl" immer wieder saisonale Spezialitäten.

HOLZB(R)AUER HANDWERKSBRAUEREI
2831 Warth, Wiesengasse 9
0 650/870 34 22, 0 26 29/32 80
gh@holzbrauer.at
www.holzbrauer.at
Gebraut wird hier schon seit 1996, 2011 wurde dann das Gewerbe angemeldet. Bei der Anlage handelt es sich um eine 150-Liter Sudpfanne, in der alle Biere im Infusionsverfahren hergestellt werden. Das Lagerbier wird auch im Heurigenlokal Böhm in 2801 Katzelsdorf, Hauptstraße 86 ausgeschenkt.

HOPFENARTISTEN - BEERSTARTER GMBH
2340 Maria Enzersdorf, Grenzgasse 111, Halle 7.1
0 69 9/11 80 91 24
bierzauberei@bierzauberer.info, r.mraz@beerstarter.at
www.bierzauberer.info
Günther Thömmes ist Bierfreunden als Autor mehrerer historischer Bierromane geläufig – in deren Mittelpunkt steht der Bierzauberer. Seine Brauanlage in Brunn ist inzwischen verkauft (sie hat im Wiener Xaver-Bräu eine neue Verwendung gefunden), nach Jahren als Wanderbrauer hat Thömmes im Frühjahr 2016 in einer alten, denkmalgeschützten Ziegelhalle auf dem Gelände des Missionshauses St. Gabriel das Projekt „Die Hopfenartisten" gestartet. Das Konzept „Beerstarter" betreibt der Bierzauberer gemeinsam mit dem Wiener Rainer Mraz, der schon als Student an der Boku Hobbybrau-Erfahrung gesammelt hat und dann bei der BrauUnion gearbeitet hat. „Beerstarter.at" sieht sich als das erste wirklich professionelle Brew-on-Demand-Angebot im deutschsprachigen Raum. Sowohl Gastronomen als auch Privatpersonen, Firmen, Wanderbrauer und Hobbybrauer können hier Kleinstmengen ab 75 Flaschen professionell brauen, abfüllen und etikettieren (lassen). Bei den Hopfenartisten laufen drei kleine Brauanlagen parallel – so kann bei gleicher Rezeptur ein größerer Ausstoß produziert werden; oder eben drei verschiedene Sude.

Schwechater
ORIGINAL Wiener Lager

SCHWECHATER · 175 JAHRE · PIONIER DER BRAUKUNST

ANTON DREHER
ERFINDER
DES LAGERBIERES
1841

Das Jubiläumsbier vom Braupionier

1841 braute Anton Dreher das erste untergärige Lagerbier der Geschichte und machte Schwechater zwei Jahrzehnte später zur größten Brauerei des Kontinents.

Seither verbindet man mit Schwechater Bier überall auf der Welt höchsten Biergenuss von besonderer Frische.

Die Schwechater Jubiläumsedition erinnert an die Pionierleistungen des Anton Dreher vor 175 Jahren. Hier lebt weltberühmtes Brauhandwerk in einer Bierspezialität fort, die Genießer von heute begeistern wird.

Das Original Wiener Lager ist bernsteinfarben und überzeugt mit einer dezenten Bittere, die durch karamellartige, malzige Aromen unterstützt wird, ohne süß zu wirken.

30
BRAUEREIEN
NIEDERÖSTERREICH

Die Biere sind u.a. online erhältlich bei www.beerlovers.at
Weitere Bezugsquellen auf www.bierzauberer.info

HUBERTUSBRÄU
2136 Laa a.d.Thaya, Hubertusgasse 1
0 25 22/22 46
office@hubertus.at
www.hubertus.at
Das Braurecht von Laa reicht bis ins Jahr 1454 zurück – das sieht man der modernen und sehr innovationsfreudigen Hubertus-Brauerei aber nicht an. An Donnerstagen sind (nach Voranmeldung) Gruppenführungen möglich. Neu: das Glas „Trinkhorn mit Flügelhelm", das eine Produktergänzung zum Hubertus Keltenbier ist.

KARTAUSE GAMING
3292 Gaming, Kartause 1
0 74 85/984 66
office@kartause-gaming.at
www.kartause-gaming.at
Die 250 Liter Dreher Brauanlage besteht seit 2008 und setzt sich aus einem Schaubraukessel sowie 2 Gärwannen und 8 Tanks zusammen. Siehe auch unter Lokale Niederösterreich – Gaming.

KASTNER BIER
3072 Kasten, Steinabruck 35
0 66 0/700 40 16
ju.kuebel@kastnerbier.at
www.kastnerbier.at

KIRCHBERGER BIER
3932 Kirchberg, Marktplatz 12
0 66 4/920 00 00
info@carrousel.at www.kirchberger-bier.at
Das ehemalige Brauhaus in Kirchberg am Marktplatz 11 wurde im Jahre 1884 geschlossen. Im Juli 2015 setzte Herbert Steinmetz diese Tradition wieder fort mit dem Kirchberger Bier. Erhältlich im Carrousel in Kirchberg.

KURV'N BRÄU
2134 Enzersdorf bei Staatz, Enzersdorf 96
0 25 24/21 36
kurvnbraeu@a1.net
www.kurvnbraeu.at
Die Brauerei mit angeschlossenem Bierheurigen wurde im Jahr 2014 von Roland Nestler zwei Kilometer ausserhalb von Staatz direkt gegenüber der Bahnstation eingerichtet. Angeboten werden drei Hauptsorten sowie ein wechselndes Saisonbier (Pale Ale, Honig, Altbier, Bock ...)
Öffnungszeiten: Oktober – April: Do, Fr ab 16.00 Uhr, So 9.00 bis 12.00 Uhr; Mai – September: Do, Fr, Sa ab 16.00 Uhr, So 9.00 bis 12.00 Uhr.

LEBE & GENIESSE HAUS-/KLEINBRAUEREI
3442 Langenrohr, Josef Reither Straße 18
0 65 0/979 61 97
office@lebe-geniesse.com
www.lebe-geniesse.com
Kombination aus Destillerie und Brauerei. Seit 2008 werden verschiedene Verkostungsmöglichkeiten der Produkte sowie Brau- und Destillationskurse angeboten – längere Voranmeldung notwendig.

LINKO BRÄU – GASTHOF LINKO
3160 Traisen, Gartengasse 9
0 27 62/628 02
gasthof@linko.at
www.linko.at
Gasthausbrauerei, Siehe Lokale Niederösterreich – Traisen.

MARCHFELDER STORCHENBRÄU
2284 Untersiebenbrunn, Erste Straße 7
0 22 86/274 22
office@storchenbraeu.at
www.storchenbraeu.at
Die offizielle Eröffnung der Brauerei, deren Herzstück in 5 hl Labu Sudhaus ist, erfolgte im Mai 2004. Während der Shop-Öffnungszeiten Di und Fr von 13.00 bis 19.00 Uhr und Sa von 9.00 bis 14.00 Uhr können alle Produkte nicht nur erworben, sondern selbstverständlich auch verkostet werden. Erhältlich sind die Biere auch in Wien im Känguruh, beim Reznicek, beim Bamkraxler und im Waxriegelhaus (Waxriegelbier, gebraut vom Storchenbräu).

BRAUKUNST
SEIT 1842.

Wir laden alle Bier-Liebhaber ein, mit uns Pilsen zu entdecken. Hier brauen wir seit 1842 das erste goldene Pilsner der Welt – aus 100% heimischen Zutaten, im traditionellen Dreimaischverfahren über offener Flamme und mit der ganzen Erfahrung aus über 170 Jahren Braukunst.

Wenn man genauer darüber nachdenkt, ist es schon ein Wunder, dass das erste Pilsner der Welt immer noch in seiner ursprünglichen Form existiert. Das macht es so besonders und so einzigartig…

Wir sind ein Original: Unverändert gut. Seit 1842.

Pilsner Urquell®

www.pilsner-urquell.at

DON'T DRINK AND DRIVE

32
BRAUEREIEN
NIEDERÖSTERREICH

MUSEUM HISTORISCHER BIERKRÜGE
3170 Hainfeld, Wiener Straße 16
0 67 6/842 246-272
sammlung@bierkrugmuseum.at
www.bierkrugmuseum.at
In der Nähe der Brauerei Hainfeld hat der kürzlich verstorbene Sammler Johann Hasenauer dieses kulturgeschichtlich orientierte Museum eingerichtet. Rund 300 Krüge aus der Zeit von 1750–1950 können im Museum Historischer Bierkrüge besichtigt werden. Freitag, Samstag und Sonntag 15.00 bis 19.00 Uhr geöffnet. Eintritt Erwachsene: 5,00 €, Ermäßigte: 3,00 €, Gruppen ab 10 Personen: 3,00 € pro Person. Führungsgebühr 15,00 €.

PETRI-BRÄU
3161 St. Veit/Gölsen, Brillergraben 8
0 68 0/207 73 80
d.sigl@bierfisch.at
www.bierfisch.at
Das Petribräu ist eine in den Gasthof „Bierfisch" integrierte Hausbrauerei. Siehe auch Lokale Niederösterreich – St. Veit.

PFARRHOFBRAUEREI SCHÖNBACH
3633 Schönbach, Nr. 1
0 66 4/656 37 12
schoenbacherpils@aon.at
www.schoenbacherpils.at
Seit 2006 betreibt die Familie Pichler in einem im stilvoll adaptierten Kellergewölbe des ehemaligen Klosters ihr „Braugewölbe".

PRIVATBRAUEREI FRITZ EGGER GMBH & CO
3105 Unterradlberg, Tiroler Straße 18
0 27 42/392
wolfgang.reither@egger-bier.at
www.egger-bier.at
Diese moderne Brauerei nördlich von St. Pölten ist erst 1978 an diesem Standort errichtet worden – ihre Wurzeln reichen aber ins Jahr 1675 zurück: Damals wurde die spätere Egger-Brauerei in Kufstein gegründet. Egger hat sich einen Namen dafür gemacht, Bier nach dem bayerischen Reinheitsgebot zu brauen und zu einem fairen Preis zu vermarkten.

PRIVATBRAUEREI GERALD SCHWARZ – SCHWARZBRÄU
2851 Krumbach, Bundesstraße 19
0 664/88 55 09 74
bier@schwarzbraeu.at
www.schwarzbraeu.at
Seit 2010 braut Dipl. Biersommelier Gerald Schwarz auf einem 3-Hektoliter Sudwerk Bierspezialitäten für Liebhaber. Die Brauerei ist für den Gassenverkauf und Besichtigung jeden Samstag von 10.00 bis 12.00 Uhr geöffnet (ausgenommen Feiertage) und nach Vereinbarung. Fassbier wird im Krumbacherhof nebenan ausgeschenkt. Details zum Brauereiausschank unter Niederösterreich – Krumbach.
Auch online erhältlich bei www.mybier.at

PRIVATBRAUEREI ZWETTL KARL SCHWARZ GMBH
3910 Zwettl, Syrnauerstraße 22–25
0 28 22/500-10
brauerlebnis@zwettler.at, willkommen@schwarzalm.at
www.zwettler.at, www.schwarzalm.at
Die 1708 gegründete Zwettler Brauerei ist eine mittelständische Spezialitätenbrauerei und widmet sich seit einigen Jahren auch engagiert dem Thema Kreativbiere. Zwettler lancierte allein 2015 fünf bierige Innovationen – einige davon streng limitiert. Nach dem alkoholfreien „Zwettler Luftikus" – welches sich bereits im ersten Jahr einen Fixplatz in den Supermarkt-Regalen gesichert hat – kamen die Craft-Biere „Zwettler singlemalt oaked", das holzfassgereifte Spezial-Starkbier „Zwettler AbraKaDabra" und das India Pale Ale „Zwettler Sanjana" neu dazu. Mit Spezialbieren wie dem Saphir Premium Pils wird das klassische Sortiment laufend ergänzt. Der Jahresausstoß der Privatbrauerei Zwettl liegt aktuell bei etwa 148.500 Hektolitern.
Das Zwettler Brauerlebnis ist Montag bis Freitag 8.00 – 17.00 Uhr geöffnet, samstags 9.00 – 14.00 Uhr. Führungen finden, nach rechtzeitiger Voranmeldung, unter der Woche von 8.00 – 15.00 Uhr statt, samstags um 9.00 und 11.00 Uhr. Im Juni, Juli und August findet mittwochs ein Fixtermin um 13.30 Uhr statt.

RAX BRÄU
2650 Payerbach, Hauptstraße 40
0 67 6/640 96 28
rax-braeu@gmx.at
Gasthausbrauerei, Details: Lokale Niederösterreich – Payerbach.

Ihre Ruhe- & Genussoase im Waldviertel

www.schwarzalm.at

Die ruhige Lage auf der großen Waldlichtung und die Waldviertler Gastlichkeit mit ihren kulinarischen Spezialitäten machen die Schwarz Alm zu einem unvergesslichen Erlebnis.
40 Zimmer, AlmSPA, Restaurant mit Zwicklstube, Kaminzimmer und Terrasse, Bierbrunnen, Bierkulinarien, Biererlebnisweg, Bierseminare, Biermassage uvm. bieten den idealen Rahmen für einen angenehmen Aufenthalt.

Schwarz Alm

IPP HOTELS
HOTEL · RESTAURANT · SPA

WALDVIERTEL - ZWETTL

Schwarz Alm Zwettl****, Almweg 1, 3910 Zwettl, T +43(0)2822 / 531 73

34
BRAUEREIEN

NIEDERÖSTERREICH · OBERÖSTERREICH

SCHRAMMELS BRÄU
2822 Bad Erlach, Harrathof 39
0 67 6/410 10 78
reinhard@schrammels.at
www.schrammels.at
2011 eröffnete Kleinbrauerei mit gelegentlichem Heurigenbetrieb auf dem seit 1406 bestehenden Harrathof. Diese Attraktion auf dem ehemaligen Adelssitz hat Bad Erlach den Investoren Reinhard Schrammel aus Bromberg und dem Tierarzt Alexander Weghofer aus Pitten zu verdanken. Das „Gut Harrathof" Bier wird im Gasthof Windbichler – „Karnerwirt", Hauptstraße 16, 2833 Bromberg, ausgeschenkt.

WIE NEU BRÄU
2351 Wiener Neudorf, Parkstrasse 35
0 67 7/61 73 38 35
braumut@dobritzhofer.at
http://wieneubraeu.dobritzhofer.at
Helmut Dobritzhofer fing wie viele Kleinbrauer als Hobbybrauer an – 2015 war es dann so weit, dass aus dem Hobby der Beruf wurde, zweimal pro Woche geht die 120-Liter-Anlage in Betrieb. Es gibt auch ein Bräustüberl, das in der Art eines Heurigenbetriebs geöffnet wird – siehe unter Lokale – Wr. Neudorf.

WOLFSBRÄU – PRIVATBRAUEREI FAMILIE WAGNER
2831 Thernberg, Blumengasse 7
0 66 4/192 55 60
bier@wolfsbrau.at
www.wolfsbrau.at
Karin und Markus Wagner haben den Familienbetrieb aus der 8. Generation vom Braumeister Hubert Moser aus Wolfsberg übernommen und brauen nun seit 2012 in der 9. Generation „Gutes Bier für liebe Leut". Mag. Markus Wagner führt persönlich durch die Brauerei (ca. 60 Min.), auf Wunsch mit anschließender Bierverkostung in der Verkostungsstube oder im Sommer im Hof.

XANDL BRÄU
3902 Vitis, Heidenreichsteiner Straße 2
0 68 0/559 46 47
pichler@xandlbraeu.at www.xandlbraeu.at
Der Techniker Xandl Pichler hat im Mai 2013 mit der kommerziellen Bierproduktion auf seiner selbst gebauten Anlage begonnen. Öffnungszeiten: Fr 15.00 bis 18.00 Uhr, Sa 9.30 bis 12.00 Uhr.

YBBSTAL BRÄU
3340 Waidhofen/Ybbs, Wiener Straße 28
0 74 42/522 43
bier@ybbstal-braeu.at
www.ybbstal-braeu.at
Gasthausbrauerei, deren Bier auch auf Bauernmärkten zu finden ist. Details unter Lokale Niederösterreich – Waidhofen/Ybbs.

ZECHERBRÄU
2640 Enzenreith, Siedlaustraße 129
0 26 62/450 76, 0 67 6/423 54 32
zecherbraeu@aon.at
www.zecherbraeu.at
Luis Lechner ist ein erfahrener Hobbybrauer, der sich zum Biersommelier weitergebildet hat und inzwischen eine professionelle Hausbrauerei betreibt – allerdings vor allem zu Demonstrationszwecken: In der kleinen Brauerei gibt es auf Voranmeldung Verkostungen für sechs bis zwölf Personen.

OBERÖSTERREICH

ALM BRÄU
4170 St. Stefan am Walde, Höhenweg 1
0 72 16/376 00
info@hotel-aviva.at www.brau-boutique.at
Am 29. Mai 2016 eröffnet die Kleinbrauerei und Brau-Lounge „Brau-Boutique" beim Hotel Aviva und der Aviva-Alm.

ARGUS BRÄU
4861 Schörfling, Oberachmannerstraße 21
0 66 4/560 19 27
gerfried@argus-braeu.at www.argus-braeu.at
Gerfried Haydinger betreibt eine kleine Hausbrauerei, die ihr Bier vor allem bei Festen ausschenkt. Man kann aber auch kleine Mengen auf Bestellung brauen und in professionell etikettierten Flaschen abfüllen lassen.

35 BRAUEREIEN

OBERÖSTERREICH

BRÄU AM BERG
4890 Frankenmarkt, Bahnhofstraße 1
0 76 84/64 44, 64 23
office@starzinger.at
www.starzinger.at
Frankenmarkt hat eine lange Brautradition, die ersten Belege dafür finden sich 1626, also mitten in der Zeit des 30-jährigen Krieges. In Handarbeit werden die Rohstoffe lokaler Bauern zum mehrfach preisgekrönten Märzenbier verarbeitet.

BIERSCHMIEDE
4853 Steinbach am Attersee, Seefeld 56
0 66 4/54 863 21
office@bierschmiede.at, www.bierschmiede.at, www.facebook.com/bierschmiede.at
Der ehemalige Hobbybrauer Mario Scheckenberger hat sich mit der Bierschmiede seinen Lebenstraum erfüllt. Inspiration für den Markennamen war sein Großvater, einst Schmied in Steinbach. Seine Philosophie von eigenständigen und charaktervollen Bieren zieht sich durch bis zu den Biernamen wie „Werkstück", „Zunder" oder „Amboss". Brauereiführungen macht der Bierschmied persönlich ab 6 Personen ganzjährig nach Vereinbarung, 11,00 €/P. inkl. Bierverkostung von mind. 3 Bieren und Bierbrezn. Bierige Souvenirs sowie alle Biere sind im angeschlossenen „Gschäft'l" erhältlich.
Siehe auch Oberösterreich – Steinbach am Attersee.

BIO-HOFBRAUEREI FÜRST
4212 Neumarkt im Mühlkreis, Möhringdorf 8
0 79 41/85 18
siegfried.fuerst@biofuerst.at
www.biofuerst.at

BRATL-BRÄU
4372 St. Georgen am Walde, Markt 13
0 79 54/ 22 03
sengst@bratl.at
www.bratl.at
In dieser Gasthausbrauerei werden seit 2005 bis zu 15 hl pro Woche gebraut Sonderbestellungen ab 150 Liter Bier sind möglich. Siehe auch unter Lokale Oberösterreich - St. Georgen.

BRAUCOMMUNE IN FREISTADT
4240 Freistadt, Brauhausstraße 2
0 79 42/757 77
info@freistädter-bier.at
www.freistaedter-bier.at
Wie in einer alten Freistädter Urkunde nachzulesen ist, verlieh bereits im Jahre 1363 Herzog Rudolf IV den Bürgern von Freistadt das Privileg, in ihren eigenen Häusern Bier zu brauen und es dort auch auszuschenken. Zur Wahrung ihrer Interessen schlossen sich die braubrechtigten Bürger der 149 Häuser der Freistädter Innenstadt zur Gesellschaft „Braucommune in Freistadt" zusammen. Biershop (Souvenirs) Öffnungszeiten: Mo–Fr 8.00 bis 17.00 Uhr, Sa 9.00 bis 12.00 Uhr.

BRAUEREI ATTERSEE
4881 Straß im Attergau, Straß 8
0 699/10 90 45 19
info@brauerei-attersee.at
www.brauerei-attersee.at
Sehr kleine Brauerei, die ursprünglich im nahen Palmsdorf betrieben wurde und im Jahr 2010 nach Straß (in die unmittelbare Nachbarschaft des Gemeindeamts) übersiedelt ist.

BRAUEREI BACHNER
4170 St. Stefan am Walde, Unterriedl 4
0 72 16/61 43
Seit 2011 bestehende Kleinbrauerei.

BRAUEREI GRIESKIRCHEN
4710 Grieskirchen, Stadtplatz 14
0 72 48/607
office@grieskirchner.at, andreas.moser@grieskirchner.at
www.grieskirchner.at

BRAUEREIEN

OBERÖSTERREICH

1708 gegründete Brauerei im Stadtzentrum von Grieskirchen, die 2014 von Marcus Mautner-Markhof, einem Spross der alten Wiener Brauerdynastie, komplett übernommen wurde. Führungen für Gruppen ab 10 bis 50 Personen nach Anmeldung bei Frau Höllinger. 11,00 € inklusive Weißwurstjause und Bierverkostung.

BRAUEREI HOFSTETTEN

4113 St. Martin, Adsdorf 5
0 72 32/22 04
bier@hofstetten.at
www.hofstetten.at

Durch Exporte in die USA ist die bis vor wenigen Jahren bloß regional tätige Kleinbrauerei in St. Martin im Mühlkreis weltbekannt geworden – die Bockbiere sind etwa in den Bierbars von New York sehr begehrt. Die sehr schön auf einem Hügel gelegene Brauerei kann sich auf die bis ins Jahr 1229 zurückreichende Tradition berufen.

Nach Beendigung der Umbauarbeiten wird es ab 2017 Führungen für Gruppen zwischen 10 und max. 30 Personen nach Anmeldung bei Brigitte Krammer oder Andreas Otto geben.

BRAUEREI JOS. BAUMGARTNER GMBH

4780 Schärding, Franz-Xaver-Brunner Straße 1
0 77 12/31 19-0
office@brauerei-baumgartner.at
www.brauerei-baumgartner.at

Wer Baumgartner Bier trinkt, dient damit einem guten Zweck – denn die Brauerei gehört einer wohltätigen Stiftung, der die Gewinne zufließen. Die Biere sind mehrfach prämiert worden, etwa das Pils beim World Beer Cup. Seit 2015 gibt es aus Schärding auch ein Weizenbier, womit nach 400 Jahren ein Plan aufgeht, den der damalige bayerische Herzog für Schärding hatte: Schärding sollte nämlich eine Weizenbier-Stadt werden. Anmeldung für Führungen durch die Brauerei oder Veranstaltungen in der Bierapotheke bei Fr. Max, Tel. 0 77 12/31 19-12.

BRAUEREI RASCHHOFER

4950 Altheim, Braunauer Straße 12
0 77 23/422 05-0
mein.bier@raschhoferbier.at
www.raschhoferbier.at

1645 gegründete Brauerei, die mit ihrer bundesweiten Präsenz für Altheim den Ruf einer Brauer-Gemeinde gefestigt hat – hier ist es gelungen, bewährte handwerkliche Technologie (direkt befeuerte Sudpfanne, offene Gärung) mit innovativen Rezepten zusammenzuführen. Unter der Führung von Christoph Scheriau wurde der Schwerpunkt immer mehr auf Craft Bier gelegt – bei der Braukunst Live 2015 in München war der Raschhofer Stand viel beachtet. In Salzburg sind die Raschhofer Rossbräus schon zur Institution geworden. Der Brauerei angeschlossen ist ein kleines Veranstaltungszentrum, wo es gelegentlich bierige Events gibt, etwa zum Bockbieranstich.

BRAUEREI RIED REG.GEN.M.B.H.

4910 Ried/Innkreis, Brauhausgasse 24
0 77 52/820 17-36
penninger@rieder-bier.at
www.rieder-bier.at

1908 gegründete Brauereigenossenschaft, die sich in den vergangenen Jahren besonders mit ihrem Weizenbier-Angebot und der Propagierung von Bügelverschlussflaschen einen Namen gemacht hat. Seit 2014 pflegt die Rieder Brauerei auch die Tradition des Kellerbräu, das 2013 den letzten Sud gebraut hat. Geführt wird die Genossenschaft seit 2015 von den Vorständen Christian Aigner und Braumeister Josef Niklas, Wilhelm Bauböck, der langjährige Obmann der Genossenschaft, übernahm den Vorsitz im erweiterten und verstärkten Aufsichtsrat und arbeitet in dieser Position eng mit dem Vorstand zusammen.

Führungen gibt es für Gruppen von 10 bis 60 Personen nach Anmeldung bei Anita Penninger. Der Spaß kostet ab 11,50 € und beinhaltet eine Brezen (in den teureren Versionen auch Kesselheiße) und zwei Getränke. Souvenirs gibt es im eigenen Shop Mo–Do 7.00 bis 17.00 Uhr, Fr. 7.00 bis 16.00 Uhr. Bei den Führungen kann man auch das historische Sudhaus und die längst außer Betrieb genommene Mälzerei ansehen – ein deutlicher Kontrast zur modernen Bierproduktion. Bis zu 20 Mal im Jahr

Flatschers

MUSCHEL WEISE Steaks ZUM Bier

‹--- STEAKS & BURGERS • MOULES & ENTRECÔTE ---›

RESTAURANT UND BAR
KAISERSTRASSE 113-115
1070 WIEN
Montag bis Sonntag: 17 bis 01
+43 1 523 42 68

WEBSEITE FACEBOOK

BISTROT UND BAR
KAISERSTRASSE 121
A 1070 WIEN
Montag bis Samstag: 17 bis 01
+43 1 522 31 23

WWW.FLATSCHERS.AT

38
BRAUEREIEN
OBERÖSTERREICH

gibt es Brauseminare, bei denen man um 65,00 € beim Bierbrauen auf der keinen Versuchsanlage mitarbeiten kann.

BRAUEREI SCHLOSS EGGENBERG
4655 Vorchdorf, Eggenberg 1
0 76 14/63 45-0
office@schloss-eggenberg.at
www.schloss-eggenberg.at
Seit 1681 wird auf Schloss Eggenberg das „Bier zum Salzkammergut" gebraut – in den letzten Jahrzehnten mit einem klaren Schwerpunkt auf Starkbieren. Besonders das Samichlaus-Bier hat Weltruf erlangt – es gibt dieses traditionell am Nikolaustag eingebraute Bier inzwischen in mehreren Versionen, ältere Jahrgänge heimsen immer wieder internationale Auszeichnungen ein.
Geführter Rundgang (für Gruppen ab 10 Personen, Termine nach Vereinbarung): Paket um 9,00 € pro Person inkl. Verkostung und einer frischen Brezn. Vertiefende Bierschwerpunkte und alle Informationen zu den Besuchsprogrammen und zur Anmeldung unter www.schloss-eggenberg.at bzw. telefonisch unter 0 76 14/63 45-71. Der Brauereishop ist Montag bis Freitag von 8.00 bis 17.00 Uhr geöffnet.

BRAUEREI SCHNAITL GMBH & CO KG
5142 Eggelsberg, Gundertshausen 9
0 77 48/66 82-0
office@schnaitl.at
www.schnaitl.at
Schon von Weitem erkennt man die Brauerei an dem Sudkessel, der in der Mitte eines Kreisverkehrs aufgestellt ist. Auch das Kirchlein gegenüber der Brauerei kann als Wegweiser dienen. Gruppen ab acht Personen können sich bei Braumeister Alexander Pöllner (0 77 48/66 82-16) voranmelden. Führungen 4,00 € inklusive Zwicklprobe im Lagerkeller. Auch online erhältlich bei www.mybier.at

BRAUEREI VITZTHUM GMBH & CO
5261 Uttendorf, Uttendorf 25
0 77 24/25 08
privatbrauerei.vitzthum@gmx.at
www.uttendorf-bier.com
Die Uttendorfer Brauerei befindet sich in einem eindrucksvollen Gebäude im Zentrum von Uttendorf. Details unter Lokale Oberösterreich – Uttendorf.

BRAUEREI ZIPF
4871 Zipf, Zipf 22
0 76 82/36 00-0, 0 81 0/206 97
office@zipfer.at
www.zipfer.at
Zipf ist nicht seit 1858 nur Heimat des gleichnamigen Bieres, hier wird auch das Edelweiss Weizenbier gebraut und gereift – unter Leitung des international erfahrenen Braumeisters Harald Raidl, der 2016 Günther Seeleitner abgelöst hat. Brauereiführungen sind ausschließlich gegen Voranmeldung auf www.zipfer.at möglich. Führungen werden ab einer Gruppengröße von 15 Personen durchgeführt.

BRAUHAUS BOGNER BRAUNAU/HASELBACH
5280 Braunau, Haselbach 22
0 77 22/223 58 und 0 66 4/440 03
hb.bogner@aon.at
www.hausbrauerei-bogner.at
Herr Bogner, der seine Lehre noch in der Mattighofner Brauerei gemacht hat, nennt seine in einem alten Gasthof eingebaute Braustätte die kleinste Weißbierbrauerei der Welt. Besuchszeiten täglich außer Montag, Brauereibesichtigung (nach Anmeldung: 0 77 22/223 58). Details zur Gastronomie unter Lokale Oberösterreich – Braunau.

BRAUHAUS TRAUN
4050 Traun, Madlschenterweg 7
0 72 29/211 09
office@traunerbier.at
www.traunerbier.at
2011 als erste Brauereigründung in Traun seit mehr als 200 Jahren eröffnet – heute werden etwa 1250 Hektoliter pro Jahr erzeugt. Details unter Lokale Oberösterreich – Traun.

BRAUHOF GOLDBERG
4521 Schiedlberg, Weichstettenstraße 119
0 72 51/592 oder 0 69 9/172 51 5
office@brauhof-goldberg.at
www.brauhof-goldberg.at
Nach dem Konzept einer Schaubrauerei ist die 2003 gegründete Bauernhof-Brauerei zur Gänze einsehbar. Gebraut wird im Eingangsbereich auf einem 200 Liter Labu-Braublock, bestehend aus Sudpfanne, Läuterbottich und Whirlpool. Details unter Lokale Oberösterreich – Schiedlberg.

CONCORDIA SCHLÖSSL
CAFÉSALON & RESTAURANT

BIERGENUSS IN NOSTALGISCHEM AMBIENTE!

Ob in unserem schönen großen Gastgarten oder im Kuppelsalon, genießen Sie Ihr Bier und wählen sie dazu eine unserer bekannten Schnitzelvariationen.

Simmeringer Hauptstraße 283
1110 Wien
Telefon +43 (0) 1 769 8888
www.concordia-schloessl.at

BRAUEREIEN

OBERÖSTERREICH

CRAFTWERK
4463 Großraming, Mitterweg 19
0 72 54/706 00
schweiger@grossraming.eu
Seit 2013 braut Peter Schweiger in kleinen Suden zu je 50 Litern. Derzeit wird wie in der „guten alten Zeit" von Michaeli bis Georgi untergärig, und in den wärmeren Monaten obergärig gebraut.

DÖRNBACHER FLORIANIBRÄU
4061 Wilhering, Dörnbacherstraße 132
0 69 9/10 19 08 20
rudolf.koelbl@aon.at
www.florianibraeu.at
Diese 1998 von Familie Kölbl in einem ehemaligen Feuerwehrhaus eingerichtete Familienbrauerei hat einmal im Monat – am ersten Samstag von 9.00 bis 20.00 Uhr geöffnet, sonst auf Voranmeldung für Gruppen von 12 bis 30 Personen. Man kann die Biere (vier Sorten) in Flaschen und Fässern mitnehmen.

EDER-BRÄU
4292 Kefermarkt, Netzberg 32
0 72 36/209 40, 0 69 9/12 15 06 97
bierbuschenschank@ederbraeu.at
www.ederbraeu.at
Gasthausbrauerei mitten in den Hopfengärten des Mühlviertels, die Biere werden nach Hopfensorten benannt. Siehe auch unter Lokale Oberösterreich – Kefermarkt.

ERNSTINGER WIRTS BRÄU
5121 Ostermiething, Ernsting 6
0 62 78/63 25
wirt-ernsting@gmx.at
www.kleinbrauereien.at/24-ernsting.html
Gasthausbrauerei – Details unter Lokale Oberösterreich – Ostermiething: Wirt z' Ernsting.

HAUSBRAUEREI KALTENBÖCK
4864 Attersee, Palmsdorf 17
0 69 9/12 64 41 09, 0 67 6/37 55 05
volkher.mit.h@gmx.at, herwigkaltenboeck@yahoo.de
www.hoangarten.at
Im 300 Jahre alten Bauernhaus brauen Braumeister Dipl. Ing. Volkher Kaltenböck, der in Weihenstephan TU-München Brauwesen und Getränketechnologie studiert hat, und sein Bruder Mag. Herwig Kaltenböck das Hoangartenbier rein aus Rohstoffen von Oberösterreich und Eigenanbau. Je nach Saison werden im Fünf-Hektoliter-Sudhaus Spezialbiere wie Kramperbock, Atter-Ale, Attergauer Weizen, Palmsdorfer Ernte oder auch ein IPA eingebraut. Brauereiführungen werden ab einer Gruppengröße von 8 Personen angeboten; Preis 5,00 € pro Person, Dauer ca. 1 h.
Erhältlich ist das Bier im Fass und zum Teil in Flaschen ab Hof in der Mostschenke zum Hoangarten sowie auf www.mybier.at.
Details zum Ausschank unter Oberösterreich – Attersee.

HAUSRUCK-BRÄU
4623 Gunskirchen, Au bei der Traun 22
0 72 46/202 10

HOFBRAUEREI PREUNER - RAMP'N BRÄU
4873 Frankenburg, Vordersteining 5
0 76 83/84 28, 0676/7936423
rampnbraeu@gmail.com www.rampn-braeu.at
2013 gegründete Hausbrauerei auf einem Hof abseits der Landesstraße von Frankenburg am Hausruck nach Ried im Innkreis. Ausschank nur an Wochenenden im Sommer – daher Voranmeldung notwendig.

HOPFENERLEBNISHOF – GASTHAUS & MUSEUM
4120 St. Ulrich, Pehersdorf 7
0 72 82/822 28, 0 66 4/234 26 41
info@hopfenerlebnis.at
www.hopfenerlebnis.at
Mitten in den Hopfengärten bei St. Ulrich hat die Familie Allerstorfer auf ihrem Hopfenbauernhof ein sehr anschauliches Museum zum Hopfenanbau eingerichtet und damit große Aufmerksamkeit auf die Hopfentradition Oberösterreichs gelenkt. Auf 150 Hektar wird im Mühlviertel der Hopfen kultiviert, rund ein Drittel der gesamten österreichischen Hopfenproduktion, der Rest kommt aus der Steiermark. Das ist nur mehr ein Bruchteil der ursprünglichen Anbaufläche, denn die betrug im 18. Jahrhundert allein im Mühlviertel noch mehr als 2000 Hektar – allerdings von deutlich weniger ertragreichen Sorten. Gleichzeitig musste man unter den damaligen hygienischen Bedingungen

BRAUEREIEN

OBERÖSTERREICH

die Biere wesentlich bitterer als heute brauen, um sie haltbar zu machen, also brauchte der Hopfen mehr Fläche.
Geführte Rundgänge nach Vereinbarung. Auch können Produkte rund ums grüne Gold erworben werden: Hopfenlikör und Hopfenkorn, Hopfenlikörpralinen, Hopfenwurst, Hopfendoldenkissen ... Mit der Hopfenstubn gibt es auch eine sehr bierkundige Gastronomie. Was das Projekt aber besonders macht, ist die Kooperation mit den Mühlviertler Brauereien – sie haben auch ein ausgezeichnetes Hopfenland-Pils als Kooperation der Braumeister herausgebracht.

KEMMET-BRÄU
4580 Windischgarsten, Hauptstraße 22
0 75 62/200 66
office@kemmet.at
www.kemmet.at
Gasthausbrauerei. Seit Dezember 2001 werden neben den Sorten Kemmet Bräu Hell und Dunkel auch themen- und jahreszeiten-bezogene Biere gebraut. (z.B. Festbock). Siehe auch unter Lokale Oberösterreich – Windischgarsten.

LEIMER BRÄU
4860 Lenzing, Atterseestraße 34
0 76 72/929 20
office@leimer-braeu.com
www.leimer-braeu.com
Gasthausbrauerei – Details: Lokale Oberösterreich – Lenzing.

LEONFELDNER BIER – CRAFTBIER AUS DEM MÜHLVIETEL
4190 Bad Leonfelden, Hauptplatz 24
0 65 0/417 74 17
trink@leonfeldnerbier.at, www.leonfeldnerbier.at
Gerald Weixlbaumer und Richard Mühleder brauen gemeinsam in Handarbeit und in kleinen Chargen Kreativbiere. Nur 200 Liter gibt es pro Sud, das Ganze unfiltriert und naturtrüb, in der Flasche vergoren.

LEONFELDNER FREIBRAUER LOGE
4190 Bad Leonfelden, Eisenhandstraße 23
0 66 0/662 01 18
leonfeldnerfreibrauerloge@gmail.com
www.facebook.com/leonfeldner.freibrauer.loge

Es wird pro Quartal einmal gebraut und eine Verkostung durchgeführt. Die Freibrauer-Loge war auch der Nukleus für das professionell gebraute Leonfeldner Bier.

MICHAELI-BRÄU - FREUNDE DER LEONDINGER BRAUKUNST
4060 Leonding, Lugwiesstraße 40
0 66 4/506 89 24
willkommen@braukunst.at
www.braukunst.at
Die Brauerei wurde im Jahre 1995 von vier Freunden gegründet, die die „Leondinger Braukunst" fördern wollten. Gebraut wird nur für die 200 Vereinsmitglieder, öffentlich verkostet wird das Bier nur einmal im Jahr beim Leondinger Adventmarkt.

NEUFELDNER BIOBRAUEREI
4120 Neufelden, Bräuhausgasse 3
0 72 82/869 27
bier@biobrauerei.at
www.biobrauerei.at
2011 haben Alois und Martin Meir die 1997 wiedergegründete Neufeldner Brauerei mit einer Kapazität von rund 4000 hl übernommen. So wurde eine bis 1523 zurückverfolgbare Brautradition im Zentrum des heimischen Hopfenanbaus wiederbelebt. Braumeister Matthias Mezera aus Gmünd braut hier ein Pils, s´Hopferl, s´Zwickl, Mühlviertler Weisse, Bio Pils und Weizenbock.

PFEIFFI´S BRÄU
4843 Ampflwang, Vorderschlagen 19
0 66 4/534 07 71
robert.pachinger@flashnet.co.at
www.pfeiffis-braeu.at
Robert Pachinger ist im Hauptberuf Bierbrauer bei der Zipfer Brauerei – aber das macht ihm so viel Spaß, dass er in seiner Freizeit einen eigenen kommerziellen Braubetrieb eingerichtet hat. Damit beliefert er seit 2003 einige private Stammkunden sowie Feste im Hausruckviertel. Gebraut wird Pfeiffi's Bräu, Märzen und Weisse – diese Biere werden in 10 und 20 Liter Fässer abgefüllt, den passenden Bierkühler und Biergläser kann man sich ausborgen. Führungen gibt es auf Anfrage.

42
BRAUEREIEN
OBERÖSTERREICH

RAABER BIER
4760 Raab, Dr. Pflugerstraße 94
0 77 62/22 42
raaber-bier@speed.at, www.raaber-bier.at
Die Innviertler Gemeinde Raab hatte früher drei Brauereien. 2012 haben Reinhard und Wolfgang Schraml die Tradition wieder aufleben lassen.

RITTERBRÄU
4720 Neumarkt/Hausruck, Bräuhausgasse 1
0 77 33/75 55-0
office@ritterbraeu.at
www.ritterbraeu.at

SANDBERG BRÄU
4550 Kremsmünster, Sandberg 1
0 66 4/425 98 12
m.bergmair@aon.at members.aon.at/sandbergbraeu

SCHLOSSBRAUEREI WEINBERG, ERSTE O.Ö. GASTHAUSBRAUEREI
4292 Kefermarkt, Weinberg 2
0 79 47/71 11
schlossbrauerei @wentzel.at
www.schlossbrauerei.at
Die im Jahr 1989 eröffnete Erste OÖ. Gasthausbrauerei befindet sich im 1595 errichteten Maierhof des Schlosses Weinberg in den historischen Stallgebäuden. Auf Wunsch werden für Gruppen Biervorträge gehalten. Zudem gibt es einen drei Kilometer langen „Bierlerhpfad", eine leichte, lehrreiche Wanderung, die den Blick auf das Mühlviertler Bier öffnet. Details unter Lokale Oberösterreich – Kefermarkt.

SCHMIDTHALER KLEINBRAUREI
4400 Garsten, Schmiedingerweg 9
0 66 4/425 18 71
leoschmidthaler@utanet.at
Leopold Schmidthaler ist gelernter Installateur und hat nach jahrelangem Hobbybrauen die Bierbrauerei in einer selbst umgebauten Molkereianlage zu seinem Zweitberuf gemacht. Die Biere sind ab Brauerei und in wenigen Betrieben der Region (etwa beim Knapp am Eck in Steyr) erhältlich.

SCHWERTBERGER BRÄU
4311 Schwertberg, Ing. Schmiedl-Straße 7
0 66 4/100 34 75
office@schwertberger-braeu.at
www.schwertberger-braeu.at
Im Zentrum der Marktgemeinde Schwertberg hat der Informatiker und Diplom-Biersommelier Karl Kiesenhofer im Sommer 2012 in einer ehemaligen Fleischerei eine Fünf-Hektoliter-Mikrobrauerei eingerichtet. Gegen telefonische Voranmeldung sind (auch an Wochenenden und Feiertagen) Brauereibesichtigungen und -besuche inkl. Bierverkostung möglich.

STIEGL-GUT WILDSHUT
5120 St. Pantaleon, Wildshut 5
0 50 14/92 16 44
stefanie.fuchs@stiegl.at www.biergut.at
Die seit 2015 für das Publikum geöffnete oberösterreichische Adresse der Stieglbrauerei, „das erste Biergut Österreichs", bezieht sich auf ein im Jahr 930 erstmals erwähntes Landgut im heutigen Dreiländereck von Oberösterreich, Bayern und Salzburg. Heinrich Dieter Kiener, der Chef der Stieglbrauerei, hat die alte Landwirtschaft auf Bio umgestellt und lässt dort in Vergessenheit geratene Urgetreidesorten anbauen.
Und wer mehr über Malzbereitung lernen will: Hier ist der Platz, wo man das anschaulich demonstriert bekommt.

STIFTSBRAUEREI SCHLÄGL
4160 Aigen-Schlägl, Schlägl 1
0 72 81/88 01-231
heinzl@stift-schlaegl.at
www.stift-schlaegl.at
Das Prämonstratenser Chorherrenstift Schlägl gilt als geistiges und kulturelles Zentrum des oberen Mühlviertels. Seit 1580 wird die Kunst des Bierbrauens in der Stiftsbrauerei gepflegt – früher sogar in den heutigen Stiftsgebäuden. Eine ganz besondere Note wird dem Bier aus der Schlägler Stiftsbrauerei auf der „Spielwiese" verliehen, wie die Schlägler die kleine Versuchsbrauerei und den neu gestalteten Holzfasskeller bezeichnen. Durch die Lagerung des Biers in den Fässern bekommt das Bier die Aromen des Fassholzes und der darin vorher gereiften Getränke. Erweitert wurde auch die Besuchergalerie. Zusätzlich zum Braupavillon erfahren die Besucher nun anhand eines Schemas, wie Bierbrauen funktioniert. Und sollten die Flaschenfüller einmal nicht in

Der Bettelstudent hat vor über 30 Jahren seine Türen geöffnet und ist seitdem fixer Bestandteil der Wiener Bierlokal-Szene. An 365 Tagen im Jahr wird der Gast hier mit österreichischen Schmankerl verwöhnt und kann im urigen Ambiente gemütliche Stunden verbringen. Zu Mittag locken preiswerte Menüangebote, am Abend wird die Stimmung ausgelassen, auch ein DJ sorgt am Wochenende für gute Unterhaltung. Der Bettelstudent liegt mitten im Herzen von Wien, umringt von Sehenswürdigkeiten und ist daher auch für Touristen der ideale Ort um urtypische österreichische Gemütlichkeit mitzuerleben.

Öffnungszeiten:
Mo - Do 11^{00} bis 02^{00} Uhr, Fr - Sa 11^{00} bis 03^{00} Uhr, So 11^{00} bis 00^{00} Uhr
Johannesgasse 12, 1010 Wien • +43 (0)1 513 20 44
info@bettelstudent.at • www.bettelstudent.at • f /bettelstudent

44
BRAUEREIEN

OBERÖSTERREICH · SALZBURG

Betrieb sein, zeigt ein Video den Ablauf. Eine Führung durch die Brauerei kostet 9,50 € (inkl. zwei Pfiff Bier im Stiftskeller) und dauert ca 1,5 Stunden.
Vom 1. April bis 31. Oktober findet jeden Mittwoch (außer an Feiertagen) um 10.30 Uhr eine Führung statt. Von 1. November bis 31. März werden diese Führungen nur in den Ferien (Winter-, Semester-, Osterferien) abgehalten. Bei einer Gruppengröße von 8 bis 30 Personen können ganzjährig gesonderte Führungen unter 0 72 81/88 01-231 (Fr. Heinzl) vereinbart werden. Öffnungszeiten Brauereishop: Mo–Do 7.00 bis 12.00 und 13.00 bis 16.30 Uhr; Fr 13.00 bis 14.30 (Winter) bzw. bis 16.00 Uhr (Sommer).

STEYRER HOFBRÄU
4407 Steyr, Gleinker Hauptstraße 3d
0 650/560 62 63
www.facebook.com/steyrerbier
Klaus Kremsmayr begann 2011 mit der Produktion von Frucht- und Honigweinen, im Februar 2015 setzte er erste Schritte zur Errichtung einer Kleinbrauerei im südlichen Steyrer Ortsteil Gleink.

THE BEER BUDDIES
4284 Tragwein, Zeller Straße 44
office@thebeerbuddies.at, www.thebeerbuddies.at
Die beiden Biologen Christian Semper und Andreas Weilhartner haben im sogenannten „Russenhaus" – einem 400 Jahre alten, ehemaligen Gutshof mit angeschlossener Schmiede – im Frühjahr 2015 ihre eigene Brauerei eingerichtet.

THOR-BRÄU
4100 Ottensheim, Hostauerstraße 2
0 72 34/82 37 10, 0 67 6/460 95 34
thor.braeu@aon.at www.thor-braeu.at
Herzeigebetrieb für Labu-Brauereianlagen. Siehe auch unter Lokale Oberösterreich – Ottensheim.

TRAPPISTENBRAUEREI ENGELSZELL
4090 Engelhartszell, Stiftsstraße 6
0 77 17/80 10
pforte@stift-engelszell.at
www.stift-engelszell.at
Die einzige Trappistenbrauerei des deutschen Sprachraums wurde 2012 nach mehr als 80 Jahren Braupause wieder eröffnet. Gebraut werden zwei Starkbiere, das Gregorius und das Benno – zudem das etwas leichtere Nivard. Diese Biere gehen zum Großteil in den Export, in kleinen Mengen kann man sie an der Klosterpforte kaufen.

WURMHÖRINGER PRIVATBRAUEREI
4950 Altheim, Stadtplatz 10/11
0 77 23/422 04
info@wurmhoeringer.at
www.wurmhoeringer.at
Wurmhöringer Bier wird in einer traditionellen Landbrauerei in Altheim, in der Thermenregion Innviertel mitten im Zentrum der Oberösterreichischen Braulandschaft gebraut. Das Brauwasser stammt aus dem eigenen Brunnen, Hopfen & Malz aus der heimischen Landwirtschaft. Details siehe Lokale Oberösterreich – Altheim.

ZUM ALFONS
4690 Rutzenham bei Schwanenstadt, Bergern 2
0 76 73/24 42
office@zum-alfons.at
www.zum-alfons.at
In dieser abgelegenen, aber gut besuchten Gasthausbrauerei wird zweimal in der Woche direkt im Lokal gebraut. Viele lustige Souvenirs, etwa einen Polster in Form eines Bierkrugs. Siehe auch unter Lokale Oberösterreich – Rutzenham.

SALZBURG

'S KLOANE BRAUHAUS
5020 Salzburg, Schallmooser Hauptstraße 27
0 66 2/87 11 54
www.kastnersschenke.at
Das 1998 eingerichtete Kloane Brauhaus ist als kleinste (Gasthaus)Brauerei in Salzburg bekannt. Details unter Lokale Salzburg.

ALLERBERGER BRÄU
5071 Wals-Siezenheim, Doktorstraße 49
0 66 2/85 02 70
landgasthof@allerberger.com
www.allerberger.com
Gasthausbrauerei im Ortsteil Siezenheim unmittelbar vor den Toren Salzburgs. Details: Lokale Salzburg – Wals-Siezenheim.

BRAUEREIEN

SALZBURG

ANTON WALLNER BRÄU
5743 Krimml, Oberkrimml 118
0 66 4/503 61 84
brauerei@krimml.com
www.krimml.com
Gasthausbrauerei, deren Biere (darunter etwa ein Apfelbier) auch in Flaschen erhältlich ist – etwa über mybier.at. Mehr zum Bräustüberl unter Lokale Salzburg – Krimml.

AUGUSTINER BRÄU KLOSTER MÜLLN
5020 Salzburg, Lindhofstraße 7
0 66 2/43 12 46
info@augustinerbier.at
www.augustinerbier.at
Die 1621 gegründete Brauerei des Augustinerklosters (der Haupteigentümer ist das Kloster Michaelbeuren) ist 2012 stilgerecht erneuert worden. Trotz der installierten modernen Brautechnik (Sudhaus von Kaspar Schulz in Bamberg) wird immer noch handwerklich gebraut – mit Kühlschiff, offenem Gärkeller, Wasserspundapparat und einer Fasswichs, wo noch mit Holzfässern hantiert wird. Miterleben kann man den Entstehungsweg des Bieres von Montag bis Freitag nach telefonischer Terminvereinbarung. Willkommen sind Gruppen ab 10 bis max. 30 Personen, Preis auf Anfrage.

BIERKULTURHAUS BY AXEL KIESBYE
5162 Obertrum, Dorfplatz 1
0 25 34/162, 066 4/253 41 62
info@bieraculix.at, www.bierkulturhaus.at
Auf einer historischen, auf reine Handarbeit ausgelegten Brauanlage, kann der Besucher sein persönliches Bier brauen – ob nach klassischen internationalen Rezepten oder selbst entwickelten innovativen neuen Ideen – alles ist möglich. Aber nur gegen Voranmeldung!

BINDEREIMUSEUM & SPEZIALITÄTENMANU-FAKTUR HOFBRÄU KALTENHAUSEN
5400 Hallein, Salzburgerstraße 67
0 62 45/795-52 67
bierkultur@kaltenhausen.at
www.kaltenhausen.at
Das Hofbräu Kaltenhausen ist die älteste Brauerei Salzburgs (gegründet 1475). Seit 2011 widmet sich hier Günther Seeleitner – er ist auch Präsident des Bundes österreichischer Braumeister und Brauereitechniker – einer feinen Spezialitäten-Manufaktur, in der die Traditionen gepflegt und Innovationen entwickelt werden. Ein hoch spezialisiertes Museum der Fassbinderei befindet sich im selben Gebäude wie der Braugasthof am Standort des Hofbräu Kaltenhausen. Es zeigt unter anderem Bierfässer, Reifenbiegemaschine, Binderwerkzeug, Bodenzirkel, Schnitzwerkzeuge und Zunftteller. Besuchsmöglichkeiten für Gruppen – wochentags und nur gegen Voranmeldung.

BRAMSAU BRÄU
5324 Faistenau, Bramsaustraße 36
0 62 28/25 66
gasthof@bramsau-braeu.com
www.bramsau-braeu.com
Gasthausbrauerei Siehe auch unter Lokale Salzburg – Faistenau.

BRAUEREI GUSSWERK GMBH
5322 Hof bei Salzburg, Römerstraße 3
0 62 29/397 77
info@brauhaus-gusswerk.at
www.brauhaus-gusswerk.at
Österreichs erste bio-dynamische Brauerei braute seit 2007 im ehemaligen Gusswerk am Stadtrand von Salzburg nach dem Demeter-Prinzip. Im Jahr 2013 ist die Brauerei nach Hof bei Salzburg übersiedelt. Das Brauereifest Brauhaus Gusswerk findet am Sa und So 21. und 22.5.2016 mit Maibaumaufstellen am Sonntag statt. Sa ab 13.00 Uhr, So ab 10.00 Uhr mit Frühschoppen & Hofmusikkapelle; es werden mehrere befreundete Brauereien zu Gast sein. Live-Musik und Kinderprogramm – ein Fest für die ganze Familie, das bei jedem Wetter stattfindet! Details unter Lokale Salzburg – Hof bei Salzburg.
Auch online erhältlich bei www.mybier.at

BRÄURUP
5730 Mittersill, Kirchgasse 9
0 65 62/62 16-0 oder 0 67 6/729 35 94
hotel@braurup.at
www.braurup.at
Im Salzburger Mittersill gab es seit 1681 mindestens eine Brauerei. Siehe auch unter Lokale Salzburg – Mittersill.

46
BRAUEREIEN
SALZBURG

DIE WEISSE BRAUEREI GMBH & CO KG
5020 Salzburg, Bayerhamerstraße 10
0 66 2/87 63 76
prost@salzburgerweissbier.at
www.salzburgerweissbier.at
Österreichs mit Abstand ältestes Brewpub (Gründungsjahr 1901) hat sich ganz der Produktion von Weizenbieren verschrieben, neuerdings auch glutenfrei. Das Ur-Rezept für Die Weisse stammt noch vom Gründer Adelbert Behr. Siehe auch unter Lokale Salzburg – Salzburg.

ISI-BRÄU
5101 Bergheim, Bäckerstraße 3
0 69 9/17 22 05 31
isi.braeu@gmail.com
www.isi-braeu.at
Siehe auch unter Lokale Salzburg – Bergheim.

KOHLSCHNAIT BRÄU
5662 Bruck an der Glocknerstraße, Niederhof 3
0 65 45/61 12
info@kohlschnait.at
www.kohlschnait.at
Seit Mai 2007 wird am Kohlschnait-Hof Bier gebraut, das im Oktober 2007 bei der Staatsmeisterschaft für Gasthaus- und Kleinbrauereien mit der Silbermedaille ausgezeichnet wurde. 2014 wurde die Kleinbrauerei neu gebaut. Details siehe Lokale Salzburg – Bruck.

LANDGASTHAUS WEIXEN
5661 Rauris, Seidlwinkelstraße 114
0 65 44/64 37
weixen@rauris.net
www.weixen.at
Die Gasthausbrauerei besteht seit Sommer 2003. Das Brauwasser ist ein stilles Mineralwasser aus der eigenen Quelle, die nur 200 Meter oberhalb der Brauerei aus einem Quarzfelsen entspringt. Siehe auch unter Lokale Salzburg – Rauris.

MANDLBRÄU
5582 Sankt Michael / Lungau, Marktstraße 10
0 65 0/651 12 88
mandl_florian@yahoo.com

Nano-Brauerei von Florian Mandl, der für das gleichnamige Café seit 2014 in sehr kleinen Chargen ein eher hopfenbetontes Mandl- und ein mild-malziges Weibl-Bier braut.

PALFEN – GASTHOF HUBERTUS
5760 Saalfelden, Bachwinkl 23
0 66 4/211 81 98
office@gh-hubertus.at, http://gh-hubertus.at
Hausbrauerei im Keller des Gasthofes. Für Gruppen wird auch gerne eine Einführung in die Welt des Bierbrauens angeboten.

PINZGAU BRÄU
5671 Bruck an der Großglocknerstraße, Glocknerstraße 60 A
0 65 45/930 80
info@pinzgau-braeu.at, office@pinzgau-braeu.at
www.pinzgau-braeu.at
Hans-Peter Hochstaffl hat im Sommer 2015 seine eigene Brauerei eröffnet, um mit dem Pinzga' Bier vor allem den Pinzgau (dort ist das Bier etwa in den Raiffeisen-Lagerhäusern gelistet), aber auch die Stadt Salzburg, wo er 13 Jahre lang in der Weissen gebraut hat, zu erobern. Öffnungszeiten Brauerei-Shop: Mo–Fr: 8.00 bis 12.00 Uhr, Sa 9.00 bis 12.00 Uhr.

RAGGEI-BRÄU – HAUSBRAUEREI RAGGINGER
5102 Anthering, Acharting 32
0 62 23/203 96, 0 66 4/200 17
brauerei@raggei.at
www.raggei.at
Die in einer ehemaligen Käserei eingerichtete Gasthausbrauerei Raggei-Bräu braut insgesamt über 20 verschiedene Bierspezialitäten. Siehe auch unter Lokale Salzburg – Anthering.

SCHMARANZBRÄU
5630 Bad Hofgastein, Wieden 52
0 64 32/67 19 40
bio@schmaranz.at, www.schmaranz.at
Erste österreichische Bioweißbier-Brauerei. Das Bier wird im 480 Jahre alten Kehrerhaus gebraut. Siehe auch unter Lokale Salzburg – Bad Hofgastein.

47
BRAUEREIEN

SALZBURG · STEIERMARK

STIEGL'S BRAUWELT / STIEGLBRAUEREI ZU SALZBURG
5020 Salzburg, Bräuhausstraße 9
0 50/14 92-14 92
brauwelt@stiegl.at
www.brauwelt.at
Stiegl's Brauwelt, die Biererlebniswelt, ist der Besucherbereich der Stieglbrauerei, die in den vergangenen 20 Jahren technisch völlig erneuert worden ist. Im ehemaligen Mälzereigebäude gibt es ein 270° Braukino, eine Hausbrauerei und einen sehenswerten Fassreifekeller – außerdem einen Verkostungskeller, in dem 8000 Flaschen auf kundige Verkoster (nur nach Terminvereinbarung) warten.
Die Bier-Ausstellung ist täglich von 10.00 bis 17.00 Uhr geöffnet (Juli und August 10.00 bis 19.00 Uhr), letzter Einlass eine Stunde vor Schließung.

TRUMER WELT - BRAUEREI SIGL
5162 Obertrum bei Salzburg, Brauhausgasse 2
0 62 19/74 11-0
beer@trumer.at, www.trumer.at
Die Trumer Welt ist ein touristischer Anziehungspunkt im Salzburger Seenland: Die Besonderheiten der Brauerei – etwa offene Gärbottiche – werden ebenso erlebbar wie die Besonderheiten des Trumer Pils, das mehrfach international ausgezeichnet wurde. Führungen ohne Voranmeldungen Mai bis September Di um 16.30 Uhr, Juli–August zusätzlich Do um 18.00 Uhr. Für Gruppen ab 10 Personen auf Anfrage 7 Tage/Woche zu flexiblen Zeiten.

STEIERMARK

3BB-FARM (3 BLACK BITCHES)
8181 St. Ruprecht a.d. Raab, Dietmannsdorf 17
0 31 78/22 25 und 0 69 9/112 17 23
3bb-farm@aon.at
http://members.aon.at/jwiener/startframe.html
Kleine Bauernhofbrauerei von Josef & Uschi Wiener, die als Spezialität ein Hanfbier brauen. Vorbestellung ratsam.

ALEFRIED
8010 Graz, Rechbauerstraße 24
0 68 0/111 44 07
www.alefried.com
Seit Anfang 2015 gibt es vom Alefried handgebraute Ales, die sich nicht nur durch durchwegs gute Qualität, sondern auch durch bemerkenswertes Etikettendesign auszeichnen.

BAUERNHOFBRAUEREI SCHMALLEGGER
8183 Floing, Haring 17
0 31 77/256 19, 0 66 4/73 31 86 71
haringergold@aon.at
Herr Schmallegger erzählt auf seinem Bauernhof gerne über die Geschichte des Bierbrauens.
Gruppenangebot ab 5 Personen (nach Voranmeldung): Brauerei-Führung (30 Min.) und Verkostung 3,50 € pro Person.

BERGER BRÄU
8255 St. Jakob im Walde, Kirchenviertel 34
0 33 36/82 59
info@landhotel-berger.at
www.landhotel-berger.at
Seit 2002 wird das „Berger Bräu" gebraut und hauptsächlich im Hotel ausgeschenkt. Bei Interesse ist eine Besichtigung der Brauerei im Keller möglich.

BEVOG BREWERY
8490 Bad Radkersburg, Gewerbepark B Nr. 9
0 34 76/415 43
office@bevog.at
www.bevog.at
Vasja Golar, ein junger slowenischer Hobbybrauer, hat im Herbst 2012 im Dreiländereck Österreich/Slowenien/Ungarn eine professionelle Microbrewery eingerichtet, die keinen Vergleich mit ihren amerikanischen Vorbildern zu scheuen braucht. Brauereibesuche nur auf Anfrage – am besten in englischer Sprache.

BRAUEREI GÖSS
8700 Leoben, Brauhausgasse 1
0 38 42/20 90-58 02
goesseum@goesser.at, www.goesser.at/braumuseum.html
Braumeister Andreas Werner leitet in Göß die größte Brauerei Österreichs.
Brauerei und Gösseumsführung (Ansprechpartner: Monika Diregger): Gruppe ab 6 Personen ganzjährig von Montag bis Freitag, Anmeldung erforderlich. Preis: 12,00 € für Erwachsene, 8,50 € für Schüler, Studenten und Senioren.

BRAUEREIEN

STEIERMARK

BRAUEREI GRATZER
8224 Kaindorf, Obertiefenbach 26
0 66 4/302 33 44
office@braureigratzer.at
www.braureigratzer.at

Alois Gratzer betreibt hier eine kleine, interessanterweise aber bundesweit gut etablierte Brauerei, die sich durch klimaneutrale Produktion auszeichnet und ihre Biere mit Vornamen benennt. Auch online erhältlich bei www.mybier.at

BRAUEREI MURAU
8850 Murau, Raffaltplatz 19–23
0 35 32/32 66-0
info@murauerbier.at
www.murauerbier.at

Die Murauer Brauerei ist als Genossenschaft von Gastwirten entstanden und hat in den vergangenen Jahren ihr Angebot deutlich ausgeweitet. Bis September 2016 ist das Museum wegen Umbauarbeiten zu einer Schaubrauerei (Brauerei der Sinne) geschlossen.

BRAUEREI PUNTIGAM
8055 Graz, Triester Straße 357–359
0 31 6/502-0
d.koehler@brauunion.com
www.puntigamer.at

Diese Großbrauerei im Süden von Graz ist Heimstätte der Puntigamer und (seit dem Zweiten Weltkrieg) auch der Reininghaus-Biere. Puntigam lag bis 1938 vor den Mautgrenzen der Stadt, Vorläufer der heutigen Brauerei war ein großer Gutshof. Historische Quellen verweisen darauf, daß sich der Name Puntigam vom Familiennamen der Besitzer des Gutes ableitet. Die Brauerei kann von Gruppen ab 10 Personen nach Voranmeldung besucht werden. Der Eintritt kostet für Erwachsene 8,00 €, für Studenten 7,00 €. Führungen finden nach vorhergehender Anmeldung bei Dagmar Köhler von Mo bis Do zwischen 9.00 Uhr bis 17.00 Uhr statt. Öffnungszeiten „Bier&mehr"-Shop: Di–Fr 9.00 bis 12.00 Uhr und 12.30 bis 16.30 Uhr, Sa 8.30 bis 12.00 Uhr.

BRAUHAUS MARIAZELL / GIRRER BRÄU
8630 Mariazell, Wiener Straße 5
0 38 82/252 30
brauhaus@mariazell.at
www.bierundbett.at

Die älteste Hausbrauerei der Steiermark feiert 2016 das 20-jährige Jubiläum, und als spezielles Bier in diesem Jahr gibt es das hausgebraute „96er", ein bernsteinfärbiges, hopfenbetontes obergäriges Bier. Siehe auch unter Lokale Steiermark – Mariazell.

DER SEIDL - IHR BRAUWIRT
8820 Neumarkt, Zeutschach 7
0 35 84/24 40
brauwirt.seidl@aon.at
www.brauwirtseidl.at

Gasthausbrauerei – siehe unter Lokale Steiermark – Zeutschach.

DIE BRAUEREI LEUTSCHACH
8463 Leutschach, Schillerplatz 3
0 699/10 43 87 49
wolf@diebrauerei.com
www.diebrauerei.com

Kleine Erlebnisbrauerei im steirischen Hopfenland, geöffnet Do–So ab 10.00 Uhr. Bierseminare, bei denen man selber mitbrauen kann, dauern sechs Stunden und kosten 69,00 € p.P. Neu: das „1. Hopfenmuseum der Steiermark".

FÜRSTENBRÄU
8280 Fürstenfeld, Hauptstraße 31
0 33 82/552 55-0
gasthaus@fuerstenbraeu.at, www.fuerstenbraeu.at

Gasthausbrauerei, die seit 1998 an eine 1913 begonnene Brautradition in Fürstenfeld anknüpft. Siehe auch unter Lokale Steiermark – Fürstenfeld.

HANDBRAUEREI FORSTNER
8401 Kalsdorf bei Graz, Dorfstraße 52
0 31 35/542 28
bestbier@forstner-biere.at
www.forstner-biere.at

Die Brauerei wurde im Jahr 2000 von Gerhard Forstner als „Hof-Bräu Kalsdorf" gegründet und in weiterer Folge umbenannt in „Handbrauerei Forstner". Seit 2014 führt Elfi Forstner den Betrieb. Besuchszeit, Verkostungen oder Führungen sind jeweils am Donnerstag ab 18.00 Uhr bei Voranmeldung möglich.

ALKOHOL FREI
ISOTONISCH

egger-bier.at

FÜR ZISCHENDURCH!

DAS alkoholfreie, isotonische Bier. Mit vollem Biergeschmack.

50
BRAUEREIEN
STEIERMARK

HAUSBRAUEREI LÖSCHER
8505 St.Nikolai im Sausal, Flamberg 101
0 31 85/32 66
flamberger@utanet.at
www.flamberger.at
Schaubrauerei, der Brauereishop und die Whiskydestillerie können Montag bis Samstag von 8.00 bis 12.00 und 13.00 bis 18.00 Uhr besichtigt werden. Führungen sind ab 6 Personen möglich. Gruppen sind bis 80 Personen willkommen. Im Preis von 10,00 € p. Person sind Bierstangerl und Bierdegustation inbegriffen. Ab 20 Personen 6,00 € p. Person.

HENGIST KULTURBRAUEREI
8411 Hengsberg, Schönberg 24
0 66 4/88 65 81 41
alexander.klement@hengistbier.at
www.hengistbier.at
Die Walter Klement GmbH ist ein Unternehmen für Sondermaschinen – und da auch Brauanlagen im weitesten Sinn dazu gehören, hat man hier gleich eine eigene Referenzanlage eingerichtet. Malz- und hefebetonte Biere findet man in Mikrobrauereien der Steiermark sehr selten – besonders das Schwarzbier und der Maibock verdienen daher Aufmerksamkeit. Näheres unter Lokale Steiermark – Hengsberg.

HERMAX BRÄU
8311 Markt Hartmannsdorf, Reith 72
0 69 9/11 87 62 16
hermann.nothdurfter@gmx.at
Idyllisch abgelegener Bauernhof, auf dem Hermann Nothdurfter seit 1999 „mit der natürlichen Kraft des Drachens" spezielle Biere braut. Aus seiner Brauerei kommt auch das Eule Koffeinbier.

HERZOG HOFBRÄU
8142 Wundschuh, Ponigler Straße 52
0 67 6/353 05 60
die@bierbotschaft.at
www.bierbotschaft.at
Im Jahr 2008 hat Diplombiersommelière Anita Herzog ihre Leidenschaft zum Beruf gemacht und ihre eigene Brauerei eröffnet, die 2014 von diesem Bierguide als Kleinbrauerei des Jahres ausgezeichnet wurde. Der Bierverkauf erfolgt in der Bierbotschaft in Wundschuh, wo seit 2014 ein Teil der Herzog-Biere auf einer größeren Anlage gebraut wird. Näheres unter Steiermark – Wundschuh – Bierbotschaft.

KANDLBAUER'S HAUSBRÄU
8190 Birkfeld, Aschau 21
0 31 74/47 50
kandlbauer@almenland.at, www.landerlebnis.at

KOFLER BRÄU
8786 Rottenmann, Hauptstraße 4
0 36 14/22 25
hotelkofler@aon.at
www.hotelkofler.at
2012 gegründete Gasthausbrauerei im Hotel Kofler. Harald Kofler hat sein Sudwerk bereits einmal vergrößern müssen und braut nun auf einer 200 Liter Speidels Braumeister Anlage für die eigene Gastronomie sowie für den Gassenverkauf. 2014 wurde das Kofler-Bräu „Starkbier" mit der Goldmedaille und das Kofler-Bräu „Kellergold" mit der Silbermedaille von der französischen „Concours 1001 Degustations" ausgezeichnet. Besichtigungen sind unter telefonischer Absprache möglich. Details unter Lokale Steiermark – Rottenmann.

LAURENZI-BRÄU
8200 Gleisdorf, Hauptplatz 3
0 31 12/367 95
post@laurenzibraeu.at, www.laurenzibraeu.at
2013 gegründete Gasthausbrauerei neben der dem Heiligen Laurentius – dem Schutzpatron der Mälzer – geweihten Stadtpfarrkirche von Gleisdorf. Kleine Schaubrauerei im Lokal, kurze Führungen und Verkostungen, jeweils am Mittwochnachmittag und Samstagvormittag nach telefonischer Vereinbarung. Siehe auch unter Lokale Steiermark – Gleisdorf.

LAVA BRÄU
8330 Feldbach, Auersbach 130
0 31 52/85 75-201
office@lavabraeu.at, www.lavabraeu.at
Im Herzen des Steirischen Vulkanlandes wird Lava Bräu seit 2002 von Hand in exklusiven Mengen bereitet. Für Führungen beträgt der Preis ab 14 Personen 5,50 € (inkl. Verkostung von 2 Sorten Bier) und darunter 7,50 € pro Person. Geöffnet: Mo–Fr von 9.00 bis 17.00 Uhr und gegen Voranmeldung.

BRAUEREIEN
STEIERMARK

LEIT'N BRÄU
8114 Großstübing, Großstübing 34
0 31 25/273 43
gerhard@leitnbierfanclub.at, www.leitnbierfanclub.at
Gerhard Hurdax hat seine Brauerei 1998 „Leit`n Bier" genannt, weil die Hänge („Leitn") rund um seinen Bauernhof am Silberberg so steil sind – er bezeichnet sein Bier auch als das steilste Bier der Steiermark. Biologisch angebauter Hopfen wächst direkt vor dem Brauhaus auf 1000 Metern Seehöhe. Der Leitnbierfanclub macht jedes Jahr etliche Veranstaltungen.

MARIENBRÄU
8075 Hart bei Graz, Rupertistraße 80
0 31 6/47 11 30
marienbraeu@aon.at www.marienbraeu.at
Gasthausbrauerei am Grazer Stadtrand seit 2004. Siehe auch unter Lokale Steiermark – Hart.

MOAR BRÄU
8223 Stubenberg am See, Vockenberg 46
0 31 76/85 46
www.moarbraeu.at
Gasthausbrauerei.
Siehe auch unter Lokale Steiermark – Stubenberg a.See.

NIBELUNGENGOLD BRAUEREI & DESTILLERIE
8280 Fürstenfeld, Franz-Bauer-Weg 4
0 66 4/863 65 64
vorfreude@nibelungengold.at, www.nibelungengold.at
Brauereineugründung aus dem Jahr 2011, die sich als sehr experimentierfreudig erweist. Zudem wird eine Brennanlage betrieben, für Hobbybrauer gibt es eine Versorgung mit Braumaterial. Bier kann Mo–Fr von 8.00 bis 12.00 Uhr und 14.00 bis 18.00 Uhr sowie an Wochenenden nach Vereinbarung gekauft werden. Es werden auch Brauseminare und Verkostungen im rustikalen Braustüberl angeboten.

PETERWIRTSBRÄU
8983 Bad Mitterndorf, Nr. 68
0 36 23/25 97
pension@peterwirt.com
www.peterwirt.com

Das Peterwirtsbräu erzeugt seit 2008 unfiltriertes, naturbelassenes Bier. Im Bräustüberl, das täglich ab 15.00 Uhr geöffnet ist, werden eine Jause und auch Edelbrände aus der eigenen Erzeugung angeboten.

POCKBIER / LANDWERKSTATT UND GENUSSLABOR
8481 Weinburg, Pichla/M. 31
0 66 4/191 59 63
office@pockbier.com
www.pockbier.com
Georg Pock bespielt mit seiner Familie eine kleine Landwerkstatt in der Südsteiermark. Seit 2011 wird dort das Pockbier im Genusslabor gebraut. Die verschiedenen Sorten können vor Ort verkostet und gekauft werden. Bei Anmeldung kann man auch Führungen buchen.
Das Bier wird unter anderem im Weinlokal Maitz in Ratsch, im Sattlerhof in Gamlitz, in der Saziani Stube in Straden und bei „der süßen Luise" in Graz angeboten.

PRIVATBRAUEREI ERZBERGBRÄU
8790 Eisenerz, Trofengbachgasse 2
0 66 4/320 23 40
sra@erzbergbraeu.at
www.erzbergbraeu.at
Seit Mai 2012 wird am Rande der Eisenerzer Altstadt von Reini Schenkermaier wieder Bier gebraut – 100 Jahre nachdem die letzte Brauerei im Ort ihre Pforten geschlossen hat. In der 3-Hektoliter Schaubrauerei werden auch Brauseminare, Verkostungen, Degustationen und Führungen mit dem Brauer und Diplom-Biersommelier angeboten. Die Biere werden im angeschlossenen Bedarfswirtshaus (geöffnet: freitags ab 11.00 Uhr) ausgeschenkt und in Flaschen vor Ort sowie in Regionalläden in Eisenerz, Leoben, Seckau & Graz verkauft. Über www.abenteuer-erzberg.at ist auch ein Package mit Schaubergwerks-Besuch am „Steirischen Brotlaib", Brauereiführung, Eisenerzer Kesselheisser und Bier buchbar. Die Brauerei ist auch Sitz von „Steiermarkbier", einer Marktgemeinschaft von derzeit zehn handwerklichen steirischen Brauereien. Regelmäßig gebraut werden das Kellerbier „Gruamhunt", das Porter „Noar" (2. Platz Staatsmeisterschaft 2013), ein hopfengestopftes Pale Ale „DreiHops" (3. Platz Staatsmeisterschaft 2015) sowie verschiedene Sondersude.

52
BRAUEREIEN

STEIERMARK · TIROL

PUTZ'N BRÄU
8243 Pinggau, Wiesenhöf 17
0 33 39/223 73, 0 66 4/410 00 74
putzn.braeu@aon.at
www.riebenbauer.st
1998 von Anton Riebenbauer gegründete Gasthausbrauerei mit zwei Biersorten, die zum Mitnehmen in 2l-Blutzer oder auf Vorbestellung auch ins 10, 25, oder 50 Liter Fass gefüllt werden. Siehe auch unter Lokale Steiermark – Pinggau.

SAJACHER SCHLÖSSL BRÄU
8424 Gabersdorf, Sajach 23
0 34 52/748 79, 0 66 4/261 03 77
bier@bierbrauerei.info
www.bierbrauerei.info
Der Braumeister Siegfried Neuhold absolvierte seine Lehre im Jahr 1955 bei Peter Reininghaus und hat sich 1999 den Lebenstraum einer eigenen Kleinbrauanlage erfüllt. Seitdem braut er das Schlößlbräu Lager nach seinen alten Rezepten, im Winter Spezial Dunkel und einen Doppelbock. Geöffnet Mo–Sa 10.00 bis 22.00 Uhr, So & Feiertage Ruhetag.

SCHLADMINGER BRAU GMBH
8970 Schladming, Hammerfeldweg 163
0 36 87/225 91-0
office@schladmingerbier.at
www.schladmingerbier.at
Die 1909 als Erste Alpenländische Volksbrauerei gegründete Brauerei Schladming ist eine regionale Spezialitätenbrauerei im Verbund der Brau Union Österreich, spezialisiert auf Bio-Zwickl und Bio-Weizenbier (Schnee-Weiße).
Individuelle Führungen für Gruppen ab 10 Personen können ganzjährig an Donnerstagen und Freitagen zwischen 9.00 und 15.00 Uhr mit Rudi Schaflinger unter r.schaflinger@brauunion.com vereinbart werden. Brauereishop Öffnungszeiten: Mo–Fr 7.00 bis 16.45 Uhr.

STEIRISCH URSPRUNG
8200 Brodingberg bei Gleisdorf, Brodersdorfstraße 85
0 31 17/51 71
hotel@steirischursprung.at
www.steirischursprung.at
Walter Neuwirth kam 1997 zum Bierbrauen, weil er zu viel Honig produziert hatte: Anfangs war es lediglich Honigbier, ein mildes, leicht süßliches, vollmundiges Bier, das in der Region unter dem Namen „Sauschneider" bekannt ist. Näheres unter Lokale Steiermark – Brodingberg bei Gleisdorf.

TONI BRÄU - KLEINBRAUEREI HOFER
8273 Ebersdorf, Wagenbach 61
0 69 9/10 61 61 61
office@tonibraeu.at
www.tonibraeu.at
Bei den Brauereiführungen (Gruppen bitte mit Voranmeldung), die Mo u. Do um 16.00 Uhr und Sa um 10.30 Uhr stattfinden, kann man das BioGold, helles und dunkles Vollbier oder die Saisonbiere: Fasten-, Bock-, Weizen- und verschiedene Kräuterbiere verkosten.

TRIEB-BRÄU - KLEINBRAUEREI
8641 St. Marein, Ferdinand Raimundweg 7
0 66 4/806 01 16 16
office@trieb-braeu.com
trieb-braeu.repage.de

TIROL

ACHENSEE BIER
6213 Pertisau, Pertisau
0 52 43/52 06
info@hotelkarlwirt.at
www.achenseebier.at
Im Langlaufstüberl am Eingang zu den Karwendeltälern wird seit Dezember 2010 naturtrübes Bier produziert. Siehe auch unter Lokale Tirol – Pertisau.

BIEROL / STÖFFLBRÄU
6330 Schwoich, Sonnendorf 27
0 53 72/ 582 07
info@stoefflbraeu.at
www.bierol.at
Brauerei in der inzwischen geschlossenen Gasthausbrauerei Stöfflbräu. Eine Vorreiterrolle hat Bierol auch durch die Verwendung von Craft Bier Gläsern der Glashütte Spiegelau übernommen.

RAXBRÄU – GASTHAUSBRAUEREI

**HAUPTSTRASSE 40
2650 PAYERBACH**

ÖFFNUNGSZEITEN:

FREITAG 15.00 BIS 22.00 UHR

JULI UND AUGUST FREITAG UND
SAMSTAG 15.00 BIS 22.00 UHR

54
BRAUEREIEN
TIROL

BRANGER BRÄU
6175 Unterperfuß bei Innsbruck, Unterperfuß
0 52 32/22 09
brangeralm@aon.at
www.brangeralm.at
1. Tiroler Wirtshausbrauerei. Siehe auch unter Lokale Tirol – Unterperfuß.

BRAUEREI & BRENNEREI EBNER
6067 Absam, Karl-Zanger-Straße 17
0 66 4/450 25 24
office@brauereiebner.at
www.brauereiebner.at
Gasthausbrauerei – Details bei den Bierlokalen in Absam, Tirol. Für das Ebner Gold und für das Ebner Pils gab es 2014 Medaillen bei der Staatsmeisterschaft für Kleinbrauereien.

BRAUEREI FALKENSTEIN
9900 Lienz, Pustertaler Straße 40
0 48 52/620 62-62 11
i.knotz@brauunion.com
Die Spezialität dieses Hauses ist das Zwickl-Bier für Gösser. Brauereibesuche sind möglich, Anmeldungen bei Frau Ines Knotz notwendig.

CRAFTCOUNTRY BREWERY
6060 Hall in Tirol, Alte Landstraße 50
0 65 0/430 20 80
office@craftcountry.beer, www.craftcountry.beer
Jürgen Ladstätter hat ebenso wie sein Kompagnon Simon Wabnig viele Jahre in den USA verbracht. In ihrer Mikrobrauerei in Hall haben sie begonnen, mit außergewöhnlichen Hopfen zu experimentieren. Je außergewöhnlicher und besonders, desto besser – dies zeigt zum Beispiel auch das exklusive Japanische Pale Ale Miyamato mit Meereskorallen.

DORF BRÄU
6167 Neustift i. Stubaital, Dorf 15
0 52 26/22 22
dorfpub.at
Siehe auch Lokale Tirol – Neustift.

FAMILIENBRAUEREI HUBER
6380 St. Johann in Tirol, Brauweg 2
0 53 52/622 21
info@huberbraeu.at
www.huberbraeu.at
Diese Brauerei gibt es an diesem Standort seit 1727 – und sie beruft sich mit ihrem „Augustinus-Bräu" auf eine Tradition von 1770. Siehe auch unter Lokale Tirol – Huber Bräu Turmstüberl – St. Johann.

FREUNDSBERG 66
6130 Schwaz, Freundsberg 66
0 66 4/233 49 15
hurrycurry@gmx.at, www.hurrycurry.at
Robert Holzleitner hat seine Brauerei 2014 gegründet, um sein Lokal Hurry Curry in Vomp (auf der anderen Seite des Inn) mit eigenem Bier beliefern zu können – und nennt seine Biere stets nach den Bergen der Umgebung.

HAIDENHOF WIRTSHAUSBRAUEREI
9900 Lienz, Grafendorferstraße 2
0 48 52/624 40
info@haidenhof.at
www.haidenhof.at
Gasthausbrauerei. Details unter Lokale Tirol – Ansitz Haidenhof – Lienz.

KLOSTERBRÄU
6100 Seefeld, Klosterstraße 30
0 52 12/262 10
info@klosterbraeu.com, www.klosterbraeu.com
Nach über 80 Jahren wurde das Klosterbräu 2014 wieder

BRAUEREIEN

TIROL

aktiviert – und wurde 2015 als Kleinbrauerei des Jahres ausgezeichnet. Eigene Gerstenfelder und ein Hopfengarten sind angelegt, man darf sich also auf künftige Brauexperimente freuen. Siehe auch unter Lokale Tirol – Bräukeller – Seefeld.

KRISTALL BRAUEREI

6236 Alpbach, Inneralpbach 431
0 53 36/59 29
info@kristallbrauerei.com
www.kristallbrauerei.com
Josef „Jos" Moser hat seine 2006 gegründete Brauerei nach dem kristallklaren Wasser des Alpbachtals benannt. Brauereibesichtigungen auf Anfrage.

LODER BRÄU PRIVATBRAUEREI

6344 Walchsee/Kaiserwinkl, Kalvarienweg 5
0 53 74/52 47
seerose@walchsee-tirol.at
www.walchsee-tirol.at
Alois Loder sen. und jun. haben 2009 die Familientradition des Brauens wieder auferstehen lassen. Von Pensionschefin Petra Loder – sie braut mittlerweile schon ihr eigenes Bier – werden auch prämierte Spitzenbiere anderer Brauereien zu feinsten Bieressigen veredelt. Mehr dazu auf www.bieressig.at

MAIRWIRT

6385 Schwendt, Dorfstraße 17
0 53 75/27 77
info@mairwirt.at
www.mairwirt.at
Gasthausbrauerei seit 2011. Siehe auch unter Lokale Tirol – Schwendt.

METZGER BRÄU – HAUSBRAUEREI TUXER BIER

6293 Lanersbach, Tux i. Zillertal, Auen 363
0 52 87/877 77
info@metzgerwirt.com
www.metzger-braeu.com
Hausbrauerei, Details unter Lokale Tirol – Tux.

OLDY BRÄU

6440 Imst, Gunglgrün 1
0 54 12/648 19
oldy-brau@gmx.at

ÖTZTALER BIER

6441 Umhausen, Dorf 30
0 67 6/408 77 27
yannick-allombert@oetztalerbiermanufaktur.at
www.oetztalerbiermanufaktur.at
Yannick Allombert, ein Koch aus dem Elsass, hat im Keller des Gasthaus Krone mit seiner selbst konstruierten Nanobrauerei gestartet – und im April 2014 daraus die Braumanufaktur als ein eigenständiges Unternehmen entwickelt. Dabei experimentiert Allombert gerne mit lokalen Rohstoffen, selbst angebauter Gerste und mit Widlhopfen, der an den Waldrändern des Ötztals vorkommt und im Bier einen Charakter ähnlich der US-Sorte Amarillo entfaltet.

S'HÖFBRÄU

6675 Tannheim, Höf 19
0 67 6/912 26 43
bier@hoef-braeuhaus.at
www.hoef-braeuhaus.at
2004 errichtete Privatbrauerei. Im modernen Sudkessel wird Helles, Dunkles und Weizenbier gebraut. Führungen einzeln oder in Gruppen, auf Wunsch mit Verkostung. Siehe auch unter Lokale Tirol – Tannheim.

STADL BRÄU

6622 Berwang, Rinnen 38
0 56 74/81 50
heustadl@aon.at
www.hotelthaneller.at
Siehe auch unter Lokale Tirol – Berwang.

STARKENBERG BIERMYTHOS – BRAUEREI SCHLOSS STARKENBERG

6464 Tarrenz/Imst, Griesegg 1
0 54 12/662 01
biermythos@starkenberg.at
www.starkenberg.at
Geöffnet Mai bis Oktober täglich von 10.00 bis 17.00 Uhr. Vom 1.

BRAUEREIEN

TIROL · VORARLBERG

November bis 30. April immer nur Dienstag und Freitag, Führung um 10.00 Uhr. Eintrittspreis inkl. Bierprobe 7,00 € für Schüler, Studenten; Grundwehrdiener und Gruppen ab 15 Personen 6,00 €.

STRICKERS DORF-ALM
6654 Holzgau, Nr. 71
0 56 33/55 86
info@dorfalm.com
www.dorfalm.com
Siehe auch unter Lokale Tirol – Holzgau.

THERESIENBRÄU
6020 Innsbruck, Maria-Theresien-Straße 51–53
0 51 2/58 75 80
office@brauwirtshaus.at
www.brauwirtshaus.at
Erste Innsbrucker Gasthausbrauerei, gegründet 1996. Siehe auch unter Lokale Tirol – Innsbruck.

TIROLER BIER - BRAUEREI HARALD FRANZ BAUMGARTNER
6020 Innsbruck, Feldstraße 11a
0 66 4/234 68 39
tirolerbier@chello.at
www.tirolerbier.at
Braumeister Harald Baumgartner hat sich 1999 seinen Traum verwirklicht und die Brauerei für „Tiroler Bier" gegründet. Montag, Mittwoch und Freitag von 14.00 bis 18.00 Uhr (nach vorheriger Anmeldung) persönliche Brauereiführungen mit Verkostung und einem Detailverkauf von Bügelverschlussflaschen.

VILSER BERGBRÄU
6682 Vils, Stadtgasse 2
0 56 77/531 76
info@vilserprivatbrauerei.at
www.vilserprivatbrauerei.at
Die 2013 gegründete Vilser Privatbrauerei braut Bierspezialitäten „aus der Region – für die Region", die sie unter der Marke Vilser Bergbräu vermarktet – darunter das „Helle", das „Hefeweizen" und das naturbelassene, unfiltrierte Lechweg Bier. Saisonale Spezialitäten erweitern das Angebot, wie im Winter der 8,5 Prozent starke Doppelbock mit dem Namen „Schwarzer Krampalar", benannt nach einer Vilser Sagengestalt oder im Sommer das helle Bockbier – die Blonde Gams. Bierverkauf werktags 8.00 bis 12.00 Uhr und 13.00 bis 16.00 Uhr oder über www.mybier.at

WILDSCHÖNAU BRAUEREI
6311 Wildschönau, Oberau-Mühltal
0 66 4/73 69 94 17
peter@wbrau.com
www.wildschoenau-brauerei.com
Brewpub, das sich dem Reinheitsgebot verschrieben hat – mit angeschlossenem Steakhouse.

ZILLERTAL BIER – BRAUHAUS SIMON STRASSER
6280 Zell am Ziller, Bräuweg 1
0 52 82/23 66
verkauf@zillertal-bier.at
www.zillertal-bier.at
Diese Brauerei besteht bereits seit dem Jahr 1500 und hat sich nicht zuletzt für ihr Pils einen Namen gemacht – 2013 ist sie an den südlichen Rand von Zell am Ziller übersiedelt in ein Gebäude, das architektonisch alle Stückerln spielt und das für Brauereibesuche und Brauseminare (kleine Versuchsbrauerei inklusive) optimiert ist.
Führungen nach Anfrage.

VORARLBERG

BRAUEREI EGG, SIMMA, KOHLER GMBH & CO. KG
6863 Egg, Gerbe 500
0 55 12/22 01
l.weidinger@brauerei-egg.at, info@brauerei-egg.at
www.brauerei-egg.at
Die Brauerei Egg – nicht zu verwechseln mit der Egger Brauerei in Unterradlberg – ist die kleinste Privatbrauerei in Vorarlberg. Brauereiführungen gibt es gegen Voranmeldung, Mindestteilnehmeranzahl: 10 Personen, Unkostenbeitrag inkl. Verkostung: 5,00 € /Person.

BRAUEREIEN

VORARLBERG · WIEN

in der Zeit von 9.00 bis 17.00 Uhr gebucht werden. Kosten der Führung inkl. einem Getränk: 7,00 €/p.P. oder Führung und Bierverkostungen, Brezel: 10,50 €/p.P oder Führung + Hock mit Weißwürsten, Senf, Brezel, 2 Getränken 12,50 €/p.P. Öffnungszeiten im Shop: Mo–Fr von 9.00 bis 12.00 Uhr und 14.00 bis 17.30 Uhr, Sa 9.00 bis 12.00 Uhr.

WIEN

1516 BREWING COMPANY
1010 Wien, Krugerstraße 18
01/961 15 16
horst@1516brewingcompany.com
www.1516brewingcompany.com
Im Jahr 1999 gegründetes American Style Brewpub. Die Brauanlage steht dekorativ hinter der Bar. Details unter Lokale – Wien.

BRAUEREI FOHRENBURG GMBH & CO.
6700 Bludenz, Fohrenburgstraße 5
0 55 52/606-0
fohrenburg@fohrenburg.at; andreas.rosa@fohrenburg.at
www.fohrenburg.com
Die Fohrenburg-Brauerei ist Mitglied der Freien Brauer – ein Vorzeigebetrieb, in dem Braumeister Andreas Rosa eine breite Palette an Bieren braut. Gruppenführungen für 10 bis 30 Personen, Einzelpersonen können sich an Donnerstagen um 10.30 Uhr (Mai bis Oktober) nach Absprache anschließen.

BEAVER BREWING COMPANY
1090 Wien, Liechtensteinstraße 69
0 677/61 01 22 53
office@beaverbrewing.at www.beaverbrewing.at
Brewpub amerikanischen Stils mit einer geradezu winzigen Anlage für den großen Andrang. Siehe auch Lokale – Wien.

BRAUEREI FRASTANZ EGEN
6820 Frastanz, Bahnhofstraße 22
0 55 22/517 01-0
bier@frastanzer.at
www.frastanzer.at
1902 gegründete regionale Brauerei, mit denkmalgeschütztem Sudhaus und offener Gärung. Bekannt für die „3 Schwestern". Bei einer vereinbarten Brauereibesichtigung in Frastanz kann man nicht nur das denkmalgeschützte Sudhaus besichtigen, sondern auch einige der zwölf unterschiedlichen Bierspezialitäten verkosten. Anmeldungen für Gruppen ab 15 Personen telefonisch (0 55 22/517 01-13) oder per e-mail – erlebnis@frastanzer.at – bei Mario Rothmund.

BRAUWERK
1160 Wien, Ottakringer Platz 1
01/491 00-54 80
office@brauwerk.wien www.brauwerk.wien
In der Kreativbrauerei am Areal der Ottakringer Brauerei werden seit 2014 Craft Biere hergestellt. Bei geführten Verkostungen kann man die Biere unter professioneller Anleitung probieren, die passenden Kombinationen mit Speisen lernt man bei Sensorik- & Food-Pairing Seminaren kennen. Bei einem gemeinsamen Brautag mit den Brauwerkern kann man das handwerkliche Bierbrauen hautnah miterleben. Do, Fr von 17.00 bis 21.00 Uhr.

MOHRENBRAUEREI
6850 Dornbirn, Dr.-Waibel-Straße 2
0 55 72/37 77-0
zum-mohren@mohrenbrauerei.at
www.mohrenbrauerei.at
Westlichst gelegene Brauerei Österreichs mit einer hauseigenen Creativ Brauerei. Führungen können Montag bis Freitag

FISCHER BRÄU
1190 Wien, Billrothstraße 17
01/369 59 49
office@fischerbraeu.at
www.fischerbraeu.at
Die erste Wiener Gasthof-Brauerei feiert ihr 30-jähriges Bestehen. Siehe auch unter Lokale – Wien.

58
BRAUEREIEN
WIEN

GEGENBAUER
1100 Wien, Waldgasse 3
01/604 10 88
office@gegenbauer.at
www.gegenbauer.at
Brauer war Erwin Gegenbauer schon immer – allerdings nicht Bierbrauer, sondern Essigbrauer. 2014 ließ er sich ein Sudwerk für Biere kommen und vermarktet sie hochpreisig.

HACKL BRÄU - SCHWARZER ADLER
1050 Wien, Schönbrunnerstraße 40
01/890 49 60
lokal@schwarzer-adler.co.at
www.schwarzer-adler.co.at
Gerhard Hackls Gasthausbrauerei, deren Anlage ursprünglich am Klopeinersee gestanden ist, dann zwei Jahre lang in der Wiener Geusaugasse Dienst getan hat (von dort wurde das Hackl Bräu in der Ziegelofengasse beliefert) und nun auf der Schönbrunnerstraße in einem aus dem Jahr 1846 stammenden Gaststätte ihre Bestimmung gefunden hat.

HIASLBRÄU - ZUM ROTEN HIASL
1220 22. Bezirk, Biberhaufenweg 228
01/280 71 22
office@roterhiasl.at
www.roterhiasl.at
2012 gegründete Gasthausbrauerei von Roland Reisinger – Details unter Lokale – Wien.

HIGHLANDER BREWPUB
1090 Wien, Sobieskiplatz 4
01/315 27 94
the-highlander@aon.at, www.the-highlander.at
Brewpub, in dem seit 2000 gebraut wird. Siehe auch unter Lokale – Wien.

LICHTENTHALER BRÄU
1090 Wien, Liechtensteinstraße 108
01/315 22 57
office@lichtenthalerbraeu.at www.lichtenthalerbraeu.at
Brewpub – Details unter Lokale – Wien.

MEDL-BRÄU
1140 Wien, Linzer Straße 275
01/914 43 40
office@medl-braeu.at
www.medl-braeu.at
Die Erste Penzinger Gasthausbrauerei ist mit ihrem Gründungsjahr 1989 eine der ältesten ihrer Art in Österreich. Details unter Lokale – Wien.

NEXT LEVEL BREWING
1120 Wien, Wilhelmstraße 23
01/974 46 27
beer@nextlevelbrewing.at, www.nextlevelbrewing.at
Brauen seit November 2015. Zuletzt wurde eine Gose gebraut, verfeinert mit Zitrone und Thymian.

OTTAKRINGER BRAUEREI
1160 Wien, Ottakringer Platz 1
01/491 00-23 44
info@ottakringer.at; silke.wagner@ottakringer.at
www.ottakringerbrauerei.at
Als Wiens einzige Großbrauerei stellt die 1837 gegründete Ottakringer Brauerei ein Wahrzeichen des 16. Bezirks dar. Und Ottakringer hat auch kräftig investiert, im langjährigen Schnitt werden vier bis fünf Millionen Euro in die Brauerei investiert: Zum Einen wurde das Brauwerk als eigene Craft Bier Brauerei installiert, zum Anderen wurde das Sudhaus der Großbrauerei auf neuen Stand gebracht und ein neuer Dosenfüller installiert. Die historischen Bauten sowie die Brauabteilung können nach Voranmeldung bei Silke Wagner von Montag bis Freitag zwischen 9.00 und 18.30 Uhr besucht werden.

SALM BRÄU
1030 Wien, Rennweg 8
01/799 59 92
office@salmbraeu.com
www.salmbraeu.com
Eine international viel beachtete Vorzeigebrauerei unter den Gasthausbrauereien. Siehe auch unter Lokale – Wien.

BRAU WERK

BREWED WITH LOVE & MUSIC

www.brauwerk.wien - facebook.com/brauwerkwien - youtube.com/brauwerkwien

60
BRAUEREIEN

WIEN

SIEBENSTERN BRÄU
1070 Wien, Siebensterngasse 19
01/523 86 97
office@7stern.at
www.7stern.at
Klassische Wiener Gasthausbrauerei, in der Bierkultur zelebriert wird. Weitere Details unter Lokale – Wien.

STIEGL AMBULANZ
1090 Wien, Uni-Campus Altes AKH Alser Straße 4
01/40 21 15 00
info@stiegl-ambulanz.com www.stiegl-ambulanz.com/
Die Gasthausbrauerei von Stiegl: Hier werkt Markus Trinker, einer der besten Vertreter der jungen Brauergeneration und engagierter Biersommelier am Braukessel. Das Hausbier gibt es nur hier im Haus. Siehe auch unter Lokale – Wien.

WIEDEN BRÄU
1040 Wien, Waaggasse 5
01/586 03 00
office@wieden-braeu.at
www.wieden-braeu.at
Diese Gasthausbrauerei hat in den vergangenen Jahren neuen Schwung gewonnen und einige auffallende Sonderbiere gebraut – darunter das bei der Staatsmeisterschaft der Kleinbrauereien 2015 mit Bronze ausgezeichnete Marillen Witbier, ein kalt gehopftes belgisches Xarifa und das fast schon traditionelle Hanfbier. Siehe auch unter Lokale – Wien.

XAVER BRÄU
1160 Wien, Hasnerstraße 14
xaver.brauerei@gmail.com
www.xaverbrauerei.com
Die kleinste Brauerei von Ottakring: Rampenverkauf direkt ab Brauerei jeweils am Freitag 14.00 bis 17.00 Uhr und am Samstag: 10.00 bis 13.00 Uhr.

ZEUX BIER
1130 Wien, Slatingasse 8b/Parzelle 41
0 66 4/466 01 65, 0 67 6/654 31 04
hello@zeux-bier.at, www.zeux-bier.at
Zeux IPA, Pale, Stout.

Klassische Wien-Wien-Situation.

Entdecken Sie zwei außergewöhnliche Bierkompositionen aus dem Herzen von Wien, die jedes Essen harmonisch abrunden: das Ottakringer Wiener Original und Wiener G'mischte. Zu jedem Anlass ein genussvoller Gewinn. Prost!

Ottakringer
1837
BRAUEREI · WIEN

BIER-INNOVATIONEN

11/11 · 1475 PALE ALE · 1516 TOVARICH SANCHEZ · 4710 OAK 1

DIE INTERESSANTESTEN BIERE DES VERGANGENEN JAHRES

11/11
BRAUEREI Brauerei Murau
BRAUMEISTER Johann Zirn
ALKOHOL 5,2 % ABV
BIERSTIL Märzen

Was die Zahlenkombination 11/11 auf dem Etikett zu bedeuten hat – es wird weder auf dem Etikett noch im Begleitheft, das die Culturbrauer ihrer Box mit „9 creativen Craft Bieren" beigelegt haben, verraten. Auf der Facebook-Seite der Brauerei wurde immerhin der Faschingsbeginn zum 11.11. um 11 Uhr 11 mit dem 11/11 gefeiert. Na ja. Es handelt sich jedenfalls um ein Märzenbier mit vollem Körper, dem im Lagertank noch eine satte Portion Hopfen (Centennial, Hallertauer Magnum und Hallertauer Tradition) nachgereicht wurde. Das wirkt sich im Aroma in einer leichten Zitrusnote aus, aber nicht in der Bittere. Es ist ein Craft Bier für jene, die sich noch nicht richtig ans Craft Bier herantrauen, aber ein bisserl mehr Geschmack wollen als bei gängigen Märzenbieren.

1475 PALE ALE
BRAUEREI Hofbräu Kaltenhausen, Hallein
BRAUMEISTER Günther Seeleitner
ALKOHOL 5,5 % ABV
BIERSTIL Pale Ale

1475 steht für das Gründungsjahr der ältesten Brauerei Salzburgs. Und Pale Ales sind die amerikanische Version des englischen Bitters – herbe, aber nicht übertrieben bittere Ales, in diesem Fall mit einer ausgeprägten, an Harz und frisches Holz erinnernden Hopfennase. Das Bier liegt rötlich-bernsteinfarben mit dichtem, leicht gelblichem Schaum im Glas. Im Antrunk mischt sich das Prickeln der Kohlensäure rasch mit dem Hopfengeschmack, der Trunk ist ziemlich schlank und leitet über zu einer trockenen Hopfenbittere, die retronasal nochmals von den harzigen Aromen unterstützt wird, aber rasch abklingt.

1516 TOVARICH SANCHEZ
BRAUEREI 1516 Brewing Company, Wien
BRAUMEISTER Andreas Hartel
ALKOHOL 9,7 % ABV
BIERSTIL Russian Imperial Stout

Wahrscheinlich das komplexeste Bier des Jahres 2015, gebraut nach einer Inspiration durch das Siberius Maximus von Wrecking Bar Brewpub in Atlanta: Dieses Russian Imperial Stout wurde mit viel Malz, Schokolade und einem Hauch Chili gebraut (auf der Zutatenliste stand: Serrano Chili, Zimt, Vanille & Cocoa Nibs – also Zutaten für Mexikanische Schokolade) und dann in einem Bourbon-Fass nachgereift. Die Farbe ist fast schwarz, das Aroma von viel Schokolade geprägt und der Trunk wirkt cremig, weich und süß – dann wird dieser Eindruck von einer robusten Bittere balanciert, die dann schließlich noch einen kleinen Hauch von Schärfe vermittelt.

4710 OAK 1
BRAUEREI Grieskirchner Brauerei
BRAUMEISTER Roland Lehner
ALKOHOL 6,8 % ABV
BIERSTIL Strong Lager, holzgereift

4710 ist die Postleitzahl von Grieskirchen – und die Linie experimenteller Biere, die Marcus Mautner Markhof, der die Brauerei seit einigen Jahren umsichtig neu zu positionieren versucht, im Vorjahr lanciert hat. Es handelt sich um ein (beinahe) bockbierstarkes, dunkelgoldgelbes Lager, das auf Eichenchips gereift ist. Schöner, weißer Schaum, aber insgesamt wenig Kohlensäure. In der Nase gibt es eine deutlich an Vanille

63
BIER-INNOVATIONEN

BIER-INNOVATIONEN

AFFENKÖNIG · AMERICAN PORTER · BARRIQUE AGED SWEET CHOCOLATE STOUT · BURGEN · FLANDERS RED

erinnernde Süße, der Antrunk ist voll und dezent süß – was mit einer herben, offenbar nicht nur vom Hopfen stammenden Bitternote im Finish balanciert wird. Retronasal meldet sich der Eichenton deutlich und rundet das Bier schön ab.

AFFENKÖNIG
BRAUEREI Brew Age, Wien (gebraut bei Gusswerk, Hof)
BRAUMEISTER Johannes Kugler
ALKOHOL 8,2 % ABV
BIERSTIL Imperial IPA

Das Bockbier unter den österreichischen India Pale Ales: Orangefarben mit kräftigem Schaum liegt der Affenkönig im Glas – jederzeit bereit, einen über sein an Karamell, Mango und Kräuter erinnerndes Aroma hineinzuziehen. Ein süßer, weicher Antrunk maskiert zunächst die kräftige Bittere, die sich dann ihr Recht verschafft und die geschmackliche Regentschaft übernimmt, ehe seine Majestät, der Affenkönig, sich würdevoll langsam aus dem Nachtrunk zurückzieht.

AMERICAN PORTER
BRAUEREI Siebensternbräu, Wien
BRAUMEISTER Youssef Naim
ALKOHOL 5,6 % ABV
BIERSTIL Porter

Das frühere Alaskan Porter ist 2015 mit neuem Rezept vorgestellt worden: Extrem dunkles Rotbraun mit einem stabilen, hellbraunen Schaum. In der Nase dominiert ein angenehm frischer Hefeduft, der über dem Duft von Röstmalz und Toast liegt. Dieses Porter ist vom allerersten Schluck an vollmundig und beinahe cremig – aber man schmeckt keine Süße. Der Geschmack erinnert an Zartbitterschokolade mit einer subtilen Rauchigkeit (tatsächlich wird etwas Rauchmalz mitverbraut), was einen sehr ausgewogenen Gesamteindruck ergibt, der lange in den Nachtrunk wirkt.

BARRIQUE AGED SWEET CHOCOLATE STOUT
BRAUEREI Hofbräu Kaltenhausen, Hallein
BRAUMEISTER Günther Seeleitner
ALKOHOL 8,5 % ABV
BIERSTIL Sweet Stout

Sehr dunkles Braun und wenig Schaum prägen den optischen Eindruck dieses Bieres. Das Aroma verspricht, was man auf dem Etikett gelesen hat: Man bekommt einen intensiven Duft von Schokolade, Melasse und Lakritze. Der Geschmack hält dann dieses Versprechen: Ein milder, kohlensäurearmer Antrunk mit intensiver Süße erinnert an Milchschokolade, im Nachtrunk aber gibt die Bittere (wohl unterstützt vom Holzfass) ein robustes geschmackliches Rückgrat.

BURGEN
BRAUEREI Collabs Brewery, Wien (gebraut bei Thornbridge, Ashford in the Water)
BRAUMEISTER Dominique Schilk
ALKOHOL 5,6 % ABV
BIERSTIL Hybrid

Die Collabs Brewery hat immer noch kein eigenes Brauhaus – aber eine reiselustige Biersommelière, die gemeinsam mit innovativen Brauern Neues zu kreieren imstande ist. Dieser Sud ist ein echter Hybrid – teils Ale, teils Wein. Und zwar Uhudler. Dieser rare Traubensaft wurde dem gärenden Bier zugesetzt, das Ergebnis ist ein sehr dunkel rotbraun schimmerndes Getränk mit Aromen von Kastanien, das einen sehr weinigen Eindruck macht. Der Antrunk ist schlank, dann kommt eine milde Säure, die den vollen, beinahe süß wirkenden Körper begleitet. Diese Vollmundigkeit hält aber nicht lange an, sie geht in einen trockenen Nachtrunk über.

FLANDERS RED
BRAUEREI Brauwerk, Wien
BRAUMEISTER Martin Simion
ALKOHOL 7,2 % ABV
BIERSTIL Belgian Sour Ale

Dass dieses Bier so stark ist, würde man nicht vermuten – obwohl es sich mit 17,2 Grad Stammwürze schon fast um einen Doppelbock handelt, trinkt es sich einfach sehr, sehr leicht. Vorausgesetzt, man hat für saure Biere etwas über, aber das hat man wohl sowieso, wenn man sich an diese Spezialität heranwagt: Vier verschiedene Malze sind für die rotbraune Farbe verantwortlich. Das Ale liegt weinartig mit wenig Schaum im Glas, der Duft ist säuerlich, erinnert ein wenig an Biskuit. Und die Assoziation mit Biskuitrou-

DAS GEHEIMNIS DES BESTEN GESCHMACKS.

Genau genommen könnten wir uns ja als Trendsetter bezeichnen. Schließlich entspricht die Philosophie der neuen Craft-Beer-Bewegung unserer Art des Brauens, die wir schon sehr lange praktizieren. So sorgen die offene Gärung, die Karamellisierung des Malzes in unseren kleinen, direkt befeuerten Sudkesseln aus Kupfer und lange Lagerzeiten für ein unvergleichliches Aroma. Aber auch unsere unternehmerische Unabhängigkeit als Familienbetrieb, unsere Leidenschaft und viel Gespür haben unsere kleine Brauerei zu einem echten Craft-Werk gemacht – und unser Bier zu einem ganz großen Geschmackserlebnis.

Mehr über die kleine Brauerei mit dem großen Bier erfahren Sie hier: raschhoferbier.at

BIER-INNOVATIONEN

HAMMER · MANDARIN WEIZEN · MAX GLANER´S WIT · MIYAMATO · MOMENTUM, SINGLE MALT OAKED

lade mit Marillenfüllung geht auch nicht weg, wenn man in diesem vollmundig-sauren Bier den komplexen fruchtig-säuerlichen Noten geschmacklich nachzuspüren versucht.

HAMMER
BRAUEREI Bierschmiede, Steinbach am Attersee
BRAUMEISTER Mario Scheckenberger
ALKOHOL 7 % ABV
BIERSTIL Baltic Porter

Mario Scheckenberger, der als Brand-Manager vielen als „Mister Gösser" in Erinnerung sein wird, hat 2015 sein Brau-Hobby zum Beruf gemacht und beschlossen, „Geschmack ins Bier zu schmieden": In diesem Fall in ein untergärig vergorenes Porterbier, wie es rund um die Ostsee gebraut wird: Das Ergebnis ist ein fast schwarzes Starkbier mit einem intensiven Schokoladenduft und etwas Röstaroma, sehr festem hellbraunen Schaum und einem kräftig-herben, aber nicht zu bitter werdenden Antrunk. Auch im Geschmack dominiert die (Bitter-)Schokolade, im Nachtrunk ist eine lang anhaltende feine Bittere zu vermelden.

MANDARIN WEIZEN
BRAUEREI Mohrenbrauerei, Dornbirn
BRAUMEISTER Ralf Freitag
ALKOHOL 5,5 % ABV
BIERSTIL Hefeweizen

Sehr kräftig goldgelb, sehr trüb, mit sehr viel Schaum – und sehr viel fruchtigem Duft: So liegt dieses Weizenbier im Glas. Die Aromen kommen von der (ausschließlichen?) Verwendung der relativ neuen Hopfensorte Mandarina Bavaria – tatsächlich riecht dieses Weizenbier nicht weizentypisch nach Banane, sondern eben nach Mandarinen. Außergewöhnlich ist auch, dass das Bier auch im Lagertank (also „kalt") nachgehopft wurde. Dadurch kommen die Mandarinen-Aromen sehr deutlich zur Geltung, die Bittere ist aber kaum höher als bei anderen Weizenbieren. Dafür ist der Trunk säuerlich-fruchtig, dies aber bei einem weichen, leicht süßen Körper.

MAX GLANER'S WIT
BRAUEREI Stiegl, Salzburg
BRAUMEISTER Christian Pöperl
ALKOHOL 5 % ABV
BIERSTIL Wit

Max Glaner's ist die neue Craft Bier Linie von Stiegl – und das Witbier eine der ersten Kreationen. Goldgelb und nur mäßig trüb (wohl weil viel Eiweiß in der Flasche zurückgeblieben ist) präsentiert sich dieses Bier mit einem angenehmen Zitrusaroma. Der Antrunk ist spritzig, das Mundgefühl extrem weich, fast cremig. Retronasal kommen Kokos- und Orangentöne gut zur Geltung, die Bittere ist kaum wahrnehmbar.

MIYAMATO
BRAUEREI CraftCountry Brewery, Hall in Tirol
BRAUMEISTER Jürgen Ladstätter
ALKOHOL 5,5 % ABV
BIERSTIL Pale Ale

Bernsteinfarben und deutlich trüb mit schneeweißem Schaum. Intensives an Kräuter, Birnen, Kokos und Ingwer erinnerndes Aroma zeichnen dieses „Japanese Pale Ale" aus. Der Antrunk ist fruchtig (Brombeeren? Kokosmilch?) und herb, aber nicht übertrieben bitter (47 Bittereinheiten sind deklariert, was dem Eineinhalbfachen eines guten Pils entspricht) – der Trunk ist trocken und gewinnt seine Vollmundigkeit vor allem vom verwendeten Hopfen Sorachi Ace. Der trockene Gesamteindruck dürfte auf die Verwendung von Reis im Brauprozess zurückzuführen sein – zudem wurde Sango Meereskoralle zugesetzt, die im Ruf steht, besonders viele Spurenelemente zu enthalten; wie weit sich das geschmacklich auswirkt, ist aber mangels Vergleichssud nicht nachzuvollziehen.

MOMENTUM, SINGLE MALT OAKED
BRAUEREI Privatbrauerei Zwettl, Zwettl
BRAUMEISTER Heinz Wasner
ALKOHOL 11,7 % ABV
BIERSTIL Doppelbock, holzfassgereift

Grundbier für diese Zwettler Sonderedition ist der Doppelbock „Momentum", der im Herbst 2014 als Spezialität aus der Waldviertler Brauerei angeboten wurde – wobei Braumeister Heinz Wasner eine kleine

glüxx
Hormone

...und dich küsst das Leben!

Wie der Name schon sagt. Der Stoff, aus dem Träume sind – oder einfach Küsse, die das Leben schenkt! Ein obergäriges Bier, fruchtig frisch, nach Südfrüchten duftend, ein Hauch Orange, eine Nuance Kardamom, edel eingebettete Bittere hochwertigsten Aromahopfens, die Lust auf den Kuss danach macht. Abgrundet durch den wilden Duft nach ungezähmter Mühlviertler Exotik kombiniert mit kraftvoller Weiblichkeit...

www.brau-boutique.at

BIER-INNOVATIONEN

PADUA DOPPELBOCK · RIEDER SCHWARZMANN · SAMICHLAUS BARRIQUE – BANYULS · SANJANA

Menge beiseitegeschafft hat, um sie in einem Bourbon-Fass nachreifen zu lassen. Nach einem halben Jahr im Holzfass hat das kastanienfarbene Bier ein wenig an Rezenz verloren, dafür aber erheblich an Alkoholgehalt (von 7,8 auf 11,7 Volumenprozent) zugelegt und zum schon vorher vorhandenen Zwetschkenkrampus-Aroma auch noch an Vanille und Kakao erinnernde Aromen dazugewonnen. Man fühlt sich, wenn man das Bier im Glas langsam wärmer werden lässt, beim Genuss an Rumpflaumen erinnert.

PADUA DOPPELBOCK
BRAUEREI Handbrauerei Forstner, Kalsdorf
BRAUER Elfi Forstner
ALKOHOL 7,5 % ABV
BIERSTIL Spiced Ale

Elfi Forstner hat nach dem tragischen Tod der Craftbrauer-Legende Gerhard Forstner 2014 ein herausforderndes Erbe angetreten – und sich an eigenständige Biere gewagt. Mit dem Padua legt sie ein dunkelrotbraunes Bier mit kräftigem Schaum und intensiver Kräuternote vor, fast erinnert das Aroma an Zirbenlikör. Der Antrunk ist breit und süß, dann melden sich vielschichtige herbe Töne, neben die Hopfenbittere treten auch der Geschmack von Wermut, Sternanis und Piment, die in einen trockenen Nachtrunk überleiten.

RIEDER SCHWARZMANN
BRAUEREI Brauereigenossenschaft, Ried im Innkreis
BRAUMEISTER Josef Niklas
ALKOHOL 5,2 % ABV
BIERSTIL Schwarzbier

Tiefschwarz und mit kräftigem, hellbraunen Schaum liegt dieses Bier im Glas – und verströmt einen intensiven Duft nach Edelbitterschokolade. Der Antrunk ist herb, vollmundig und nur andeutungsweise süß – verbunden mit einer Cremigkeit, die man sonst nur von stärker eingebrauten Bieren kennt. Im Nachtrunk dominieren die kakaoartigen Eindrücke, unterstützt von kräftigen Röstnoten und einer feinen Säure, wie man sie von Kaffee und Kakao kennt. Der Name der Produktneuheit ist übrigens geschichtsträchtig: Der Ortsteil, wo jetzt die Brauerei Ried steht, hieß früher Schwarzmann. Das belegt die Beschreibung der Burgfriedensgrenze aus dem Jahr 1536, die an dieser Stelle einen „Bräustadel" des Georg Prew vermerkt.

SAMICHLAUS BARRIQUE - BANYULS
BRAUEREI Schloss Eggenberg, Vorchdorf
BRAUMEISTER Thomas Lugmayr
ALKOHOL 14 % ABV
BIERSTIL Barrel Aged Bock

Seit einigen Jahren wird mit dem Samichlaus – dem stärksten Lagerbier der Welt – durch Nachreifung in verschiedenen Fässern experimentiert. In diesem Fall hat Braumeister Thomas Lugmayr ein 225-Liter Eichenfass aus der kleinen Stadt Banyuls-sur-Mer in der Weinbauregion Roussillon am Fuße der Pyrenäen aufgetrieben, in der ein spezieller Süßwein hergestellt wird. Das in diesem Fass nachgereifte Bier hat ein funkelndes Kupferrot, einen Duft nach Rosinen, Vanille und Ananas, ein leichtes Prickeln im Antrunk unterstützt den kräftig alkoholischen Eindruck. Der Körper ist wuchtig, aber interessanterweise nicht so süß wie bei einem frischen Samichlaus, der Nachtrunk unterstreicht die Hopfenbittere mit einem Hauch der Adstringenz, die vom Eichenfass kommen dürfte.

SANJANA
BRAUEREI Privatbrauerei Zwettl, Zwettl
BRAUMEISTER Heinz Wasner
ALKOHOL 6,7 % ABV
BIERSTIL India Pale Ale

Das poppig aufgemachte Etikett und der indische Name (der für Harmonie, auch für Mondprinzessin steht) zeigt schon, dass hier kein gewöhnliches Zwettler präsentiert wird. Das cognacfarbene, ziemlich trübe Bier zeigt einen kräftigen, reinweissen Schaum und einen fruchtigen Duft nach Limette, Mango und Grapefruit. Der Gesamteindruck ist vollmundig und leicht süß mit einer ganz leichten Bittere im Nachtrunk – verbraut wurden Gersten- und Roggenmalz sowie vier verschiedene Hopfensorten, das Hopfenstopfen trägt viel zum intensiven Aroma bei.

BIER-INNOVATIONEN

SCHWARZBIER · STARK ÖL – OAK AGED · VIENNA I.P. · WERMUTSTRÖPFERL

SCHWARZBIER

BRAUEREI	Brauerei Wieselburg
BRAUMEISTER	Christian Huber
ALKOHOL	4,8 % ABV
BIERSTIL	Schwarzbier

Es ist nicht das erste nach deutschem Vorbild gebraute – und daher mit „blonder Seele" (Köstritzer Schwarzbier) ausgestattete – Schwarzbier aus der dem Hause BrauUnion. Schwechater versuchte es in den 1990ern mit „Drehers Schwarzbier" (variierter Slogan: „Schwarze Seele") und Freistädter mit „Pegasus" – beides nicht erfolgreich in einem Land, in dem man jahrzehntelang gewohnt war, dass dunkles Bier mit Zucker gesüßt wurde. In Ungarn überlebte Drehers Schwarzbier (unter dem Namen „Kaiser Dark") noch bis 2007. Und jetzt ist es in Wieselburg wiederauferstanden. Pechschwarz und mit einem feinen schokoladigen Duft – aber eben ohne Süße. Voller Trunk und eine deutlich herbe Note, die an Bitterschokolade erinnert, unterlegt mit den durch das Prickeln im Mund unterstrichenen Fruchtaromen (Himbeeren und Pfirsiche), geben diesem untergärigen Bier einen modernen Charakter – und die für die teureren Biere aus Wieselburg reservierte Bügelverschlussflasche erinnert an eine Zeit, als noch alle dunklen Biere bitter waren.

STARK ÖL – OAK AGED

BRAUEREI	Brauerei Hofstetten, St. Martin im Mühlkreis
BRAUMEISTER	Peter Krammer
ALKOHOL	10,5 % ABV
BIERSTIL	Dunkler Bock, holzfassgereift

Hier nur Peter Krammer als Braumeister zu nennen, ist nicht ganz fair – dieses Bier wurde von den „glorreichen 7", die Krammer in seiner Brauerei versammelt hat, gemeinsam gebraut. Anders als im Sprichwort verderben viele Köche (bzw. Brauer) eben nicht den Brei (sprich: Sud). Kastanienbraun, mit wenig haltbarem Schaum und wenig Prickeln, fließt dieses holzfassgereifte Bier ins Glas, es verströmt einen süßlichen Duft mit einem Hauch von Cognac und eben Eichenholzfass. Man würde es dem Geruch und dem Trunk nach für wesentlich stärker als die deklarierten 10,5 Prozent halten. Der Antrunk ist wärmend und alkoholisch, man ist an Armagnac erinnert. Ausgeprägte, aber nicht klebrige Süße. Retronasal sehr fruchtig (Zwetschken!!!) und im Nachtrunk herb, holzig, trocken.

VIENNA I.P.

BRAUEREI	Bierbrauerei Schrems
BRAUMEISTER	Karl Theodor Trojan
ALKOHOL	4,8 % ABV
BIERSTIL	Zwickl vom Wiener Lager

Die Schremser Interpretation des Wiener Lagerstils ist klar auf den Geschmack von Craft-Biertrinkern ausgerichtet: Das Bier ist rötlich-bernsteinfarben und deutlich trüb, der Schaum hell-beige und das Aroma bringt Malz und Hopfen in etwa gleichem Verhältnis zur Geltung. Der Antrunk ist schlank und lässt schon von Beginn an den Hopfen – gestopft wurde mit dem amerikanischen Cascade – schmecken. Die Bittere ist für den Wiener Lagertyp etwas intensiv, aber das ist ja genau das, was die Besonderheit ausmacht – ein leicht kräuterartiger Bitterton im Nachtrunk inklusive.

WERMUTSTRÖPFERL

BRAUEREI	Leonfeldner Craft Bier, Bad Leonfelden
BRAUER	Gerald Weixlbaumer
ALKOHOL	5,0 % ABV
BIERSTIL	Spiced Ale

Gerald Weixlbaumer ist gelernter Drogist und Mitglied der Leonfeldner Freibrauer-Loge – mit dem Logenbruder Richard Mühleder gründete er 2015 die Leonfelder Craft Bier Brauerei. Gemeinsam experimentierten sie immer wieder mit „Rohstoffen aus der Apotheke" wie Ingwer- und Süßholzwurzel, Wermutkraut, Bärenzucker oder Wacholderbeeren. Das Wermutströpferl ist eine dieser Kreationen: Sehr dunkles Rotbraun, bescheidener Schaum und ein intensiver Duft nach Ingwer zeichnen dieses mit Wermut und Ingwer gebraute Ale aus. Der Antrunk ist weich und nur ganz wenig süß, er wird von der Schärfe des Ingwer, einer leichten, erfrischenden Säure und einer kräftigen, aber nicht zu lang anhaltenden Bittere abgerundet.

70
BIER-INNOVATIONEN
WIENER LAGER · WILDBRETT CHAMPION BITTER

WIENER LAGER

BRAUEREI	Schwechater Brauerei, Schwechat
BRAUMEISTER	Andreas Urban
ALKOHOL	5,5 % ABV
BIERSTIL	Wiener Lager

Das „Wiener Lager" ist ein klassischer Bierstil – wenn auch die von österreichischen Brauern gern verbreitete Legende, dass das untergärige Bier überhaupt in Wien erfunden worden wäre, nicht haltbar ist. Lagerbiere gab es schon früher, vor allem in Bayern. Was in Kleinschwechat bei Wien – in der heutigen Schwechater Brauerei – erfunden wurde, war die Kombination von hellem Malz, wie es damals vor allem mit englischer Mälzungstechnologie hergestellt werden konnte, mit untergäriger Braumethode, also der langen, kalten Lagerung. Beides war vor 1841 in Österreich wenig bekannt und vor allem nicht in dieser Kombination. Sie brachte allerdings großen internationalen Erfolg, bis nach einigen Jahrzehnten das Wiener Lager durch das noch hellere Bier Pilsner Art verdrängt wurde. 175 Jahre nachdem Anton Dreher die Lagerbier-Produktion mit „Wiener Malz" (eine Weiterentwicklung der von ihm in England studierten Pale Ale Malts) erfunden hat, kehrt der Stil in die Schwechater Brauerei zurück: Dunkelbernsteinfarben mit leichtem Rotstich, blütenweißem Schaum und einem leicht fruchtigen (roter Apfel, Pfirsich) Malzduft zeigt sich das weitgehend geklärte Bier im Glas. Der Antrunk ist voll und ganz leicht karamellig-süß, die Bittere zurückhaltend – was einen insgesamt langen und robusten Nachtrunk ergibt.

WILDBRETT CHAMPION BITTER

BRAUEREI	Brauerei Hofstetten, St. Martin im Mühlkreis
BRAUMEISTER	Peter Krammer und Karl Schiffner
ALKOHOL	6,2 % ABV
BIERSTIL	Pils, holzfassgereift

Manche Brauer sprechen von „Brett", als wäre er ein alter Freund. Dabei ist er mikroskopisch klein: Der Organismus Brettanomyces ist eine wilde Hefe, deren Vergärungseigenschaften nicht so leicht vorhersagbar sind wie die der in den Brauereien üblichen Kulturhefen. Peter Krammer experimentiert seit einigen Jahren mit Brettanomyces-Stämmen – daraus ist eine ganze Serie von „Wildbrett"-Bieren entstanden. So hat er das extrem gehopfte „Champion Bitter", das er 2013 mit dem Biersommelier-Weltmeister Karl Schiffner gebraut hat, für acht Monate einer Nachreifung in einem Rotweinfass (vorbelegt mit Raboso) unterzogen. Das Ergebnis ist ein hellbernsteinfarbenes, fein moussierendes Bier, das an Alkohol leicht (auf 6,2 Prozent) zugelegt hat und nach feuchtem Leder riecht. Der Körper dieses Bieres ist sehr voll, deutlich voller als das Ausgangsprodukt, dafür ist der Nachtrunk sehr herb und trocken mit leicht adstringierender Säure.

SEIT 1601
TRUMER PILS
TRUMER PILS
SEIT 1601
TRUMER PILS
Premium Classe
CRAFT
SEIT 1601.
EINFACH LEBEN!
WWW.TRUMER.AT

BIERGESCHÄFTE

BURGENLAND · KÄRNTEN · NIEDERÖSTERREICH

BIERE ZUM SHOPPEN

BURGENLAND

PANNONIA BRAUEREI GOLS
7122 Gols, Sandgrube 1a
0 21 73/27 19
office@golserbier.at
www.golserbier.at
ÖFFNUNGSZEITEN April–September: Mo–Fr 7.30 bis 12.00 Uhr und 13.00 bis 16.30 Uhr, Sa 9.00 bis 12.00 Uhr (nur April–August), So & Feiertage geschlossen; Oktober–März: Mo–Fr 8.00 bis 12.00 Uhr und 13.00 bis 16.00 Uhr, Sa–So & Feiertage geschlossen.
LOKAL Die Pannonia Brauerei Gols braut selber zahlreiche spannende Craftbiere – und ist eigentlich der Nebenbetrieb eines Getränkehandels. Dort gibt es nicht nur alle gängigen österreichischen Biermarken, sondern auch eine kleine Auswahl an Importbieren – zusätzlich zu den im Haus gebrauten Spezialitäten.

KÄRNTEN

GARTENRAST
9545 Untertweng bei Radenthein, Gartenraststraße 9
0 42 46/20 17
uli@gartenrast.at
www.gartenrast.at
www.shilling.at
ÖFFNUNGSZEITEN Mi–So 11.00 bis 22.00 Uhr, Mo–Di Ruhetage
LOKAL Diplom Biersommelier Uli Bacher hat in der Gartenrast auch einen „Über die Gasse"-Bereich – wer möchte, kann bei ihm aus über 40 Bieren wählen und diese nach Hause mitnehmen. Ausserdem gehört Uli auch die Shilling Brewery, deren Produkte natürlich ebenfalls in der Gartenrast vermarktet werden.

SABBIER BIERSHOP
9010 Klagenfurt, Getreidegasse 5
0 67 6/848 26 72 69
sabbier@europe.com
www.sabbier.com
LOKAL Flaschenbiergeschäft, das sich auf Craft Biere spezialisiert hat und auch passende Gläser zum Verkauf anbietet.

SHOP 013
9761 Greifenburg, Bruggen 8
0 47 12/823 54
gasthauswulz013@hotmail.com
www.gasthaus-wulz.stadtausstellung.at
LOKAL Verschiedenste Biersorten aus aller Herren Länder – ein besonderes Augenmerk lässt die Familie Petit den belgischen Starkbieren und (weil die Familie aus den Niederlanden stammt) den Eigenimporten aus Benelux zukommen. Alle Biere gibt es auch gekühlt für die Konsumation im Gasthaus Wulz.

NIEDERÖSTERREICH

AMMERSIN GETRÄNKESHOP
2345 Brunn am Gebirge, Wiener Straße 131–133
0 22 36/31 21 99-70
shopbrunn@ammersin.at
www.ammersin.at
ÖFFNUNGSZEITEN Mo–Fr 9.00 bis 18.00 Uhr, Sa 10.00 bis 16.00 Uhr
LOKAL Ammersin war schon Pionier im Bierspezialitätensegment, als noch kein Mensch den Begriff „Craft Bier" verwendet hat. Im Shop in Brunn gibt es eine gut ausgestattete Verkostungsecke, in der man das Craft Bier-Angebot auch testen kann.

BIERGESCHÄFTE

NIEDERÖSTERREICH · OBERÖSTERREICH · SALZBURG

BIEROTHEK
2345 Brunn am Gebirge, Leopold Gattringer-Straße 39
0 66 4/88 67 95 11
bierusa@bierothek.at
www.bierothek.at
ÖFFNUNGSZEITEN Mo, Di, Do 12.00 bis 15.00 Uhr und 17.00 bis 20.00 Uhr, Fr 10.00 bis 13.00 Uhr und 16.00 bis 21.00 Uhr, Sa 9.00 bis 17.00 Uhr, Mi Ruhetag
LOKAL Herbert Dangl war der erste Fachhändler für Bierspezialitäten in Österreich.

OBERÖSTERREICH

BIERTEMPEL LINZ
4020 Linz, Graben 15
0 73 2/94 78 78
info@biertempel.at
www.biertempel.at
ÖFFNUNGSZEITEN Mo–Fr 10.00 bis 19.00 Uhr, Sa 10.00 bis 18.00 Uhr
LOKAL Gut sortiertes Biergeschäft mit belgischem Schwerpunkt und den wichtigsten österreichischen Craft Bieren (Gusswerk, Hofstetten, Loncium, Bevog, Brew Age). Das industrielle Angebot reicht von Asahi über die Kultmarken Astra und Augustiner bis Weihenstephan und Zipf. Für die Abholungen in der Filiale Graben 15 kann die Ladezone vor dem angrenzenden Fitnessstudio benutzt werden. Im Lauf des Jahres 2016 soll ein weiteres Geschäft in Dornach eröffnet werden.

MEIN BIERGASTHAUS
4160 Aigen-Schlägl, Linzer Straße 9
0 72 81/88 88
schiffner@biergasthaus.at
www.biergasthaus.at
ÖFFNUNGSZEITEN Fr–Mo 9.00 bis 23.00 Uhr (So bis 21.00 Uhr), Mi & Do 18.00 bis 23.00 Uhr, Di Ruhetag
LOKAL „Mein Biergasthaus" von Dipl. Biersommelier-Weltmeister Karl Schiffner ist auch ein Handelshaus für Bier. Wer möchte, kann aus über 100 verschiedenen Flaschenbieren wählen. Stark wechselndes Programm, sensorisch perfekt ausgewählt.

WAGNERS WEINSHOP
4664 Laakirchen, Weinstraße 31
0 76 13/440-440
vinothek@wagnerweb.at
www.wagners-weinshop.com/craft-bier
ÖFFNUNGSZEITEN Mo–Fr 9.30 bis 18.30 Uhr, Sa 9.30 bis 12.30 Uhr
LOKAL Neben ausgesuchten 2500 Weinen aus der ganzen Welt wächst im Retail-Bereich von Getränke Wagner in aller Ruhe ein exklusives Craftbiersegment heran. Da gibt es Bier aus der nahen Bierschmiede von Mario Scheckenberger ebenso wie das Pale Ale von Sierra Nevada im fernen Chico. Der Schwerpunkt des Sortiments liegt aber eindeutig auf den Österreichischen Kleinbrauern.

SALZBURG

ALCHIMISTE BELGE
5020 Salzburg, Bergstraße 10
0 66 0/681 57 25
office@alchimiste-belge.at
www.alchimiste-belge.at
ÖFFNUNGSZEITEN Mo–So 17.00 bis 1.00 Uhr
LOKAL Eigentlich die In-Bar für Liebhaber belgischen Bieres, aber Diplom Biersommelier Dirk Baert verkauft seine Bierschätze auch gerne außer Haus.

BOTTLE SHOP
5020 Salzburg, Mirabellplatz 7
0 66 2/87 68 18
info@beerbottle.eu
www.beerbottle.eu
ÖFFNUNGSZEITEN Mo–Fr 10.00 bis 18.00 Uhr, Sa 10.00 bis 13.00 Uhr
LOKAL Direkt gegenüber dem Salzburger Mirabellgarten wartet hinter einer unscheinbaren Hauseinfahrt in einem Hinterhof ein Gewölbekeller mit Bierschätzen auf den Besucher. Da gibt es auch die Biere der isländischen Einstök-Brauerei, von Oppigards aus Schweden oder Steamworks aus Kanada. Und natürlich alles vom nahen Gusswerk, von Craft Country aus Tirol oder von den Kärntner Loncium-Brauern.

BIERGESCHÄFTE

SALZBURG · STEIERMARK · TIROL · VORARLBERG

STIEGL GETRÄNKESHOP
5020 Salzburg, Kendlerstraße 2
0 50/14 92-29 00
shop.salzburg@stiegl.at
www.stiegl-shop.at
ÖFFNUNGSZEITEN Mo–Fr 8.30 bis 18.30, Sa 8.00 bis 13.00 Uhr
LOKAL Im Ortsteil Salzburg-Maxglan findet sich direkt gegenüber der Brauerei eine „Bier-Greißlerei" mit rund 80 verschiedenen Craft Bieren. Außerdem kann man sich dort alles leihen, was man für eine richtige Party zu benötigen.

TRUMEREI - TRUMER SHOP
5020 Salzburg, Strubergasse 26
0 66 2/26 54-32
bier@trumerei.at
www.trumerei.at
ÖFFNUNGSZEITEN Mo–Fr 9.30 bis 24.00 Uhr, Sa 17.00 bis 24.00 Uhr
LOKAL Das bierige Aushängeschild der Trumer Privatbrauerei ist eine Kombination aus Bierlokal und Bierothek. Alle im Shop angebotenen Biere können auch im Lokal genossen werden. Zahlreiche bierige Events.

STEIERMARK

BIERBOUTIQUE
8020 Graz, Lendplatz 5
0 66 4/403 35 61 oder 0 65 0/811 24 09
info@bierboutique.at
www.bierboutique.at
ÖFFNUNGSZEITEN Di–Fr 11.00 bis 18.30 Uhr, Sa 10.00 bis 14.00 Uhr
LOKAL Am Lendplatz ist ein kleiner, vor allem auf die österreichischen Craftbrauer konzentrierter Laden entstanden – von Alefried über Brew Age und Gusswerk bis Xaver. Dazu eine Auswahl der Importbiere von Crew Republic, Kuehn Kunz Rosen und Thornbridge. Sehr gute fachkundige Beratung – und Verkostungsmöglichkeit vor Ort. Von Biersommeliers geführte Bierverkostungen (max. 20 Personen).

DR. BOTTLE SCARIA GRAZ
8010 Graz, Mandellstraße 22
0 31 6/82 42 44
info@drbottle.at
www.drbottle.at

LOKAL Alteingesessener Getränkehandel, der sich mit Weinen und Spirituosen profiliert hat und diese Erfahrung nun für Craft Biere einbringt. Das Sortiment reicht von den kanadischen Steamworks-Bieren über die belgischen Trappisten bis zu den lokalen Bieren von Gratzer und Forstner. Zudem ein paar gängige internationale Angebote aus der Klasse American Bud, Asahi und Kingfisher.

TIROL

TRIBAUN
6020 Innsbruck, Museumstraße 5
0 66 0/602 73 30
info@tribaun.com
www.tribaun.com
ÖFFNUNGSZEITEN Mo–So ab 17.00 Uhr
LOKAL Das Tribaun – Tiroler Bierlokal des Jahres 2015 – hat im hinteren Teil des Bierlokals auch einen gut sortierten Bottleshop, über die Gasse ist das Bier ein bis zwei Euro billiger als für den Konsum im Lokal. Es gibt Craft Bier aller Richtungen, besonders erwähnenswert ist aber die Auswahl an Gueuze und Lambics.

VORARLBERG

HOPS & MALT
6850 Dornbirn, Eisengasse 2
0 66 4/417 87 14
info@hopsandmalt.at
www.hopsandmalt.at
LOKAL Bierspezialitätengeschäft (mit einem zusätzlichen Cider-Angebot), in dem man auch Raritäten wie Rodenbach Vintage 2012 neben dem breiten und starken Angebot von Brewdog (inklusive dem Rip Tide 8%) und anderer britischer Brauereien finden kann. Interessante Angebote aus dem nahen Liechtenstein ebenso wie aus den fernen USA (Rogue, Anderson Valley).

S' LÄDELE
6850 Dornbirn, Dr.-Waibel-Straße 2
0 55 72/377 72 24
laedele@mohrenbrauerei.at
http://shop.mohrenbrauerei.at
ÖFFNUNGSZEITEN Mo–Fr 9.00 bis 12.00 und 13.30 bis 17.00 Uhr, Sa 9.00 bis 12.00 Uhr
LOKAL Nicht einfach ein Rampenverkauf einer Brauerei,

BIERGESCHÄFTE

VORARLBERG · WIEN

sondern ein Geschenkeshop, das von Hand hergestellte Köstlichkeiten mit Bierbezug aus der Region anbietet – da gibt es zarte Verschmelzungen von Schokolade und bierigen Rohstoffen, Dips und Sugi und sogar Kosmetika. Zudem Geschenkpackungen der Mohren Bierspezialitäten, Verkostungsgläser und Mohren-gebrandete Kleidung.

STERNBRÄU

6830 Rankweil, Walgaustraße 10
0 55 22/442 68
info@sternbrauerei.com
www.sternbrauerei.com
ÖFFNUNGSZEITEN Winter: Mo–Di, Do–Fr 11.00 bis 24.00 Uhr, Sa–So 9.00 bis 24.00 Uhr, Mi Ruhetag; Sommer: Mo–Di, Do–Fr 10.00 bis 24.00 Uhr, Mi 15.00 bis 24.00 Uhr, Sa–So 9.00 bis 24.00 Uhr
LOKAL Die Sternbrauerei ist eine historische Brauerei (sie galt lange als kleinste ihrer Art in Österreich), die Brauerfamilie Wetzel hat sich aber in den letzten Jahren auf Biergastronomie und Bierhandel verlegt. Während die Mehrheit der Bierimporteure meist nur ein überschaubares Sortiment sogenannter Premium Biere anbietet, haben sich Helmut und Gunther Wetzel darauf verlegt, wirkliche Bierspezialitäten zu finden und zu importieren – oft mit dem eigenem Lkw aus England und Belgien. Oder von der Allgäuer Brauerei Härle.

WIEN

AMMERSIN MAGAZIN5

1050 Wien, Wiedner Hauptstraße 140
01/545 10 01
shop1050@ammersin.at
www.ammersin.at
ÖFFNUNGSZEITEN Mo–Fr 9.00 bis 18.00 Uhr, Sa 9,00 bis 15.00 Uhr, So geschlossen
LOKAL Ammersin bietet an seinen Standorten eine Tiefe an Biervielfalt, die in Österreich unerreicht ist – und das seit vielen Jahren. Mit Eigenimporten bietet Ammersin Marken und Sorten, die sonst keiner führt.

AMMERSINO

1130 Wien, Speisingerstraße 31
01/804 42 00
shop1130@ammersin.at
www.ammersin.at

ÖFFNUNGSZEITEN Mo–Fr 8.00 bis 18.00 Uhr, Sa 8.00 bis 12.30 Uhr, So geschlossen
LOKAL Das Stammhaus der Firma Ammersin, die hier früher Sodawasser abgefüllt hat. Dann kam ein Bierhandel und eine Vinothek dazu – wobei sich Ammersin seit Jahren bemüht hat, auch Biere zu importieren, die sonst schwer erhältlich sind – darunter Biere aus USA, Dänemark und natürlich auch Belgien. Bei den österreichischen Bieren sind auch Raritäten wie die Sauerbiere aus Hofstetten zu finden.

BEER LOVERS

1060 Wien, Gumpendorfer Straße 35
0 800/31 21 99
office@beerlovers.at
www.beerlovers.at
ÖFFNUNGSZEITEN Mo–Fr 9.00 bis 18.00 Uhr, Sa 9.00 bis 15.00 Uhr
LOKAL Der Getränkehändler Ammersin hat in einer ehemaligen Supermarktfiliale ein Biergeschäft der Superlative eingerichtet. Etwa 800 verschiedene Flaschenbiere (davon rund 70 aus Österreich) können gekauft und auch vor Ort verkostet werden. Es gibt einen begehbaren Bier-Kühlraum ähnlich denen in den Bierläden der USA und auch einen Seminarbereich, in dem eine Brauanlage geplant ist. Vier (wechselnde) Fassbiere können in Growler zur Mitnahme nach Hause abgefüllt werden. Und wenn der Einkauf zu umfänglich wird, kann man auch ein Zustellservice in Anspruch nehmen.

BEER STORE VIENNA

1120 Wien, Wilhelmstraße 23
01/974 46 27
welcome@beerstorevienna.at
www.beerstorevienna.at
ÖFFNUNGSZEITEN Di–Fr 12.00 bis 20.00 Uhr, Sa 10.00 bis 18.00 Uhr, So–Mo geschlossen
LOKAL Diplom Biersommelier Johannes Grohs hat sich seinen Lebenstraum erfüllt und bietet neben einer beeindruckenden Bierauswahl auch Heimbraubedarf an. Das Bierangebot konzentriert sich auf österreichische Craft Brewer – die Auswahl erfolgt hauptsächlich nach stilistischen Kriterien und repräsentiert die Sortenvielfalt und Kreativität der Brauereien. Standardbiere wie Pils, Märzen oder helles Lager stehen eher nicht im Fokus. Regelmäßig finden kommentierte Verkostungen statt – und wer einfach so vorbeischauen will, um etwas zu kosten, kann das auch tun.

76
BIERGESCHÄFTE
WIEN

BOBBY'S FOODSTORE
1040 Wien, Schleifmühlgasse 8
01/586 75 34
office@bobbys.at
www.bobbys.at
ÖFFNUNGSZEITEN Mo–Mi 10.00 bi 18.30 Uhr, Do–Fr 10.00 bis 20.00 Uhr, Sa 10.00 bis 18.00 Uhr
LOKAL Der vor 20 Jahren etablierte englische Feinkostladen im Freihaus-Viertel führt ausschließlich englische und amerikanische Biere.

BOTTELINI WIEN 5
1050 Wien, Pilgramgasse 16
01/961 01 04
office@bottelini.at
www.bottelini.com
ÖFFNUNGSZEITEN Mo–Mi & Sa 10.00 bis 18.00 Uhr, Do–Fr 10.00 bis 19.00 Uhr, So geschlossen
LOKAL Kein Getränkehändler, sondern eher ein Shop für spezielle Geschenke. In den beiden Wiener Shops findet man internationale Kuriositäten, darunter auch spannende Biere und Bierbrausets von Brooklyn Brew Shop.

BOTTELINI WIEN 8
1080 Wien, Josefstädter Straße 42
01/890 03 65
office@bottelini.at
www.bottelini.com
ÖFFNUNGSZEITEN Mo–Mi, Sa 10.00 bis 18.00 Uhr, Do–Fr 10.00 bis 19.00 Uhr, So geschlossen
LOKAL Kein Getränkehändler, sondern eher ein Shop für spezielle Geschenke. In den beiden Wiener Shops findet man internationale Kuriositäten, darunter auch das eine oder andere Bier sowie Bierbrausets von Brooklyn Brew.

BREW AGE SHOP
1060 Wien, Mittelgasse 4
01/955 09 35
office@brewage.at
www.brewage.at
ÖFFNUNGSZEITEN Di–Do 14.00 bis 19.00 Uhr, Fr 12.00 bis 17.00 Uhr
LOKAL Kleines Gassengeschäft der Brew Age Brauunternehmung, die ihre Biere als Gastbrauer (vorwiegend bei Gusswerk in Salzburg) braut – und hier gelegentlich Versuchssude im Kleinstformat macht.

DIWOKY
1210 Wien, Leopoldauer Platz 39
01/479 21 04
office@diwokysports.at
www.diwokysports.at/bier
LOKAL Gut sortierter Bierladen mit mehreren 100 Bieren – von alteingesessenen Brauereien wie Schlenkerla oder Rothaus ebenso wie von amerikanischen Craft Brewern von Anchor bis Sierra Nevada. Und ein breites österreichisches Sortiment.

FEINKOST BÖHLE
1010 Wien, Wollzeile 30
01/512 31 55
office@boehle.at; info@partyservice-boehle.at
www.partyservice-boehle.at
ÖFFNUNGSZEITEN Mo–Fr 8.30 bis 19.00 Uhr, Sa 9.30 bis 17.00 Uhr
LOKAL Bereits im Jahr 1939 gegründetes Delikatessengeschäft, das sich um ein breites Biersortiment schon zu einer Zeit bemüht hat, als das noch kein anderer Händler gewagt hat. Nicht unbedingt auf Craft Bier ausgerichtet, dafür aber ein breites internationales (Lager-)Bierangebot auch aus Ländern, die man sonst nicht erwartten würde. Beliebt sind die Geschenkkörbe oder die 1,5 Meter langen Leisten, auf denen Biere aus exotischen Destinationen aufgereiht werden.

GRAND CRU & GRAND WHISKY
1070 Wien, Kaiserstraße 67
01/524 13 10
office@grandcru.at
www.grandcru.at
ÖFFNUNGSZEITEN Di–Fr 12.00 bis 19.00 Uhr, Sa 10.00 bis 18.00 Uhr, So–Mo geschlossen
LOKAL Peter Eggers Spezialitätengeschäft führt ganz konsequent (neben Wein und Spirituosen) nur die Spezialbiere österreichischer Craftbrauer wie Loncium, Gusswerk, BrewAge, Forstner, Bierol oder Bevog. Dazu kommen einige ausgewählte Importe wie Baladin.

SPIEGELAU
CRAFT BEER GLASSES

CRAFT BEER GLASSES
Tasting approved

INTERNATIONAL DESIGN EXCELLENCE AWARDS '15 GOLD

reddot award 2015 winner

GERMAN DESIGN AWARD SPECIAL 2016

The Original Spiegelau Craft Beer Glasses!

www.spiegelau.com

Bayerische Glaswerke GmbH   Zacharias-Frank-Str. 7   D-92660 Neustadt/Waldnaab   Tel.: 00 49 (0) 96 02/30 0   E-mail: CustomerService@spiegelau.com

78
BIERGESCHÄFTE
WIEN

MALEFITZ
1120 Wien, Meidlinger Markt Stand 37–40
0 65 0/942 95 88
fitz@malefitz.az
www.malefitz.at
ÖFFNUNGSZEITEN Di–Mi 14.00 bis 19.00 Uhr, Do–Sa 11.00 bis 19.00 Uhr, So–Mo geschlossen
LOKAL Ein modern gestalteter Marktstand voller Craft Biere: Alexander Fitz hat zusammengetragen, was das Herz des Craft Bier Freundes höher schlagen lässt – und der Community der Bierfreunde in BierIG und KGBier stets neuen Stoff für Verkostung und Diskussion liefert. Ein kleiner Verkostungsbereich im Stand (und bei Schönwetter auch davor) erleichtert das Kosten von und das Diskutieren über die Biere – und deren Angebot reicht von Alefried über Loncium bis Xaver. Es liegen auch einige Bierbücher und das jeweils aktuelle BierIG Magazin auf.

OTTAKRINGER BIERSHOP / CRAFT BIER KOJE
1160 Wien, Ottakringer Straße 95
www.ottakringerbrauerei.at/de/shop
ÖFFNUNGSZEITEN Mo–Fr 9.00 bis 19.00 Uhr, Sa 9.00 bis 18.00 Uhr
LOKAL Das Biershop der Ottakringer Brauerei ist schon seit Jahren mehr als ein „normaler" Rampenverkauf – hier gibt es gekühltes Bier und diverse Brauerei-Souvenirs. Seit Dezember 2015 wurde zum gängigen Getränkemarktangebot auch ein Craft Beer Corner eingerichtet, wo es rund 150 verschiedene Biere aus aller Welt gibt. Ein kleiner Ausschank ermöglicht die Verkostung der Brauwerk-Biere – und da gibt es auch mehr oder weniger regelmäßig kommentierte Verkostungen. Und für Stammkunden gibt es eine Rabattkarte.

PIVOTHEK
1030 Wien, Landstraßer Gürtel 19
0 66 0/698 96 68
info@pivothek.at
www.pivothek.at
ÖFFNUNGSZEITEN Mo–Sa 15.00 bis 23.00 Uhr
LOKAL Über 40 verschiedene Biere aus Böhmen und Mähren von privat geführten Klein- und Mittelstandsbrauereien (Bernard, Poutnik, Platan, Rychtar). Es gibt auch einen kleinen Ausschank von (wechselnden) Fassbieren, und zum böhmischen Bier paßt auch eine traditionelle, in Tschechien sehr beliebte Bierjause – die eingelegten original Anton-Wessels-Quargeln aus Olmütz oder die sauer eingelegte Wurst Utopenec.

STIEGL GETRÄNKESHOP
1100 Wien, Hermann-Mark-Gasse 10
0 50/14 92-28 80
shop.wien@stiegl.at
www.stiegl-shop.at
ÖFFNUNGSZEITEN Mo–Fr 9.00 bis 12.00 Uhr und 12.30 bis 18.00 Uhr, Sa geschlossen
LOKAL Ein Getränkemarkt mit klarem Stiegl-Branding – aber mit viel breiterem Angebot. Neben den gängigen Sorten auch eine Auswahl an Spezialitäten und saisonalen Bieren.

VERDE 1080
1080 Wien, Josefstädter Straße 27
01/405 13 29
office@verde1080.at
www.verde1080.at
ÖFFNUNGSZEITEN Mo–Fr 11.00 bis 18.00 Uhr, Sa–So geschlossen
LOKAL Ursprünglich ein Bioladen, mehr oder weniger nebenbei ein Lokal mit gutem Mittagstisch, im Bierguide als Bierlokal des Jahres ausgezeichnet und mittlerweile eine Pilgerstätte für Craftbier-Fans.

GASTHAUS KOĆI

BIERGARTEN | CATERING | VINOTHEK

RUSTIKALES AMBIENTE | TRADITIONELLE WIRTSHAUSKÜCHE | GROSSER FESTSAAL
IDEAL FÜR PRIVAT- ODER FIRMENFEIERN

GASTHAUS KOCI
Draschestraße 81 | 1230 Wien

Täglich von 09:00 bis 23:00 Uhr
Warme Küche von 11:00 bis 22:00 Uhr

TEL: +43 1 61 55 626
E-MAIL: reservierung@koci.wien

www.koci.wien

80
EHRENTAFEL

AUSGEZEICHNETE BIERLOKALE

BIER GUIDE EHRENTAFEL: EINMAL AUSGEZEICHNET – NOCH IMMER TOP

Seit bereits 15 Jahren zeichnet Conrad Seidls Bier Guide die besten Lokale und die interessantesten Bier-Ideen des jeweils abgelaufenen Jahres aus, sie alle kommen kein zweites Mal in den Genuss, auf einer eigenen Seite geehrt zu werden. Stattdessen stehen sie auf der „Ehrentafel", die im Internet unter www.bier-guide.net/bier-lokale/ehrentafel.html zu finden ist – in alphabetischer Reihenfolge. Dort kann man leicht nachlesen, welches Lokal in welchem Jahr berühmt geworden ist. Und wenn man genauer hinsieht, dann merkt man: Sehr wenige Lokale mussten von der Liste genommen werden, weil sie nicht der – eigentlich verdiente – kommerzielle Erfolg geworden sind. Besonders leid tut es unserem Team um das belgische Bierlokal Centraal, um die Bierauswahl im Hendrix, um das bierorientierte Restaurant in der Spillerner Gastwirtschaft und um die Brauereien Dom Bräu, das Eipeltauer und das Schloss-Bräu. Andererseits zeigt die Liste der Lokale, die in vergangenen Jahren Ausgezeichnetes geleistet haben und heute noch aktiv sind, dass das Niveau der Biergastronomie noch weiter gestiegen ist.

Hier im Anschluss sind die ausgezeichneten Lokale der letzten vier Jahre gelistet:

2GETHER, KLAGENFURT Bierlokal des Jahres in Kärnten 2013

ALCHIMISTE BELGE, SALZBURG Bierlokal des Jahres in Salzburg 2012
ALVERA/MONTE MIO, SALZBURG Bier & Käse-Lokal des Jahres 2012
ANSITZ HAIDENHOF, LIENZ Bierlokal des Jahres in Tirol 2012

BADESCHIFF, WIEN 1 Bierrestaurant des Jahres 2015
BEFFA BAR, SALZBURG Bierlokal des Jahres in Salzburg 2014
BEVOG BREWERY, BAD RADKERSBURG Mikrobrauerei des Jahres 2013
BIERBARON, VÖLKERMARKT Bierlokal des Jahres in Kärnten 2014
BIERSOMMELIER-GASTROCHECK IM BIERKULTURHAUS, OBERTRUM Bierinitiaitve des Jahres 2013
BIERSTINDL – KULTURGASTHAUS, INNSBRUCK Biergarten des Jahres 2015
BRAUGASTHOF FALKENSTEIN, LIENZ Bierlokal des Jahres in Tirol 2013
BRAUGASTHOF REINER, LOCHAU Bierlokal des Jahres in Vorarlberg 2012
BRAUMEISTER, WIEN 6 Brewpub des Jahres 2012
BRENDL, WIEN 2 Bierlokal des Jahres in Wien 2012

CHEERS, GRAZ Bierlokal des Jahres in der Steiermark 2014
CRAFT BIER FEST – BIORAMA GMBH, WIEN 4 Bierinitiative des Jahres 2015

DER STADTWIRT, OBERWART Bierlokal des Jahres im Burgenland 2012

FREISTÄDTER BRAUHAUS, FREISTADT Bierlokal des Jahres in Oberösterreich 2013
FUXN – SALZBURGER VOLKSWIRTSCHAFT, SALZBURG Bierlokal des Jahres in Salzburg 2015

GASTHAUS ENGEL, GÖTZIS Bierlokal des Jahres in Vorarlberg 2014
GASTHOF RIEDBERG, RIED IM INNKREIS Bierlokal des Jahres in Oberösterreich 2014
GWÖLB, KORNEUBURG Bierlokal des Jahres in Niederösterreich 2012

THERESIEN BRÄU
ERSTE INNSBRUCKER WIRTSHAUSBRAUEREI

Maria-Theresien-Straße 51-53, 6020 Innsbruck

Biersommeliers aufgepasst!

Probieren Sie das Theresien „Stammbräu"
12° Stammwürze, ein vollmundiges, goldbraunes Bier aus dunklem Malz und milden Hopfen mit Sorgfalt nach altem Rezept gebraut.

Öffnungszeiten
Montag bis Mittwoch: 10:00 – 01:00 Uhr
Donnerstag bis Samstag: 10:00 – 02:00 Uhr
Sonntag: 12:00 – 22:00 Uhr

Reservierungen unter
Tel.: +43 512 587 580
Fax.: +43 512 587 580 5
Mail: office@theresienbraeu.com

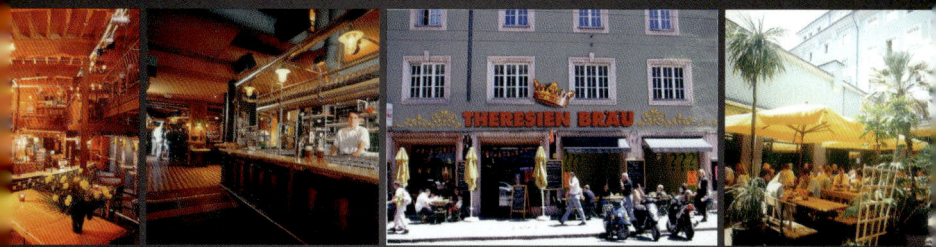

EHRENTAFEL
AUSGEZEICHNETE BIERLOKALE

HAWIDERE, WIEN 15 Bierlokal des Jahres in Wien 2015
HERZOG HOFBRÄU, WUNDSCHUH Gasthausbrauerei des Jahres 2014
HIRTER BRAUKELLER, HIRT Bierlokal des Jahres in Kärnten 2012
HUBERBRÄU TURMSTÜBERL, SANKT JOHANN IN TIROL Bierlokal des Jahres in Tirol 2014

JOHN COR, HARTBERG Bierlokal des Jahres in der Steiermark 2012

KARLWIRT, PERTISAU Bier & Käselokal des Jahres 2014
KLOSTERBRÄU, SEEFELD Mikrobrauerei des Jahres 2015
KOHLDAMPF IM FOHREN-CENTER, BLUDENZ Bierlokal des Jahres in Vorarlberg 2013
KUGLHOF, SALZBURG Top-Biergarten des Jahres 2014
KULTURBAR KONRAD, LINZ Bierlokal des Jahres in Oberösterreich 2015

LEO'S TURMSTÜBERL, VILLACH Bierlokal des Jahres im Kärnten 2015
LOCH NESS, LANGENLOIS Bierlokal des Jahres in Niederösterreich 2013

O'CAROLAN'S, GRAZ Bierlokal des Jahres in der Steiermark 2013
OTTAKRINGER BRAUKULTURWOCHEN, WIEN Bierinitiaitve des Jahres 2103

PANGEA, INNSBRUCK Bierlokal des Jahres in Tirol 2015
PEACOCK-PUB, MATTERSBURG Bierlokal des Jahres im Burgenland 2015
PROPELLER IM SCHUBERTHOF, GRAZ Bierlokal des Jahres in der Steiermark 2015

SALZAMT, LINZ Bierlokal des Jahres in Oberösterreich 2012
SHABU, WIEN 2 Bierlokal des Jahres in Wien 2014
STADTWIRTSHAUS HOPFERL, GMÜND Bierlokal des Jahres in Niederösterreich 2015

THE IRISH ROVER – TRADITIONAL IRISH PUB, MÜHLGRABEN Bierlokal des Jahres im Burgenland 2014

URBANKELLER, SALZBURG Bierlokal des Jahres in Salzburg 2013

VERDE 1080, WIEN 8 Bierlokal des Jahres in Wien 2013

WIA Z'HAUS LEHNER, LINZ Top-Biergarten des Jahres 2012
WULFENIA, GARGELLEN Bierlokal des Jahres in Vorarlberg 2015
WURGLITS – GASTHOF ZUR POST, GROSSPETERSDORF Bierlokal des Jahres im Burgenland 2013

ZUM GOLDENEN LÖWEN, MARIA TAFERL Bierlokal des Jahres in Niederösterreich 2014
ZUM HOANGARTEN, ATTERSEE Top-Biergarten des Jahres 2013

www.genuss-guide.net

WENN GENUSS DEINE WELT IST, IST DAS DEIN GUIDE.

Die PREMIUM GUIDES von medianet
WIRTSCHAFTSZEITUNG FÜR MARKETING & SALES

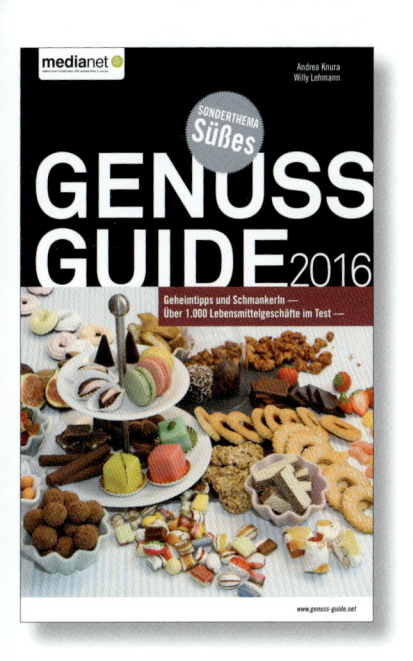

GRATIS DOWNLOAD
App für Android und iOS

Man muss nicht alles wissen.
Man muss nur wissen,
wo man nachschauen kann.

Weitere Informationen & Bestellung
unter www.genuss-guide.net

84
LEGENDE

WAS SIE WISSEN SOLLTEN

WAS MACHT EIGENTLICH EIN TOP-LOKAL AUS? Für diesen Guide hat unser Team jene Lokale zusammengefasst, in denen eine besondere Bierauswahl, besondere Bierkompetenz oder eine besonders bierige Stimmung zu erwarten ist. Jeder Tester hat seine eigenen Kriterien, was ihm gut und auszeichnungswürdig erscheint – und wir diskutieren, ändern, versuchen nochmal nachzuschauen. Alle Idealvorstellungen kann ohnehin nicht jeder erfüllen, schon weil nicht jeder einen Biergarten haben kann. Oder drei Dutzend Biere. Oder zu all dem auch noch eine Gourmetküche. Normalerweise können Lokale, die nur ein oder zwei Biere, noch dazu von derselben Brauerei, ausschenken, nur mit zwei bis drei Krügeln rechnen. Doch dann gibt es Lokale, die sich selber und die Kategorie übertreffen – durch besonderen Service, besondere Bierkompetenz und vor allem besonders bierige Stimmung: So kann denn auch der „fidele Affe" in Salzburg, der aufgrund seiner Bierauswahl normalerweise in derselben Klasse wie das „Münchner Hofbräuhaus" mit drei Krügerln liegen würde, ein viertes Krügerl auf seine Eingangstür kleben. Die Krügel, über deren Vergabe wir in mancher Redaktionssitzung stritten, heben jene Lokale heraus, die nach Beobachtung unseres Testerteams in ihrer Klasse Besonderes leisten:

🍺🍺🍺🍺 International vorbildliche Top-Lokale mit ausgezeichneter Vielfalt an Bierstilen, einer „bierigen" Stimmung und einer rundum spürbaren Liebe zum Bier. Hier muss man als Biertrinker gewesen sein. Internationale Spezialitätenkompetenz wie im „White Horse on Parson's Green" (London), „Beer Revolution" (Oakland) oder das deutsche Maßstäbe setzende „Tap House Munich".

🍺🍺🍺 Hervorragende Bierlokale, die durch ihre außergewöhnliche Leistung einen nationalen Standard setzen, vergleichbar mit „Proeflokaal", „Brouwerij t'IJ" (Amsterdam), „Brasserie Federal" (Zürich) oder „Schlenkerla" (Bamberg).

🍺🍺 Sehr gute Bierlokale, die den regionalen Standard setzen, vergleichbar „Hofbräuhaus" (München), „Mort Subite" (Brüssel) oder „U Zlateho Tygra" (Prag).

🍺🍺 Überdurchschnittliche Bierlokale, die sich von der Masse absetzen.

🍺 Wirtshäuser, Bars und Beiseln mit einer Bierkultur, die sich von anderen Lokalen des gleichen Typs abhebt.

Natürlich sind die Voraussetzungen unterschiedlich: In unserem Listing finden sich Cafés mit netter Bierauswahl ebenso wie reine Bierlokale, Spezialisten mit einer Riesenauswahl stehen neben Brewpubs. Einfache Wirtshäuser neben den bedeutendsten Biergärten, Restaurants, Bars, Beiseln. Es ist immer wieder erstaunlich, wenn man sieht, wie vielfältig die Bierszene ist – und wie sie sich innerhalb eines Jahres verändert. Zur Vielfalt gehören Haubenlokale ebenso wie Sportsbars – alles zu seiner Zeit und zu allem ein gutes Bier! Als kleine Hilfestellung, was man sich erwarten kann, haben wir neben der verbalen Beschreibung noch Symbole eingeführt, die die Orientierung erleichtern:

🚬 steht für raucherfreundliche Lokale mit Zigarrenauswahl

🧀 steht für Lokale, die sich neben dem Bier auch der Käsekultur verschrieben haben

🍴 steht für Lokale, die sich vorwiegend als Speiselokale verstehen

🛏 steht für Lokale, die auch Übernachtungsmöglichkeiten bieten – samt Anzahl der Betten

Bei uns dreht sich alles um Bier...

Conrad Seidl's BIER DER WOCHE

www.beer-weekly.com

JETZT BESTELLEN!
DAS GENUSS-PAKET
A LA CARTE
BEQUEM NACH HAUSE

4×   *A la Carte* Das Magazin für Ess- und Trinkkultur (Einzelpreis: € 5,–)
4×   *slow* Das Magazin von Slow Food Wien
1×   *A la Carte* Gourmet-, Wein- und Delikatessen-Führer 2017 (Einzelpreis: € 25,–)
1×   *A la Carte* Bookazine (Einzelpreis: € 16,–)

im Jahres-Abo um € **39,–** in Österreich, im Ausland ab € 47,–

Bestellen per Telefon: 01/740 77-866,
E-Mail: abo@alacarte.at oder auf www.alacarte.at

Das Abo ist problemlos mit sechswöchiger Frist vor Ablauf der Bezugszeit kündbar. Ansonsten erhalten Sie danach das *A la Carte*-Jahresabo zum jeweils gültigen Preis (inkl. MwSt. und Versand). Beginn des Abos mit der auf die Bestellung folgenden Ausgabe. Druckfehler und Irrtum vorbehalten. Der Rechtsweg ist ausgeschlossen.

87
BIER & KÄSE-LOKAL DES JAHRES

STEINBACH AM ATTERSEE/OBERÖSTERREICH

BIERSCHMIEDE
4853 Steinbach am Attersee, Seefeld 56
0 66 4/54 863 21
office@bierschmiede.at
www.bierschmiede.at, www.facebook.com/bierschmiede.at
ÖFFNUNGSZEITEN Do–Sa 17.00 bis 23.00 Uhr
FASSBIER „Bierschmiede", „Werkstück" Märzen, „Meisterstück" Pils, „Rotglut" Altbayrisch Dunkel, „Weißglut" Weißbier
FLASCHENBIER Bierschmiede „Zunder" Rauchbier, „Hammer" Baltic Porter, „Amboss" Imperial Stout
LOKAL Mario Scheckenberger ist langjähriger Profi im Biergeschäft, er war für das Marketing einiger der bekanntesten österreichischen Biere zuständig. Und dann hat es ihn gejuckt, selber zu brauen. Im Juli 2015 eröffnete er dann auch den eigenen Ausschank, seither braut Scheckenberger seine mehrfach ausgezeichneten Biere direkt in der Braustub'n mit offenem Kamin. Neben dem Sudkessel kann man durch Glas auch direkt in den Gärkeller blicken – feinstes Biererlebnis mit allen Sinnen. Die Zutaten für die Jausenkarte kommen ausschließlich vom Bauern, Käsern oder Fleischhauereien in der Region. 50 Sitzplätze im Lokal, 70 im Gastgarten.

88
MIKROBRAUEREI DES JAHRES
GAMING/NIEDERÖSTERREICH

BRUCKNERS BIERWELT 🍺🍺🍺
3292 Gaming, Grubberg 4a
0 74 85/985 99
office@bruckners-bierwelt.at
www.erzbräu.at

ÖFFNUNGSZEITEN Di–So 10.00 bis 18.00 Uhr

FASSBIER Bergquell (helles Märzen), das Eisenstraße Bier „Schwarzer Graf" (wird gestachelt), „Schwarzer Peter", Dinkel Weisse (obergärig), saisonal Bockbiere unterschiedlicher Brauart wie herbstlicher Steinbock, dunkler Winterbock, frischer Springbock... und Spezialsorten wie Hanfbier mit Biohanf gebraut, IPA mit Cascade gehopft.

LOKAL Der Ausschank der kleinen Brauerei des Biersommeliers Peter Bruckner. Einfache Bar, einfache Biergartengarnituren und freundliche Bedienung. Stets mindestens drei Biere im Ausschank und, soweit Vorräte davon vorhanden sind, auch ein im Haus gebrannter Whisky. Bei seinen Seminaren – Voranmeldung nötig – gibt es auch Biere anderer Brauereien zu verkosten.

89
BIERRESTAURANT DES JAHRES

RIED IM INNKREIS/OBERÖSTERREICH

WEBER BRÄU 🍺🍺🍺🍺
4910 Ried im Innkreis, Weberzeile 1
0 77 52/700 17
office@weberbraeu.at
www.weberbraeu.at

ÖFFNUNGSZEITEN Mo–Sa 10.00 bis 22.00 Uhr (Restaurant); 9.00 bis 24.00 Uhr (Bar), So & Feiertage geschlossen
FASSBIER Rieder Urecht, Rieder Naturtrüb, Rieder Weisse, Rieder Weißbier Dunkel, gelegentlich auch IPA
LOKAL Modern gestaltete Gaststätte im Shopping Center Weberzeile, in gewisser Weise das Aushängeschild der Brauereigenossenschaft Ried. Im unteren Bereich, der mit Biertanks dekoriert ist, überwiegt der Bar-Charakter (und ein großer Kühlraum ist auch für Craft Biere eingerichtet), im Obergeschoß befindet sich ein Restaurantbereich, in dem feine Küche serviert wird. Ein Extrazimmer gibt es auch für Veranstaltungen. 200 Plätze. ✂

90
BIERINITIATIVE DES JAHRES

MÜHLVIERTEL/OBERÖSTERREICH

BIERWELT-REGION MÜHLVIERTEL
4041 Linz, Freistädter Straße 119
0 73 2/72 77-727
info@muehlviertel.at

INITIATIVE Das Mühlviertel hat sich schon seit zwei Jahrzehnten um die Bierkultur verdient gemacht und alte Tradition mit moderner Präsentation verbunden. Gerne würden die Mühlviertler Bierfreunde ja ihre Region in „Bierviertel" umbenennen – aber da treten sie mit anderen oberösterreichischen Vierteln, die ähnliche Ansprüche erheben, in Konkurrenz. Werner Pürmayer (Bild oben), der aus einem kleinen Gasthof an der tschechischen Grenze das heute vielbeachtete Bergergut gemacht hat, hat sich auf der Suche nach mehr Anerkennung für die Bierregion daher auf die Suche nach Verbündeten gemacht und hat diesseits und jenseits der Grenzen ein Netzwerk von Bierexperten geschaffen. In führender Rolle mit dabei ist der originelle Bayer Bernhard Sitter, der auf dem niederbayrischen Gut Riedelsbach ein Bier-Wellnesshotel mit eigener Brauerei betreibt – und alle Mühlviertler Brauereien. Gut zwei Dutzend Mühlviertler Wirte – viele davon in diesem Bier Guide vertreten – machen bei der Aufwertung der „Bierwelt-Region" mit, die EU betrachtet das grenzüberschreitende Projekt mit Wohlwollen.

WIRTSHAUS Zattl BIERGARTEN

Wirtshaus und Biergarten
Klassische Wiener Küche
im Schottenkeller

Öffnungszeiten täglich 10.00 h – 2.00 h
1010 Wien | Schottengasse 2
Tel.: 01/533 72 62   www.zattl.at

WENN WEIN DEINE WELT IST, IST DAS DEIN GUIDE.

Die PREMIUM GUIDES von medianet

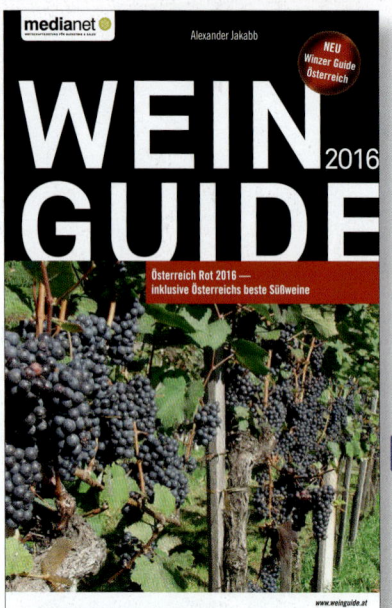

Man muss nicht alles wissen. Man muss nur wissen, wo man nachschauen kann.

Weitere Informationen & Bestellu unter **www.weinguide.at**

Weinguide

VON **D** WIE DRASSMARKT BIS **W** WIE WEPPERSDORF

BURGENLAND

94
BURGENLANDS BIERLOKAL DES JAHRES
OBERWART

TAMDHU IRISH PUB
7400 Oberwart, Wienerstraße 51
0 66 4/526 19 38
pub@tamdhu.at
www.tamdhu.at

ÖFFNUNGSZEITEN Mo-So 17.00 bis 2.00 Uhr

FASSBIER Guinness, Murphy's Irish Red, Kaltenhauser 1475 Pale Ale, Kaltenhauser Bernstein, Trumer Pils, Gösser Zwickl Dunkel, Gösser Naturgold, jeweils ein wechselndes Monatsbier.

FLASCHENBIER Newcastle Brown Ale, Fuller's IPA, Kwaak, Duvel, Lindemans Kriek, Lindemans Cassis, Heineken, Veltins, Anheuser Busch, Corona, Salzburger Weisse, Beck's Alkoholfrei

LOKAL Carmen Schmidbauer hat dieses in die Jahre gekommene Pub erworben und im Winter 2015/16 auf Vordermann gebracht – „weil mir die Menschen und das Lokal zu wichtig sind, um es in fremde Hände zu geben". Auftritte von Live-Bands, coolen DJ's aber auch Lesungen und Ausstellungen sind gern besuchte Events. Natürlich gibt es gemäß der Tradition des irischen Pubs auch über 90 verschiedene Whiskeys. Unter anderem einen 25 Jahre gereiften schottischen Tamdhu, der dem Lokal seinen Namen gibt, aber auch den burgenländischen Old Raven aus Neustift bis hin zum ausgefallenen 17 Jahre alten japanischen Suntory Hibiki. 25 Plätze im Lokal, 20 an der Bar, 70 Sitzplätze im Gastgarten mit 100-jährigem Nussbaum.

BURGENLAND

DRASSMARKT · EISENSTADT

Cebu

Hotel-Restaurant Ohr

DRASSMARKT

BERNIE „DAS WIRTSHAUS"
7372 Drassmarkt, Hauptstraße 66
0 26 17/22 38 oder 0 67 6/965 53 27
wirtshaus@bernie.at
www.bernie.at
ÖFFNUNGSZEITEN Di, Do–So 8.00 bis 1.00 Uhr, Mi 8.00 bis 13.00 Uhr, Mo Ruhetag
FASSBIER Hirter, Murauer
FLASCHENBIER Gösser Märzen, Hirter Bio Hanfbier, Schremser Hanfbier, Murauer Märzen, Puntigamer Märzen, Veltins Alkoholfrei
LOKAL Traditionsreiches Wirtshaus in der Dorfmitte von Drassmarkt. Bernie Köllerer hat eine Zapfkaiserauszeichnung der BrauUnion und ist Vorstandsmitglied des Vereins der Pannonischen Schmankerlwirte. Da der Bernie gleichzeitig der Kirchenwirt ist, haben bei ihm viele Vereine ihren Stammtisch – vom Sparverein bis zur Vereinigung der Peacekeeper, dem der Wirt als Milizsoldat angehört. Er ist ein begeisterter Lokalpatriot. Den Gästen bietet er eine kleine heimatkundliche Bibliothek im Gastzimmer und er weiß auch zu erzählen, dass sein Haus früher als Schenke zum „Grünen Baum" bekannt war. Dazumals soll hier auch der Räuberhauptmann Schuwara Jos'chi seinen Durst gestillt haben. Kegelbahn, Hopfengastgarten mit Kräuteroase und Naschecken. 110 Sitzplätze im Lokal, 9 Plätze an der Bar, 40 Sitzplätze draußen im Kiwi-Schatten.

EISENSTADT

CEBU
7000 Eisenstadt, St.-Rochus-Straße 48
0 66 4/574 74 24
cebu@aon.at
https://de-de.facebook.com/pages/CEBU-Cocktail-Bar-Eisenstadt/366794535789
ÖFFNUNGSZEITEN Täglich ab 17.00 Uhr, Di Ruhetag
FASSBIER Paulaner, Gösser Gold, Weihenstephaner, Schneider Weisse
FLASCHENBIER zehn verschiedene Spezialitäten
LOKAL Lokal im Kolonialstil mit täglich wechselndem Partyprogramm. 150 Sitzplätze, Garten: 40 Sitzplätze.

HAYDNBRÄU
7000 Eisenstadt, Pfarrgasse 22
0 26 82/639 45
office@haydnbraeu.at
www.haydnbraeu.at
ÖFFNUNGSZEITEN Mo–Sa 9.00 bis 23.00 Uhr, So 9.00 bis 21.00 Uhr
FASSBIER Haydnbräu Hell, Haydnbräu Zwickl, Weisse, Ottakringer Dunkles
FLASCHENBIER Haydnbräu Hell, Null Komma Josef
LOKAL Ehemalige Gasthausbrauerei, die ihr Bier nun aus Ottakring bezieht. Es werden extra Biergerichte angeboten, Bierbrezn sind im Gebäckskörberl eine Selbstverständlichkeit. Idyllischer Garten unmittelbar an der historischen Stadtmauer. 250 Plätze im Lokal, 20 an der Bar, 250 Plätze im Garten.

HOTEL-RESTAURANT OHR
7000 Eisenstadt, Ruster Straße 51
0 26 82/624 60
info@hotelohr.at
www.hotelohr.at
ÖFFNUNGSZEITEN Di–So 8.00 bis 23.00 Uhr, Küche: 11.30 bis 14.30 Uhr und 18.00 bis 22.00 Uhr; Oktober bis April sonntags ab 16.00 Uhr geschlossen, Mo Ruhetag
FASSBIER Schwechater Zwickl, Zipfer Urtyp, Gösser Naturradler
FLASCHENBIER Zipfer Sparkling, Edelweiss, Kaiser Doppelmalz, Schlossgold, Gösser Märzen, Ottakringer, Hofbräu, Heineken
LOKAL Hat einen schönen, ruhigen Gastgarten und ein gediegenes Restaurant mit kreativer und gutbürgerlicher Küche und einer bierigen Bar, an der sich die Gesellschaft von Eisenstadt trifft. Täglich wechselnde, teilweise mit Bier zubereitete Speisen. In der Küche ist Johannes Ohr in dritter Generation verantwortlich und setzt seine Philosophie mit Herbert Furtner und Team um. Alte Klassiker, die schon die Ohr-Oma in erster, und Ohr-Papa in zweiter Generation gekocht haben, sind auch heute nicht wegzudenken. Ausgezeichnet mit der „Bierkrone 2006" und dem „Goldenen Teeblatt 2009" von Gault Millau für das Burgenland. 150 Sitzplätze im Lokal, 10 an der Bar, 120 im Gastgarten.

www.bier-guide.net

2016 BIER GUIDE

96
BURGENLAND

EISENSTADT · FRAUENKIRCHEN

Stefans Bistro

RUCKENDORFER 🍺🍺🍺🍺
7000 Eisenstadt, Haydngasse 43
0 26 82/646 88
ruckendorfer@ruckendorfer.com
www.ruckendorfer.com
ÖFFNUNGSZEITEN Di–Sa 10.00 bis 14.00 Uhr und 17.30 bis 23.00 Uhr (Küche 11.30 bis 14.00 Uhr und 18.00 bis 21.00 Uhr), So 10.00 bis 15.00 Uhr (Küche 11.30 bis 14.00 Uhr), Mo Ruhetag
FASSBIER Puntigamer Panther, Gösser Zwickl, Guinness Surger
FLASCHENBIER Affligem Blonde, Affligem Double, Beck's Pils, Beck's Alkoholfrei, Budweiser Dark Lager, Weihenstephaner Hefeweißbier, Gösser Naturradler Zitrone
LOKAL Das Ruckendorfer ist die Neuerfindung von Erich's Bierstüberl, das seit 1985 ein Klassiker der burgenländischen Bierkultur war. Beim ersten Besuch im neu gestalteten Ambiente wurde uns bedauernd mitgeteilt, dass das Bier jetzt eben nicht mehr im Zentrum stünde. Aber das war glücklicherweise übertrieben: In Wirklichkeit wurde hier eine zeitgemäße Bierbar und Lounge eingerichtet – ergänzt um regionale und mediterrane Küche. 50 Sitzplätze im Lokal, 15 Plätze an der Bar, 15 im Wintergarten.

STEFANS BISTRO 🍺🍺
7000 Eisenstadt, Betriebsstraße 1
0 26 82/733 81
stefans-bistro@gmx.at, fertsak@bkf.at
www.stefans-bistro.at
ÖFFNUNGSZEITEN Mo–Fr 9.00 bis 21.00 Uhr, Sa 9.00 bis 15.00 Uhr, So & Feiertage geschlossen
FASSBIER Kaiser Premium, Reininghaus Jahrgangspils, Schwechater Zwickl
FLASCHENBIER Weihenstephaner Hefetrüb, Kaiser Doppelmalz, Clausthaler, Gösser Naturradler
LOKAL Die Adresse würde eher ein Fast-Food-Lokal erwarten lassen – tatsächlich wird Stefans Bistro nicht nur von den Beschäftigten der umliegenden Büros, sondern auch von Bierfreunden aus dem Zentrum von Eisenstadt gerne aufgesucht. 125 Sitzplätze, 8 an der Bar, im Garten: 50 Sitzplätze.

FRAUENKIRCHEN
ALTES BRAUHAUS 🍺🍺
7132 Frauenkirchen, Kirchenplatz 27
0 21 72/22 17
storch@altesbrauhaus.at
www.altesbrauhaus.at
ÖFFNUNGSZEITEN Mi–So 9.00 bis 23.00 Uhr, Mitte Juli – Mitte September kein Ruhetag, Mitte Jänner – Mitte März Betriebsurlaub
FASSBIER Altes Brauhaus Helles, Starobrno, Gösser Radler, Edelweiss (im Sommer)
FLASCHENBIER Gösser Märzen, Schwechater Zwickl, Franziskaner Hefeweizen, Erdinger Hefeweizen, Edelweiss Alkoholfrei, Gösser Naturgold
LOKAL Der älteste Landgasthof des Seewinkels, das ehemalige „Virts- und Brayhaus" des Fürsten Esterházy, liegt gegenüber der barocken Wallfahrts Basilika (Brauhauskeller und Klosterkeller verbindet heute noch ein unterirdischer Gang). Die Paprikawirtin Ilona Püspök verwöhnt ihre Gäste mit regionalen Speisen wie Podersdorfer Seespargel oder G'sottener Topfenstrudel mit Paradeissoße und der besonders geschätzten „Paprikaküche" (z. B.: Halászlé Fischsuppe oder Hortobágyer Fleischpalatschinke). Das mit viel Liebe gepflegte Haus bietet neben 3 gemütlichen Stüberln einen schattigen Arkadeninnenhof und einen wunderschönen Saal für Hochzeiten und Familienfeiern. Der Gasthof ist auch ein beliebter Anziehungspunkt für Radfahrer. 30 Sitzplätze je Stüberl (Bauern, Jagd und Paulus), 15 Plätze an der Bar. Garten im Arkadenhof: 90 Sitzplätze plus Veranstaltungsraum für 100 Gäste.

GASTHAUS SITTINGER
7132 Frauenkirchen, Hauptstraße 39
0 21 72/23 07
landgasthaus@sittinger.at
www.landgasthaus-sittinger.at
ÖFFNUNGSZEITEN Fr–Di 9.00 bis 15.00 Uhr und 17.00 bis 24.00 Uhr, Mi & Do Ruhetage
FASSBIER Gösser, Schwechater Hopfenperle, Zipfer Medium
LOKAL Landgasthaus, in dem regionale Spezialitäten geboten werden. 200 Sitzplätze, Garten: 100 Sitzplätze.

BURGERLAND

GOLS · GROSSHÖFLEIN · GROSSPETERSDORF

Grosshöfleiner Zeche

Wurglits – Gasthof Zur Post

GOLS

FISCHRESTAURANT VARGA
7122 Gols, Hauptstraße 123
0 21 73/22 31
varga.emmerich@aon.at
www.varga.co.at
ÖFFNUNGSZEITEN Mi–So 11.00 bis 14.30 Uhr und 17.00 bis 21.00 Uhr
FASSBIER Stiegl, Budweiser
FLASCHENBIER Zipfer Märzen, Clausthaler, Null Komma Josef und Erdinger Weißbier
LOKAL Gemütliches Speiselokal in Gols, bekannt für seine Fischspezialitäten aus eigener Fischerei, u.a. Karpfen im Bierteig. Von Stiegl 2004 als Bierwirt des Jahres ausgezeichnet. 110 Sitzplätze im Lokal, 60 Sitzplätze im Garten, 10 Plätze an der Bar. -6

PANNONIA BRAUEREI GOLS
7122 Gols, Sandgrube 1a
0 21 73/27 19
office@golserbier.at
www.golserbier.at
ÖFFNUNGSZEITEN April–September: Mo–Fr 7.30 bis 12.00 Uhr und 13.00 bis 16.30 Uhr, Sa 9.00 bis 12.00 Uhr (nur April–August), So & Feiertage geschlossen, Oktober–März: Mo–Fr 8.00 bis 12.00 Uhr und 13.00 bis 16.00 Uhr, Sa–So & Feiertage geschlossen.
LOKAL Die Brauerei Golser braut selber zahlreiche spannende Craftbiere – und ist eigentlich der Nebenbetrieb eines Getränkehandels.

GROSSHÖFLEIN

GROSSHÖFLEINER ZECHE
7051 Großhöflein, Eisenstädter Straße 3
0 26 82/632 25
info@zeche.bnet.at
www.zeche.bnet.at
ÖFFNUNGSZEITEN Mo–Sa 8.00 bis 23.00 Uhr, So & Feiertage 8.00 bis 21.00 Uhr
FASSBIER Ottakringer Hell, Zwickl Rot
FLASCHENBIER Budweiser, Gösser Märzen
LOKAL Liebevoll geführter Gasthof mit vollem Angebot der gutbürgerlichen Küche (und einer eigenen Burger-Kreation). Bierige Kultur, die sich auch im Weinland behaupten kann. 300 Sitzplätze im Lokal, 20 Plätze an der Bar. -23

GROSSPETERSDORF

WURGLITS – GASTHOF ZUR POST
7503 Großpetersdorf, Hauptstraße 27
0 33 62/23 03
wurglits@lucky-town.at
www.lucky-town.at
ÖFFNUNGSZEITEN Di–So 7.00 bis 24.00 Uhr, Mo Ruhetag
FASSBIER Puntigamer Panther, saisonal: Winterbier
FLASCHENBIER Puntigamer Märzen, Puntigamer Dunkel, Edelweiss Hefetrüb, Schlossgold, Edelweiss Alkoholfrei, Gösser Naturradler
LOKAL Dieser seit 1927 bestehende Gasthof wird vor allem wegen seiner Bierpflege gerühmt (der Wirt ist Zapfkaiser) – und wegen der pannonischen Küche (Mitglied der pannonischen Schmankerlwirte!). In den Sommermonaten Juni/Juli/August betreibt Hr. Wurglits auch die Westernstadt Lucky Town in Großpetersdorf (nähere Infos unter www.lucky-town.at). 70 Sitzplätze im Gasthof, 15 Plätze an der Bar, 160 Sitzplätze im großen Saal, 20 Sitzplätze im Garten. -11

BURGENLAND

HEILIGENKREUZ · JENNERSDORF · KITTSEE · LOCKENHAUS

Gasthof Gerlinde Gibiser

Gernot

HEILIGENKREUZ

GASTHOF GERLINDE GIBISER
7561 Heiligenkreuz, Obere Hauptstrasse 10
0 33 25/42 16
g.gibiser@aon.at
www.g-gibiser.at
ÖFFNUNGSZEITEN Di–Sa 9.00 bis 23.00 Uhr, So 9.00 bis 18.00 Uhr, im Februar Mo–Di geschlossen
FASSBIER Gösser Gold, Gösser Zwickl, Gösser Radler, Murauer Gösser dunkles Zwickl
FLASCHENBIER Gösser Bock, Edelweiss Hefetrüb, Schlossgold Gösser Naturgold
LOKAL Ein Speiselokal, das seit über 50 Jahren seinen guten Ruf pflegt und seit fast drei Jahrzehnten von der Hoferbin Gerlinde Gibiser geführt wird. Vier sehr stimmungsvolle, strohgedeckte Kellerstöckel, wo man sich nicht nur um den burgenländischen Wein, sondern auch um die Bierkultur bemüht. 80 Sitzplätze, 20 an der Bar, Garten: 80 Sitzplätze. -10

GASTHOF RUDOLF PUMMER
7561 Heiligenkreuz, Obere Hauptstrasse 11
0 33 25/42 25
gasthof@pummer.at
www.pummer.at
ÖFFNUNGSZEITEN Mo–So 7.00 bis 24.00 Uhr
FASSBIER Puntigamer Panther, Schlossgold
FLASCHENBIER Franziskaner
LOKAL Einfaches Dorfwirtshaus, das seiner Funktion als Treffpunkt der Gemeinde gerecht wird – vor allem, wenn es um Fußball geht (viele Clubs nutzen die Trainingsmöglichkeiten in Heiligenkreuz). Dazu kommt die gute und preiswerte Küche. 90 Sitzplätze, 11 an der Bar, Garten: 80 Sitzplätze. -60

JENNERSDORF

GERNOT
8330 Jennersdorf, Kirchenstraße 7
0 66 4/88 26 84 68
gernot.buero@gernots.at
www.gernots-pub.at
ÖFFNUNGSZEITEN Mo–Do ab 8.30 bis 1.00 Uhr, Fr–Sa 8.30 bis 4.00, So & Feiertage 10.00 bis 1.00 Uhr
FASSBIER Puntigamer
FLASCHENBIER Heineken, Corona extra, Schlossgold
LOKAL Gernot Schmidt hat in Jennersdorf eine höchst zeitgemäße Bar geschaffen, die durchaus auch größeren Städten zur Ehre gereichen würde. Die Musikauswahl ist gewöhnungsbedürftig, die Bierauswahl ausbaufähig – aber das trifft leider auch auf andere Bars zu. Sehr freundliches Service. 60 Plätze in der Lounge, 20 an der Bar.

KITTSEE

GASTHAUS LEBAN
2421 Kittsee, Untere Hauptstraße 41
0 21 43/22 34
info@gasthaus-leban.at
www.gasthaus-leban.at
ÖFFNUNGSZEITEN Mi–So 9.00 bis 23.00 Uhr, Mo & Di Ruhetage
FASSBIER Schwechater Hopfenperle, Kaiser Doppelmalz, Heineken
FLASCHENBIER Gösser Märzen, Edelweiss Weizen, Zwickl, Gösser Naturgold
LOKAL Das in den 30er-Jahren erbaute Gasthaus wird mittlerweile in dritter Generation geführt. 2004 erfolgte ein Umbau und es war den Wirtsleuten Leban wichtig, möglichst keine optischen Veränderungen vorzunehmen, es jedoch technisch auf den heutigen Stand zu bringen. So ist die Einrichtung aus den 60er-Jahren, der Fußboden noch original aus den 30er-Jahren. Der herrliche Gastgarten ist komplett von alten Weinstöcken überwachsen. Ca. 80 Sitzplätze im Restaurant, ca. 50 in der Gaststube und ca. 80 im Gastgarten. -10

LOCKENHAUS

RATHAUSKELLER
7442 Lockenhaus, Hauptplatz 10
0 66 4/112 59 66
rathauskeller.lockenhaus@gmx.at
ÖFFNUNGSZEITEN Mo–Sa ab 17.00 Uhr
FASSBIER Stiegl, Paulaner Märzen
FLASCHENBIER Puntigamer, Gösser, Stiegl Weisse, Corona, Stiegl Paracelsus Zwickl, Kobersdorfer Schlossbräu, Guin-

BURGENLAND

LOCKENHAUS · MATTERSBURG · MÜHLGRABEN

Peacock-Pub

The Irish Rover – Traditional Irish Pub

ness, Zipfer Limetten Radler und ein wechselndes alkoholfreies Bier
LOKAL Alter Gewölbekeller, der von Christine Schmidt neu übernommen wurde. Im Oktober ist „Bier-Monat", in dem zwischen 4 und 8 regionale Bierspezialitäten ausgeschenkt werden. 80 Sitzplätze, im Garten 30 Sitzplätze.

TAVERNE BURG LOCKENHAUS
7442 Lockenhaus, Günserstraße 5
0 26 16/23 21
info@burgtaverne-lockenhaus.at
www.burgtaverne lockenhaus.at
ÖFFNUNGSZEITEN Täglich ab 10.00 Uhr
FASSBIER Ottakringer Helles
FLASCHENBIER Ottakringer Helles, Ottakringer Gold Fassl, Ottakringer Null Komma Josef, Puntigamer, Paulaner Weizenbier
LOKAL Das frische Bier aus dem Krug macht das Ritterleben so richtig nachvollziehbar – und diese Labung ist auch notwendig, wenn man den staubigen Weg zur Burg hinaufgestiegen ist. Abends kann man auf der Hochburg speisen wie die alten Rittersleut – deftig und schwer. Der Minnesänger, den man bei (vorbestellten) Ritter- oder Landsknechtessen mit buchen kann, nicht zu vergessen! Man ist hier auch auf Hochzeitsgesellschaften eingerichtet und versucht das kulinarische Angebot auf demselben Niveau zu halten wie das kulturelle, namentlich das der Veranstaltungen auf der in den mittelalterlichen Gemäuern der letzten Ritterburg des Burgenlandes. 50 Sitzplätze auf original Ritterstühlen, zwei Gärten zu je 50 Sitzplätzen, einer davon im Burghof.

MATTERSBURG

PEACOCK-PUB
7210 Mattersburg, Gustav-Degen-Gasse 8
0 26 26/628 43
peacockpub@aon.at
www.facebook.com/pages/Peacock
ÖFFNUNGSZEITEN Mo–Fr 15.30 bis 24.00 Uhr, Sa–So 10.00 bis 24.00 Uhr
FASSBIER Puntigamer, Paulaner, Starobrno, Kilkenny, Guinness
FLASCHENBIER Heineken, Budweiser, Corona, Stiegl, Puntigamer, Paulaner Weizen, Gösser Radler, Clausthaler

LOKAL Ein British Pub in Austria hat schon was für sich. Viel dunkles Holz an der Theke und ein gemauerter Kamin sorgen für exklusive Gemütlichkeit und die richtige Stimmung. Selbst die Zapfsäulen wirken originalgetreu. Doch wem der Gaumen nach einem Real Ale steht, der hofft vergeblich und muss mit einem Kilkenny oder Guinness seinen Durst stillen. Gelegentlich gibt es hier Live-Konzerte, und dann ist die Bude gerammelt voll. Relativ junges Publikum, 100 Sitzplätze, Garten: 30 Sitzplätze.

MÜHLGRABEN

THE IRISH ROVER – TRADITIONAL IRISH PUB
8385 Mühlgraben, Nr. 65
0 33 29/200 85
p.prem@aon.at
www.irish-rover.at
ÖFFNUNGSZEITEN Di–Do 18.00 bis 24.00 Uhr, Fr–Sa 18.00 bis 2.00 Uhr, So–Mo Ruhetage
FASSBIER Guinness Stout, Kilkenny Red Ale, Murphy's Red Ale, Velkopopovický Kozel, Stiegl Goldbräu
FLASCHENBIER Guinness Extra Stout, Guinness Foreign Extra, Fuller's London Pride, New Castle Brown Ale, Velkopopovický Kozel Dunkel, Desperados, Heineken, Beck's AF, Westmalle, Rochefort, Duvel, Framboise, Leffe Brune, Leffe Blonde, Barbar, Hoegaarden, Mc Chouffe, La Chouffe, Kwak, Kastel, Fentimans Alkoholfrei
LOKAL In einem ehemaligen Feuerwehrhaus gibt es seit dem Jahr 2004 diese typisch irische Lounge-Bar, wo man am Kamin oder im Cigar Room im Obergeschoß eine beachtliche Bierauswahl, perfekt gezapftes Guinness und eine selbst in Großstädten kaum zu findende Vielfalt an Single-Malts genießen kann. Projektionswand/Sportübertragungen, Musik, DVD – und eine kleine fachspezifische Bibliothek – obwohl das Lokal eigentlich zu dunkel zum Lesen ist. 2007 wurde es beim Guinness Arthur Award unter die drei besten Irish Pubs in Österreich gereiht. Feste: Livemusik, St. Patrick's Day, Halloween, Oktoberfest. 90 Sitzplätze im Lokal, 20 Plätze an der Bar, 20 Sitzplätze im Garten.

100
BURGENLAND

NECKENMARKT · NEUDÖRFL · NEUSIEDL/SEE

Gasthof zur Traube

NECKENMARKT

GASTHOF ZUR TRAUBE
7311 Neckenmarkt, Herrengasse 42
0 26 10/422 56
info@gasthof-zur-traube.at
www.gasthof-zur-traube.at
ÖFFNUNGSZEITEN Di–So 8.00 bis 22.00 Uhr, Mo 8.00 bis 14.00 Uhr
FASSBIER Ottakringer Zwickl, Ottakringer Helles, Paulaner Helles
FLASCHENBIER Gösser Märzen, Stiegl Braukunst, Paulaner Hefetrüb, Ottakringer Dunkles, Null Komma Josef
LOKAL Das Lokal ist seit Ewigkeiten das Kommunikationszentrum des Dorfes. Es wurde immer wieder dazugebaut, umgebaut, abgerissen, erneuert. Seit 1988 ist es im Besitz der Familie Glatz, die im Jahr 2015 von der Stiegl-Brauerei als „Burgenlands Bierwirte des Jahres" ausgezeichnet wurden. Im Monat Oktober werden Biertage mit verschiedenen Biersorten vom Fass und Speisen passend zum Bier geboten. In den gemütlichen Stüberln werden pannonische Spezialitäten und internationale Schmankerln serviert – Bohnensterz, Krautsuppe, Strudel. Im Herbst Oktoberfest. 250 Plätze im Lokal, 10 an der Bar, Terrasse : 50 Sitzplätze.

NEUDÖRFL

BIERKISTL NEUDÖRFL
7201 Neudörfl, Hauptstraße 19
0 67 6/936 62 85
bierkistl@gmx.at
www.facebook.com/bierkistl7201
ÖFFNUNGSZEITEN Mo–So 16.00 bis 2.00 Uhr
FASSBIER Puntigamer „das Bierige", Stiegl Goldbräu, Schladminger Schneeweisse Hefe, Gösser Zwickl, ein wechselndes Monatsbier
FLASCHENBIER Murauer Märzen, Guinness Stout, Kilkenny, Gösser Märzen & Naturradler, Forster's, Hirter Privat Pils, Corona, Desperados Tequilabeer, Villacher Märzen, Eggenberg Naturtrüb, Zwettler Dunkel, Zipfer Limettenradler, Heineken, Wieselburger Stammbräu, Edelweiss Weizen Alkoholfrei, Gösser Naturgold und immer ca. 25 wechselnde Flaschenbiere von A–Z.
LOKAL Thomas Tschurlovich, „Lieblingswirt des Burgenlandes" 1997, und immer im BIER GUIDE vertreten, hat das Lokal gewechselt: War er früher im „Shakesbier" rührig, so pflegt er heute im Bierkistl-Neudörfl die Bierkultur. Das Lokal ist rustikal eingerichtet, Holz und Ziegel sorgen für eine gemütliche Atmosphäre mit einer grossen Theke/Bar. Thomas Tschurlovich setzt auch im neuen Lokal eine alte Tradition fort: das jährliche Bierfest. Immer wechselnde Speisen sorgen für Abwechslung – Chili con Carne, Sandwiches, Pizzen, Salate u.v.m. 35 Sitzplätze + 15 Sitzplätze an der Bar, Biergarten mit 40 Plätzen.

NEUSIEDL/SEE

LARGO
7100 Neusiedl, Obere Hauptstrasse 5
0 69 9/10 75 61 22
mary1977@gmx.at
ÖFFNUNGSZEITEN Di–Fr 12.00 bis 2.00 Uhr, Sa–So u. Feiertage 17.00 bis 2.00 Uhr
FASSBIER Stiegl Goldbräu
FLASCHENBIER Golser Märzen, Golser Weizen, Heineken, Corona, Guinness (Dose)
LOKAL Sympathische Bar mit Ziegeloptik, die seit 2012 von Bianca Hartmann aus Weimar mit viel Charme geführt wird. Kleine, italienisch inspirierte Snacks. 30 Plätze im Lokal, 20 im Garten.

PAULIS PUB
7100 Neusiedl/See, Untere Hauptstraße 15
0 21 67/81 49
ÖFFNUNGSZEITEN Mo–Sa 11.00 bis 2.00 Uhr, So Ruhetag
FASSBIER Kaiser Premium, Schwechater Zwickl, Starobrno, Edelweiss, Guinness, Heineken, Gösser Naturradler, saisonal: Kaiser Festbock
FLASCHENBIER mindestens 30 internationale Flaschenbiere, darunter Kilkenny, Beck's, Heineken, Budweiser, Desperados, Foster's, Corona, Schneider Weisse und Hirter, Beck's Alkoholfrei u.v.m.

BURGENLAND

NEUSIEDL/SEE · NEUSTIFT/LAFNITZ · OBERPULLENDORF

Braugasthof Schmidt – Rabenbräu

Habe d´Ere

LOKAL Kleines, fast unscheinbares Lokal – unbedingt hineingehen! Denn es vermittelt die Stimmung eines internationalen Pubs. Eigentlich mehr ein Stehlokal, weil vor der Bar eine relativ große Kommunikationsfläche frei geblieben ist. 40 Plätze, 20 an der Bar, 25 im Garten.

SONNENSTUBE
7100 Neusiedl/See, Seestraße 50
0 21 67/81 11
anfrage@hotel-wende.at
www.hotel-wende.at
ÖFFNUNGSZEITEN 7.00 bis 14.00 Uhr und 18.00 bis 22.00 Uhr
FASSBIER Wieselburger, Zipfer Pils
FLASCHENBIER: Wieselburger Stammbräu, Corona, Guiness, Budweiser, Kaiser Doppelmalz, Edelweiß Weizenbier klar und trüb, Schlossgold
LOKAL Restaurant und Bar im mehrfach ausgezeichneten Hotel Wende. Happy Hour 18.00 – 20.00 Uhr. 170 Sitzplätze im Restaurant, 15 an der Bar, 20 im Garten.

NEUSTIFT/LAFNITZ

BRAUGASTHOF SCHMIDT – RABENBRÄU
7423 Neustift/Lafnitz, Nr. 64
0 33 38/23 30
schmidts-rabenbraeu@aon.at
www.rabenbraeu.com
ÖFFNUNGSZEITEN Di–Do 6.00 bis 22.00 Uhr, Fr–Sa 6.00 bis 24.00 Uhr, So 6.00 bis 22.00 Uhr, Mo Ruhetag
FASSBIER Rabenbräu aus der eigenen Brauerei – Rabenbräu Hell, Bernstein, Sommerbier
FLASCHENBIER 2 l-Blutzer Rabenbräu Hell und Bernstein, Raben Original Hell in der 0,33 l Einweg-Flasche (erhältlich im 20er-Karton oder im Sixpack). Saisonbedingt werden alle anderen Biere in Flaschen gefüllt, Clausthaler
LOKAL Der im Dezember 1999 zur Gasthausbrauerei umgebaute Gasthof Schmidt besteht aus drei Bereichen: dem konventionellen Restaurationsbetrieb, einem großen Veranstaltungssaal und dem umgehend im Jahr 2000 zum beliebtesten Bierlokal des Burgenlandes gewählten Bereich der Gasthausbrauerei. Die Küche ist ganz Malz-orientiert:

Viele Speisen werden mit Bier und Malt-Whisky zubereitet, es gibt Weißbiersuppe, Brauhauspfandl und sogar ein Whiskyparfait. Und: Wer sich mehr Bier schmecken hat lassen als mit dem 0,5-Promille-Limit vereinbar ist, der kann auch ein Gästezimmer mieten. 550 Sitzplätze im Lokal, große Bar mit 80 Plätzen, 50 Plätze im Garten. -70

OBERPULLENDORF

HABE D'ERE
7350 Oberpullendorf, Hauptstrasse 61
0 26 12/433 30
office@habedere.at
www.habedere.at
FASSBIER Stiegl, Puntigamer, Beck's Alkoholfrei
FLASCHENBIER Paulaner Hell, Paulaner Weißbier
LOKAL Dem Selbstverständnis nach ein „Heurigen-Restaurant", erweist sich das Habe d'Ere bei näherem Hinsehen als durchaus stilgerechtes Bierlokal – dekoriert mit alten Bierdeckeln, Bierwerbung und einer Zapfanlage, die in einen alten Motorblock eingebaut ist. 70 Plätze im Lokal, 15 an der Bar, 50 im Garten.

Finden Sie die **BESTEN BIERLOKALE** und Ihr **LIEBLINGSBIER** in Ihrer Umgebung. Mit Conrad Seidls **BIER GUIDE APP**.
Jetzt **GRATIS DOWNLOAD** im Play- oder Appstore!

102
BURGENLAND
OBERWART

Tamdhu

Der Stadtwirt

OBERWART

TAMDHU IRISH PUB 🍺🍺🍺
7400 Oberwart, Wienerstraße 51
0 66 4/526 19 38
pub@tamdhu.at
www.tamdhu.at
ÖFFNUNGSZEITEN Mo–So 17.00 bis 2.00 Uhr
FASSBIER Guinness, Murphy's Irish Red, Kaltenhauser 1475 Pale Ale, Kaltenhauser Bernstein, Trumer Pils, Gösser Zwickl Dunkel, Gösser Naturgold, jeweils wechselndes Monatsbier
FLASCHENBIER Newcastle Brown Ale, Fuller's IPA, Kwaak, Duvel, Lindemans Kriek, Lindemans Cassis, Heineken, Veltins, Anheuser Busch, Corona, Salzburger Weisse, Beck's Alkoholfrei
LOKAL Bierlokal des Jahres, siehe Seite 94

DIE BANK 🍺🍺🍺
7400 Oberwart, Hauptplatz 5
0 33 52/386 77
office@die-bank.at
www.die-bank.at
ÖFFNUNGSZEITEN Mo, Di, Do, Fr ab 7.00 Uhr, Mi ab 6.00 Uhr (wenn Markttag), Sa ab 8.00 Uhr, So & Feiertage ab 11.00 Uhr
FASSBIER Hirter Pils, Hirter Bio Weizen
FLASCHENBIER Puntigamer Panther, Heineken, Beck's, Corona, Erdinger, Beck's Alkoholfrei

LOKAL Dieses 2004 gegründete Lokal hat sich zum wichtigsten Treffpunkt und kulinarischen Zentrum von Oberwart entwickelt. Heimische und mexikanische Küche – dazu Corona Bier. Kurt Balazs vom nahen Bierarium (www.bierarium.at) lobt die moderne und doch gemütliche Einrichtung, die freundliche Bedienung und die moderaten Preise. 150 Sitzplätze im Lokal, 25 Plätze an der Bar, 50 auf der Terrasse.

DER STADTWIRT 🍺🍺🍺
7400 Oberwart , Steinamangererstraße 6
0 33 52/315 20
r.schmidinger@gmx.at
www.der-stadtwirt.at
ÖFFNUNGSZEITEN Di–Sa 9.00 bis 23.00 Uhr, So und Feiertage 9.00 bis 16.00 Uhr, Mo Ruhetag
FASSBIER Stiegl Goldbräu, Stiegl Bio Zwickl, Gösser Naturradler, Golser Pils
FLASCHENBIER Clausthaler od. Stiegl Freibier, Beck's Alkoholfrei, Puntigamer Dreh & Drink, König Ludwig Weizenbier Hell/Dunkel, diverse Craft Biere
LOKAL Bereits seit 1906 wird diese Gaststätte betrieben und war lange Zeit als Stadtbeisl ein Begriff. Im Oktober 2009 kam es durch Raimund Schmidinger zur Übernahme, wobei auch der Name in „Der Stadtwirt" geändert wurde. Der Innenhof ist als Gastgarten ausgestaltet und gilt in Oberwart als einzigartig. Dieser typische Südburgenland-Charakter

BURGENLAND

OSLIP · PAMHAGEN · PODERSDORF

Jupp´s Bierstüberl

spiegelt sich auch auf der Speisekarte wider: Neben pannonischen und internationalen Schmankerln (Wirtshausschmankerl) werden die Gäste mit urigen Pfandlgerichten und immer frischem Fisch verwöhnt. Der Stadtwirt lockt außerdem mit Storchennest und Uhudlerlaube sowie einer gemütlichen Wirtshausatmosphäre. 140 Plätze im Lokal, 100 im Garten.

OSLIP

CSELLEY-MÜHLE
7064 Oslip, Sachsenweg 63
0 26 84/22 09
info@cselley-muehle.at
www.cselley-muehle.at
ÖFFNUNGSZEITEN Fr–Sa 17.00 bis 1.00 Uhr, So u. Feiertage ab 14.00 Uhr – sowie an allen Veranstaltungstagen
FASSBIER Murauer
FLASCHENBIER Heineken, Schneider Weisse, Null Komma Josef
LOKAL Aktions- und Musikzentrum. Die Räumlichkeiten des Gasthauses, wie Ursumpf, Galeriebeisl, Jazzgwölb, Stehbar, Mühlenhof, Atrium blicken auf 650 Jahre Mühlengeschichte zurück. Die vorhandene Bausubstanz aus dieser Zeit wurde bewahrt und der ursprüngliche Mühlenflair und Charakter erhalten. 150 Sitzplätze in verschiedenen Bereichen. -14

PAMHAGEN

VILA VITA PANNONIA – STADLBRÄU
7152 Pamhagen, Storchengasse 1
0 21 75/21 80-0
info@vilavitapannonia.at
www.vilavitapannonia.at
ÖFFNUNGSZEITEN Mo–Sa 17.30 bis 24.00 Uhr, So 10.00 bis 24.00 Uhr, Di und Mi Ruhetage
FASSBIER Vila Vita Stadlbräu und Hofbräu (braufrisch von der Brauerei Göss)
FLASCHENBIER Heineken, Desperados, Gösser Naturgold, Edelweiss Alkoholfrei
LOKAL Im Hotel Pannonia gibt es mehrere Gastronomiebereiche – im Stadlbräu liegt der Schwerpunkt auf dem Bier. Eigene Cigar Lounge mit Davidoff-Assortiment und diversen kubanischen Sorten, insgesamt zurzeit 33 Sorten. 48 bzw. 200 Plätze im Lokal, 36 Plätze an der Bar, 60 Sitzplätze im Garten + 127 Bungalows.
-1

PODERSDORF

JUPP'S BIERSTÜBERL
7141 Podersdorf, Hauptstraße 14
0 21 77/22 74 oder 0 67 6/704 20 58
jupp.w@a1.net
www.jupps-bierstüberl.at
ÖFFNUNGSZEITEN Mai–Sept. täglich ab 9.00 Uhr, Okt.–April Di–So ab 9.00 Uhr
FASSBIER Zwettler, Stiegl, Hirter, Puntigamer
LOKAL Hausgemachte Fleisch- und Selchwaren im Lokal erhältlich, ebenso Produkte aus der eigenen Mangalizazucht. 100 Sitzplätze.

GASTHAUS DANKBARKEIT
7141 Podersdorf, Hauptstraße 39
0 21 77/22 23
office@dankbarkeit.at
www.dankbarkeit.at
ÖFFNUNGSZEITEN April bis November: Mo, Di, Fr 11.30 bis 14.00 Uhr und 17.30 bis 21.00 Uhr; Sa–So u. Feiertage 11.30 bis 21.00 Uhr – Mi u. Do Ruhetage; Jänner bis März: Fr 11.30 bis 14.00 Uhr und 17.30 bis 21.00 Uhr, Sa–So u. Feiertage 11.30 bis 21.00 Uhr – Mo bis Do Ruhetage
FASSBIER Golser
LOKAL In alten Urkunden wird das von den Zisterzienser-Mönchen errichtete Gebäude als „Ebenerdiges Schloss" bezeichnet, worunter man sich nichts Pompöses, aber immerhin ein solide gemauertes, für damalige Verhältnisse großes Bauwerk vorstellen darf. Als Gasthaus besteht es nun seit drei Generationen unter beständiger Führung von Wirten namens Josef Lentsch.

104
BURGENLAND

PÖTTSCHING · PURBACH · RIEDLINGSDORF · RUST

Sigi´s Pub

PÖTTSCHING

GASTHAUS ZUR GRENZE
7033 Pöttsching, Zipfwald 1
0 26 31/22 65
info@gasthof-zur-grenze.at
www.gasthof-zur-grenze.at
ÖFFNUNGSZEITEN Mi–Sa 9.00 bis 24.00 Uhr, So 9.00 bis 22.00 Uhr (Dezember–März So ab 18.00 Uhr geschlossen), Mo & Di Ruhetage
FASSBIER Zipfer Urtyp, Gösser Vollbier, Kilkenny
FLASCHENBIER Puntigamer, Heineken, Schlossgold, Edelweiss Weizen Hefetrüb, Edelweiss Alkoholfrei
LOKAL Hier war einmal die „Erste Österreichische Bierzunft" daheim – ein elitärer Verein, der versucht hatte, dem Bier seinen Platz in der Society zu sichern. Auch wenn nun dieser Verein vor einigen Jahren sanft entschlafen ist, kümmern sich die bierengagierten Wirtsleute weiterhin rührig um die Bierkultur. Mitglied der Chaîne des Rôtisseurs. 250 Sitzplätze im Lokal, Garten: 180 Sitzplätze.

PURBACH

GUT PURBACH
7083 Purbach, Hauptgasse 64
0 26 83/560 86
office@gutpurbach.at
www.gutpurbach.at
ÖFFNUNGSZEITEN Mo 18.00 bis 23.00 Uhr, Do–Sa 12.00 bis 15.00 Uhr und 17.00 bis 23.00 Uhr, So & Feiertage 12.00 bis 22.00 Uhr
FLASCHENBIER Bevog Kramah IPA, Birra Antoniana Altinate, Gusswerk Austrian Amber Ale, Gusswerk Horny Betty, Liefmans Cuvée Brut, Schneider Weisse Aventinus Eisbock
LOKAL Gourmetlokale finden ihren Weg schwer in diesen Bierguide, Weinlokale erst recht nicht. Das Gut Purbach ist beides. Und doch wieder nicht: Der Spitzengastronom Max Stiegl hat in einem ehemaligen Lesehof in der Weinbaugemeinde Purbach ein „Gasthaus" eingerichtet, das alle Stückln spielt (burgenländische Klassiker wie Grammelknödel mit Paradeiser-Ingwerkraut oder Halászlé, es bezieht von den Bundesforsten Fische aus Wildfang!) und seit einiger Zeit auch ein herzeigbares, für die Verhältnisse des Burgenlands sogar als herausragend zu bezeichnendes Craft Bier Angebot bereithält. Schön eingerichtet ist es sowieso, der Innenhof-Garten macht das Erlebnis komplett.

RIEDLINGSDORF

ZUM BURGENLÄNDER
7422 Riedlingsdorf, Untere Hauptstraße 14
0 33 57/423 85
burgenlaender@bnet.at
www.burgenlaender.at
ÖFFNUNGSZEITEN Mo–Do 9.00 bis 23.00 Uhr, Fr und Sa 9.00 bis 24.00 Uhr, So & Feiertage 10.00 bis 21.00 Uhr, Küche 11.00 bis 21.00 Uhr
FASSBIER Stiegl
FLASCHENBIER König Ludwig Hefeweißbier, König Ludwig Dunkel, Clausthaler, Stiegl Weisse, Stiegl Radler
LOKAL Das Gasthaus zum Burgenländer ist seit über 100 Jahren im Familienbesitz und verbindet Tradition mit modernen Einflüssen. Bierwirt des Jahres 2011. Spezialität des Hauses ist die Original Charbonnade „zan sölwa grüll'n – gmüatli(ch) am Tisch", dünne Fleischscheiben vom Holzkohlengrill, und Pfandlgerichte. 200 Sitzplätze im Lokal, 20 Plätze an der Bar, 30 Sitzplätze im Garten.

RUST

SIGI'S PUB
7071 Rust, Oggauerstraße 1
0 66 4/259 94 78
sigi.hodosi@gmail.com
www.facebook.com/Sigispub
ÖFFNUNGSZEITEN Di–Sa 17.00 bis 4.00 Uhr, So & Mo Ruhetage
FASSBIER Murauer Steirergold, Maisel's Weisse
FLASCHENBIER Gösser Märzen, Stiegl, Maisel's Zwickl, Budweiser Pils, Mohrenbräu, HB, Corona, Desperados
LOKAL Im Februar 2014 hat Sigi Hodosi das ehemalige Rusty Stork neu eröffnet und damit dem kultigen Feuerwehrgebäude neues Leben eingehaucht. 40 Plätze im Lokal.

BURGENLAND

SANKT MARGARETHEN · WEIDEN · WEPPERSDORF

Restaurant Schütz

Gasthaus Fuchs

SANKT MARGARETHEN

WEINSTUBE SONNENHOF
7062 Sankt Margarethen, Hauptstraße 28
0 26 80/22 66
ÖFFNUNGSZEITEN 11.00 bis 2.00 Uhr, Mo u. Do Ruhetage
FASSBIER Zwettler Zwickl, Egger
FLASCHENBIER Zwettler
LOKAL Uriges Lokal, entgegen dem Namen nicht nur dem Wein verschrieben. 50 Sitzplätze.

WEIDEN

RESTAURANT SCHÜTZ
7121 Weiden, Pointgasse 2
0 21 67/73 17
beatrix.schuetz@aon.at
www.restaurant-schuetz.at
ÖFFNUNGSZEITEN 9.00 bis 23.00 Uhr, Mi Ruhetag
FASSBIER Stiegl, Golser Lager, Franziskaner Hefeweizen
FLASCHENBIER Schwechater Lager, Null Komma Josef
LOKAL In diesem Familienbetrieb geht es um gepflegtes Genießen in einer unkomplizierten, gemütlichen Atmosphäre in den heimeligen Stuben. 230 Sitzplätze, Garten: 100 Sitzplätze.

WEPPERSDORF

GASTHAUS FUCHS
7331 Weppersdorf, Hauptstraße 33
0 26 18/22 50
info@gasthaus-fuchs.at
www.gasthaus-fuchs.at
ÖFFNUNGSZEITEN Mi–So ab 9.00 bis 24.00 Uhr, Mo–Di Ruhetage
FASSBIER Puntigamer Panther, Gösser Zwickl, Gösser Naturradler
FLASCHENBIER Puntigamer Panther, Edelweiss Hefeweizen, Gösser Naturgold
LOKAL Einfaches Landgasthaus mit guter Bierpflege. Jeden Mittwoch hausgemachte Blunz'n. 150 Sitzplätze.

Bierspecial

3x im Jahr

"medianet" Verlag AG
1110 Wien, Brehmstraße 10/4
Tel.: +43 1 919 20 - 2204
g.athanasiadis@medianet.at | www.medianet.at

KÄRNTEN

VON **A** WIE ALTHOFEN BIS **Z** WIE ZELL PFARRE

108
KÄRNTENS BIERLOKAL DES JAHRES
SPITTAL/DRAU

WEISSES RÖSSL – BLACHA GAUL 🍺🍺🍺
9800 Spittal/Drau, Hauptplatz 23 / Ortenburgerstraße 1
0 47 62/365 49
weisses@roessl-spittal.at
www.facebook.com/BlacherGaul

ÖFFNUNGSZEITEN Mo–Sa 9.00 bis 23.00 Uhr
FASSBIER Villacher Märzen
FLASCHENBIER Schleppe No.1, Thornbridge Jaipur IPA, Camba Bavaria Hop Gun, La Trappe Triple, La Trappe Quadrupel
LOKAL Mit Lokalnamen muss man sich auskennen – denn was ein Szenebierlokal ist, das heißt unter den Gästen aus der Region oft ganz anders als es an der Türe angeschrieben ist. Das gilt auch für den „Blachen Gaul" – im Dialekt die Beschreibung eines bleichen Pferdes, eines Schimmels, also: eines weißen Rössls. Richtig, so steht es an der Tür. Auch muss man wissen, dass dieser Gaul sich genau genommen nicht am Hauptplatz, sondern um die Ecke in der Ortenburger Straße gegenüber dem Schloss Porcia befindet. Die lokalen Gäste finden jedenfalls in großer Zahl hin, zu den Essenszeiten ist es ratsam, zu reservieren. Dabei ist besonders erfreulich, dass die Chefin ausgebildete Bier-Sommelière ist und aus einem wachsenden Angebot an Craft Bieren das richtige Beer&Food-Pairing empfehlen kann. 40 Sitzplätze im Lokal, 40 Plätze an der Bar, 2 Sitzplätze im Garten.

KÄRNTEN

ALTHOFEN · BERG IM DRAUTAL

Kulturwirtshaus Bachler

Gasthof zur Schmiede

ALTHOFEN

KULTURWIRTSHAUS BACHLER
9330 Althofen, Silberegger Straße 1
0 42 62/38 35
restaurant@bachler.co.at
www.bachler.co.at
ÖFFNUNGSZEITEN Di–Sa 10.00 bis 24.00 Uhr, So 10.00 bis 16.00 Uhr, Mo Ruhetag
FASSBIER Hirter Pils, Hirter 1270, Hirter Bio Hanfbier, Wimitzer Lemisch
FLASCHENBIER Loncium, Edelweiss Weizenbier, Reininghaus Jahrgangspils, Hirter Fresh, Hirter Beerique, Steamworks Pale Ale, Steamworks Jasmine IPA, Westmalle Trappist Tripel, Kiesbye's Waldbier, Trumer Hopfenspiel, Mohren Pale Ale, Budweiser Alkoholfrei, Claustahler
LOKAL Dieses Wirtshaus versteht sich als Bühne des aktiven Erlebens – als Galerie und Forum der Kunst. Hier treffen sich Schüler und Pensionisten sowie zahlreiche Stammtische. Gottfried Bachler hat sich eine Gault-Millau-Haube erkocht und ist dennoch der Bierpflege treu geblieben. Dafür gab es 2007 auch eine „Bierkrone" von der BrauUnion und im Jahr darauf die Auszeichnung als Kärntner Bierlokal des Jahres durch diesen Bier Guide. Große Käseshow (Gottfried Bachler war 2003 Käsesommelier des Jahres). Etwa 20 Kulturveranstaltungen im Jahr. 60 Sitzplätze im Lokal, 12 an der Bar, 50 Sitzplätze im Garten.

PRECHTLHOF
9330 Althofen, Schobitzstraße 1
0 42 62/261 40
hotel@prechtlhof.com
www.prechtlhof.com
ÖFFNUNGSZEITEN Mi–So 6.00 bis 24.00 Uhr, Mi ab 16.00, Di Ruhetag
FASSBIER Hirter Märzen, Hirter 1270er sowie ein Monatsbier der Brauerei Hirt, z.B. Zwickl Bier
FLASCHENBIER Rieder Weißbier Bock, Brauerei Hofstetten Sündenbock und Granitbock, Brauerei Gusswerk Horny Betty, Gregorius Trappistenbier Stift Engelszell, Schloss Eggenberg Samichlaus Classic Bock, Claustahler, Erdinger Weizen Alkoholfrei
LOKAL Erlebnishotel mit mehrfach ausgezeichnetem Küchenpersonal, das ab und zu auch Bier als Küchenzutat verwendet, und da Bierkultur hier großgeschrieben wird, hat Wirtin Birgit Kraßnitzer im Herbst 2014 die Ausbildung zur Biersommelière absolviert. Gemeinsam mit der Hirter Brauerei wurde sogar ein Bierkulinarium und ein Besuchsprogramm für die Brauerei entwickelt. Hier wird Bier auf Wunsch „gestachelt". 130 Sitzplätze, Garten: 60, Terrasse: 30.

BERG IM DRAUTAL

GASTHOF ZUR SCHMIEDE
9771 Berg im Drautal, Berg 4
0 47 12/562
info@gasthofzurschmiede-berg.at
www.gasthofzurschmiede-berg.at
ÖFFNUNGSZEITEN Di–So 9.00 bis 24.00 Uhr, Mo Ruhetag
FASSBIER Villacher Märzen, Villacher Hausbier, Gösser Märzen, Franziskaner Weizenbier
FLASCHENBIER Villacher Zwickl, Gösser Naturgold, Franziskaner Alkoholfrei, Reininghaus Jahrgangspils, Villacher Glockenerpils, Wieselburger Schwarzbier, Kaltenhauser Kellerbier, Kaltenhauser Original, Kaltenhauser 1475 Pale Ale, Affligem Blond, Affligem Double, Schleppe Nr.1
LOKAL Geschichtsträchtiger Gasthof, dessen Grundmauern aus dem 13. Jahrhundert stammen. Die Holzdecke mit einer Malerei eines italienischen Künstlers und einer Freske oberhalb des Einganges zeugen von Geschichte, Gastlichkeit und Tradition als Wirtshaus. Geboten wird bodenständige kärnt-

KÄRNTEN

BLEIBURG · BODENSDORF

Altes Brauhaus – Breznik

I Fratelli

ner-österreichische Wirtshausküche mit saisonalen Speisen und Schmankerln. 150 Sitzplätze im Lokal, 20 an der Bar und 60 im Garten.

BLEIBURG

ALTES BRAUHAUS – BREZNIK 🍺🍺🍺🍺
9150 Bleiburg, Hauptplatz 9
0 42 35/20 26-0
stefan@breznik.at
www.brauhaus.breznik.at
ÖFFNUNGSZEITEN Mo–So 17.00 bis 24.00 Uhr
FASSBIER Selbst gebrautes Breznik-Bier (Helles, Dunkles und Schwarzbier), Puntigamer Märzen, saisonale Spezialbiere der Hausbrauerei
FLASCHENBIER Murauer Hefeweizen, Forstner Styrian Ale, Chimay Bleu, Reininghaus Jahrgangspils, Lindemans Kriek, Propeller Nachtflug, Gösser Naturgold, Edelweiss Alkoholfrei, Bevog Tak Pale Ale, Herzog Sauvignon Hell
LOKAL Der erste Eindruck in diesem Brauereiausschank wird von der großen Biertafelsammlung vermittelt. Das Brauhaus Breznik entstammt einer uralten Steinbierbrauerei, an deren Tradition die 2007 eingerichtete Gasthausbrauerei anknüpft – allerdings mit Bieren, die mehr dem heutigen Geschmack entsprechen. Gerhard Primozic Breznik ist ein selbstbewusster Brauer, der nicht nur die eigenen Biere präsentiert, sondern auch ein paar Raritäten aus kleinen Brauereien des In- und Auslandes anbietet. Sehr bierige Atmosphäre. Zum Essen gibt es eine breite Auswahl an traditionellen heimischen Gerichten sowie an Pizzen. Und wenn man hier übernachtet, dann findet man sich in einem kleinen Stadthotel, in dem man in nach heimischen Künstlern benannten Themenzimmern nächtigt. Kärntens Bierlokal des Jahres 2009 – diese Auszeichnung hat die Besitzer animiert, weitere Bieraktivitäten zu setzen und Kärnten-würdige Bierfeste zu veranstalten. 150 Plätze im Lokal, 15 an der Bar, 50 im Garten. 🛏-30

I FRATELLI 🍺
9150 Bleiburg, 10.Oktober-Platz 32
0 65 0/434 95 09
office@i-fratelli.at
www.i-fratelli.at
ÖFFNUNGSZEITEN Mo–Mi 8.30 bis 24.00 Uhr, Do–Sa 8.30 bis 2.00 Uhr, Feiertag 9.30 bis 24.00 Uhr, So Ruhetag
FASSBIER Paulaner Märzen, Paulaner Dunkel, Hacker-Pschorr, Paulaner Hefeweizen, Kaltenhauser Bernstein, Starobrno, Augustiner Edelstoff, jeweils ein Monatsbier
FLASCHENBIER Stiegl Märzen, Gösser Märzen, Puntigamer Märzen, Clausthaler, Heineken, Corona, Guinness
LOKAL Erich Bernik hat dieses modern gestylte Lokal vor einem Jahrzehnt mit klarem Bierschwerpunkt geschaffen und es zu einem Treffpunkt in Bleiberg ausgebaut, wo auch die Künstler der Umgebung gern verkehren. Jährlich Bier Events zum Oktoberfest mit dem Original Wiesn-Bier von Paulaner, Kneipenfestival und St. Patrick`s Day. 42 Plätze im Lokal (Raucher- und Nichtraucherbereich getrennt), 12 an der Bar, 37 im Schanigarten. ✍

BODENSDORF

HOTEL MOUNTAIN RESORT FEUERBERG 🍺🍺🍺
9551 Bodensdorf, Gerlitzenstraße 87
0 42 48/28 80
kontakt@hotel-feuerberg.at
www.hotel-feuerberg.at
ÖFFNUNGSZEITEN geöffnet 10. Juni bis 20. November 2016 (Sommersaison) und bis 3. April 2016 (Wintersaison)
FASSBIER Villacher
FLASCHENBIER Schlägler Bio Roggen, Freistädter Rotschopf, Freistädter Junghopfenpils, Hofstettener Granitbier, Hochland-Honigbier, Stiegl Hausbiere, Samichlaus, Villacher, Hirter, Bevog Tak, Kramah, Ond, Weizenguss, Steinbier, Nicobar, Aufwind, Nachtflug, Ei Pi Ai, Dry Stout, Aventinus Eisbock, Founders Porter, East India Pale Ale, Sierra Nevada Pale Ale, Isaak, Ama Bionda, Old Tom Chocolate, Abt 12, Franziskaner
LOKAL Das Familien- und Wellnesshotel bietet im Jänner eine Bierwoche mit begleitenden Biermenüs – in Kooperation mit dem „Biersepp" Sepp Wejwar. 🛏-450

KÄRNTEN

EBENTHAL · EISENKAPPEL · FELDKIRCHEN · FERLACH

Rockcafe Filiale

Schlatte's

EBENTHAL

LAMPLWIRT
9065 Ebenthal, Miegererstraße 2
0 46 3/333 10
lamplwirt@aon.at
www.derlamplwirt.at
ÖFFNUNGSZEITEN Mo–So 9.00 bis 24.00 Uhr
FASSBIER Schleppe
FLASCHENBIER Schleppe
LOKAL An der Straße von Klagenfurt – an dieser Stelle befand sich einst eine Brauerei. Immer wieder Lederhosentreffen – seinerzeit war auch Jörg Haider einer der prominenten Besucher. Im November gibt es einen Schleppe-Bockbieranstich. Ca. 100 Sitzplätze + Garten.

EISENKAPPEL

MARKTSTUBE BEI LOTTE
9135 Eisenkappel, Bad Eisenkappel 24
0 42 38/750 oder 0 65 0/993 00 99
bei_lotte@aon.at
ÖFFNUNGSZEITEN Mi–Mo 9.00 bis 2.00 Uhr, Di Ruhetag
FASSBIER Murauer
FLASCHENBIER Stiegl Märzen, Stiegl Braukunst, Puntigamer Märzen, Schlossgold
LOKAL Ludwig und Lotte Tomaschitz-Sadovnik haben neben ihrer Marktstube auch einen Bergbauernhof, wo sie in 770 Meter Seehöhe Rinder und vor allem Kärntner Brillenschafe züchten. Jeden Donnerstag Ripperlessen. 110 Plätze im Lokal, 60 auf der Veranda.

FELDKIRCHEN

ROCKCAFE FILIALE 🍺
9560 Feldkirchen, Hauptplatz 8
0 66 4/542 60 66
ÖFFNUNGSZEITEN Mo–Do 16.00 bis 23.00 Uhr, Fr–Sa 16.00 bis 2.00 Uhr
FASSBIER Villacher Märzen, Villacher Dunkel, Franziskaner Hefeweizen Alkoholfrei, Radler
FLASCHENBIER Schlossgold
LOKAL Seit bald acht Jahren ist Gerry Sobans Filiale ein Fixpunkt am Hauptplatz. 30 Sitzplätze im Lokal, 10 Sitzplätze im Schanigarten.

SCHLATTE'S 🍺
9560 Feldkirchen, Hauptplatz 6
0 42 76/616 01
info@schlattes.at
www.schlattes.at
ÖFFNUNGSZEITEN Mo–Sa 8.00 bis 23.00 Uhr
FASSBIER Villacher Märzen, Villacher Dunkel, Franziskaner Hefeweizen Alkoholfrei, Radler
FLASCHENBIER Schlossgold
LOKAL Seit 2014 betreibt Familie Schlatte am Hauptplatz quasi das Wohnzimmer von Feldkirchen – mit preiswerten Mittagsmenüs ebenso wie mit einer netten Bar. 60 Plätze, Schanigarten: 15.

GASTHOF SEITNER 🍺
9560 Feldkirchen, Villacher Straße 11
0 42 76/21 58
info@gasthof-seitner.at
www.gasthof-seitner.at
ÖFFNUNGSZEITEN Mo–Sa 8.00 bis 24.00 Uhr (Küche 9.00 bis 22.00 Uhr), So & Feiertage geschlossen
FASSBIER Villacher Märzen, Villacher Dunkel, Franziskaner Hefeweizen Alkoholfrei, Radler
FLASCHENBIER Erdinger Alkoholfrei, Schlossgold
LOKAL Traditionsgasthaus und Mitglied der Kärntner Wirtshauskultur. Schöne Bar aus hellem Holz gleich hinter dem Eingang. 12 Plätze an der Bar, 200 Sitzplätze im Lokal, 50 auf der Sonnenterrasse (kann überdacht werden!).

FERLACH

GASTHOF PLASCH „AUF DER HUABN" 🍺🍺
9170 Ferlach, Ressnigg 17
0 42 27/23 70
info@gasthof-plasch.at
www.gasthof-plasch.at
ÖFFNUNGSZEITEN Täglich von 11.00 bis 23.00 Uhr
FASSBIER Schleppe Märzen, Dunkel und Hausbier, Villacher Stadt Pils, Franziskaner Weizen

112
KÄRNTEN

FRIESACH · GMÜND · GÖDERSDORF BEI VILLACH

Landhotel Metnitztalerhof

Gasthof Kohlmayr

FLASCHENBIER Franziskaner Weizen, Schleppe Märzen, Clausthaler, zeitw. Schlossgold, wechselnde Spezialitäten
LOKAL Alteingesessener Familienbetrieb im Ortsteil Ressnigg, zwei Kilometer nördlich vom Ferlacher Zentrum und ganz in der Nähe vom Drauradweg und Strandbad Ferlach. Eigene Landwirtschaft (inklusive Wildgehege und Fischteich). Spezielle Aktionen wie Biergartenzeit mit Stelzen am Donnerstag und Maßbier (nur am Abend). Kunsteis- und Kegelbahn in einem eigenen Pub-Bereich mit eigener Bar. Sehr bemüht um Bierpflege und Reinigung der Bierleitungen! 220 Sitzplätze, 20 an der Bar, 130 im Garten.

FRIESACH

LANDHOTEL METNITZTALERHOF
9360 Friesach, Hauptplatz 11
0 42 68/25 10-0
metnitztalerhof@burgenstadt.at
www.metnitztalerhof.at
ÖFFNUNGSZEITEN Fr–Mi 7.00 bis 24.00 Uhr
FASSBIER Hirter Märzen, Hirter Zwickl, Hirter Pils, Wimitzer Märzen
FLASCHENBIER Hirter Morchl, Hirter 1270, Wimitzer Weizen
LOKAL Dieses am Hauptplatz von Friesach überblickende Landhotel hat eine schöne Terrasse, eine nette Bierbar und ein freundliches Service – typische Kärntner Wirtshauskultur. Bierkäsesuppe, Biernockerln. Innenstüberl: ca. 220 Sitzplätze, 30 an der Bar, im Garten 40 Plätze.

GMÜND

ALTE POST
9853 Gmünd, Hauptplatz 17
0 47 32/22 12
ÖFFNUNGSZEITEN Mo–So 9.00 bis 23.00 Uhr
FASSBIER Gösser Märzen
FLASCHENBIER Edelweiss, Gösser Naturgold
LOKAL Typisches Kärntner Gasthaus mit einfachem Gastzimmer und guter Stube in einem altehrwürdigen Gebäude am Hauptplatz der Künstlerstadt. Eine freundliche Wirtshauskatze streift gerne zwischen den Gästen herum.

GASTHOF KOHLMAYR
9853 Gmünd, Hauptplatz 7
0 47 32/21 49
gasthof.kohlmayr@aon.at
www.gasthof-kohlmayr.at
ÖFFNUNGSZEITEN Dezember–April: Di–So 11.30 bis 21.00 Uhr, Mai–Oktober: 11.30 bis 22.00 Uhr, im November geschlossen
FASSBIER Gösser Märzen, Weihenstephaner, Starobrno Altbrünner Gold
FLASCHENBIER Gösser Märzen, Stiftsbräu, Schlossgold
LOKAL Schöner Kleinstadtgasthof mit bis zu 400 Jahre alten Gebäudeteilen, seit 200 Jahren in der Familie. Gutbürgerliche Küche und rustikale Gasträume. Zudem eine kleine Bar, an der sich die Einheimischen auf ein Bier treffen. 100 Sitzplätze im Lokal, 20 an der Bar, 30 Sitzplätze im Garten.

GASTHOF PRUNNER
9853 Gmünd, Hauptplatz 15
0 47 32/21 87
prunner.gmuend@aon.at
prunner-gmuend.at
ÖFFNUNGSZEITEN Di–So 9.00 bis 24.00 Uhr
FASSBIER Gösser Märzen, Gösser Stiftsbräu, Weihenstephaner, Puntigamer, saisonal: Weihnachtsbock, Oktoberbier, Osterbock
FLASCHENBIER Weihenstephaner, Schlossgold
LOKAL Schöner großer Gasthof unmittelbar am Unteren Stadttor. Der Hl. Florian am Hauseck erinnert noch heute daran, dass das Haus einst ein Brauereibetrieb war. Einladender Schanigarten, noch einladendere Theke, toller Arkadenhof – und vor allem freundliche Wirtsleute. 150 Sitzplätze, 20 im Schanigarten. 150 Sitzplätze, 20 Plätze im Schanigarten.

GÖDERSDORF BEI VILLACH

HOTEL RESTAURANT ZOLLNER
9585 Gödersdorf bei Villach, Finkensteiner Straße 14
0 42 57/28 56
office@hotel-zollner.at
www.hotel-zollner.at

KÄRNTEN

GREIFENBURG · GROSSKIRCHHEIM

Gasthaus Wulz

Döllacher Dorfwirtshaus

ÖFFNUNGSZEITEN Täglich 7.00 bis 24.00 Uhr, Betriebsferien von Weihnachten bis Dreikönig
FASSBIER Villacher Märzen, Villacher Doppelmalz, wechselnde Bierspezialitäten der Villacher Brauerei, Hirter Pils (nur Juli u. August)
FLASCHENBIER Erdinger Hefetrüb, Erdinger Kristallklar, Erdinger Dunkel, Erdinger Alkoholfrei, Clausthaler
LOKAL Wir sind Wirtsleut' mit Leib und Seel', versichert Wirtin Gudrun Zollner. Sie führt einen 300 Jahre alten Betrieb, der im 19. Jahrhundert auch eine eigene Brauerei hatte. Kulinarische Schwerpunktsetzung auf regionale Produkte. Die Saiblinge stammen aus dem hoteleigenen Teich, aus dem sie auf Wunsch auch selbst gefangen werden können. Das Fleisch kommt zum Teil aus der eigenen Landwirtschaft und wird in der hauseigenen Selch geräuchert. 280 Plätze, 20 an der Bar, 80 Plätze im Garten. ⊨-52

GREIFENBURG

GASTHAUS WULZ

GASTHAUS WULZ
9761 Greifenburg, Bruggen 8
0 47 12/823 54
gasthauswulz013@hotmail.com
www.gasthaus-wulz.stadtausstellung.at
ÖFFNUNGSZEITEN Täglich 8.00 bis 24.00 Uhr
FASSBIER Stiegl, Villacher, im Sommer auch verschiedene ausländische Fassbiere

FLASCHENBIER Mehr als 800 Sorten in- und ausländischer Flaschenbiere mit Schwerpunkt auf belgische Starkbiere: Dolle Brouwers, Orval, Chimay u.v.m. können im Shop gekauft und verkostet (oder auch mit heimgenommen) werden. Alle Biere können auch im Gasthaus verkostet werden.
LOKAL Dieses unscheinbare Gasthaus an der Straße zum Weissensee wird von einer sehr bierbegeisterten niederländischen Familie geführt, die es zu einem Paradies für Freunde ausgefallener Biere gemacht hat. Sehr gemütlicher Gastraum, kleine Bar und schöner Kastaniengarten. Moderne und preiswerte Gästezimmer. 60 Plätze im Lokal, 12 an der Bar und 100 im Garten mit überdachter Terrasse. ⊨-23

GROSSKIRCHHEIM

DÖLLACHER DORFWIRTSHAUS
9843 Großkirchheim, Döllach 79
0 48 25/210
ziervogel@doellach.at
www.doellach.at
ÖFFNUNGSZEITEN Mi–Mo 9.00 bis 24.00 Uhr, Di Ruhetag
FASSBIER Hirter Bio Bier, Loncium Hell
FLASCHENBIER Hirter Bio Bier, Maisel's Weisse, Maisel's Weisse Alkoholfrei, Clausthaler
LOKAL Katja Nitzsche und Hubert Ziervogel betreiben dieses gemütliche Dorfwirtshaus mit guter Küche und schönem Garten, in dem im Sommer zum Bier gegrillt wird. 60 Plätze im Lokal, 30 im Garten.

VERMISSEN SIE IHR LIEBLINGS-BIERLOKAL?

DANN SCHREIBEN SIE UNS:

bierguide2017@gmx.at

114
KÄRNTEN

GUTTARING · HEILIGENBLUT · HERMAGOR · HIRT-MICHELDORF

Laterndl

GUTTARING

GASTHAUS MOSER
9334 Guttaring, Unterer Markt 17
0 42 62/81 12
gasthof-hotel-moser@aon.at
www.mosergasthof.at
ÖFFNUNGSZEITEN Mi–Mo 9.00 bis 24.00 Uhr
FASSBIER Hirter Zwickl, Hirter Pils
FLASCHENBIER Hirter Märzen, Hirter 1270, Hirter Morchl, Maisels Weisse, Clausthaler, Erdinger Alkoholfrei
LOKAL Bis vor hundert Jahren wurde beim Moser in Guttaring selbst Bier gebraut. Heute ist es ein „Genusswirt in der norischen Region", gelegen an der ehemaligen Eisenstraße. 120 Sitzplätze, 15 an der Bar, Garten: 60 Sitzplätze. ⌁-30

HEILIGENBLUT

LATERNDL
9844 Heiligenblut, Hof 4
0 65 0/50 31 287
lukas.haider@laterndl.com
www.laterndl.com
ÖFFNUNGSZEITEN Mo–So 9.00 bis 4.00 Uhr
FASSBIER Budweiser, Spaten, Franziskaner Weisse
FLASCHENBIER Guinness, Corona Extra, Punk IPA, Duvel, Franziskaner Alkoholfrei, Gösser Naturgold, Beck's Alkoholfrei
LOKAL Nette Bierbar im Zentrum von Heiligenblut – sehr angenehm, um am Spätnachmittag draußen zu sitzen und bei einem Budweiser in der Dämmerung in den Bergen zu genießen. Und in der holzverkleideten Stube kann man lange weiterfeiern – gelegentlich mit Livemusik.

HERMAGOR

ALPENHOTEL PLATTNER
9620 Hermagor, Sonnenalpe Nassfeld 99
0 42 85/82 85
reception@plattner.at
www.plattner.at
ÖFFNUNGSZEITEN Anfang Juni bis Anfang Oktober und Anfang Dezember bis Mitte April täglich von 10.00 bis 22.00 Uhr
FASSBIER Puntigamer Panther, Weihenstephaner Hefeweizen

FLASCHENBIER Gösser Märzen, Gösser Stiftsbräu, Dunkles Weihenstephan Weizenbier, Alpenstoff (Bürgerbräu Bad Reichenhall), Schlossgold
LOKAL Gemütliche Gaststube mit Sonnenterrasse, im Winter Après-Ski-Bar. Trotz großer Frequenz gibt es im Alpenhof Plattner immer ein gepflegtes Bier mit dazugehöriger Kärntner Schmankerlküche. Für die italienischen Gäste gibt's auch ein „Festa della Birra"! 80 Sitzplätze im Lokal, 10 Plätze an der Bar. 150–200 Sitzplätze im Garten. ⌁-1

BÄRENWIRT
9620 Hermagor, Hauptstraße 17
0 66 4/75 11 39 35
mail@baerenwirt.info
www.baerenwirt.info
ÖFFNUNGSZEITEN Di 17.00 bis 24.00 Uhr, Mi–Sa 10.00 bis 24.00 Uhr, So 10.00 bis 16.00 Uhr, Mo Ruhetag
FASSBIER Gösser Märzen, Kaltenhauser Bernstein, Weihenstephaner Weißbier
FLASCHENBIER Gösser Stiftsbräu Dunkel, Wieselburger Schwarzbier, Loncium Austrian Amber Lager, Loncium Schwarze Gams, Loncium Royal Dark, zeitweise Rogg'n Roll Bier, Edelweiss Weißbier Alkoholfrei, Gösser Naturgold
LOKAL In Hermagors einzigem alten Stadtgasthaus wird die Bierpflege groß geschrieben. Der Bärenwirt liegt im Zentrum der Altstadt gegenüber der Kirche und wurde im Herbst 2015 von Manuel Ressi übernommen. Der Patron persönlich werkt am Herd und bietet Traditionsgerichte wie Beuschl und Gulasch, aber auch innovative Speisen. 60 Plätze, Garten: 50.

HIRT-MICHELDORF

HIRTER BRAUKELLER
9322 Hirt-Micheldorf, Hirt 2
0 42 68/20 50 45
braukeller@hirterbier.at
www.hirterbraukeller.at
ÖFFNUNGSZEITEN Mo–So 9.00 bis 24.00 Uhr
FASSBIER Hirter Märzen, Privat Pils, Zwickl, Morchl, 1270, Festbock, Weizen
FLASCHENBIER Hirter Bio-Bier, Hirter Bio Hanfbier, Hirter Twist Off, Clausthaler

KÄRNTEN

HOCHRINDL · INNERKREMS · KIRCHBERG · KLAGENFURT

Alpengasthof Hutmannshaus

2gether

LOKAL Der Hirter Braukeller, wenige Kilometer südlich von Friesach gelegen, wurde 1270 das erste Mal urkundlich erwähnt – die Taverne war wahrscheinlich derselbe Betrieb, aus dem die Hirter Brauerei hervorgegangen ist. Hervorragende Bierkultur: Alle Sorten sind ausführlich beschrieben, neben den Werten und Fakten finden die Gäste eine von Biersommeliers verfasste sensorische Beschreibung und Vorschläge zur Kombination mit Speisen. Bodenständige Brauhausküche bis hin zu raffiniert zubereiteten Spezialitäten aus vorwiegend regionalen Produkten und saisonalen Themenschwerpunkten. 180 Plätze, weitere 140 in der Malztenne, 25 an der Bar, 250 im Kastaniengarten.

HOCHRINDL

GASTHAUS ZUR BAUERNSTUBN
9571 Hochrindl, Steingartenweg 1
0 42 79/564 oder 0 66 4/395 83 39
info@bauernstubn.at
www.bauernstubn.at
ÖFFNUNGSZEITEN Mai–Oktober und Dezember bis ca. Ende März von 9.00 bis 24.00 Uhr (je nach Witterungsverhältnisse)
FASSBIER Villacher Hell, Franziskaner Weizen
FLASCHENBIER Erdinger, Villacher Dunkel, Clausthaler
LOKAL Auf der Hochrindl, im Herzen von Kärnten, liegt auf rund 1.600 Meter dieser gastliche Betrieb, der von Günter und Renate Schwarz geführt wird. Neben den traditionellen Gaumenfreuden (Auszeichnung als Genusswirt) genießt man hier die beeindruckende Kärntner Landschaft von oben. Die Fernsicht verspricht im Süden einen Blick bis nach Klagenfurt und auf die Karawanken. 100 Sitzplätze und Terrasse, Wintergarten: 45 Sitzplätze.

INNERKREMS

ALPENGASTHOF HUTMANNSHAUS
9862 Innerkrems, Innerkrems 9
0 47 36/216, 0 66 4/637 61 74
bogucki@gmx.at
www.ski-heil.at
ÖFFNUNGSZEITEN Juni bis September täglich 9.00 bis 20.00 Uhr, Dezember bis März täglich 8.00 bis 22.00 Uhr
FASSBIER Villacher Märzen

FLASCHENBIER Franziskaner Weisse, Dunkel und alkoholfrei, Corona, Clausthaler, Villacher
LOKAL Sehr idyllisch gelegener Alpengasthof, beliebt als Ausgangs- oder Erholungspunkt bei Bergwanderungen in den Nockbergen – und das seit 180 Jahren – und durch die Nähe zum Skilift auf 1.550 m (auch im Sommer in Betrieb). Die Chefin ist sehr freundlich, und sie serviert unter anderem eine Schweinshaxe, die in Bier geschmort wird. Ca. 100 Sitzplätze, 40 im Garten. 18

KIRCHBERG

NORISCHER FORELLENWIRT
GASTHOF BACHER
9374 Kirchberg, Kirchberg 14
0 42 64/24 34
info@forellenwirt.at
www.forellenwirt.at
ÖFFNUNGSZEITEN Do–Di, Mi Ruhetag
FASSBIER Hirter Märzen, Morchl, Weihnachtsbock
FLASCHENBIER Hirter Märzen, Morchl, Radler, Weizenbier
LOKAL Der Forellenspezialist auf dem Kirchberg (vier Kilometer außerhalb von Wieting) wurde 1970 gegründet und bietet Bio-Produkte, Forellen und Damwild aus der eigenen Landwirtschaft. 120 Sitzplätze, Terrasse: 30 Sitzplätze.

KLAGENFURT

2GETHER
9020 Klagenfurt, Bahnhofsstraße 22
0 69 9/17 17 76 78
office@cafe2gether.at
www.cafe2gether.at
ÖFFNUNGSZEITEN Mo–Fr 7.00 bis 20.00 Uhr, Sa–So & Feiertage geschlossen
FASSBIER Heineken, Wimitzbräu Lemisch und wechselnde Spezialiäten (u.a. Leffe Brune, Starobrno)
FLASCHENBIER ca. 40 verschiedene Biere, u.a. Gouverneurs Dubbel, Gouverneurs Stout, Lindemanns Framboise, Liefmanns Kriek, Duvel
LOKAL An der Ecke Bahnhofstraße/Lidmanskygasse haben die Wirtsleute van Els (gemeinsam, also together) ein holländisches Lokal eingerichtet, in dem es belgische und holländi-

KÄRNTEN

KLAGENFURT

Felsenkeller

Hofbräu zum Lindwurm

sche Biere gibt – teilweise exklusiv importiert und von den Wirtsleuten ebenso kundig wie enthusiastisch kommentiert. Die Spezialitäten werden auch über die Gasse verkauft. 40 Sitzplätze im Lokal, 12 an der Bar, ca. 30 im Garten.

BIERHAUS ZUM AUGUSTIN
9020 Klagenfurt, Pfarrhofgasse 2
0 46 3/51 39 92
haas@gut-essen-trinken.at
www.gut-essen-trinken.at
ÖFFNUNGSZEITEN Mo–Sa 11.00 bis 24.00 Uhr, So u. feiertags geschlossen
FASSBIER Augustin Wirtshausbier, Puntigamer Panther, Gösser Märzen/Zwickl/Stiftsbräu Dunkel, Weihenstephaner Hefeweizen, wechselnde Gastbiere
FLASCHENBIER Schlossgold
LOKAL Ein modern und doch urig gestaltetes Bierlokal mit zentraler Bar und mehreren Nebenräumen – in einem der ältesten Häuser in Klagenfurt situiert. Oft gedrängt voll, aber durch die räumliche Aufteilung ist auch das erträglich. Sehr schön bierig dekoriert (kupferne Sudpfannen-Haube), jedoch keine Gasthausbrauerei – aber das tut der Stimmung keinen Abbruch. Das Wirtshausbier ist garantierte BrauUnion-Qualität, gebraut von Braumeister Andreas Werner in Puntigam. Das bodenständige Angebot reicht von deftiger Kernöleierspeis über Kalbsrahmbeuscherl und Saiblingsfilets mit Knoblauchbutter und Paprikapolenta bis zu ofenfrischen Schweinsbraten, die am Dienstag und Donnerstag auf der Karte stehen. 130 Plätze, Garten: 90 Plätze.

FELSENKELLER
9020 Klagenfurt, Feldkirchner Straße 141
0 46 3/42 01 30
office@fk-bier.at
www.schleppe-felsenkeller.at
ÖFFNUNGSZEITEN Mo–Sa 11.00 bis 24.00 Uhr, So und feiertags geschlossen
FASSBIER Schleppe Märzen, Schleppe Felsenkeller Bier (naturtrübes Vollbier), Schleppe Weizen, Schleppe Doppelmalz, Schleppe Kurvenbier. Saisonal: Schleppe Oktoberbier, Schleppe Altbier, Bockbier, Doppelbockbier

FLASCHENBIER Schlossgold
LOKAL 1998 völlig neu gestaltetes (im Kern 400 Jahre altes) Traditionslokal der Schleppe-Brauerei, wo auch immer wieder die Sondersude (etwa Altbier) ausgeschenkt werden. Nicht nur schön, modern und vor allem stimmungsvoll ausgeleuchtet, sondern auch durch eine überdurchschnittlich gute Küche ausgezeichnet. Bockbier-Sauerkraut beim Wirtshausbrat'l. 150 Sitzplätze und 30 Stehplätze im Lokal, im Gastgarten stehen 150 Plätze zur Verfügung.

GLANWIRT GASTHOF PÖCK
9020 Klagenfurt, Feldkirchnerstraße 98
0 66 4/88 87 15 20
office@glanwirt-poeck.at
www.glanwirt-poeck.at
ÖFFNUNGSZEITEN Mo–Fr 9.00 bis 24.00 Uhr, für Feiern auch samstags, sonn- u. feiertags geöffnet.
FASSBIER Original Schleppe Märzen, der Jahreszeit entsprechend Bockbier, Herbstbier (gemischtes Bier)
FLASCHENBIER Schleppe Märzen, Clausthaler, Franziskaner Weißbier
LOKAL Ein Lokal für „alle" (vom Arbeiter bis zum Direktor). Küche: täglich frisch und hausgemacht, Auszeichnung als kinderfreundliches Wirtshaus. Seit 1955 offener Bierausschank, täglich zwei verschiedene Menüs, Wochenangebot und Tagesempfehlungen – Biersuppe, Rindsgulasch mit Butternudeln, hausgemachte Kärntner Käsnudeln. Schankraum: 40 Sitzplätze, kleines Stüberl: 70, Terrasse: 42 Sitzplätze.

HOFBRÄU ZUM LINDWURM
9020 Klagenfurt, Neuer Platz 10
0 46 3/50 32 80
hofbraeu@jammer.at
www-hofbraeu-zum-lindwurm.at
ÖFFNUNGSZEITEN Mo–Sa 10.00 bis 24.00 Uhr, So & Feiertage 10.00 bis 19.00 Uhr
FASSBIER Hobräu München Original, Dunkel, Weisse
FLASCHENBIER Hofbräu München Schwarze Weisse
LOKAL Münchner Stimmung in Klagenfurt: Schon beim Gang durch das Eingangstor am Neuen Platz sieht man die bayrischen Farben, dann kommt man in einen Innenhof-Garten

und an eine Bar, die mit Jagdtrophäen und Herzerln dekoriert ist. Flotte Sprüche an den Wänden („Hopfen und Malz erleichtern die Balz") und leider ein Hang zur Beschallung mit deutscher Schlagermusik. Aber das Bier ist gepflegt, die Küche preiswert (es gibt Menüs für „Hackler" und für „Politiker"). 35 Plätze an der Bar, 75 in zwei Stüberln. 100 im Garten.

VERMISSEN SIE IHR LIEBLINGS-BIERLOKAL?

DANN SCHREIBEN SIE UNS:
bierguide2017@gmx.at

GASTHOF KRALL 🍺🍺
9020 Klagenfurt, Ehrentalerstraße 57
0 46 3/414 44
gasthof-krall@aon.at
www.gasthof-krall.at
ÖFFNUNGSZEITEN Täglich 10.00 bis 22.00 Uhr
FASSBIER Villacher Märzen, Radler
FLASCHENBIER Villacher Märzen Hell, Villacher Doppelmalz, Franziskaner Weißbier, Franziskaner Alkoholfrei, Schlossgold
LOKAL Kärntner Traditionslokal im nördlichen Klagenfurter Stadtteil Annabichl – unweit vom Flughafen. Sehr angenehm ruhig gelegen, aber meist gut besucht, schließlich ist die Bedienung familiär und freundlich, die Bierpflege gut. 290 Plätze in verschiedenen Stuben und Sälen, 75 auf der Terrasse, wo es wöchentlich einen Grillabend gibt. 🛏-77

MOLLY MALONE 🍺🍺🍺
9020 Klagenfurt, Theatergasse 7
0 46 3/572 00
molly.malone@aon.at, werner.laufenstein@aon.at
de-de.facebook.com/pages/Molly-Malone
ÖFFNUNGSZEITEN Mo–So 17.00 bis 2.00 Uhr
FASSBIER Guinness, Kilkenny, Hirter Zwickl
FLASCHENBIER Fosters, Hirter Weizen, Clausthaler
LOKAL Der Standard für Irish Pubs in Kärnten – und durchaus in der Oberliga der „Irish Watering Holes" in den deutschsprachigen Ländern, auch weil durchgehende Dienstsprache Englisch ist. Sehr dunkel eingerichtet, gemütliche Sofas, alte Bilder, altes Holz, alte Guinness-Werbung. 100 Plätze im Lokal, 40 an der Bar.

PAVLVS 🍺🍺
9020 Klagenfurt, 10. Oktoberstraße 19
0 66 4/171 69 22
info@pavlvs.at
www.pavlvs.at
ÖFFNUNGSZEITEN Mo–Fr 8.00 bis 24.00 Uhr, Sa 9.00 bis 14.00 Uhr, So Ruhetag
FASSBIER Lasko Pivo, Villacher
FLASCHENBIER Wimitz Bräu Hell und Dunkel, wechselnde Biere von Loncium, Schneider Weisse Aventinus, Puntigamer, Lasko Club, Villacher Glocknerpils, Franziskaner Alkoholfrei, Schlossgold
LOKAL Ein Bierkühlschrank mit deutlich ausgeweitetem Angebot (Schwerpunkt: die Biere aus Kärntner Kleinbrauereien) zeichnet diese sehr wandlungsfähige Café-Bar aus. Sie hat einen zentralen Barbereich, hinter dem oft der Chef selber ausschenkt, einen kleinen Café-Bereich und ein paar Stehtischchen – abends ist aber alles, was an ein Café erinnert weg und es ist eine schöne Bierbar. Der Lokalname Pavlvs steht für die römische Schreibweise des vom Saulus zum Paulus gewandelten Apostels. Treffpunkt für Medienmenschen (persönliche Empfehlung von Markus Vouk von den Regionalmedien), Künstler und Intellektuelle, vor allem solcher mit slowenischer Muttersprache. Immer wieder Aktionen, etwa ein Oktoberfest mit großer Bierauswahl Mitte Oktober – und wer als Stammgast einen Bierpass hat, bekommt jedes 16. Bier umsonst. 25 Plätze im Lokal, 25 an der Bar.

GASTHAUS PIRKER 🍺🍺
6020 Klagenfurt, Adlergasse 16
0 46 3/571 35
gasthaus.pirker@aon.at
www.gasthauspirker.at
ÖFFNUNGSZEITEN Mo–Fr 10.00 bis 22.00 Uhr, Sa–So & feiertags geschlossen. Samstag und Sonntag gegen Voranmel-

118
KÄRNTEN
KLAGENFURT

Pumpe – Gasthaus zum Großglockner

The Claddagh

dung auch geschlossene Veranstaltungen bis zu 170 Gästen möglich.
FASSBIER Budweiser Budvar Hell und Dunkel, Hirter 1270, Hirter Märzen, saisonal Hirter Cult
FLASCHENBIER Hirter Bio Hanf, Hirter Bio Märzen, Ottakringer Märzen, Schneider Weisse TAP 1 und TAP 3 (alkoholfrei), Null Komma Josef, Budweiser Budvar Alkoholfrei
LOKAL Ein traditionelles gemütliches Eckwirtshaus mit einem wunderbaren Schanigarten. Das Budweiser wird kundig angeboten und schön gezapft. Das Lokal besteht seit eineinhalb Jahrhunderten an dieser Stelle, seit 1979 ist es im Besitz der Familie Erian und wird von der Wirtin Sabine Erian liebevoll geführt. Serviert wird Kärntner Hausmannskost: Bio Kärntner Kasnudeln aus eigener Nudelproduktion, Bio Rindsgulasch, Ritschert mit Schwarzbrot, Klachlsuppe, Schweinsleber, Pirkers Riesenschnitzel sowie Ripperln und schmackhafte Stelzen. 170 Sitzplätze im Saal und Wintergarten sowie 20 an der Bar, im Schanigarten 60 Sitzplätze.

PUMPE –
GASTHAUS ZUM GROSSGLOCKNER
9020 Klagenfurt, Lidmanskygasse 2
0 46 3/571 96
gasthof.pumpe@chello.at
ÖFFNUNGSZEITEN Mo–Fr 8.30 bis 23.00 Uhr, Küche von 8.30 bis 21.00 Uhr, Sa 8.30 bis 14.30 Uhr
FASSBIER Puntigamer Panther, Gösser Stiftsbräu, saisonal: Puntigamer Winterbier, Oktoberbier, Weihenstephaner Hefeweizen
FLASCHENBIER Weihenstephaner, Schlossgold
LOKAL Familie Fischer führt seit 1966 eine Klagenfurter Institution, die man erlebt haben muss! Es handelt sich um ein 1882 gegründetes Lokal, das schon 1906 den Beinamen „Zum Pumpe" erhielt – das bezieht sich darauf, dass Stammgäste früher hier das Puntigamer Bier „auf Pump" trinken konnten, wenn sie kein Geld dabei hatten. Noch heute ist das Wirtshaus für sein soziales Engagement bekannt, regelmäßig spenden die Wirtsleute für den benachbarten Sozialmarkt Soma. Christian und Aloisia Fischer sind nun seit 1980 die Pumpe-Wirte und verkaufen rund 1.300 Hektoliter Bier im Jahr, oft vom Chef selbst gezapft. Aus der Küche gibt es – neben dem legendären Gulasch, für das täglich 25 Kilo Fleisch und ebensoviel Zwiebel verarbeitet werden

– unter anderem Puntigamer Bierfleisch, Krustenbraten im Biersaftl und Krautwickler im Dunkelbiersaftl. 150 bis 200 Sitzplätze, 15 an der Theke, Innenhof-Garten: 50 bis 70 Sitzplätze.

SCHLOSSWIRT
9020 Klagenfurt, St. Veiter Straße 247
0 46 3/416 21
egger@schlosswirt-klagenfurt.at
www.schlosswirt-klagenfurt.at
ÖFFNUNGSZEITEN Mo–Fr 7.30 bis 22.30 Uhr, Sa 7.30 bis 15.00 Uhr, So Ruhetag
FASSBIER Schleppe Märzen, Doppelmalz Dunkel
FLASCHENBIER Villacher, Murauer, Puntigamer, Hirter, Stiegl, Franziskaner naturtrüb und klar, Schlossgold
LOKAL Uriger alter Gasthof am Stadtrand von Klagenfurt, kann mit dem Bus der Linie 40 (Station Annabichl) erreicht werden. Das Anfang der 50er-Jahre zuletzt umgebaute Lokal wird seit ca. 80 Jahren von der Familie Egger nunmehr in der dritten Generation betrieben. Viele Stammgäste, die schätzen, dass man an der Theke Öl hören kann – und dass der Speisesaal gar nicht beschallt wird. Originale Kärntner Kasnudel, Klachelsuppe, Ritschert, Kletzennudel, Hascheeknödel ... (der Koch liebt ein gutes frisch gezapftes Schleppe). Bis zu 100 Sitzplätze im Lokal, bis zu 60 Plätze im Garten.

THE CLADDAGH
9020 Klagenfurt, Pernhartgasse 4
0 680/318 89 95
office@claddagh.at
www.claddagh.at
ÖFFNUNGSZEITEN Mo–So ab 17.00 Uhr
FASSBIER Guinness, Kilkenny, Murauer, Murauer Zwickl, Murauer Pils, Shandy (Radler), Magners
FLASCHENBIER O' Hara's Stout, O' Hara's Irish Red, O' Hara's Pale Ale, Newcastle Brown Ale, Corona, Heineken, Millers, Beck's, Carlsberg, Foster's, Duff, Budweiser, Black Hill, Murauer Preisel&Bier, Murauer Lemongrass, Beck's Alkoholfrei, Clausthaler, Schneider Weisse
LOKAL Sympathisches, zentral gelegenes und meist sehr gut besuchtes Irish Pub. Auch ein guter Treffpunkt für Freunde eng-

KÄRNTEN

KLAGENFURT · KLEBLACH-LIND

lischsprachiger Literatur: Rechts vom Eingang ist ein Bücherregal, in dem Bookcrosser Bücher gratis entnehmen können — wenn sie selber auch welche hinbringen. Außerdem: Livemusik, Treffpunkt des lokalen Kilt-Stammtisches "The Shamrocks — Klagenfurts Highlandclub". Motto des Lokals: „We´re not original, but we´re real! Neben gut gezapftem Bier gibt es auch ein beachtliches Malzwhisky-Sotiment. 20 Sitzplätze im Lokal, 25 Plätze an der Bar, 20 Sitzplätze im Schanigarten.

UNI.WIRT.
9020 Klagenfurt, Nautilusweg 11
0 46 3/21 89 05
office@uniwirt.at
www.uniwirt.at
ÖFFNUNGSZEITEN Mo–Sa 8.00 bis 24.00 Uhr
FASSBIER Stiegl Goldbräu, Stiegl Paracelsus Zwickl, Stiegl Spezial, Stiegl Herbstgold (saisonal), Maisel's Weisse Weizenbier
FLASCHENBIER König Ludwig Dunkel, Corona, Heineken, Stiegl Sport Weisse AF, Clausthaler, diverse Spezialbiere aus dem Stieglsortiment aus der 0,7 l Flasche (z.B Monatsangebot Fastenbier oder Gewürz-Kräuterbier)
LOKAL Die Wirte Patrick Leitgeb und Alexander Präsent sind beide Bierfreaks und achten auf Bierkultur – was ihnen die Auszeichnung „Bierwirt 2015" der Stiegl-Brauerei eingebracht hat. Ihr Studentenlokal gegenüber der Mensa wurde 1998 eröffnet und dient als akademischer Treffpunkt. Frühstück von 8.00 bis 10.00 Uhr. 90 Plätze, 12 an der Bar, im Biergarten mit BBQ Smoker 110 Plätze. Erweiterung um 60 Plätze in einem extra Raum passend für Sponsionen, Weihnachts- oder Geburtstagsfeiern.

ZUM WEISSEN ROSS
9020 Klagenfurt, St. Veiter Ring 19
0 66 4/543 51 05 oder 0 46 3/51 15 12
kontakt@weisses-ross.at
www.weisses-ross.at
ÖFFNUNGSZEITEN Mo–So 11.00 bis 22.00 Uhr, warme Küche 11.30 bis 21.00 Uhr
FASSBIER Schleppe Märzen
LOKAL Patrick Jonke hat dem im Norden der Innenstadt gelegenen Traditionsbetrieb nach beinahe zwei Jahren Leerstand im Sommer 2014 neues Leben eingehaucht: Das Lokal präsentiert sich mit viel Holz, einer kleinen Bar und einer netten Terrasse mittags eher als Gastwirtschaft, abends als gutbürgerliches Restaurant (Küchenchef Christian Blechinger). 100 Plätze im Lokal, 20 auf der Terrasse.

KLEBLACH-LIND

FUNDER
9753 Kleblach-Lind, Nr. 28
0 47 68/287
ÖFFNUNGSZEITEN täglich von 10.00 bis 2.00 Uhr, in den Zwischensaisonzeiten eventuell Mo geschlossen
FASSBIER Villacher Märzen, saisonal: Wieninger Radler
FLASCHENBIER saisonal variierend – Edelweiss, Glockner Pils, Villacher Festbock, Franziskaner Weißbier, Heimatherbst-Bier
LOKAL Der Drautaler Wirt Mathias Funder sammelt reihenweise internationale Auszeichnungen. Sein Rezept gegen Grippe ist die „Kärntner Biersuppe" (aus Villacher Märzenbier, Butter, Milch, Zucker, Eidotter mit einer Prise Zimt). Das Lokal liegt direkt am Radweg, der Gastgarten gilt als einer der schönsten im Bezirk. Restaurant: 115 Sitzplätze, Bar: 20 Plätze, Garten: 150 Sitzplätze.

120
KÄRNTEN
KÖTSCHACH-MAUTHEN · KRUMPENDORF · MALLNITZ · MARIA SAAL

Fischgasthof Jerolitsch

KÖTSCHACH-MAUTHEN

GASTHOF EDELWEISS 🍺🍺🍺🍺
9640 Kötschach-Mauthen, Mauthen 60
0 47 15/284
info@gasthofedelweiss.at
www.loncium.at
ÖFFNUNGSZEITEN Ganzjährig Fr & Sa 18.00 bis 2.00 Uhr, in der Saison (Mitte Dezember bis Mitte März und Mitte April bis Ende September) täglich geöffnet
FASSBIER Biere der Brauerei Loncium
FLASCHENBIER Left Hand Milk Stout, Meantime Coffee Porter, Leroy Stout, Guinness, Affligem Tripel, Orval, Rochefort 6, La Trappe, Bloemenbier, Maisel's Weisse, Fraoch, Pilaarbier, 5am Saint Brew Dog
LOKAL Familiengasthof im Zentrum von Mauthen im Gailtal – vorne traditionelle Gastronomie, im Hinterhaus, einem ehemaligen Stallgebäude mit Schlachtung, wurde nicht nur die Brauanlage der Brauerei Loncium eingerichtet, sondern auch ein eigener, ganz modern gestalteter Gastraum für bierorientierte Veranstaltungen. 🍽-55

S' WIRTSHAUS MÜLLMANN 🍺
9640 Kötschach-Mauthen, Wetzmann 199
0 47 15/214 17
info@swirtshaus.net
www.swirtshaus.net
ÖFFNUNGSZEITEN Do–So 16.00 bis 24.00 Uhr, So & Feiertage 9.00 bis 24.00 Uhr, Mi Ruhetag
FASSBIER Gösser Märzen, Göser Zwickl, Weihenstephaner
FLASCHENBIER Weihenstephaner Dunkel, Hell und Alkoholfrei, Schlossgold
LOKAL Aus dem einstigen Landgasthaus „Leitner" an der Lesachtal-Bundesstraße ist im Herbst 2004 das mit viel hellem Holz ausgestaltete „s'Wirtshaus Müllmann" entstanden. Dienstag Rippelan-Abend. 60 Plätze im Lokal, 15 an der Bar, 75 im Garten. 🍽-14

KRUMPENDORF

FISCHGASTHOF JEROLITSCH
9201 Krumpendorf, Jerolitschstraße 43
0 42 29/23 79
hotel.jerolitsch@aon.at
www.jerolitsch.at
ÖFFNUNGSZEITEN Anfang September bis Anfang Mai: Mo–Fr ab 16.00 Uhr, Sa durchgehend, So bis 16.00 Uhr (für größere Gruppen auf Vorbestellung jederzeit geöffnet)
Anfang Mai bis Ende August: durchgehend geöffnet, kein Ruhetag.
FASSBIER Villacher Bier, Schleppe Radler und ein Saisonbier (wechselndes Angebot)
FLASCHENBIER Villacher Märzen Hell und Dunkel, Franziskaner Weizen Hell, Dunkel und Alkoholfrei, Puntigamer, Schlossgold
LOKAL Familie Schönfelder legt auf Gastfreundlichkeit, Qualität, Service und eine gute Auswahl an Bieren Wert. Im gemütlichen Biergarten des vor rund 350 Jahren gegründeten Hauses lassen sich die Fische aus der eigenen Wörthersee-Fischerei besonders genießen. Stammgäste erhalten Bierpässe. Mitglied der Wirtshauskultur, ausgezeichnet mit dem AMA-Gastrosiegel. Ca. 200 Sitzplätze, Garten: 120 Sitzplätze. 🍽-70

MALLNITZ

GEMSENBRÄU 🍺
9822 Mallnitz, Mallnitz 40
0 47 84/465
ski@peak.at
ÖFFNUNGSZEITEN Mo–Sa 9.00 bis 24.00 Uhr
FASSBIER Stiegl Goldbräu
FLASCHENBIER Stiegl Weisse, Clausthaler
LOKAL Keine Brauerei (das wäre ja zu schön hier!), sondern ein zentral gelegenes Bierlokal mit bemühter Bierpflege.

MARIA SAAL

GASTHOF FLEISSNER
9063 Maria Saal, Zollfeld 3
0 42 23/22 18
gasthof-fleissner@gmx.at
www.gasthof-fleissner.at

KÄRNTEN

MILLSTATT · OBERDRAUBURG

ÖFFNUNGSZEITEN Di–So 11.30 bis 24.00 Uhr, Mo Ruhetag
FASSBIER Villacher
FLASCHENBIER Villacher Märzen, Franziskaner, Schlossgold, Clausthaler
LOKAL Ein traditionelles Einkehrgasthaus, archäologisch angehaucht. Das „Virunumstüberl" ist mit Funden aus der Römerzeit ausgeschmückt. Gekocht wird bodenständig. Die Produkte für die Jausen und Fleischspeisen liefern der eigene Garten und die Landwirtschaft. Veranstaltungssaal mit Kegelbahn – viele Ausflügler, weil direkt am Radweg gelegen. 150 Sitzplätze, 30 im Garten.
-15

MILLSTATT

GASTHOF BRUGGER
9872 Millstatt, Dellach 7
0 47 66/25 06-0
info@gasthofbrugger.at
www.gasthofbrugger.at
ÖFFNUNGSZEITEN ganzjährig geöffnet
FASSBIER Wieselburger
FLASCHENBIER Edelweiss, Schlossgold
LOKAL Typischer Kärntner Gasthof mit herrlichem Blick über den Millstätter See. 200 Plätze.

OBERDRAUBURG

GASTHOF PONTILLER
9781 Oberdrauburg, Marktstraße 17
0 47 10/22 44
office@pontiller.at
www.pontiller.at
ÖFFNUNGSZEITEN täglich von 11.00 bis 23.00 Uhr, Ruhetag: Mo (nicht im Sommer), Betriebsferien November
FASSBIER Gösser Märzen, Gösser Zwickl
FLASCHENBIER saisonal Gösser Bock, Puntigamer Radler, Clausthaler, Maisel's Weisse
LOKAL Historischer Einkehrgasthof (und daher traditionell radlerfreundlich) mit kleiner, gemütlicher Gaststube, wo die Einheimischen einkehren, und eher gehobenem Speisesaal. Das Haus ist bekannt für seine Fischgerichte, die Grundprodukte dafür kommen aus dem eigenen Fischwasser in der Drau. Jeder Donnerstag im Sommer und im Herbst ist „Ripperl-Abend". Natürlich gibt's auch die traditionellen Kärntner Nudeln. 150 Sitzplätze, kleiner Schanigarten. -22

Purer Genuss ...
Kraft der Natur.

BIERMANUFAKTUR LONCIUM

iermanufaktur
ONCIUM
540 Kötschach-Mauthen 60
el: +43-699/121 368 94
-Mail: bier@loncium.at

WWW.LONCIUM.AT

KÄRNTEN

PÖRTSCHACH AM WÖRTHERSEE · RADENTHEIN

Kochwirt Joainig

Gartenrast

POST
9781 Oberdrauburg, Marktplatz 4
0 47 10/225 70
oberdrauburg@gasthofpost.at
www.gasthofpost.at
ÖFFNUNGSZEITEN 10.00 bis 24.00 Uhr, Di–Mi Ruhetage
FASSBIER Wieselburger
FLASCHENBIER Wieselburger, Gösser, Edelweiss
LOKAL Karl Brandstätters Gasthof liegt im Zentrum von Oberdrauburg direkt am mittelalterlichen Marktplatz. Er wurde in den letzten Jahren fein herausgeputzt. Kärntner Schmankerln mit Fleisch aus der eigenen Landwirtschaft und Fisch aus eigener Fischzucht. Grill im Gastgarten. Besondere Angebote für Radfahrer (Gepäcktransport am Drautal-Radweg). 100 Plätze, Terrasse: 50 Plätze. ✕ ⌂-25

PÖRTSCHACH AM WÖRTHERSEE

KOCHWIRT JOAINIG
9210 Pörtschach am Wörthersee, Kochwirtplatz 4
0 42 72/23 19-0
office@joainig.com
www.joainig.com
ÖFFNUNGSZEITEN Mo–So 7.00 bis 24.00 Uhr
FASSBIER Schleppe Märzen, Schleppe Hausbier (Kellertrüb), Puntigamer Panther, im Sommer Edelweiss Hefetrüb
FLASCHENBIER Heineken, Schleppe Märzen, Villacher Märzen, Schleppe Doppelmalz Dunkel, Clausthaler, saisonal Gösser Festbock
LOKAL Kärntner Kulturwirtshaus, verwöhnt schon seit dem Jahr 1911 seine Gäste mit leckeren deftigen Bierschmankerln wie z. B. dem Schweinsbraten mit Biersauce für 4 Personen. Außerdem ist es Mitglied der Kärntner Wirtshauskultur. 240 Sitzplätze, 10 Plätze an der Bar. Garten: 350 Sitzplätze. ✕ ⌂-35

'S WIRTSHAUS
9210 Pörtschach am Wörthersee, Hauptstraße 211
0 42 72/241 61
office@swirtshaus.eu
www.swirtshaus.eu
ÖFFNUNGSZEITEN Mi–Mo 11.30 bis 14.00 Uhr und ab 17.00 Uhr, Di Ruhetag

FASSBIER Gösser Märzen, Gösser Zwickl, Gösser Stiftsbräu, Gösser Naturradler, Schladminger Schnee-Weisse
FLASCHENBIER Schlossgold
LOKAL 's Wirtshaus bietet regionale Küche (unter anderem Beuschl, Gulasch, Ritschert, Kalbskopf, Saures Rindfleisch), jeden Samstag und Sonntag gibt's Schweinsbraten vom Schwartlkarree in Stiftsbräusauce. Jährlich Bierdegustationsmenü. 100 Plätze im Lokal, bis zu 50 in der Wirsthausstub'n, die als Extrazimmer genutzt werden kann, 15 an der Bar, 60 im Garten. ✕ ⌂

RADENTHEIN

GARTENRAST
9545 Radenthein, Gartenraststraße 9
0 42 46/20 17
uli@gartenrast.at
www.gartenrast.at
ÖFFNUNGSZEITEN Mi–So und feiertags 11.00 bis 22.00 Uhr, Mo & Di Ruhetage
FASSBIER Shilling Hell, Shilling Granatbier, Shilling Nock Ale, saisonale Bierspezialitäten
FLASCHENBIER Shilling Biere in 5 l Dosen und 2 l Bügelverschluss Flaschen, Rogg'n Roll Shilling, Loncium Austrian Collaboration Brew No 3 sowie No 1 „Weihnachtsbier edelsauer", Aventinus Weizenbock 2011–2014, Aventinus Eisbock, Gregorius Stift Engelszell, Benno Stift Engelszell,

KÄRNTEN

RADENTHEIN · RENNWEG

Metzgerwirt

Stamperl Katschberg

Chimay Bleue, Chimay Grande Reserve Jeroboam, Rochefort 8 und 10, Zundert, La Trappe Quadruppel, La Trappe Quadruppel Oak aged, Westvleteren XII, Magus, Evensong, Brew Dog Dead Pony Ale, Brew Dog Punk IPA, Sierra Nevada Pale Ale, Vagabond Pale Ale, Snake Dog IPA, Torpeda Extra IPA, Victory Hop Devil IPA, Yakima Red, Meantime Brewery London Pale Ale, Herzog Hofbräu Sauvignon Ale, Axel Kiesbye Waldbier Lärche, Waldbier Schwarzkiefer, Liefmans Cuvée brut, Liefmans Kriek brut, Lindemans Framboise, Lindemans Kriek, Bloemenbier, Mongozo Banane, Bonifatius Barrique, Aecht Schlenkerla Rauchbier, Hofstettner Granitbock, Velkopopovický Kozel, Kwak, Duvel, Leffe Brune. Eine weitere große Auswahl an Pale Ale, Bitter & IPA, Barley Wine, Stout, Porter, Lambic komplettiert das schier unendliche Angebot...
LOKAL Die oberhalb von Radenthein gelegene Gartenrast ist ein Mekka der Bierkultur, zu dem selbst englische Brauer pilgern – und zum Bierfest sogar cask conditioned ale mitbringen. Die Bierkompetenz hier ist kein Zufall – Uli Bacher ist BierIG-Mitglied und hat seinen Braumeisterkurs bei Doemens gemacht. Eine eigene Brauanlage (die benachbarte Brauerei Shilling mit eigenem Ausschank) ist 2013 in Betrieb gegangen. 150 Sitzplätze im Lokal, 8 Plätze an der Bar, 50 im Garten. Das Kärntner Bierfestival findet abwechselnd in Radenthein oder Micheldorf bei der Hirter Brauerei statt – so auch am 3. und 4. Juni 2016.

METZGERWIRT 🍺🍺🍺
9545 Radenthein, Hauptstraße 22
0 42 46/20 52
stadler.emanuel@metzgerwirt.co.at
www.metzgerwirt.co.at
ÖFFNUNGSZEITEN Mo–So 11.00 bis 24.00 Uhr (im Winter Mittwoch Ruhetag)
FASSBIER Villacher, Guinness
FLASCHENBIER Franziskaner Weißbier Naturtrüb, Franziskaner Weißbier Dunkel, Franziskaner Hefeweizen Alkoholfrei, Clausthaler
LOKAL Der 1909 gegründete „Metzgerwirt" in Radenthein wird von Angelika und Emanuel Stadler bereits in vierter Generation geführt – ein einladender Platz für ein Bier nach dem Besuch des Granatium-Museums nebenan. Auszeichnungen gibt es nicht nur von Conrad Seidls Bier Guide, sondern auch von der Stieglbauerei, die das Ehepaar Stadler zu den Kärntner Bierwirten des Jahres 2012 wählte. Zur ausgezeichneten regionalen Küche (Spezialitäten: Schinken und Spargel) gibt's für Genießer auch feine Bierschnäpse von Schleppe. 75 Sitzplätze im Lokal, 8 Plätze an der Bar, 45 Sitzplätze im Garten.

SHILLING'S 🍺🍺🍺🍺
9545 Radenthein, Gartenraststraße 12
0 42 46/20 17
uli@shilling.at
www.shilling.at
ÖFFNUNGSZEITEN Fr–Sa 16.00 bis 22.00 Uhr
FASSBIER Shilling Hell, Shilling Granatbiere, Shilling Nock Ale - sowie immer Gastbiere von anderen Brauereien (Loncium IPA, Durham Temptation)
FLASCHENBIER Eine abgespeckte Version der „Gartenrast"-Bierliste
LOKAL Ausschank der Brauerei Shilling, die vom Gartenrast-Chef Uli Bacher betrieben wird. Sitzplätze ca. 35.

RENNWEG

STAMPERL KATSCHBERG 🍺🍺🍺
9863 Rennweg, Katschberghöhe 19
0 47 34/612
info@stamperl-katschberg.at
www.stamperl-katschberg.at
ÖFFNUNGSZEITEN Mo–So 10.30 bis 24.00 Uhr
FASSBIER Katsch-Beer
LOKAL Auf der Katschberghöhe, unmittelbar an der Grenze zwischen Kärnten und dem Salzburger Lungau, hat die Hinteregger-Hotelgruppe die Pizzeria Stamperl eingerichtet. Im Spätherbst 2015 wurde das Lokal um eine Bierbar mit eigener Brauanlage – der höchstgelegenen von Österreich und eine der höchstgelegenen in Europa – erweitert. 130 Plätze im Lokal, 20 an der Bar, 90 auf der Sonnenterrasse.

124
KÄRNTEN

SACHSENBURG · SANKT DANIEL/DELLACH IM GAILTAL · SANKT PAUL · SANKT SALVATOR

Gasthof Seppenbauer

SACHSENBURG

GASTHOF „ZUM GOLDENEN RÖSSL"
9751 Sachsenburg, Marktplatz 18
0 47 69/25 56 oder 0 66 4/461 67 50
penker.ferdinand@utanet.at
www.goldenes-roessl-sachsenburg.at
ÖFFNUNGSZEITEN Mo–Sa 7.00 bis 24.00 Uhr, So & feiertags 7.30 bis 24.00 Uhr
FASSBIER Villacher Märzen, Villacher Hausbier
FLASCHENBIER Villacher Märzen, Villacher Radler, Villacher Glockner Pils, Clausthaler, Beck's Pils, Beck's Alkoholfrei, Luitpold Hefe Hell, Luitpold Hefe Dunkel, König Ludwig Dunkel, Franziskaner Weissbier Alkoholfrei
LOKAL Kärntner Gasthof mit guter Bierpflege – bei der Renovierung hat Ferdinand Penker darauf geachtet, dass es kurze Bierleitungen und eine durchgehende Kühlung des Bieres gibt. Der Wirt veranstaltet gelegentlich Spezialitätenwochen rund ums Bier. 70 Plätze im Lokal, 25 an der Bar, 40 im Garten. -45

SANKT DANIEL / DELLACH IM GAILTAL

GASTHOF GRÜNWALD
9635 Sankt Daniel / Dellach im Gailtal, St. Daniel
0 47 18/677
gruenwald@dellach.at
www.gruenwald.dellach.at
ÖFFNUNGSZEITEN Mi–Mo 8.00 bis 24.00 Uhr
FASSBIER Loncium Helles, Loncium Spezial
FLASCHENBIER Loncium Gailtaler Weisse, Gösser Märzen, Schlossgold
LOKAL Tradtionsreiche, in der vierten Generation als Familienbetrieb geführte Gastwirtschaft aus dem Jahr 1786 neben der Kirche von St. Daniel, zwei Kilometer westlich von Dellach. In dem stattlichen Haus gibt es eine schöne Bierbar und mehrere Gasträume – die Küche mit ihrem Nudl-Kudl-Mudl ist weit über das Gailtal hinaus bekannt. 120 Plätze, 15 Plätze an der Bar.

SANKT PAUL

GASTHAUS TRAUBE – POPPMEIER
9470 Sankt Paul, Hauptstraße 4
0 43 57/20 87
richard@poppmeier.co.at
www.poppmeier.co.at
ÖFFNUNGSZEITEN Di–Sa 8.00 bis 24.00 Uhr, So 8.00 bis 14.00 Uhr, Mo Ruhetag
FASSBIER Puntigamer, Zwickl Naturtrüb, Weihenstephaner Hefeweizen, Gösser Dunkel, Gösser Naturgold, saisonale Spezialitäten wie Winterbier, Oktoberbier...
FLASCHENBIER Kaltenhauser Spezialbiere, Reininghaus Jahrgangspils, Schlossgold
LOKAL Das Wirtshaus am Stiftshügel, auf dem sich das Benediktinerstift St. Paul erhebt, wird seit fünf Generationen von der selben Familie geführt. Hohe Räume mit prachtvollen Gewölben zeichnen dieses alte Gasthaus aus. Und der Wirt Richard Poppmeier verspricht „Spaß vom Fass" – schließlich ist er Bierzapf-Kaiser von Kärnten. 150 Plätze, Bar: 20, Garten: 80.

SANKT SALVATOR

GASTHOF SEPPENBAUER
9361 Sankt Salvator, Marktplatz 6
0 42 68/201 00
info@seppenbauer.eu
www.seppenbauer.eu
ÖFFNUNGSZEITEN Di–So 10.00 bis 24 Uhr, Montag Ruhetag
FASSBIER Hirter Märzen, Zwickl, Morchl, 1270
FLASCHENBIER Hirter Privat Pils, Hirter Biohanfbier, Hirter Twist Off, Hirter Festbock, Clausthaler
LOKAL Der Gasthof Seppenbauer – ehemals Gasthof Lückler – wurde über Jahre von Gerhard Porsche umgebaut und zum Teil neu errichtet. Seit der Eröffnung 2010 zeichnen den Gasthof Seppenbauer die urige Gemütlichkeit mit vielen Nischen und Stuben, der typische Kärntner Stil und die ausgezeichneten Bierspezialitäten der Brauerei Hirt aus. Angeboten werden auch Genussmenüs mit Bierbegleitung und Beschreibung durch den Biersommelier. Seit Herbst 2014 steht im Gasthof ein Wellnessbereich mit Whirlpool in einem riesigen nachgebauten Hirter Bierfass, eine Bierbibliothek u.v.m. zur Verfügung. Weiters ist dem Gasthof Seppenbau-

KÄRNTEN

SANKT STEFAN IM GAILTAL · SANKT VEIT AN DER GLAN

Bieradies

Steyrer Hof

er auch ein Automuseum mit Schmuckstücken aus fast 100 Jahren Automobilgeschichte angeschlossen. ⌁-27

SANKT STEFAN IM GAILTAL

GAILTALERHOF
9623 Sankt Stefan im Gailtal, Matschiedl 11
0 42 83/22 95
info@gailtalerhof.at
www.gailtalerhof.at
ÖFFNUNGSZEITEN Sommer: täglich 9.00 bis 22.00 Uhr, Winter Fr–So 9.00 bis 22.00 Uhr
FASSBIER Villacher
FLASCHENBIER Villacher, Franziskaner, Clausthaler
LOKAL Feriengasthof inmitten der Berg- und Seenwelt Kärntens, hauseigenes Lammfleisch und Gemüse aus eigenem Anbau. 150 Sitzplätze, 50 auf der Terrasse. ⌁-28

SANKT VEIT AN DER GLAN

BIERADIES 🍺🍺🍺
9300 Sankt Veit an der Glan, Hauptplatz 24
0 42 12/23 12
bieradies@gmx.at
https://de-de.facebook.com/pages/Bieradies/135489593187052
ÖFFNUNGSZEITEN Mo–Do 14.00 bis 23.00 Uhr, Fr–Sa 14.00 bis 2.00, So Ruhetag

FASSBIER Guinness, Trumer Pils, Wimitz Bräu, Hausbier (Mischbier – Villacher Brauerei), Radler (Villacher Brauerei), Murauer, Villacher
FLASCHENBIER Heineken, Corona, Desperados, Villacher Hugo, Villacher Weizen Dunkel, Erdinger Weizen Alkoholfrei, Erdinger Weizen, Gösser Natur Radler, Gösser Alkoholfrei, Schlossgold, Leffe und Duvel (belgisches blondes Starkbier), Magners Cider, Strongbow Cider
LOKAL Dieses freundliche Lokal am Hauptplatz von St. Veit zieht sich entlang einer langen Bar in die Tiefe des Hauses. Davor ein schöner kleiner Schanigarten. Freundliche Bedienung und junges Publikum, das manchmal recht laut wird. Die Guinness Anlage wurde getauscht und das Guinness wird, nach Einschulung der Mitarbeiter, präzise und genau gezapft. Die Marke „Bieradies" ist das Franchisekonzept für eine Systemgastronomie der Villacher Brauerei. In St. Veit gibt es immer wieder verschiedene Programmpunkte wie etwa Livebands einmal pro Monat (Reggae, Blues, Cover Bands, Austro Pop usw.), live-DJ einmal im Monat, im November Bockbier-Anstich, Halloween-, Christmas- (24. Dezember) und Silvesterpartys, Laydies Night … 60 Sitzplätze in Lokal und 15 im Garten.

STEYRER HOF 🍺🍺
9300 Sankt Veit an der Glan, Klagenfurter Straße 38
0 42 12/330 77
office@wirtshaus-steirerhof.at
www.wirtshaus-steirerhof.at
ÖFFNUNGSZEITEN So–Do 10.00 bis 23.00 Uhr, Fr–Sa 10.00 bis 24.00 Uhr
FASSBIER Wimitzer Märzen, Wimitzer Weizen, Wimitzer Lemisch (Dunkel), Saisonbiere, wie z.B. Wimitzer Fastenbier
FLASCHENBIER Wimitzer Biere (take away)
LOKAL Der Steyrer Hof (oder Steirerhof, wie er manchmal geschrieben wird) ist ein bodenständiges Wirtshaus knapp außerhalb vom St. Veiter Stadtzentrum. 2012 wurde es nach zehnjähriger Schließzeit als Brauereiausschank vom Wimitzbräu adaptiert. Da gibt es mehrere kleine Stuben, eine kleine Bar, der gegenüber ein alter Ofen einen imposanten Schürhaken zum Glühen bringt. Dann wird auch fleißig Bier „gestachelt". Regionale Küche – mit Bioprodukten aus der Region. Schöner kleiner Garten mit Lauben – und jeden Samstag Live-Musik. 100 Plätze, 8 an der Bar, 60 im Garten.

126
KÄRNTEN

SANKT VEIT AN DER GLAN · SEEBODEN · SPITTAL/DRAU

WIRTSHAUS GELTER
9300 Sankt Veit an der Glan, Goggerwenig 8
0 42 12/368 78
office@wirtshaus-gelter.at
www.wirtshaus-gelter.at
ÖFFNUNGSZEITEN Do–Mo 11.00 bis 24.00 Uhr
FASSBIER Villacher Märzen, Gelterbräu Simale, Gelterbräu Motl
FLASCHENBIER Franziskaner Weizen, Schlossgold
LOKAL Auf moderne Ansprüche ausgerichtetes Wirtshaus in einem rund 500 Jahre alten Gebäude östlich von St. Veit an der Glan – zwischen der Burg Hochosterwitz und Ruine Taggenbrunn. Der Familienbetrieb von Christian und Gabi Gelter entwickelte sich seit der Wiedereröffnung nach fünf Jahren Renovierungsarbeiten 2009 zu einem Treffpunkt für alle Liebhaber der Dorfwirtshauskultur – mehrfache Auszeichnungen als Genusswirt und Villacher Spezialitätenwirt. Seit 2015 gibt's ein eigenes Bier. 90 Plätze im Lokal, 80 im Gastgarten.

SEEBODEN

BIERWIRT
9871 Seeboden, Liesereggerstraße 8
0 47 62/811 56
bierwirt@gmx.at
www.gasthof-bierwirt.at
ÖFFNUNGSZEITEN Di–So 10.30 bis 14.30 Uhr und ab 16.00 Uhr, Montag Ruhetag

FASSBIER Villacher Märzen, Villacher Hausbier, in den Sommermonaten wechselnde Biere, z. B. Wimitzer Märzen, Stiegl Paracelsus Zwickl
FLASCHENBIER Villacher Dunkel, Villacher Hugo, Loncium Helles, Franziskaner Hefeweizen, Franziskaner dunkles Weizen, Franziskaner Alkoholfrei, Schlossgold
LOKAL Mitglied der Kärntner Wirtshauskultur. Alteingesessenes Kärntner Wirtshaus – einer der ältesten Gasthöfe Seebodens, etwas außerhalb des Zentrums (300 Meter westlich vom Hauptplatz). Der Betrieb ist bereits in dritter Generation in Familienbesitz. Aus früheren Zeiten stammt auch der Name des Wirtshauses: Es wurde nämlich auch als Bierdepot verwendet, wo die Kühlung mittels Eis aus dem See erfolgte. Reichhaltige Speisekarte wie hausgemachte Kärntner Kasnudeln, Hirschbraten, Biersuppe. Gaststube: 25 Sitzplätze, Saal: 64 Sitzplätze, Bar: 6, Terrasse: 60 Sitzplätze.

SPITTAL/DRAU

B2
9800 Spittal/Drau, Bernhardgasse 2
0 65 0/585 35 70
stephan.stuettler@gmail.com
www.facebook.com/B2-Cafe-Bar-307989965917167
ÖFFNUNGSZEITEN Mo–Do 11.00 bis 2.00 Uhr, Fr –Sa 11.00 bis 4.00 Uhr, So 19.00 bis 24.00 Uhr
FASSBIER Murauer, Murauer Radler
FLASCHENBIER Erdinger Weizenbier, Corona, Heineken, Wieselburger, Murauer Weißbier, Murauer Preisel&Bier, Gösser Pils, Gösser Naturradler, Beck's Alkoholfrei, Franziskaner Alkoholfrei, Erdinger Alkoholfrei
LOKAL Im Durchgang vor Arkadenhof findet sich diese kleine Bar mit gelegentlich lauter Musik, ab und zu auch live. Ausgezeichnete Bierpflege. 5 Sitzplätze im Lokal, 18 an der Bar, 20 im Garten.

BRÜCKENWIRT
9800 Spittal/Drau, A.d. Wirtschaftsbrücke 2
0 4762/27 72
ÖFFNUNGSZEITEN Mo–So 7.00 bis 24.00 Uhr, September bis Mai Sonntag 7.00 bis 15.00 Uhr
FASSBIER Villacher Märzen, Pils u. Zwickl

KÄRNTEN

SPITTAL/DRAU

Finnegan´s

Gerry´s Bernstein

FLASCHENBIER Villacher Märzen, Pils u. Radler, Franziskaner
LOKAL Die Wirtsleute dieses gemütlichen Familienbetriebs sind freundlich – und sichtbar um Bierpflege bemüht, selbst wenn es einmal hektisch wird. Die Küche der Tante bietet viele kärtnerische Schmankerln. Einheimische und Gäste treffen sich gerne im urigen Gastzimmer oder auf der Sitzterrasse direkt am Lieser-Fluss.

FINNEGAN´S
9800 Spittal/Drau, Brückenstraße 10
0 6 99/11 89 02 16
hans.doepper@gmail.com
ÖFFNUNGSZEITEN Mi–Sa 20.00 bis 2.00 Uhr
FASSBIER Guinness, Kilkenny, Villacher Märzen
FLASCHENBIER Corona, Mac Mallow, Franziskaner Weizen, zeitweise gibt es Bieraktionen.
LOKAL Kleines, aber gerade deshalb besonders typisch wirkendes Irish Pub mit viel Steh- und wenig Sitzbereich – ein paar breite Stufen führen hinauf zur Bar. Sport-Übertragung auf Sky auf Großbildleinwand. Gute Stimmung und irische Stimmungsmusik – strikte Altersbeschränkung auf Gäste über 18. Verschiedenste Sorten Cider (Magners, Strongbow, Kopparberg). 40 Plätze, 8 an der Bar.

GERRY'S BERNSTEIN
9800 Spittal/Drau, Ebnergasse 14
0 67 6/556 37 29
s.gerald@gmx.at
www.die-wirte-spittal.at/Bars-Pub-s/Gerry-s-Bernstein.html
ÖFFNUNGSZEITEN Mo–Fr 7.30 bis 24.00 Uhr, Sa 9.00 bis 14.00 Uhr un 19.00 bis 24.00 Uhr, So & Feiertage geschlossen
FASSBIER Kaltenhauser Bernstein, Zipfer Pils
FLASCHENBIER Weihenstephaner Weizen, Zipfer Zitronenradler, Stiegl Braukunst, Gösser Naturgold
LOKAL Der Treffpunkt für alle Verspa-Fahrer. Angenehme Atmosphäre, im Sommer auf der Terrasse oder im Winter im Bernstein Zimmer mit Kachelofen. Ein bisschen sehr weinlastig, aber das Bernstein-Bier wird gepflegt. 30 Sitzplätze, 50 Stehplätze, Garten: 20 Sitzplätze.

GLASHAUS – HOPFENBAR – GARAGE
9800 Spittal/Drau, Hauptplatz 12
0 47 62/21 13
info@restaurant-zellot.at
www.glashaus-spittal.at
ÖFFNUNGSZEITEN Mo–Do 9,00 bis 1.00 Uhr, Fr–Sa und vor Feiertagen 9.00 bis 2.00 Uhr, So & Feiertag Ruhetag; Herbst/Winter ab 16.00 Uhr geöffnet
FASSBIER Gösser Märzen, Gösser Zwickl, Radler, Edelweiss Hell, an der oberen Bar auch Zipfer
FLASCHENBIER Heineken, Wieselburger Stammbräu, Desperados, Corona Extra, Schlossgold
LOKAL Beim Torbogen, der zur Alten Post gehört, ist in den letzten Jahren ein Komplex von neuen, sehr schön gestylten Lokalen entstanden – das Restaurant Zellot hat die Weinkompetenz, das Glashaus mit der Hopfenbar ist der Biertreffpunkt. Dahinter gibt es noch die Garage, die am Wochenende Disco, unter der Woche aber Veranstaltungsraum ist. Das Glashaus kann als eines der originellsten modernen Bierlokale Österreichs gelten. Die Möblierung besteht aus Kino-, Flugzeug- und Reisebussitzen, dazu Pflanzen, die an den Weltladen nebenan erinnern. Und als besonderes Service wird angeboten, Gäste nach einem etwas feucht-fröhlichen Abend im hauseigenen Hotel unterzubringen. 100 Plätze im Lokal, 30 an zwei Bars, 20 auf der Sonnenterrasse über dem Hauptplatz.

WEISSES RÖSSL – BLACHA GAUL
9800 Spittal/Drau, Hauptplatz 23 / Ortenburgerstraße 1
0 47 62/365 49
weisses@roessl-spittal.at
www.facebook.com/BlacherGaul
ÖFFNUNGSZEITEN Mo–Sa 9.00 bis 23.00 Uhr
FASSBIER Villacher Märzen
FLASCHENBIER Schleppe No.1, Thornbridge Jaipur IPA, Camba Bavaria Hop Gun, La Trappe Triple, La Trappe Quadrupel
LOKAL Bierlokal des Jahres, siehe Seite 108.

KÄRNTEN

TREFFEN · UNTERBERGEN · VILLACH

Biereck

TREFFEN

GEGENDTALERHOF - FAMILIE KRAMER 🍺🍺
9521 Treffen, Millstätterstraße 39
0 42 48/22 68
office@gegendtalerhof.com
www.gegendtalerhof.com
ÖFFNUNGSZEITEN So–Do 9.00 bis 22.00 Uhr, Fr–Sa 9.00 bis 24.00 Uhr
FASSBIER Villacher Märzen, Villacher Hausbier
FLASCHENBIER Villacher Dunkel, Villacher Hugo, Villacher Selection, Villacher PUR, Franziskaner Weißbier, Schlossgold, alle 3 Monate eine andere Bierspezialität
LOKAL Das kleine Familienunternehmen liegt am Fuße der Gerlitzen im Herzen der Marktgemeinde Treffen am Ossiacher See. Die Wirtsleute Gabi und Peter Kramer legen großen Wert auf Produktwahrheit und -qualität, Produkte wie Fisch und Wild beziehen sie ausschließlich von Bauern und Jägern aus dem Gegendtal. Daher ist es nicht verwunderlich, dass sie vom Land Kärnten als GenussWirt 2011 ausgezeichnet wurden. Gäste kommen offenbar auch aus Italien, um hier zu speisen. Und die Bierpflege ist sehr gut, die Bedienung sehr freundlich, auch wenn man nicht zu speisen wünscht.

UNTERBERGEN

KIRCHENWIRT 🍺
9163 Unterbergen, Windisch-Bleiberg 39
0 42 27/63 52
kirchenwirtlausegger@aon.at
www.kirchenwirt-lausegger.at
ÖFFNUNGSZEITEN Mai bis Oktober: Mo–So 10.00 bis 24.00 Uhr, kein Ruhetag, November bis April: Di Ruhetag
FASSBIER Schleppe
FLASCHENBIER Schleppe Pils/Dunkel, Erdinger Weizenbier
LOKAL Gemütliche Stuben mit einem alten Kachelofen. Urige Theke mit „Liebesbankerl". Hat vielleicht die beste Speckjause zum Bier, der Speck ist rein weiß und sehr aromatisch gewürzt. Lammspezialitäten, ofenfrischer Schweinsbraten, Hadnspezialitäten, Maischerl mit sauren Rüben, Kasnudeln. 80 Plätze, 15 an der Bar, 70 im Gastgarten. 🍺

VILLACH

ANNENHOF 🍺🍺
9500 Villach, Rennsteinerstraße 11
0 42 42/224 38
annenhof@hotmail.com
ÖFFNUNGSZEITEN Mo–Fr. 11.00 bis 24.00 Uhr, Sa 16.00 bis 24.00 Uhr, So und Feiertage geschlossen
FASSBIER Villacher Märzen, Annenbräu (Hausbier), Franziskaner Weizen
FLASCHENBIER Franziskaner Weizen AF, Schloßgold
LOKAL Dieser Biergarten wurde 2005 von den „Kleinen Zeitung" zum besten Kärntens gewählt: „Der Annenhof-Gastgarten von Wirt Gunther Grün in Lind zählt nicht nur zu den einladendsten der Stadt Villach, sondern auch zu den schattigsten. 100 Sitzplätze im Lokal (Raucher- und Nichtraucherbereich getrennt), 10 Plätze an der Bar, 150 Sitzplätze im Garten. 🍺

BIERECK 🍺🍺🍺🍺
9500 Villach, Nikolaiplatz 1
0 42 42/242 22
villacherbrauhof@aon.at
www.facebook.com/VillacherBiereck
ÖFFNUNGSZEITEN So–Mi 9.00 bis 18.00 Uhr, Do–Sa 9.00 bis 24.00 Uhr
FASSBIER Villacher Märzen, Schleppe Hausbier, Villacher Dunkel
LOKAL Direkt angrenzend an den Villacher Brauhof befindet sich das Biereck. Die Bierkarte umfasst ca. 40 verschiedene nationale und internationale Biere und einige Biercocktails (z.B. Cai-BIER-inha). Ein ausgebildeter Biersommelier hilft bei der Auswahl. 30 Sitzplätze im Lokal, 20 an der Bar, 30 im Garten.

DER STADTWIRT
9500 Villach, Italienerstraße 14
0 42 42/246 19
info@stadtwirt-villach.at
www.stadtwirt-villach.at
ÖFFNUNGSZEITEN Mo–Sa 10.00 bis 24.00 Uhr, So & Feiertage 10.00 bis 22.00 Uhr

KÄRNTEN
VILLACH

Hofwirt

Leo's Turmstüberl

FASSBIER Gösser Märzen, Gösser Stiftsbräu Dunkel, Gösser Naturgold, Altbrünner, Edelweiss Hefetrüb, Gösser Naturradler
FLASCHENBIER Franziskaner, Edelweiss Alkoholfrei
LOKAL In einer Seitengasse der Italienstraße gelegenes Restaurant mit Wintergarten. Ist irgendwie der Gösser-Wirt von Villach, aber auch das Atbrünner Bier wird hier schön aus der Computerschankanlage gezapt. Empfehlenswertes aus der Küche: Tafelspitz, Gulasch und Kärntner Seesaibling. 180 Sitzplätze, Garten: ca. 110 Sitzplätze, an der Bar nur Stehplätze.

HOFWIRT
9500 Villach, Hauptplatz 10
0 42 42/249 94
gasthof-hofwirt@netway.at
ÖFFNUNGSZEITEN Mo–Fr 10.00 bis 22.00 Uhr, So und Feiertage geschlossen
FASSBIER Hirter Pils, Hirter Morchl, Hirter 1270, saisonal Hirter Festbock
FLASCHENBIER Hirter 1270, Hirter twist off, Franziskaner Hefe-Weizen, Clausthaler
LOKAL Einer der ältesten Gasthöfe Villachs. Früher eine K.u.K. Kutschenstation mit Gastwirtschaft. Auch heute wird noch großer Wert auf traditionelle Kärntner und österreichische Küche gelegt. Gaststube: 76 Plätze, Garten im Innenhof: 120 Plätze.

JOSEF
9500 Villach, Treffner Straße 100
0 42 42/278 33
wirtshaus@josef-villach.at
www.josef-villach.at
ÖFFNUNGSZEITEN So–Do 8.00 bis 23.00 Uhr, Fr–Sa 8.00 bis 24.00 Uhr
FASSBIER Josef Naturtrüb Zwicklbier (Hausbier von der BrauUnion), Josef Dunkel Doppelmalz, Villacher Märzen, Edelweiss Weizenbier, Gösser Naturradler, Schlossgold, jeweils ein Bier des Monats
FLASCHENBIER Wieselburger Märzen, Edelweiss Hofbräu, Gösser Naturradler, Schlossgold
LOKAL Das Konzept der gleichnamigen Linzer Gasthausbrauerei wurde hier erstmals in Lizenz angewendet, aber inzwischen typisch kärntnerisch weiterentwickelt – das Bier stammt großteils von der BrauUnion, aber es gibt immer auch ein Gastbier, etwa Budweiser. Gute Bierpflege, freundliche Bedienung und auch mittags eine typisch bierige Stimmung. Besonders gut zum Bier passt hier das Kesselgulasch mit Semmel in der Kupfertschräp'n serviert. Ca. 300 Sitzplätze im Lokal, Garten: 150 Sitzplätze.

LEO'S TURMSTÜBERL
9500 Villach, Widmanngasse 44
0 66 4/565 50 28
turmstueberl@gmail.com
ÖFFNUNGSZEITEN Mo–Sa 18.00 bis 2.00 Uhr
FASSBIER Hirter Privat Pils, Budweiser, Schneider Weisse, Ottakringer Rotes Zwickl, Malle Bier aus Villach
FLASCHENBIER Wieselburger, Villacher Märzen, Hirter 1270, Adelscott, Corona, Schneider Weisse Alkoholfrei
LOKAL Leo Schuster betreibt seit drei Jahrzehnten sein Turmstüberl als Geheimtipp und „Zweites Wohnzimmer" für die Menschen in Villach. Trotz zentraler Lage verirren sich kaum Touristen her – um das Lokal an der Stadtmauer und dem namensgebenden ehemaligen Turm zu finden, muss man neben dem Stadtmuseum in einen kleinen Durchgang schlüpfen und durch eine auch nicht sehr große Tür in das eigentliche Lokal vordringen. Dann steht man vor der raumfüllenden Bar (rechts geht es allerdings weiter in einen weiteren Raum mit Sitzbereich) – jedenfalls fühlt man sich gleich willkommen. Das selbst gebraute Bier (Marke Mallebier) wird mit einer Bescheidenheit angeboten, die den Hersteller ehrt, es schmeckt jedenfalls vorzüglich. Einmal im Jahr gibt es auch ein Bierseminar. 24 Sitzplätze, 14 an der Bar.

LÜCKE
9500 Villach, Freihausgasse 3
0 67 6/428 44 88 oder 0 42 42/281 44
ÖFFNUNGSZEITEN Täglich 18.00 bis 4.00 Uhr, allerdings mit Sommerpause im Juli und/oder August
FASSBIER Guinness, Starobrno, Gösser
FLASCHENBIER Heineken, Corona Extra, Wieselburger, Weihenstephaner, Schlossgold

KÄRNTEN

VILLACH

Stauber's Wirtshaus

Villacher Brauhof

LOKAL Dieses Souterrainlokal in Villach ist ein angenehm bieriger Treffpunkt – ausnahmsweise ohne die Biere der örtlichen Großbrauerei. Aber mit viel lokalem und überraschend wenig lautem Publikum sowie einer sehr freundlichen Bedienung, die sich sehr um das Bier bemüht. Ca. 30 Sitzplätze im Lokal, 15 Plätze an der Bar.

RACER'S 🍺🍺🍺
9500 Villach, Gewerbezeile 2a
0 42 42/373 33
office@racerscafe.at
www.racerscafe.at
ÖFFNUNGSZEITEN Mo–Do 8.30 bis 24.00 Uhr, Fr–Sa 8.30 bis 2.00 Uhr, So & Feiertage 10.00 bis 24.00 Uhr
FASSBIER Villacher Märzen, Villacher Hausbier, Franziskaner Hefeweizen
FLASCHENBIER Corona, Pacifico, Negra Modelo, Heineken, Clausthaler
LOKAL Bar, die wie ein amerikanisches Diner eingerichtet ist – thematisch stark an Harley Davidson angelehnt. Große zentrale Bar – und eine Küche, die einem wirklich das Gefühl gibt, in den USA zu sein: Burger, Pizza, Pasta, Ribs und Steaks. Zu finden ist das Lokal am besten, wenn man den Hinweisen zum ÖAMTC-Stützpunkt folgt, der ist gleich in der Nachbarschaft. 150 Plätze im Lokal, 45 an der Bar, 50 im Garten.

STAUBER'S WIRTSHAUS 🍺🍺
9500 Villach, Nikolaigasse 14
0 42 42/22 767
office@stadtschenke.at
www.stadtschenke.at
ÖFFNUNGSZEITEN Mo–Fr 9.00 bis 23.00 Uhr, Sa 9.00 bis 24.00 Uhr
FASSBIER Villacher Märzen, Villacher Hausbier, Villacher Zwickl, Franziskaner Weizenbier, saisonal Villacher Doppelbock
FLASCHENBIER Glockner Pils, Franziskaner Weizenbier Alkoholfrei, Schlossgold
LOKAL Wirtshaus in unmittelbarer Nachbarschaft von Kongresshaus und Brauerei. Der sehr bierig gestaltete Eingangsbereich macht dem Begriff „Stadtschenke" alle Ehre, weiter hinten kann man zum Speisen Platz nehmen – und das lohnt, weil Küchenchef und Lokalinhaber Klaus Stauber eine traditionsbewusste lokale Küche zu fairen Preisen anbietet. 50 Sitzplätze im Lokal, 20 an der Bar „Clausthaler".

STERN 🍺🍺
9500 Villach, Kaiser-Josef-Platz 5
0 42 42/24 75 5
office@stern-villach.com
www.stern-villach.com
ÖFFNUNGSZEITEN Mo–Do 7.00 bis 24.00 Uhr, Fr 7.00 bis 2.00 Uhr, Sa 9.00 bis 2.00 Uhr, So Ruhetag
FASSBIER Heineken, Schladminger Schnee Weisse
FLASCHENBIER Corona, Heineken, Wieselburger Edelweiss Hefetrüb, Edelweiss Alkoholfrei, Gösser Alkoholfrei
LOKAL Seit 2002 bietet der „Stern" eine erfolgreiche Kombination aus drei Lokaltypen: Café (mit sehr guter Zeitungs- und Magazinauswahl, Frühstück bis 14.00 Uhr), Bar und Restaurant mit Schwerpunkt Steaks und Burger. Täglich (außer Sonntag) beinahe rund um die Uhr geöffnet und Treffpunkt der Gay Community. Freundliche, bierkundige Bedienung. 50 Plätze im Lokal, 18 an der Bar, 30 im Schanigarten.

VILLACHER BRAUHOF 🍺🍺🍺🍺
9500 Villach, Bahnhofstraße 8
0 42 42/242 22
villacherbrauhof@aon.at
www.villacherbrauhof.at
ÖFFNUNGSZEITEN Mo–Sa 10.00 bis 24.00 Uhr, So 9.00 bis 23.00 Uhr, kein Ruhetag.
FASSBIER Villacher Stadtbräu, Villacher Märzen, Villacher Zwickl, Villacher Pils, Villacher Dunkel, Franziskaner (Mischbier hell/dunkel), Edelweiss Weizenbier
FLASCHENBIER Radler Naturtrüb, Villacher Hugo, Schlossgold, Edelweiss Weizenbier Alkoholfrei, Schleppe No. 1
LOKAL Nur ein paar Schritte vom Hauptbahnhof entfernt, empfängt den Bierfreund dieser gepflegte Brauereiausschank, der sich als traditionsreiche Gaststätte präsentiert und als „Genusswirt Kärnten" ausgezeichnet ist. Die Karte wird von wohl überlegten Biermenüs und extra bierigen Speisen geprägt. Perfekt gezapftes Bier gibt es von den Biersommeliers. Eine Besonderheit des Brauhofs ist seine unmittelbare Nach-

KÄRNTEN

VILLACH · VILLACH-MARIA GAIL · VÖLKERMARKT

Mosers Wirtshaus

barschaft zu Kärntens größter Brauerei, deren Kunsthaus-Sudhaus an den Brauhof grenzt. 250 Sitzplätze, 60 an der Bar, im Garten mit großen Kastanienbäumen: 200 Plätze.

WIRT IN JUDENDORF
9500 Villach, Judendorferstraße 24
0 42 42/565 25
info@wirt-in-judendorf.at
www.wirt-in-judendorf.at
ÖFFNUNGSZEITEN Di–Sa 10.00 bis 24.00 Uhr, So 10.00 bis 15.00 Uhr, Mo Ruhetag
FASSBIER Villacher Pils, Villacher Märzen, Saisonbier von Villacher
FLASCHENBIER Franziskaner Hefeweizen, Schlossgold
LOKAL Bekannt auch als Feinschmeckerlokal (etwa für die Spargelgerichte) – Wert legt die Wirtin auf die Natürlichkeit der Rohprodukte. Mittlerweile ist der „Wirt in Judendorf" – genau genommen: die Wirtin Inge Kucher – mehr als nur ein Wirtshaus oder eine Person, es ist ein gastronomisches Konzept. Die Räumlichkeiten sind rustikal-gemütlich und bieten den Rahmen für große Festessen, Familien- und Firmenfeiern oder ein romantisches Dinner zu zweit. 150 Plätze im Lokal, 20 an der Bar. Garten: 80 Sitzplätze.

VILLACH-MARIA GAIL

MELCHER
9500 Villach-Maria Gail, Anton Tuder-Straße 2
0 42 42/378 75
info@gaestehaus-melcher.at
www.gaestehaus-melcher.at
FASSBIER Turmbräu Zwickl, Turmbräu Dunkles, Villacher Märzen
LOKAL Einfaches Gasthaus mit eigener Hausbrauerei. 35 Plätze im Lokal, 8 an der Bar, 20 im Garten. ▬-14

MOSERS WIRTSHAUS
9500 Villach-Maria Gail, 18. November Platz 8
0 42 42/349 33
post@wirtshaus-moser.at
www.wirtshaus-moser.at
ÖFFNUNGSZEITEN Sommerzeit: Mo–So 10.00 bis 24.00 Uhr, Winterzeit: Mo–Sa 10 bis 24.00 Uhr, So 10.00 bis 17.00 Uhr
FASSBIER Villacher Märzen, Villacher Zwickl, Villacher Hausbier, Villacher Dunkel, Franziskaner Hefeweizen
FLASCHENBIER Franziskaner Hefeweizen Dunkel, Heineken, Guinness, Schleppe No. 1, Villacher Hugo, Villacher PUR, Schlossgold, Franziskaner Alkoholfrei, Clausthaler
LOKAL Dieses Haus in unmittelbarer Nähe zur Wallfahrtskirche besteht seit mindestens 1526. Am 17. März 1910 übernahm es Stephan Moser, der Großvater des heutigen Besitzers. Achteinhalb Jahre später war Moser der Anführer des ersten Aufstands gegen die Annexionsversuche des SHS-Staates – und die Wirtsstube erinnert heute ebenso wie die Adresse mit dem Bezug auf den 18. November daran, dass hier der Kärntner Abwehrkampf im November 1918 seinen Ausgang genommen hat. Sehenswert ist auch die Juke-Box aus dem Jahr 1956. Zum Gasthof gehört eine eigene Landwirtschaft, auch Würste und Leberkäs macht der Wirt selber. 200 Plätze in mehreren Stuben, 7 Plätze an der Bar, 60 im Garten.

VÖLKERMARKT

ALTES BRAUHAUS
9100 Völkermarkt, Bürgerlustgasse 2
0 42 32/45 40
ÖFFNUNGSZEITEN Di–So 9.00 bis 14.00 Uhr und 17.00 bis 24.00 Uhr, Mo Ruhetag
FASSBIER Hirter Märzen, Hirter Morchl, Paulaner Weizen, Paulaner Weizen Naturtrüb, Hirter 1270, Clausthaler Extraherb
FLASCHENBIER Puntigamer Märzen
LOKAL Im Winter jeden Mittwoch Fondueabend, im Sommer statt dessen Stelzenabend mit Hirter Zwickl aus dem Holzfass. 80 Sitzplätze im Lokal, 15 an der Bar, 70 im Garten.

BIERBARON
9100 Völkermarkt, Herzog-Bernhard-Platz 6
0 664/390 39 83
mterbul@aon.at
ÖFFNUNGSZEITEN Mo–Do 6.00 bis 24.00 Uhr, Fr–Sa 6.00 bis 2.00 Uhr, So 11.00 bis 24.00 Uhr
FASSBIER Baron Premium Lager (von der Hirter Brauerei), Budweiser, Guinness, Hirter 1270, Hirter Bock, Paulaner Weisse, Hirter Märzen, Hirter Pils

www.bier-guide.net   2016 BIER GUIDE

KÄRNTEN

WOLFSBERG · ZELL-FREIBACH · ZELL-PFARRE

Brauhof Franz Josef

Wispelhof

FLASCHENBIER Murauer, Heineken, Foster's, American Bud, Clausthaler, Corona, Sigl's, San Miguel, Desperados, Baron Premium Lager Hell und Dunkel
LOKAL Nach 13 Jahren hat dieses als Wohnzimmer der Stadt dienende Bierlokal ein behutsames Facelifting bekommen – es ist eines der gepflegtesten Bierlokale Kärntens, hat eine Bierkarte, die die Hintergründe zu den Bierstilen erklärt und ein Personal, das gerne Auskunft gibt. 60 Sitzplätze, Terrasse: 30 Plätze.

WOLFSBERG

BRAUHOF FRANZ JOSEF
9400 Wolfsberg, Herrengasse 14
0 43 52/24 53
kraschowitz@brauhof.at
www.brauhof.at
ÖFFNUNGSZEITEN Mo–Sa von 8.30 bis 2.00 Uhr
FASSBIER Wolfsbräu-Bier (Familie Moser): Naturtrüb, Kristall, Dunkel, Weizen, Ginseng Bier
LOKAL Backen und Brauen gehören zusammen – wir wissen das aus dem Märchen vom Rumpelstilzchen. Gebacken wird hier von der Familie Kraschowitz, die Bierbrezen (mit 20 Prozent Roggenanteil) rechtfertigen alleine schon, dass man einen kleinen Umweg macht, um hier einzukehren. Der Brauhof hat seinen Namen daher, dass er als Brauereiausschank der Familie Moser dient, die im selben Haus 1999 eine Brauerei gegründet hat. Diese wurde bis Anfang 2012 hier betrieben. Danach ist die Brauanlage ins niederösterreichische Ternberg übersiedelt worden. Jetzt kommt das „Bucklige Welt Bier" also aus Niederösterreich in sein Stammhaus. Die Küche ist traditionell kärntnerisch, das Publikum eher jung, aber auch Familien fühlen sich hier wohl. Happy Hour von 14.00 bis 17.00 Uhr, jeden Samstag Live-Musik. 400 Sitzplätze, 60 an der Bar. Terrasse: 80 Sitzplätze.

WISPELHOF
9400 Wolfsberg, Schießstattgasse 4
0 43 52/31 91
1784@wispelhof.at
www.wispelhof.at
ÖFFNUNGSZEITEN Mo–Fr 9.00 bis 24.00 Uhr, Sa 9.00 bis 14.00 Uhr

FASSBIER Puntigamer Panther, Gösser Märzen, Gösser Zwickl, Gösser Spezial, Wieselburger Spezial, Schladminger Märzen, Starobrno Gold
FLASCHENBIER Edelweiss, Schlossgold
LOKAL Familienbetrieb, in der nähe der Hauptschule – daher viele Lehrer unter den Gästen. 40 Sitzplätze im Lokal, 10 an der Bar, 40 Sitzplätze im überdachten Garten.

ZELL-FREIBACH

TERKLBAUER
9170 Zell-Freibach, Freibach 1
0 42 27/71 01
markus.rakuschek@gmx.at
ÖFFNUNGSZEITEN Täglich 8.00 bis 24.00 Uhr
FASSBIER Schleppe Hell
FLASCHENBIER Villacher Dunkles
LOKAL Maximilian Rakuscheks Gasthaus ist bereits 400 Jahre im Familienbesitz. Es ist ein gastronomischer Stützpunkt auf der bei Bikern, Mountainbikern und Wanderern beliebten, sonst aber wenig befahrenen Strecke zwischen Zell-Pfarre und Eisenkappel. Weitgehend unverdorbener Gastraum mit kleiner Schank. Große Linde als Schattenspender im kleinen, aber feinen Biergarten. 30 Sitzplätze im Gastraum, 120 im Saal, Biergarten: 45 Sitzplätze.

ZELL-PFARRE

ALPENGASTHOF MALLE
9170 Zell-Pfarre, Zell-Pfarre 16
0 42 27/72 01
ÖFFNUNGSZEITEN Mi–Mo 9.00 bis der letzte Gast geht, Di Ruhetag
FASSBIER Schleppe Hell
FLASCHENBIER Franziskaner Weizen Alkoholfrei
LOKAL Elisabeth Malle führt dieses bereits im Jahre 1900 gegründete Gasthaus in Zell-Pfarre, 60 Sitzplätze im Lokal, 30 Sitzplätze auf der überdachten Veranda.

ENDLICH BIER IN VERNÜNFTIGEN DOSEN.

Villacher
EIN BIER WIE WIR

Schremser
Das Waldviertler Bier

meine Arbeit | meine Heimat | **mein Bier**

Getränkehandel in der Brauerei:
Mo-Fr: 7-12 und 13-17 Uhr, Sa 8-11 Uhr

Brauerei-Führungen: 02853/77275-0

www.schremser.at

VON **A** WIE AMSTETTEN BIS **Z** WIE ZWETTL

NIEDER
ÖSTER
REICH

136
NIEDERÖSTERREICHS BIERLOKAL DES JAHRES
STRASSHOF AN DER NORDBAHN

ZÜNDWERK –
FINE STEAKS, BURGER & BEER 🍺🍺🍺🍺🍺
2231 Strasshof an der Nordbahn, Hauptstraße 1a
0 22 87/409 55 90
steaksburgerbeer@zuendwerk.at
www.zuendwerk.at
ÖFFNUNGSZEITEN Di–Fr 11.30 bis 23.00 Uhr, Samstag 8.30 bis 23.00 Uhr, So 8.30 bis 17 Uhr
FASSBIER Augustiner Edelstoff, Budweiser Original, Gold Fassl Rotes Zwickl, Zwettler Saphir, Zündwerk – Erster Streich (Imperial Stout vom Brauwerk in Ottakring)
FLASCHENBIER ca. 20 Craft Biere, darunter Ama Bionda, Gusswerk Weizenguss, Blanche de Namur, Snake Dog IPA, Mystique IPA, Rochefort 8, Schneider Weisse Eisbock, Aecht Schlenkerla Rauchmärzen etc.
LOKAL Unmittelbar neben dem Harley Davidson-Standort eröffneten Erich Windisch und sein Zündwerk-Team im Herbst 2015 ein Restaurant im Industrie-Style des 50er-Jahre-Amerikas mit einsehbarer Küche. Auffallend ist die große Liebe zum Detail – inklusive einer Lounge mit offenem Kaminfeuer. Ein großer Bierkühlschrank und eine der ausführlichst kommentierten Bierkarten des Landes ermöglichen eine perfekte Bierauswahl – auch zur sehr amerikanisch anmutenden, aber doch mit lokalen Zutaten versorgten Küche. In jedem Monat gibt es einen saisonal abgestimmten Burger, zudem Steaks in allen erdenklichen Variationen. 165 Sitzplätze im Lokal, 20 zusätzlich an der Bar, 10 in der Kamin-Lounge, im Sommer gibt es ca. 100 weitere Gastgartenplätze.

137
NIEDERÖSTERREICH
AMSTETTEN · ARBESBACH · ARDAGGER MARKT · ARMSCHLAG

Marktbeisl

AMSTETTEN

ZUR RENNBAHN
3300 Amstetten, Ybbsstraße 15
0 74 72/237 94
www.gasthof-sandhofer.com
ÖFFNUNGSZEITEN Mo–Sa 8.00 bis 1.00 Uhr
FASSBIER Kaiser Märzen, Puntigamer Panther
FLASCHENBIER Edelweiss Hefetrüb, Hofbräu Weizenbier Hefetrüb, Kaiser Doppelmalz, Schlossgold
LOKAL Erwin Sandhofer hat das ehemalige Gasthaus Schillhuber im November 2006 übernommen und unter dem alten Namen „Zur Rennbahn" revitalisiert. Auf der Karte findet man typische Mostviertler Schmankerln, die Spezialität ist die gefüllte Kalbsbrust. Unter der Woche immer volles Haus beim Mittagsmenü. Jeden ersten Samstag im Monat Queer-Party „Mostviertel andersrum". 80 Sitzplätze in der Gaststube und im Stüberl, 300 im Saal, 65 Plätze an der Bar, 60 Sitzplätze im Garten.

ARBESBACH

MARKTBEISL
3925 Arbesbach, Neustifter Straße 119
0 28 13/72 57
marktbeisl@a1.net
https://de-de.facebook.com/marktbeisl.arbesbach
ÖFFNUNGSZEITEN Mi–So 16.00 bis 5.00 Uhr
FASSBIER Zwettler Pils
FLASCHENBIER Zwettler Dunkel, Schneider Weisse, Corona, Desperados
LOKAL Nette, bei den Einheimischen recht beliebte Bierbar im Zentrum von Arbesbach. 52 Sitzplätze, Terrasse mit Blick auf die Burgruine, den „Waldviertler Stockzahn": 40 Sitzplätze.

ARDAGGER MARKT

SCHIFFSMEISTERHAUS
3321 Ardagger Markt, Markt 16
0 74 79/63 18
info@schiffsmeisterhaus.at
www.schiffsmeisterhaus.at

ÖFFNUNGSZEITEN Jänner Betriebsurlaub bis 10. Februar. Ab 11. Februar 2016 Hotelbetrieb mit eingeschränktem Restaurantbetrieb – bitte auf Anfrage. Ab 18. März Vollbetrieb von 9.00 bis 24.00 Uhr (kein Ruhetag)
FASSBIER „Unser Bürgerbräu" Gustl, Ottakringer Zwickl Rot, Ottakringer Naturradler
FLASCHENBIER Bürger Weizen (Flaschengärung), Null Komma Josef, Erdinger Weisse Alkoholfrei
LOKAL Gaststube aus dem 16. Jahrhundert in liebevoll restauriertem, historischem Haus. Mit alten Möbeln und modernster Technik ausgerüstet. Gekocht wird bodenständig mit ein paar Ausschweifungen ins Moderne. Top Wirt bei der NÖ Wirtshauskultur 2006 und 2007, seit 2006 im A la Carte und ausgezeichnet mit dem AMA Gastrosiegel. Ca. 100 Sitzplätze, 10 Plätze an der Bar, Garten: ca. 100 Sitzplätze. -30

ARMSCHLAG

MOHNWIRT
3525 Armschlag, Nr. 9
0 28 72/74 21
info@mohnwirt.at
www.mohnwirt.at
ÖFFNUNGSZEITEN Mi–So von 9.00 bis 21.00 Uhr
FASSBIER Zwettler Pils, Hadmar Bio Bier
FLASCHENBIER Zwettler Export, Gösser Zwickl, Edelweiss, Schlossgold
LOKAL Das Wirtshaus war in den 200 Jahren seines Bestehens einmal ein Vorspannhof – jetzt hat sich die Gastronomie ganz dem örtlichen Motto Mohn gewidmet: Mohnkäse! Mohnzelten!! Mohn im Hemd!!! Die Feste sind entsprechend – vom Tag des Mohns am 17. März über den Mohnstrudelwandertag am 3. Sonntag im August bis zum Mohnkirtag am 3. Sonntag im September. Und in der Fastenzeit findet ein „Fastensonntag" mit bayerischem Fastenbier und Bierbratl (das das Fasten wohl bricht) statt. 100 Sitzplätze, 10 an der Bar. Garten: 100 Sitzplätze.

138
NIEDERÖSTERREICH
BAD FISCHAU-BRUNN · BAD VÖSLAU · BADEN BEI WIEN

Amterl

Edelsberger Wirtin

BAD FISCHAU-BRUNN

HUBERTUSHOF FROMWALD 🍺🍺🍺
2721 Bad Fischau-Brunn, Wr. Neustädterstraße 20
0 26 39/22 09
hubertushof@fromwald.com
www.hubertushof-fromwald.at
ÖFFNUNGSZEITEN Mo–Sa 9.00 bis 22.00 Uhr, So 9.00 bis 15.00 Uhr, kein Ruhetag (außer Betriebsurlaub)
FASSBIER Ottakringer Helles, Schneider Weisse, Ottakringer Zwickl, Budweiser
FLASCHENBIER Gösser, Ottakringer Null Komma Josef, Heineken, Ottakringer Schnitt
LOKAL 1866 erstmalig urkundlich erwähnt, wird der 1982 eröffnete Hubertushof seit 1999 von Hans Fromwald jun. geführt. Ein traditioneller Familienbetrieb mit besonderem Augenmerk auf Wildspezialitäten. 120 Sitzplätze in den Gaststuben, 18 Plätze an der Bar, 40 Sitzplätze im Garten. Der Festsaal mit Bühne, in dem u.a. Paul Löwinger und Magic Christian aufgetreten sind, bietet 250 Plätze für Hochzeiten, diverse Feierlichkeiten und Theaterstücke. ✗

BAD VÖSLAU

BIERHOF – BIERPUB-RESTAURANT 🍺🍺
2540 Bad Vöslau, Wr. Neustädter Straße 20
0 22 52/25 16 80
werner@b-h.at
www.b-h.at
ÖFFNUNGSZEITEN Mo–So 10.30 bis 24.00 Uhr, warme Küche 11.00 bis 22.30 Uhr
FASSBIER Ottakringer Pils, Ottakringer Zwickl, Schneider Weisse, Murauer, Paulaner
FLASCHENBIER Augustiner Edelstoff, Corona, Heineken, Ottakringer: Radler, Schnitt, Dunkles und Null Komma Josef
LOKAL Das Lokal entstand aus einem alten Werkstatt-, Wohnhaus- und Innenhof-Komplex einer Tischlerei. Die abgestimmten Materialien und Farben sowie das Glasdach über der Bar sorgen für Wohlfühlatmosphäre – wobei der Wirt sich bemüht, auch den rauchenden Gästen entgegenzukommen. Er hat dem Vernehmen nach sogar eine Trafik-Lizenz beantragt, um die Raucherbeschränkungen zu umgehen. Regelmäßige Tanzveranstaltungen mit DJ, Themenwochenenden

(Weißwurscht-Wochenende, teuflisch scharfe Tage, etc.) 155 Sitzplätze im Lokal, ca. 20 an der Bar, 60 Sitzplätze auf der Dachterrasse und 60 Sitzplätze im Schanigarten.

BADEN BEI WIEN

AMTERL 🍺🍺
2500 Baden bei Wien, Hauptplatz 2
0 22 52/459 53
anfrage@amterl.at
www.amterl.at
ÖFFNUNGSZEITEN Mo–Sa 10.00 bis 24.00 Uhr, So 11.00 bis 16.00 Uhr
FASSBIER Gösser Braufrisch, Gösser helles Zwickl, jeweils eine saisonale Spezialität
FLASCHENBIER Reininghaus Jahrgangspils, Heineken, Edelweiss Hefetrüb, Edelweiss Dunkel, Gösser Stiftsbräu, Schlossgold, Edelweiss Alkoholfrei, Gösser Naturgold, Gösser Kracherl, Gösser Naturradler Zitrone
LOKAL Die zentral gelegene Bar in der Fußgängerzone wurde im Herbst 2014 komplett neu umgebaut, durch den Ausbau im 1. Stock stehen nun wesentlich mehr Sitzplätze zur Verfügung. Nach wie vor ist das Amterl Treffpunkt für alle, die in der Stadt wichtig sind und gesehen werden wollen, vor und nach Events. Auch die Speisekarte wurde „runderneuert" und bietet nun gehobene Hausmannskost, teilweise mit italienischem Einschlag. Und das Gösser wird „braufrisch" vom Tank gezapft. 120 Plätze im Lokal, 25 im Schanigarten.

EDELSBERGER WIRTIN 🍺
2500 Baden bei Wien, Marchetstraße 30
0 22 52/20 94 54
office@edelsberger.at
www.edelsberger.at
ÖFFNUNGSZEITEN Di–Sa 18.00 bis 24.00 Uhr, So–Mo Ruhetage
FASSBIER Schnitt (Helles u. Dunkles gemischt), Stiegl Goldbräu, Stiegl Zwickl, Radler
FLASCHENBIER Stiegl Weizengold Hefefein, Ottakringer Dunkles, Beck's Alkoholfrei
LOKAL Die Edelsberger Wirtin heißt Ute Reimers, eine studierte Betriebswirtin und herzliche Gastgeberin. Das schon 1881 erstmals als Gasthaus erwähnte Gebäude hat sie

NIEDERÖSTERREICH

BADEN BEI WIEN · BISAMBERG · BOCKFLIESS · BROMBERG

Palette

Gasthof Windbichler – „Karnerwirt"

2003 entdeckt, nach 30 Jahren Leerstand renoviert und als Edel-Gasthaus herausgeputzt. Durch das Fehlen der sonst unvermeidbaren Bausünden mehrerer Jahrzehnte und der behutsam angepassten und geschmackvollen Einrichtung ist das Ambiente einmalig gemütlich. Auch das für heutige Verhältnisse geradezu winzige, alte Bier-Gassenausschankfenster kann man bewundern, wenngleich es nicht in Betrieb ist. Die Speisekarte bietet das Beste aus der Wiener Küche wie Tafelspitz oder Wiener Schnitzel in der Butterschmalzpfanne bis hin zu veganen und vegetarischen Gerichten. 50 Sitzplätze im Lokal, 4 Plätze an der Bar, 50 Sitzplätze im Garten.

GASTHAUS REICHSAPFEL
2500 Baden bei Wien, Antonsgasse 5 / Ecke Spiegelgasse
0 66 4/782 49 68
v.haslwanter@kabsi.at
www.reichsapfel.at
ÖFFNUNGSZEITEN Mi–So 17.00 bis 23.30 Uhr, Mo–Di Ruhetage
FASSBIER Weitra Helles, Hadmar Bio Bier, Schladminger Bio Schneeweisse, Ottakringer Rotes Zwickl, saisonale Bierspezialitäten
FLASCHENBIER Orange Pale Ale (Saisonbier), Clausthaler
LOKAL Gasthaus in einem über 600 Jahre alten Gebäude, dem eine eigene Landwirtschaft angeschlossen ist – so kann man hier auch Eier, Fruchtsäfte, Marmeladen und Chutneys „ab Hof" kaufen. Chef Augustinus Haslwanter kocht selbst (zum Beispiel Lammkeulenbraten, Lammbeuschel, Rehmedaillions) – und er zeigt Mut, gelegentlich auch ausgefallene Biere wie das exquisite Orange Pale Ale auf die Karte zu setzen. 50 Sitzplätze im Lokal, 4 Plätze an der Bar, 12 Sitzplätze im Garten.

BISAMBERG

PALETTE
2102 Bisamberg, Hauptstraße 11
0 22 62/628 08
office@palette.co.at
www.palette.co.at
ÖFFNUNGSZEITEN Mo–Sa 17.00 bis 1.00 Uhr, So 17.00 bis 24.00 Uhr

FASSBIER Ottakringer Goldfassl Spezial, Ottakringer Zwickl, Stiegl Pils, Murauer Märzen, Schremser Edelmärzen, Budweiser Original, Guinness
FLASCHENBIER Schneider Weisse, Schremser Doppelmalz, Corona, Wieselburger Stammbräu, Null Komma Josef
LOKAL Gemütliche Atmosphäre in urigem Ambiente und traditionelle Schwarzbrot-Toasts sowie Fladenbrote. Die Einrichtung des Lokals stammt aus dem Jahr 1960 – und irgendwie hat man den Eindruck, dass hier ein sehr begabter Innenarchitekt daraus eine Bühne gemacht hat, auf der die Gäste und das Personal einen beeindruckenden Auftritt hinlegen können. Im tatsächlich als Bühne genutzten Bereich gibt es immer wieder künstlerische Auftritte. Und die Speisekarte wurde von Manfred Deix gestaltet. Niederösterreichisches Bierlokal des Jahres 2009. 106 Sitzplätze, 15 Plätze an der Bar, Garten: ca. 250 Sitzplätze.

BOCKFLIESS

ARCHIV
2213 Bockfließ, Hauptstraße 70/72
0 67 6/577 97 78
ÖFFNUNGSZEITEN Mo–Sa 8.30 bis 1.00 Uhr, So ab 16.30, Feiertag Ruhetag
FASSBIER Hainfelder Pils, Hainfelder Export Lager, Hainfelder Hell, Hainfelder Zwickl, Saisonbiere
FLASCHENBIER Schremser Premium Hell, Schremser Doppelmalz Dunkel, Franziskaner Weißbier, Schlossgold
LOKAL Eine der nettesten kleinen Bierbars des Weinviertels: In der Auslage kann man noch sehen, dass es sich hier wohl einmal um eine Gemischtwarenhandlung gehandelt hat. Innen herrscht angenehm gedämpftes Licht und eine freundschaftliche Atmosphäre. 50 Sitzplätze im Lokal, 19 Plätze an der Bar, 20 Sitzplätze im Garten.

BROMBERG

GASTHOF WINDBICHLER – „KARNERWIRT"
2833 Bromberg, Hauptstraße 16
0 26 29/82 54
office@gasthof-windbichler.at
www.gasthof-windbichler.at

140
NIEDERÖSTERREICH
BRUNN AM GEBIRGE

ÖFFNUNGSZEITEN Mi–Sa 11.00 bis 14.00 Uhr und 17.00 bis 24.00 Uhr, So & Feiertage 9.00 bis 15.00 Uhr
FASSBIER Piestinger Lager, Gut Harathof Bier (Brauerei Schrammel Bad Erlach), Clausthaler, Piestinger Radler
FLASCHENBIER Franziskaner Hefe-Weisse
LOKAL Der Karnerwirt (wie er an der Eingangstür genannt wird) ist ein regionaler Top-Wirt der NÖ Wirtshauskultur, bisher wurde er 15 mal als solcher ausgezeichnet. Der legendäre Gastro-Kritiker Christoph Wagner lobte schon die Kuttelflecksuppe, das Luftgetrocknete vom Schneeberglandbeef und die Erdäpfel-Grammel Roulade. Und für die klimafreundliche Beschaffung gab es 2008 eine Auszeichnung von der Hagelversicherung. Zwischen Wirtshaus und Kirche beginnt auch der Hexenweg, ein Lehrpfad über die Hintergründe der Hexenverfolgung in der frühen Neuzeit. 80 Sitzplätze im Lokal, 10 Sitzplätze an der Bar und 25 m Garten.

Finden Sie die **BESTEN BIERLOKALE** und Ihr **LIEBLINGSBIER** in Ihrer Umgebung. Mit Conrad Seidls **BIER GUIDE APP**.
Jetzt **GRATIS DOWNLOAD** im Play- oder Appstore!

BRUNN AM GEBIRGE

BIEROTHEK
2345 Brunn am Gebirge, Leopold-Gattringer-Straße 39
0 66 4/88 67 95 11
bierusa@bierothek.at
www.bierothek.at
ÖFFNUNGSZEITEN Mo, Di, Do 12.00 bis 15.00 Uhr und 17.00 bis 20.00 Uhr, Fr 10.00 bis 13.00 Uhr und 16.00 bis 21.00 Uhr, Sa 9.00 bis 17.00 Uhr

FLASCHENBIER die wahrscheinlich größte Auswahl Österreichs, allein ca. 60 belgische Dubbel- und Tripel-Biere von Augustijn bis Westmalle, dazu ca. 10 Sorten Lambics und eine beachtliche Auswahl an Bieren von Augustiner Bräu Kloster Mülln, Braucommune Freistadt, Gusswerk, Hofstetten, Huberbräu, Uttendorf, Rieder Bier, Schnaitl, Stift Schlägl, Zillertal, „Die Weisse", Schlappe-Seppel (Spezialität aus Aschaffenburg/Bayern). Im Dezember ein Dutzend heimische Bockbiere.
LOKAL Herbert J. Dangl betreibt hier in erster Linie ein Bierspezialitäten-Fachgeschäft, er hat aber auch eine kleine Verkostungsecke eingerichtet – 6 Plätze an der Verkoster-Bar.

CLOCKTOWER
2345 Brunn am Gebirge, Ziegelofengasse 6
0 22 36/37 70 70
gastro@clocktower.at
www.clocktower.at
ÖFFNUNGSZEITEN Mo–So 10.00 bis 24.00 Uhr
FASSBIER Pilsner Urquell, Stiegl Goldbräu, Warsteiner, König Ludwig Weißbier
FLASCHENBIER Stiegl Paracelsus, Carlsberg, Miller Genuine Draft, American Bud, Corona, Desperados, Guinness, König Ludwig Dunkel, Warsteiner Alkoholfrei
LOKAL Das nach eigenen Angaben größte amerikanische Lokal in Europa und möglicherweise das aufwendigst gestaltete Restaurant des Landes – jedenfalls stehen in dieser 2014 eröffneten Bar reihenweise Harleys herum, es wurden hunderte Deko-Stücke (davon viele mit Bezug zu Harley Davidson) zusammengetragen. Alles sehr amerikanisch, auch die Karte mit einem umfangreichen Steak-, Smoker- und Grill-Angebot zu wirklich vertretbaren Preisen. Leider nicht so amerikanisch die Bierkarte, auf der offenbar kein Craft Bier Platz finden konnte. 400 Plätze, 40 an der Bar.

MÜLLER'S
2345 Brunn am Gebirge, Bahngasse 5
0 22 36/340 14
office@muellers.at
www.muellers.at
ÖFFNUNGSZEITEN Mo–Do 18.00 Uhr bis 24.00 Uhr, Fr–Sa 18.00 bis 2.00 Uhr, So Ruhetag

141
NIEDERÖSTERREICH
DÜRNKRUT · EBREICHSDORF · EGGENBURG · EGGERN

Bierplatzl

Die Kramerey

FASSBIER Schremser Premium, Stiegl Goldbräu, Stiegl Paracelsus Zwickl, Budweiser, Murauer Naturradler, Monatsbier
FLASCHENBIER Heineken, Corona Extra, Murauer Märzen, Stiegl Weizengold, Grieskirchner Dunkel, Stiegl Gaudi Radler Zitrone, Erdinger Weizenbier Alkoholfrei, Gösser Naturradler, Beck's Lemon, Beck's Ice, jeweils ein Monatsbier
LOKAL Sehr nett eingerichtetes und typisch bieriges Bar mit Restaurant-Bereich. Gelegentlich ausgelassene Feste (zum Beispiel Halloween, aber auch am späteren Heiligen Abend) und Fußballübertragungen. In den Sommermonaten erfrischt man sich im großzügigen Biergarten im Schatten der Nussbäume oder an der überdachten Outdoor-Bar. 70 Sitzplätze im Lokal, 40 Plätze an der Bar, 100 Sitzplätze im Biergarten.

DÜRNKRUT

BIERPLATZL
2263 Dürnkrut, Hauptstraße 18a
0 650/938 04 90
oppenauerrene@gmail.com
ÖFFNUNGSZEITEN Mo–Fr 7.00 bis 2.00 Uhr, Sa & So Ruhetag
FASSBIER Gösser und wechselnde Biere, z.B. Wieselburger, Puntigamer, Schremser, Stiegl
FLASCHENBIER 10 verschiedene Flaschenbiere wechseln laufend
LOKAL Nettes, kleines Bierlokal im Design eines viktorianischen Pubs, viel dunkles Holz. 80 Sitzplätze, 14 an der Bar, 25 im Garten.

EBREICHSDORF

RATHAUS BAR
2483 Ebreichsdorf, Rathausplatz 2
0 22 54/74 891, 0 65 0/211 12 36
office@cafe-rathaus-bar.at
www.cafe-rathaus-bar.at
ÖFFNUNGSZEITEN Mo–So 8.00 bis 23.00 Uhr
FASSBIER Schwechater Zwickl, Zipfer Märzen, Starobrno und eine wechselnde Spezialität
FLASCHENBIER Gutmann Hefeweizen, Puntigamer, Heineken, Corona Extra, Deperados, Gösser Naturgold, Gösser Radler
LOKAL Stimmungsvolles Gewölbe, in dem 2012 neben der Bar ein Café-, Restaurant- und Loungebereich eingerichtet wurde. Immer wieder bierige Events (Oktoberfest!) und Parties.

EGGENBURG

DIE KRAMEREY
3730 Eggenburg, Grätzl 2
0 29 84/208 10
info@diekramerey.at
www.diekramerey.at
ÖFFNUNGSZEITEN Mo–Do 7.30 bis 23.00 Uhr, Fr–Sa 7.30 bis 1.00 Uhr, So 9.00 bis 23.00 Uhr
FASSBIER Gösser Zwickl, Wieselburger
FLASCHENBIER Desperados, Corona Extra, Gösser Naturgold
LOKAL Die Kramerey befindet sich in einem alten Grätzel, das den Stadtplatz von Eggenburg teilt. Das Haus stammt in seiner heutigen Form aus dem frühen 16. Jahrhundert. Hier war seinerzeit das Kaufgewölbe des Krämers Wolf Marholt – Kramerey war die Bezeichnung sowohl für die Ware wie auch für das Verkaufslokal. Die Bar wurde aber von Familie Stift, den heutigen Besitzern der Kramerey, durchaus zeitgeistig gestaltet. 50 Plätze im Lokal, 10 an der Bar, 20 im Schanigarten auf dem Stadtplatz.

EGGERN

KUTSCHERKLAUSE
3861 Eggern, Marktplatz 4
0 28 63/214
kutscherklause@aon.at
www.kutscherklause.at
ÖFFNUNGSZEITEN Mi–Mo 7.30 Uhr bis spät, Di Ruhetag
FASSBIER Schremser Märzen
FLASCHENBIER Schremser Pils, Spezial, Bock, Roggen
LOKAL Einfacher Gasthof nördlich von Heidenreichstein mit sehr guter Küche (Waldviertler Spezialitäten, Hausmannskost und hin und wieder etwas fürs Waldviertel Exotisches, z.B. Strauß). Schremser Bier – nach Erfahrung der Stammgäste „einfach immer perfekt gezapft": kurze Bierleitung, kombiniert mit idealer Trinktemperatur. 30 Plätze in der Stube, Restaurant und Saal: 300 Plätze, 60 Sitzplätze im Garten. -50

www.bier-guide.net   2016 BIER GUIDE

NIEDERÖSTERREICH

ERNSTBRUNN · FALKENSTEIN

ERNSTBRUNN

ADLERBRÄU

2115 Ernstbrunn, Marktplatz 2
0 25 76/303 98
office@adlerbraeu.com
www.adlerbraeu.com
ÖFFNUNGSZEITEN Di–Sa 10.00 bis 23.00 Uhr, So & Feiertage 10.00 bis 15.00 Uhr, Mo Ruhetag
FASSBIER Adlerbräu Hausbier (Zwickl von der BrauUnion), Gösser, Gösser Radler Zitrone oder Kräuter (im Sommer)
FLASCHENBIER Wieselburger Gold, Paulaner Hefetrüb, Paulaner Hefetrüb Alkoholfrei, Schlossgold
LOKAL Landgasthof mit schöner Theke und bemühter Bierpflege. Schöner Gastgarten mit regengeschützten Laubenplätzen.

FALKENSTEIN

GENUSSWERKSTATT SIEBEN:SCHLÄFER

2162 Falkenstein, Kellergasse 8
0 25 54/880 86, 0 66 4/150 23 23
sevi@7schlaefer.at
www.7schlaefer.at
ÖFFNUNGSZEITEN Do 9.00 bis 24.00 Uhr, Fr–Sa 9.00 bis 2.00 Uhr, So & Fei 9.00 bis 20.00 Uhr, Jän/Feb/März Do geschlossen.

FASSBIER Sieben:schläfer Bürgerbräu Hausbier mit eigenem Tonkrug, Stiegl Weisse, Grieskirchner Tradition, Gusswerk Edelguss, saisonal: Ottakringer Zwickl Bock, Ottakringer helles u. rotes Zwickl, Rieder Weisse, Hirter Herbstcult, Paulaner Weißbier
FLASCHENBIER Murauer Märzen, Murauer Preisel&Bier, Stiegl Goldbräu, Stiegl Weisse, Stieglbock, Stiegl Chritkindl, Weihenstephan Hefetrüb + Dunkel, Ottakringer Zitrusradler, Ottakringer Zwickl, Meantime London Pale Ale + Coffee Porter, Brew Dog Punk IPA, Forstner Biere: Ihres u. Seines, Chili, Illuminatus, Bonifatius Barrique Gusswerk Abraham Blended Ale, Duvel, Orval, Murauer Black Hill + Bock Beat, Lindemann Kriek, Cassis, Framboise, Pêches, Hirter Morchl, Gösser Naturradler, Hofstettner Honigbier, Granit, Kübel, Gusswerk – Nicobar Indian Pale Ale, Steinbier, Black Sheep, Edelguss, Black Betty, Horny Betty 0,3 l+0,7 l, Dies Irae, die schwarze Kuh, Gusswerk Krinnawible, Brew Age Affenkönig, Samuel Smith I.P.A., Schlägl Abtei Pils, Lindemans Gueuze, Youngs Double Chocolate Stout + London Gold, Lupulus, Blanche de Namur, La Chouffe 1,5 l, Hoegaarden Wit-Blanche, Duvel Tripel Hop, Wieselburger Schwarzbier, Beck's Alkoholfrei, Edelweiss Alkoholfrei, Engelszell Benno + Gregorius, Brew Age Malzstraße, Hopfenauflauf, dunkle Materie Black IPA, Chic Xulub Oatmeal Stout, Rodenbach Grand Cru Sauerbier, Zwettler Momentum Doppelbock Dunkel 0,3 l + 0,7 l
LOKAL Severin Weber hat im Lauf von zehn Jahren dieses Lokal zu einer Institution im Weinviertel gemacht: Als gelernter Koch ist er ein hervorragender Gastgeber, der seinen Gästen gepflegt aufkocht. Zudem hat er sich ein Netzwerk von Lieferanten aufgebaut, die ihm ermöglichen, mitten im Weinland des nördlichen Weinviertels eine sensationelle Bierauswahl anzubieten – was auch in einer eigenen Sendung von Bierpapst.TV gewürdigt wurde. 2016 veranstaltet die genusswerkstatt sieben:schläfer gemeinsam mit Brew Age vom Braumeister kommentierte 5-gängige Biermenüs (Termine unter www.7schlaefer.at). Neuerdings gibt es auch einen Abhofverkauf der Biere zu Abhofpreisen. Im Monat Mai finden Zwickltage mit einer großen Auswahl an Zwicklbieren statt.
45 Sitzplätze im Lokal, 80 im Saal, 15 Stehplätze an der Bar, 50 Sitzplätze im Garten.

NIEDERÖSTERREICH

GABLITZ · GALLBRUNN · GAMING

Bruckners Bierwelt

Kartause Gaming

GABLITZ

GABLITZERHOF
3003 Gablitz, Linzerstraße 8
0 22 31/635 10
gablitzerhof@aon.at
www.gablitzerhof.at
ÖFFNUNGSZEITEN Mi–So 10.00 bis 15.00 Uhr und 17.00 bis 23.00 Uhr, Mo–Di Ruhetage
FASSBIER Gösser Gold, Gablitzer Pils, Linko Bräu Wiener Gerstl, Linko Bräu Pils
FLASCHENBIER Gösser Naturgold
LOKAL Frisch herausgeputztes Landgasthaus mit guter Beziehung zum Linko-Bräu – diese Kleinbrauerei liefert auch einen Teil des Bieres. 120 Sitzplätze im Lokal, 60 im Garten.

GALLBRUNN

LANDGASTHOF & HOTEL MUHR
2463 Gallbrunn, Hauptstraße 87
0 22 30/28 58
info@muhr.co.at
www.muhr.co.at
ÖFFNUNGSZEITEN Fr–Di 11.00 bis 22.00 Uhr
FASSBIER Ottakringer Pils, Ottakringer helles Zwickl, Andechser Klosterbräu Märzen, saisonale Angebote wie z.B. Bock, Osterbock, Oktoberbier, Paulaner …
FLASCHENBIER Andechser Hefetrüb, Schneider Weisse, Zwettler Dunkel, Null Komma Josef, Erdinger Alkoholfrei, Ottakringer Helles
LOKAL Jakob & Gertraud Muhr führen diesen Betrieb, der seit 1950 im Zentrum von Carnuntum von der Familie Muhr betrieben wird. Eigene Hausschlachtung und eigene Speisenkreationen mit Bier – etwa ein Bier-Sorbet. Küchenchef Jakob Muhr bemüht sich auch um die richtige Präsentation von Käse: Es gibt nicht nur einen Weinsommelier, sondern auch einen Zapfkaiser und Käsesommelier. 200 Plätze, Bar: 25, Garten: 50.

GAMING

BRUCKNERS BIERWELT
3292 Gaming, Grubberg 4a
0 74 85/985 99
office@bruckners-bierwelt.at
www.erzbräu.at
ÖFFNUNGSZEITEN Di–So 10.00 bis 18.00 Uhr
FASSBIER Bergquell (helles Märzen), das Eisenstraße Bier „Schwarzer Graf" (wird gestachelt), „Schwarzer Peter", Dinkel Weisse (obergärig) saisonal Bockbiere unterschiedlicher Brauart wie herbstlicher Steinbock, dunkler Winterbock, frischer Springbock … und Spezialsorten wie Hanfbier mit Biohanf gebraut, I.P.A. mit Cascade gehopft.
LOKAL Mikrobrauerei des Jahres, siehe Seite 88.

KARTAUSE GAMING
3292 Gaming, Kartause 1
0 74 85/984 66
office@kartause-gaming.at
www.kartause-gaming.at
ÖFFNUNGSZEITEN Mo–So 7.00 Uhr bis 23.00 Uhr
FASSBIER Kartausenbräu Hell, Kartausenbräu Dunkel, Kaiser Märzen, jeweils saisonales Bier aus der Hausbrauerei (Weihnachtsbock, Dinkelweizen, Pils …)
FLASCHENBIER Edelweiss Weizenbier, Edelweiss Alkoholfrei, Schlossgold
LOKAL Das modern eingerichtete Klostergasthaus besteht seit 1972, im März 2008 wurde es mit einer eigenen kleinen Gasthausbrauerei ausgestattet – allerdings mit sehr bescheidenem Bierangebot. Die Gästeschicht ist durch die angeschlossene Amerikanische Universität sehr international aufgemischt. Ca. 200 Sitzplätze im Lokal, 20 Plätze an der Bar, 80 Sitzplätze im Garten.

144
NIEDERÖSTERREICH

GÄNSERNDORF

GÄNSERNDORF

BOHRTURM 🍺🍺🍺
2230 Gänserndorf, Bahnstraße 1
0 22 82/81 40
bohrturm@aon.at
www.bohrturm.at
ÖFFNUNGSZEITEN Mo–Do 8.00 bis 20.00, Fr-Sa 8.00 bis 2.00 Uhr
FASSBIER Bohrturm Hausbräu (Zwickl), Weihenstephan Weizenbier, Stiegl Goldbräu, Heineken, Zipfer Märzen – ständig wechselnde Aktionsbiere
FLASCHENBIER Wieselburger Gold, Hirter Pils, Beck's Lemon, Corona, Desperados, Gösser Naturradler, Schlossgold
LOKAL Fünf sehr unterschiedliche Bereiche von Bars, Café und Wirtshaus. Das hat die Auszeichnung als niederösterreichisches Bierlokal des Jahres 2005 eingebracht. Im Zentrum des Lokals befindet sich sein Namensgeber, ein über zwei Meter hoher Bohrturm, maßstabgetreu von der OMV gebaut, sowie das Bierpub mit einer aufgemauerten Schank. Besonders aufmerksame Bedienung, großes Zeitungsangebot – aber sehr viel weniger dem Thema Ölindustrie verbunden als früher. 100 Sitzplätze, 15 Plätze an der Bar, Schanigarten: 30 Sitzplätze. 🍺

Finden Sie die **BESTEN BIERLOKALE** und Ihr **LIEBLINGSBIER** in Ihrer Umgebung. Mit Conrad Seidls **BIER GUIDE APP**.
Jetzt **GRATIS DOWNLOAD** im Play- oder Appstore!

FIDELIO 🍺
2230 Gänserndorf, Rathausplatz 3
0 22 82/86 33
gf@cafe-fidelio.at
www.cafe-fidelio.at
ÖFFNUNGSZEITEN Mo–Sa 7.30 bis 24.00 Uhr, So & Feiertag 15.00 bis 24.00 Uhr
FASSBIER Grieskirchner Pils, Weitra Bräu
FLASCHENBIER Wieselburger Stammbräu, Hirter Privat Pils, Edelweiss Hefetrüb, Heineken, Corona, Murauer, Clausthaler, Gösser Naturradler
LOKAL Kleine Café-Bar, bietet Bier-Mixgetränke mit Red Bull an. Jeden Freitag zwischen 14.00 und 19.00 Uhr gibt's ein Seidel Bier um 1 Euro. 60 Plätze im Lokal, 8 an der Bar, 60 Plätze im Garten.

GEIER'S GAMBRINUS 🍺🍺
2230 Gänserndorf, Hans-Kudlich-Gasse 28
0 22 82/89 71
info@geiers-gambrinus.at
www.geiers-gambrinus.at
ÖFFNUNGSZEITEN Mo–Sa 11.00 bis 23.00 Uhr, So 11.00 bis 16.00 Uhr
im Juli/August: Mo–So 11.00 bis 16.00 Uhr
FASSBIER Zwettler Zwickl, Zwettler Radler, Zwettler Original, Weitra Hadmar Bio Bier
FLASCHENBIER Storchenbräu, Edelweiss Kristallklar, Edelweiss Hefetrüb, Schneider Weisse, Clausthaler
LOKAL Schöne, große Bar, auch wenn der Schwerpunkt auf der Küche liegt. Eigener Bierzapfhahn am Stammtisch. Die Küche bietet saisonale, regionale und vegane Gerichte. 150 Sitzplätze, 20 an der Bar. 🍺

K.U.L.T. 🍺🍺
2230 Gänserndorf, Rathausplatz 7
0 22 82/34 60
kult@aon.at
www.derkult.com
ÖFFNUNGSZEITEN So–Mi 16.00 bis 1.00 Uhr, Do bis 2.00 Uhr, Fr bis 3.00 Uhr, Sa 9.00 bis 3.00 Uhr
FASSBIER Trumer Pils, Murauer Steirergold

145
NIEDERÖSTERREICH
GARS AM KAMP · GLOGGNITZ

Bäck's Bar & Grill

Braugasthof Diewald

FLASCHENBIER Hirter Pils, Gösser Radler, Heineken, Corona, Stiegl Goldbräu, Erdinger Weißbier, Beck's Alkoholfrei
LOKAL Ein junges, recht verwinkeltes Lokal. Kleine Bar. Tagsüber Buffet, abends DJ, diverse kulturelle und kulinarische Events. 100 Plätze, 14 an der Bar.

GARS AM KAMP

SAPPALOT
3571 Gars am Kamp, Hauptplatz 6
0 66 4/368 06 09
office@sappalot.at
www.sappalot.at
ÖFFNUNGSZEITEN Mo–Do 7.30 Uhr bis 24.00 Uhr, Fr & Sa 7.30 Uhr bis 2.00 Uhr, So 9.00 Uhr bis 23.00 Uhr, zur Winterzeit Di ab 14.30 Uhr Ruhetag
FASSBIER Hadmar Bio Bier, Hubertus Pils, Hubertus Kelten, Puntigamer, Jörger Weisse
FLASCHENBIER Garser Bier, Hubertus Märzen, Dunkel, Festbock, Wieselburger Stammbräu, Beck's, Corona
LOKAL Nettes, helles Lokal mit langer Bar. Das Opernensemble der OpernAir Gars ist hier während der Saison Stammgast. 120 Sitzplätze im Lokal, 10 vor dem Lokal.

GLOGGNITZ

BÄCK'S BAR & GRILL
2640 Gloggnitz, Hauptstrasse 24a
0 66 4/645 79 36
office@baecks.com
www.baecks.com
ÖFFNUNGSZEITEN Mi–Fr & So 11.00 Uhr bis 23.00 Uhr, Sa 17.00 bis 23.00 Uhr
FASSBIER Wolfsbräu, Murauer
FLASCHENBIER Heineken, Corona, Budweiser, Edelweiss, Clausthaler
LOKAL Moderne Bar in historischem Gebäude (die Fundamente stammen aus dem 12., das Haus selbst aus dem 16. Jahrhundert): Wenn man eintritt, stößt man auf eine lange Theke, hinter der ein sehr freundliches Personal für gut gezapftes Bier sorgt. In zwei weiteren Räumen wird perfekt gegrilltes Fleisch serviert. 60 Plätze in zwei Räumen, 15 Plätze an der Bar, je 10 im Schanigarten und im hinteren Garten.

BRAUGASTHOF DIEWALD

BRAUGASTHOF DIEWALD
2640 Gloggnitz, Raach am Hochgebirge 38
0 26 62/439 05
gasthof@gasthof-diewald.at
www.gasthof-diewald.at
ÖFFNUNGSZEITEN Mi–Mo 8.30 bis 24.00 Uhr, Di Ruhetag
FASSBIER selbst gebrautes „Franzl-Bier" „Josef's Bier" (5-Korn Bier), Saisonbiere: Nessi Brennesselbier (Mai), Himmelblau mit Eichen und Himmelschlüssel (Juni), helles BIO Bier (Juli), Federweiße Weißbier (August), Jagabluat Honig & Ingwer (Oktober), Ganslbier Zwickl mit Rosmarin & Thymian (November), Festbock (Weihnachten & Ostern), Puntigamer Panther, Stiegl Goldbräu, Zwettler Original 1890, Gösser Naturradler
FLASCHENBIER Gösser Stiftsbräu, Gösser Helles, Gösser Naturgold, Edelweiss Hefetrüb, Edelweiss Alkoholfrei, Weihenstephan Hefetrüb, Puntigamer Märzen, immer wieder verschiedene Bierspezialitäten von diversen Kleinbrauereien.
LOKAL Gasthaus mit der kleinen, im Jahr 1998 eingerichteten Hausbrauerei von Franz Diewald, der gern experimentiert (etwa mit Brennnesselbier und Gewürzbier). Die Küche bietet bodenständige Schmankerl aus der Region und Speisen mit Bier zubereitet wie Lachs mit Biersauce, Gemüse im Bierteig, Malzbratl, Lendchen vom Jungschwein in Pfeffermalzcreme, Malzteigkrapfen. Top Wirt 2010/2011/2012 – Tut-Gut-Wirt und Genusswirt. Anstich der Saisonbiere jeweils am 1. Samstag des Monats und so lange der Vorrat reicht! 250 Sitzplätze, Brauerei 60, Garten 250, Terrasse: 50. -22

www.bier-guide.net   2016 **BIER GUIDE**

NIEDERÖSTERREICH

GMÜND

Cello

Stadtwirtshaus Hopferl

GMÜND

CELLO 🍺🍺
3950 Gmünd, Kirchengasse 23
0 28 52/548 34 und 0 664/320 33 78
j.laubenstein@gmx.at
ÖFFNUNGSZEITEN Di–Sa 17.00 bis 2.00 Uhr, So–Mo Ruhetag
FASSBIER Schremser Edelmärzen, Guinness, Budweiser, Kilkenny
FLASCHENBIER Kilkenny, Franziskaner, Corona, Pilsner Urquell, Lobkowicz
LOKAL Historisches Gemäuer, das zu einer einfachen, aber sehr stimmungsvollen Bierbar umgebaut worden ist. Guinness wird schön gezapft, man hat fast den Eindruck in einem ländlichen Pub in Irland zu sein. Mehrmals im Jahr finden Bierverkostungen statt sowie Veranstaltungen rund ums Bier wie z. B. St. Patricks Day mit grünem Bier und Dudelsackmusik. Im Innenhofgarten werden im Sommer Surstelzen und tschechisches Bier serviert. 30 Plätze im Raucher- und 40 Plätze im Nichtraucherbereich, 60 im Garten und 40 im Stadl (für Gruppenfeiern).

STADTWIRTSHAUS HOPFERL 🍺🍺🍺🍺
3950 Gmünd, Stadtplatz 24
0 28 52/519 80
wirtshaus@hopferl-gmuend.at
www.hopferl-gmuend.at
ÖFFNUNGSZEITEN Mi–Fr 9.00 bis 24.00 Uhr, Di 9.00 bis 15.00 Uhr, Sa 9.00 bis 24.00 Uhr, So u. Feiertage 10.00 bis 15.00 Uhr
FASSBIER Gmünder Stadtbier Zwickl, Schremser Premium, Zwettler Original 1890, abwechselnde Saisonbiere, z.B.: Schremser Weihnachtsbock, Vienna I.P.
FLASCHENBIER Gmünder Stadtbier (2l Flasche, exklusiv hier erhältlich), Schremser Bio Roggen, Murauer Black Hill, Eggenberger Urbock 23°, Schremser Doppelmalz, Franziskaner hefetrübes Weißbier, Schremser Naturpark Radler, Stiegl Goldbräu, Edelweiss alkoholfrei, Freistädter Rotschopf, Fuller's London Pride, Brewdog Punk IPA, O'Hara's Stout, Lindemans Lambic, Liefmans Kriek Cuvee Brut, Chimay bleu, Anchor Porter, Sierra Nevada Pale Ale, Gaffel Kölsch, Franziskaner alkoholfrei, Clausthaler, Zwettler Momentum, Zwettler Sanjana, Schwarzbräu Dark Ale, Schwarzbräu Golden Strong Ale, Mühlviertler Weisse, Neufeldner Pils, Freistädter Smoked, Wieselburger Schwarzbier, Gusswerk Black Betty, Gusswerk Nicobar IPA, Engelszeller Trappistenbier Nivard. Außerdem Zwettler Bierwhisky, Zigarrenbrand und Bierbrand vom Gmünder Stadtbier
LOKAL Familie Hag, die in der Waldviertler Bierszene seit vielen Jahren aktiv ist, hat sich einen Traum erfüllt und ein traditionelles Wirtshaus eingerichtet. 2014 hat Josef Hag seine Ausbildung als Dipl. Biersommelier an der Doemens-Akademie in Gräfelfing absolviert und bei Axel Kiesbye sein Wissen über Bier weiter vertieft. 4 Biere vom Zapf übers gesamte Jahr und einmal im Monat an einem Mittwoch den „Wochenteiler-Jazz", gepaart mit einem neuen „Monatsbier vom Fass" geben Gelegenheit, das Bierwissen der Gäste zu vertiefen. Am 19. März, zum „Seppenfest", Verkostung des ersten im Stadtwirtshaus Hopferl selbst gebrauten „Sepp´n-Bier. Einige Speisen werden mit dem passenden Bier verfeinert – Top Wirt der N.Ö. Wirtshauskultur. Zur „Bier Gemeinschaft" ist bereits ein junger Braumeister gestoßen und die Brauerei Schrems unterstützt die Initiative mit dem einen oder anderen Versuchssud. Das „Gmünder Stadtbier" wird exklusiv für das Hopferl gebraut. 114 Sitzplätze im Lokal, 25 Plätze an der Bar, 50 Sitzplätze im Garten.

PIPELINE 🍺🍺🍺
3950 Gmünd
Prof.-Krejci-Graf-Straße 2
0 28 52/514 00-15
pipeline@aviagmuend.at
www.aviagmuend.at
ÖFFNUNGSZEITEN Mo–Sa 6.30 bis 23.00 Uhr, So–Feiertag 8.00 bis 22.00 Uhr
FASSBIER Aviane Hausbier Hell, (gebraut von der Zwettler Brauerei), Zwettler Saphir, Zwettler Naturtrüber Radler. Immer wieder saisonale Biere am Prüfstand wie: AVIANE Ice, AVIANE Dunkelblond …
FLASCHENBIER Zwettler Dunkles, Schneider Weisse, Schremser Edelmärzen, Pipeline Bleifrei (= Schlossgold)
LOKAL Die Pipeline – definiert ein „Rohrleitungs- und Pumpensystem zum Transport von flüssigen oder gasförmigen Betriebsstoffen" – dient hier als „Transportmittel für gute Laune, nette Menschen, Gedanken und Freundlichkeit". In

NIEDERÖSTERREICH
GÖSTLING · GÖTZENDORF

Zirbenstube

ihrer Tankstelle hat sie ein Themenrestaurant mit Auto und Bier (bitte nicht beides gleichzeitig in Betrieb nehmen) eingerichtet. Es gibt eine alte Benzinzapfsäule mit eingebautem Durchlaufkühler – für saisonale Biere oder auch bei Events im Freien. Alle Servicemitarbeiter haben eine Barista Ausbildung. Regelmäßige Mitarbeiterschulungen bzw. Firmeninterne Trainings gibt es seit 1998. 75 Plätze im Lokal, 10 an der Bar, 66 in der Genusswerkstatt, die im Sommer zur Terrasse geöffnet wird. -23

GÖSTLING

FAHRNBERGER
3345 Göstling, Lassing 19
0 74 84/723 40
office@gasthof-fahrnberger.at
www.gasthof-fahrnberger.at
ÖFFNUNGSZEITEN Mo–Fr 16.00 bis 22.00 Uhr, Sa–So 9.00 bis 22.00 Uhr (im Sommer wochentags tagsüber offen – evtl. anrufen)
FASSBIER Ottakringer Helles, Ottakringer Zwickl, Schneider Weisse
FLASCHENBIER Ottakringer Helles, Ottakringer Dunkles, Null Komma Josef, Clausthaler
LOKAL Seit 1306 bestehender Einkehrgasthof an der Eisenstraße. Schöne Terrasse mit originalen Biergartentischen. Regionale Produkte aus der Genußregion Mostviertel. 140 Plätze im Lokal, Terrasse: 40 Plätze. -25

ZIRBENSTUBE
3345 Göstling, Pfarrer-Schauer-Platz 169
0 74 84/23 30
info@zirbenstube-goestling.at
www.zirbenstube-goestling.at
ÖFFNUNGSZEITEN Mi–So ab 9.00 Uhr, Di ab 16.00 Uhr geöffnet, Mo Ruhetag
FASSBIER Starobrno, Weihenstephaner Hefetrüb, Kaiser Premium, saisonal Kaltenhauser Bernstein
FLASCHENBIER Kaiser Märzen, Gösser Naturgold, Gösser Radler, Edelweiss Alkoholfrei, Zipfer 3
LOKAL Als die BrauUnion im Jahr 2008 Tester ausschickte, um die Bierqualität in ihren Ausschankstätten zu kontrollieren, kam die Zirbenstube österreichweit auf den fünften Platz unter 180 Betrieben. Die Zapfkultur stimmt weiterhin, es gibt sogar eigens für das Lokal gebrandete Biergläser! Klar, dass Wirtin Maria Maierhofer will, dass alles so bleibt, wie es ist: Wer in diesem ländlich-gemütlichen Lokal Stammgast ist, kann einen eigenen Stammkrug einstellen – und unter den namhaften Gästen befinden sich Wladimir Putin, Thomas Sykora und Katrin Zettl. Küchenzutaten von Biobauern aus der Umgebung. 80 Plätze im Lokal, 60 auf der Terrasse, 20 an der Bar.

GÖTZENDORF

ASSL-WIRT
2434 Götzendorf, Margarethner Straße 3
0 21 69/23 67 oder 0 67 6/704 67 88
office@assl.at
www.assl.at
ÖFFNUNGSZEITEN Do–Fr 10.00 bis 14.30 Uhr und 17.30 bis 23.00 Uhr, Sa–So 10.00 bis 23.00 Uhr, Feiertag 10.00 bis 15.00 Uhr
FASSBIER Puntigamer, Gösser Zwickl, Kaltenhauser Bernstein
FLASCHENBIER Edelweiss, Schlossgold
LOKAL Alteingesessenes Lokal, seit rund 150 Jahren im Familienbesitz. Exklusiv und gediegen eingerichtet, Mitglied der NÖ Wirtshauskultur. Traditionelle Küche und moderner Auftritt. Neuerdings gibt es jeweils am Freitagabend ein Lehrlingsmenü, bei dem die Lehrlinge zeigen, wie sie kochen können. Vorne eine Gaststube und dahinter ein gediegener Restaurantbereich. 150 Sitzplätze im Lokal, 20 Plätze an der Bar, 50 Sitzplätze im Garten.

VERMISSEN SIE IHR LIEBLINGS-BIERLOKAL?

DANN SCHREIBEN SIE UNS:
bierguide2017@gmx.at

148
NIEDERÖSTERREICH

GRAFENEGG/ETSDORF · GROSS GERUNGS · GROSSMUGL

Anno 1920 – Landgasthaus Scheugl

Vianko

GRAFENEGG/ETSDORF

Landgasthaus "anno 1920"
Scheugl & Scheugl
Landhausgastronomie
Bio - Kräuterkulinarik
Partyservice & Catering
Bio - Kräuterschaugarten

ANNO 1920 – LANDGASTHAUS SCHEUGL

3492 Grafenegg/Etsdorf, Untere Marktstraße 14
0 27 35/30 03 und 0 66 0/192 00 00
landgasthaus@anno1920.at
www.scheugl.at
ÖFFNUNGSZEITEN Mo–Di 9.00 bis 14.00 Uhr und 18.00 bis 24.00 Uhr, Fr–Sa 9.00 bis 24.00 Uhr, So 9.00 bis 17.00 Uhr, Mi–Do Ruhetage
FASSBIER Zwettler Original, Zwettler Zwickl, Zwettler Saphir, Wieselburger Spezial, saisonal: Wieselburger Oktoberbräu
FLASCHENBIER Gösser Märzen, Grieskirchner Pils, Schremser Roggenbier, Wieselburger Stammbräu, Guiness Extra Stout, Edelweiss Hefetrüb, Rieder Weisse, Zwettler Dunkel, Schlossgold, Clausthaler
LOKAL Im alten Landgasthausstil geführter Betrieb an der Kampbrücke in Etsdorf. Auf der Karte unter anderem Dunkelbierbraten, und gebacken wird mit einem Bierteig mit Kräutern (Arche Noah Kräutergarten mit mehr als 500 Kräutern und essbaren Blumen – können auch für daheim gekauft werden). Auszeichnungen für den Gastgarten und als Bier- und Käselokal des Jahres 2006 – das lokale Käseangebot wächst weiter. Waldviertler Schafkäse wird auch gebacken im Mandel-Kürbiskern-Mantel angeboten. 28 Sitzplätze im Lokal (Wirtsstube), 20 Sitzplätze im Raucherstüberl, 250 Sitzplätze im Landhaussaal, 75 Sitzplätze im Garten und auf der Terrasse, 14 Plätze an der Bar.

GROSS GERUNGS

VIANKO

3920 Groß Gerungs, Unterer Marktplatz 34
0 28 12/83 73
vianko@aon.at
www.vianko.at
ÖFFNUNGSZEITEN Di–Fr ab 17.00 Uhr; Sa–So u. Feiertage ab 10.00 Uhr, Mo Ruhetag
FASSBIER Zwettler Pils, Wieselburger Spezial, Tiger Bräu, Guiness, Radler Lemon
FLASCHENBIER Edelweiss Hefetrüb, Kaiser Doppelmalz, Schlossgold
LOKAL Nettes, in den Gasthof Krammer integriertes Bierpub im Zentrum von Germs (wie die Bewohner von Groß Gerungs ihren Heimatort nennen) mit freundlicher Bedienung und gepflegtem Bier. Der Name leitet sich von den ersten Buchstaben der Betreiber Viktoria, Anton und Konstantin ab. Das Tiger Bräu erinnert an eine alte Marke der Brauerei Oskar Scholz von Groß Gerungs, die bis 1955 bestanden hat und in der Zwischenkriegszeit (1928) mit einem Ausstoß von 2973 Hektolitern etwas größer als die Brauerei Trojan in Schrems (1928: 2506 hl) und etwas kleiner als die Brauerei Karl Schwarz in Zwettl (1928: 5381 hl) war. 40 Plätze an der Bar – es gibt aber auch eine Kegelbahn, eine Terrasse und ein Stüberl.

GROSSMUGL

LANDGASTHAUS RIEFENTHALER

2002 Großmugl, Nr. 112
0 22 68/66 27
riefenthaler@mugl.at
www.mugl.at
ÖFFNUNGSZEITEN 8.00 bis 24.00 Uhr, Ruhetage: Di–Mi
FASSBIER Hubertus Herrnpils
FLASCHENBIER Hubertus Herrnpils, Clausthaler, Wieselburger Stammbräu, Hirter Morchl, Paulaner Weizenbier, Corona Extra, Null Komma Josef
LOKAL Am Marktplatz von Großmugl gelegener Einkehrgasthof,

149
NIEDERÖSTERREICH
GROSSWEIKERSDORF · GUMPOLDSKIRCHEN · HAINFELD

Zum Goldenen Adler

Klostergasthaus Thallern

130 Jahre alt und seit vier Generationen in derselben Familie. Berühmt für Biergulaschsuppe. Ca. 190 Plätze in verschiedenen Stüberln, 20 im Wintergarten und 50 auf der Terrasse.

GROSSWEIKERSDORF

ZUM GOLDENEN ADLER

ZUM GOLDENEN ADLER
3701 Großweikersdorf, Hauptplatz 15
0 29 55/702 48
andreasmaurer@aon.at
www.gasthof-maurer.at
ÖFFNUNGSZEITEN Di–Sa ab 7.00 Uhr, So & Feiertage ab 8.00 Uhr, Do ab 13.00 Uhr Ruhetag
FASSBIER Kaiser Premium, Schwechater Zwickl, Schwechater Wiener Lager, Schladminger Märzen, Kaltenhauser Bernstein, Edelweiss Hofbräu, Gösser Naturgold, Guinness, saisonal Oktoberbräu, Puntigamer Winterbier, Starobrno, Gösser Naturradler
FLASCHENBIER Gösser Märzen, Kaiser Doppelmalz, Gösser Naturradler
LOKAL Andreas Maurer bemüht sich im Goldenen Adler, die Bierkultur im Weinviertel hochzuhalten – beachtliche Fassbierauswahl und bemühte Bierpflege. Reservierung vor allem an Wochenenden ratsam. 25 Plätze in der Gaststube, im kleinen Saal 120 Plätze, 400 im großen Saal, 10 Stehplätze an der Schank, 32 im Gastgarten.

GUMPOLDSKIRCHEN

KLOSTERGASTHAUS THALLERN
2352 Gumpoldskirchen, Thallern 2
0 22 36/533 26
office@klostergasthaus-thallern.at
www.klostergasthaus-thallern.at
ÖFFNUNGSZEITEN Mo–So 11.00 bis 23.00 Uhr
FASSBIER Zwettler Original, Murauer Märzen, Weitra Hadmar Bio Bier, Franziskaner Hefeweizen
FLASCHENBIER Clausthaler
LOKAL Ofenloch-Patron Florian Fritz beweist hier in einer typischen Weingegend, dass sich Bier neben dem Wein sehr gut behaupten kann – und exzellent zur gebotenen Küche passt. Die Backhendln sind immer noch so gut wie zu der Zeit, als die Location Niederösterreichs führende Backhendlstation war, die Hendlgerichte füllen eine halbe Seite der Speisekarte („Gegackertes & Geschnattertes" genannt). 80 Plätze im Lokal, 50 im Garten.

HAINFELD

BRAUSTÜBERL HAINFELD
3170 Hainfeld, Wienerstraße 8
0 27 64/76 40
petz.kahrer@a1.net
www.braustueberl-hainfeld.at
ÖFFNUNGSZEITEN Mo, Di, Do, Fr und Sa 9.00 bis 23.00 Uhr, So 9.00 bis 12.00 Uhr, Mittwoch Ruhetag
FASSBIER Hainfelder Lager, Edelpils, Zwickl Kellertrüb, Dunkles, Spezial und Zitronenradler, jährlich ab 3.11. Weihnachtsbock
FLASCHENBIER Hainfelder Lager, Clausthaler, Paulaner Hefeweizen
LOKAL Allein schon die historische Anlage des Gastraums ist einen Abstecher wert: Der 1687 gegründete Braugasthof ist ein einfacher und gemütlicher Landgasthof – seit April 2011 wird er von Petra Kahrer in bewährter Weise geführt. Auffällig das Bemühen, bodenständige Kost zu fairen Preisen anzubieten, insbesondere auch Käse aus der Umgebung. Jeden ersten Donnerstag im Monat gibt's eine Kesseldürre. An Veranstaltungen werden im Fasching eine Lederhosenparty,

www.bier-guide.net   2016 BIER GUIDE

NIEDERÖSTERREICH

HAINFELD · HARMANNSDORF · HARMANNSDORF-RÜCKERSDORF · HEIDENREICHSTEIN

im Sommer ein Frühschoppen sowie im September eine Weißwurstparty geboten. 100 Plätze, 6 an der Bar, 30 im Garten.

HAGINVELT
3170 Hainfeld, Hauptplatz 1
0 27 64/24 65
office@haginvelt.at
www.haginvelt.at
ÖFFNUNGSZEITEN Di–Sa 9.00 bis 24.00 Uhr, So–Mo Ruhetage
FASSBIER Hainfelder Lager, Edelpils und verschiedene Spezialbiere
FLASCHENBIER Guinness, Stiegl Goldbräu, Schalchner Schwendl Weisse Hell und Dunkel, Gösser Kracherl, Gösser Naturgold und verschiedene Spezialbiere in- und ausländischer Brauereien.
LOKAL Dieses von Ilse und Mario von Haginvelt Streimetweger geführte Lokal hat sich zum „ersten Haus am Platz" in Hainfeld (dessen historischer Name Haginvelt lautet) gemausert. Jährlich Bockbieranstich der nahen Hainfelder Brauerei. -10

HARMANNSDORF

LANDGASTHOF BUCHINGER
3713 Harmannsdorf, Harmannsdorf 18
0 29 84/82 41
info@gasthofbuchinger.at
www.gasthofbuchinger.at
ÖFFNUNGSZEITEN Do, Fr, Sa 10.00 bis 24.00 Uhr und So–Mo, Feiertag 10.00 bis 15.00 Uhr
FASSBIER Ottakringer Goldfassl Spezial, Ottakringer Rotes Zwickl, Zipfer Urtyp und ein wechselndes Monatsbier
FLASCHENBIER Ottakringer Wiener Gemischtes, Schneider Weisse TAP 7 Original, Null Komma Josef, Kaiser Doppelmalz
LOKAL Innovatives Landgasthaus, zwischen Maissauer Berg und Maria Dreieichen gelegen, mit regionalem sowie nationalem Speiseangebot im Raum Maissau, der auch die Bierkultur hochhält. 275 Plätze, 75 im Garten, 10 an der Bar. -6

HARMANNSDORF-RÜCKERSDORF

BÖHMISCHER HOF
2111 Harmannsdorf-Rückersdorf, Laaerstraße 55
0 69 9/19 91 11 11
zbynek1@aon.at
www.hroch.at
ÖFFNUNGSZEITEN Mo, Di, Mi, Sa, So 10.30 bis 22.00 Uhr, Do 10.30 bis 14.00 Uhr, Fr Ruhetag
FASSBIER Jezek (Igel) 11°Bier aus Jihlava
FLASCHENBIER Edelweiss
LOKAL Im März 2003 hat eine Familie tschechischer Abstammung aus einem ehemaligen Heurigen ein böhmisches Restaurant gestaltet, das sehr authentisch wirkt. Die gastronomische Kompetenz äußert sich nicht nur im gepflegten Bierzapfen, sondern auch in der Speisekarte: hier sind etwa Olmützer Schnitzel oder Liwanzen zu finden. Neuerdings wurde das Lokal etwas verkleinert – dafür kann man jetzt auch hier übernachten. Nach dem Umbau bewirtet nur noch Familie Hroch. 30 Sitzplätze im Lokal, 35 Plätze im Garten. -10

HEIDENREICHSTEIN

BURGSTÜBERL
3860 Heidenreichstein, Waidhofener Straße 1
0 28 62/589 93
info@burgstueberl.at
www.burgstueberl.at
ÖFFNUNGSZEITEN Di–So 10.00 bis 22.00 Uhr (bei Bedarf auch länger – im Juli und August kein Ruhetag), für Busgruppen auch montags gegen Voranmeldung geöffnet
FASSBIER Schremser Naturparkbier, Zwettler Zwickl, Zwettler Pils, Saisonbier
FLASCHENBIER Zwettler Export, Zwettler Dunkles, Franziskaner Hefeweißbier, Heineken, Corona, Desperados, Gösser Naturradler, Clausthaler, Gösser Naturgold
LOKAL Vom Schanigarten Blick auf die mächtige Wasserburg. Breite, immer gute Speiseauswahl (Fleisch, Fisch, Vegetarisches und Pizzen nach eigener Zusammenstellung), saisonale Speiseangebote, Karpfenwirt der Genussregion „Waldviertler Karpfen", delikate Vollwert- und traditionelle Mehlspeisen, z.B. Dinkelkuchen und Mohn-Hanf-Knödel. Jährlich im September wird ein Bierkulinarium mit mehrgän-

151
NIEDERÖSTERREICH

HEIDENREICHSTEIN · HEILIGENKREUZ · HINTERBRÜHL · HORN

Klostergasthof Heiligenkreuz

Carambol – Havanna Club

gigem Menü mit Bierbegleitung angeboten. Sitzplätze 120, an der Bar 10 und im Schanigarten 30.

UNIQUE-PUB 🍺🍺
3860 Heidenreichstein, Waidhofener Straße 1
0 28 62/534 81
info@unique-pub.at
www.unique-pub.at
ÖFFNUNGSZEITEN Mi–Do 19.30 bis 1.00 Uhr, Fr–Sa 19.30 bis 3.00 Uhr, So 19.3.00 bis 24.00 Uhr, Mo–Di Ruhetage
FASSBIER Zwettler Original, Schremser Premium, Wieselburger Spezial, Hirter, Heineken extra cool
FLASCHENBIER Schremser twist off (Trojaner), Zwettler Dunkles, Zwettler Export Lager (dreh and trink), Heineken, Corona, Desperados, Franziskaner Weißbier, Schneider Weisse, Gösser Naturradler, Beck's Alkoholfrei
LOKAL Gemütliche Pubatmosphäre (breites Whiskyangebot inklusive), gepaart mit Internetzugang und zwei Videowänden. Livemusikevents, Mi/Do/Fr Schwerpunktaktionen, zum St. Patrick's Day und Halloween spezielle Angebote, saisonale Bierwochen (wie Weihnachtsbockanstich ...). 45 Sitzplätze im Lokal, an der Bar 15, im Schanigarten bis 30.

HEILIGENKREUZ

KLOSTERGASTHOF HEILIGENKREUZ 🍺🍺
2532 Heiligenkreuz, Stift Heiligenkreuz
0 22 58/87 03-138
klostergasthof@stift-heiligenkreuz.at
www.klostergasthof-heiligenkreuz.at
ÖFFNUNGSZEITEN Mo–So 9.00 bis 22.00 Uhr, kein Ruhetag
FASSBIER Schlägl Abtei Pils, Zipfer Urtyp
FLASCHENBIER Andechser Weizen Hefetrüb, Edelweiss Weizen Alkoholfrei, Schlägl Malz König, Schlossgold, in der Fastenzeit Schlägl Fastenbier – auch zum Mitnehmen; Andechser Weizen Hefetrüb, Edelweiss Weizen Alkoholfrei, Schlägl Malz König, Schlossgold, in der Fastenzeit Schlägl Fastenbier – auch zum Mitnehmen
LOKAL Gut geführter Klostergasthof im Stift Heiligenkreuz mit freundlicher Bedienung im großen Biergarten. Der Ausschank dürfte eine gut 800-jährige Baugeschichte aufweisen, errichtet wurde er als Hospital außerhalb der eigentlichen Klostermauern – und die Verwendung als Taverne ist seit 1554 nachgewiesen. Mehrere Säle (für bis zu 180 Personen) und ein Garten für mehr als 160 Gäste.

HINTERBRÜHL

PFIFF 🍺🍺
2371 Hinterbrühl, Hauptstraße 53
0 67 6/709 37 48
stocker-michael@aon.at
www.pfiffhinterbruehl.at
ÖFFNUNGSZEITEN Mo–So 17.00 bis 1.00 Uhr
FASSBIER Stiegl Goldbräu, Murauer Märzen, Innstadt Passauer Weisse, Ottakringer Zwickl, Grapefruit Radler, Goldfassl Spezial
FLASCHENBIER Stiegl Goldbräu, Ottakringer Dunkles, Beck's Alkoholfrei
LOKAL Großzügiges Fassbierangebot in gemütlich-ländlicher Atmosphäre, Einrichtung und Bar sind aus alten Ziegeln gemauert, für die Möbel wurden alte Holzbalken verwendet. Die Küche reicht von traditionellen österreichischen Speisen (Rindsgulasch nach Bauernart oder Fiakergulasch, Cordon Bleu mit Salat, Grammelschmarrn, Tiroler Gröstl) bis zum Bierradi mit Schnittlauchbrot. Jährliches Oktoberfest. 50 Plätze im Lokal, 50 im Garten. ♨

HORN

CARAMBOL – HAVANNA CLUB 🍺
3580 Horn, Thurnhofgasse 14
0 29 82/23 10-3
ubc.horn@billardsalon.at
www.billardsalon.at
ÖFFNUNGSZEITEN Mo–Sa ab 17.00 Uhr, So Ruhetag
FASSBIER Zwettler Pils
FLASCHENBIER Zwettler Original, Hirter Pils, Corona, Desperados
LOKAL Gepflegtes Bier bei einem Billardspiel (neun Tische). Würzig-scharfe Bieraufstrichbrote, Bierwürstel. 80 Sitzplätze im Lokal, 15 an der Bar, Schanigarten: 15 Sitzplätze.

www.bier-guide.net   2016 BIER GUIDE

152
NIEDERÖSTERREICH

HORN · KARLSTEIN/THAYA · KARLSTETTEN

"Flo" – Café Bar Lounge

Gasthof zur Stadt Horn

CORNER BAR
3580 Horn, Rathausplatz 7
0 29 82/30733
ÖFFNUNGSZEITEN Mo–Sa 17.00 bis 1.00 Uhr
FASSBIER Goldfassl Spezial, Murauer, Schneider Weisse und eine wechselnde Saisonspezialität
FLASCHENBIER König Ludwig Dunkel, Heineken, Kilkenny, Corona, Beck's Alkoholfrei
LOKAL Café-Bar an der Ecke der Florianigasse, gute Bierpflege. 60 Sitzplätze im Lokal, 15 an der Bar.

„FLO" - CAFÉ BAR LOUNGE
3580 Horn, Florianigasse 8
0 29 82/23 44 28
treff.flo@riederich.at
www.riederich.at/filialen-1/cafe-s-bar
ÖFFNUNGSZEITEN Di–Do 16.00 bis 24.00 Uhr, Fr–Sa 16.00 bis 2.00 Uhr
FASSBIER Zwettler Original, Zwettler Naturradler, Zwettler Zwickl, saisonal Zwettler Zwickl Bock
FLASCHENBIER Wieselburger Stammbräu (Bügelflasche), Trumer Pils, Zwettler Dunkles, Erdinger Premium Weißbier, Paulaner Hefeweizen, Clausthaler, Corona, Heineken, Guinness Stout
LOKAL Sieht sich als „In-Lokal für Jung und Alt" und die erste Adresse in Horn. Viele Feste. 150 Sitzplätze im Lokal, 50 Plätze an der Bar, 50 Sitzplätze im Garten.

GASTHOF ZUR STADT HORN
3580 Horn, Hamerlingstraße 17
0 29 82/22 57
hotel@blie.at
www.blie.at
ÖFFNUNGSZEITEN Mo ab 17.00 Uhr, Di–Sa 11.30 bis 14.00 Uhr und 18.00 bis 20.30 Uhr, So und Feiertage 11.30 bis 14.00 Uhr
FASSBIER Hubertus Pils, Hubertus Dunkel, Gösser Gold, Weihenstephaner Hefetrüb, Hadmar Bio Bier, Schwechater Hopfenperle, Clausthaler
FLASCHENBIER Hubertus Pils
LOKAL Gemütlicher Stadtgasthof, seit 1866 bereits in sechster Generation in der Familie Blie. Beim Eintreten kommt man an eine wohlbestückte Schank mit freundlicher Bedienung. In verschiedenen Stuben 300 Sitzplätze, 15 an der Bar, weitere 30 im Garten. ⊑-14

KARLSTEIN/THAYA

POHNITZER
3822 Karlstein/Thaya, Hauptstraße 20
0 28 44/236
service@landgasthaus-pohnitzer.at
www.landgasthaus-pohnitzer.at
ÖFFNUNGSZEITEN täglich 9.00 bis 2.00 Uhr, Mi 9.00 bis 16.00 Uhr
FASSBIER Schremser Premium, Zwettler Original/Zwickl
FLASCHENBIER Zwettler Original, Erdinger Hefeweizen, Ottakringer Schnitt, Schremser Doppelmalz, Corona, Hirter, Clausthaler, Beck's Alkoholfrei
LOKAL Schon seit 1952 bewirtet die Familie Pohnitzer ihre Gäste. Mitglied im Bund Österreichischer Gastlichkeit (B.Ö.G.) und der NÖ Wirtshauskultur. Verbindung von bodenständiger Gemütlichkeit, moderner Bar und elegantem Restaurant. Das Lokal ist in einem Bereich wie ein altes Postamt eingerichtet, hat mehrere Nebenräume und eine Kegelbahn. Ca. 140 Sitzplätze, Saal: 250 Sitzplätze, Bar: 40 Plätze, Garten: 60 Sitzplätze.

KARLSTETTEN

DUNKELSTEINER BRÄU
3121 Karlstetten, Schaubing 2
0 27 82/869 61
kuerbishof.diesmayr@turbo.at
www.schaubing.at
ÖFFNUNGSZEITEN Bierverkauf: Mo–Sa 8.00 bis 12.00 Uhr und 13.00 bis 18.00 Uhr. Öffnungszeiten für Heuriger: 13.5. – 29.5.2016 täglich ab 11.00 Uhr mit warmen Speisen / 26.8. – 28.8.2016 Kürbisfest: Fr. ab 16.00 Uhr, Sa–So ab 11.00 Uhr / 2.9. – 4.9.2016 Kürbisfest: Fr. ab 16.00 Uhr, Sa–So ab 11.00 Uhr / 18.11. – 30.11.2016: Heuriger: täglich ab 11.00 Uhr mit warmen Speisen.
FASSBIER Schaubinger Helles, Schaubinger Spezial (halbdunkel), Schaubinger Weizen
FLASCHENBIER Schaubinger Helles, Schaubinger Spezial (halbdunkel), Schaubinger Weizen a 1 l, im 5 Liter-Partyfass und 20/50 l Fass, Kürbisbier (immer nur saisonal beim Kürbisfest)

NIEDERÖSTERREICH

KASTEN · KEMMELBACH · KILB

Gwörthwirt

LOKAL Fünf Kilometer nördlich von St. Pölten (mit dem Auto orientiert man sich in der Stadt am Krankenhaus und biegt gegenüber Richtung Weitern ab) betreiben Erich und Martina Diesmayr diesen gastlichen Bauernhof. Bekannt ist er schon länger für seine Kürbisfeste, seit 2009 gibt es hier auch einen Bierheurigen. 200 Plätze im großen Stadel, 40 im Innenhof-Garten.

KASTEN

GWÖRTHWIRT
3072 Kasten, Gwörth 3
0 27 44/52 24
gwoerthwirt@aon.at
www.gwoerthwirt.at
ÖFFNUNGSZEITEN Do–Mo 9.00 bis 23.00 Uhr, Di–Mi Ruhetage
FASSBIER Gösser, Kastner Ursprung, Gösser Zwickl, Starobrno – je nach Saison – Gösser Radler, Schladminger Bio Zwickl
FLASCHENBIER Schwechater Lager, Gösser Naturgold, Edelweiss Hofbräu, Schloßgold
LOKAL Typischer Landgasthof mit vielen Biergeniessern unter den Stammgästen, seit 1927 Familienbetrieb, Wirt und Wirtin sind selbst am Werk. Wirt Franz Kübel ist Bierkönig und veranstaltet jeden Freitag Spezialitäten zum/mit Bier, z. B. mit Backhuhn, Surschnitzel, Roßleberkäs oder Blunzengröstl etc. In unregelmäßigen Abständen: Bestes aus Österreichs Wirtshauskuch'l mit Bier zum Selberzapfen, und Motorradler Stammtische, Frühschoppen mit Spanferkel, Oktoberfest, Ganslessen sind nur einige der Fixpunkte. 190 Sitzplätze im Lokal, 8 an der Bar, 60 im Garten. ⊨-14

KEMMELBACH

OUTBACK ROADHOUSE
3373 Kemmelbach, A1 Exit 100
0 74 12/568 18
info@outback-roadhouse.at
www.outback-roadhouse.at
ÖFFNUNGSZEITEN Mo–Mi 7.00 Uhr bis 22.00 Uhr, Do–Sa 7.00 Uhr bis open end, So 8.00 Uhr bis 22.00 Uhr
FASSBIER Kaiser Märzen, Radler mit Almdudler
FLASCHENBIER Beck's, Bud, Budweiser, Castlemaine XXXX, Corona, Desperados, Edelweiss, Hefetrüb, Gösser Kracherl, Gösser Naturgold, Gösser Naturradler, Guinness, Heineken, Kaiser Fasstyp, Kilkenny, Pacifico Clara, Wieselburger Spezial, Wieselburger Stammbräu
LOKAL Ein „Landmark" an der Straße von Ybbs nach Wieselburg – schon von außen sieht man, dass hier Aussie-Kultur gelebt wird. Drinnen eine 25 Meter lange Bar mit breiter Bierauswahl. Schön wär's, wenn es ein paar australische Biere mehr gäbe. Ca. 250 Sitzplätze, Garten: ca. 100 Sitzplätze

KILB

DENKENHOF
3233 Kilb, Rametzberg 4
02748 / 7269
engelbert@pitterle.at
www.pitterle.at
ÖFFNUNGSZEITEN Mi–Fr 9.30 bis 21.00 Uhr, Sa 9.00 bis 23.00 Uhr, So 9.00 bis 21.00 Uhr
FASSBIER Reininghaus Jahrgangspils
FLASCHENBIER Affligem Double und Blonde, Schiffner Champion Bitter, Erzbräu Springbock, Nivard Trappistenbier, Bierzauberer Aleysium 1852, Samichlaus, IPA G'froren´s aus der Hofstetter Brauerei, Gusswerk Nicobar, Dirndlbier (regionales, mit Dirndl gebrautes Bier, frisch säuerlich und ein wenig süß), Bevog Oatmeal Stout, Schneider Aventinus Eisbock, Geroldinger Brauhaus – Smoky Oak – Rauchdoppelbock eichenfassgereift, vier alkoholfreie Biere
LOKAL Was in Österreich unter dem Namen „Backhendlstation" läuft, entpuppt sich oft als sehr kompetentes Bierlokal (man kennt das von der Gartenrast in Radenthein). Am Rametzberg, südlich vom Zentrum der sich weit ins Land erstreckenden Gemeinde Kilb, hat die Familie Pitterle einen schönen Gastbetrieb mit einem in die Wiese hinein reichenden Naturgastgarten eingerichtet, der repräsentativ für die Niederösterreichische Wirtshauskultur ist und auch als Top-Wirt des Jahres 2015 ausgezeichnet wurde. Breites Küchenangebot (im Winter Damwild, zu Ostern Lamm, im Herbst Ente und Gans – alles aus der Region), die Spezialität des Hauses sind aber Henderln in allen Variationen. Als besonderes Angebot gibt es Hubschrauberflüge. 100 Plätze im Lokal, 100 im Festsaal, 80 Plätze im Gastgarten.

154
NIEDERÖSTERREICH

KILB · KIRCHBERG A.D. PIELACH

Gasthof Fischl

Gasthof Kalteis

GASTHOF FISCHL 🍺🍺
3233 Kilb, Kirchenplatz 1
0 21 48/73 78
verkauf@fischl.at
www.fischl.at/ga.htm
ÖFFNUNGSZEITEN täglich 9.00 bis 22.00 Uhr, Ruhetag: Di, im Winter: Sa ab 14.00 Uhr geschlossen
FASSBIER Zipfer Urtyp, jeden Mi wechselndes „Wochenteiler-Bier"
FLASCHENBIER Wieselburger Stammbräu, Wieselburger Lager, Schwechater Lager, Schlossgold
LOKAL Kilb war einst eine der bedeutenderen Marktgemeinden in Niederösterreich, davon zeugt noch die prächtige, den Heiligen Simon und Judas geweihte Pfarrkirche. Der Gasthof Fischl fungiert quasi als „Kirchenwirt" – die Gaststube ziert der schöne Spruch: „Gott segne Deinen Eingang, wenn Du Durst hast, Deinen Ausgang, wenn Du bezahlt hast." Dieses Lokal ist in Thomas Bernhards „Holzfällen" als „Gasthaus zur Eisernen Hand" verewigt. Die Lamperie der Gaststube stammt aus dem Jahr 1947, die Schank wurde nach einem Hochwasser (Fotos davon im Eingangsbereich) in den späten 1950er-Jahren ergänzt und ist ihrerseits schon wieder eine innenarchitektonische Besonderheit. Auf der Schank steht meist ein Brotkörberl mit frischem Gebäck, denn das Wirtshaus ist gleichzeitig auch Bäckerei. Der Wirt lädt jeden Mittwoch ab 16.00 Uhr zum „Wochenteiler". Zur ständig wechselnden Biersorte wird jeweils typische Hausmannskost serviert. 280 Sitzplätze im Lokal, etwa 80 Sitzplätze im Gastgarten, 10 Plätze an der Bar.

TONI'S BIER- UND WEINSTUBE 🍺
3233 Kilb, Kettenreith 9
0 27 48/75 38
toni-kettenreith@aon.at
www.toni-kettenreith.at
ÖFFNUNGSZEITEN Do–Mo 9.00 bis 24.00 Uhr, Di–Mi Ruhetage
FASSBIER Murauer, Wieselburger Spezial, Gösser Zwickl, Gösser Naturradler
FLASCHENBIER Kaiser Doppelmalz, Weihenstephaner Weizen Naturtrüb, Zipfer Drei, Gösser Naturgold, Edelweiss Weizen Alkoholfrei

LOKAL Ein etwas abgelegenes Wirtshaus in der zu Kilb gehörenden Ortschaft Kettenreith – aber hier lebt die Dorfseele! Schon um 1907 befand sich hier eine Branntweinstube, eine Landkrämerei und eine Tabak-Trafik. Das Gastzimmer versteht sich als „öffentliches Wohnzimmer" mit Kachelofen. Im „Wöchentlichen Localblatt" kann der Gast die „unabhängigen Küchenneuigkeiten" nachlesen – und zwei, drei Witze. Die Wirtsleut' verstehen sich als Partner der Landwirte und werden von mehr als einem Dutzend Betrieben beliefert – unter anderem mit lokal produziertem Käse. Wirtsstube: 45 Plätze, 15 Plätze an der Bar, Nichtraucherstüberl: 25 Plätze, Gastgarten: 50 Plätze. 🍺

KIRCHBERG A.D. PIELACH

GASTHOF KALTEIS 🍺
3204 Kirchberg a.d. Pielach, Melkerstraße 10
0 27 22/72 23
kalteis.hubert@aon.at
www.kalteis.at
ÖFFNUNGSZEITEN Do–So 9.00 bis 22.00 Uhr
FASSBIER Schremser Edelmärzen, Schremser Roggenbier
LOKAL Hubert Kalteis führt einen seit zumindest 1693 bestehenden Gastbetrieb unmittelbar an der Brücke über die Pielach. Wenn man durch den kleinen Gastgarten eintritt, hat man den Eindruck, in einem stark modernisierten Betrieb zu kommen – aber wenn man in die Gaststube kommt, dann merkt man rasch, dass hier alles genau so ist, wie man es sich wünscht: Bodenständige Einrichtung, freundliche Bedienung und ein Kachelofen sorgen für die richtige Stimmung. Dass die Küche mehrfach (unter anderem mit zwei Gault Millau Hauben) ausgezeichnet wurde, hat die Wirtsleute glücklicherweise nicht abheben lassen. 40 Sitzplätze in der Gaststube, 60 Plätze im Hirschenstüberl, 30 Plätze im Föhrenstüberl.

155
NIEDERÖSTERREICH
KIRCHBERG AM WALDE · KIRCHBERG AM WECHSEL

Carrousel

Gasthof Grüner Baum

KIRCHBERG AM WALDE

CARROUSEL 🍺🍺🍺
3932 Kirchberg am Walde, Marktplatz 12
0 28 54/70 70
herbert.steinmetz@gmx.at, info@carrousel.at
www.carrousel.at
ÖFFNUNGSZEITEN Mi 11.00 bis 14.00 Uhr und ab 18.30 Uhr, Do ab 18.30 Uhr, Fr–Sa 11.00 bis 13.30 Uhr und ab 18.30 Uhr, So 11.00 bis 13.30 Uhr und ab 17.30 Uhr
FASSBIER Kirchberger Hausbier
FLASCHENBIER Zwettler, Schremser, Heineken, Hirter, Wieselburger, Corona, Desperados, Clausthaler
LOKAL Nach einer Neuübernahme dieses etablierten Landgasthauses wurde hier im Jahr 2015 eine kleine Brauanlage installiert. Mehrfach im Jahr Bierkulinarien, immer wieder auf der Karte: Bierkraut, Biersuppe, Biersaucen. Schwerpunkt mit Waldviertler Karpfen und Roggenbier. Gaststube: 80 Sitzplätze, Speisesaal: 70, Disco: 50 Plätze/100 an der Bar. ♨☕⛄-7

KIRCHBERG AM WECHSEL

FALLY 🍺🍺
2880 Kirchberg am Wechsel, Ödenkirchen 28
0 26 29/72 05
mail@landgasthof-fally.at
www.landgasthof-fally.at

ÖFFNUNGSZEITEN Mo 8.00 bis 23.00 Uhr, Di 8.00 bis 15.00 Uhr, Do–So 8.00 bis 23.00 Uhr, Mi Ruhetag
FASSBIER Puntigamer Panther, Gösser Zwickl, Piestinger, Piestinger Weihnachtsbock, Piestinger Frühlingsbier, Hassbacher Michl
FLASCHENBIER Wieselburger, Piestinger Dunkles Bier, Edelweiss, Schlossgold, Reininghaus Jahrgangspils
LOKAL Dieser etwas abgelegene Landgasthof (zwischen Hochegg, Kranichberg und Rams) macht einen Spagat zwischen anspruchsvoller Gastronomie (zum Speisen sollte man an Wochenenden reservieren) und grundg'scheitem Wirtshaus. Mit einer Wirtsstube mit dicken Ahorn-Tischplatten einerseits (Musikantentreffen mit Zwickelbieranstich vom Holzfass) und einem eleganten Stüberl andererseits. Ausgezeichnet unter anderem als niederösterreichischer Bierkönig. Käseverkostungen, Mitglied des Käseclubs. Gastzimmer für ca. 30 Personen und im Stüberl ca. 35 Personen, Saal ca. 100 Personen, ca. 20 Plätze an der Bar, ca. 50 im Garten und 30 im Terrassencafé. ♨☕⛄-10

GASTHOF GRÜNER BAUM 🍺🍺🍺
2880 Kirchberg am Wechsel, Markt 55
0 26 41/22 54
gruener.baum@gmx.at
www.wirtshaus-gruenerbaum.at
ÖFFNUNGSZEITEN Mi & Do 9.00 bis 14.00 Uhr und ab 17.00 Uhr, Fr & Sa ab 9.00 Uhr, So 8.00 bis 15.00 Uhr, Mo & Di Ruhetag
FASSBIER Wieselburger Spezial, Puntigamer Panther Premium, saisonal: Schwarz Bräu Zwickl Bock, ab Jänner: Gösser dunkles Zwickl und Puntigamer Panther, ab Ostern: Schwarz Bräu Pale Ale, Puntigamer Panther, Hirter 1270, im Sommer Bier vom Hofbräu Kaltenhausen, im Herbst Oktoberfestbier von der Brau Union
FLASCHENBIER Schneider Weisse, Zipfer Urtyp, Gösser Naturgold, Edelweiß Weizen Alkoholfrei
LOKAL Typisches Wirtshaus mit sehr schöner alter Wirtsstube. Viel Spaß und gutes Bier (mit Spezialitäten „Schwein und Bier – das rat ich dir") gibt es bei den vom Wirt Karl Donhauser speziell organisierten Festen wie z. B. bei den Kirchberger Frühlings-Biertagen mit schwerpunktmäßigen bierigen Angeboten, zum Oktoberfest und zum Tag des Bieres ein spezielles Angebot aus Küche und Keller. Auf der

NIEDERÖSTERREICH

KLOSTERNEUBURG · KORNEUBURG

Markgrafwirtshaus

Gwölb

Karte gibt es unter anderem: Bierkäsebrötchen, Bierfleisch mit Speck, Bierbrezel. Für Stammkunden gibt es einen Bierpass, mit dem jedes sechste Krügel gratis ist. 130 Sitzplätze im Lokal, 20 Plätze an der Bar, Garten: 40 Sitzplätze. -20

KLOSTERNEUBURG

EULENSPIEGEL
3400 Klosterneuburg, Markgasse 6
0 22 43/362 54
info@eulenspiegel.at
www.eulenspiegel.at
ÖFFNUNGSZEITEN Di–Do 18.00 bis 23.00 Uhr, Fr–Sa 18.00 bis 24.00 Uhr, So–Mo u. Feiertage 18.00 bis 22.00 Uhr
FASSBIER Budweiser Budvar, Stiegl (Goldbräu oder Paracelsus Zwickl)
FLASCHENBIER Trumer Pils, Murauer Märzen, Hirter Privat Pils, Grieskirchner Export Dunkel, Paulaner Weißbier hefetrüb, Paulaner Weißbier Kristallklar, Franziskaner Dunkel, Hirter Kräuter Radler, Murauer Zitronenradler, Beck's Alkoholfrei, Paulaner Hefeweizen Alkoholfrei
LOKAL Alter, behutsam modernisierter Gastronomiebetrieb mit Bierschwerpunkt – zum Beispiel Oktoberfest, St. Patrick's Day usw. 110 Sitzplätze im Lokal, 12 Plätze an der Bar.

MARKGRAFWIRTSHAUS
3400 Klosterneuburg, Kollersteig 6
0 22 43/930 80
tisch@zummarkgraf.at
www.markgraf.at
ÖFFNUNGSZEITEN Mo, Mi–Fr 11.00 bis 15.00 Uhr und 17.30 bis 23.00 Uhr, Sa 12.00 bis 23.00 Uhr, So 11.00 bis 16.00 Uhr
FASSBIER Starkenberger
LOKAL Florian Ortner und Thomas Schmidt haben sich am Rand des Wienerwalds einen Wirtshaustraum erfüllt – ein heruntergekommenes Restaurant wurde 2012 von Grund auf renoviert, eine Vorarlberger Architektin verordnete Eichendielen und Raulederbestuhlung. Und weil Schmidt gastronomische Erfahrungen vom Arlberg eingebracht hat, gibt es hier auch ein Bier aus dem Westen, nämlich aus Starkenberg bei Imst. Standard-Kollege Gianlucca Wallisch lobt die gehobene Wiener Küche: „Überzeugende Karte mit guter Balance aus Fleisch, Fisch und Vegetarisch. Sensationelles Altwiener Backfleisch."

KORNEUBURG

GWÖLB
2100 Korneuburg, Hauptplatz 20
0 22 62/710 47
gwoelb@gwoelb.com
www.gwoelb.com
ÖFFNUNGSZEITEN Mo–Sa 17.00 bis 24.00 Uhr, So Ruhetag
FASSBIER Stiegl Goldbräu, Stiegl Paracelsus, Stiegl Weisse, König Ludwig Dunkel, saisonal Original Stieglbock
FLASCHENBIER Budweiser, Corona Extra, Stiegl Pils, Murauer Märzen, Schremser Doppelmalz, Null Komma Josef, Stiegl Sport Weisse, Stiegl Weisse Holunder Radler, Stiegl Gaudi Radler, Clausthaler Extraherb
LOKAL Eigentlich sind es ja mehrere Gewölbe, die man durch die unscheinbaren Durchgang gegenüber vom Rathaus erreichen kann: Im Sommer kommt man zunächst durch den lauschigen, überdachten Gastgarten im Innenhof. Dann kommt man ins Lokal, das zwei Ebenen besitzt. Eine ebenerdige Bar, die zweite Ebene bilden die Katakomben des Hauses, also das namensgebende Gwölb. Oft findet im Kellergwölb eine Veranstaltung (Lokalchef Alexander Sofer ist Mitglied der Wirte der niederösterreichischen Bühnenwirtshäuser) statt, Jazz, Kabarett. Sehr bierige Einrichtung mit alten Emailletafeln. Und im Eingangsbereich macht es sich manchmal eine getigerte Katze gemütlich, die sich von den Gästen streicheln lässt. 100 Plätze im Lokal, 40 an der Bar, 100 im Innenhofgarten.

NIEDERÖSTERREICH

KORNEUBURG · KOTTES · KREMS · KREMS-HOLLENBURG

Zum alten Zollhaus

ZUM ALTEN ZOLLHAUS
2100 Korneuburg, Bahnhofplatz 2
0 22 62/726 00
barenth@zumaltenzollhaus.at
www.zumaltenzollhaus.at
ÖFFNUNGSZEITEN Mo–Fr 9.00 bis 22.00 Uhr, Sa–So und Feiertag 9.00 bis 15.00 Uhr
FASSBIER Hirter Märzen, Budweiser, Trumer Pils, Mohrenbräu
FLASCHENBIER Wieselburger, Die Weisse (Salzburg), 1270 Hirter, Hirter Morchl, Beck's Alkoholfrei, Clausthaler
LOKAL Schöner Biergarten gegenüber vom Korneuburger Bahnhof – im Jahr 2004 österreichweit als „Biergarten des Jahres" prämiert – und ein Zollhaus mit kleinem Zollmuseum. 70–80 Sitzplätze im Nichtraucherbereich, 70 im Raucherbereich, 130 Sitzplätze im Biergarten.

KOTTES

GASTHOF ZUR KIRCHE
3623 Kottes, Nr. 21
0 28 73/72 54
info@waldviertler-bierbad.at
www.waldviertler-bierbad.at
ÖFFNUNGSZEITEN Di–So 7.30 bis 1.00 Uhr, Mo Ruhetag
FASSBIER Zwettler Zwickl, Zwettler Pils
FLASCHENBIER Edelweiss Naturtrüb, Zwettler Export, Kaiser Dunkles, Schlossgold, saisonale Biere

LOKAL Familie Schrammel hat in ihrem Landgasthof einen bierorientierten Wellnessbereich eingerichtet. Die Inhaltsstoffe des Biertrubes, der Hefe und des Hopfens wirken im „Biertrub-Gesundheitsbad" von außen auf den Körper ein. Das Bierbad hat positive Auswirkungen nicht nur auf den Organismus, sondern auch auf die Haut. Natürlich kann man hier das Bier auch bloß trinken wie überall sonst. Essen kann man dazu Waldviertler Hausmannskost, wenn gewünscht im Extrazimmer. Weiters auf der Karte: Bierschaumsuppe, Schweinslungenbraten in Biersauce. 130 Plätze im Lokal, Gastgarten: 20 Plätze, 8 Plätze an der Bar.

KREMS

GASTHOF KLINGLHUBER
3500 Krems, Wiener Straße 2
0 27 32/821 43
hotel@klinglhuber.com
www.klinglhuber.com
ÖFFNUNGSZEITEN Mo–Fr 11.00 bis 14.00 Uhr und 17.30 bis 21.00 Uhr, Sa–So Ruhetage
FASSBIER Stiegl Gold, Hadmar Bio Bier, Hubertus Pils
FLASCHENBIER Stiegl Weisse, Stiegl Sport Weisse, Stiegl Doppelmalz, Schneider Weisse, Brauschneider Pils, Indian Pale Ale Hartbier – Kremser Privatbrauerei „Brau Schneider", Clausthaler, Null Komma Josef
LOKAL Der Kremser Gasthof besteht bereits seit dem Jahr 1884 und ist seit vier Generationen im Familienbesitz – eine Renovierung hat ihm einen „Staatspreis für Tourismus und Architektur" eingetragen. Von der Terrasse ergibt sich ein reizvoller Ausblick auf den mittelalterlichen Stadtkern von Krems. Ca. 250 Sitzplätze im Lokal, 20 Plätze an der Bar, Terrasse am Kremsfluss: ca. 100 Sitzplätze.

KREMS-HOLLENBURG

LUMPAZIBRÄU – DAS BIERLOKAL
3506 Krems-Hollenburg, Obere Hollenburger Hauptstraße 44
0 27 39/770 27
contact@lumpazi.at
www.lumpazi.at
ÖFFNUNGSZEITEN Di–So 11.00 bis 23.00 Uhr, Mo Ruhetag

158
NIEDERÖSTERREICH

KREMS-STEIN

FASSBIER Lumpazibräu Premium, Lumpazibräu Dunkel, Lumpazibräu Zwickl, saisonal Weizenbier, Radler
FLASCHENBIER Edelweiss Weißbier, Gösser Naturgold
LOKAL Der Name dieses am südlichen Donauufer gelegenen Lokals erinnert an „Lumpazivagabundus", den bösen Geist aus Nestroys gleichnamigem Theaterstück. Das in viel hellem Holz gehaltene, recht rustikal wirkende Lokal (kein wirkliches Bräu, sondern gut versorgt von der BrauUnion) bietet deftige Küche – etwa Braumeisterpfandl, Bierfleisch, Putenrahmgeschnetzeltes. 200 Sitzplätze, 20 an der Bar, Garten: 250 Plätze.

KREMS-STEIN

PIANO-BIERLOKAL
3504 Krems-Stein, Steiner Landstraße 21
0 27 32/203 30
office@piano-krems.at
www.piano-krems.at
ÖFFNUNGSZEITEN Mo–Sa 17.00 Uhr bis 2.00 Uhr, So und Feiertage bis 24.00 Uhr
FASSBIER Zwettler Zwickl unfiltriert, Trumer Pils, Weihenstephaner Weißbier, Schladminger Märzen und ein Fassbier des Monats – monatlich wechselnde Bierspezialität (etwa: Augustiner Hell, Tegernseer Hell, Kozel usw.)
FLASCHENBIER Murauer Märzen, Mohren Spezial, Hirter, Budweiser, Stiegl Pils, Augustiner Hell, Augustiner Edelstoff, Tegernseer Hell, Hacker Pschorr Kellerbier, Kozel, Wieselburger Stammbräu, Guinness Extra Stout, Zwettler Dunkles, Schneider Weisse, Paulaner Hefeweizen, Stiegl Paracelsus Zwickl, Schremser Bio Roggen, Heineken, Corona, Hadmar, Kilkenny, Gösser Naturgold, Edelweiss Alkoholfrei, Gösser Naturradler
LOKAL Das Piano ist seit drei Jahrzehnten eines der beliebtesten Bierlokale Österreichs – es hat sein hohes Niveau gehalten und sogar ausgebaut. Im Piano trifft sich internationales – zumeist junges, intellektuelles – Publikum, das durch die ständig wechselnde Bilderausstellung und die Themenveranstaltungen angelockt wird und wegen des Bieres bleibt. Immer wieder neue Aktionen, neue Biere – und eine große Fangemeinde. Jeden Donnerstag Spaghetti „all you can eat". Ca. 70 Sitzplätze im Lokal, 25 an der Bar, 20 Sitzplätze im Schanigarten.

SALZSTADL
3504 Krems-Stein, Donaulände 32
0 27 32/703 12
office@salzstadl.at
www.salzstadl.at
ÖFFNUNGSZEITEN Mo, Di 11.00 bis 15.00 Uhr und 18.00 bis 23.00 Uhr, Do–Sa 11.00 bis 15.00 und 18.00 bis 24.00 Uhr, Mittwoch Ruhetag, Sonn- und Feiertage: Gruppen mit Voranmeldung.
FASSBIER Schremser Edelmärzen, Schremser Zwickl, Bio-Roggen
FLASCHENBIER Schremser Dunkel, Franziskaner, Clausthaler
LOKAL Margit Werner-Pietsch führt dieses sehr stimmungsvolle Edelbeisl mit Kleinkunstbühne – besonders musikantenfreundlich. „…und wenn es um Beschwerden geht, die Sie loswerden möchten: Beim Salzamt sind Sie genau richtig!", versichern die Betreiber augenzwinkernd. 60 Sitzplätze in der Gaststube, Historischer Saal für 60–80 Personen, 60 Sitzplätze im sonnigen Schanigarten, 10 Plätze an der Bar.

159
NIEDERÖSTERREICH
KRUMBACH · LAA/THAYA

KRUMBACH

KRUMBACHERHOF 🍺🍺🍺
2851 Krumbach, Bundesstraße 19
0 26 47/422 50
office@krumbacherhof.at
www.krumbacherhof.at
ÖFFNUNGSZEITEN Do-Mo 9.00 bis 24.00 Uhr, Di-Mi Ruhetage
FASSBIER Schwarzbräu Helles (Krumbacher Bier), Schwarzbräu Altbier, Schwarzbräu Saisonbiere (Märzen, Frühlingsbier, Weizen, Bockbier, Pale Ale)
FLASCHENBIER Schwarzbräu Helles, Schwarzbräu Saisonbiere, Schwarzbräu Spezial- und Starkbiere, Puntigamer, Clausthaler, Schwarzbräu Starkbierbrand und verschiedene, wechselnde internationale Bierspezialitäten.
LOKAL Die Bucklige Welt ist bekannt für ihre zahlreichen Mostheurigen – entsprechend ist der Apfelmost auch der Schwerpunkt der Genussregion. Im Herzen der Buckligen Welt liegt aber mit dem Krumbacherhof ein Wirtshaus, das sich auch dem Bier verschrieben hat. Vom Diplom-Biersommelier Gerald Schwarz bezieht der Krumbacherhof das lokale Bier. Und neuerdings stehen auch internationale Bierspezialitäten auf der Karte. Regelmäßige Feste: Bier-Schnidahahn im Herbst, Bucklige Welt Bier-Roas. Gratis WLAN. 160 Sitzplätze im Lokal (100 Plätze in der Nichtraucherzone), 15 Plätze an der Bar, 40 Sitzplätze im Garten.

LAA/THAYA

SCHWARZER PETER 🍺🍺🍺
2136 Laa/Thaya, Hubertusgasse 4
0 25 22/80 16 oder 0 66 4/443 56 90
schwarzerpeter@aon.at
www.schwarzerpeter.at
ÖFFNUNGSZEITEN Do 18.00 bis 24.00 Uhr, Fr–Sa 18.00 bis 1.00 Uhr, So u. feiertags 17.00 bis 23.00 Uhr, Ruhetage: Mo, Di, Mi
FASSBIER Schwarzer Peter Bräu Hell, Schwarzer Peter Bräu Schnitt, Hubertus Pils, Hubertus Radler, Hubertus Zwickl (saisonal)
FLASCHENBIER Hubertus Lager, Ottakringer XVI, Hirter Pils Dunkel, Hubertus Kraftradler, Ottakringer „Rotes Zwickl", Budweiser, Edelweiß Weizenbier, Guinness Extra Stout
LOKAL Seit 1987 ist dieses sehr bierig eingerichtete Lokal in unmittelbarer Nähe der Hubertus Brauerei ein Klassiker der Weinviertler Lokalszene. Sehr gute, zum Bier passende Küche – vor allem die Flecken, die regionale Variante des Flammkuchen. 130 Sitzplätze, Saal: 120 Sitzplätze, 100 Stehplätze an der Bar, Terrasse: 140 Sitzplätze, 30 Stehplätze. 🍽-8

Finden Sie die **BESTEN BIERLOKALE** und Ihr **LIEBLINGSBIER** in Ihrer Umgebung. Mit Conrad Seidls **BIER GUIDE APP.**
Jetzt **GRATIS DOWNLOAD** im Play- oder Appstore!

www.bier-guide.net   2016 BIER GUIDE

NIEDERÖSTERREICH

LAA/THAYA · LANGENLEBARN

GASTHAUS MARTIN WEILER 🍺🍺🍺
2136 Laa/Thaya, Staatsbahnstraße 60
0 25 22/23 79
martin.weiler@direkt.at
www.weilerlaa.at
ÖFFNUNGSZEITEN Di 10.00 bis 15.00 Uhr, Mi–Do 1.00 bis 15.00 Uhr und 17.30 bis 22.00 Uhr, Fr–Sa 10.00 bis 22.00 Uhr, So 10.00 bis 16.00 Uhr, Mo Ruhetag
FASSBIER Hubertus Pils, Hubertus Zwickl
FLASCHENBIER Hubertus Märzen, Hubertus Dunkel, Hubertus Pils, Hubertus Herrnpils, Hubertus Bock, Clausthaler
LOKAL Herr Weiler bietet in seinem auf halbem Weg zwischen dem Laaer Ostbahnhof und dem historischen Stadtzentrum gelegenenen Gasthaus moderne Weinviertler Schmankerlküche zum frischen Bier aus der ums Eck liegenden Hubertus-Brauerei. Die Gaststube ist seit den 60er-Jahren mit dekorativen Ansichtskarten aus der Zeit um 1900 geschmückt – hier herrscht klassische Gasthausatmosphäre. Daneben gibt es auch einen vornehm gestalteten Restaurantbereich – mit Ganslwochen „Gans, Ente & Co." im November, die beweisen, wie gut der Hubertus Bock zur Martinigans passt! Neu: Männerkochkurs nur für männliche Teilnehmer. Ca. 180 Sitzplätze, im Garten 40 Sitzplätze.

VERMISSEN SIE IHR LIEBLINGS-BIERLOKAL?

DANN SCHREIBEN SIE UNS:
bierguide2017@gmx.at

LANGENLEBARN

GASTWIRTSCHAFT FLOH 🍺🍺
3425 Langenlebarn, Tullnerstraße 1
0 22 72/628 09
floh@derfloh.at
www.derfloh.at
ÖFFNUNGSZEITEN Do–Mo 9.00 bis 23.00 Uhr
FASSBIER Schremser Premium, Schremser Roggenbier
FLASCHENBIER Schremser Doppelmalz, vom Brauhaus Gusswerk: Black Betty, Horny Betty, Indian Ale Pale, Weizenguss, Edelguss, Freibier, Edelweiss, Gegenbauers Bier in der 0,33 Fl., I.P. Vienna von Karl Teodor Trojan sowie laufend wechselnde Spezialbiere.
LOKAL Geschmackvoll runderneuerte traditionelle Gastwirtschaft mit pfiffiger Küche, die nach und nach zu hoher kulinarischer Form (zwei Gault-Millau-Hauben) gefunden hat – exklusiv gibt es Fische aus Wildfang aus den Gewässern der Bundesforste. Speziell das Mangalitza-Schwein wird hier gern mit Bier zubereitet – etwa als geschmorte Schweinsbackerl in Kümmel-Roggenbiersaftl – oder Dry Aged Beef. Neu – das „Radius 66 Menü", eine Bio-Six-Pack Begleitung oder das Gemüse-Hauptgericht mit glasweiser Bio-Bierbegleitung. Die Bierkultur ist hoch entwickelt, es gibt auch Gäste, die nur zum Biertrinken und Kartenspielen kommen. 80 Plätze, Garten: 26 Plätze, 10 Plätze an der Bar.

161
NIEDERÖSTERREICH
LANGENLOIS

Braugasthof zum Fiakerwirt

LANGENLOIS

BRAUGASTHOF ZUM FIAKERWIRT
3550 Langenlois, Holzplatz 7
0 27 34/21 50
office@fiakerwirt.at
www.fiakerwirt.at

ÖFFNUNGSZEITEN Mi–Sa 7.00 bis 22.00 Uhr, So-Feiertag 8.00 bis 15.00 Uhr, Mo 7.00 bis 14.00 Uhr, Dienstag Ruhetag
FASSBIER Fiakerbräu Pils, Märzen, Dunkles, Weizen, Bock Hell und Dunkel, Radler, Gösser Naturgold
FLASCHENBIER Fiakerbräu Pils, Märzen, Dunkles, Bock Hell und Dunkel, Weizen (in der 1 Liter und 2 Liter Flasche)
LOKAL 1957 gegründetes Gasthaus, das sich der traditionellen Gaststättenkultur verbunden fühlt. Das liebevoll gestaltete Interieur widerspiegelt diese Verbundenheit auf den ersten Blick. Vorzeigebetrieb für die Braustar-Brauanlage, in welcher seit Juni 2008 eigenes Bier gebraut wird und die Gäste mit Köstlichkeiten aus der regionalen und Wiener Küche mit Biergerichten verwöhnt werden. Ca. 120 Plätze im Lokal, 6 an der Bar, auf der Terrasse – im Schanigarten: 50 Plätze.

www.bier-guide.net

GOLDENER PREIS 2016
DLG
WWW.DLG.ORG

hubertus
AUF IHR WOHL SEIT 1454
MÄRZEN

wurde 2016 mit der Goldenen DLG-Prämierung ausgezeichnet, was wieder die herausragende Qualität der Hubertus Biere aus Laa/Thaya unterstreicht.

Malze aus österreichischen Gersten, mit Naturhopfen und reinstem Quellwasser aus 238 m Tiefe meisterlich gebraut, langsam und kalt vergoren, klassisch lange gelagert!

Hubertus Bräu
AUF IHR WOHL SEIT 1454

www.hubertus.at

NIEDERÖSTERREICH

LAXENBURG · LEOPOLDSDORF BEI WIEN · LITSCHAU

Flieger & Flieger

Shamrock – „The Pub"

LAXENBURG

FLIEGER & FLIEGER 🍺🍺
2361 Laxenburg, Münchendorfer Straße 7
0 22 36/713 34
office@wwo.at
www.wwo.at
ÖFFNUNGSZEITEN So–Do 10.00 bis 1.00 Uhr, Fr–Sa 10.00 bis 2.00 Uhr
FASSBIER Zipfer Urtyp, Schwechater Zwickl, Gösser Zwickl, Edelweiss Weizen, Gösser, Kaiser Premium, je nach Saison Oktoberbräu, Weihnachtsbock
FLASCHENBIER Wieselburger Stammbräu, Ottakringer Schnitt, Zipfer Urtyp Medium, Heineken, Corona, Schlossgold
LOKAL Flieger-Ambiente, eine sehr umfangreiche Speisekarte und die Bierauswahl machen das Lokal am Stadtrand von Laxenburg unweit von Wien allemal interessant. Ca. 350 Sitzplätze im Lokal, 160 Sitzplätze im Garten.

LEOPOLDSDORF BEI WIEN

BIERHAFEN IM GOLDENER ANKER
2333 Leopoldsdorf bei Wien, Hauptstraße 11
0 22 35/475 57
goldener.anker@aon.at
www.goldener-anker.at
ÖFFNUNGSZEITEN Mi–So 8.00 bis 23.00 Uhr, Ruhetage: Mo–Di
FASSBIER Stiegl Goldbräu, Warsteiner, Weizengold, Zwettler Dunkel, Stiegl Zwickl
FLASCHENBIER König Ludwig, Heineken, Stiegl Spezial, Stiegl Weizengold, Foster's, Clausthaler
LOKAL Themenlokal mit maritimem Einschlag, 40 Sitzplätze, 12 an der Bar, Garten: 30 Sitzplätze.

LEOPOLDSDORF IM MARCHFELD

SHAMROCK – „THE PUB" 🍺🍺🍺
2285 Leopoldsdorf im Marchfeld, Rathausplatz 2
0 22 16/203 39
pub@shamrockthepub.at
www.shamrockthepub.at
ÖFFNUNGSZEITEN Di–Fr 11.00 bis 1.00 Uhr, Sa–Mo 17.00 bis 1.00 Uhr

FASSBIER Hirter Privat Pils, Budweiser Budvar, Stiegl Goldbräu, Hoegaarden White, Grieskirchner Dunkel, Hacker Pschorr anno 1417 Zwickl, Guinness Stout, Kilkenny, Magners Cider
FLASCHENBIER Andechs Hefeweizen Hell, Murauer Märzen, Corona Extra, Beck's Blue Alkoholfrei, Magners Pear Cider
LOKAL Eine kleine Bar begrüßt die Besucher in dieser sehr österreichischen Version eines Irish-Pubs: Man hat den Eindruck, dass das Lokal gleichzeitig der Dorfwirt ist – wie es das eben auch in Irland wäre. Im September gibt es ein Bierfest. Halloween und St. Patrick's Day sind sowieso Klassiker, die Whisky-Verkostungen ein zusätzliches Plus (ca. 25 verschiedene Sorten), ebenso die Dart-Maschine mit Online-Anschluss. Ein- bis zweimal im Monat gibt es Live Musik aus allen Richtungen. 120 Plätze im Lokal, 30 an der Bar, 60 im Garten. ✿

LITSCHAU

GASTHOF KAUFMANN
3874 Litschau, Stadtplatz 88
0 28 65/505 60 und 0 66 4/234 53 63
info@gasthof-kaufmann.at
www.gasthof-kaufmann.at
ÖFFNUNGSZEITEN 1. November bis 31. März: Mo/Mi/Do/Fr 10.00 bis 14.00 Uhr und 17.30 bis 23.00 Uhr, Sa–So 10.00 bis 23.00 Uhr; 1. April bis 31. Oktober: Mi–Mo 10.00 bis 23.00 Uhr, Di Ruhetag
FASSBIER Zwettler Original 1890, Zwettler Zwickl, Gösser Märzen, Gösser Natur Radler
FLASCHENBIER Schremser Edelmärzen, Zwettler Dunkles, Edelweiss Hofbräu, Schneider Weisse TAP 7, Gösser Naturgold, Edelweiss Alkoholfrei
LOKAL War einmal der Ausschank der längst geschlossenen Litschauer Brauerei. Aus der unverfälschten heimischen Küche gibt es Waldviertler Schmankerl mit Zutaten der Bauern aus der Region. Hausgemachte Pizzen. Ca. 50 Sitzplätze im Lokal, im Schanigarten ca. 30 Sitzplätze, im Garten im Innenhof ca. 90 Sitzplätze, im Veranstaltungs-Stadl ca. 60 Sitzplätze.

163
NIEDERÖSTERREICH

MANNERSDORF · MARBACH A.D. DONAU · MARIA ANZBACH · MARIA ENZERSDODRF

MANNERSDORF

ARBACHMÜHLE
2452 Mannersdorf, Arbachmühle 275
0 21 68/623 00
office@arbachmuehle.at
www.arbachmuehle.at
ÖFFNUNGSZEITEN Di–Fr 7.00 bis 22.00 Uhr, Sa 8.00 bis 22.00 Uhr, So u. Feiertage 8.00 bis 20.00 Uhr, Mo Ruhetag
FASSBIER Schwechater Zwickl, Wieselburger Spezial, Schladminger, Edelweiss trübes Weizenbier
FLASCHENBIER Schlossgold, Gösser Märzen, Kaiser Doppelmalz
LOKAL Ausflugslokal mit großem Biergarten. Service mit Liebe zum Bier. Küche mit regionalem Bezug. Angeschlossen ist ein nettes Landhotel. 230 Sitzplätze im Lokal, 60–80 Sitzplätze im Garten. -28

MARBACH A. D. DONAU

ZUR SCHÖNEN WIENERIN
3671 Marbach a. d. Donau, Marktstraße 1
0 74 13/70 77
gasthof@wienerin.co.at
www.wienerin.co.at
ÖFFNUNGSZEITEN Mi–Mo 9.00 bis 23.00 Uhr
FASSBIER Zwettler Original, Zwettler Zitronenradler Naturtrüb, Haselbräu immer der Saison angepasst, Helles, Märzen, Herbstbier oder Böhmisches, Bruckners Bierwelt Dinkelweisse
FLASCHENBIER Bruckners Bierwelt Schwarzer Graf, Bier des Monats: immer abwechselnd eine Bierspezialität von einer lokalen Privatbrauerei, Franziskaner Weizen Alkoholfrei, Gösser Naturgold
LOKAL Schon seit über 400 Jahren ein Wirtshaus, in dem mit viel Liebe das Bier gezapft wird und dazu herzhafte Speisen serviert werden. Terrasse mit Donaublick und neu gestaltete Gasträume – ideal für Radausflüge. 90 Plätze im Lokal, 26 im Garten. -16

MARIA ANZBACH

FIRLEFANZ
3034 Maria Anzbach, Unter-Oberndorf, Hauptstr. 41
0 27 72/517 58
info@firle.at
www.firle.at
ÖFFNUNGSZEITEN Mo–Do, So 18.00 bis 2.00 Uhr, Fr–Sa 18.00 bis 4.00 Uhr
FASSBIER Zwettler Original 1890, Zwettler Dunkles, Zwettler Zwickl, Weitra Hell
FLASCHENBIER Schneider Weisse, Hadmar Bio Bier, Hirter, Budweiser, Corona, Null Komma Josef
LOKAL Gemütliches Pub mit bodenständiger Kost (Schweinsripperl gelöscht mit Bierschaum und Bratkartoffel) in einem schönen Jahrhundertwendehaus. Regelmäßig Livemusik, einmal jährlich großes Open-Air. 55 Sitzplätze im Lokal, 30 Plätze an der Bar, 35 Sitzplätze im Garten.

MARIA ENZERSDORF

FRANZISKANER BIERPUB
2344 Maria Enzersdorf, Kirchengasse 24
0 22 36/38 28 66
www.franziskaner-bierpub.at
ÖFFNUNGSZEITEN Mo–Fr 16.00 bis 24.00 Uhr, Sa 11.30 bis 24.00 Uhr, So 11.00 bis 23.00 Uhr
FASSBIER Franziskaner Weißbier Hell, Zwettler Zwickl, Zwettler Saphir, Zwettler Original, Weitra Hadmar
FLASCHENBIER Franziskaner Dunkel, Zwettler Dunkel, Weitra Hell, Franziskaner Alkoholfrei, Beck's Alkoholfrei
LOKAL Vielleicht die schönste Ecke von Maria Enzersdorf – und unmittelbar an der Ortsgrenze zu Brunn: Hier wird in dem neu übernommenen (seither ziert ein „by Palmira"-Schriftzug das von der Münchner Franziskaner-Brauerei geliehene Logo), geschmackvoll mit alten Ziegeln und neuer Lamperie, moderner Bar und ein paar alten Versatzstücken wie einem Couchtisch aus den 1930er-Jahren eingerichteten Lokal eine familiäre Stimmung gezaubert. Dazu gibt's neben dem Franziskaner Weißbier aus München die Biere aus Zwettl und Weitra. Die Küche liefert passende bierige Speisen dazu: vom Laugenbrezel mit Aufstrich über saisonale Schmankerln bis zu Spareribs-Variationen. 110 Sitzplätze im Lokal, 60 Sitzplätze im Garten.

164
NIEDERÖSTERREICH

MARIA TAFERL · MELK

Zum Goldenen Löwen

Gricht

MARIA TAFERL

ZUM GOLDENEN LÖWEN 🍺🍺🍺🍺
3672 Maria Taferl, Hauptstraße 6
0 74 13/340
info@freyswirtshaus.at
www.freybier.at
ÖFFNUNGSZEITEN Mi–Mo ab 7.30 Uhr, Di Ruhetag
FASSBIER Wieselburger und saisonale Bierspezialitäten im zweimonatigen Rhythmus (wie z.B. Kaltenhauser Bernstein, Starobrno, Schwechater Zwickl, Oktoberguss, Oktoberbräu, Gösser Dunkles Zwickl, Maria Taferl Weihnachtsbier…)
FLASCHENBIER Brauhaus Gusswerk, Stiegl Hausbiere und Jahrgangsbiere sowie Biere von diversen österreichischen Privatbrauereien.
LOKAL Wallfahrtsort der Bierkultur in Maria Taferl. Dieses mit schöner alter Lamperie ausgestattete Wirtshaus ist seit 1906 im Familienbesitz. Der derzeitige Chef Andreas Frey hat seine Biersommelier-Ausbildung bei „Biersepp" Sepp Wejwar in der BeerCademy in Sankt Salvator gemacht. Und er hat gleich ein paar Spezialitäten in seinen Keller gebracht, die auf besondere Anfrage auch verkostet werden können. Alles, was zum Therna Bier gehört, wird immer wieder ins Wirtshaus eingebaut (Menüs, Verkostungen, Wanderungen, Brauen). Im Winter 2016/17 wird der Bierkeller ausgebaut, die Sammlung an Bierraritäten wächst ständig. Seit 2013 gibt es, immer im Advent, ein eigens für Andreas gebrautes Weihnachtsbier vom nahen Haselbräu. Der Gasthof ist Treffpunkt der Ortsbewohner und der Pilger und, laut Niederösterreichischer Wirtshauskultur, weithin berühmt für sein Bierbratl. 130 Sitzplätze im Lokal, 40 Plätze auf der Veranda vorm Haus, 25 Plätze im kleinen Biergarten mit Blick auf die Wallfahrtskirche. 🍴-13

MELK

GRICHT
3390 Melk, Bahnhofstraße 12
0 27 52/518 46
essen@gricht-melk.at
www.grichtmelk.at
ÖFFNUNGSZEITEN Mo–Do 8.00 bis 14.00 Uhr und 16.00 bis 22.00 Uhr, Fr 8.00 bis 22.00 Uhr, Sa 10.00 bis 22.00 Uhr, So nur mit Reservierung geöffnet.
FASSBIER Murauer
FLASCHENBIER Murauer Weizenbier, Murauer Radler, Heineken, Salitos, Corona, Clausthaler
LOKAL Café, Restaurant & Pub in unmittelbarer Bahnhofsnähe. 45 Sitzplätze, 55 auf der Terrasse/Gastgarten.

KOLOMAN 🍺🍺
3390 Melk, Linzer Straße 25
0 27 52/522 65
office@koloman-melk.at
www.koloman-melk.at
ÖFFNUNGSZEITEN Di–Do 17.00 bis 24.00 Uhr, Fr–Sa 17.00 bis 1.00 Uhr, So 11.00 bis 14.30 und 17.00 bis 23.00 Uhr, Mo Ruhetag
FASSBIER Wieselburger Spezial, Starobrno, Schladminger Zwickl, Gösser Naturradler
FLASCHENBIER Weihenstephaner Hefeweizen, Edelweiss, Kaiser Märzen, Gösser Naturgold
LOKAL Unterhalb vom Stift, gleich an der Donau, stand seinerzeit die Melker Brauerei. Eine in Stein gemeißelte Inschrift erzählt davon, wie „durch die grausame Feuersbrunst, die in der Fastenwoche 1548 in des Bräuers Leonhard Halbing Hause seiner bösen Feuerstelle wegen entstanden" die Bürgerschaft zu merklichem Schaden gekommen sei. Das Kolman wird seit August 2015 von Heinz Laubert geführt, der am

NIEDERÖSTERREICH

MELK · MISTELBACH · MÖDLING

historischen Standort des Melker Brauhauses eine sanft modernisierte Gaststätte eingerichtet hat – dabei wurde gleich auch die Speisekarte an moderne Ansprüche angeglichen. Kompetente, freundliche Bedienung. Jeden Freitag von 20.00 bis 1.00 Uhr Dancefloor.

CAFÉ PICCOLO
3390 Melk, Linzer Straße 25
0 67 6/345 22 96
office@cafe-piccolo.at
www.cafe-piccolo.at
ÖFFNUNGSZEITEN Di–So 9.00 bis 23.00 Uhr, Mo Ruhetag
FASSBIER Murauer Hell, Zwettler Original, Melkerbier trübes Hausbier, Edelweiß Hefetrüb. Alle 14 Tage werden zwei Bierspezialiäten angeschlagen.
FLASCHENBIER Wieselburger Doppelmalz, Zwettler Saphir Pils, Geroldinger Chocolate Porter, Geroldinger Amber, Stiegl Freibier, Edelweiss Trüb, Edelweiss Alkoholfrei, Gösser Naturgold, Zwettler Luftikus Alkoholfrei
LOKAL Sehr bemühte Bierpflege – jede Woche wird ein Zwettler angestochen und ohne Druck gezapft. Die Küche bietet hausgemachtes Gulasch und als Spezialität zum Bier hausgemachten Liptauer und scharfe Bierbrauerwürstel u.v.m. Dieses Bierlokal befindet sich an historischer Stelle: Der Häuserblock, in dem sich dieses Bierbeisel befindet, ist eng mit der Biergeschichte Melks verbunden. 25 Plätze im Lokal, 12 an der Bar, 40 im Garten.

MISTELBACH

ALTES DEPOT
2130 Mistelbach, Oserstraße 9
0 25 72/39 55
office@altesdepot.at
www.altesdepot.at
ÖFFNUNGSZEITEN So–Mi 16.00 bis 1.00 Uhr, Do–Sa 16.00 bis 3.00 Uhr
FASSBIER Zipfer Urtyp, Starobrno, Edelweiss Hefetrüb, Guinness, Gösser Dunkles Zwickl, wechselnde Gastbiere (Kaltenhauser Bernstein, Oktoberbräu, Kilkenny)
FLASCHENBIER Schwechater Zwickl, Wieselburger Stammbräu, Heineken, Gösser Naturradler, Edelweiß Hefetrüb Dunkel,

Corona, Desperados, Kaiser Doppelmalz, Kaltenhauser 1475 Pale Ale, Affligem, Gösser Naturgold
LOKAL Das Alte Depot im Zentrum von Mistelbach hat seinen Namen von einem Auslieferungslager für Bier, das sich bis 1989 auf dem Gelände befunden hat und 1991 als Lokal eröffnet wurde. Liebhaber einer regionalen Beislküche kommen hier auf ihre Rechnung. Als Mitglied der NÖ Bühnenwirtshäuser wird hier Live-Music geboten – Jazz, Rock, Blues oder Latin. Nachwuchskünstler aus der Region und bekannte Weinviertler präsentieren ihre Projekte und Programme. Dazu gibt es Sportübertragungen auf Großbild-Leinwand und kostenloses WLAN. 120 Plätze, 30 an der Bar, überdachte Terrasse: 70 Plätze.

HARLEKIN
2130 Mistelbach, Bahnstraße 5
0 25 72/27 12
cafe.harlekin@nanet.at
www.cafe-harlekin.at
ÖFFNUNGSZEITEN So–Do 9.00 bis 24.00 Uhr, Fr–Sa 9.00 bis 2.00 Uhr
FASSBIER Murauer, Pilsner Urquell
FLASCHENBIER Brew Age Hopfenauflauf, Pilsner Urquell, Stiegl Weisse, König Ludwig Dunkel, Stiegl, Budweiser, Corona, Erdinger Alkoholfrei, Gösser Naturradler, Beck's Green Lemon, Murauer Preisel&Bier
LOKAL Für seine Stammgäste ist das „Harlekin" kein normales Lokal, vielmehr eine Philosophie – der Werbeguru Manfred Pretting schätzt es besonders, aber in der Gästeliste finden sich auch Peter Turrini, Heinz Marecek und Michael Köhlmeier. Das Pilsner Urquell ist jedenfalls immer gut gezapft. 120 Sitzplätze im Lokal, 85 Sitzplätze im Garten, 12 Plätze an der Bar.

MÖDLING

MAUTWIRTSHAUS
2340 Mödling, Kaiserin-Elisabeth-Straße 22
0 22 36/244 81
office@mautwirtshaus.at, office@buehnemayer.at
www.mautwirtshaus.at
ÖFFNUNGSZEITEN Mo–So 10.00 bis 24.00 Uhr, Küche 11.00 bis 23.00 Uhr

NIEDERÖSTERREICH

MÖDLING

FASSBIER Original Budweiser, Weitra Bräu, Stiegl Pils, Zwettler Zwickl; saisonal: Paulaner Oktoberfestbier, Zwettler Zwickl-Weihnachtsbock
FLASCHENBIER Weitra Original, Stiegl Citro Radler, Hirter Morchl, Hirter Pils, Edelweiß Kristallklar, Erdinger Hefetrüb, Beck`s Alkoholfrei
LOKAL Die Kleinkunstbühne in diesem über 120 Jahre alten Lokal besteht jetzt auch schon seit mehr als zwei Jahrzehnten. Die „Bühne Mayer" war schon Karrieresprungbrett für etliche junge Künstler. Hier geht es nicht nur um Bierkultur, sondern auch um Film, Theater und Jazzabende – auch die Größen des österreichischen Kabaretts sind hier vertreten. In den Restauranträumen wird altösterreichische Küche und gepflegtes Bier serviert. 130 Sitzplätze, 15 Plätze an der langen Bar. Garten und Schanigarten in der Fußgängerzone: 130 Sitzplätze.

RATZHAUS - HAUS DER BIERE
2340 Mödling, Babenbergerstrasse 2
0 22 36/86 63 27
kontakt@hausderbiere.com
www.hausderbiere.com
ÖFFNUNGSZEITEN Täglich 11.00 bis 1.00 Uhr, kein Ruhetag
FASSBIER Murauer Steirergold, Puntigamer Panther, Pilsner Urquell, Velkopopvický Kozel, Schnaitl Dunkel, Villacher Märzen, Villacher Zwickl, Hopf Hell Weisse
FLASCHENBIER Wieselburger Stammbräu, Schladminger Vollbier, Trumer Pils, Stiegl Goldbräu, Hirter Privat Pils, Grieskirchner Dunkel, Franziskaner Hefeweizen, Franziskaner Doppelmalz, Schneider Weisse, Corona, Heineken, Desperados, Guinness, Grolsch, Clausthaler
LOKAL Auf der Eingangstüre steht nach wie vor Ratzhaus, bis 1997 hieß das Lokal „Haus der 100 Biere", aber die Auswahl ist auch nach der Reduzierung auf 32 beeindruckend. Gediegene, dunkle Einrichtung – und in der Vertäfelung findet sich hinter Glas auch der Hinweis auf die Familie Ratz, die namensgebend war: Im März 1919 hat der Mödlinger Männergesangsverein Herrn Julius Ratz, den damaligen Wirt, zum Ehrenmitglied ernannt. Eine etwas bessere Lüftung würde dem Ratzhaus allerdings gut tun. 115 Sitzplätze im Lokal, 7 an der Bar, Garten: 100 Sitzplätze.

SCHLOSSEREI
2340 Mödling, Wehrgasse 4
0 22 36/260 25
locked@schlosserei.at
www.schlosserei.at
ÖFFNUNGSZEITEN Mo–Do u. So 16.00 bis 24.00 Uhr, Fr u. Sa 16.00 bis 1.00 Uhr, kein Ruhetag
FASSBIER Ottakringer Spezial, Ottakringer Zwickl, Ottakringer Zwickl Rot, Starobrno, Kaltenhauser Bernstein, Gösser Naturradler
FLASCHENBIER Ottakringer Dunkel, Schladminger Märzen, Schneider Weisse, Die Weisse (aus Salzburg), Null Komma Josef, Tegernseer Spezial, Augustiner Edelstoff, Weihenstephaner Weizenbier Alkoholfrei
LOKAL Dieses Traditionslokal ist eine seit mehr als 25 Jahren etablierte Mödlinger Institution, im Frühjahr 2007 neu übernommen und renoviert – und für die Mödlinger hat damit eine neue Zeitrechnung begonnen. Ende Jänner gibt es immer ein großes Jubiläumsfest. Aber auch sonst herrscht hier eine sehr bierige Stimmung und das Bier wird tadellos gepflegt. Ca. 120 Sitzplätze, 100 Stehplätze.

167
NIEDERÖSTERREICH
MÖDLING · MÖRTERSDORF

Waldgasthaus Bockerl

Graselwirtin

SOWIESO 🍺🍺
2340 Mödling, Hauptstraße 50
0 69 9/11 22 14 18
sowieso@sowieso.cc
www.sowieso.cc

ÖFFNUNGSZEITEN Mo–Fr 8.00 bis 22.00 Uhr, Sa 8.00 bis 13.00 Uhr, So Ruhetag
FASSBIER Bierwerkstatt Weitra Bräu „Das Helle", Guinness Draught Surger (zubereitet mit dem Guinness Surger)
FLASCHENBIER Murauer Preisel&Bier (Preiselbeer Radler), Zwettler Citrus Radler, Wochinger Bräu Export Hell, Wochinger Bräu Hefe-Weisse, Zwettler Saphir Premium Pils, Zwettler Luftikus
LOKAL Das kleine Bierlokal „Zum Augustin" hat im Herbst 2012 ein Facelifting erfahren. Benjamin Anderlik hat in dem gemütlichen Gewölbe eine mediterran anmutende Bar eingerichtet, in der es eine beachtliche Bierkultur gibt. Nach wie vor nur ein Bier vom Fass, dafür eine nette Flaschenbier-Auswahl – gelegentlich bierige Aktionen wie Weißwurstessen zur Feier des Oktoberbeginns. 10 Sitzplätze, 5 an der Bar.

WALDGASTHAUS BOCKERL 🍺🍺
2340 Mödling, An der Goldenen Stiege 22
0 22 36/468 68
office@bockerl.at
www.bockerl.at

ÖFFNUNGSZEITEN Mo–Fr 11.00 bis 23.00 Uhr (Küche bis 21.30 Uhr), Sa 11.00 bis 24.00 Uhr (Küche bis 22.00 Uhr), So 10.00 bis 22.00 Uhr (Küche bis 21.00 Uhr)
FASSBIER Gösser Zwickl, Gösser Radler, Gösser Helles
FLASCHENBIER Edelweiss Weißbier, Kaiser Doppelmalz, Edelweiss Alkoholfrei, Gösser Naturgold
LOKAL Idyllisches Landgasthaus am Fuße des Anninger. Das Bockerl, so wie es sich heute präsentiert, wurde im Jahr 1988 gebaut und heimelig mit viel Holz eingerichtet. Die gemütlichen Stuben stehen auch für Feiern zur Verfügung. Außerdem gibt es im Bockerl auch anlassbezogene Speisekarten, wie die Gansl-Karte, Weihnachtskarte oder Osterkarte und Themenabende wie den Steak- oder Gulasch-Abend. Gastgarten mit romatischem Felsengarten – und freilaufenden Kaninchen. 120 Plätze im Lokal, 130 im Garten.

MÖRTERSDORF

GRASELWIRTIN 🍺🍺
3580 Mörtersdorf, Nr. 43
0 29 82/82 35
gasthaus@graselwirtin.at
www.graselwirtin.at

ÖFFNUNGSZEITEN Mai–Sept.: Mi–Mo 9.00 bis 24.00 Uhr, Okt.–April: Mi–So 9.00 bis 24.00 Uhr
FASSBIER Zwettler Original, Zwettler Dunkles, Zwettler Radler Naturtrüb, Hadmar Biobier
FLASCHENBIER Schneider Weisse, Zwettler Luftikus (alkoholfrei), Clausthaler
LOKAL Im Namen des Räuberhauptmanns Johann Georg Grasel (1790–1818) betreibt Anni Rehatschek seit 1991 dieses populäre Ausflugslokal. Grasel, der in der Zeit der napoleonischen Kriege das Waldviertel und Südmähren unsicher gemacht hatte, wurde 1815 in Mörtersdorf festgenommen und in Wien hingerichtet. Waldviertler Küche und Waldviertler Bier. Etwa 200 Sitzplätze im Lokal, auf der Terrasse stehen ca. 100 Sitzplätze zur Verfügung. 🍺

168
NIEDERÖSTERREICH

MÜNCHENDORF · MÜNICHREITH · NASSWALD · NEULENGBACH

Wirtshausbrauerei Haselböck

MÜNCHENDORF
BRUNNER'S BRÄU
2482 Münchendorf, Hauptstraße 46
0 69 9/11 60 26 22
office@brunnersbraeu.at
www.brunnersbraeu.at
ÖFFNUNGSZEITEN Mo, Di, Mi, Fr 15.00 bis 24.00 Uhr, So u. Feiertage 9.00 bis 15.00 Uhr, Do u. Sa Ruhetage
FASSBIER Ottakringer Wiener Original, Goldfassl Zwickl, Goldfassl Rotes Zwickl
FLASCHENBIER Paulaner Hefeweißbier Naturtrüb, Augustiner Bräu Edelstoff, Puntigamer, Ottakringer Citrus Radler, Null Komma Josef
LOKAL Gutbürgerliche Küche und saisonale Schmankerl. Sport Live-Übertragungen auf Videoleinwand. In der Gaststube 30 Sitzplätze, im Festsaal 70 Sitzplätze, Biergarten.

MÜNICHREITH
WIRTSHAUSBRAUEREI HASELBÖCK
3662 Münichreith, Münichreith 3
0 74 13/61 19
bier@wirtshausbrauerei.at
www.wirtshausbrauerei.at
ÖFFNUNGSZEITEN Mo, Do–So 8.00 bis 21.00 Uhr, Di–Mi Ruhetage
FASSBIER Hasel's klassisches Helles, typisch Böhmisches, Mönchsrode Caramel, im Sommer gibt's Weizenbier, Saisonböcke wie HaselBock und immer wieder Überraschungsbiere.
FLASCHENBIER Die Biere gibt's auch im Siphon (1 oder 2 Liter) – den Doppelbock auch in konzentrierter Form als Bockbierbrand, Haselbräu Spezial, Haselbräu Waldviertel IPA Schwester 0,75 l, Waldviertler Stout Bruder 0,75 l (Staatsmeister), Gösser Naturgold
LOKAL Landgasthaus aus dem frühen 19. Jahrhundert mit Waldviertler Küche und angeschlossener Brauerei. Hier braut Paul Haselböck mit seinem Braumeister Sebastian Dorrer ober- und untergärige Biere. Seine Hauptsorten sind: klassisch Helles, Böhmisches, Caramel, Wiener Lager, Pils, Bruder (ein kräftiges Stout) und Schwester (IPA). Experimentierfreudig! Hopfen aus Neufelden, Malz aus Bamberg. Bier auch in Flaschen zum Mitnehmen oder auf myproduct.at Wer nach Maria Taferl wallfahrtet, sollte den Weg nach Münichreith (zu Fuß, da steigt die Vorfreude auf frisches Bier!) auf sich nehmen! 160 Sitzplätze im Lokal, im Garten 30 Plätze.

NASSWALD
WIRTSHAUS „ZUM RAXKÖNIG"
2661 Nasswald, Oberhof
0 26 67/351 11
office@raxkoenig.at
www.raxkoenig.at
ÖFFNUNGSZEITEN 1. Mai bis 31. Okt.: Di–So 9.00 bis 22.00 Uhr, Mo Ruhetag; 1. Nov. bis 30. April: Do–So 10.00 bis 21.00 Uhr, Mo–Mi Ruhetage
FASSBIER Universitätsbräu Magister Märzen, im Sommer auch Dr. Pils (aus der Brauerei Schlägl)
FLASCHENBIER Raxkönig, Schlägler, Andechs Weizentrüb, Clausthaler
LOKAL Stefan Haiszan hat diesen alten Landgasthof von 1848 wachgeküsst und um eine Bierspezialität für das Rax-Schneeberg-Gebiet bereichert: Das Raxkönig-Bier ist den Bergsteigern gewidmet, man bekommt es in „Limited Editions", die bekannten Bergfexen gewidmet sind. Auch der „Raxkönig" selber ist eine legendäre Figur – als Holzknecht stieg er auf zum Pionier des regionalen Holzhandels zur Zeit Kaiser Franz I. Die Speisekarte: Wildspezialitäten im Malzbiersaftl stehen ebenso auf der Karte wie Käsevariationen zum Bier. 150 Sitzplätze im Lokal, 15 Plätze an der Bar, 150 Plätze im Garten.

NEULENGBACH
GASTHAUS FRANZ REITHER
3040 Neulengbach, Kleinraßberg 7
0 27 72/524 57
suttenwirt@aon.at
ÖFFNUNGSZEITEN Mo–Di 8.00 bis 23.00 Uhr, Fr–So 8.00 bis 24.00 Uhr
FASSBIER Gösser Gold, Reininghaus Pils, Schwechater Zwickl
FLASCHENBIER Puntigamer, Edelweiss Hell, Schlossgold
LOKAL Hier ist man sehr bemüht, an den Zapfwettbewerben der BrauUnion teilzunehmen. Immer wieder neue Biere. 100 Sitzplätze im Lokal, 20 Plätze an der Bar, 70 Plätze im Garten.

169
NIEDERÖSTERREICH
NEUNKIRCHEN · NÖHAGEN · OBERGRAFENDORF · OBERKIRCHBACH

Gasthaus Schwarz

Bahnhofsbräu

NEUNKIRCHEN

ZUM ALTEN BRÄUHAUS 🍺🍺🍺
2620 Neunkirchen
Hauptplatz 14
0 26 35/622 25
office@altes-brauhaus-neunkirchen.at
www.altes-brauhaus-neunkirchen.at
ÖFFNUNGSZEITEN Di–Sa 9.00 bis 22.00 Uhr, So u. Feiertage 9.00 bis 14.00 Uhr, Mo Ruhetag
FASSBIER Schwechater Hopfenperle, Schwechater Zwickl, Starobrno
FLASCHENBIER Gösser Stiftsbräu, Gösser Naturgold, Gösser Kracherl, Edelweiss Hofbräu und jeweils wechselnd saisonale Bierspezialitäten abgestimmt auch auf die Speisekarte.
LOKAL Das „Alte Brauhaus", welches seit 1694 mit wechselnden Eigentümern als Brauerei mit Bierausschank geführt wurde, war von 1920 bis 1961 im Besitz der Brauerei Schwechat und wurde als Bierdepot benutzt. Deshalb ist der Wirt Hans Bauer noch heute ein treuer Schwechater-Botschafter im südlichen Niederösterreich – und seine Qualitätsphilosophie verdient, hier zitiert zu werden: „Ich weiß natürlich, dass drei Fassbiere nicht die ,große Bierauswahl' darstellt, uns ist es allerdings wichtiger, wenige Biere, dafür im Angebot variierend anzubieten, als zehn verschiedene Biere zu haben, von denen einzelne vielleicht aufgrund mangelnder Nachfrage nach einiger Zeit einen eher schalen Beigeschmack im Glas hinterlassen." Ca. 90 Sitzplätze.

NÖHAGEN

GASTHAUS SCHWARZ 🍺
3521 Nöhagen, Nr. 13
0 27 17/82 09
office@gasthaus-schwarz.at
www.gasthaus-schwarz.at
ÖFFNUNGSZEITEN Sommer: Mi–So, Winter: Do–So von 9.00 bis 24.00 Uhr
FASSBIER Kaiser Premium, Zwettler Zwickl, Weitra Hell
FLASCHENBIER Erdinger, Kaiser Doppelmalz, Schlossgold, Clausthaler
LOKAL Erwin Schwarz war „Wirt des Jahres 1999", sein Bier-Engagement in der Küche zeigt sich etwa dann, wenn er Schweinsfilet in Kümmelbiersauce auf die Speisekarte setzt. Eine Haube von Gault Millau und zwei Sterne von A la Carte. 50 Sitzplätze im Lokal, 10 Plätze an der Bar. Sommer- bzw. Wintergarten: ca. 12 Sitzplätze.

OBERGRAFENDORF

BAHNHOFSBRÄU 🍺🍺
3200 Obergrafendorf, Bahnhofstraße 1
0 27 47/325 06 05
bahnhofsbrau@styx.at
www.bahnhofsbräu.com
ÖFFNUNGSZEITEN Do–Mo 16.00 bis 20.00 Uhr, Di–Mi Ruhetage
FASSBIER Bahnhofsbräu Zwickl, Bahnhofsbräu Weißbier, Rosenbier, wechselnde Sondersude
FLASCHENBIER Obergrafendorfer Lager, Erzbier
LOKAL Der – immer noch in Betrieb befindliche – Bahnhof der Mariazellerbahn wurde themengerecht eingerichtet, um das Flair des Wartens in kleinen und charmanten Bahnhof und die Atmosphäre einer tosenden einfahrenden Dampflok zu erhalten. Beispielsweise wurden alte Gleise zu Fußstützen bei Stehtischen umfunktioniert und neben der Bar gibt es noch die Hebel für die Weichen zu bewundern. Als Bierspezialitäten finden sich 3 verschiedene Sorten auf der Karte: Rosenbier, Dirndlbier und Wiener Lager. Es ist noch immer eine Haltestelle der Regionalbahn, ca 10 Min. von St. Pölten entfernt. Serviert werden 7 verschiedene Frühstücke an Sonn- und Feiertagen. Sonst werden auch Snacks angeboten. 40 Sitzplätze im Lokal, 5 Plätze an der Theke. Ca. 40 Sitzplätze im überdachten Schanigarten.

OBERKIRCHBACH

BONKA – DAS WIRTSHAUS IM WIENERWALD 🍺🍺
3413 Oberkirchbach, Oberkirchbacherstraße 61
0 22 42/62 90
bonka@aon.at
www.bonka.at
ÖFFNUNGSZEITEN Küchenzeiten: Do–Sa 11.00 bis 21.00 Uhr, So & Feiertage 11.00 bis 20.00 Uhr, Ruhetage: Mo–Mi
FASSBIER Ottakringer Goldfassl Spezial, Ottakringer Rotes Zwickl, Budweiser

www.bier-guide.net   2016 BIER GUIDE

NIEDERÖSTERREICH

PAYERBACH · PERCHTOLDSDORF

Looshaus am Kreuzberg

El Gusto Español

FLASCHENBIER Schneider Weisse, Null Komma Josef – und immer wieder saisonale Spezialitäten
LOKAL Familienbetrieb in der 4. Generation. Besonders bemühte Bier-Karte mit Bierfleischknödl mit Sauerkraut, geschmorte Backerl vom Wienerwald Weiderind mit Polenta-Bierknödl... Jeder Freitag ist Knödltag (Bierfleischknödl). Herbert Bonka ist als engagierter Verfechter Mitglied der Wirtshauskultur, gelegentlich unterhält er seine Gäste mit Zithermusik. Und nach seinem Rezept mixt er ein Wienerwaldbier. 112 + 100 Sitzplätze im Lokal, im neuen Gastgarten: 120 Plätze, barrierefrei, Spielplatz mit Streichelzoo, Skilift mit Sommer/Winterbetrieb.

PAYERBACH

LOOSHAUS AM KREUZBERG
2650 Payerbach, Kreuzberg 60
0 26 66/529 11
steiner@looshaus.at
www.looshaus.at
ÖFFNUNGSZEITEN Täglich 11.00 bis 21.00 Uhr, von Sept. bis Juni Mi Ruhetag
FASSBIER Mohren Bräu
FLASCHENBIER Rax Bier, Franziskaner Weizenbier, Mohren Dunkel, Mohren Gambrinus
LOKAL Architektonisches Kleinod unter den Ausflugslokalen: Dieses Haus geht tatsächlich auf einen Entwurf von Adolf Loos zurück. Man kommt aber vor allem wegen des Ausblicks in die Bergwelt, bleibt dann gern wegen Essen und Bier – gern auch über Nacht. 60 Sitzplätze, 70 im Garten.-15

RAX BRÄU
2650 Payerbach, Hauptstraße 40
0 67 6/640 96 28
rax-braeu@gmx.at
ÖFFNUNGSZEITEN Ausschank: Fr 15.00 bis 22.00 Uhr, im Juli und August Fr–Sa 15.00 bis 22.00 Uhr (kleine Imbisse werden serviert).
Flaschenverkauf: Mi u. Do 15.00 bis 18.00 Uhr, Fr 15.00 bis 22.00 Uhr, Sa 9.00 bis 12.00 Uhr
FASSBIER Ausschließlich aus der eigenen Brauerei: Helles, Dunkles und Saisonbiere
FLASCHENBIER Ausschließlich aus der eigenen Brauerei: Helles, Dunkles und Saisonbiere in der Bügelverschlussflasche mit Porzellankopf à 0,5 l und 1 l
LOKAL Hausbrauerei beim Weltkulturerbe Semmeringbahn, Schwarzaviadukt, besteht seit 2006. Bierverkauf/-ausschank der handgebrauten Biere mit dem Wasser aus dem Rax/Schneeberggebiet zu den angegebenen Öffnungszeiten. 24 Sitzplätze im Lokal, 6 Plätze an der Bar, 24 im Garten.

PERCHTOLDSDORF

EL GUSTO ESPAÑOL
2380 Perchtoldsdorf, Wiener Gasse 7–9
01/865 11 27
espanol@espanol.at
www.espanol.at
ÖFFNUNGSZEITEN Mi–Sa 15.00 bis 24.00 Uhr, So–Di u. Feiertage geschlossen
FASSBIER Trumer Pils
FLASCHENBIER Inedit (eine würzige Cuvée aus Gersten- und Weizenbier, kreiert für das Gourmet-Restaurant El Bulli), Estrella Damm (Pils), Estrella Voll-Damm (Märzen Lager), Clausthaler
LOKAL Cerveceria, authentischster spanischer Gastronomie- und Delikatessenladen mit innovativen Ideen. Man kann entweder als Shopper kommen und sich die Einkäufe einpacken lassen oder an der Budl stehen und sich von den in original spanischen

NIEDERÖSTERREICH

PERCHTOLDSDORF · PERNITZ · PETZENKIRCHEN

Bärenwirt

Tapas-Kühlvitrinen präsentierten Köstlichkeiten inspirieren und vom Schankburschen bei der Getränkewahl beraten lassen. Oder man setzt sich an einen Tisch und blättert in der reich bestückten Speisekarte. Das Clausthaler heißt auf der Karte „Valle de Claudio – cerveza castrada". Viele spanische Käse, die gut zum Bier passen. Neben den kulinarischen Genüssen bietet das „El Gusto Español" seinen Gästen verschiedene Veranstaltungen wie Schüttelreimabende, diverse Literaturpräsentationen, Paellafeste und Musikveranstaltungen. Man spricht Spanisch, Deutsch, Französisch, Englisch und Norwegisch. Nach Umbau 2012 gibt es nun 45 Sitzplätze, 80 in Garten, Hof (Raucherlounge) und Terrasse (regendichte Markise).

SYDNEY
2380 Perchtoldsdorf, Brunner Feldstraße 65
01/869 86 05
info@cafe-sydney.at
www.cafe-sydney.at
ÖFFNUNGSZEITEN Mo–Do 16.00 bis 1.00 Uhr, Fr 18.00 bis 3.00 Uhr, Sa–So und Feiertage geschlossen
FASSBIER Binding Lager, Ottakringer Dunkel, Ottakringer Zwickl, Foster's, ein Saisonbier (Bock, Kilkenny, Weizen …)
FLASCHENBIER Hirter, Foster's, Desperados, Schöfferhofer, Clausthaler, Anheuser Busch, Heineken, Budweiser, Wieselburger Stammbräu, Guinness (Dose)
LOKAL Das Sydney ist eine Mischung aus Bierlokal und Cocktailbar mit ausgezeichneter Küche und großer Gartenterrasse. Das Speiseangebot reicht von Biersuppe über Steaks, Nockerln und Fisch bis hin zu Parfait und Tiramisu. 40 Sitzplätze im Lokal, Terrasse: 48 Sitzplätze.

PERNITZ

LINDENHOF
2763 Pernitz, Muggendorfer Straße 16
0 26 32/722 77
ÖFFNUNGSZEITEN Mi–So 11.00 bis 23.00 Uhr
FASSBIER Piestinger Lager
FLASCHENBIER Villacher Märzen, Villacher Dunkles, Clausthaler
LOKAL Typisches Landgasthaus an der Straße zu den Mirafällen und zur Steinwandklamm. Schöner, kleiner Gastgarten. 70 Plätze im Lokal, 35 im Gastgarten.

PETZENKIRCHEN

ALTES PRESSHAUS
3252 Petzenkirchen, Manker Straße 3
0 74 16/521 63
kontakt@altespresshaus.at
www.altespresshaus.at
ÖFFNUNGSZEITEN Mi–So 10.00 bis 24.00 Uhr, warme Küche 11.00 bis 14.00 Uhr und 17.30 bis 21.30 Uhr, Mo & Di Ruhetage (ausgenommen Feiertage, dann ist bis 15.00 Uhr geöffnet)
FASSBIER Wieselburger Gold, Schladminger Bio-Zwickl
FLASCHENBIER Trumer Pils, Schwechater Zwickl, Weihenstephaner Weizenbier, Weihenstephaner Weizenbier Alkoholfrei, Gösser Naturgold, Gösser Naturradler
LOKAL Liebevoll renoviertes altes Wirtshaus in ländlichem Stil, gemütlich mit Kachelofen und zeitgemäßer Dekoration, nettem Lounge-Bereich, Wintergarten und schattigem Gastgarten mit altem Baumbestand. Veranstaltet gelegentlich bierige Events wie bayerische Bierabende im Juli. Ausgezeichnet als Top-Wirt der Niederösterreichischen Wirtshauskultur. 45 Lokalplätze plus 35 m im Wintergarten und 25 in der Gaststube. Café/Bar mit 20 Plätzen. Gastgarten: 90 Plätze.

BÄRENWIRT
3252 Petzenkirchen, Ybbser Straße 3
0 74 16/521 53-0
baerenwirt@aon.at
www.baerenwirt.at
ÖFFNUNGSZEITEN Mo–Sa 6.00 bis 23.00 Uhr, So und Feiertage 7.30 bis 15.00 Uhr
FASSBIER Reininghaus Jahrgangs Pils, Wieselburger Spezial, Schwechater Zwickl, Kaiser Premium, Gösser Naturgold
FLASCHENBIER Wieselburger Stammbräu, Edelweiss Hefetrüb Alkoholfrei, Stiegl Weizen
LOKAL Bärenwirt Erich Mayrhofer ist einer der engagiertesten Wirte Niederösterreichs und kassiert für sein Engagement viele Auszeichnungen – darunter jene als Bierlokal des Jahres 2000 in Niederösterreich. 2014 wurde er mit einem der Besten österreichischer Gastlichkeit (BÖG) für seine Fischgerichte ausgezeichnet. „Bestes Gulasch der NÖ Wirthauskultur" Nicht nur das gepflegte Fassbier, auch das Flaschenbier (aus

NIEDERÖSTERREICH

PETZENKIRCHEN · PÖCHLARN · PRESSBAUM · PURGSTALL

Zeitlos

Guinness Island

der nahen Brauerei Wieselburg und den anderen Brau Union-Betrieben) passt hervorragend in das Ambiente, zu dem vor allem die Kunstwerke des Malers Josef Bramer gehören. 120 Sitzplätze, 15 an der Bar, im Garten 60 Sitzplätze.

KREUZERALM
3252 Petzenkirchen, Kaiserstraße 5
0 74 16/521 52-33
office@kreuzeralm.at
www.kreuzeralm.at
ÖFFNUNGSZEITEN Täglich ab 16.00 Uhr „bis es aus is", kein Ruhetag.
FASSBIER Wieselburger, Schwechater Zwickl, Edelweiss Hefetrüb, Kaiser Doppelmalz, Schladminger, Gösser Kräuterradler
FLASCHENBIER Schlossgold, Edelweiss Alkoholfrei, Gösser Naturradler, Gösser NaturGold
LOKAL Urgemütliches Tiroler Bauernhaus, in dem ein dreifacher niederösterreichischer Bierzapfkaiser auf die Zapfkultur achtet. Aus der Küche kommen unter anderem die mit Bierrahmsauce verfeinerte Kreuzer-almpfanne, Reindl-Rostbraten, hausgemachte Blunzen und Tiroler Schmankerl wie Käsespätzle, Kaspressknödelsuppe und original Tiroler Graukäse. Der ursprüngliche Standort dieses Gebäudes war in Thiersee-Mitterland (nahe Kufstein). Das dem Abbruch preisgegebene Bauernhaus wurde 2002 vom jetzigen Besitzer – Heinz Mayerhofer – fachgerecht abgebaut, 300 km nach Osten in das Mostviertel transportiert und original wieder aufgebaut. Und wo es nicht original ist, ist es originell, bis hin zu den Toiletten. 200 Sitzplätze im Lokal, 25 an der Bar, 150 auf der Terrasse, bis 300 im Garten.

PÖCHLARN

JOHNY'S
3380 Pöchlarn, Regensburger Straße 35
0 27 57/23 36
office@johnys.at
www.johnys.at
ÖFFNUNGSZEITEN Di–Do, So 16.30 bis 21.30 Uhr, Fr–Sa 16.00 bis 21.30 Uhr
FASSBIER sechs wechselnde Sorten, häufig dabei: Kaltenhauser Bernstein, Budweiser, Schwechater Zwickl, Puntigamer Winterbier, Ottakringer Rotes Zwickl, Starobrno, Weihenstephaner, Reininghaus Pils, Ottakringer PUR
FLASCHENBIER Edelweiss, Foster's, Stiegl Goldbräu, Hirter, Corona, Beck's, Ottakringer Unten Ohne, Zipfer Sparkling, Weihenstephaner, Guinness, Clausthaler, Schlossgold
LOKAL Dem Garten merkt man noch an, dass dies einmal ein Landgasthaus war viele andere war – mit kleiner Gaststube, kleinem Biergarten und einer Fleischerei nebenan. 2001 wurde das Lokal sehr sensibel umgebaut: Die Bar ist modern, ein Treffpunkt der Jugend. Die Küche liefert Burger in allen Variationen und Wraps. Der Wirt macht beinahe jede Woche ein anderes Themen-Event. 80 Plätze, Bar: 20, Garten: 160.

PRESSBAUM

ZEITLOS
3021 Preßbaum, Hauptstraße 30
0 22 33 / 20 285
zeitlos@kabsi.at
www.zeitlos-pressbaum.at
ÖFFNUNGSZEITEN Mo–Fr 7.30 bis 22.00 Uhr, So u. Feiertage 9.00 bis 18.00 Uhr, Sa Ruhetag, für Reservierungen ab 30 Personen auch Samstag geöffnet
FASSBIER Stiegl, Starobrno, Gösser Gold, Guinness, Gösser Zitronen Radler
FLASCHENBIER Gösser Dunkel, Gösser Naturgold, Edelweiss
LOKAL Gertrud und Richard Stern führen dieses einfache, aber sehr auf Bierpflege bedachte Lokal. Täglich wechselnde Speisekarte. 40 Plätze im Lokal, 10 an der Bar, 60 im Extrazimmer. 35 Plätze im Garten.

PURGSTALL

GUINNESS ISLAND
3251 Purgstall, Ötscherlandstraße 14
0 74 89/300 80
info@guinness-island.at
www.guinness-island.at
ÖFFNUNGSZEITEN Mo–Do 7.00 bis 2.00 Uhr, Fr–Sa 7.00 bis 4.00 Uhr, So u. Feiertage 14.00 bis 24.00 Uhr
FASSBIER Puntigamer Panther, Kilkenny, Guinness
FLASCHENBIER Edelweiss Weizen Hefetrüb, Heineken, Desperados, Corona, Wieselburger Stammbräu, Schlossgold

NIEDERÖSTERREICH

PURKERSDORF · ROSSATZ-RÜHRSDORF · SANKT ANDRÄ-WÖRDERN

Winzerstüberl Essl

Brauhaus Marchart

LOKAL Ein klassisches Irish Pub: Mit seiner Lage im Einkaufszentrum ist es ein guter Treffpunkt für die Community, die sich hier auch trifft, um Sportereignisse auf dem Großbildschirm zu verfolgen. Insgesamt sehr stimmig dekoriert und die Bedienung ist auch nett. Die Speisekarte ist von österreichischen und italienischen Speisen dominiert, Irisches findet man leider nicht. Dafür gibt es sensationell lange Öffnungszeiten, wenn es jemanden um sieben Uhr nach einem Guinness oder Kilkenny gelüsten sollte (für die anderen gibt es Kaffee). 50 Plätze im Lokal, 20 an der Bar, im Garten 55 Plätze.

PURKERSDORF

NIKODEMUS
3002 Purkersdorf, Hauptplatz 10
0 22 31/654 54
office@nikodemus.at
www.nikodemus.at
ÖFFNUNGSZEITEN Di–Sa 17.00 bis 24.00 Uhr
FASSBIER Gösser Gold, Gösser Zwickl
FLASCHENBIER Edelweiss, Schlossgold
LOKAL Dass hier Kultur gepflegt wird, hat schon Wolfgang Amadeus Mozart gewusst, der sich in diesem Haus von seinem Vater Leopold verabschiedet hat. Heute präsentiert sich das Lokal mit dem Charme einer Studentenkneipe – die vielen Sammlerstücke an den Wänden lassen einen stets staunend herumschauen. Immer wieder Veranstaltungen mit Musik. 150 Plätze in Gaststube, Hinterzimmer und Keller. 30 Plätze im Garten.

SHAKESPEARE PUB
3002 Purkersdorf, Kaiser-Josef-Straße 31
0 22 31/634 86
lokal@shakespearepub.at
www.facebook.com/shakespearepub.purkersdorf
ÖFFNUNGSZEITEN Mo–Do 16.00 bis 24.00 Uhr, Fr 16.00 bis 2.00 Uhr, Sa 16.00 bis 1.00 Uhr, Sonntag Ruhetag
FASSBIER Murauer, Stiegl, Zwettler Pils, Ottakringer Rotes Zwickl, Franziskaner, Hirter Privatpils
FLASCHENBIER Guinness, Clausthaler, Gösser Naturradler, Gösser Naturgold, Magner's Cider

LOKAL Gut besuchtes Landhaus-Pub mit passender Patina. Stimmungsvolle Stichreproduktionen von Brautätigkeiten und beleuchtete Landschaftsmalereien an den Wänden sowie Werbeplakate für lokale Art-Events. Einige Polstersitzgarnituren wie zu Hause im gemütlichen Wohnzimmer (mit Großbild-TV). Zum vielsortigen Bierkosten gibt es große Portionen ordentlicher Brotzeit (Riesen-Bierlaugenbrezn). Auch für einen erfrischenden Biergenuss zwischendurch an der Schank sehr gut geeignet. Ca. 60 Sitzplätze im Lokal, Garten: ca. 60 Plätze.

ROSSATZ-RÜHRSDORF

WINZERSTÜBERL ESSL
3602 Rossatz-Rührsdorf, Nr. 17
0 27 14/63 84
winzerstueberl@aon.at
www.winzerstueberl.at
ÖFFNUNGSZEITEN Mi–Fr 11.30 Uhr bis 14.30 Uhr und 17.30 bis 23.00 Uhr, Sa–So 11.30 bis 23.00 Uhr, Mo/Di Ruhetage. Betriebsurlaub v. 11.1.2016 bis 8.3.2016.
FASSBIER Zwettler Zwickl, Zwettler Original, Zwettler Dunkles, Hadmar, Schneider Weisse, saisonal: Zwettler Zwicklbock
FLASCHENBIER Zwettler Dunkles, Clausthaler
LOKAL In dieses Gasthaus gehen die Wachauer Winzer, wenn sie Abwechslung vom Wein brauchen. Das Lokal liegt direkt neben der Donau – und ist damit zentral gelegen in der Wachau für Radfahrer, Wanderer und alle Naturliebhaber. Die helle Einrichtung verbreitet eine angenehme Atmosphäre. Der Chef des Hauses ist auch der Küchenchef. Die Chefin ist für den Service zuständig. Bei der Speiseauswahl wird besonderer Wert auf saisonale und regionale Produkte gelegt. Reservierung empfohlen. 90 Sitzplätze im Lokal, 10 an der Bar, 80 Sitzplätze im Garten.

SANKT ANDRÄ-WÖRDERN

BRAUHAUS MARCHART
3423 Sankt Andrä-Wördern, Greifensteinerstraße 92
0 67 6/911 25 12, 0 22 42/331 56
brauhaus.marchart@a1.net
www.brauhaus-marchart.at, www.hagenthaler-bier.at
ÖFFNUNGSZEITEN Mo–Sa 16.00 bis 23.00 Uhr, So Ruhetag

NIEDERÖSTERREICH

SANKT GEORGEN A.D. LEYS · SANKT OSWALD · SANKT PÖLTEN

Gasthof Hueber

FASSBIER Hagenthaler Hell (Märzenzwickl), Hagenthaler Gold (Red Ale), Hagenthaler Dunkel (Stout) und ein weiteres Bier wechselnd je nach Jahreszeit (z.B. das Hagenthaler Rauchbier im Winter, das Hagenthaler Weizen im Sommer, weitere folgen).
FLASCHENBIER Passauer Weisse, Gösser Naturgold, ein wechselndes Spezial-Flaschenbier: z.B. derzeit Liefmans Cuvée Brut Kriek
LOKAL Im Sommer 2014 hat Familie Marchart ein ehemaliges China-Restaurant komplett entkernt und zu einer klassischen Gasthausbrauerei umgebaut. Viel Holz, ein wenig Kupfer und ein familiäres Gefühl. Einfache Brauhaus-Küche mit Schnitzeln und Burgern. Bieraufstrichbrot (dunkles Brot überbacken und scharf) und die schmackhaften Suppen sowie der flaumige Topfenstrudelauflauf passen gut zu den hausgebrauten Bieren, Liefmans Fruchtbier (Kirsche) passt ausgezeichnet zu den selbst gemachten schokoladigen Nachspeisen. Auf Wunsch persönliche Information und Beratung durch die Biersommeliers. 60 Sitzplätze im Lokal, 48 im Gastgarten.

SANKT GEORGEN A.D. LEYS

GASTHOF HUEBER
3282 St. Georgen a.d. Leys, Nr. 18
0 74 82/462 06
office@gasthof-hueber.at
www.gasthof-hueber.at
ÖFFNUNGSZEITEN Di–So ab 9.00 Uhr, Mo Ruhetag
FASSBIER Gösser Zwickl Dunkel, Kaiser Märzen, Gösser Naturgold
FLASCHENBIER Erzbräu Bergquell, Erzbräu Schwarzer Graf, Gusswerk „Zum Wohl" glutenfrei, Gusswerk Nicobar, Wieselburger Schwarzbier, Haselbräu Pils
LOKAL Landgasthof, der sich in letzter Zeit vermehrt der Biervielfalt verschrieben hat. ca. 100 Sitzplätze im Lokal und 100 im Gastgarten.

SANKT OSWALD

GASTHOF ZUR ROTEN SÄGE
3684 Sankt Oswald, Urthaleramt 21
0 74 15/73 28
bamberger@rotesaege.at
www.rotesaege.at

ÖFFNUNGSZEITEN Do–Mo 9.00 bis 22.00 Uhr, Di 9.00 bis 14.00 Uhr, Mi Ruhetag
FASSBIER Kaiser Märzen, Zwettler Original 1890, Gösser Zwickl
FLASCHENBIER Weihenstephaner mit und ohne Alkohol, Gösser Naturgold, Kaiser Doppelmalz, Gösser Naturradler
LOKAL Abgelegenes, im Jahr 2005 behutsam renoviertes Wirtshaus an einem der schönsten Flecken des Yspertals, dort wo die Straße aus dem Tal nach links hinauf nach St. Oswald abzweigt. Kulinarisch hat es sich zu einem Treffpunkt für Liebhaber gut zubereiteten Rindfleischs entwickelt. Hier wurde der Verein der Freunde des Yspertales gegründet, der das hiesige Kraftwerksprojekt verhindert hat. Gut so. Noch besser: Der Verein wurde zum Nukleus der Anti-Hainburg-Bewegung und des Kuratoriums Rettet den Wald. Top-Wirt der Niederösterreichischen Wirtshauskultur. Im Sommer jeden Donnerstag und Freitag Grillabend im Gastgarten mit einer Bierspezialität vom Holzfass. Ca. 80 Sitzplätze, 20 Plätze an der Schank und 60 im Garten.

SANKT PÖLTEN

EGON
3100 Sankt Pölten, Fuhrmannsgasse 15
0 27 42/214 24
musikbeisl.egon@aon.at
www.musikcafe-egon.at
ÖFFNUNGSZEITEN Do–Sa 17.00 bis ca. 3.00 Uhr, Küche 17.00 bis 2.00 Uhr
FASSBIER Zipfer Urtyp (Tank), Starobrno, Gösser dunkles Zwickl
FLASCHENBIER Wieselburger Stammbräu, Weihenstephaner Hefeweizen, Edelweiss Alkoholfrei, Kaiser Doppelmalz, Heineken, Desperados, Zipfer Limetten Radler, Gösser Naturgold
LOKAL „Egon" steht für „Ein Gasthaus ohne Namen" – es ist die Wiederbelebung des 1750 bis 1986 bestehenden Gasthauses „Zum goldenen Strauß". Seit einem Dutzend Jahren ist dieses Kulturbeisl eines der führenden Szenelokale in St. Pölten – und Mitglied der Bühnenwirtshäuser in Niederösterreich. Viele Live-Music-Acts, im Sommer auch im Innenhof. 60 Sitzplätze, 20 Plätze an der Stehbar sowie Stehtische im Kellergewölbe, bis 60 Sitzplätze im Garten.

NIEDERÖSTERREICH

SANKT PÖLTEN · SANKT VALENTIN

Gasthof Pillgrab „Zur Linde"

Wirt am Teich

MITT'N DRIN
3100 Sankt Pölten, Wiener Straße 10
0 66 0/141 03 10
ÖFFNUNGSZEITEN Mo–Sa 10.00 bis 22.00, So 15.00 bis 22.00 Uhr
FASSBIER Velkepopovicky Kozel
FLASCHENBIER Clausthaler
LOKAL Kleine Bierbar im Stadtzentrum. In diesem alten Gewölbe ist es ziemlich eng, aber auch ziemlich gemütlich. Und dass um 22 Uhr Schluss ist, ist eher als Richtzeit zu verstehen, wir wurden auch nachher noch recht freundlich bedient.

WIRZHAUS ZUM GWERCHER
3100 Sankt Pölten, Schiffmannstraße 98
0 27 42/231 10 oder 0 67 6/425 16 75
wirzhaus@gwercher.at
www.gwercher.at
ÖFFNUNGSZEITEN Mo–Sa 10.00 bis 24.00 Uhr, So 10.00 Uhr bis 15.00 Uhr
FASSBIER Egger Premium, Gwercher Zwickl (von Egger), Gwercher-Bräu
FLASCHENBIER Erdinger Weißbier, Trumer Pils, Franziskaner Dunkel, Hirter Dunkles, Hirter Privat Pils, Beck's Alkoholfrei
LOKAL Dieser im südlichen Stadtteil Stattersdorf gelegene Vierkanthof (eröffnet 1999) beherbergt seit 1999 den „inoffiziellen Bräugasthof" von Egger Bier. Das Gwercher bezieht seinen Namen offensichtlich von Hans Gwercher, der im 17. Jahrhundert in Kufstein die spätere Privatbrauerei Egger gründete, die 1976 in Kufstein zugesperrt und 1978 von Fritz Egger in Radlberg (nördlich von St. Pölten) neu errichtet wurde. Sehr angenehme bierige Atmosphäre, mehrere kleine Stuben. Die Bar ist mit einer Sudhaus-Attrappe verziert. 200 Sitzplätze, Innenhof (beheizbar): ca. 100 Sitzplätze.

SANKT VALENTIN

GASTHOF PILLGRAB „ZUR LINDE"
4300 Sankt Valentin, Westbahnstrasse 32
0 74 35/523 19
gasthof.pillgrab@zurlinde.at
www.zurlinde.at

ÖFFNUNGSZEITEN Mo–Fr 8.00 bis 24.00 Uhr und 18.00 bis 22.00 Uhr (Küche 11.00 bis 14.00 Uhr), So 9.00 bis 14.00 Uhr, Sa Ruhetag
FASSBIER Zipfer Urtyp, Edelweiss Hofbräu Weizen, Saisonbiere wie: Oktober Bier (BrauUnion), Gösser Jubiläums Zwickl, Zipfer Stefanibock
FLASCHENBIER Zipfer Urtyp, Zipfer Medium, Schlossgold
LOKAL Ursprünglich ein altes Bräuhaus, heute ein Hotel-Restaurant gegenüber dem Bahnhof. Im Jahre 1908 von der Familie Pillgrab erworben, ist der Gasthof „zur Linde" heute bereits in dritter Generation ein traditioneller gutbürgerlicher Familienbetrieb, bei dem Bier auch in der Küche nicht fehlen darf. Im Herbst wird zur Gans und Wild auch das Kaltenhausener Spezialbier „Maroni Style" serviert und im Frühjahr zu Fisch, Kalb und Geflügel das Reininghaus Jahrgangspils empfohlen. Seit über 50 Jahren auch Treffpunkt des rührigen Biervereins der Gambrianer. Auf Wunsch gibt es Klavierschmankerl vom Chef des Hauses. 120 Sitzplätze im Lokal (80 Nichtraucherplätze), 3 Plätze an der Bar, 70 Sitzplätze im Garten. -23

WIRT AM TEICH
4300 Sankt Valentin, Am Teich 1
0 74 35/524 21
office@wirtamteich.at
www.wirtamteich.at
ÖFFNUNGSZEITEN Mo, Di, Fr, Sa: 10.00 bis 24.00 Uhr, Do 17.00 bis 23.00 Uhr, So 10.00 bis 22.00 Uhr, Feiertag 10.00 bis 15.00 Uhr, Mi geschlossen
FASSBIER Kaiser Premium, Gösser Zwickl, Edeleiss Hofbräu, Zipfer Limettenradler
FLASCHENBIER Wieselburger Stammbräu, Zipfer Urtyp Medium, Gösser Naturgold, Schlossgold, Edelweiss Alkoholfrei, Kaltenhausen Hofbräu Maronibier
LOKAL Dieses 2012 fein herausgeputzte Ausflugsgasthaus im Ortsteil Altenhofen hat seine Ursprünge wohl in einer mittelalterlichen Burgtaverne – urkundlich belegt ist es erstmals durch eine Zehentkarte aus dem Jahr 1751. Sitzplätze: 90 im Lokal, 80 auf der Terrasse, 20 an der Bar.

NIEDERÖSTERREICH

SANKT VEIT/GÖLSEN · SCHEIBBS · SCHÖNBACH

Clappo's

Schönbacher Biergwölb

SANKT VEIT/GÖLSEN

BIERFISCH
3161 Sankt Veit/Gölsen, Brillergraben 8
0 68 0/207 73 80
d.sigl@bierfisch.at
www.bierfisch.at
ÖFFNUNGSZEITEN Mi–Do 17.00 bis 22.00 Uhr, Fr–Sa 17.00 bis 23.00 Uhr, So 11.00 bis 21.00 Uhr/So 11.00 bis 21.00 Uhr (Jänner, März, November); Geöffnet: 6.1. bis 31.1. / 2.3. bis 28.3. / 4.5. bis 29.5. / 29.6. bis 31.7. / 31.8. bis 2.10. / 2.11. bis 27.11. 2016
FASSBIER Von Petri-Bräu: Landbier und Dunkles, abwechselnd zwei Spezialbiersorten, z.B. Lüstling (Haferbier), Amber, Porter, Honigbier, Weizenbier, Roggenbier, Rauchbier, Bockbiere etc.
LOKAL Familiär geführtes Lokal mit Gasthofbrauerei — mit beschränkten Öffnungszeiten. Es lohnt, sich vor einem Ausflug hierher zu informieren, ob offen ist – und wenn offen ist, dann lohnt der Lokalbesuch. Aus eigener Aufzucht gibt es Forellen, Saiblinge, Karpfen in verschiedenen Variationen, z.B. Forellenfilet in Bierteig, Biersuppe, Treberweckerl. Im Innenbereich 50 Sitzplätze, auf der Terrasse mit Blick auf St. Veit sowie den Gölsenstau ca. 60.

SCHEIBBS

CLAPPO'S
3270 Scheibbs, Gamingerstraße 23
0 74 82/438 48
clappos@aon.at
ÖFFNUNGSZEITEN Mo–So 16.30 Uhr bis Open End
FASSBIER Schwechater Zwickl, Stiegl Goldbräu, Murauer
FLASCHENBIER Stiegl Weisse, Franziskaner, Corona, Schlossgold
LOKAL Ein Biergewölbe mit enorm langer, mehrfach verwinkelter Bar, hinter der der Besitzer „Clappo" über die Bierkultur wacht. Offenbar der Treffpunkt für den gesamten Bezirk, und auch an „schwächeren" Tagen wie dem Montag sehr gut gefüllt. Umsichtiges Service. 90 Plätze, im Garten 30.

ZUM SCHWARZEN ELEFANTEN
3270 Scheibbs, Schulstraße 13/3
0 74 82/431 30
office.zumschwarzenelefanten@utanet.at
www.zumschwarzenelefanten.at
ÖFFNUNGSZEITEN Di–Sa 10.00 bis 24.00, So 10.00 bis 16.00, Mo geschlossen
FASSBIER Wieselburger Spezial, Gösser Zwickl
FLASCHENBIER Edelweiss trüb, Kaiser schwarz
LOKAL Namentlich wurde das damalige Einkehrgasthaus „Zum schwarzen Elephanten" erstmalig im Jahre 1541 erwähnt. Ab 1974 stand es leer und war ohne Pächter bis ins Jahr 2002. Erst dann renovierte man das komplette Gebäude, welches mittlerweile unter Denkmalschutz steht, und holte es somit wieder zurück in die Öffentlichkeit. 70 Sitzplätze, Salettl im Garten: 40 Plätze.

SCHÖNBACH

SCHÖNBACHER BIERGWÖLB
3633 Schönbach, 1a
0 66 4/656 37 12
schoenbacherpils@aon.at
www.schoenbacherpils.at
ÖFFNUNGSZEITEN 5. bis 27. März, 6. bis 29. Mai, 2. bis 25. September, 4. bis 27. November 2016: Fr–Sa ab 20.00 Uhr, So ab 16.00 Uhr
FASSBIER Schönbacher Pils
FLASCHENBIER Schönbacher Pils, saisonal auch Schönbacher Bockbier
LOKAL Das Lokal befindet sich in einem über 300 Jahre alten Kellergewölbe des Pfarrhofes (ein ehemaliges Kloster) in Schönbach. Seit Juni 2006 betreibt die Familie Pichler hier eine kleine Brauerei mit Gastronomiebetrieb. Die Öffnungszeiten sind an die eines „Heurigen" angelehnt, die Räumlichkeiten werden aber auch für diverse Feiern vermietet, außerdem gibt es Jazzseminare und Gospelseminare (näheres unter www.fredwork.at). 45 Sitzplätze im Lokal, 5 Plätze an der Bar.

NIEDERÖSTERREICH

SCHÖNBERG AM KAMP · SCHRANAWAND · SCHREMS

Papperl à Pub

Zum Waldviertler Sepp

SCHÖNBERG AM KAMP

PAPPERL À PUB
3562 Schönberg am Kamp, Hauptstraße 18
0 27 33/613 52
office@papperl-a-pub.at
www.papperl-a-pub.at
ÖFFNUNGSZEITEN Mo, Di, Do, Fr 16.00 bis 24.00 Uhr, (Sa–So u. Feiertage ab 10.00 Uhr), Mi Ruhetag
FASSBIER Zwettler Pils, Zwettler Zwickl, Weitra „das Helle", Schneider Weisse
FLASCHENBIER Corona, Heineken, Guinness, Hacker Pschorr „Münchner Gold", Zwettler Dunkles, Clausthaler, Erdinger Weizen Alkoholfrei
LOKAL Nicole Diewald hat diese moderne Bierbar in einem Bürgerhaus von 1896 eingerichtet – die erneuerte Architektur stammt von Christian Vollkrann, die Innenausstattung von Christian Lintschinger. Ausgezeichnet mit der Goldenen Kelle 2013. Weil die Familie Diewald vom Radfahren begeistert ist und das Kamptal eine beliebte Radtour darstellt, ist das Papperl à Pub rasch zu einem Radfahrertreff geworden. Wer Billard spielen will, ist ebenso willkommen. Events wie Oktoberfest und St. Patrick's Day. -10

SCHRANAWAND

ZUR MINATANT
2442 Schranawand, Obere Ortsstraße 2
0 22 54/734 78
webmaster@schranawand.at.tf
www.minatant.at
ÖFFNUNGSZEITEN Mi–Fr 10.30 bis 24.00 Uhr, Sa–So 9.00 bis 24.00 Uhr, Di–Mi geschlossen
FASSBIER Kaiser Premium, Starobrno, 1516 Helles
FLASCHENBIER Wieselburger Gold, Wieselburger Stammbräu, Edelweiss Hell, Schlossgold
LOKAL Karin Huber führt hier ein Lokal im gehobenen Landhausstil – offener Kamin, weithin bekannte Küche. 60 Sitzplätze im Lokal, 80 Sitzplätze im Extrazimmer, 40 Plätze im Garten.

SCHREMS

GASTHOF SCHÖNAUER
3943 Schrems, Schulgasse 12
0 28 53/772 91
office@gasthofschoenauer.at
www.gasthofschoenauer.at
ÖFFNUNGSZEITEN 7.00 bis 23.00 Uhr, Ruhetag: Do ganztägig, So und Feiertag ab 14.00 Uhr geschlossen
FASSBIER Schremser Roggenbier, Schremser Premium, Schremser Pils
FLASCHENBIER Schremser Märzen, Doppelmalz, Schremser Premium, Franziskaner Hefeweizen
LOKAL Ein Familienlokal mit hervorragender, bodenständiger Küche. Die Wirtsleute sind geprüfte Küchenmeister, bereiten zum Beispiel den Karpfen mit Bockbier zu – und geben ihr Können sehr gern an ihre Gäste weiter. Für Ausflüge sind die sehr schönen Zimmer zu empfehlen. Bierzapfen ist hier wie Liebeskunst. 130 Sitzplätze im Lokal. -20

ZUM WALDVIERTLER SEPP
3943 Schrems, Schulgasse 5
0 28 53/772 54
gasthaus@waldviertlersepp.at
www.waldviertlersepp.at
ÖFFNUNGSZEITEN Täglich 8.00 bis 24.00 Uhr, Mi 8.00 bis 14.00 Uhr, Mo Ruhetag
FASSBIER Schremser Spezial Gold
FLASCHENBIER Schremser Märzen, Edelweiss Hefetrüb, Clausthaler
LOKAL Geburtshaus des Heimatdichters Josef Allram, genannt Waldviertler Sepp. Sehr nette Wirtsleute und eine gute Küche zeichnen dieses Haus ebenso aus wie die bemühte Bierpflege. Der Garten besitzt gemauerte Lauben, die vor der sommerlichen Hitze genauso schützen wie vor dem herbstlichen Regen. Ca. 170 Sitzplätze, Garten: ca. 170 Sitzplätze.

178
NIEDERÖSTERREICH

SCHWECHAT

Brauhaus Schwechat

Felmayer's Gastwirtschaft

SCHWECHAT

BRAUHAUS SCHWECHAT 🍺🍺🍺
2320 Schwechat, Mautner Markhof-Straße 13
01/706 86 06
anfrage@brauhaus-schwechat.at
www.brauhaus-schwechat.at
ÖFFNUNGSZEITEN Mo–Sa 11.00 bis 23.00 Uhr, So & Feiertage 11.00 bis 16.00 Uhr
FASSBIER Schwechater Wiener Lager, Schwechater Hopfenperle, Schwechater Zwickl, Schwechater „Schnitt" (Schwechater Hopfenperle und Kaiser Doppelmalz), saisonale Fassbierspezialitäten
FLASCHENBIER Reininghaus Jahrgangspils, Edelweiss Hefetrüb und Alkoholfrei, Gösser Naturgold, Gösser Kracherl, Affligem Doubel
LOKAL Die Wiederauferstehung der Brauhausgastronomie von Schwechat: Sehr schön gestaltetes modernes Bierlokalkonzept, schöner Rahmen für Treffen von Bierfreunden der Kampagne für Gutes Bier. Zur Erstpräsentation des Wiener Lagers kamen Gäste sogar aus Japan und England. Die Küche bietet bodenständige, bierige Brauhausküche. 270 Sitzplätze, 400 m im Garten.

DUBLINER PUB 🍺🍺
1300 Schwechat, Flughafen, Terminal 2
01/7007-623 55 oder 01/70 07-655 67
ÖFFNUNGSZEITEN 11.00 bis 22.00 Uhr
FASSBIER Guinness, Kilkenny, Edelweiss, Gösser, Gösser Zwickl, Reininghaus Jahrgangspils
FLASCHENBIER Heineken, Wieselburger Stammbräu, Edelweiss Hefetrüb, Schlossgold
LOKAL Dubliner Stimmung vor dem Flug tanken – in einem kleinen fensterlosen Lokal, das den internationalen Erwartungen an „irische" Stimmung entspricht. Beliebtes Mittagsbuffet. Ca. 150 Sitz- und 20 Stehplätze.

FELMAYER'S GASTWIRTSCHAFT 🍺🍺
2320 Schwechat, Neukettenhoferstraße 2 – 8/1
01/890 43 52
office@felmayer.at
www.felmayer.at

ÖFFNUNGSZEITEN Täglich 9.00 bis 24.00 Uhr, Küche bis 23.00 Uhr
FASSBIER Schwechater Hopfenperle, Kaltenhauser Bernstein, Gösser Zwickl
FLASCHENBIER Wieselburger Stammbräu, Weihenstephaner Weizenbier, Gösser Naturradler, Zipfer Limettenradler, Gösser Naturgold, Wiener Lager
LOKAL Im Namen des Textilindustriellen Franz Felmayer (1829–1898) geführtes Gasthaus in einem historischen Backsteingebäude. Großer Garten mit bunten Möbeln, der an einen Park und einen Kinderspielplatz grenzt. Herzeigebetrieb der nahen Schwechater Brauerei, auch wenn der Stolz des Hauses sichtlich auf dem Weinkeller liegt.

TYROLER STUB'N „ZUM MICHL"
2320 Schwechat, Kellerbergstraße 7
01/707 38 61
www.tyrolerstubn.com
ÖFFNUNGSZEITEN Mo–Sa 11.00 bis 22.00 Uhr, Küche 11.00 bis 21.00 Uhr, So 11.00 bis 16.00 Uhr, Küche 11.00 bis 15.00 Uhr
FASSBIER Stiegl Goldbräu
FLASCHENBIER Stiegl Weisse, Stiegl Paracelsus Zwickl, König Ludwig Dunkles, Stiegl Radler Zitrone und Grapefruit
LOKAL Traditionelles Lokal, im Sommer 2004 neu übernommen. Erdgeschoß im gediegenen Stil mit offenem Kamin, großer Gewölbekeller. Gastgarten mit eigenem Fahrradparkplatz, großer Kinderspielplatz in unmittelbarer Nähe. 50 Sitzplätze im Stüberl, 70 im Kellergewölbe (Raucher), 140 Sitzplätze im Garten, 15 Plätze an der Bar.

ZUM FREDY 🍺
2320 Schwechat, Innerbergerstraße 2
01/707 36 05 oder 0676/361 23 12
zum.fredy@aon.at
ÖFFNUNGSZEITEN Di–Fr 16.00 bis 24.00 Uhr, Sa–So und Feiertagr 10.00 bis 24.00 Uhr
FASSBIER Schwechater Hopfenperle, Wieselburger Spezial
FLASCHENBIER Kaiser Alpinradler, Kaiser Doppelmalz, Schwechater Lager, Schwechater Zwickl, Edelweiss Kristallklar, Edelweiss Hefetrüb, Schlossgold
LOKAL Das Lokal wurde 2002 umgebaut und bietet nicht nur einen gemütlichen Biergarten, sondern auch eine eigene

179
NIEDERÖSTERREICH

SENFTENBERG · SOLLENAU · STADT HAAG

kommentierte Bierkarte. Die Beschäftigten der Schwechater Brauerei kehren hier auch gern privat ein. 150 Sitzplätze im Lokal, Garten mit 220 Sitzplätzen.

SENFTENBERG

SCHLAPF'N WIRT
3541 Senftenberg, Unterer Markt 44
0 27 19/24 49 oder 0 66 4/420 53 50
office@schlapfnwirt.at
www.schlapfnwirt.at
ÖFFNUNGSZEITEN Di–Sa 18.00 bis 1.00 Uhr, So 10.00 bis 12.30 Uhr (Frühschoppen)
FASSBIER Hirter Pils, Murauer Märzen, bei Festen gibt's das Haselbräu und im Herbst Hacker Pschorr
FLASCHENBIER Stiegl Paracelsus, Stiegl Weisse, Gösser Stiftsbräu, Clausthaler
LOKAL In einer Zeit, da viele kleine Dorfwirtshäuser zusperren, ist der Schlapf'n Wirt ein außergewöhnliches Beispiel für Kontinuität der alten Wirtshaustradition. Gegründet wurde das Haus 1578 als „Pachhaus" (Bäckerei), seit 1887 war es das Gasthaus Weinkopf. 1981 wurde es von der Familie Braun übernommen und seit behutsam renoviert. Hier ist immer wieder etwas los, es gibt Sautanz, Schmankerl-Donnerstag, einen Musikantenstammtisch und immer wieder kleine Feiern der Stammgäste. 45 Sitzplätze, davon 15 im Extrazimmer und 10 an der Bar.

SOLLENAU – MARIA THERESIENSIEDLUNG

BIER17
2601 Sollenau – Maria Theresiensiedlung, Ecke Engerthstraße und B17
0 26 28/657 78
schank@bier17.com
www.bier17.com
ÖFFNUNGSZEITEN Mo–So 7.30 bis 23.00 Uhr
FASSBIER Puntigamer, Gösser, Schladminger Bio Zwickl Naturtrüb, Starobrno, ein saisonales Bier
FLASCHENBIER Gösser Stiftsbräu Dunkel, Gösser Naturradler, Wieselburger Stammbräu, Kaiser Doppelmalz, Edelweiss Hefetrüb, Corona, Heineken, Kilkenny, Edelweiss Hefetrüb Alkoholfrei, Schlossgold, Gösser Naturgold

LOKAL Mit viel hellem Holz und alter Bierwerbung stimmig eingerichtetes Lokal. „Schnörkellose, ehrliche Hausmannskost zu vernünftigen Preisen", lautet das Credo. Freundliches Service in gebrandeter Kleidung, dazu eine große Bier-Auswahl von der BrauUnion. 90 Sitzplätze im Lokal, 10 Plätze an der Bar, 100 auf der Terrasse.

STADT HAAG

GASTHOF MITTER
3350 Stadt Haag, Linzerstraße 11
0 74 34/424 26
office@mitter-haag.at
www.mitter-haag.at
ÖFFNUNGSZEITEN 11.00 bis 14.00 Uhr und 18.00 bis 21.30 Uhr, Fr ab 16.00 Uhr geöffnet, Donnerstag Ruhetag
FASSBIER Stiegl Goldbräu, Stiegl Zwickl (Paracelsus)
FLASCHENBIER Die Weisse, König Ludwig Dunkel
LOKAL Großer Gasthof mit feinem Restaurant und einem sehr privat wirkenden Garten, in dem ein eigener Bier- und Weinausschank-Pavillon für rasches Service sorgt. Das Service ist uns als sehr freundlich aufgefallen. Besitzer Albin Hawel bietet auch typisch mostviertlerische Gerichte wie Schwarzbrotsuppe mit Speck, Mostschaumsuppe, Blutwurstgröstel, Mostrostbraten mit Dörrzwetschken und gebackene Apfelknödel. Samstag gibt es ofenfrischen Schweinsbraten. 58 Plätze im Restaurant, 52 in der Gaststube und im Stüberl, ca. 100 im Garten.

Finden Sie die **BESTEN BIERLOKALE** und Ihr **LIEBLINGSBIER** in Ihrer Umgebung. Mit Conrad Seidls **BIER GUIDE APP.**
Jetzt **GRATIS DOWNLOAD** im Play- oder Appstore!

180
NIEDERÖSTERREICH
STOCKERAU · STRASSHOF AN DER NORDBAHN · TATTENDORF

Gruber's Wirtshaus

Veggie-Bräu

STOCKERAU

GRUBER´S WIRTSHAUS
2000 Stockerau, Donaustraße 26
0 22 66/628 20
wirtshaus@gruber-gruber.at
www.gruberswirtshaus.at
ÖFFNUNGSZEITEN Di–Fr 11.00 bis 14.00 Uhr und 18.00 bis 23.00 Uhr, Sa 9.00 bis 14.00 Uhr, So–Mo Ruhetage
FASSBIER Schremser Premium, Zwettler Zwickl, Zwettler Saphir
FLASCHENBIER Schremser Dunkles, Franziskaner Weißbier, Null Komma Josef
LOKAL Sehr gepflegte Gaststätte mit bemerkenswert freundlichem Personal. In den heimeligen Stuben von Gruber's Wirtshaus werden vorwiegend Klassiker aus der niederösterreichischen Wirtshausküche aufgetischt. Hier gibt's noch ein richtig deftiges Gulasch oder ein Wienerschnitzel, das wie seinerzeit bei der Oma noch in Schmalz herausgebacken wird. Und das perfekt gesottene Rindfleisch wird sogar klassisch im Kupferkessel an den Tisch gebracht. 55 Sitzplätze im Lokal, 6 Plätze an der Bar, 50 schattige Sitzplätze unter Ahornbäumen im Gastgarten.

VEGGIE-BRÄU
2000 Stockerau, Schulgasse 8
0 22 66/726 04
veggie-braeu@aon.at
www.veggie-bräu.at
ÖFFNUNGSZEITEN Mo–Do 18.00 bis 24.00 Uhr, Fr–Sa 18.00 bis 2.00 Uhr, So Ruhetag
FASSBIER Hadmar Bio Bier, Zwettler Original 1890, Stiegl Paracelsus, Stiegl Goldbräu, Stiegl Weisse
FLASCHENBIER Hirter Bio Hanfbier, Schremser Doppelmalz, Clausthaler, Murauer, diverse Bockbiere zu den „Bockzeiten"
LOKAL Das ehemalige „Studentenbräu" ist ein vegetarisches Bio-Bierpub und bietet vegane und vegetarische Speisen und Getränke vom Bio-Bauernhof an. 50 Sitzplätze, 20 Plätze an der Theke, 50 Sitzplätze im Garten.

STRASSHOF AN DER NORDBAHN

ZÜNDWERK – FINE STEAKS, BURGER & BEER
2231 Strasshof an der Nordbahn, Hauptstraße 1a
0 22 87/409 55 90
steaksburgerbeer@zuendwerk.at
www.zuendwerk.at
ÖFFNUNGSZEITEN Di–Fr 11.30 bis 23.00 Uhr, Sa 8.30 bis 23.00 Uhr, So 8.30 bis 17.00 Uhr
FASSBIER Augustiner Edelstoff, Budweiser Original, Gold Fassl Rotes Zwickl, Zwettler Saphir, Zündwerk – Erster Streich (Imperial Stout vom Brauwerk in Ottakring)
FLASCHENBIER ca. 20 Craft Biere, darunter Ama Bionda, Gusswerk Weizenguss, Blanche de Namur, Snake Dog IPA, Mystique IPA, Rochefort 8, Schneider Weisse Eisbock, Aecht Schlenkerla Rauchmärzen etc.
LOKAL Bierlokal des Jahres, siehe Seite 136.

TATTENDORF

RAHOFER BRÄU
2523 Tattendorf, Dumba Park 1
0 22 53/808 70
reservierung@rahoferbraeu.at
www.rahoferbraeu.at
ÖFFNUNGSZEITEN Mi–Fr 16.00 bis 23.00 Uhr, Sa–So 10.00 bis

181
NIEDERÖSTERREICH
THERNBERG · TRAISEN · TULLN

Adlerbräu

23.00 Uhr, Mo–Di Ruhetage, auf Anfrage geöffnet
FASSBIER Rahofer Hausbier Hell, Rahofer Zwickl, Budweiser, Schneider Weisse
FLASCHENBIER Null Komma Josef
LOKAL Der ehemalige Parkheurige im Dumba Park wurde von Susanne und Christoph Rahofer 2012 mit viel Liebe zum Detail in einen modernen Braugasthof verwandelt. Allerdings ist man dem Wein insofern treu geblieben, dass die Weinauswahl – rund 100 Sorten – die Bierauswahl weit übertrifft. Es finden regelmäßig Veranstaltungen und Konzerte statt, und der im August 2013 eröffnete Klettergarten mit verschiedenen Parcours und Kletterstationen und dem „Tandem Flying Fox" als besonderes Highlight bietet Spaß für Jung und Alt (www.kletterpark-tattendorf.at).

THERNBERG

ZUM THALER
2832 Thernberg, Markt 4
0 26 29/36 11
info@landgasthausthaler.at
www.landgasthausthaler.at
ÖFFNUNGSZEITEN Fr–Di 11.00 bis 23.00 Uhr
FASSBIER Wolfsbräu, Puntigamer
FLASCHENBIER Edelweiss, Schlossgold
LOKAL Stolz wird in der Gaststube dieses Wirtshauses der Tisch gezeigt, an dem der später für sein Engagement in der Steiermark bekannte Erzherzog Johann im ersten Viertel des 19. Jahrhunderts immer wieder zu Gast war. In unmittelbarer Nachbarschaft befindet sich seit 2012 das Wolfsbräu, das hier auch ausgeschenkt wird. 120 Sitzplätze in drei Stuben.

TRAISEN

LINKO BRÄU – GASTHOF LINKO
3160 Traisen, Gartengasse 9
0 27 62/628 02
gasthof.linko@hotmail.com
www.linko.at
ÖFFNUNGSZEITEN So–Mi 9.00 bis 14.00 und 17.00 bis 21.00 Uhr, Do 9.00 bis 14.00 Uhr, Fr & Sa Ruhetage
FASSBIER Pilsner, Wiener Gerstl

LOKAL Landgasthof in Traisen, der in den Jahren um 2000 ein wenig aufgestylt wurde und nun mit selbst gebrautem Bier ein Fixpunkt im Traisental geworden ist. Walter Heimerl von der Kampagne für Gutes Bier lobt die Bierqualität. 90 Sitzplätze im Lokal, 12 Sitzplätze an der Bar. -9

TULLN

ADLERBRÄU
3430 Tulln, Rathausplatz 7
0 22 72/626 76
gasthof@adlerbraeu.at
www.adlerbraeu.at
ÖFFNUNGSZEITEN Mo–So 8.30 bis 23.00 Uhr, in den Monaten Jänner/Februar So Ruhetag
FASSBIER Adlerbräu Zwickl Hell, Ottakringer Goldfassl Dunkel, Innstadt Hefeweizen, Budweiser
FLASCHENBIER Stiegl Goldbräu, Franziskaner Hefeweizen Dunkel, Schneider Weizen Alkoholfrei, Null Komma Josef
LOKAL Was sich heute als Gasthausbrauerei präsentiert, war vom 12. bis in das 18. Jahrhundert das vornehmste Bürgerhaus der Stadt Tulln. Einen Gasthof „Zum schwarzen Adler" gab es an diesem Platz bereits seit 1626. Moderne, aber gemütliche Brauhauseinrichtung, schöner Gastgarten mit regengeschützten Laubenplätzen. 80 Sitzplätze im Lokal, 18 an der halbrunden Bar, 80 im Garten. -23

NIEDERÖSTERREICH

TULLN · UNTERRETZBACH · VELM

Zum goldenen Schiff

S´PFANDL AM HAUPTPLATZ
3430 Tulln, Hauptplatz 25
0 22 72/666 70
essen@s-pfandl.at
www.s-pfandl.at
ÖFFNUNGSZEITEN Mo–Fr 11.00 bis 22.00 Uhr, Sa 9.00 bis 23.00 Uhr, So 11.00 bis 22.00 Uhr
FASSBIER Weitra Bräu, Stiegl Spezial, Zwettler Zwickl
FLASCHENBIER Zwettler Dunkles, Stiegl Pils, Stiegl Weisse, Stiegl Hugo, Stiegl Sport Weisse, Stiegl Freibier, Flüx Aronia Alkoholfrei
LOKAL Das im 15. Jahrhundert erbaute Haus steht unter Denkmalschutz und wurde 2009 komplett neu eingerichtet. Jetzt ist s´Pfandl das einzige Wirtshaus am Hauptplatz von Tulln. Geteilt ist es in drei Bereiche – mit dem gemütlichen Beisl im Erdgeschoß, wo man auf ein Bier kommt, Stammtischrunden hat, Karten spielt und schon mal abends zu tanzen beginnt und mit der Bar, die über einen separaten Seiteneingang zu erreichen ist. Als Kontrast dazu im Obergeschoß die renovierten mittelalterlichen Räumlichkeiten (Donaustüberl, Rosenstüberl und Nibelungenstüberl). s´Pfandl wurde zum NÖ Genusswirt 2014/2015 ausgezeichnet und ist Teilnehmer der BÖG Challenge 2015 (Beste Österreichische Gastlichkeit). 120 Sitzplätze im Lokal, 40 in der Bar, 90 Sitzplätze im Garten.

SOOBAR
3430 Tulln, Niebelungengasse 7
0 650/591 44 05
jfksoobar@hotmail.com
www.soobartulln.de.tl
ÖFFNUNGSZEITEN Mo–So ab 19.00 Uhr
FASSBIER Ottakringer Helles, Starobrno, Guinness
FLASCHENBIER Stiegl Märzen, Schneider Weisse, Corona, Heineken, Kilkenny
LOKAL Cocktailbar mit gepflegtem Bier, guter Weinauswahl, Imbissen und guter Musik, teilweise Livemusik und DJ Events. 40 Sitzplätze.

ZUM GOLDENEN SCHIFF
3430 Tulln, Wiener Straße 10
0 22 72/626 71
office@zumgoldenenschiff.at
www.zumgoldenenschiff.at
ÖFFNUNGSZEITEN Mo–Fr 10.00 bis 14.30 Uhr und 17.30 bis 23.00 Uhr, So u. Feiertage 10.30 bis 14.30 Uhr
FASSBIER Ottakringer Rotes Zwickl, Stiegl Spezial, Eggenberg Hopfenkönig, Stiegl Weisse, Ottakringer Wiener Original
FLASCHENBIER König Ludwig Dunkel, Stiegl Freibier, Stiegl Grapefruit Radler, alle Stiegl Hausbiere
LOKAL Seit 1862 im Familienbesitz, gemütliche alte Wirtsstube – Wirtshauskulturbetrieb, Top-Wirt durchgehend seit 2004 und Bierwirt 2014. 80 Sitzplätze im Lokal, 40 im Garten.

UNTERRETZBACH

RETZBACHERHOF
2074 Unterretzbach, Bahnstraße 1
0 29 42/201 71
pollak@retzbacherhof.at
www.retzbacherhof.at
ÖFFNUNGSZEITEN Mi 17.00 bis 24.00 Uhr, Do–Sa 10.00 bis 24.00 Uhr, So 10.00 bis 17 Uhr, Mo–Di Ruhetage
FASSBIER Pollak's Hausbräu (Weitra Bräu), Zwettler Radler
FLASCHENBIER Zwettler Saphir Pils, Schneider Weisse, Clausthaler
LOKAL Sonja und Harald Pollak haben ein brachliegendes Gasthaus wieder in seine ursprüngliche Pracht versetzt – schöner Kastaniengarten, 100 Plätze im Lokal, 20 an der Bar, 90 im Garten.

VELM

VELMER BIERPUB
2325 Velm, Velmer Straße 48
0 22 34/794 61
velm@ccpub.at
www.ccpub.at
ÖFFNUNGSZEITEN So–Do 9.00 bis 2.00 Uhr, Fr–Sa 9.00 bis 4.00 Uhr
FASSBIER Stiegl Pils, Budweiser, Guinness, Kilkenny

183
NIEDERÖSTERREICH
VÖSENDORF · WAIDHOFEN/THAYA

Fabrik Braugasthof

Stadt-Pub Löffler

FLASCHENBIER Stiegl Goldbräu, Hirter, Heineken, Beck's, Corona, laufend neue Monatsflaschenbiere, Beck's Alkoholfrei
LOKAL Urige Velmer Bierkneipe mit heimeliger Atmosphäre, Ziegelwände aus dem 19. Jahrhundert. Die Speisen sind täglich frisch zubereitet und werden auch mit Bier abgeschmeckt. Beach-Party, Après-Ski, Oktoberfest mit Blaskapelle, Jahresfeier mit Spanferkel und Gratisbier und St. Patrick's Day. Im Lokal ca. 40 Sitz- und ebenso viele Stehplätze, im Garten 80, Extraraum: 25 Sitzplätze und 20 Stehplätze. Dieser Raum kann auch für Selbstausschank gemietet werden.

VÖSENDORF

FABRIK BRAUGASTHOF 🍺🍺🍺
2331 Vösendorf, Ortsstraße 8–10
01/698 21 27
office@braugasthof-fabrik.at
www.braugasthof-fabrik.at
ÖFFNUNGSZEITEN Mo–Sa 8.00 bis 24.00 Uhr, So 8.00 bis 22.00 Uhr
FASSBIER Hausbier Hell und Dunkel (Ottakringer), Puntigamer, Ottakringer Zwickl, Ottakringer Rotes Zwickl, Ottakringer Helles, Gösser Zitronen Radler
FLASCHENBIER Schneider Weisse, Stiegl Goldbräu, Weitra Bräu, Corona, Hirter Pils, Stiegl Weisse Holunder Radler
LOKAL Gasthof in einem prächtig renovierten Backsteinbau einer ehemaligen Schnapsfabrik – hier wird die Tradition der ehemaligen Austria-Brauerei gepflegt. Sogar die Bierdeckel sind Reprints eines mit einem „Vienna Girl" verzierten Bierdeckels, den diese Wiener Neudorfer Brauerei um 1920 für Exporte in die USA verwendet haben soll. Gutbürgerliche Küche mit saisonalen Schmankerln. Saal für Festivitäten (bis zu 60 Personen), mediterraner Gastgarten mit eigener Bar. 250 Plätze im Lokal, 250 Plätze im Garten.

WAIDHOFEN/THAYA

FOGGY MIX 🍺🍺🍺
3830 Waidhofen/Thaya, Heidenreichsteinerstraße 28
0 70 20/62 00 72 22
zimmerl@foggy-mix.at
www.foggy-mix.at
ÖFFNUNGSZEITEN Mo, Mi, Do 20.00 bis 1.00 Uhr, Fr–Sa 10.00 bis 4.00 Uhr, So 10.00 bis 24.00 Uhr, Di Ruhetag
FASSBIER Guinness, Schremser Pils, Zwettler Zwickl, Zwettler Pils, Fosters, Foggy (Mix Spezial Bier), Heineken
FLASCHENBIER Kilkenny, Newcastle Brown Ale, Heineken, Bud, Corona, Salitos, Edelweiss Weizen Hell, Franziskaner Royal, Schlossgold, Franziskaner Alkoholfrei, Schremser Naturparkradler, Affligem (blond und dunkel mit Präsentation beim Gast/Trennung von Körper und Seele), Xandl Bräu
LOKAL Bernhard Zimmerl hat im Jahr 2012 dieses Lokal in Waidhofen a.d. Thaya mit irischer Bar, amerikanischer Lounge und einem Billardraum eingerichtet. Für ein Irish Pub hat es lange Öffnungszeiten und vor allem eine auffallend umfangreiche Karte. Es gibt nicht nur preiswerte Snacks, sondern auch gehobene Küche zu entsprechenden Preisen. Und die Bar hat auch einen lobenden Eintrag mit 79 von 100 Punkten im Falstaff Bar & Spirits Guide errungen.

LORBAER 🍺
3830 Waidhofen/Thaya, Wiener Straße 5
0 28 42/529 11
lokal@lorbaer.info
www.lorbaer.info
ÖFFNUNGSZEITEN Mo–Sa 18.00 bis 2.00 Uhr, So Ruhetag
FASSBIER Schremser Premium, Trumer Pils, Roggenbier naturtrübe Biospezialität aus dem Hause Schremser
FLASCHENBIER Erdinger Urweisse, Schremser Doppelmalz, Beck's Alkoholfrei
LOKAL Haus aus dem 17. Jahrhundert, innen mit viel Holz dekoriert – trotz hoher Weinkompetenz dem Bier treu. In der Küche wird viel Gemüse aus dem eigenen Bio-Garten verarbeitet, der Käse kommt von den Käsemachern in Waidhofen. 40 Sitzplätze, 10 an der Bar, Garten: 20 Sitzplätze.

STADT-PUB LÖFFLER 🍺🍺
3830 Waidhofen/Thaya, Heidenreichsteinerstraße 3
0 28 42/540 50
ludwig.loeffler@speeding.at
www.stadt-pub.at
ÖFFNUNGSZEITEN So–Do 9.00 bis 2.00 Uhr, Fr–Sa 9.00 bis 4.00 Uhr
FASSBIER Kaiser Doppelmalz, Zipfer Märzen/Radler

www.bier-guide.net   2016 BIER GUIDE

NIEDERÖSTERREICH

WAIDHOFEN/THAYA · WAIDHOFEN/YBBS

Gasthaus Hehenberger – Ybbstalbräu

Schlosswirt

FLASCHENBIER Edelweiss Weizenbier, Gösser Radler, Zwettler Original 1890, Zwettler Export, Corona, Heineken, Clausthaler
LOKAL Das Ludwig Löfflers Stadt-Pub ist seit zwei Jahrzehnten eine Institution im nördlichen Waldviertel: Zum Bier gibt es Pizza, Burger und Gebackenes aller Art – das sommerliche Spare-Ribs-Angebot ist inzwischen auf Freitage und Samstage im Winter ausgedehnt worden, da gibt es die Rippen in Kombination mit Zipfer Märzen. Dass hier junges, modernes Publikum zusammenfindet, hat auch damit zu tun, dass es einen Gratis-WLAN-Zugang gibt. Ca. 120 Sitzplätze im Lokal, 20 Plätze an der Bar, 30 Sitzplätze im Garten.

TELL
3830 Waidhofen/Thaya, Böhmgasse 32
0 28 42/515 44
tell@tells.at
www.tells.at
ÖFFNUNGSZEITEN Mo–Fr ab 16.00 Uhr (warme Küche von 16.00 bis 22.00 Uhr), Sa–So ab 10.00 Uhr (warme Küche von 11.30 bis 14.00 Uhr und 18.00 bis 22.00 Uhr)
FASSBIER Gösser Märzen "braufrisch vom Frischetank", Trumer Pils, Zwettler Pils, Edelweiss Weißbier
FLASCHENBIER Kaiser Doppelmalz, Waidhofner Bier, Heineken, Corona, Guinness, Edelweiss Weizenbier Alkoholfrei, Gösser Naturgold
LOKAL Schöne, in gedeckten Farben gehaltene Bar mit langer Theke, wo es jede Woche einen appetitlich wechselnden Menüplan gibt, der auf die kurze Mittagspause des stressigen Berufslebens ebenso Rücksicht nimmt wie auf die Brieftasche. Gute Bierpflege. 60 Plätze im Lokal, 12 an der Bar, 30 im Garten.

WAIDHOFEN/YBBS

BIERHEURIGER BÄRLEITEN
3340 Waidhofen/Ybbs, Bärleiten 1
0 66 4/588 04 20
zulechner@gmx.at
www.facebook.com/BierheurigerBaerleiten
ÖFFNUNGSZEITEN Fr ab 16.00 Uhr, Sa–So ab 14.00 Uhr, gegen Voranmeldung auch außerhalb der Öffnungszeiten.

FASSBIER Kaiser, Saisonbiere (etwa Oktoberbräu)
FLASCHENBIER Edelweiss, Gösser Zwickl, Wieselburger Stammbräu, Puntigamer, Hirter Morchl, Schneider Weisse, Gösser Naturgold, Biere aus der Braumanufaktur Kaltenhausen sowie wechselnde Craft Bier Spezialitäten
LOKAL Überraschend gute Bierpflege und ein engagierter junger Wirt haben diesem urigen Partykeller, ein paar Kilometer südlich von Waidhofen, Leben eingehaucht. Gelegentlich finden hier auch kommentierte Bierverkostungen statt. 40 Plätze im Lokal, 20 im Garten.

GASTHAUS HEHENBERGER - YBBSTAL BRÄU
3340 Waidhofen/Ybbs, Wiener Straße 28
0 74 42/522 43
bier@ybbstal-braeu.at
www.ybbstal-braeu.at
ÖFFNUNGSZEITEN Di–So 8.00 bis 02.00 Uhr
FASSBIER Ybbstaler Edelsud, Rosenauer Dunkel, Schwarzbier
FLASCHENBIER Waidhofner Schlossbier (Flaschenverkauf in 2-l Bierkrügen)
LOKAL Das Gasthaus Hehenberger ist seit 1883 in Familienbesitz. An den Betrieb ist neben der hauseigenen Fleischerei seit 1997 auch eine Brauerei angeschlossen. Franz Hehenberger braut dort mit viel Engagement sein eigenes Bier. Für Interessierte werden auch Bierseminare abgehalten (10 bis 15 Teilnehmer). Hausgemachtes Bierbrot, Bierlaugenbrezen, gefüllter Bierbraten. 100 Sitzplätze im Lokal, 6 Plätze an der Bar.

SCHLOSSWIRT
3340 Waidhofen/Ybbs, Schlossgasse 1
0 74 42/536 51
wirtshaus.rothschild@aon.at
www.schlosswirt-rothschild.at
ÖFFNUNGSZEITEN Mo–Fr ab 16.00 Uhr, Sa–So u. Ft. ab 10.00 Uhr
FASSBIER Wieselburger Spezial, Reininghaus Pils, Bruckners Erzbräu Bergquell
FLASCHENBIER Weihenstephaner Weizen, Edelweiss alkoholfreies Weizenbier, Imperial Ale von Bruckner, Gösser Naturgold, saisonale Biere

185
NIEDERÖSTERREICH
WAIDHOFEN/YBBS · WEIGELSDORF · WEISTRACH · WEITERSFELD

Waidhofner Bierplatzl

LOKAL Stilvolles Wirtshaus in den historischen Gemäuern des Schlosses von Waidhofen. Feine, aber leistbare Küche – und gelegentliche Bierverkostungen. Mit dem Erzbräu Versuche, auch Craft Bier zu etablieren. 60 Plätze im Lokal, 30 auf der Terrasse.

WAIDHOFNER BIERPLATZL
3340 Waidhofen/Ybbs, Hoher Markt 12
0 67 6/339 33 39
hp.dienstbier@aon.at
ÖFFNUNGSZEITEN Mo–Sa 9.00 bis 23.00 Uhr, So Ruhetag
FASSBIER Zipfer Märzen, Heineken, Edelweiss, Erzbräu, Eisenstraße Bier, Kaiser Märzen, Gösser, Hirter, Kaltenhausener Bernstein, saisonal z.B. Bockbiere oder 2x im Jahr Guinness vom Fass (St. Patrick's Day, Halloween)
FLASCHENBIER Erzbräu Bergquell, Schneider Weisse, Weihenstephaner, Desperados, Kilkenny, Affligem, Puntigamer, Wieselburger Stammbräu, Gösser Naturradler, Stiegl Goldbräu, Kaiser Fasstyp, Budweiser Pils, Murauer Märzen, Edelweiss Alkoholfrei, Gösser Naturgold, Schlossgold
LOKAL Dieses im Sommer 2007 neu eingerichtete Bierlokal zeichnet sich durch seinen großen Barbereich und die ausgesprochen kompetente Bierberatung aus. Gäste aus allen Altersschichten und Berufen. Jährlich Oktoberfest, Bockbieranstich. 30 Sitzplätze im Lokal, 35 Plätze an der Bar, 20–25 Sitzplätze im Garten.

WEIGELSDORF

WIGLIN'S PUB
2484 Weigelsdorf, Eisenstädterstraße 6
0 69 9/19 69 11 11
eni.romanledl@aon.at
www.wiglins.at
ÖFFNUNGSZEITEN im Sommer: Mi–Do 17.00 bis 24.00 Uhr, Fr–Sa 17.00 bis 2.00 Uhr; im Winter: Mi–Do 18.30 bis 24.00 Uhr, Fr–Sa 18.30 bis 2.00 Uhr
FASSBIER Guinness, Heineken
FLASCHENBIER Wieselburger Stammbräu, Gösser Märzen, Gösser Radler, Weihenstephaner, Edelweiss, Desperados, Corona
LOKAL Weigelsdorf wurde das erste Mal urkundlich im Jahr 1180 unter dem Namen Wiglinsdorf erwähnt. Seit Jänner 2012 erfreuen sich viele „Wiglinger" in der kleinen, aber gemütlichen Stube der vielen alten Fotos von früher. 35 Plätze im Lokal, 30 auf der Terrasse.

WEISTRACH

LANDGASTHOF KIRCHMAYR
3351 Weistrach, Nr. 9
0 74 77/423 80
rest@kirchmayr.co.at
www.kirchmayr.co.at
ÖFFNUNGSZEITEN Mo–Sa 10.00 bis 24.00 Uhr, So geschlossen
FASSBIER Schwechater Hopfenperle, Trumer Pils
FLASCHENBIER Trumer Champagnerweizen, Franziskaner Hefeweizen, Schwechater Zwickl, Schlossgold, Eggenberger Libero
LOKAL Zentral in Weistrach (und damit zentral im Mostviertel) gelegenes Lokal in einem seit 1186 bestehenden, nach und nach zur Taverne und später zum Gastbetrieb umgebauten Gebäude. Seit 1903 ist es in Familienbesitz. Bodenständige Mostviertler Küche, zeitgemäß adaptiert. 100 Sitzplätze, 20 an der Bar, Garten: ca. 100 Sitzplätze.

WEITERSFELD

AUBERG PUB
2084 Weitersfeld, Auberg 156
0 29 48/86 32
mega_lara@hotmail.com
www.aubergpub.at
ÖFFNUNGSZEITEN Mi–So ab 17.00 Uhr
FASSBIER Stiegl, Zwettler, Puntigamer Zwickl (wird laufend gewechselt)
FLASCHENBIER 15 verschiedene Flaschenbiere
LOKAL Pub an der Grenze zwischen Wald- und Weinviertel. Spezialität des Hauses sind die hausgemachten Steinofenpizzen und im Sommer Spareribs vom Grill. Ca. 100 Plätze im Lokal und ca. 100 Plätze im Biergarten.

NIEDERÖSTERREICH

WEITRA · WIENER NEUSTADT

Brauhotel Weitra

Bierpub Krügerl

WEITRA

BRAUHOTEL WEITRA

3970 Weitra, Rathausplatz 6
0 28 56/29 36-0
info@brauhotel.at
www.brauhotel.at
ÖFFNUNGSZEITEN Mo–Sa 7.00 bis 24.00 Uhr, So 7.00 bis 22.00 Uhr; Ruhetage sind: montags im Februar 2016 sowie 7. und 14.3.2016, Betriebsurlaub: 7.1.2016 bis einschließlich 4.2.2016
FASSBIER Naturtrübes Weitraer Brauhaus Bio-Bier, hefetrübes Weitraer Brauhaus Weizenbier, Schremser Premium, saisonale Spezialbiere (z.B. Schwarzer Bock)
FLASCHENBIER Weitraer Brauhaus Bio-Bier (als Souvenir), Schremser Roggenbier, Schremser Hanfbier, Gösser Naturgold (alkoholfrei), Edelweiss Weizenbier (alkoholfrei)
LOKAL Ehemaliges Hofbräuhaus aus dem 16. Jahrhundert – bis in die sechziger Jahre ein gewerblicher Braubetrieb. Später wurde das Haus zu einem Hotel umgebaut und mit einer der kleinsten Brauanlagen Österreichs ausgestattet – sie dient der Schremser Brauerei als Pilotbrauerei und bietet seit Jahren eine besondere Biervielfalt. Das hat die Auszeichnung „Brewpub des Jahres 2003" gebracht. Eine (Film)Führung durch die Gasthausbrauerei im Brauhotel – je nach inkludierter Verköstigung um 3,10 € bis 13,20 € (da ist dann auch ein Gulasch dabei) – kann relativ kurzfristig arrangiert werden. Aus der Küche kommen saisonale und regionale Spezialitäten sowie mit Bier verfeinerte Speisen wie das 4-gängige Brauhaus Biermenü oder das BierGENUSSmenü inkl. Bierbegleitung. Freundliche und aufmerksame Bedienung. Verschiedene gemütliche Räumlichkeiten bilden den idealen Rahmen für Familien-, Firmen- und Gruppenfeiern. Fürstenbergsaal: 70 Sitzplätze, Braukeller: 90 Sitzplätze, Bierstube: 32 Plätze, Hopfenstube: 45 Plätze. 15 Plätze an der Bar. Terrasse: 50 Plätze, Kaffeehaus: 36 Plätze. InsBIERierte Hotelpackages und Bierseminare.

GASTHOF WASCHKA – LIBELLENBRÄU

3970 Weitra, Rathausplatz 8
0 28 56/22 96
office@hotel-waschka.at
ÖFFNUNGSZEITEN Mo–So 7.00 bis 1.00 Uhr
FASSBIER Libellen-Bier, Weitra Bräu, saisonal Weitraer Vision, Clausthaler
FLASCHENBIER Clausthaler, Stiegl, Schneider Weisse
LOKAL Landgasthaus mit Blick über den Hauptplatz von Weitra und zum Storchennest auf dem Brauhaus. Hier kommt unter anderem Weitra-Bräu-Bierfleisch auf den Tisch. Neben der ausgezeichneten Küche mit Waldviertler und Böhmischen Schmankerln ist ein weiterer Pluspunkt das exklusive, nur ebendort erhältliche Fassbier: Libellenbräu (Waschka ist slawisch und heißt für Deutsch „Libelle"), eine dunkle, im Gasthausfass weiter vergorene und im Endeffekt leicht bittere Kreation des Weitraer Braumeisters Hermann Pöpperl. Ca. 140 Plätze, 15 an der Bar. Terrasse: ca. 70 Plätze.

WIENER NEUSTADT

BIERPUB KRÜGERL

2700 Wiener Neustadt, Schulgasse 2
0 66 4/283 89 37
kruegerl2700@aon.at
www.bierpub-krügerl.com
ÖFFNUNGSZEITEN Mo–Sa 9.00 bis 24.00 Uhr, So & Feiertage 14.00 bis 22.00 Uhr
FASSBIER Villacher Pils, Villacher Märzen, Piestinger Schneeberglandbier, Villacher Bock, Monatsbier (z.B. Kobersdorfer Biersud, Zipfer Kellerbier, Hop Devil von 1516 Brewing Company u.v.m.)
FLASCHENBIER Villacher Dunkel, Erdinger Urweisse, Stiegl Goldbräu, Puntigamer, Guinness, Beck's Alkoholfrei, Freistädter Bio Zwickl. Dazu wechselndes Angebot, etwa: Trumer Waldbier, Fior Kurnin von der Brauerei Kobersdorf, Gusswerk Horny Betty, Gusswerk Nicobar IPA, Gusswerk Hofbräu No1, Gusswerk Dies Irae, Gusswerk Cerevinum, Aecht Schlankerla Rauchbier Märzen, Brewdog Punk IPA, Bosteels Kwak, Wimitzbräu Weizen, Benno, Bevog Tak Pale Ale, Bevog Kramah India Pale Ale, Bevog Ond Smoked Porter, Villacher Selection Red, Villacher Hugo, Schleppe Märzen, Astra Rotlicht, Riedenburger Emmerbier, Riedenburger Dolden Sud IPA, Neumarkter Lammsbräu Dinkelbier
LOKAL Im Jahr 1983 gegründetes und seit 2001 von Stefan Camus geführtes kleines Bierlokal unweit der Burg von Wiener Neustadt. Spannend ist, was Stefan immer wieder an

NIEDERÖSTERREICH
WIENER NEUSTADT

Gastbieren zu organisieren imstande ist! In den Tiefen seines Bierkülschranks findet sich sogar von Zeit zu Zeit eine Flasche Westvleteren. Karin Vouk organisiert hier gelegentlich Bierverkostungen. Dekoriert ist die leider etwas verraucht Bar mit viel Holz und Natursteinoptik. Hat den Charakter eines „Neighbourhood-Pubs", in dem sich die Bierfreunde aus der Umgebung treffen – nicht nur, um gemeinsam zu trinken, sondern auch für Dart-Turniere und gemeinsame „bierige" Ausflüge zu Brauereien. 20 Pätze an der Bar, 15 im Hinterzimmer.

HEXENBRAU
2700 Wiener Neustadt, Raugasse 6
0 66 4/101 36 14
hexenbrau@hexenbrau.at
www.hexenbrau.at
ÖFFNUNGSZEITEN Mo–Sa 16.00 bis 24.00 Uhr, So geschlossen
FASSBIER Hausbier (Paulaner Märzen), Mohrenbrau Spezial, Stiegl Goldbräu, Murauer, Ottakringer Zwickl
FLASCHENBIER Puntigamer, Gösser Märzen, Ottakringer Radler, Paulaner Hefeweißbier, Null Komma Josef
LOKAL Annette Ecker hat dieses Lokal mit schönem postrustikalen Interieur (Alte Ziegel, Holz, Schmiedeisen, ein Kamin – und Dutzende Hexenfiguren über der Bar) im Jahr 2010 übernommen und neue „Hexengerichte" auf die Speisekarte gesetzt. Die Bedienung ist freundlich – und sie bemüht sich, die jeweils vorhandenen Biere zu empfehlen. Treffpunkt des örtlichen „Ladies Circle". Am Stammtisch finden 10 Personen Platz, 70 Sitzplätze, 20 an der Bar, 50 im Garten.

MARY'S SCOTTISH COFFEEPUB
2700 Wiener Neustadt, Lange Gasse 5
0 26 22/391 07
maryscoffeepub@a1.net
https://de-de.facebook.com/MarysCoffeepub
ÖFFNUNGSZEITEN Mi, Do, Fr ab 13.30 Uhr, Sa ab 10.00, So 10.00 bis 18.00 Uhr, Mo-Di Ruhetag
FASSBIER Guinness, Kilkenny, Schwechater Zwickl, Wieselburger
FLASCHENBIER Affligem Blonde und Dubbel, O'Hara's Stout, O'Hara's Pale Ale, O'Hara's Hell, O'Hara's Dunkel, O'Hara's Rot, London Bright, Bud, Newcastle Brown Ale, Puntigamer, Wieselburger Stammbräu, Schladminger Sepp, Kaltenhauser, Gösser Radler, Zipfer Orangenradler, Edelweiss, alkoholfreies Bier: Edelweiss, Gösser
LOKAL Dieses schöne Pub vermittelt gleich beim Hineinkommen seinen schottischen Stil – und das mit dem Kaffee muss man nicht so ernst nehmen: Es gibt neben Kaffee und Tee

BRAUHOTEL WEITRA
insBIERiert genießen im …
aukeller • Bierstube • Restaurant • Schanigarten • Golf-, Lauf- u. Walking-Packages • Seminarzentrum

NIEDERÖSTERREICH

WIENER NEUSTADT · WIESELBURG

Siegls Pub

Brauhaus / Z'wiesel

immer noch gut gezapftes Guinness (und mehrere Ales aus der Flasche). Und dazu sogar gelegentlich die schottische Nationalspeise Haggis (mit Innereien gefüllter Schafsmagen) und mit Bier verfeinerte Speisen wie das mit Bier marinierte Roastbeef, Fish & Chips in Bierteig, Marsriegel in Bierteig und Puten, Schweine- oder Hühnerstreifen in Bierteig mit Kartoffelchips. Jeden Sonntag gibt es Brunch inklusive einer mit Guinness verfeinerten Hühnerlauchsuppe – Küchenchef Andy ist sehr kreativ und versucht immer wieder neue Kreationen mit den verschiedensten Biersorten. Auch der Bier-Whisky „Claravallis" vom ansässigen Whisky-Club (Zwettler Brand Nr. 1) wird hier neben vier Dutzend anderen Whiskies ausgeschenkt. Dazu auch eine kleine, feine Auswahl an Zigarren. Jeden Freitag Livekonzerte mit Musikern aus Österreich, aber auch aus den Nachbarländern, an Sonntagen Brunch. 100 Plätze im Lokal.

SIEGL'S PUB
2700 Wiener Neustadt, Hauptplatz 11
0 69 9/192 81 176
leonhardsimone@gmail.com
www.facebook.com/Sieglspub
ÖFFNUNGSZEITEN Mo–Fr 14.00 bis 1.00 Uhr, Sa 9.00 bis 2.00 Uhr (9.00 bis 13.00 Uhr Frühstücksbuffet), So Ruhetag
FASSBIER Hausbier (Paulaner Rotes Märzen), Stiegl Goldbräu, Hubertus Keltenbier, Stiegl Paracelsus Zwickl, Guinness, Magner's Cider
FLASCHENBIER 23 verschiedene Flaschenbiere, z.B. Velkopopovický Kozel Hell, Astra Urtyp, Rotlicht, Wieselburger Stammbräu, Murauer Märzen, Weitra Bräu, Paulaner Hell u. Dunkel, Stiegl Weisse, Augustiner Weißbier Hell, Hacker Pschorr ...
LOKAL Altes, nett hergerichtetes Kellerlokal, das von Simone Leonhard seit 2008 mit viel Liebe und Engagement betrieben wird. Immer wieder bierige Aktionen, wie z.B. die Bierweltreise (man „reist" von Land zu Land und verkostet die Biere. Als Begleitung gibt es von der Chefin zubereitete Snacks wie überbackene Brote und Getoastetes. Von Zeit zu Zeit werden hier Musikabende und Themenabende (American Brunch) veranstaltet. 40 Sitzplätze im Lokal, 84 im Schanigarten direkt am Hauptplatz.

STARGL-WIRT
2700 Wiener Neustadt, Grazer Straße 54
0 26 22/223 26
www.stargl-wirt.at
ÖFFNUNGSZEITEN Mo–Fr 8.00 bis 20.00 Uhr, Sa–So u. Feiertage 11.00 bis 13.30 Uhr
April-August: kein Ruhetag, Sept.–März: So Ruhetag
FASSBIER Kaiser Premium, Kaiser Doppelmalz, Kaiser Schnitt, Zipfer Urtyp, Schladminger Pils, Monatsbiere (Schwechater Zwickl, Gösser, Puntigamer, Oktoberbier, Bockbier)
FLASCHENBIER Wieselburger Stammbräu, Edelweiss Hefetrüb, Schlossgold, Gösser Naturgold
LOKAL Ein Familienlokal mit Tradition seit 1938 – Mitglied der NÖ Wirtshauskultur. In diesem unverfälscht altmodischen und mit Neonlicht beleuchteten Beisl sind Fußball- und Sparvereine an ihren Stammtischen zu finden. Gute Hausmannskost (wie zum Beispiel das Brauhaus-Schnitzel) lädt zum Schmausen ein. 120 Sitzplätze im Lokal, 10 bis 15 Plätze an der Bar. Garten: 100 Sitzplätze.

WIESELBURG

BRAUHAUS / Z'WIESEL
3250 Wieselburg, Hauptplatz 2
0 74 16/52700
post@brauhauswieselburg.at
www.brauhauswieselburg.at
ÖFFNUNGSZEITEN Mi–So ab 17.00
FASSBIER Wieselburger braufrisch (aus dem Tank), Gösser Zwickl, Kaiser Märzen
FLASCHENBIER Wieselburger Stammbräu, Edelweiss Hefetrüb, Wieselburger Schwarzbier, Gösser Naturgold, Edelweiss Alkoholfrei
LOKAL Johann Heindl hat den Brauhof von Wieselburg im Herbst 2015 zu einem Schmuckstück der österreichischen Braugaststätten umgebaut – vorne ein gutbürgerliches Restaurant mit Kachelofen, dahinter eine moderne Tagesbar, an der das Bier sehr aufmerksam gezapft wird und ganz hinten, wo früher das Lokal Sudhaus urige Stimmung verbreitet hat, ist jetzt mit der Abendbar Z'wiesel ein zeitgemäßer Relaunch gelungen. 120 Plätze in verschiedenen Stuben, 50 im Z'wiesel. -30

189
NIEDERÖSTERREICH
WIESELBURG · YBBS · YBBSITZ

Sidamo

Kirchenwirt – Kiwi

FRITZ 🍺🍺🍺
3250 Wieselburg,
Josef-Riedmüller-Straße 1
0 66 4/443 44 47
frisco.fritz@gmx.at
ÖFFNUNGSZEITEN Mo–Sa ab 16.30 Uhr bis Open End, So u. Feiertage ab 18.00 Uhr
FASSBIER Wieselburger Gold, Ottakringer Zwickl, Wieselburger Stammbräu, Schneider Weisse
FLASCHENBIER Wieselburger Schwarzbier, Trumer Pils, Guinness, Gösser Naturtrüb Alkoholfrei, Edelweiss Weißbier Alkoholfrei
LOKAL Das im Stil eines viktorianischen Pub gehaltene Lokal ist urbaner Treffpunkt für die Region Scheibbs-Melk-Ybbs-Wieselburg. Die Atmosphäre ist angenehm – Chef de service Anna sorgt mit dezenter Hintergrundmusik für den guten, nicht zu lauten Ton. Und mit einer häufigen Pflege der Bierleitungen für perfekte Bierpflege. Ca. 60 Sitzplätze im Lokal, 40 Plätze auf der Terrasse.

YBBS

SEFF 🍺🍺🍺🍺
3370 Ybbs, Wienerstraße 3
0 74 12/200 70
office@seff.at
www.seff.at
ÖFFNUNGSZEITEN Täglich ab 18.00 Uhr, So Ruhetag
FASSBIER Wieselburger Gold, Weihenstephan Weizen, Gösser Zwickl
FLASCHENBIER Wieselburger Stammbräu, Wieselburger Spezial, Stiegl Goldbräu, Weihenstephan Alkoholfrei, Gösser Naturgold, Gösser Naturradler, Edelweiss, Guinness
LOKAL Direkt neben dem Donauradweg lädt dieses Lokal nicht nur Radler ein – und serviert wird natürlich auch nicht nur Radler. Der Gemeindearzt von Ybbs und andere Hobbybrauer kommen gelegentlich vorbei, um ihre Brauversuche zur Verkostung anzubieten. Dies war auch schon dem Bierpapst.TV einen Bericht wert. Lokale Küche mit regionalen Schmankerln.

SIDAMO 🍺
3370 Ybbs a.d. Donau, Hauptplatz 7
0 74 12/582 20
sidamo@gmx.at
ÖFFNUNGSZEITEN Mo–Do 8.00 bis 22.00 Uhr, Fr–Sa 8.00 bis 24.00 Uhr, So 13.00 bis 22.00 Uhr
FASSBIER Wieselburger, Schneider Weisse
FLASCHENBIER Wieselburger Stammbräu, Edelweiss Weizenbier, Wieselburger Spezi
LOKAL Gemütliche Bar und Nostalgiecafe mit dunklem Holz und steinerner Bar. Auffällig ist die hübsche Schankanlage, bei der die Schneider Weisse aus einem Saxophon kommt (wenn ein Schneider Fass angehängt ist, was aber nicht immer der Fall sein dürfte). 15 Sitzplätze im Lokal, 15 Plätze an der Bar.

ZUM BRAUNEN HIRSCHEN
3370 Ybbs a.d. Donau, Rathausgasse 9
0 74 12/522 45
braunerhirsch@aon.at
www.zumbraunenhirschen.at
ÖFFNUNGSZEITEN Täglich 9.00 bis 23.00 Uhr
FASSBIER Kaiser Märzen, Wieselburger, Edelweiss, Kaiser Doppelmalz, Gösser Naturgold
FLASCHENBIER Puntigamer Märzen
LOKAL Eine der ältesten Gaststätten in Ybbs. Das Haus wurde 1534 das erste Mal urkundlich erwähnt und trug immer den Hausnamen „Zum braunen Hirschen". 🛏-38

YBBSITZ

KIRCHENWIRT – KIWI 🍺
3341 Ybbsitz, Markt 29
07443 / 88143
info@kiwi-ybbsitz.at
www.kiwi-ybbsitz.at
ÖFFNUNGSZEITEN Mi–Fr 17 bis 24.00 Uhr, Sa–So u. Feiertage 10.00 bis 14.00 Uhr und ab 18.00 Uhr
FASSBIER Gösser Märzen
LOKAL In einer Seitengasse abseits des Marktplatzes findet sich der Eingang in dieses offenbar alteingesessene, aber schön herausgeputzte Wirtshaus, in dem es lokale Spezia-

NIEDERÖSTERREICH

YBBSITZ · ZEILLERN · ZWETTL

Landgasthof Steinmühl

Kuba – Die Bar

litäten und gepflegtes Bier gibt. Größer Loungebereich, der Freitag und Samstag ab 20.00 Uhr geöffnet ist. 60 Sitzplätze in der Gaststube, 60 Sitzplätze im Garten. -16

LANDGASTHOF STEINMÜHL
3341 Ybbsitz, Maisberg 42
0 74 43/863 83
office@landgasthof-steinmuehl.at
www.landgasthof-steinmuehl.at
ÖFFNUNGSZEITEN Do–Mo 10.30 bis 24.00 Uhr, Di–Mi Ruhetage
FASSBIER Starobrno, Wieselburger Spezial
FLASCHENBIER Reininghaus Jahrgangspils, Schneider Weisse, Edelweiss Weizenbier Alkoholfrei, Gösser Naturgold
LOKAL An der Straße von Ybbsitz nach Waidhofen gelegenes Restaurant mit in dunklem Holz gehaltener Einrichtung und einer auf Steaks spezialisierten Küche. Ausgezeichnet als „Bierqualität 1. Liga" von Wieselburger. 50 Plätze im Saal, 30 im Restaurant, 20 im Stüberl, 10 im Gastzimmer und 30 im Gastgarten. -23

ZEILLERN

DORFSCHMIEDE
3311 Zeillern, Ludwigsdorf 71
0 74 72/647 87
dorfschmiede@gmx.at
www.dorfschmiede.at
ÖFFNUNGSZEITEN Mi–Sa 9.00 bis 1.00 Uhr, So 9.00 bis 15.00 Uhr, Mo und Di Ruhetage
FASSBIER Gösser Zwickl, Edelweiss Hefetrüb, Kaiser Premium, Gösser Naturradler
FLASCHENBIER Gösser Naturgold, Weizen Bier alkoholfrei
LOKAL Hat sich als Weinlokal einen Namen gemacht, ist aber wegen seiner Urigkeit auch bei Bierfreunden beliebt. Ca. 65 Sitzplätze, Garten: ca. 40 Sitzplätze, 15 Plätze an der Bar. -5

ZWETTL

'S BEISL
3910 Zwettl, Landstraße 15
0 28 22/524 10
info@sbeisl.at
www.sbeisl.at
ÖFFNUNGSZEITEN Mo–So ab 10.00 Uhr, kein Ruhetag
FASSBIER Zwettler Pils, Zwettler Zwickl und Zwettler Radler, zusätzlich eine abwechselnde Fassbierspezialität wie zum Beispiel Hirter Pils, Trumer Pils, Schneider Weisse, Weitra Hell
FLASCHENBIER Heineken, Schneider Weisse, Zwetschkenradler, Zwettler Dunkles, Clausthaler sowie eine variierende kleine Auswahl an Craft Bieren.
LOKAL Kleine Bar am Rande des Hauptplatzes – einer der wichtigsten Treffpunkte im ganzen Bezirk und stets bemüht, die Zwettler Bierkultur hochzuhalten. Im Herbst 2015 wurde auf einer zur Verfügung gestellten Brauanlage erstmals ein eigenes Bier, ein bernsteinfarbenes Zwicklfestbier, gebraut. Für 2016 ist vorgesehen, wieder ein eigenes Bier einzubrauen. 32 Sitzplätze im Lokal, 30 Plätze an der Bar. Gastgarten mit ca. 35 Sitzplätzen.

KUBA – DIE BAR
3910 Zwettl, Syrnauer Straße 1
0 28 22/201 66
info@kuba-diebar.at
www.kuba-diebar.at
ÖFFNUNGSZEITEN Mo–So ab 16.00 Uhr
FASSBIER Zwettler Pils, Zwettler Radler, Zwettler Zwickl, Zwettler Dunkles, Hadmar Bio Bier
FLASCHENBIER Schneider Weisse, Corona, Desperados, Heineken, Clausthaler
LOKAL Große, in mehrere Bereiche gegliederte, moderne Cocktailbar in unmittelbarer Nachbarschaft der Zwettler Brauerei, deren Chef Karl Schwarz hier gelegentlich zu Gast ist. Insgesamt 40 Sitzplätze und 60 Plätze an der Bar.

191
NIEDERÖSTERREICH
ZWETTL

Schwarz Alm

Wirtshaus „Im Demutsgraben"

SCHWARZ ALM 🍺🍺🍺🍺
3910 Zwettl, Almweg 1
0 28 22/531 73
willkommen@schwarzalm.at
www.schwarzalm.at
ÖFFNUNGSZEITEN Mo–So 7.00 bis 2.00 Uhr
FASSBIER Zwettler Zwickl, Zwettler Pils, Hadmar Bio Bier, Zwettler Saphir, Zwettler Original, Zwettler Radler
FLASCHENBIER Zwettler Bock, Zwettler Dunkles, Zwettler Luftikus, Stiegl Weisse und weitere nationale und internationale Flaschenbiere (je nach Saison)
LOKAL Der idyllisch mitten auf einer Waldlichtung gelegene Brauereiausschank der Zwettler Brauerei ist für die Bierkulinarien berühmt – das hat der Schwarz Alm schon im Jahr 2000 die Auszeichnung als bestes Bierrestaurant Österreichs eingebracht. Die Schwarz Alm war tatsächlich einmal eine vom Brauereibesitzer Georg Schwarz eingerichtete Alm. Für den Almbetrieb wurde eine Hütte gebaut, die von den Naturfreunden genutzt wurde und später von der Familie Schwarz zu einem der schönsten Hotels des Waldviertels umgebaut wurde. Im Winter 2015/2016 wurde das gesamte Restaurant inklusive Hotel generalrenoviert. In der Küchenphilosophie wird das Thema Bier aufgegriffen, und so werden die Gäste nicht nur zu, sondern auch mit Bier kulinarisch verwöhnt. Restaurant: 170 Sitzplätze, Zwickl-Bar mit 25 Plätzen, 80 auf der Panoramaterrasse. ✧⛄✕🍴-38

STADT-PUB 🍺🍺🍺
3910 Zwettl, Kremser Straße 1
0 28 22/517 73
www.stadtpub.at
ÖFFNUNGSZEITEN So–Mi 9.00 bis 1.00 Uhr, Fr–Sa 9.00 bis 3.00 Uhr, Do geschlossen
FASSBIER Zwettler Pils, Zwettler Citrus Radler
FLASCHENBIER Hadmar Bio Bier, Zwettler Export, Edelweiss Weizenbier, Wieselburger Stammbräu, Desperados, Guinness, Schlossgold
LOKAL Das Lokal sieht von außen wie viele andere alteingesessene Landgasthäuser aus, innen aber ist ein modernes, vielfach gegliedertes, sehr bierig wirkendes Lokal eingebaut. Lange Bar, freundliche Bedienung. 50 Sitzplätze, Bar: 20 Plätze, Extrastube (Café Classic): 30 Sitzplätze, Garten: ca. 70 Sitzplätze.

WIRTSHAUS „IM DEMUTSGRABEN" 🍺🍺🍺
3910 Zwettl, Niederstrahlbach 36
0 28 22/523 64
info@demutsgraben.at
www.demutsgraben.at
ÖFFNUNGSZEITEN Mi–Do 15.00 bis 23.00 Uhr, Fr–So u. Feiertage ab 11.00, Mo–Di Ruhetage
FASSBIER Zwettler Pils, Zwettler Zwickl, Weitra Hadmar
FLASCHENBIER Paulaner Hefeweizen, Clausthaler
LOKAL Monika und Martin Huber haben am Wanderweg ins Zwettltal ein Schmuckstück von einem Wirtshaus restauriert und dabei den Stil der Fünfzigerjahre erhalten. 2005 wurde der Garten im Innenhof hergerichtet. Originale Lamperie. Bier kommt auch in der Küche zu seinem Recht – etwa beim Zwettler Bierknödel. 95 Plätze im Lokal, 35 im Garten. ⛄

WIE SALZKAMMERgut SCHMECKT DEINS?

das bier ZUM SALZKAMMERGUT

VON **A** WIE AFIESL BIS **Z** WIE ZIPF

OBER ÖSTER REICH

# 194
OBERÖSTERREICHS BIERLOKAL DES JAHRES
ROHRBACH

BERTLWIESER'S – ROHRBACHS BIERIGSTES WIRTSHAUS 🍺🍺🍺🍺🍺

4150 Rohrbach, Stadtplatz 34a
0 72 89/213 01
office@bertlwiesers.at
www.bertlwiesers.at

ÖFFNUNGSZEITEN Di–Sa 9.00 bis 24.00 Uhr, So 9.00 bis 22.00 Uhr, Mo Ruhetag
FASSBIER Schlägl Urquell, Hofstettner Granit, Freistädter Bio Zwickl
FLASCHENBIER Schlägl Pils, Schlägl Abtei Bier, Schlägl Bio Roggen, Schlägl Tripel, Schlägl gelagerter Doppelbock, Schlägl Jahrgangs Doppelbock, Schlägl in Primus, Hofstettner Sündenbock, Hofstettner Granitbock, Hofstettner Granitbock ICE, Hofstettner G'froren's Iced IPA, Hofstettner Granitbock Reserve 2009, Hofstettner Bio Honigbock, Hofstettner Hidden Gem, Freistädter Dunk'l, Engelszeller Gregorius, Engelszeller Benno, Rieder IPA, Brew Age Pale Ale Hopfenauflauf, Brew Dog Punk IPA, Lindemans Cassis, Duvel, Corona Extra, Andechser Weißbier, Franziskaner Weißbier, Gösser Naturgold, Gösser Naturradler, Forstner Brew-Secco

LOKAL Im „Rohrbachs bierigstem Wirtshaus" wird großer Wert auf Regionalität gelegt – das Fleisch stammt von den Bauern der Umgebung, Obst und Gemüse aus den Gärten der Region und die Fische kommen aus heimischen Gewässern. Das Konzept bekam 2015 eine Sonderauszeichnung beim Pegasus, einem von den Oberösterreichischen Nachrichten verliehenen Wirtschaftspreis. Tatsächlich kann man hier gut essen – aber viele kommen einfach, weil hier Bierkultur gepflegt wird – viele der Biere sind ebenfalls regional, aber auch das internationale Angebot kann sich sehen lassen. Sehr kompetente Bedienung, sehr bemühte Zapfkultur. Das Bier kann gestachelt werden (speziell um Weihnachten sehr beliebt) und es gibt Bierempfehlungen zu allen Speisen. 70 Plätze im Lokal.

OBERÖSTERREICH

AFIESL · AIGEN IM MÜHLKREIS

Bergergut

AFIESL

BERGERGUT 🍺🍺🍺🍺🍺
4170 Afiesl, Oberafiesl 7
0 72 16/44 51
bergergut@romantik.at
www.romantik.at
ÖFFNUNGSZEITEN Mo–So 8.00 bis 22.00 Uhr
FASSBIER Alm Bräu Hellblond, Alm Bräu Dunkelblond, ein Bier des Monats
FLASCHENBIER Glüxx als Damenbier, Braucommune Freistadt Junghopfenpils, Braucommune Freistadt Biozwickl, Neufeldner S'Hopferl, Neufeldner Rotschopf, Neufeldner Weizenbock, Hofstettner Granitbier, Hofstettner Hochland Bio Honigbier, Schlägl Abtei Bier, Schlägl „Der Starke", Schlägl „Tripel", Zwettler Saphir Premium Pils, Schremser Bio Roggen, Hirter Morchl, Schloss Eggenberg Samichlaus, Stift Engelszell Gregorius, Pilsner Urquell, Franziskaner Weißbier Dunkel, Camba Bavaria – Hop Gun und Dry Stout, Lindemans Framboise, La Chouffe Golden Ale, Chimay Rouge, Rochefort 6, Guinness extra Stout, Salitos Tequilabeer, Gusswerk Austrian Amber Ale, Nicobar India Pale Ale, Clausthaler Zwickl Alkoholfrei, Edelweiss Weizen Alkoholfrei, Braucommune Freistadt Zwickl Radler
LOKAL Werner Pürmayer hat dieses exklusive Romantikhotel in den vergangenen Jahren erfolgreich ausgebaut und einen besonderen Schwerpunkt auf Bierkulinarik gelegt. Im Jahr 2002 hat das Haus bereits die Auszeichnung als Bierrestaurant des Jahres erhalten. Tamas Zsoldos ist BeerKeeper wie er im Buche steht. Der junge Ungar liefert perfekte Empfehlungen zum Bierpairing im Restaurant des Hotel Bergergut in Afiesl, einer kleinen Gemeinde im Mühlviertel, westlich von Bad Leonfelden. Als Chef de Rang ist Tamas der Regent über das Restaurant und, für uns weit wichtiger, über den Bierkeller und die Bierkarte des Hotels. 25 Plätze in der Bergergut-Stube, 72 im Privatissimum. ✕ ⊨-20

AIGEN IM MÜHLKREIS

ALMESBERGER 🍺🍺
4160 Aigen im Mühlkreis, Marktplatz 4
0 72 81/8713
hotel@almesberger.at
www.almesberger.at
ÖFFNUNGSZEITEN So–Do 10.00 bis 24.00 Uhr, Fr–Sa 10.00 bis 1.00 Uhr, kein Ruhetag
FASSBIER Zwickl vom Almesberger Bräu (Sondersud von der BrauUnion), Kaiser, Gösser, Gösser Radler Naturtrüb, Weihenstephan Weizen Hell, Guinness
FLASCHENBIER Schlägl Kristall, Zipfer Medium, Weihenstephan Weizen Dunkel, Schlossgold, Edelweiss
LOKAL Das Almesberger ist quasi das erste Haus am Platz in Aigen: Hier war seinerzeit ein Bierdepot der Brau AG, im Almesberger wird an die bodenständige Brautradition (Aigen hatte früher eine kommunale und fünf freieigentümliche Brauereien) angeknüpft. Die Küche bietet klassische Schmankerl und vegetarische Gerichte. Ca. 110 Sitzplätze, 35 im Gastgarten.

S'PUB 🍺
4160 Aigen im Mühlkreis, Marktplatz 25
0 676/402 45 70
office@almbar.co.at
www.almbar.co.at
ÖFFNUNGSZEITEN Fr–Sa und vor Feiertagen ab 21.00 Uhr
FASSBIER Schlägl Kristall
FLASCHENBIER Hacker Pschorr Sternweisse, Paulaner Alkoholfrei
LOKAL Kleines, aber recht gemütliches Pub am Hauptplatz, im selben Haus wie die viel lautere Almbar. Zentrale Bierbar, freundliches Service.

OBERÖSTERREICH

AIGEN-SCHLÄGL

Biergasthaus Schiffner

Braugasthof Wurmhöringer

AIGEN-SCHLÄGL

BIERGASTHAUS SCHIFFNER
4160 Aigen-Schlägl, Linzer Straße 9
0 72 81/88 88
schiffner@biergasthaus.at
www.biergasthaus.at
ÖFFNUNGSZEITEN Fr–Mo 9.00 bis 23.00 Uhr, So bis 21.00 Uhr, Mi–Do 18.00 bis 23.00 Uhr, Di Ruhetag
FASSBIER Hofstettener Champion Bitter, Schlägl Urquell, Freistädter Bio-Zwickl, Uerige Alt, Chimay Triple, BrewDog Punk IPA
FLASCHENBIER Ständig werden neben den Bierviertler Spezialitäten aus Schlägl, Hofstetten und Freistadt auch Biere der Schlossbrauerei Eggenberg, Monatsbiere von Stiegl und Spezialsude aus Kaltenhausen präsentiert. Das Gesamtangebot umfasst über 150 Biere aus aller Welt mit Schwerpunkt Belgien, Großbritannien und Deutschland, aber auch Biere aus Holland, Dänemark, Norwegen, Italien, Frankreich, Tschechien und USA. Das Sortiment wird laufend verändert. Die aktuelle Bierkarte findet man auf der Website www.biergasthaus.at
LOKAL Diplom-Biersommelier Karl Schiffner ist einer der engagiertesten Bierwirte Österreichs: Im Jahr 2009 hat er die erste Weltmeisterschaft der Biersommeliers gewonnen. Und in seinem Lokal wird er mit jedem Detail seinem Ruf gerecht. Die Bierauswahl (Schau-Kühlraum!) gehört zu den besten auf dem Kontinent. Spezialisiert auf Bier-Cocktails und die Mühlviertler Bierreise (Brauereibesichtigungen, Besuch beim Hopfenbauern und fünfgängiges Bierkulinarium). Ausgezeichnet 2005 als oberösterreichischer Bierwirt des Jahres. Auf der Speisekarte finden sich ein „Beschwipster Bierkapuziner" und „Bieramisu". Das Biersortiment ändert sich alle 3 Monate. Seit 2014 braut Felix Schiffner regelmäßig Bierspezialitäten, die das Angebot noch zusätzlich bereichern. Darunter finden sich ein Leinsamenbier, ein Smoked-Wheat Saison, ein Schokobananenbier und viele weitere kreative Sude.

Das Speisenangebot variiert nach den Jahreszeiten. Bierverkosterschulungen, Themenverkostungen wie Bier & Käse, Bier & Schokolade. Das Biergasthaus bietet auch 12 Zimmer, die neu gestaltet wurden – unterm Hopfenbild schläft sich's besonders gut – und eine Suite mit Kombisauna. Und wer es nicht schafft, selber nach Aigen-Schlägl zu kommen: Die interessantesten Biere gibt es auch per Versand! Restaurant: 100 Sitzplätze, 20 an der Bar, 45 Sitzplätze auf der windgeschützten Sonnenterrasse.

STIFTSKELLER STIFT SCHLÄGL
4160 Aigen-Schlägl, Schlägl 1
0 72 81/88 01-280
stiftskeller@stift-schlaegl.at
www.stift-schlaegl.at
ÖFFNUNGSZEITEN Di–Sa 11.00 bis 24.00 Uhr, So- u. Feiertage 9.00 bis 23.00 Uhr, Montag Ruhetag. In den Wintermonaten (Nov. – März) auch Di Ruhetag.
FASSBIER Schlägl Urquell, Schlägl Kristall, Schlägl Bio Roggen, Schlägl Stifter Bier, Schlägl BIO Zwickl, Schlägl Malz König, Schlägl Zwickl Bock, Schlägl Fastenbier, Andechser Weißbier; Spezialitäten der Stiftsbrauerei Schlägl, eingebraut in der kleinen Versuchsbrauerei „Schlägler Spielwiese".
FLASCHENBIER Schlägl Kristall Leicht, Schlägl Pils, Abtei Bier 2014, Hofstettner Granitbier, Hofstettner Honigbier, Freistädter Bio Zwickl, Freistädter Ratsherrn, Andechser Weißbier, Clausthaler, Edelweiss Alkoholfrei
LOKAL Als die Stiftsbrauerei im 20. Jahrhundert in neue Gebäude übersiedelt wurde, hat man das ehemalige Sudhaus und die Lagerkeller in ein stimmiges Bräustüberl umgebaut. Die alten hölzernen Lagerfässer dienen heute noch als stimmungsvolle Logen, wo man in kleiner Runde Bier und Doppelbockbierbrand kosten und bierige Gerichte (vom Weißwurstfrühstück bis zum 5-gängigen Kulinarium) genießen

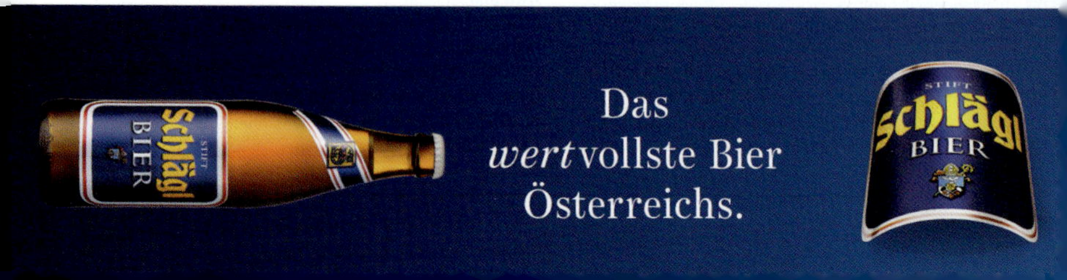

Das *wert*vollste Bier Österreichs.

OBERÖSTERREICH
ALTHEIM

Napoleonwirt

kann. Verschiedene Verkostungsangebote wie ein 3-gängiges „Bierschmankerlmenü", Bierkulinarium mit „bierigen" Speisen oder einen speziellen „Bierigen Abend" gegen Voranmeldung. 180 Sitzplätze, über 90 im Garten. -20

ALTHEIM

BRAUGASTHOF WURMHÖRINGER
4950 Altheim, Stadtplatz 10—11
0 77 23/422 04
info@wurmhoeringer.at
www.wurmhoeringer.at/gasthof
ÖFFNUNGSZEITEN Di–Do 10.00 bis 24.00 Uhr, Fr 10.00 bis 15.00 Uhr (bei gebuchten Veranstaltungen auch am Abend geöffnet), Sa 10.00 bis 14.00 Uhr, So 9.00 bis 14.00 Uhr
FASSBIER Wurmhöringer Märzen, Wurmhöringer Römerweg-Radler, Wurmhöringer Zwickl, Wurmhöringer Kellertrübes
FLASCHENBIER Wurmhöringer Leichtes-Landbräu, Wurmhöringer Privat-Pils, Premium-Märzen, Thermenbräu, Goldkrone, Zitronen-/Grapefruitradler, Wurmhöringer Festbock (saisonal)
LOKAL Die prächtige Fassade verspricht außen, was die renovierten Gastlokale im Inneren halten. Man kommt in das sehr gepflegte traditionelle Braugasthaus der auf demselben Grundstück befindlichen Brauerei Wurmhöringer (gegründet im Jahr 1652). Gelungene Mischung aus traditionellem Stadtwirtshaus und modern angehauchter Küche – hier werden zum Beispiel Bier-Zwiebelsuppe, Szegediner Gulasch mit Bier und Bierkrapferl serviert. Der ehemalige Schalander (Aufenthaltsraum der Brauer) ist nun eine Stube für die besonderen Tage, hier ist Platz für 25 Personen. Weiteres Stüberl: Gambrinus (ein Platz für jeden Anlass, gemütlich feiern mit bis zu 40 Freunden), Gaststube: ca. 120 Sitzplätze, Gastgarten im Arkadenhof: ca. 60 Sitzplätze.

ENGLWIRT
4950 Altheim, St. Laurenz 37
0 77 23/423 36
herzlichst@englwirt.at
www.facebook.com/gasthaus.englwirt
ÖFFNUNGSZEITEN Fr–Di 9.00 bis 2.00 Uhr, Mi und Do Ruhetage
FASSBIER Raschhofer Classic, saisonal: Raschhofer Bockbier, Raschhofer Herbstbier
FLASCHENBIER Raschhofer Pils, Raschhofer Hefe Hell, Raschhofer Hefe Dunkel, Raschhofer Zwicklbier, Null Komma Josef
LOKAL Bevor man dieses weitläufige, helle Landgasthaus betritt, kommt man durch einen sehr schönen Biergarten. Drinnen warten eine Bar und ein großer Restaurantbereich. Gekocht wird hier mit Bier – etwa rustikal gefüllter Rostbraten mit Zwicklbiersauce und Bratkartoffeln. Jährlich „Innviertler Starkbieranstich" mit einem Jahresrückblick auf die prägnantesten politischen und gesellschaftlichen Ereignisse des Vorjahres – so ähnlich wie am Nockherberg in München. Leider hat man in letzter Zeit den Eindruck, dass der Englwirt sich lieber der Weinkultur zuwendet. 160 Sitzplätze im Lokal, Saal mit 220 Plätzen, 15 Plätze an der Bar, 120 Sitzplätze im Garten.

NAPOLEONWIRT
4950 Altheim, Stadtplatz 33
0 77 23/422 32 oder 0 67 6/701 43 02
info@napoleonwirt.at
www.napoleonwirt.at
ÖFFNUNGSZEITEN Mi–So von 9.00 bis 24.00 Uhr
FASSBIER Stiegl Goldbräu, Stiegl Pils, Raschhofer Zwickl
FLASCHENBIER Rieder Weisse Hell, Rieder Weisse Dunkel, Rieder IPA, Rieder Schwarzmann, Wurmhöringer Zwickl, Raschhofer Pils, Raschhofer Bierreise (Stout, Porter etc.), Stiegl Radler Grapefruit, Stiegl Weisse Holunder Radler, Stiegl Freibier, Stiegl Sport Weisse, saisonal Raschhofer Bock, Rieder Weißbierbock
LOKAL Alois und Melanie Schöppl sind stolz darauf, dass in ihrem Haus schon Napoleon zu Gast war – und als Verbeugung vor der französischen Bierkultur gibt es hier auch Picon Bière, einen Aperitif aus Märzenbier und gewürzhaftem Orangenlikör. Die Chronik dieses ehemals größten Altheimer Bräuanwesens (Brauerei Baumgartner) reicht bis in die erste Hälfte des 17. Jahrhunderts zurück. Teile des Kellers dürften aber noch wesentlich älter sein und dürften aus der Zeit der Gotik stammen – 2012 wurde ein Teil der früher als Lagerkeller dienenden Gewölbe der gastronomischen Nutzung zugeführt. Die eigentliche Gaststube ist freundlich mit Lärchenholz gestaltet und verfügt auch über eine gemütliche Stehbar. Die Käsekultur wird vom Wirt besonders hochgehalten – das brachte eine Auszeichnung als Bier&Käse-Lokal des Jahres

OBERÖSTERREICH

ALTMÜNSTER · ASPACH · ATTERSEE

Maximilianstube

Zum Hoangarten

2007 ein! 80 Sitzplätze im Lokal, 40 im Kaminzimmer, 45 Plätze in gemütlichen Gewölbekeller, 60 Sitzplätze im idyllischen Innenhof Gastgarten, 8 Plätze an der Bar. -13

ALTMÜNSTER

MAXIMILIANSTUBE
4814 Altmünster, Maximilianstraße 2 / B3
0 76 12/878 00
office@maximilianstube.at
www.maximilianstube.at
ÖFFNUNGSZEITEN Di–Sa 17.00 bis 24.00 Uhr
FASSBIER Eggenberger Zwickl, ein Monatsbier
FLASCHENBIER Dies Irae, Horny Betty, Austrian Amber Ale, Cerevinum, Samichlaus, Engelszeller Gregorius, Engelszeller Benno, Rieder Weizenbock, Rieder Dunke Weisse, Eggenberger Hopfenkönig, Eggenberger Doppelbock Dunkel, Urbock 23, Hofstettner Granitbock, Rieder Edelbock, Bier Pur Barley Wine.
LOKAL Ein 200 Jahre altes Traditionsgasthaus in unmittelbarer Nachbarschaft zum Schlosspark wurde durch das Zusammenspiel von Bewährtem und Modernem zu neuem Leben erweckt. Kernstück des Lokals ist die historische Gaststube, in der die alte Schank und die Wandgemälde von Franz von Zülow erhalten geblieben sind. Zwar versteht sich das Lokal als Heurigenbetrieb, doch überzeugt ein Blick in die Vitrine gegenüber dem Heurigenbuffet (Schmankerln vom Mangalitza-Schwein!), dass hier eine außergewöhnliche Biervielfalt geboten wird. Wirt Florian Eckmair hat die Erfahrung gemacht, dass besonders ausgefallene Biere wie jene des Brauhaus Gusswerk bei den Gästen gut ankommen. Die Bierkarte mit den korrekten Bierbeschreibungen darf als vorbildlich gelten! 100 Plätze im Lokal, 15 an der Bar.

ASPACH

HOTEL GASTHOF DANZER
5252 Aspach, Höhnharter Straße 19
0 77 55/70 66
info@hotel-danzer.at
www.hotel-danzer.at
ÖFFNUNGSZEITEN Mo–So 7.00 bis 3.00 Uhr
FASSBIER Spezialbier: Gösser Märzen „Braufrisch" aus dem Lagertank (Orion-System – das Bier kommt völlig unverfälscht ohne Zusatz von Schankmix, CO2 etc. ins Bierglas und schmeckt wie frisch von der Brauerei. Zipfer Märzen, Weihenstephan Weizen Hell, Aspacher Urbräu; saisonal Gösser Naturradler Zitrone (Sommer), Oktoberbräu (Herbst) Danzer Bräu Hausbier, Danzer Zwickl, Stiegl Goldbräu, Rieder Urecht, Rieder Weisse Hell, Arcobräu Weizen, Wurmhöringer Märzen
FLASCHENBIER Weihenstephan Weizen Hell, Weihenstephan Weizen Dunkel, Edelweiß Weizen Dunkel, Wieselburger Stammbräu, Gösser Naturgold, Gösser Märzen, Gösser Naturradler Zitrone, Gösser Naturradler Kräuter, Zipfer Limettenradler, Zipfer Orangenradler, Heineken Pils, Uttendorfer Pils, Zipfer Pils, Desperados, Corona, Schladminger Bio Zwickl, saisonal Reininghaus Pils (Frühjahr), Edelweiss Gamsbock (Winter)
LOKAL Hotelbar eines netten und sehr preiswerten Seminarhotels – einer der größten Veranstaltungsorte im Innviertel – mit bodenständigem Restaurant und einem großen Wellnessbereich. Auf den drei Kegelbahnen wurde auch schon das eine oder andere Krügerl Bier ausgespielt. Die Bierstube mit dem Kachelofen wurde 2007 neu gestaltet, das Bier ebenso wie das Speisenangebot (es gibt z.B. Bierbratl) ist nun noch reichhaltiger. Sehr auffallend ist, wie man sich um die Reinigung der Bierleitungen bemüht. Bis zu 1600 Plätze, Garten: 50, Bar: 250. -68

ATTERSEE

ZUM HOANGARTEN
4864 Attersee, Palmsdorf 17
0 76 66/70 03 oder 0 69 9/12 64 41 09, 0 67 6/375 50 51
volkher.mit.h@gmx.at, herwigkaltenboeck@yahoo.de
www.hoangarten.at
ÖFFNUNGSZEITEN Fr/Sa/So 16.00 bis 24.00 Uhr, für Gruppen ab 15 bis 20 Personen nach Vereinbarung auch an anderen Tagen möglich.
FASSBIER Hoangartenbier der Hausbrauerei Kaltenböck, je nach Saison Kramperlbock, Attergauer Weizen, Atter-Ale, IPA
FLASCHENBIER Hoangartenbier in 0,5 und 2 Literflaschen, Saisonbiere (z.B. Kramperlbock)
LOKAL Bäuerliche Idylle pur: Eine kleine, heimelige Braugaststätte, wo Braumeister Dipl. Ing. Volkher Kaltenböck und sein Bruder Mag. Herwig Kaltenböck ihre im 300 Jahre alten

BIER GUIDE 2016   www.bier-guide.net

199
OBERÖSTERREICH

ATTNANG-PUCHHEIM · AU/DONAU · BAD GOISERN

Dischgu

Steegwirt

Bauernhaus gebrauten Bierspezialitäten ausschenken. Gastgarten, der übrigens Biergarten des Jahres 2013 war, mit Blick zum Attersee und ins Höllengebirge sowie literarische und musikalische Veranstaltungen. Zum Essen gibt es herzhafte Bauernjausen. Mit dabei ist eine Landwirtschaft, die im Nebenerwerb mit Mutterkuhhaltung, Ackerflächen, Wald in Plenterwirtschaft und Streuobstwiesen genutzt wird. Seit Sommer 2009 wird auf den eigenen Ackerflächen Gerste für das selbst gebraute Bier angebaut. 40 Sitzplätze in der Stube, 70 Plätze im Garten.

ATTNANG-PUCHHEIM

GASTHOF WEISSL
4800 Attnang-Puchheim, Gmundnerstraße 31
0 76 74/665 00
office@gasthof-weissl.at
www.gasthof-weissl.at
ÖFFNUNGSZEITEN Mo 8.00 bis 24.00 Uhr, Di–Do 6.00 bis 24.00 Uhr, Fr 6.00 bis 14.00 Uhr, Sa–So Frühschoppen
FASSBIER Zipfer Doppelgold, Zipfer Märzen, Zipfer 3
FLASCHENBIER Affligem Blonde, Edelweiss Hofbräu, Wieselburger Stammbräu (Bügelflasche), Gösser Naturgold, Zipfer Hell Alkoholfrei 0,3 l und 0,5 l, Edelweiss Weißbier alkoholfrei
LOKAL Gestandenes Landgasthaus mit guter Bierpflege und nettem Biergarten.

AU/DONAU

BIERTREFF HAUSBOOT
4332 Au/Donau, Marktstraße 40
0 72 62/588 98
elisabeth.mantel@aon.at
ÖFFNUNGSZEITEN Mi–Sa 16.00 bis 2.00 Uhr, So 9.30 bis 12.00 Uhr und 16.00 bis 24.00 Uhr
FASSBIER Kaiser Premium, Stiegl Goldbräu, Hirter Pils, Guinness, saisonal Oktoberbier
FLASCHENBIER Kaiser Märzen Fasstyp, Wieselburger Stammbräu, Corona, Null Komma Josef
LOKAL Großes Bierlokal mit hundertjähriger Tradition. Unterschiedliche Bereiche (zum Beispiel für Dart und Billard). 38 Plätze im Lokal, 25 m im Saal, 20 an der Bar, 50 im Garten.

BAD GOISERN

DISCHGU
4822 Bad Goisern, Untere Marktstraße 17
0 61 35/82 38
lupo55@gmx.at
ÖFFNUNGSZEITEN Mo–Sa 19.00 bis 2.00 Uhr, So u. Feiertage geschlossen
FASSBIER Zipfer Märzen, Hirter Märzen, Guinness, Maisel's Weisse, Gösser Naturradler
FLASCHENBIER Maisel's Weisse, Schlossgold
LOKAL Der Name kommt vom „Dischgu"-tieren, denn dieser Laden mit der langen Bar und den gemütlichen Ecken lädt genau dazu ein. Pop- und Rock-Musik aus den 60er- bis 80er-Jahren, 60 Sitzplätze im Lokal, 20 Plätze an der Bar, 10 Sitzplätze im Garten.

STEEGWIRT
4822 Bad Goisern, Au 12
0 61 35/83 02
office@steegwirt.at
www.steegwirt.at
ÖFFNUNGSZEITEN Mo–So 10.00 bis 22.00 Uhr
FASSBIER Hallstatt Bier (extra für den Steegwirt gebraut), Gösser Märzen, Gösser Stiftsbräu Dunkel, Weihenstephaner, Spezialbiere nach Saison
FLASCHENBIER Zipfer Märzen, Weihenstephaner Alkoholfrei, Schlossgold
LOKAL Familie Grampelhuber betreibt dort, wo die Traun den Hallstätter See verlässt, quasi am Eingang zur Weltkulturerbe-Region Hallstatt-Dachstein-Salzkammergut, dieses gemütliche und bierige Lokal. Im Flur fällt der große Kasten auf, in dem Stammgäste ihre Bierkrüge einsperren können. Und bei Tisch wird traditionsgemäß Brot und Salz als Willkommen serviert. Dass der Juniorchef Fritz Gramplhuber durch die Obauer-Schule gegangen ist, verspricht feine Speisen. Und man wird nicht enttäuscht. Die herzhafte Küche zeichnet sich durch Kreativität (z.B. Krenfleisch vom Seesaibling) aus, die Spezialität des Hauses ist aber das Bratl in der Rein. 110 Sitzplätze in zwei getrennten Stuben + Veranda, 140 Sitzplätze im Garten.

200
OBERÖSTERREICH
BAD ISCHL · BAD LEONFELDEN

Schnitzelkaiser

Leonfeldner-Hof

BAD ISCHL

K&K HOFBEISL
4820 Bad Ischl, Wirerstraße 4
0 61 32/272 71
max@kukhofbeisl.com
www.kukhofbeisl.com
ÖFFNUNGSZEITEN So–Mi 8.00 bis 2.00 Uhr, Do–Sa 8.00 bis 4.00 Uhr
FASSBIER Trumer Pils
FLASCHENBIER Maisel's Weizen, Clausthaler
LOKAL Seit 1985 eine der schönsten Bars des Salzkammerguts: „Wenn einer von K&K erzählt, mit einem Lächeln auf seinen Lippen, dann hat er den Charme dieser Bar erlebt". Sehr angenehme Stimmung – und bis spät in die Nacht gibt es etwas zu essen. Am Wochenende kann es allerdings ein bisserl eng werden – wobei das stets freundliche Serviceteam die Ruhe bewahrt und auch bei großem Andrang sorgsam zapft. 90 Plätze im Lokal, 25 an zwei Bars.

SCHNITZELKAISER
4820 Bad Ischl, Leitenbergerstrasse 2
0 61 32/252 60
info@restaurant-schnitzelkaiser.at
www.restaurant-schnitzelkaiser.at
ÖFFNUNGSZEITEN Mi–Do 11.00 bis 14.00 Uhr & 17.00 bis 22.30 Uhr, Fr–Sa 11.00 bis 15.00 Uhr & 17.00 bis 24.00 Uhr, So 11.00 bis 15.00 Uhr & 17.00 bis 21.00 Uhr
FASSBIER Kaltenhausener Bernstein, Zipfer
FLASCHENBIER 40 verschiedene, teilweise selbst importiert und daher wechselnd. Meist auf der Karte: Gulden Draak, Duvel, Brew Dog Punk IPA, Schwendl 5 Korn, Kuchlbauer Alte Liebe Weißbier, Bürgerbräu Helle u. Dunkle Weisse, Rieder Naturtrüb, Wieselburger Stammbräu, Weihenstephaner Weißbier, Kaltenhausener Original Keller Spezial, Hacker Pschorr Kellerbier, Bürgerbräu Alpenstoff Lemon, Gösser Naturgold
LOKAL Der Lokalname mag auf Großstadtbewohner mit ihren Erfahrungen in diversen Schnitzelhäusern irritierend wirken – doch was Stephan Maurer in Bad Ischl betreibt, hat nichts mit Fast Food zu tun. Erfrischend offen weist er die Gäste darauf hin, dass sie sich vom Wein hier nicht viel erwarten dürften („Wir sind ein Bierlokal") und gibt lieber entsprechende Bierempfehlungen. Die Bierkarte ist gut dokumentiert, die mündlichen Empfehlungen fachkundig (Herr Maurer ist ausgebildeter Biersommelier) und die Schnitzel sind einen Versuch wert.

BAD LEONFELDEN

LEONFELDNER-HOF
4190 Bad Leonfelden, Hauptplatz 8
0 72 13/63 01
info@leonfeldner-hof.at
www.leonfeldner-hof.at
ÖFFNUNGSZEITEN Mo–So 7.00 bis 24.00 Uhr
FASSBIER Gösser Braufrisch (Tank), Gösser Zwickl
FLASCHENBIER Edelweiss Hefetrüb, Edelweiss Alkoholfrei, Gösser Naturgold, Gösser Naturradler
LOKAL Berühmt geworden ist dieses Lokal im Winter 2016: Gediegene Gastlichkeit und ein von hellem Holz geprägtes Ambiente sind die auffälligsten Merkmale des am Hauptplatz gelegenen Leonfeldner Hofes – aber anlässlich der ÖVP-Klubklausur in Bad Leofelden erteilte Wirt Wolfgang Schwarz der ÖVP-Spitze (und allen Politikern, die Registrierkasse, Barrierefreiheit, Allergengesetze, Lohn- und Sozialdumping, Rauchverbot auf ihre Fahnen geschrieben haben) Lokalverbot. Er wurde in den Social Media damit zum Star. Aber nun zum Bier: Der besondere Stolz des Wirts ist die Schankanlage: Als einziger Wirt in der Region zapft er das Gösser „braufrisch" aus dem Tank. Und er ist auch Gastgeber für die Leonfelder Freibrauer Loge, die hier die Publikation „eana bier" vorgestellt hat. 300 Sitzplätze im Lokal, 10 Plätze an der Bar, 50 Sitzplätze im Garten. ⌐-42

VERMISSEN SIE IHR LIEBLINGS-BIERLOKAL?

DANN SCHREIBEN SIE UNS:
bierguide2017@gmx.at

# OBERÖSTERREICH

BAD SCHALLERBACH · BRAUNAU

BAD SCHALLERBACH

GRÜNES TÜRL 🍺🍺
4701 Bad Schallerbach, Gebersdorf 1
0 72 49/481 63-0
hotel@gruenes-tuerl.at
www.gruenes-tuerl.at
ÖFFNUNGSZEITEN Täglich 9.00 bis 22.00 Uhr
FASSBIER Grieskirchner Pils, Grieskirchner Tradition oder Weizen – je nach Saison
FLASCHENBIER Grieskirchner Export Hell, Grieskirchner Export Dunkel, Grieskirchner Leichtes, Grieskirchner Hefeweizen, Grieskirchner Weizen Dunkel, Clausthaler Classic und Extra herb
LOKAL Alter Vierkanthof mit schönem Gewölberestaurant und – wenn man übers Wochenende bleiben möchte – Komfortzimmern im Herzen von Bad Schallerbach. 135 Plätze, Garten: 100 Plätze. 🍺 ♨ 🍴 -40

HOTEL STADT WIEN 🍺🍺
4701 Bad Schallerbach, Badstraße 8
0 72 49/481 09
aschauer@hotelstadtwien.at
www.hotelstadtwien.at
ÖFFNUNGSZEITEN Mo–So 7.00 bis 22.00 Uhr, spätestens bis 24.00 Uhr
FASSBIER Grieskirchner Pils

FLASCHENBIER Budweiser, Franziskaner Weißbier Hell, Dunkel und Alkoholfrei, Grieskirchner Export Dunkel, Grieskirchner Jörger Weisse, Grieskirchner Pils, Grieskirchner Festbock (saisonal), Clausthaler
LOKAL Neubau in zentraler Lage in Bad Schallerbach – im Foyer eine Hotelbar, die einem modern gestalteten Café-Restaurant gleicht. Mediterranes Flair durch viele Pflanzen im Café und im Schanigarten, der von Oleandern und Palmen eingegrenzt ist. Verfeinerte Wiener Küche. 120 Plätze im Lokal, 15 an der Bar, 60 im Garten. 🍺

PARZER WIRT 🍺🍺
4701 Bad Schallerbach, Schönauerstraße 43
0 72 49/480 46 01
parzerwirt@village-net.at
www.parzerwirt.at
ÖFFNUNGSZEITEN Mo u. Mi 10.00 bis 14.00 Uhr und 17.00 bis 24.00 Uhr, Do–Sa ab 10.00 Uhr durchgehend, Di Ruhetag
FASSBIER Gösser, Zipfer Kellerbier, Gösser Zwickl, Starobrno, Edelweiss, Wieselburger Spezial, Oktoberbräu und Festbock je nach Saison
FLASCHENBIER Zipfer Medium, Gösser Stiftsbräu, Schlossgold, Edelweiss Alkoholfrei
LOKAL Gutbürgerliches Traditionsgasthaus – seit 100 Jahren in Familienbesitz und 2004 vorsichtig renoviert. Der Wirt Ernst Roithmeir hat für jeden Gast ein Späßchen über. 140 Sitzplätze, 15 Plätze an der Bar, 70 im Garten.

BRAUNAU

BRAUHAUS BOGNER BRAUNAU/HASELBACH
🍺🍺🍺🍺
5280 Braunau, Haselbach 22
0 77 22/223 58 und 0 66 4/440 03 33
hb.bogner@aon.at
www.hausbrauerei-bogner.at
ÖFFNUNGSZEITEN Mi–Sa 16.30 bis 1.00 Uhr, Sonn- u. Feiertage ab 11.00 Uhr durchgehend geöffnet, Mo–Di Ruhetage
FASSBIER Augustiner Bräu Mülln, Haselbacher Zwickl, Haselbacher Urbock, Bogner-Weisse, Bogner Leichte Weisse Hell und Dunkel, Bogner Zwicklbier, Johann Dunkel, Bockbiere nach Saison. Das Bier zur Landesausstellung 2012 in Brau-

OBERÖSTERREICH

BRAUNAU · EFERDING

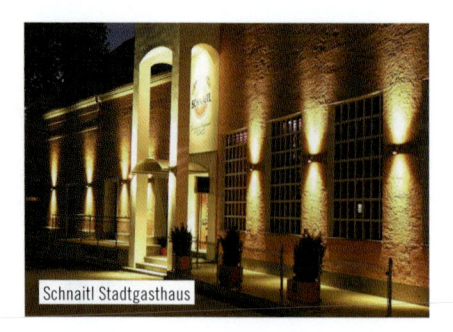

Schnaitl Stadtgasthaus

nau wurde eigens eingebraut: „Wittelsbacher Weiße" & Sissi-Bier, Irish AMBER im Degustationsglas
FLASCHENBIER Bogner-Weisse und Raschhofer Hopfenstangerl. Es werden alle Biere der BIERREGION Innviertel (Schnaitl Dunkel, Uttendorfer Pils, Wurmhöringer Pils, Baumgartner Pils, Engelszeller Trapistenbier sowie Rieder Bügerl, Rieder Honigbier und Rieder Porter angeboten.
LOKAL 150 Jahre altes Brauwirtshaus der längst geschlossenen Stechl-Brauerei, das mehr als 18 Jahre leer gestanden ist. Helmut Bogner hat hier die 15-hl-Brauanlage des ehemaligen Salzburger Amadeus Bräu installiert und eine sehr bierige Einrichtung geschaffen, vergleichbar vielleicht am ehesten mit dem Wochinger Bräu in Traunstein. Speisen nach Innviertler und bayerischer Tradition, zum Bier passend und mit Bier gekocht. 190 Sitzplätze im Lokal, 250 Plätze im Saal, 250 Sitzplätze im Garten.

S'BUDWEISER
5280 Braunau, Stadtplatz 33
0 699/10 33 93 21
eva.kolnhofer@tele2.at
ÖFFNUNGSZEITEN Mo–Do 17.00 bis 24.00 Uhr, F –Sa 15.00 bis 3.00 Uhr, So Ruhetag
FASSBIER Budweiser Budvar, Pilsner Urquell, Velkopopovický Kozel
FLASCHENBIER Budweiser Budvar, Pilsner Urquell, Staropramen, Velkopopovický Kozel, Beck's, Franziskaner Weizen
LOKAL Kleine tschechische Themen-Bar im AXA-Durchgang am Hauptplatz. Sehr bemühte Bedienung, 40 Plätze, 12 an der Bar, 25 im Schanigarten auf dem Hauptplatz.

SCHNAITL STADTGASTHAUS
5280 Braunau, Theatergasse 1–3
0 77 22/632 63
schnaitl-stadtgasthaus@gmx.at
www.schnaitl-braunau.com
ÖFFNUNGSZEITEN Täglich von 10.00 bis 24.00 Uhr
FASSBIER Schnaitl Original, Schnaitl Pils de Luxe, Schnaitl Naturtrüb, Schnaitl Dunkel, Bayern Weisse Hell
FLASCHENBIER Schnaitl Festbock, Bayern Weisse Dunkel, Franziskaner Alkoholfrei, Schneider Leichte Weisse, Claustahler

LOKAL Moderne Interpretation eines Gasthauses – traditionelle Elemente sind sehr gut mit moderner Innenarchitektur und Möblierung verbunden. Regionale Küche mit Schnaitls Braumeisterpfandl, Vogerlsalat, Innviertler Knödelteller, Bierkutscher Gulasch, aber auch einige exotischere Angebote. 170 Plätze im Lokal, 30 an der Bar, 200 im Gastgarten.

EFERDING

GASTHAUS LACKNER
4070 Eferding, Brandstatt 5
0 72 72/207 45
office@gasthauslackner.at
www.gasthauslackner.at
ÖFFNUNGSZEITEN Mi–Sa 11.00 bis 14.00 Uhr und 17.00 bis 22.00 Uhr, So & Feiertage durchgehend geöffnet
FASSBIER Budweiser Dunkel & Hell, Gösser Märzen, Gösser Zwickl Radler
FLASCHENBIER Edelweiss, Schlossgold
LOKAL Riesige Auswahl an Whisky's – ca. 80 Flaschen stehen schön und dekorativ aufgestellt in der Gaststube sowie eine große Auswahl an Zigarren. Most und Schnaps aus der Nachbarschaft. Küche: Regionale Produkte aus dem Eferdinger Bezirk, Fische aus der Donau (der Gasthof liegt direkt an der Donau), Fleisch von den Bauern der Umgebung.

ZUM GOLDENEN KREUZ – GASTHOF KREUZMAYR
4070 Eferding, Schmiedgasse 29
0 72 72/41 42
info@gasthof-kreuzmayr.at
www.gasthof-kreuzmayr.at
ÖFFNUNGSZEITEN Mo–Fr 7.00 bis 24.00 Uhr, So u. Feiertage 7.00 bis 15.00 Uhr, Sa Ruhetag
FASSBIER Stiegl, Eggenberg, König Ludwig Hefeweizen
FLASCHENBIER Eggenberg Birell, König Ludwig Dunkel, König Ludwig Weißbier Alkoholfrei
LOKAL Im Gasthof Kreuzmayr im Herzen von Eferding wurde die Bierkultur in den vergangenen Jahren wesentlich ausgebaut – was der Stiegl-Brauerei die Auszeichnung „Oberösterreichischer Bierwirt des Jahres 2015" wert war. 140 Sitzplätze im Lokal, 70 Sitzplätze im Garten.

OBERÖSTERREICH

EGGELSBERG · EIDENBERG

Gössnitzer

Eidenberger Alm

EGGELSBERG

GÖSSNITZER 🍺🍺🍺
5142 Eggelsberg, Salzburgerstraße 15
0 77 48/23 46
laurum@gmx.at
www.amphicles.net
ÖFFNUNGSZEITEN Do–Mo 9.00 bis 14.00 und 17.00 bis 24.00 Uhr, Di & Mi Ruhetage
FASSBIER Privatbrauerei Schnaitl Florian, Privatbrauerei Raschhofer Altheim „Hopfenstangerl" Pils
FLASCHENBIER Brauerei Vitzthum Uttendorfer Pils, Privatbrauerei Schnaitl Pils, Privatbrauerei Schnaitl Dunkel Vollbier, Grünbacher Altweizen Dunkel, Grünbacher „Benno Scharl" Braumeister Weizen, Grünbacher Green Flash, Grünbacher Prinzen Bock Starkbier, Uttendorfer Pils
LOKAL Schönes Lokal mit 400 Jahre alter Stube und einer jungen Philosophie: Bier ist ein wesentlicher Geschmacksverstärker in den Saucen zu Braten und Schweinespezialitäten (Galloway-Rind und Turopolje-Schwein, nur heimisches Wild und Fisch). Im Herbst gibt's immer Hopfeneis aus hausgemachtem Hopfensirup. Sensationell sind aber die hausgemachten Käse: Im Bierkäse verarbeitet Bernhard Gössnitzer das Schnaitl Dunkel. Mozzarella bereitet er aus ganz frischer Kuhmilch, welche sofort verarbeitet wird – keine Idee von jenen Mozzarellas, die im Mund wie essbarer Kunststoff wirken. Außerdem gibt es Ziegenkäse, Gervais und sogar einen Tiroler Graukäse. Dazu wird hausgebackenes Biertreberbrot gereicht. 60 Sitzplätze im Lokal, 10 Plätze an der Bar, 60 Sitzplätze im Garten. ♿ ✂

SCHNAITL BRAUGASTHOF GUNDERTSHAUSEN 🍺🍺🍺
5142 Eggelsberg, Gundertshausen 37
0 77 48/207 01
braugasthof@schnaitl.at
www.braugasthof-schnaitl.at
ÖFFNUNGSZEITEN 1. Mai – 31. Okt.: Mo–Fr 11.30 bis 23.00 Uhr, So u. Feiertage 10.30 bis 22.00 Uhr, Sa Ruhetag; 1. Nov. – 30. April: Mo–Do 11.30 Uhr bis 14.30 Uhr und 17.00 bis 22.00 Uhr, Fr–Sa Ruhetage
FASSBIER Schnaitl Original, Schnaitl Florian, Schnaitl Radler Naturtrüb, Schnaitl Dunkel, Schnaitl Naturtrüb, Schnaitl Festbock (saisonal), Bayern Weisse Hell, Schnaitl Maibock (saisonal)
FLASCHENBIER Schnaitl „Pils de Luxe", Bayern Weisse Dunkel, Clausthaler, Rieder Weisse Alkoholfrei. Biershop: Schnaitl Original, Schnaitl Radler Naturtrüb, Schnaitl Dunkel, Schnaitl Festbock (saisonal), Bayern Weisse Hell, Schnaitl Dunkel, Bayern Weisse Hell, Schnaitl Maibock (saisonal), „Stille Nacht" Festtagsbier (saisonal), Flaschenbiere diverser Kleinbrauereien: Brauerei Gußwerk, Schwarzbräu, Gratzer, Bierzauberei u.v.m. sowie Biere der Bierregion Innviertel
LOKAL Dort, wo die Bierstraße die Salzstraße an einem Kreisverkehr mit Kapelle kreuzt, befindet sich direkt neben der Privatbrauerei Schnaitl der brauereieigene Braugasthof, der von der Schwester des Bräus geführt wird. Elisabeth Schnaitl ist eine tolle Gastgeberin, zapft perfekt und hat das Haus zu einem vorbildlichen Bräuwirt gemacht: Der große Saal wurde zu einer (besonders mittags) gut besuchten Wirtsstube umgebaut – und eine große Bar lädt zur Bierverkostung unter einer Sudpfanne. Die Karte mit den hausgemachten Speisen bietet auch Bieriges wie z.B. Weißbierschaumsuppe, Schnaitl Biergulasch, Dunkel-Bier-Bratl (an Sonn- und Feiertagen) und eine Dessertvariation "Hopfen & Malz". Der Schnaitl Braugasthof lockt auch mit Brauereibesichtigungen mit anschließender Bierverkostung – und wer zu ausgiebig verkostet hat, kann auch gleich in einem der renovierten Fremdenzimmer (ausgestattet mit liebevoll restaurierten Bauernmöbeln und bierigen Fototapeten) übernachten. 70 Sitzplätze im Saal, 50 unter dem historischen Brauerei-Bild in der Florian Stubm (Raucher), 25 im Wirzinger Stüberl, 100 im Gastgarten. 🛏-15

EIDENBERG

EIDENBERGER ALM 🍺🍺
4201 Eidenberg, Eidenberg
0 72 39/50 50
office@eidenberger-alm.at
www.eidenberger-alm.at
ÖFFNUNGSZEITEN Mi–So ab 7.00 Uhr, So ab 20.00 Uhr geschlossen, Mo–Di Ruhetage
FASSBIER Eidenberger Herzblut naturtrübes Zwickl, Gösser, Edelweiss, Freistädter

OBERÖSTERREICH

ENNS · FELDKIRCHEN AN DER DONAU · FRANKENMARKT · FRANKING

Gasthaus Lichtl – Backhendlstation

Gasthaus Weiss-Ober

FLASCHENBIER Reininghaus Pils, Edelweiss Alkoholfrei, Gösser Naturgold
LOKAL Ausflugsgasthof wenige Kilometer nördlich von Linz-Urfahr und doch in fast unberührter Natur. An das bestehende Gasthaus haben Monika und Johann Schütz im Jahr 2000 ein Stück für Stück in Angerberg bei Wörgl abgebautes, 250 Jahre altes Bauernhaus wieder aufgebaut und mit einer sehr stimmigen Bar eingerichtet. Sitzplätze: Eidenberger Alm: 200, Tiroler Alm: 120, Gastgarten: 150, Lounge-Bereich im Gastgarten: 40, Bar: Bar in der Eidenberger Alm: 10, Bar Tiroler Alm Erdgeschoß: 10, Bar Tiroler Alm Galerie: 10.

ENNS

GASTHAUS LICHTL – BACKHENDLSTATION
4470 Enns, Mauthausener Straße 37
0 66 0/772 94 41
office@gh-backhendlstation.at
www.gh-backhendlstation.at
ÖFFNUNGSZEITEN Winter: Mo–Do ab 15.00 Uhr, Fr–Sa ab 11.00 Uhr, So ab 9.00 Uhr; Sommer: Mo–Sa ab 11.00 Uhr, So ab 9.00 Uhr
FASSBIER Gösser Pils, Kaiser Pils, Weihenstephaner Weizen, eine monatlich wechselnde Bierspezialität, z.B Wieselburger Stammbräu
FLASCHENBIER Zipfer Urtyp, Zipfer 3, Schlossgold, Edelweiss Weizen Alkoholfrei, Bürgerbräu Hefeweizen Dunkel
LOKAL Jochen Lichtls Gasthaus hat einen der schönsten Gastgärten auf Oberösterreich (er selbst nennt ihn bescheiden den schönsten Biergarten von Enns) – wo gut gezapftes Bier und Backhendl serviert werden. 50 Sitzplätze in der Gaststube, 80 Sitzplätze im Speisesaal im 1. Stock, 130 Plätze im Gastgarten.

FELDKIRCHEN AN DER DONAU

GASTHAUS SCHLAGERWIRT
4101 Feldkirchen an der Donau, Oberwallsee 12
0 72 33/72 20
gasthaus@schlagerwirt.at
www.schlagerwirt.at
ÖFFNUNGSZEITEN Do–So & Feiertage geöffnet. Winterpause: 24. Dezember bis Ende Februar.

FASSBIER Grieskirchner Edelsud, Hofstettner Granitbier, Herbst Zwicklbier (saisonal), Radler
FLASCHENBIER Neufeldner Biobier „s'Zwickl", Paulaner Weizenbier, Clausthaler, Grieskirchner „Das Leichte", saisonal: Grieskirchner Festbock, Hofstettner Bockbier
LOKAL Beliebtes Ausflugsgasthaus im Naturschutzgebiet Pesenbachtal mit eigenem Bauernhof – eigene Hofkäserei, Fleisch vom Weideochsen, Bauernspeck, Most, Obstsäfte, hausgebrannte Schnäpse. Traditionelle Hausmannskost (weitum bekannt für den Schweinsbraten aus dem Holzofen), Auszeichnung mit der „Wildbretplakette" für besondere Wildküche (nur Wild aus heimischem Revier). Nichtraucherlokal. 80 Sitzplätze im Lokal, 120 Sitzplätze im Garten. Mitglied/Auszeichnungen: Slow Food Betrieb, Donausteig Wanderwirt, AMA Gastrosiegel „Kulinarisches Erbe Österreich", Mühlviertel pur, Genusslandwirt OÖ.

FRANKENMARKT

GASTHAUS WEISSL-OBER
4890 Frankenmarkt, Hauptstraße 71
076 84/63 56
barcuba@aon.at
www.barcuba.at
ÖFFNUNGSZEITEN Di–Sa 9.00 bis 24.00 Uhr, So 9.00 bis 13.00 Uhr, Mo Ruhetag, weitere Öffnungszeiten auf Anfrage
FASSBIER Bräu am Berg Märzen, Zipfer Märzen
FLASCHENBIER Bräu am Berg Hefeweizen, Pils u. Festbock, Zipfer Märzen, Edelweiss Hefetrüb Weißbier, Edelweiss Weißbier Dunkel, Schlossgold Alkoholfrei, Clausthaler, Zipfer Zitronenradler, Zipfer Limettenradler, Gösser Naturradler
LOKAL Uriger und unverfälschter Dorfgasthof mit gutbürgerlicher Küche in zentraler Lage. Sehr freundliche Wirtsleute und eine Stammtischrunde, bei der auch Fremde Anschluss finden. Gemütlicher Gastgarten im Hof. -6

FRANKING

MOORHOF
5131 Franking, Dorfibm 2
0 62 77/81 88 oder 82 01
landhotel@moorhof.com
www.moorhof.com

OBERÖSTERREICH
FREINBERG

Weinbeisser

ÖFFNUNGSZEITEN Mo–So 7.00 bis 22.00 Uhr
FASSBIER Schnaitl Premium/Pils/Dunkel
FLASCHENBIER Stiegl, Wieninger Hefeweißbier Hell und Dunkel, Clausthaler
LOKAL Dieses Viersternehotel hat sich der Gesundheit verschrieben. Das zeigt auch die mit vegetarischen und Vollwertgerichten garnierte Speisekarte. Die Spezialität ist aber der im Keller eingerichtete Badebereich. Hier kann man im Bier der Schnaitl-Brauerei baden, was auf die Haut und den Stoffwechsel anregend wirkt – ein Bierbade-Wochenende gibt es zum Pauschalpreis von 229 Euro, Biermenü inklusive. Auch sonst wird Bier in der Küche fleißig eingesetzt: Hefesuppe, Broccoli in Bierbackteig, Innviertler Bierschnitzel (gefüllte Hendlbrust) mit Kroketten und Gemüsevariation, Bierpalatschinken mit Preiselbeeren. 120 Plätze, Bar: 15 Plätze, Garten: 90 Plätze. ♨ ⊨-54

FREINBERG

WEINBEISSER 🍺🍺
4785 Freinberg, Freinberg 2
0 77 13/81 04
weinbeisser@freinberg.at
www.freinberg.at/weinbeisser
ÖFFNUNGSZEITEN Mi–So 10.00 bis 24.00 Uhr, durchgehend warme Küche, Mo & Di Ruhetage (außer im Sommer)
FASSBIER Baumgartner Märzen, Baumgartner Garten Radler, Baumgartner Zwickl, Baumgartner Urbier
FLASCHENBIER Baumgartner Doppelmalz, Schlossgold, Erdinger Urweisse, Erdinger Weisse Hell, Erdinger Weisse Dunkel, Erdinger Alkoholfrei
LOKAL Ein ehemaliges Stallgebäude lockt mit bodenständiger, deftiger Küche (hausgemachte Blut- und Leberwürste, vielerlei gefüllte Knödel, begleitet von saftigem Kraut und knackigen Salaten) und einer reichen bayerisch-österreichischen Bierauswahl Gäste aus Passau nach Oberösterreich. Sehr familienfreundlich. Jährliches Maibaumkraxeln mit rund 3000 Besuchern, Humorator-Doppelbockanstich der Brauerei Hacklberg. 200 Sitzplätze im Lokal, 600 Sitzplätze im Biergarten, 15 an der Bar. ♨

Finden Sie die **BESTEN BIERLOKALE** und Ihr **LIEBLINGSBIER** in Ihrer Umgebung. Mit Conrad Seidls **BIER GUIDE APP.**
Jetzt **GRATIS DOWNLOAD** im Play- oder Appstore!

WIRTH Z'HARETH 🍺🍺🍺
4785 Freinberg, Hareth 15
0 77 13/81 15-0
wirth.hareth@aon.at
www.hareth.com
ÖFFNUNGSZEITEN Mi–So ab 11.00 Uhr, Mo–Di Ruhetage
FASSBIER Baumgartner Märzen, Stiegl Goldbräu, Paracelsus Bio Zwickl, Rieder Hefe Weißbier, Radler, Grieskirchner Dunkles, Freinberger Herbstbier der Baumgartner Brauerei (nur Oktober und November)
FLASCHENBIER Baumgartner Pils, Baumgartner Zwickl Hell & Dunkel, Uttendorfer Pils, Grieskirchner Pils, Zipfer Drei, Zipfer Urtyp, Innstadt Weißbier Dunkel, Andorfer Weißbier, Andorfer Weißbier Leicht, Franziskaner Weißbier, Edelweiss Weißbier Dunkel, Edelweiss Weißbier Alkoholfrei, Erdinger Weißbier Alkoholfrei, Stift Engelszell Trappistenbier Gregorius, saisonal wechselnde Biere von Stiegl, Clausthaler und Stiegl Freibier Alkoholfrei
LOKAL Dieser Innviertler Gasthof besteht seit ca. 1870 und ist seit 1931 im Besitz der Familie Wirth, mehrfach ausgezeichnet als „Oberösterreichischer Biergarten des Jahres". Jährlich wird hier eine Hopfenprinzessin gewählt. Als Besonderheit vorgesehen hat Hubert Wirth einen Bierkochkurs für Männer. Und er ist überzeugt: „Die perfekte Bierpflege hängt nicht allein von der Kunst des Zapfens ab. Auch die Lagerung, die richtige Kühlung und die richtige Gläserwahl und Vorbereitung sind entscheidend!" 70 + 70 Sitzplätze im Lokal, 10 Plätze an der Bar, 150 Sitzplätze im Garten.

OBERÖSTERREICH

FREISTADT

Foxis Schlosstaverne

Freistädter Brauhaus

FREISTADT

FOXIS SCHLOSSTAVERNE
4240 Freistadt, Hauptplatz 11
0 79 42/739 30
foxi-schlosstaverne@aon.at
www.foxi-schlosstaverne.at
ÖFFNUNGSZEITEN Do—Mo 9.00 bis 24.00 Uhr, So 10.00 bis 24.00 Uhr, Di und Mi Ruhetage
FASSBIER Freistädter Ratsherrn, Freistädter Medium, Freistädter Bio Zwickl, Neufeldner Bio Zwickl, Hofstetter Granitbier, Hirter Morchl, Guinness, Andechser Weißbier, Brew Dog IPA und im Sommer Belgisches Fruitbeer, ein wechselndes Monatsbier
FLASCHENBIER Freistädter Dunk'l, Elixier, Schlägler Roggenbier, Hofstettner Kübelbier, Hofstettner Granitbier, Neufeldner Hopferl, Neufeldner Bio Weizen, Kaltenhausen: Maronibier und Kellerbier, Bier.pur.Edition, Gusswerk: Horny Betty, Bio-Nicobar, Cerevinum, Dies Irae, Chili Hotbeer Forstner Brauerei, Trapistenbier Gregorius, Schneider Weisse, Hopfenweisse, Aventinus, Brauerei Schönram: Weizenbier Bavaria Best IPA und Imperial Stout, Brauerei Camba Bavaria: Camba Bourbon, Eric's Stout, Eric's IPA, Brown Ale, Wilderer Weisse und Camba Dunkel, Schlenkerle, Altenmünster Weisse, Hacker Weisse, Desperado, Corsendonk Agnus, Chimay Bleue, Chouffle Houblon, Liefmans Fruit, Lindeman Kriek Fruit, Evensong Ale, Samuel Smith Brown Ale und Oatmeal, Meantime Choco und Coffee, Lost Dog

LOKAL Nicht gerade das, was man von einer Schlosstaverne erwartet: Hier gehen weder Rittersleut' noch der Hochadel aus und ein – stattdessen tun das die selbstbewussten Bürger von Freistadt. Das hintere Zimmer scheint irgendwie das Wohnzimmer der Stadt zu sein. Im Barraum ist die Stimmung etwas laut. Das Bierangebot wurde in einer eigenen Bierzeitung auf über 100 Sorten verschiedenste Biere aufgestockt (auf der Website www.foxi-schlosstaverne.at unter Getränke/Bierzeitung), Augenmerk wird auf tschechische Biere gelegt. Diverse Veranstaltungen wie Bierfest, Bierverkostungen, Weizenbierfrühschoppen am ersten Donnerstag im August mit Lifemusik, Bierfestival im September am Hauptplatz, St. Patrick Day mit irischen Bieren, Bockbierstachel u.s.w. Grund für die Auszeichnung als Oberösterreichs Bierlokal des Jahres 2011: In Zusammenarbeit mit dem ersten Biersommelier-Weltmeister Karl Schiffner werden auch rare Bierspezialitäten angeboten – plus einer Auswahl interessanter Whiskys. Neu gestaltet wurde der Gastgarten vor dem Haus am Hauptplatz. Der Gastgarten im Schlosshof ist überdacht und mit Heizstrahlern ausgestattet, sodass auch an kühleren Tagen ein Sitzen mit Blick auf die Altstadt möglich ist. 90 Plätze im Lokal, 15 an der Bar, 40 im Garten.

FREISTÄDTER BRAUHAUS
4240 Freistadt, Brauhausstraße 2
0 79 42/727 72
brauhaus@freistaedter-bier.at
www.freistaedter-bier.at/brauhaus
ÖFFNUNGSZEITEN Täglich 9.00 bis 24.00 Uhr; Brauhaus-Brunch jeden Sonntag 10.00 bis 15.00 Uhr
FASSBIER Ratsherrn Premium, Midium, Bio Zwickl, Junghopfenpils, Kellerbier vom Holzfass, Zwickl-Radler naturtrüb, Hofstettner Granitbier, Schlägl Kristall, Franziskaner Hell, saisonale Sonderbiere
FLASCHENBIER Freistädter März'n, Dunk'l, Rotschopf, Elixier (Jahrgangsbier), Franziskaner Dunkel, Franziskaner Alkoholfrei, Zwettler Luftikus, mehr als 20 internationale Biere aus dem Bierhumidor-Kühlschrank.
LOKAL Die Braucommune hat in ihrem historischen Gebäude eine Braugaststätte eingerichtet, die der großen Tradition würdig ist: Sehr kompetentes Personal, ideenreiche Küche und zusätzlich zu den Freistädter Bieren immer wieder auch

OBERÖSTERREICH

FREISTADT · GALLNEUKIRCHEN

Goldener Adler

Land-Erl

Gastbiere anderer Mühlviertler Brauer. Neu: ein begehbarer Bierhumidor! Das Brauhaus bietet Platz für bis zu 300 Gäste (1 große Bierstube, 2 Extraräume, 1 Braukeller, Seminarräume) und weitere 200 Sitzplätze im Biergarten im Innenhof, Spielplatz und Spielzimmer.

GOLDENER ADLER
4240 Freistadt, Salzgasse 1
0 79 42/721 12
goldener.adler@hotels-freistadt.at
www.hotels-freistadt.at
ÖFFNUNGSZEITEN Mo–So 7.00 bis 24.00 Uhr
FASSBIER Freistädter Ratsherrn Premium, Freistädter Midium
FLASCHENBIER Böck'l (saisonal), Rotschopf, Junghopfenpils, Dunk'l, Edelweiß Hefe (hell und dunkel), Black Bock (prämiertes Starkbier mit 7 vol%), Clausthaler
LOKAL Die ehemalige Weißbierbrauerei (erbaut ca. 1350, als Brauerei in Betrieb bis 1777) ist schon seit 1806 und nunmehr in der 6. Generation in Familienbesitz. Das Hotel Goldener Adler ist Mitglied der Mühlviertler Bierwirte und bietet Bierseminare, Bierkulinarien und verschiedene Arrangements wie zum Beispiel ein dreigängiges bzw. fünfgängiges Menü mit entsprechenden Bieren zur Verkostung und als Einführung ein Kurzreferat über die Brautradition in Freistadt. A la carte gibt es Mühlviertler Bierschnitzel, Böhmisches Bierfleisch, Böhmisches Biergulasch, Bierrostbraten „Mälzerin", Scholle in Bierteig und Biertiramisu. Gaststube mit viel Holz rustikal eingerichtet, im Stüberl schöne alte Gewölbe. Die Liebe zum Bier geht hier so weit, dass im Wellnessbereich zwischen den Sauna-Aufgüssen Bier serviert wird. 160 Sitzplätze im Lokal, Garten: 120 Plätze.

VIS À VIS – GASTHAUS & MEHR
4240 Freistadt, Salzgasse 13
0 79 42/742 93
feiern@gasthaus-visavis.at
www.gasthaus-visavis.at
ÖFFNUNGSZEITEN Di–Fr 11.00 bis 14.00 Uhr und 17.30 bis 24.00 Uhr, Sa 17.00 bis 24.00 Uhr, So–Mo Ruhetage
FASSBIER Freistädter Ratsherrn Premium, Freistädter Bio Zwickl, König Ludwig Weißbier
FLASCHENBIER Franziskaner, wechselnde Spezialitäten
LOKAL Ein wirklich netter Treffpunkt beim Kulturzentrum Salzhof - hinter der Bar servieren die Wirtsleute selber. Erlebnisbierbrunnen zum Selberzapfen. Bierkochkurs. 40 Sitzplätze im Wintergarten, 40 im Barbereich, 15 direkt an der Bar, 45 im Garten.

GALLNEUKIRCHEN

LAND-ERL
4210 Gallneukirchen, Hauptstraße 21
07235/62349
info@land-erl.at
www.land-erl.at
ÖFFNUNGSZEITEN Di–Sa 9.00 bis 24.00 Uhr, So 9.00 bis 15.00 Uhr
FASSBIER Grieskirchner Pils, Grieskirchner Edelsud, Hirter Privatpils, Paulaner Hefeweizen
FLASCHENBIER Grieskirchner Das Leichte, Grieskirchner Dunkle Weisse, Grieskirchner Dunkel, Paulaner Alkoholfrei, Clausthaler Classic, Null Komma Josef
LOKAL Durchgestyltes Gasthaus mit etlichen auf die 1960er-Jahre verweisenden Stilelementen. Gute, unkomplizierte Küche. 90 Plätze im Lokal.

OBERÖSTERREICH

GMUNDEN

GMUNDEN

BRAUHAUS GMUNDEN 🍺🍺
4810 Gmunden, Druckereistraße 12
0 76 12/64 15 10
ÖFFNUNGSZEITEN Mo–So 10.00 bis 24.00 Uhr
FASSBIER SEP-Bier (von Stiegl), Stiegl Pils, Edelweiss, Franziskaner Weizen
FLASCHENBIER Stiegl Goldbräu, Stiegl Braukunst
LOKAL Auch wenn es den Anschein erweckt, ist das Brauhaus keine Brauerei, sondern ein hübsch gemachtes Bierwirtshaus mit Indoor-Biergarten – besonderes Bemühen um die Bierpflege. Jeden Donnerstag Live-Musik. 200 Plätze im Lokal, 30 an der Bar, 50 im Indoor-Biergarten.

GASTHOF ENGELHOF 🍺🍺
4810 Gmunden, Engelhofstraße 1
0 76 12/648 92
bergthaler@engelhof.at
www.engelhof.at
ÖFFNUNGSZEITEN Di–Sa 8.00 bis 15.00 Uhr und 17.00 bis 23.00 Uhr, So 8.00 bis 15.00 Uhr, Mo Ruhetag
FASSBIER Eggenberg Hopfenkönig und saisonal Eggenberger Sommerbier, Wildschützbier oder Eggenberg Dunkel
FLASCHENBIER Erdinger Weißbier, Erdinger Weißbier Alkoholfrei, König Ludwig Weißbier Dunkel, Eggenberg Freibier Alkoholfrei

LOKAL Familie Bergthaler gehört mit dem Engelhof – an der Romantikstraße etwas außerhalb des Gmundner Zentrums gelegen – zu den oberösterreichischen Kulti-Wirten. Schon auf dem Parkplatz und auch im Lokal selbst findet man vielfältige Hinweise auf die Pferdeeisenbahn, die im 19. Jahrhundert hier vorbei geführt worden ist. „Wir legen großen Wert auf regionale Produkte, daher beziehen wir den Großteil unseres Biersortiments aus der nicht weit entfernten Privatbrauerei Schloss Eggenberg in Vorchdorf. So erhalten Sie bei uns ganzjährig den Eggenberger Hopfenkönig vom Fass und je nach Jahreszeit angepasste Bierspezialitäten. Auch in der Küche verwenden wir bevorzugt Produkte aus der Traunseeregion", sagt Wirtin Christine Bergthaler, die auch für das freundliche Aussehen des Biergartens verantwortlich zeichnet. Sie pflegt die zahlreichen Pflanzen im Gastgarten mit viel Liebe und sorgt für ein angenehmes Ambiente, wo es sich entspannt im Grünen genießen lässt. 70 Plätze in mehreren Stuben, 8 an der Bar.

LANDHOTEL GRÜNBERG AM SEE 🍺🍺🍺
4810 Gmunden, Traunsteinstraße 109
0 76 12/777 00
hotel@gruenberg.at
www.gruenberg.at
ÖFFNUNGSZEITEN Täglich 7.00 bis 24.00 Uhr
FASSBIER Eggenberger Hopfenkönig, Stiegl Weisse, Stiegl Paracelsus Zwickl
FLASCHENBIER Hirter Morchl, Hirter Pils, Rieder Weisse, Eggenberger Medium, Stiegl Sport Weisse Alkoholfrei, Clausthaler
LOKAL Franz Pernkopf ist Bierzapfmeister und führt mit seiner Frau Ingrid, die auch als Kochbuchautorin („Das Beste aus der Knödelküche") über die Region hinaus bekannt geworden ist, ein sehr bierorientiertes Hotel-Restaurant – viele Gäste kommen einfach auf ein Bier, das sie auf der Seeterrasse mit Blick auf Schloß Orth genießen. Andere nützen es aus, dass auf der Karte stets zwei oder drei Biergerichte stehen – und dass auch am späteren Abend noch freundliches Personal ein perfekt gezapftes Bier serviert. Ingrid Pernkopf veranstaltet auch gelegentlich Kochseminare. 220 Sitzplätze, 12 an der Bar, Garten: 150 Sitzplätze. ♿ 🛏-50

OBERÖSTERREICH

GRIESKIRCHEN · GROSSRAMING · GUNSKIRCHEN

Tuba

Zweimüller

GRIESKIRCHEN

'S OFENLOCH
4710 Grieskirchen, Am Rossmarkt 21
0 72 48/661 38
office@manglburg.at
www.manglburg.at/ofenloch
ÖFFNUNGSZEITEN Di–Sa ab 16.00 Uhr, So–Mo Ruhetage
FASSBIER Grieskirchner Pils, Grieskirchner Weisse, saisonal Grieskirchner Bock, Radler
FLASCHENBIER Corona, Clausthaler
LOKAL Das außergewöhnliche Ambiente des Lokals, stark geprägt durch das Gewölbe, verleitet so manchen Gast zum längeren Verweilen. Die Karte bietet Erdäpfelspezialitäten in allen Variationen und viele Speisen mit mexikanischem Einschlag. 70 Sitzplätze, 50 an der Bar, 100 im Garten.

TUBA
4710 Grieskirchen, Manglburg 13
0 72 48/642 00
office@manglburg.at
www.manglburg.at/tuba
ÖFFNUNGSZEITEN Tägl. 10.00 bis 14.00 Uhr, 17.00 bis 2.00 Uhr
FASSBIER Grieskirchner Pils, Grieskirchner 2010-er, Grieskirchner Weizen Hell, Radler
FLASCHENBIER Grieskirchner Dunkel, Clausthaler
LOKAL Gemütliches Lokal in Zentrumsnähe, in dem man häufig Mitglieder der rührigen Gambrinus Bruderschaft von Grieskirchen antreffen kann - sie hält hier auch einmal im Monat ihr Stammtischtreffen ab. Jeden Donnerstag Schnitzeltag. 80 Sitzplätze, 40 an der Bar, 80 im Garten.

ZWEIMÜLLER
4710 Grieskirchen, Stadtplatz 4
0 72 48/622 26
info@hotel-zweimueller.at
www.hotel-zweimueller.at
ÖFFNUNGSZEITEN Mo–Fr 9.00 bis 14.00 und 17.00 Uhr bis „die Lichter ausgehen", So 9.00 bis 14.00 Uhr
FASSBIER Grieskirchner Pils, Zwickl, Jörger Weisse, saisonal: Festbock

FLASCHENBIER Grieskirchner Weisse dunkel, Paulaner Alkoholfrei, Clausthaler Classic
LOKAL Gutbürgerliches Gasthaus am Stadtplatz, errichtet 1604 von Gundacker von Pollheim - und 1605 eines von vier Brauhäusern von Grieskirchen. Gute Bierpflege, speziell zur Bockbierzeit gibt es ein entsprechendes Speisenangebot. Man trifft sich am Sonntag nach der heiligen Messe zum Frühschoppen. Sehr freundliche und bemühte Bedienung. Ca. 100 Sitzplätze im Lokal, 6 Sitzplätze an der Bar, im teilweise überdachten Gastgarten: 40 Plätze ✕ ⊨-18

GROSSRAMING

CRAFTWERK BRAUPUB
4463 Großraming, Mitterweg 19
0 72 54/706 00 oder 0 664/511 60 99
schweiger@grossraming.eu
ÖFFNUNGSZEITEN Di–So ab 16.00 Uhr, jeden 2. Montag geschlossen, da Brautag.
FASSBIER Craftwerk Hausbier, Stiegl Paracelsus Zwickl, Stiegl Goldbräu, Stiegl Weisse, Hirter 1270/Morchl, Guinness (Surger), Franziskaner Hefe Dunkel, jeweils ein Monatsbier (im Dezember z.B. Stiegl Bock)
FLASCHENBIER Zipfer Urtyp Medium, Corona, Weihenstephaner Hefeweißbier Alkoholfrei, Gösser Naturgold
LOKAL Gleich beim Sportplatz von Großraming liegt das Craftwerk. Im Bierguide war es unter dem Namen Rubinica (historische Bezeichnung von Großraming, die „Fischbach" bedeutet) bekannt und wurde schon als Oberösterreichisches Bierlokal des Jahres 2009 ausgezeichnet. Gastwirt Peter Schweiger, ein gelernter Optiker, braut seit 2014 sein Hausbier. Als Mitglied der „Kampagne für Gutes Bier" (KGB) hat er seine Gäste dazu erzogen, nicht einfach „ein Bier" zu bestellen, sondern gezielt nach Sorten zu fragen. 60 Sitzplätze, kleine Bar, 25 Plätze im Garten.

GUNSKIRCHEN

D'SCHMÖLLER'N
4623 Gunskirchen, Kirchengasse 3
0 72 46/62 46
dschmoellern@schmoeller.at
www.schmoeller.at

210
OBERÖSTERREICH

HAAG AM HAUSRUCK · HAIBACH · HASLACH

Steiner's Gasthof

Mayrwirt

ÖFFNUNGSZEITEN Mo–Fr ab 16.00 Uhr, Sa ab 19.00 Uhr, So und Feiertag Frühschoppen, Di Ruhetag
FASSBIER Gösser Gold, Zipfer Urtyp
FLASCHENBIER Schlossgold
LOKAL Pepi Schmöller hat in den ehemaligen Postwirt seines Vaters ein modernes Lokal eingebaut, in dem die Bereiche Bar, Wirtshaus und Café einander treffen, ohne dass ein Stil-Mischmasch entsteht. 80 Plätze, 20 an der Bar.

HAAG AM HAUSRUCK

STEINER´S GASTHOF
4680 Haag am Hausruck, Lambacher Strasse 1
0 77 32/22 35
office@steinersgasthof.com
www.steinersgasthof.com
ÖFFNUNGSZEITEN Mo u. Do 17.00 bis 2.00 Uhr, Fr–Sa 17.00 bis 4.00 Uhr, So 17.00 bis 22.00 Uhr, Di–Mi Ruhetage
FASSBIER Grieskirchner Pils, Grieskirchner Edelsud, Jörger Weißbier, Schneider Weisse das Leichte
FLASCHENBIER Corona, Desperado, Paulaner Weißbier Alkoholfrei, Zipfer Limetten Radler
LOKAL Am unteren Ende des Marktplatzes liegt ein gemütlicher Gastbetrieb, der in der dritten Generation in der Familie ist, aber bemüht erneuert wurde. Kulinarischer Schwerpunkt auf leichte österreichische Küche. Sehr schöne Bar. In den Sommermonaten schöner Gastgarten zur Marktplatzseite hin. 70 Plätze im Lokal, 20 im Garten.

HAIBACH

GASTHOF SCHLÖGEN
4083 Haibach, Mitterberg 3
0 72 79/82 41
info@freizeitanlage-schloegen.at
www.freizeitanlage-schloegen.at
ÖFFNUNGSZEITEN ab Ostern bis Ende Oktober täglich ab 7.30 Uhr. November bis Weihnachten an den Wochenenden (Freitag bis Sonntag). Jänner bis Mitte März geschlossen.
FASSBIER Eggenberg Classic Märzen, König Ludwig Weißbier Hell
FLASCHENBIER Eggenberg Pils, Eggenberg Dunkel, König Ludwig Dunkel, Eggenberg Birell Alkoholfrei

LOKAL Der Gasthof Schlögen mit Ausblick auf die spektakuläre Schlögener Donauschlinge ist ein idealer Halt bei Radwanderungen durch das obere Donautal. Direkt am Yachthafen und nahe der Schiffsstation. 100 Sitzplätze im Lokal, 80 Sitzplätze im Garten.

HASLACH

mayrwirt.at **Mayr**
St. Stefan – Då is(st) guat!

MAYRWIRT
4170 Haslach, St. Stefan am Walde 36
0 72 16/44 07
info@mayrwirt.at
www.mayrwirt.at
ÖFFNUNGSZEITEN Mi, Do, Sa 10.00 bis 14.00 Uhr (ab 14.00 Uhr für Gruppen geöffnet), Fr 10.00 bis 14.00 Uhr und 18.00 bis 24.00 Uhr, So 10.00 bis 23.00 Uhr, Mo–Di Ruhetage
FASSBIER Hofstettner Kübelbier, Kaiser Märzen
FLASCHENBIER Schneider Weisse, Zipfer Urtyp, Gösser Naturgold, Edelweiß Alkoholfrei
LOKAL Der Mayrwirt liegt am nördlichen Rand der kleinen Ortschaft St. Stefan (auf halbem Weg zwischen Haslach und Afiesl) und ist durch die Goaswoad bekannt geworden – eine Rodungsfläche, auf der Ziegen geweidet werden, was vor allem Kinder mit großem Vergnügen beobachten. Der Mayrwirt hat eine Terrasse mit sensationellem Fernblick vom Großen Priel bis zum Watzmann. Und wenn das Wetter nicht danach ist, ist es innen schön heimelig – in der Gaststube brennt

OBERÖSTERREICH

HASLACH · HELLMONSÖDT · HERZOGSDORF · HIRSCHBACH

Culinariat – Das Genussatelier

dann ein nach zwei Seiten offener Kamin. Weil das nahe Haslach Standort einer Ölmühle ist, sind die Leinöl-Erdäpfel die angesagte kulinarische Rarität – eine Spezialität der Mühlviertler Küche. Auch die Bratl in der Rein (jeden Sonntag auf der Karte) wird empfohlen. Das alles in einem gepflegten Ambiente, das für die Kultiwirte Oberösterreichs typisch ist. 90 plus 25 Sitzplätze im Lokal, Terrasse (mit Kinderspielplatz): 40 Plätze.

VONWILLER
4170 Haslach, Stelzen 15
0 72 89/713 16
office@gasthaus-vonwiller.at
www.gasthaus-vonwiller.at
ÖFFNUNGSZEITEN Do–Sa 11.00 bis 24.00 Uhr, So 10.00 bis 21.30 Uhr, Mo–Di 11.00 bis 24.00 Uhr, Mi Ruhetag
FASSBIER Kaiser Märzen, Gösser Zwickl, Weihenstephaner Hefetrüb, Alpinradler
FLASCHENBIER Zipfer Medium, Weihenstephaner Hefeweizen Dunkel, Kleine Feine Schlägl, Zipfer Lemon, Schlossgold
LOKAL Im Gebäude der ehemaligen „Leinen- & Baumwollfabrik Vonwiller & Comp." (1819–1998), mitten im Webermarkt Haslach, ist im Jahr 2002 dieses moderne Restaurant mit seiner außergewöhnlich schönen Bar entstanden. Günther und Elke Wolfmayr setzen in der Küche immer wieder saisonale Schwerpunkte. 140 Plätze im Lokal, 20 an der Bar, 60 im Garten.

HELLMONSÖDT

CULINARIAT - DAS GENUSSATELIER
4202 Hellmonsödt, Marktplatz 5
0 72 15/22 50
genuss@culinariat.at
www.culinariat.at
ÖFFNUNGSZEITEN Mo 16.00 bis 23.00 Uhr, Do–Sa 11.00 bis 23.00 Uhr, So 9.30 bis 21.30 Uhr, Di–Mi Ruhetage
FASSBIER Freistädter Ratsherrn Premium, Freistädter Bio Zwickl
FLASCHENBIER Neufelder Bio-Weißbier sowie zahlreiche Spezialbiere aus allen Mühlviertler Brauerein, wechselt saisonal, z.B. Freistädter Rotschopf, Freistädter Dunkel, Schlägler

Stifter, Schlägler In Primus (Biersekt!) Hofstettner Granitbier, Hofstettner Honigbier ...
LOKAL Dieses höchst aufwendig renovierte Lokal wird seit 2014 von Eva-Maria Pürmayer (stammt vom Bergergut in Afiesl) und Küchenchef Thomas Hofer (vorher: Steirereck, Taubenkobel) geführt. Der Name Culinariat wird dem Konzept gerecht, den Gästen Wissen und Genuss zu vermitteln. Bemerkenswert gute Bierpflege und freundliches Service. Sonntags ist immer der Tag für Wirtshausklassik, aber auch an den Wochentagen gibt es meistens klassische Wirtshausgerichte auf der Karte. 190 Plätze in mehreren Stuben, 15 an der Bar, 90 auf der Terrasse.

HERZOGSDORF

MITTEN IN DER WELT – GASTHOF ROITHER
4175 Herzogsdorf, Neusserling 211
0 72 31/24 70
gasthof@mitteninderwelt.at
www.mitteninderwelt.at
ÖFFNUNGSZEITEN Sa–So 9.00 bis 24.00 Uhr, Di–Fr 16.00 bis 24.00 Uhr, Montag Ruhetag
FASSBIER Kaiser Premium, Zipfer Kellerbier, Edelweiss, Kaiser Alpin Radler
FLASCHENBIER Kaiser Märzen, Zipfer Urtyp Medium, Edelweiss Dunkel, Schlossgold
LOKAL Bierorientiertes Ausflugslokal, laufend Themenwochen und gelegentlich Bierverkostungen. 80 Plätze im Lokal, 300 im Saal, 20 Plätze an der Bar, 40 im Garten. -17

HIRSCHBACH

KULTURWIRTSHAUS PAMMER
4242 Hirschbach, Guttenbrunn 3
0 79 48/230
www.kulturwirtshaus.at
ÖFFNUNGSZEITEN Di–So u. Feiertage ganztägig geöffnet, Mo Ruhetag
FASSBIER Freistädter Ratsherrn Premium, Freistädter Bio Zwickl
FLASCHENBIER Freistädter Dunk'l, Wieninger Hefeweißbier, Clausthaler
LOKAL Der typische Mühlviertler Bauernhof mit kleinem In-

OBERÖSTERREICH

HOHENZELL · KEFERMARKT

Schlossbrauerei Weinberg

nenhof besteht seit 1714 als Wirtshaus und befindet sich seit Generationen im Besitz der Familie Pammer. Die alte Gaststube, holzgetäfelt und kachelofengewärmt, ist ein Ort zum Sitzenbleiben und zum Reden. Durch die eigene biologische Landwirtschaft kommt viel Gesundes auf den Tisch des Hauses. Ratsherrn-Bierbratl mit Semmel- und Mehlknödel – das sind die lukullischen Stars im Wirtshaus Pammer. 135 Sitzplätze in drei Räumen, Garten: 100, Innenhof: 80 Plätze. 🍴-12

HOHENZELL

ZUM SCHINDELMACHER
4921 Hohenzell, Ponner 6
0 77 52/863 65
schindlmacher@inext.at
ÖFFNUNGSZEITEN Do–Di 15.00 bis 23.00 Uhr, Mi Ruhetag
FASSBIER Baumgartner Märzen, Baumgartner Zwickl
FLASCHENBIER Baumgartner Weizenbier Hell und Dunkel, Baunti, Baunti Lemon, Schloßgold
LOKAL Schöne gemütliche Dorfkneipe mit guter Küche und fairen Preisen, gut eine Marschstunde von Ried im Inn-kreis entfernt. Spezialität des Hauses sind die Stelzn und Bratl in der Rein für bis zu 50 Personen. 50 Sitzplätze im Lokal, 70 im großen Nebenzimmer und 20 im kleinen, 100 Sitzplätze im Garten.

KEFERMARKT

EDER-BRÄU
4292 Kefermarkt, Netzberg 32
0 72 36/209 40 oder 0 69 9/12 15 06 97
bierbuschenschank@ederbraeu.at
www.ederbraeu.at
ÖFFNUNGSZEITEN Do–So ab 15.00 Uhr, für Busse auch außerhalb der Öffnungszeiten.
FASSBIER Drei im Haus gebraute Sorten mit Hopfen aus dem eigenen Betrieb. Eder Bräu Golding – ein helles Märzenbier, Eder Bräu Hersbrucker (halbdunkel) und das „Malling" – ein helles Weizenbier sowie saisonale Spezialitäten zur Fastenzeit, im Oktober, im Sommer (Leichtbier) und Weizen-Weihnachtsbock.
LOKAL Margit Ehrensperger führt auf dem eigenen Hopfenbau-

ernhof eine Buschenschank, in der sich alles um das Bier dreht. Von November bis März jeden Donnerstag ab 15.00 Uhr Schaubrauen. Gebraut wird in einem 300 Liter Braublock mit Gärkeller, gelagert wird in sechs eigenen Lagertanks und gezapft wird direkt von drei Ausschanktanks. Brauereibesichtigungen. 50 Sitzplätze im Lokal.

SCHLOSSBRAUEREI WEINBERG 🍺🍺🍺
4292 Kefermarkt, Weinberg 2
0 79 47/71 11
schlossbrauerei@wentzel.at
www.schlossbrauerei.at
ÖFFNUNGSZEITEN So und Feiertag ab 10.00 Uhr und Sa ab 11.00 Uhr, Mai bis Mitte Oktober: Di–Fr 11.00 bis 24.00 Uhr, Mitte Okt. bis Ende April: Di–Fr 16.00 bis 24.00 Uhr, Ruhetag: Mo im Jänner/Feb/März Mo u. Di Ruhetag
FASSBIER Weinberger Schlossbräu Hell, Weinberger Schloss bräu Dunkel, beide naturtrüb und unfiltriert, den bernsteinfarbigen Weinberger Herbstbock (Nov-Dez), Roggenbier (ab Palmsonntag solange der Vorrat reicht) gebraut aus Kefermarkter Roggen.
FLASCHENBIER Weinberger Schlossbräu Hell und Dunkel in 2 Liter-Siphonflaschen oder im Partyfass (15/30/50 l), Franziskaner Weißbier Alkoholfrei
LOKAL Gasthausbrauerei – die älteste von Oberösterreich – gegenüber von Schloss Weinberg. Im Sommer genießt man vom Gastgarten den Blick auf das Schloss und die Mühlviertler Landschaft. Zudem gibt es einen drei Kilometer langen „Bierlehrpfad", eine leichte, lehrreiche Wanderung, die den Blick auf das Mühlviertler Bier öffnet. Reichhaltige Speisekarte von Bierspezialitäten bis Mühlviertler Schmankerln zur Jause gibt's das Biertrebernbrot. Die Käsekompetenz hat der Schlossbrauerei im Jahr 2011 die Auszeichnungen als „Bier&Käse-Lokal des Jahres" eingebracht. Im ersten Stock des Gutshofes befinden sich Ferienwohnungen. Ca. 200 Sitzplätze im Lokal, 80 Sitzplätze im Gastgarten mit Blick auf das Schloss Weinberg. 🍺

213
OBERÖSTERREICH
KIRCHDORF · KIRCHSCHLAG BEI LINZ · KÖNIGSWIESEN

Tartuffel

Maurerwirt

KIRCHDORF

TARTUFFEL 🍺🍺🍺🍺
4560 Kirchdorf, Redtenbacherplatz 3
0 75 82/605 62
tartuffel@kremstalnet.at
www.tartuffel.at
ÖFFNUNGSZEITEN Mo–Fr 10.00 bis 14.00 und 17.00 bis 2.00 Uhr, Sa–So & Feiertage ab 17.00 Uhr
FASSBIER Budweiser Budvar, Trumer Pils, Maisel's Weisse Hell, Ottakringer Zwickl Rot und Zwickl Bock in der Bockbierzeit. Im Sommer Ottakringer Zitrusradler, Saisonbier, Guinness als Monatsbier
FLASCHENBIER Kiesbye Waldbier, Rieder Honigbier, Bierol Mountain Pale Ale, Bierol Funky Wheat, La Trappe Blonde, Corona, Maisel's Weisse Dunkel, Null Komma Josef
LOKAL Ein originelles, zeitgeistiges Lokal mit dem kulinarischen Schwerpunkt auf der Tartuffel, also der Kartoffel. Schafft es, über Jahre hinweg immer noch aktuell zu wirken – war 2006 Bierlokal des Jahres in Oberösterreich. Angenehm gegliedert in einem rauchfreien Restaurant, einem Barbereich sowie einem Café – beides Raucherbereiche. Gelegentlich Live-Konzerte. 70 Sitzplätze, 20 an der Bar, Garten: 100 Sitzplätze.

KIRCHSCHLAG BEI LINZ

MAURERWIRT 🍺🍺🍺
4202 Kirchschlag bei Linz, Nr. 46
0 72 15/26 63
gasthof@maurerwirt.at
www.maurerwirt.at
ÖFFNUNGSZEITEN Mi–Sa 10.00 bis 24.00 Uhr, So 9.00 bis 17.00 Uhr, durchgehend warme Küche, Mo & Di Ruhetage
FASSBIER Freistädter Ratsherrn Premium, Freistädter Midium, Hofstetter Mühlviertler Biobier, Freistädter Zitronenradler, Neufeldener Bio Weizenbier, Ottensheimer Weizenbier Thorbräu, saisonal Hofstetter Granit Dunkel
FLASCHENBIER Freistädter Zwicklbier, Thorbräu „Zaubertaler Altbier", Leonfeldner Craftbiersortiment Chilli Billi, Wermutsdröpferl, Stout, Weihenstephaner Alkoholfreies Weizen, Gösser Alkoholfrei, Zipfer Medium
LOKAL „Echt gmiatlich" ist das Attribut, das sich der Maurerwirt nun in seinem offiziellen Auftritt gibt – lange war das von Günter Maurer geführte Lokal als „der g'sunde Maurerwirt" bekannt. Aber gesunde Küche ist in diesem gastlichen Haus mit familiärer Atmosphäre ohnehin selbstverständlich, die gesunde Höhenluft (trotz Nähe zur Landeshauptstadt) auch. Bereits legendär: das Wikinger-Mahl in einem großen Wikingerschiff. Produkte von Kirchschlager Biobauern, „Wilder Bierherbst". 250 Sitzplätze im Lokal, 10 Plätze an der Bar. 🍴 ♨ ⊨-30

KÖNIGSWIESEN

DAS WIRTSHAUS AM PLATZ 🍺
4280 Königswiesen, Markt 38
0 79 55/62 17
info@hirschalm.at
www.alm1.at
ÖFFNUNGSZEITEN Mi–Sa 9.00 bis 22.00 Uhr, So 8.00 bis 22.00 Uhr
FASSBIER Kaiser Premium, saisonal Oktoberbräu
FLASCHENBIER Edelweiss, Schlossgold
LOKAL Das Wirtshaus der Familie Aglas liegt direkt am Marktplatz in Königswiesen, dem Ort, der sich als „Blumeninsel des Mühlviertels" einen Namen gemacht hat. Von 1664 bis 1911 war in dem Haus eine Brauerei, die Liebe zum Bier und zur regionalen Brauhausküche (Bratl in der Rein!) hat sich erhalten. 75 Plätze im Lokal, 4 an der Bar, 50 im Garten.

WIRT AUF DA HOAD – GASTHAUS GUSENLEITNER 🍺
4280 Königswiesen, Haid 8
0 79 55/62 63, 0 66 4/133 58 38
info@wirtaufdahoad.at
www.wirtaufdahoad.at
ÖFFNUNGSZEITEN Mi–So 8.00 bis 2.00 Uhr, Mo–Di Ruhetage
FASSBIER Stiegl Goldbräu, Stiegl Paracelsus Zwickl, Zwettler Pils; saisonal: Stiegl Weisse, Zwettler Zwick'l
FLASCHENBIER Stiegl Goldbräu, Stiegl Weisse, Stiegl Weisse Alkoholfrei, Zwettler Original, Clausthaler
LOKAL Familiär geführte Mühlviertler Bierstube. Zum Bier gibt's Mühlviertler Schmankerln wie g'riebene Fleischknödel, Hoada-Knödeltrio und an zünftigen Schweinsbraten mit

www.bier-guide.net 2016 BIER GUIDE

OBERÖSTERREICH

KREMSMÜNSTER · KRENGLBACH · LAMBACH

Oberndorfer Wirt – Hoftaverne Schmiding

Kinski

g'riebene Knödl und warmem Krautsalat. Ausgangspunkt für Wanderungen rund um Königswiesen. 30 Sitzplätze im Lokal, 60 Plätze im Wintergarten, 300 im urigen Feststadl, 25 Plätze im Garten.

KREMSMÜNSTER

GASTHOF KÖNIG
4550 Kremsmünster, Bahnhofstraße 48
0 75 83/52 17
helge.pachner@gasthof-koenig.at
www.gasthof-koenig.at
ÖFFNUNGSZEITEN Mo–Fr 15.00 bis 24.00 Uhr, Sa–So und Feiertage nur Hotelbetrieb
FASSBIER Kaiser Premium, Weihenstephaner Weizen, Eggenberger Hopfenkönig, Zipfer Urtyp Medium
FLASCHENBIER König Ludwig Hefe Dunkel, König Ludwig Hefe Hell, König Ludwig Dunkel, Schlossgold
LOKAL Sehr gepflegter ländlicher Gasthof in dritter Generation in derselben Familie – viel Holz, geräumiger Schankraum und ein gediegener Restaurantbereich. Die Gastleute heißen Gabi und Helge, aber nicht König, sondern Pachner: Weil bei ihnen der Gast König sein soll, wie sie versichern: „Insbesondere auf Zapfkultur bei den Bieren legen wir großen Wert." Oktoberfest mit Oktoberbräu. Gastzimmer und Extrazimmer: 200 Sitzplätze, 20 an der Bar, Gastgarten: 130 Sitzplätze. -20

KRENGLBACH

OBERNDORFER WIRT – HOFTAVERNE SCHMIDING
4631 Krenglbach, Schmiding 9
0 72 49/460 94
wirt@oberndorfer-wirt.at
www.oberndorfer-wirt.at
ÖFFNUNGSZEITEN Di–Sa von 9.00 bis 1.00 Uhr, So–Mo Ruhetage
FASSBIER Zipfer Urtyp, Gösser Naturradler, Weihenstephaner Hefetrüb
FLASCHENBIER Zipfer Drei, Zipfer Limetten Radler, Zipfer Urtyp, Gösser Naturgold, Gösser Spezial, Weihenstephaner Alkoholfrei
LOKAL Einer der oberösterreichischen Kultiwirte – üppige,

preiswerte Speisekarte. Der Juniorchef ist österreichischer und internationaler Zapfmeister und hat in den letzten Jahren durch geschickte Fokussierung auf Bierpflege und Bierpromotion den Bierumsatz deutlich gesteigert. 250 Plätze, Garten: 200 Plätze.

LAMBACH

KINSKI
4650 Lambach, Bahnhofstraße 8
0 72 45/312 61
office@kinski.at
www.kinski.at
ÖFFNUNGSZEITEN Mo–Fr 16.00 bis 3.00 Uhr, Sa–So u. Feiertage 10.00 bis 3.00 Uhr
FASSBIER Grieskirchner Pils, Grieskirchner Zwickl, Grieskirchner Jörger Weisse
FLASCHENBIER Leichthier, Corona, Clausthaler Extra Herb
LOKAL Eine optisch gelungene Stilmischung mit der alten Industriearchitektur: In der ehemaligen Stiftsbrauerei wurde eine Bar im Kolonialstil eingerichtet – Klaus Kinski und Werner Herzogs „Fitzcarraldo" lässt grüßen. Zentrales Möbel ist die Bar, darüber ein Kristallluster, rundum Tische und eine Galerie. Nettes, flinkes Personal, das auch um die Bierpflege bemüht – und eine Speisekarte, die kaum Wünsche offen lässt. 170 Sitzplätze im Lokal, 100 Plätze an der Bar, 120 Plätze im Garten.

ZUM GRÜNEN BAUM
4650 Lambach, Marktplatz 13
0 72 45/289 63
office@gasthof-eitzinger.at
www.gasthof-eitzinger.at
ÖFFNUNGSZEITEN Mo–So 8.00 bis 24.00 Uhr
FASSBIER Stiegl Goldbräu, Stiegl Pils, Stiegl Weisse Naturtrüb
FLASCHENBIER Stiegl Paracelsus Zwickl, Corona, Sigls
Zentral gelegenes Wirtshaus mit einer netten Gaststube und kleinem Innenhofgarten. Die Familie Eitzinger hat das seit den Zeiten Maria Theresias mit einem Ausschankrecht ausgestattete Lokal 1924 übernommen und führt es mit Herzlichkeit. 70 Plätze im Lokal, 20 im Garten. -25

Für jeden Geschmack etwas dabei.

Besuchen Sie uns im Brauereistüberl und im Shop!
Mehr Infos unter: www.schwertberger-braeu.at

Das Helle

Das malzige Aroma wird durch eine leichte Note von bestem Mühlviertler Hopfen perfekt abgerundet.

Das Dunkle

Dieses dunkle, naturbelassene Untergärige begeistert durch seine ausgeprägte und stabile Schaumkrone.

**Das optimale Vatertagsgeschenk:
Bier- und Brauseminare auf Anfrage**

Ing. Schmiedl-Straße 7
4311 Schwertberg
Tel. 0664 1003475
office@schwertberger-braeu.at

216
OBERÖSTERREICH
LENZING · LICHTENBERG BEI LINZ

LENZING

LICHTENBERG BEI LINZ

LEIMER BRÄU 🍺🍺🍺
4860 Lenzing, Atterseestraße 34
0 76 72/929 20
office@leimer-braeu.com
www.leimer-braeu.com
ÖFFNUNGSZEITEN Mo–Fr 10.00 bis 24.00 Uhr, Sa 17.00 bis 24.00 Uhr, So 10.00 bis 22.00 Uhr
FASSBIER Leimer Bräu Pils, Hell, Dunkel, Bock, Fastenbier, Honiggold, Kellerbier, Bernstein (je nach Saison), Heineken
FLASCHENBIER Zipfer Märzen, Birrone, Moretti, Heineken, Corona, Weihenstephaner Weizenbier, Desperados, Edelweiss Weizen Alkoholfrei, Weihenstephaner Dunkel, Zipfer Limetten Radler, Gösser Naturgold
LOKAL Im ältesten Haus von Lenzing (1734 errichtet) befindet sich eine moderne Lounge, in die der Brauereibetrieb integriert ist. Diese Lounge ist vor allem im Winter ein zentraler Treffpunkt der Region. Hier hängt auch eine Ahnengalerie der Leimers, die darauf verweist, dass Gastronomie und Bierbrauerei in der Familie Tradition hat. Netter kleiner, teilweise überdachter Biergarten. Leider ist die Bierauswahl in letzter Zeit bescheidener geworden, dennoch gibt es weiterhin gelegentlich Bierfeste, Kellerbiertage im Sommer, Show rund ums Bierstacheln. Viele mit Bier zubereitete Speisen. Und eine tolle Gelegenheit, in der Region zu übernachten. 200 Sitzplätze, 280 in der Lounge-Bar, Garten: 200 Sitzplätze. 🍽️ 90

BERGGASTHAUS ZUR GIS 🍺🍺
4040 Lichtenberg bei Linz, Auf der Gis 1
0 72 39/62 30
wirt@gisaustria.com
www.gisaustria.com
ÖFFNUNGSZEITEN Fr–Di ab 10.00 Uhr, Mi–Do Ruhetage
FASSBIER Stiegl Pils, Freistädter Ratsherrntrunk, Stiegl Paracelsus Zwickl, Stiegl Weisse, Stiegl Radler, Stiegl Goldbräu, Gösser Märzen, im Oktober saisonaler Bieranstich
FLASCHENBIER Stiegl Freibier, Stiegl Sport-Weisse, Stiegl Holunder Weizenradler, Freistädter Midium, Gösser Naturgold
LOKAL Die Gis hat nichts mit den Gebühreneintreibern des ORF zu tun. Gis war zuerst der Rufname des hier um 1900 tätigen Wirts Johann Hengstschläger, den alle den „Gis-Hans" nannten. Jetzt ist Gis auch die Adresse, an der dieses Gasthaus in 900 Meter Seehöhe im Winter wie im Sommer als Ausflugsziel dient. Wobei es im Sommer einen wunderbaren Ausblick zur Landeshauptstadt gibt. Das Gasthaus wurde 1702 von Zäzilia Hengstschläger als Jausenstation gegründet, Martina Hengstschläger führt die Familientradition charmant fort. Kaminstube mit 60 Sitzplätzen, Gaststube mit 40 Sitzplätzen, 300 Plätze im Garten.

PROMOTION

HÖCHSTE ZEIT. FÜR EINE KLEINE AUSZEIT.

Lassen Sie sich verwöhnen mit besten, frischen Produkten direkt von unseren Produzenten am Land.

Geburtstagsfeste, Freundschaftsfeste, Lebensfeste, Feste mit Verwandten, Muttertagsfeste, Ich-Liebe-Dich-Feste, Genussfeste, Erstkommunion-Feste, Firmenfeste, Weihnachtsfeiern, Oma- und Opafeste …
Gönnen Sie sich und Ihren Liebsten ein paar Stunden Erholung mit mehr Atmosphäre. Gern bieten wir Ihnen individuelle Arrangements und Ideen rund um Ihre schönste Auszeit in unserem Restaurant.

In Unserem Restaurant genießen Sie
• Hausmannskost,
• oberösterreichische Gerichte,
• vegetarische Gerichte,
• Vollwertgerichte und internationale Spezialitäten,
• frische Fische vom Attersee,
• frisch zubereitete Pizzen aus dem Steinofen.

Ein Gastgarten für gemütliche Stunden
In unserem Gastgarten ist genug Platz. Finden Sie eine gemütliche Ecke, um mit Ihren Freunden einen ausgelassenen Abend zu verbringen. Und die Kleinen können sich dabei im hauseigenen ERLEBNISSPIELPLATZ austoben…
Unser Garten hat 200 Sitzplätze, ist je nach Wetterlage von April bis September geöffnet.

Das Strandbuffet ist bei schönem Wetter von April bis September geöffnet.
Frische Cocktails, coole Drinks, italienische Kaffeespezialitäten, kalte und warme Speisen frisch zubereitet, lassen Sie Ihre kleine Auszeit so richtig genießen. Mit atemberaubender Aussicht auf den Attersee, mit dem Panorama der Salzkammergut-Berge im Hintergrund. Und der Badeplatz ist der größte rund um den Attersee!

Öffnungszeiten
Montag – Freitag 10.00 – 24.00
Samstag 17.00 – 24:00,
Sonntag 10.00 – 22.00

GASTHAUSBRAUEREI LEIMER | HOTEL – RESTAURANT
4860 Lenzing, Atterseestraße 34 | **TEL** +43 (0) 7672/92 9 20 | **MAIL** office@leimer-braeu.com | **WEB** www.leimer-braeu.com

OBERÖSTERREICH

LICHTENBERG · LINZ

Barok België

HOLZPOLDL 🍺🍺
4040 Lichtenberg bei Linz, Am Holzpoldlgut 2
0 72 39/62 25
office@holzpoldl.at
www.holzpoldl.at
ÖFFNUNGSZEITEN Mi–Fr 17.00 Uhr bis 24.00 Uhr, Sa–So u. Feiertage 9.30 bis 24.00 Uhr, Mo–Di Ruhetage
FASSBIER Kaiser Premium, Reininghaus Jahrgangspils, Gösser Zwickl Dunkel, Schlägl Kristall
FLASCHENBIER Zipfer Drei, Weizen Hofbräu, Weizen Alkoholfrei, Affligem Double, Gösser Naturgold
LOKAL Das Holzpoldl bietet regionale sowie auch asiatische Spezialitäten in moderner Form – der Chef Gerhard Fehrer ist Metzgermeister und Sommelier – mit der Bierkrone 2006, mit 88 Punkten vom Falstaff-Magazin und mit einer Haube von Gault Millau ausgezeichnet. Gediegenes Ambiente mit sehr viel Holz (der Name Holzpoldl kommt vom Holzhändler Leopold Hemelmayr, der der erste Bürgermeister von Lichtenberg war), Gaststube mit Kachelofen und kommunikative Wirtshausbar. 100 Sitzplätze im Lokal, 10 an der Bar, 40 Plätze im Garten. 🍽️

LINZ

ALTE WELT 🍺🍺
4020 Linz, Hauptplatz 4
0 732/77 00 53
alte.welt@liwest.at
www.altewelt.at
ÖFFNUNGSZEITEN Mo–Fr 11.30 bis 14.30 Uhr und 17.30 bis 24.00 Uhr (Küche bis 18.00 Uhr), Sa 12.00 bis 14.30 Uhr, So & Feiertage 17.30 bis 24.00 Uhr
FASSBIER Puntigamer Panther, Hofstettner Kübelbier
FLASCHENBIER Edelweiss Hell, Edelweiss Dunkel, Edelweiss Alkoholfrei, Schlossgold
LOKAL In der Gaststube des denkmalgeschützten Renaissancehauses wird hauptsächlich eine verfeinerte regionale Küche sowie eine täglich neu gestaltete Speisekarte geboten. In den historischen Gewölben des Hauses haben einige Kulturvereine, die engagiertes Theater, Literatur und Musik auf ihre Fahnen geschrieben haben, eine kleine, aber feine Bühne geschaffen, und im Café sind laufend Werke von Linzer KünstlerInnen ausgestellt. Im Sommer sorgen der begrünte Arkadenhof und der Schanigarten für Ruhe und Gemütlichkeit, um das köstlich kühle Bier zu genießen. Ca. 180 Sitzplätze in verschiedenen Räumlichkeiten.

BAR SOLARIS 🍺🍺
4020 Linz, Dametzstraße 30
0 73 2/90 76 06
bar@solarisbar.at
www.solarisbar.at, www.krokodil.at
ÖFFNUNGSZEITEN Mo–Do 17.00 Uhr bis 1.00 Uhr, Fr u. vor Feiertagen 17.00 bis 4.00 Uhr, Sa 16.00 bis 4.00 Uhr, So 16.00 bis 1.00 Uhr
FASSBIER Freistädter Ratsherrn Premium, Freistädter Bio Zwickl, Krusovice Premium Hell, Saisonbiere: Freistädter Weihnachtsbock, Trumer Herbstbier
FLASCHENBIER „BEVOG -Brauhaus Brewery, TAK Pale Ale; OND „Smoked Porter", KRAMAH India Pale Ale, BAJA Oatmeal Stout, Krusovice Cerne, Schneider Weisse, Clausthaler
LOKAL Das Solaris, das Schwesterlokal des Gelben Krokodils an derselben Adresse, lädt die Besucher von OK und Moviemento ein, vor und nach dem Ausstellungs- oder Filmbesuch auf einen Kaffee oder ein Getränk aus der umfangreichen Bier-, Wein- und Cocktailkarte zu verweilen. Alle Mitarbeiter wurden von der Freistädter Brauerei in Bierpflege geschult. Am Wochenende verändert das Solaris sein Gesicht ein wenig, und DJs beschallen die Freitags- und Samstagsabende mit ausgesuchter Musik zwischen Hip Hop, House und Electro. 60 Sitzplätze im Lokal, 15 Plätze an der Bar.

BAROK BELGIË 🍺🍺🍺🍺
4020 Linz, Hofgasse 14
0 73 2/28 23 24
info@barokbelgie.at
www.barokbelgie.at
ÖFFNUNGSZEITEN Mo–Do 16.00 bis 1.00 Uhr, Fr–Sa 16.00 bis 2.00 Uhr
FASSBIER Leffe Blonde (Sommer), Leffe Brune (Winter), Hoegaarden, Stella Artois
FLASCHENBIER Affligem Blonde, Barbär, Barbär Bok, Blanche de Namur, Brigand, Gouden Carolus Classic, Chimay Bleu, Chimay Rouge, Chimay Blanche Triple, Corsendonk Pa-

OBERÖSTERREICH

LINZ

Biergartl an der Donau

Bigoli

ter, Corsendonk Agnus, La Chouffe Golden Ale, Mc Chouffe Dark Ale, Delirium Tremens, Delirium Nocturnum, Delirium Red, Duchesse de Bourgogne, Duvel, Floris Chocolat, Gauloise Blonde, Gulden Draak, Hopus, Karmeliet Tripel, Kasteel Rouge, Kasteel Donker, Kasteel Triple, Kwak, La Trappe Quadrupel, Leffe Radieuse, Liefmans Fruitesse, Lindemans: Kriek, Pêcheresse, Apple, Cassis, Framboise, Geuze Cuvée René, Lindesmans Faro, Lucifer, Maredsous 10° Triple, Mongozo Banana, Mongozo Coconut, Mongozo Mango, Mongozo Pils, Orval, Oude Geuze Boon, Rochefort 6°, Rodenbach Grand Cru, Scotch Silly, Verboden Vrucht, Westmalle Dubbel, Westmalle Triple, Lupulus, Cuvée van de Keizer, Chimay Grande Réserve, Deus Brut des Flandres

LOKAL Die erste belgische Bierbar in Linz wurde 2013 im ehemaligen Cafe Central eingerichtet – zu den rund 40 verschiedenen Bieren, die aus einem goldenen (tatsächlich recht barock wirkenden) Rahmen über die Bar gereicht werden, gibt es Flammkuchen und Waffeln. Extrem freundliche Bedienung: Kellner Marco hat sich den Job auch durch die Zwischenfälle in der Linzer Altstadt nicht verdrießen lassen – das schlechte Publikum der umliegenden Lokale ist weg, Barok België bleibt – und das ist sehr gut so!

BIERGARTL AN DER DONAU 🍺🍺🍺

4040 Linz, Fischergasse 17
0 66 4/73 48 55 11
info@biergartl-linz.at
www.biergartl-linz.at

ÖFFNUNGSZEITEN Anfang April bis Oktober: Mo–Fr 11.30 bis 23.00 Uhr, Sa, So 14.00 bis 23.00 Uhr

FASSBIER Schlägler Urquell, Puntigamer Panther, Kaltenhauser Original Zwicklbier, Biergartl's Hofbräu Weißbier Hefetrüb, Hofstettner Granitbier, Gösser Naturradler

FLASCHENBIER Schwechater Zwickl, Hofstettner Kübelbier, Hofstettner Bio Honigbier, Mühlviertler Weisse – das 1. Bio-Weißbier Österreichs, Gusswerk Weizenguss, Weißes Nicobar I.P.A., Edelweiss Dunkel, Freistädter Junghopfen Pils, Stiegl Pils, Reininghaus Jahrgangspils, Neufeldner Pils Naturtrüb, Schlägl Bio Roggen, Stiegl Wildshuter Sortenspiel, Kaltenhauser Stout Chocolate Style, Hofstettner Granitbock und Sündenbock, Kaltenhauser Gandolf I.P.A., Stift Engelszell Nivard und Benno, Affligem Double, Duvel Moortgart, Linde-

mans Kriek, Kaiser Doppelmalz Dunkel, Zipfer 3, Gösser Naturgold, Edelweiss Weizen Alkoholfrei, Zipfer Hell Alkoholfrei sowie einige Biere von Kleinbauereien aus der Umgebung.

LOKAL Das Biergartl ist die letzte erhaltene ehemalige Fischerbehausung in Alturfahr, wenige Meter flussaufwärts vom Neuen Rathaus. Urkundlich erwähnt wurde das heutige Biergartl erstmals um 1640. Das Mauerwerk wurde in Teilen im 18. und 19. Jh. vergrößert. Das in Holzbauweise errichtete Obergeschoß wurde zum Trocknen der Fischernetze benutzt. Das Gebäude steht unter Denkmalschutz – im reinen Gastgartenbetrieb genießt man die schönen Ausblick und die beachtliche Bierauswahl, jedes Bierkrügerl bzw. Bierglas kommt gut gekühlt aus dem Kühlschrank und das Bierangebot wird laufend durch regionale und internationale Bierschmankerl ergänzt. Auf der Karte findet man Speiseangebote mit der passenden Bierempfehlung, und ab der Saison 2016 werden 4 Biersommeliers ihre Empfehlungen abgeben. 200 Plätze im Gastgarten, davon 120 Plätze im Bedarfsfall überdacht.

BIGOLI 🍺🍺🍺

4020 Linz, Dametzstraße 38 / OK-Platz 1A
0 73 2/77 07 11
www.bigoli.at

ÖFFNUNGSZEITEN Mo–Sa 11.00 bis 24.00 Uhr, So u. Feiertage geschlossen

FASSBIER Freistädter Bio-Zwickl, Freistädter Ratsherrntrunk, saisonal zur Weihnachtszeit Freistädter Böck'l

FLASCHENBIER Theresianer Pils, Theresianer Vienna, Theresianer Pale Ale, Theresianer Strong Ale, Clausthaler, Franziskaner Hefeweißbier Naturtrüb, saisonal zur Weihnachtszeit Theresianer Winterbier in der 0,75l-Flasche (Birra d'inverno)

LOKAL Mit dem Bigoli am Arenaplatz kehrte Szenewirt und Koch Gerhard Hinterleitner (früher Stern, gelbes Krokodil) zu seinen Anfängen zurück und bietet ein feines stylisches Nichtraucherrestaurant mit venezianisch-friulanisch orientierter Küche eröffnet. Die Karte bietet ein ansprechendes Angebot an exquisiten Antipasti, hausgemachter Pasta und traditionellen norditalienischen Gerichten vom offenen Grill. Passend dazu das Theresianer Bier aus Triest, das auch in der Küche, z.B. bei gedünsteten Artischoken, seine Verwendung findet. Hervorzuheben ist, dass Hinterleitner mit dem

OBERÖSTERREICH
LINZ

Bug´s Bar

Chelsea Pub

Pale Ale und Strong Ale zwei exponierte Vertreter der „neuen, wilden" italienischen Biere anbietet. 35 Plätze im Lokal, 50 im Gastgarten.

BUG'S BAR
4020 Linz, Hauptplatz 3
0 73 2/78 56 88
info@bugs-bar.at
www.bugs-bar.at
ÖFFNUNGSZEITEN Mo–Do 16.00 bis 2.00 Uhr, Fr-Sa und vor Feiertagen 18.00 bis 4.00 Uhr, So Ruhetag
FASSBIER Gösser Märzen, Gösser Zwickl, Weihenstephaner Weizenbier
FLASCHENBIER Wieselburger Stammbräu, Heineken, Corona, Desperados, Weihenstephaner Dunkel, Gösser Naturgold, Weihenstephan helles Weizenbier Alkoholfrei, Gösser Naturradler
LOKAL Kultbar mit Gastgarten direkt am Hauptplatz. Die „Bugs", die dort serviert werden, sind verschiedenste Sorten von Baguettegerichten. Abends öfters auch Livemusik. Wer laute Betriebsamkeit mag, ist hier richtig. 100 Sitzplätze im Lokal, 20 Plätze an der Bar, 40 Sitzplätze vor dem Lokal.

CHELSEA PUB
4020 Linz, Domgasse 5
0 73 2/77 94 09
chelsealinz@yahoo.ie
www.chelseapub.info
ÖFFNUNGSZEITEN Mo–So ab 18.00 Uhr
FASSBIER Guinness, Nua Stout (Hofstettner), Innviertler Pale Ale (Hofstettner), Kilkenny, Wieselburger Spezial, Starobrbo, Freistätter Ratsherrn Trunk, Hofstettner Kübelbier, Hofstettner Granit
FLASCHENBIER mehrere Dutzend, darunter Edelweiss, Franziskaner, Schneider Weisse, Erdinger, Die Weisse, Rieder Weisse, Desperados, Hirter Morchl, Hirter Pils, Foster's Lager, Victoria Bitter, Chimay (vier Sorten), Duvel, Gulden Draak, Hoegaarden Blanche, Kwak, Barbar, Leffe Blonde, Leffe Brune, Liefmans Kriek, Liefmans Framboise, Orval, Stella Artois, Verbooden Vrucht, Miller, Duff, Kozel, Lapin Kulta, Peroni, Youngs Double Chocolate Stout, Youngs London Gold, Westmalle

dubbel, Rochefort 10°, Budweiser, Grolsch, Amstel, Heineken, Maredsous, Karmelit Triple, Newcastle Brown Ale, San Miguel, Pilsner Urquel, Freistädter Bio Zwickl, Clausthaler, Hofstettner Honig etc …
LOKAL Gemütliches, mit viel Holz eingerichtetes irisches Lokal – nur wenige Meter von Hauptplatz und Taubenmarkt entfernt, fühlt man sich mitten ins ländliche Irland versetzt. Kieran Bates ist derselbe Chef, der schon für die Bierkultur im Old Dubliner sorgte. Gleich geblieben sind das authentische Pub-Flair (sogar mit einem oberösterreichischen Stoutbier), Kierans Charme und der Besucherandrang. Montag Abend gibt es immer ein lustiges Pub-Quiz. 120 Plätze im Lokal, 12 Plätze an der Bar.

EXXTRABLATT
4020 Linz, Spittelwiese 8
0 732/77 93 19
hari.duringer@gmail.com
ÖFFNUNGSZEITEN Mo–Sa 17.00 bis 2.00 Uhr, So und Feiertage 18.00 bis 24.00 Uhr
FASSBIER Gösser Gold, Wieselburger Spezial, Murauer Märzen, Hofstettner Kübelbier
FLASCHENBIER Budweiser, Hirter Privat Pils, König Ludwig Dunkel, Weihestephan Hell und Dunkel, Gösser Natur Radler, Schlägl Bio-Roggen, Hofstettner Granit Bier, Uttendorfer Pils, Trumer Pils, Heineken, Freistädter Bio-Zwickl, Freistädter Rotschopf, Franziskaner Weißbier Alkoholfrei, Clausthaler Extra Herb, Guinness
LOKAL Gemütliches Souterrain-Bierlokal mit netter Bedienung und heimeliger Atmosphäre. Spezialität im Exxtrablatt sind die hausgemachten Hamburger. In der warmen Jahreszeit gibt's einen Gastgarten auf der Spittelwiese. Ca. 80 Sitzplätze im Lokal, 80 im Gastgarten.

GELBES KROKODIL
4020 Linz, Dametzstraße 30
0 73 2/78 41 82
krokodil@moviemento.at
www.krokodil.at
ÖFFNUNGSZEITEN Mo–Fr 12.00 bis 1.00 Uhr, Sa–So u. Feiertage 16.00 bis 1.00 Uhr

221
OBERÖSTERREICH

LINZ

Josef – Das Stadtbräu

FASSBIER Freistädter Ratsherrn Premium, Trumer Pils, wechselnde Biere je nach Saison (etwa Trumer Herbstbier, Freistädter Zwicklbock)
FLASCHENBIER Krusovice Cerne (dunkel), Schneider Weisse, Schneider Weisse Alkoholfrei, Clausthaler
LOKAL Das Gelbe Krokodil befindet sich im „O.K.-Centrum für Gegenwartskunst" und ist dem Programmkino Moviemento angeschlossen. Der FilmBrunch bietet jeden Sonntag die Gelegenheit, Filmbesuch und Brunchbuffet zu einem Pauschalpreis (man spart drei Euro) zu kombinieren. In zeitlosurbanem Ambiente gibt sich die nationale und internationale Kunstszene ein Stelldichein. Werner Beutelmeyer vom market-Institut in Linz ist voll des Lobes für die Bierqualität. Man merkt: Die gesamte Mannschaft bekam eine Bierschulung durch die Freistädter Brauerei. 80 Plätze im Lokal, 10 an der Bar, Garten: 80.

GOLDEN PUB
4040 Linz, Jahnstraße 9
0 73 2/73 20 97
info@goldenpub.at
www.goldenpub.at
ÖFFNUNGSZEITEN Mo–Sa 11.00 bis 24.00 Uhr, So und Feiertage 10.00 bis 23.00 Uhr
FASSBIER Gösser Spezial, Puntigamer Panther, Gösser Zwickl, Wieselburger Spezial, Gösser Naturradler, Edelweiss Hofbräu
FLASCHENBIER Gösser Stiftsbräu, Zipfer Doppelgold, Zipfer Medium, Edelweiss dunkles Weizen, Schloßgold
LOKAL Im Mai 1976 im englischen Stil eingerichtetes Restaurant und Pub – allerdings ohne englische oder irisches Bier vom Fass – dafür Ritter- und Knödelessen. Peter Schöppl belegte den zweiten Platz bei den Kaiser-Bierzapfmeisterschaften. 100 Sitzplätze im Lokal.

GRANIT BIERSTUBE
4020 Linz, Pfarrgasse 12
0 73 2/77 25 78
granitbierstube@gmail.com
www.granitpub.at
ÖFFNUNGSZEITEN Di–Sa 17.00 bis 2.00 Uhr, Mo–So Ruhetag
FASSBIER Schloss Eggenberg Classic Märzen oder Zwickl (im Wechsel), Hofstettner Granitbier, Hofstettner Kübelbier, wechselnde Auswahl an Monatsbieren
FLASCHENBIER König Ludwig Weizen Hell und Dunkel, Freistädter Rotschopf, Schlägler Abtei Pils, Birell Alkoholfrei
LOKAL Das Granit gab es sieben Jahre lang in der Steingasse, im Sommer 2012 ist es in die Pfarrgasse übersiedelt. Dort bietet sich für den Liebhaber enger Verhältnisse eine gemütliche Wohnzimmeratmosphäre. Kein Lokal für militante Nichtraucher, aber gut und freundlich geführt. Ca. 40 Plätze an kommunikationsfördernden Hochtischen.

JOSEF – DAS STADTBRÄU
4020 Linz, Landstraße 49
0 73 2/77 31 65
office@josef.eu
www.josef.eu
ÖFFNUNGSZEITEN Täglich von 10.00 bis 4.00 Uhr
FASSBIER Josef Hausbräu naturtrüb Hell und Hunkel, Josef Light, Zipfer Urtyp, Edelweiß Weizenbier
FLASCHENBIER Heineken, Wieselburger Stammbräu, Desperados, Schlossgold
LOKAL Günther Hager hat nach einem Umbau wieder zur alten Form zurückgefunden – genauer: Er hat sie in manchem noch übertroffen. Mit einer Investition von einer Million Euro hat er das Stadtbräu wieder auf Vordermann gebracht – seit 2009, als Linz Kulturhauptstadt war, präsentiert es sich etwas stylischer als früher. Neu ist auch, dass nun österreichische „Wirtshaus-Tapas" angeboten werden, kleine Schmankerln,

linz.casinos.at

CASINO LINZ
Das Erlebnis.

Verbraucherinfos auf spiele-mit-verantwortung.at und in allen Casinos

222
OBERÖSTERREICH
LINZ

Kulturbar Konrad

Paul's

gerade recht als Damenportionen. Und für Zigarrenfans gibt es sogar eine eigene Josef-Zigarre. 180 Sitzplätze im Lokal, 190 im Garten.

KANZLEI BAR
4040 Linz, Hauptstraße 62
0 732/94 74 44
ÖFFNUNGSZEITEN Mo–Sa 18.00 bis 4.00 Uhr
FASSBIER Heineken, Zipfer Urtyp
FLASCHENBIER Edelweiss, Schlossgold
LOKAL Kleine, nett gemachte Eckbar in Urfahr – zentrale Theke, Dartboard und gute Stimmung.

KULTURBAR KONRAD
4020 Linz, Johann-Konrad-Vogel Straße 11
0 67 6/605 86 44
chef@kulturbar-konrad.com
www.kulturbar-konrad.com
ÖFFNUNGSZEITEN Di–Do 18.00 bis 2.00 Uhr, Fr–Sa 18.00 bis 4.00 Uhr
FASSBIER Zipfer Märzen, Schladminger Bio Zwickl, Starobrno
FLASCHENBIER Rieder Weisse, Wieselburger Stammbräu, Augustiner Edelstoff, Rieder Weißbierbock, Gösser Naturtrüb Alkoholfrei, belgische Spezialbiere, Engelszeller Trappisten Biere (Benno, Gregorius), Köstritzer Schwarzbier, Tegernseer Urtyp, Kozel Dunkel, Uttendorfer Pils, Astra Urtyp, Rieder IPA 0,3 l
LOKAL Seit der Eröffnung im Jahr 2011 hat die Kulturbar Konrad sich zu einem Fixpunkt in der Linzer Szene entwickelt. Immer wieder Ausstellungen und Konzerte. Aber auch eine angenehme Bar, an der man bis spät in die Nacht tratschen kann. Auffallend flinkes Service, auch wenn mal viel los ist (und das ist oft), sowie eine Bierkarte, die einen schönen Ausschnitt der nationalen und internationalen Szene präsentiert. 60 Sitzplätze.

LUI – LINZER UNI INN
4040 Linz, Altenbergerstraße 69
0 73 2/24 68-83 52
kreil_michael@web.de
www.oeh.jku.at/abschnitte/lui

ÖFFNUNGSZEITEN Mo–Do 12.00 bis 2.00 Uhr, Fr 19.00 bis 2.00 Uhr
FASSBIER Franziskaner Weißbier, Freistädter Ratsherrn Premium, Raschhofer Classic
FLASCHENBIER über 60 nationale und internationale Spezialitäten: Leffe, Newcastle Brown Ale, Boddingtons, Desperados, Foster's, Raschhofer Zwickl etc.
LOKAL Das Studierendenlokal dient als Kommunikationszentrum der ÖH – es wird nur der Selbstkostenpreis verrechnet. Die ÖH behauptet, die beste Auswahl Oberösterreichs mit den besten Preisen zu bieten. Und: Nicht nur Studierende sind willkommen. Kleine Snacks wie Pizza, Baguettes und Schinken-Käse-Toast.

paul's
küche.bar.greisslerei
herrenstrasse 36 . 4020 linz / austria
0732 783338 . office@pauls-linz.at
www.pauls-linz.at

PAUL'S
4020 Linz, Herrenstraße 36
0 73 2/78 33 38
office@pauls-linz.at
www.pauls-linz.at
ÖFFNUNGSZEITEN Mo–Fr 10.30 bis 1.00 Uhr (ausnahmsweise auch bis 3.00), Sa 14.00 bis 3.00 Uhr
FASSBIER Paul's Bier (ein Pale Ale von der Hofbrauerei Kaltenhausen, eigens für Paul's gebraut), Schlägl Kristall, Zipfer Urtyp, Schladminger Bio-Zwickl, Kaltenhauser Bernstein, Andechser Weizen
FLASCHENBIER Paul's Bier (Braucommune Freistadt), Schlägl

OBERÖSTERREICH

LINZ

Pöstlingberg Schlössl

Abteibier, Eggenberger Samichlaus, Bevog Kramah IPA, Hof-stettner Granit, Bevog Ond Smoked Porter, Gusswerk Horny Betty, Gusswerk Dies Irae, Gusswerk Austrian Amber Ale („Triple A"), Brewage Hopfenauflauf, Brewage Dunkle Materie, Aleysium 1852-English Burton Ale, Aleysium No.5, Waldbier 2014 Schwarzkiefer – Axel Kiesbye, Bierol Mountain Pale Ale, Bierol Going Hazelnuts, BrauSchneider Hanf Bier, Hofstettner Bio Honigbier, Braufactum Progusta IPA, Tennent's Stout, Brewdog's Dead Pony Club, Affligem, Meantime Chocolate Porter Champagner Style Bier: Schlägl In Primus, Gusswerk Cerevinum, Trumer Pils, Augustiner Edelstoff, Budweiser, Stift Engelszell Gregorius und Benno, Mühlviertler Weisse, Weihenstephaner, Mongozo Banana, Lindemans Framboise, Lindemans Kriek, Bevog Deetz & Baja, Sierra Nevada Torpedo, Gusswerk Black Sheep, Gusswerk Krinnawible, Zipfer Limetten Radler, Gösser Naturgold, Edelweiss Weizen Alkoholfrei

LOKAL Dieses in Nachbarschaft des Mariendomes gelegene Lokal versucht sich als „Küche.Bar.Greisslerei" – und bemüht sich, die oberösterreichische Craft Beer Szene zu repräsentieren: Hier findet man die Sondersude aus Hofstetten, die Trappistenbiere aus Engelszell und natürlich den Samichlaus. Dazu viele nationale und internationale Bierangebote. Beim Lokal handelt es sich um das ehemalige Domviertel, das geschmackvoll umgebaut wurde und vor allem abends oft ausgebucht ist. Reservierung ist vor allem dann geboten, wenn man essen will. An der Bar findet sich aber fast immer Platz – und dort gibt es auch eine sehr kundige Bedienung sowie Cocktails mit Bier! Ein besonderes Plus ist die Glaskultur an der Bierbar. 130 Sitzplätze im Restaurantbereich, 120 auf der Galerie, 24 an der Bar und 100 auf der Terrasse. ✗

VERMISSEN SIE IHR LIEBLINGS-BIERLOKAL?

DANN SCHREIBEN SIE UNS:
bierguide2017@gmx.at

PÖSTLINGBERG SCHLÖSSL

4043 Linz, Am Pöstlingberg 14
0 73 2/71 66 33
office@p-schloessl.at
www.poestlingbergschloessl.at
ÖFFNUNGSZEITEN Täglich 10.00 bis 1.00 Uhr
FASSBIER Schlössl-Bräu (aus der Brauerei Stift Schlägl), Schlägl Urquell, Trumer Pils, Paulaner Hefe Weißbier
FLASCHENBIER Schläg In Primus, Freistädter Elixier, Hofstettner Granitbock, Gregorius Trappistenbier, Mac Queens Nessie, Schlössl-Bräu im 1l-Henkelkrug, Grieskirchner Pils, Zipfer Pils, Zipfer Urtyp, Zipfer Drei, Gösser Alkoholfrei, Weihenstephan Alkoholfrei, Corona, Guinness, Beck's, Schneider Weisse TAP7, Freistädter Bio Zwickl, Urbock 23°, Wieselburger Stammbräu, Forstner 5 vor 12, Brooklyn East Indian Pale Ale, Sierra Nevada Torpedo Extra IPA, Crooked Stave Vieille Artinasal, St. Bernardus Abt 12, Affligem Blonde, Affligem Double, Lindemans Kriek, Leffe Brune, Grolsch Premium Lager, Amarcord Riserva Speciale, Del Ducato La Prima Luna, Toccalmatto Italian Strong Ale
LOKAL Aus dem 1898 erbauten ehemaligen Bergbahn-Hotel wurde ein Restaurant mit gemütlicher Bar, Terrasse und großem Biergarten mit wunderschönem Blick über die Landeshauptstadt Linz. Sehr bemühte Küche und ein einwandfreier Service – wobei schon zum Aperitif ein Bier angeboten wird. Was aber besonders begeistert, ist die stetige Verbesserung des Bierangebots (kommentierte Bierkarte!) und der

224
OBERÖSTERREICH

LINZ

Stefan's Stubm

Stern – Café-Bar

Bierpflege. Das hat dem Pöstlingbergschlössl im Jahr 2010 die Auszeichnung als Oberösterreichs Bierlokal des Jahres eingebracht – woraufhin gleich weitere bieriege Aktivitäten (Verkostungen, Anlegen eines Raritätenkellers) gefolgt sind. Restaurant: 180 Plätze, Terrasse: 200 Plätze, Biergarten: 300 Plätze und – wahrscheinlich das kleinste Restaurant der Welt – Turm für zwei Personen.

ROBKINS OLD IRISH PUB II
4020 Linz, Prinz-Eugen-Straße 22
0676/848 81 12-40
roman@irish-pub.at
www.irish-pub.at
ÖFFNUNGSZEITEN Mo–Do. 16.00 bis 1.00 Uhr, Fr–Sa 16.00 bis 2.00 Uhr, So 14.00 bis 1.00 Uhr
FASSBIER Guinness, Kilkenny, Wieselburger Spezial, Zipfer Medium, Edelweiss Hefetrüb,
FLASCHENBIER Foster's, Anheuser Busch Bud, Heineken, Hirter Pils, Schlossgold, Copperberg Cider
LOKAL Modernes Irish Pub mit Sportsbar. Neben der immer größer werdenden Anzahl von Bieren gibt es auch eine Vielzahl von irischen Whiskeys. Darüber hinaus liegt auch eine Cocktailkarte auf. 150 Plätze, an der Bar 50.

STEFAN'S STUBM
4020 Linz, Garnisonstraße 30
0 73 2/60 40 80
info@stubm.at
www.stubm.at
ÖFFNUNGSZEITEN Mo–Fr 11.00 bis 23.00 Uhr, Ruhetage: Sa–So & Feiertage
FASSBIER Wieselburger Spezial, Schlägl Stifter Bier, Schwechater Zwickl
FLASCHENBIER Altöttinger Weissbier, Zipfer Urtyp Medium, Beck's Alkoholfrei
LOKAL Auf einfach und gemütlich getrimmte Stube mit kleiner Bar und einem Herd als Blickfang. Das Bier wird teilweise in Tonkrügen ausgeschenkt und auch in der Küche eingesetzt. Zu den Essenszeiten ist es ratsam, früh zu kommen, die Stubm sind dann immer gut besucht. 70 Plätze, Kastaniengarten: 100 Plätze.

STELLWERK
4020 Linz, Bahnhofplatz 3–6
0 73 2/9 197 77
office@bistro-stellwerk.at
www.bistro-stellwerk.at
ÖFFNUNGSZEITEN Mo–So 6.30 bis 22.00 Uhr
FASSBIER Gösser Gold
FLASCHENBIER Edelweiss, Schlossgold
LOKAL Zu einem modernen Hauptbahnhof gehört auch eine moderne Biergastronomie – und voilà: Hier ist sie! Hans-Jürgen Hofstetter hat im Linzer Hauptbahnhof im Mai 2011 eine zur Kommunikation einladende Bar eingerichtet.

STERN – CAFÉ-BAR
4020 Linz, Graben 30
0 73 2/78 41 82
office@krokodil.at
www.krokodil.at/s_cafebar.php
ÖFFNUNGSZEITEN Mo–Do 11.00 bis 24.00 Uhr, Fr–Sa 11.00 bis 1.00 Uhr, So & Feiertage 14.00 bis 24.00 Uhr
FASSBIER Freistädter Ratsherrn Premium, Freistädter Bio Zwickl, Trumer Pils Saisonbier wie z.B Trumer Herbstbier
FLASCHENBIER Die Weisse hell & dunkel, Gusswerk Edelguss, Gusswerk Black Sheep, Black Betty, Austrian Amber Ale, Jakobsgold
LOKAL Das neu gestaltete Café Stern im Citykino bietet Tagesgerichte aus dem Gelben Krokodil, Snacks und herrliche Süßspeisen. Jährlich werden Bierschulungen für die gesamte Belegschaft durch die Freistädter Brauerei durchgeführt. Den Gästen des Stern steht ein gratis Internet-Zugang zur Verfügung. Am 2. Donnerstag im Monat wird das Lokal verwandelt und DJs legen Musik aus den Richtungen Soul & Funk auf. Ca. 60 Plätze, 12 an der Bar.

BIER GUIDE 2016   www.bier-guide.net

OBERÖSTERREICH

LINZ

Stieglbräu zum Klosterhof

Stieglitz

STIEGLBRÄU ZUM KLOSTERHOF 🍺🍺🍺
4020 Linz, Landstraße 30
0 73 2/77 33 73
info@klosterhof-linz.at
www.klosterhof-linz.at
ÖFFNUNGSZEITEN Täglich 9.00 bis 24.00 Uhr, kein Ruhetag
FASSBIER Stiegl Goldbräu, Stiegl Pils, Stiegl Weisse, Stiegl Grapefruit Radler
FLASCHENBIER Stiegl Sport Weisse Alkoholfrei, Stiegl-Weisse Holunder Radler, Stiegl Leicht, Stiegl Freibier, König Ludwig Dunkel
LOKAL Oberösterreichs größter Biergarten feierte 2014 sein 85-jähriges Bestehen. Im Jahr 2005 verdiente sich der Garten den Titel „Biergarten des Jahres" durch diesen Bierguide, 2012 kam der Titel „Bierwirt des Jahres" von der Stiegl-Brauerei dazu. In den massiven Mauern des Klosterhofs gibt es gediegene Stuben, in denen es sich so richtig gemütlich sitzen – und bürgerlich speisen – lässt. Die Braustube sieht im Wesentlichen noch so aus wie im Jahr 1929, als das ehemalige Zisterzienserkloster „Stift Baumgartenberg" vom Münchner Architekten Franz Zell zum Gasthaus Klosterhof umgebaut wurde. Für jüngeres Publikum ist das Stieglitz im selben Haus das passendere Lokal. 750 Sitzplätze, im Garten: 1500 Sitzplätze.

STIEGLITZ 🍺🍺🍺
4020 Linz, Landstraße 30
0 73 2/77 33 73
www.klosterhof-linz.at
ÖFFNUNGSZEITEN Täglich 9.00 bis 24.00 Uhr, kein Ruhetag, keine Betriebsferien
FASSBIER Stiegl-Biere: Goldbräu, Paracelsus, Hefeweizen, Pils, Weizengold
FLASCHENBIER König Ludwig Dunkel, Stiegl Freibier
LOKAL In den Klosterhof integriert – aber doch ein eigenständiger Lokaltyp, quasi die moderne Interpretation einer Bierschwemme. Gleichzeitig einer der besten Plätze der Stadt, um zu sehen und gesehen zu werden. Dabei zumindest bis zum mittleren Abend, nicht zu laut. Als bei unserem Test 45 Gäste auf einen Schlag ins Lokal kamen, wurden diese ebenso freundlich wie flink und professionell bedient. Jeden Freitag und Samstag Live-Musik. Ca. 70 Sitzplätze und kleiner Schanigarten.

THE OLD DUBLINER 🍺🍺🍺🍺
4020 Linz, Hauptplatz 15–16
0 73 2/91 70 50
info@theolddubliner.at
www.theolddubliner.at
ÖFFNUNGSZEITEN Mo–Do 18.00 bis 2.00 Uhr, Fr–Sa 18.00 bis 4.00 Uhr, So 16.00 bis 2.00 Uhr
FASSBIER Guinness, Black Guiness, Kilkenny, Snakebite, Gösser Lager & Lime, Edelweiss
FLASCHENBIER Eggenberg Samichlaus, Eggenberg Urbock, Freistädter Bio Zwickl, Gösser Naturradler, Schremser Hanfbier, Hofstetter Bio-Honigbier, Hofstetter Granit Bier, Hofstetter Kübelbier, Stiegl, Wieselburger Stammbräu, Edelweiss Alkoholfrei, Foster's, Chimay Bleue, Rot und Weiß, Leffe Blonde, Kwak, Budweiser, Newcastle Brown Ale, London Pride, Lapin Kulta, Desperados, Beck's, Duff, Weihenstephan Weißbier, Mythos (Griechenland), Grolsch, Heineken, Corona Extra, San Miguel, Efes Pilsen und laufend neue internationale Bierspezialitäten.
LOKAL Das erste (und in einer früheren Ausgabe des Bierguides ausgezeichnete) Irish Pub in Oberösterreich wurde nach einer 3-jährigen Sperre 2011 neu übernommen und wird seitdem mit viel Leidenschaft geführt – jedes Guinness wird mit

OBERÖSTERREICH

LINZ

einem Kleeblatt serviert und der Original Irish Coffee kommt flambiert an den Tisch. Auch die Anzahl an internationalen Whiskys (45 Sorten) ist bemerkenswert, dazu passend gibt es auch eine große Auswahl an Zigarren. Ca. 60 Plätze.

TRAMWAY IM STOCKHOF
4020 Linz, Stockhofstraße 27
0 73 2/78 15 64
tramway1@liwest.at
gasthaus-tramway.jimdo.com
ÖFFNUNGSZEITEN Mo–Fr 10.00 bis 22.00 Uhr, Sa–So und Feiertag geschlossen
FASSBIER Kaiser Premium, Zipfer Urtyp
FLASCHENBIER Edelweiss Hefetrüb, Schlossgold
LOKAL Biertrinken in der Straßenbahn? Hier ist es möglich. Das Interieur dieser Bar ist original aus Beständen der ESG – zu Recht ein Mekka der Öffi-Fans. Ca. 53 Plätze, Garten: 44 Plätze.

WALKER BAR
4020 Linz, Hauptplatz 21
0 73 2/78 80 70
info@walker-bar.at
www.walker-bar.at
ÖFFNUNGSZEITEN Täglich ab 9.00 Uhr bis open end
FASSBIER Wieselburger Stammbräu, Puntigamer, Weihenstephaner, Gösser Naturradler
FLASCHENBIER Zipfer Drei, Heineken, Desperados, Corona, Schladminger Bio Weizen, Schladminger Bio Zwickl, Weihenstephan Weizenbier Dunkel, Weihenstephan Weizenbier Alkoholfrei, Gösser Naturgold
LOKAL Eine geschickt in historisches Gemäuer eingebettete moderne Bar. Champions League Spiele werden übertragen. 200 Sitzplätze im Lokal, ca. 100 im Gastgarten.

WIA Z'HAUS LEHNER
4040 Linz, Harbacher Straße 38
0 73 2/73 05 10 od. 0 69 9/12 76 49 64
margot.koll@wiazhaus-lehner.at
www.wiazhaus-lehner.at
ÖFFNUNGSZEITEN Di–So 11.00 bis 24.00 Uhr
FASSBIER Gösser Spezial, Gösser Stiftsbräu, Lehner's, Wieselburger, Gösser Naturradler
FLASCHENBIER Edelweiss Hofbräu, Zipfer Medium, Edelweiss Hofbräu Alkoholfrei, Gösser Naturgold
LOKAL Noch mitten in Urfahr – in einer Seitenstraße der Leonfelder Bundesstraße – aber doch schon fast am Land, liegt am Fuße des Bachlberges dieses 1847 gegründete Mühlviertler Wirtshaus. Die Speisekarte weist eine Reihe von typisch oberösterreichischen Gerichten aus, es gibt aber auch so feine saisonale Spezialitäten wie Spargelmousse mit Rhabarber – wobei Familie Koll stets darauf verweist, von welchen regionalen Produzenten die Rohstoffe kommen. Nur das Bier kommt nun weiter her – früher war es Linzer Bier der Poschacher Brauerei – seit deren Schließung sind es Spezialitäten aus der BrauUnion. Viele Feste im großen Garten, Fischen und Eisstockschießen am hauseigenen Fischteich. 60 Plätze in der traditionellen Gaststube, 45 im G'wölb (den ehemaligen Stallungen), 70 in der Lehnor Alm, bis zu 300 im SB-Garten und ca. 80 Plätze im Gastgarten mit Bedienung.

WIRTSHAUS ZUR SCHIESSHALLE
4020 Linz, Waldeggstraße 116
0 73 2/65 52 90
huharrer@gmx.at
www.schiesshalle.at

OBERÖSTERREICH

LOSENSTEIN · MATTIGHOFEN

Gasthof Bräuhaus Marxrieser

ÖFFNUNGSZEITEN Di–Sa 15.00 bis 24.00 Uhr, So & Feiertage 10.00 bis 22.00 Uhr, Mo Ruhetag
FASSBIER Puntigamer Panther, Stiegl Goldbräu, Pilsner Urquell, Velkopopovický Kozel Hell, Schladminger Bio Weisse, Gösser Naturradler, Puntigamer Bock
FLASCHENBIER Stiegl Freibier, Stiegl Sport-Weisse, König Ludwig dunkles Weißbier, Kaltenhauser Pale Ale, Wieselburger Dunkel
LOKAL Bereits vor 130 Jahren hat Kaiser Franz Josef das Gebäude dem priviligierten K.u.K. Feuerschützenverein feierlich übergeben. Nur 10 Jahre später eröffnete in diesem Vereinsgebäude das „Wirtshaus zur Schießhalle" seine Pforten. Seit 2011 wird es von Hubert Harrer, ehemals Verkaufsleiter in der Brauerei Freistadt und Niederlassungsleiter der Stiegl Brauerei in Linz, als traditionelles Wirtshaus mit ausschließlich österreichischer Küche (z.B. Klachlsuppe, Eierspeis mit Kernöl) betrieben. 120 Sitzplätze im Lokal, ca. 15 an der Bar, 280 im Garten.

LOSENSTEIN

GASTHOF BRÄUHAUS MARXRIESER
4460 Losenstein, Burgstraße 74
0 72 55/62 14
k.marxrieser@aon.at
ÖFFNUNGSZEITEN Mi–Mo 10.00 bis 22.00 Uhr, Di Ruhetag; Jän/Feb/März: Di & Mi Ruhetag
FASSBIER Zipfer Urtyp
FLASCHENBIER Kaiser Doppelmalz, Edelweiss Hefetrüb, Edelweiss Weizenbier Alkoholfrei, Franziskaner Weizen Dunkel, Gösser Naturgold
LOKAL Stattliches Gasthaus am Fuß der Burgruine Losenstein. Im Gastzimmer scheint die Zeit stehen geblieben zu sein – und allein das rechtfertigt einen Besuch. (Das gut gezapfte Zipfer aber ebenso.) Eine Tafel im Lokal führt vor Augen, wie tradtionsreich das Haus ist: Ursprünglich war das Meierhof (also Sitz der Wirtschaftsverwaltung) und Brauhaus der Herrschaft Losenstein, erstmals 1339 erwähnt und 1670 bei der Erweiterung der Brauerei erstmals als solche beurkundet. Gebraut wurde hier bis 1913, seit 1924 ist das ehemalige Brauwirtshaus in Familienbesitz. 30 Plätze im Lokal, 20 im Gastgarten.

MATTIGHOFEN

BADHAUS & JAMAICA PUB
5230 Mattighofen, Moosstraße 28
07742 237 oder 0699 8129 1629
jamaica@badhaus.at
www.jamaica-pub.at
ÖFFNUNGSZEITEN Mo–Sa 18.00 bis 1.00 Uhr; Jamaica Pub: Fr & Sa 18.00 bis 4.00 Uhr
FASSBIER Zipfer Urtyp, Stiegl Goldbräu, Weihenstephaner Weizen
FLASCHENBIER Uttendorfer Pils, Heineken, Schnaitl Pils
LOKAL Ursprünglich war das Badhaus ein Beherbergungs- und Gastronomiebetrieb für Kurgäste, die in der Mattig frische Lebensenergie tankten. Das Kurwesen gibt es längst nicht mehr, das Badhaus mit seiner gepflegt, traditionellen Gastronomie und der ungezwungenen Atmosphäre eines gemütlichen Landgasthofs blieb jedoch bestehen. Zudem wurde das Jamaica Pub eingerichtet. 200 Plätze im Badhaus, 70 Plätze im Jamaica Pub, 120 im Gastgarten.

FRANZL'S SCHLOSSRESTAURANT
5230 Mattighofen, Stadtplatz 1
0 77 42/310 99
mattighofen@franzls.at
www.franzls.at
ÖFFNUNGSZEITEN Mo–So 8.00 bis 24.00 Uhr
FASSBIER Zipfer Märzen, Edelweiss Weizen, Gösser Naturradler
FLASCHENBIER Zipfer Pils, Edelweiss Weizen Dunkel, Edelweiss Weizen Alkoholfrei, Gösser Naturgold, wechselnde Saisonbiere
LOKAL Schwesterlokal von Franzl's Stiftsbräustüberl in Reichersberg – mit einem ähnlichem Konzept: gutbürgerliche Gastronomie in historischem Ambiente, in diesem Fall im Gemäuer eines ehemals habsburgischen Jagdschlosses. Die reiche Mattighofer Biergeschichte – im 17. Jahrhundert eine der ersten bayerischen Weizenbierbrauereien – wird hier mit Edelweiss-Bier angeknüpft. Das Ambiente des Restaurants steht der Pracht des Schlosses in nichts nach, eingerichtet wurde es von Architekt Fritz Hauswirth, dem „Karl Lagerfeld der Gastronomie". 110 Plätze.

OBERÖSTERREICH

MAUTHAUSEN · METTMACH · MICHELDORF

Ed. Kaiser's Gasthaus

Stranzinger

MAUTHAUSEN

ED. KAISER'S GASTHAUS 🍺🍺🍺
4310 Mauthausen, Vormarktstraße 67
0 72 38/22 94
geniessen@edkaisers-gasthaus.at
www.edkaisers-gasthaus.at
ÖFFNUNGSZEITEN Mi–Sa 11.00 bis 14.00 Uhr und 18.00 bis 24.00 Uhr, So u. Feiertage 10.00 bis 15.00, Mo–Di Ruhetage
FASSBIER Gösser Gold, Stifterbier Brauerei Schlägl oder Dunkles Zwickl aus Freistadt, Gösser Naturradler, im Sommer Weihenstephaner Weißbier
FLASCHENBIER Schlossgold, Weihenstephaner Weizen
LOKAL Die Mauthausener KultiWirten Andreas und Gabi Windner sind sich der Tradition ihres Hauses durchaus bewusst. Seit 1853 wird hier in Ed. Kaiser's Gasthaus (der Name stammt aus dem Jahr 1929) besonderer Wert auf persönliches und gemütliches Ambiente gelegt – mit alten Emailleschildern stimmig dekoriert. Sehr beliebt bei der örtlichen Bevölkerung, mittags ist es oft schwer, einen Tisch zu bekommen. 2007 Auszeichnung als Oberösterreichs Bierlokal des Jahres. 28 Plätze im Lokal, 2 Veranstaltungsräume mit 30 und 35 Plätzen, 50 Sitzplätze im Garten. ✕

METTMACH

STRANZINGER 🍺🍺
4931 Mettmach, Nr. 5
0 77 55/72 52
info@landgasthof-stranzinger.com
www.landgasthof-stranzinger.com
ÖFFNUNGSZEITEN Di–Mi und Fr–So ab 9.00 Uhr, Mo und Do Ruhetage
FASSBIER Schnaitl Hopfengold, Schnaitl Dunkel
FLASCHENBIER Franziskaner Hell, Rieder Weisse Hell/Dunkel, Die Weisse (aus Salzburg), Zipfer Märzen, Zipfer Medium, Schnaitl Pils, Clausthaler Edelherb
LOKAL Dieses bewährte Gasthaus – es war ursprünglich eine Bachschmiede, später Gasthaus der Brauerei Reinthaler – ist seit 2008 völlig neu gestaltet: Die Fassade ist weiß und rot gefärbt, ein Gesamtkunstwerk von Johann Jascha, einem bekannten oberösterreichischen Maler und Schauspieler, der im Haus geboren wurde. Seit 1911 ist die Wirtschaft im Familienbesitz, Jascha wurde 1942 in dem Haus geboren, seine Cousine ist die Wirtin Eva Maier. In der Fastenzeit gibt es eine Aktion „Literatur und Starkbier", auf der hauseigenen Bühne immer wieder Kabarettprogramme. Zirbenstube 45, Gaststube 40, Stüberl 40, Kleiner Saal 70, Gr. Saal 200. 140 Plätze im Garten. ⊨-20

MICHELDORF

TAVERNE IN DER SCHÖN
4563 Micheldorf, Schön 38
0 75 82/624 38
w.felbermayr@taverne-schoen.at
www.taverne-schoen.at
ÖFFNUNGSZEITEN Mi–So 9.00 bis 24.00 Uhr, Mo– Di Ruhetage
FASSBIER Hirter Pils, Murauer
FLASCHENBIER Hirter Morchl, Stiegl Goldbräu, Hirter
LOKAL Einkehrgasthaus, das mit einem Getränkehandel kooperiert. 70 Sitzplätze. ⊨-3

ZUM SCHWARZEN GRAFEN
4563 Micheldorf, Gradnstraße 9
0 75 82/611 60
gasthaus@schwarzergraf.at
www.schwarzergraf.at
ÖFFNUNGSZEITEN Di–Sa 9.00 bis 24.00 Uhr, So 9.00 bis 14.00 Uhr
FASSBIER Gösser Gold, Gösser Stiftsbräu, Edelweiss, saisonal Oktoberbier
FLASCHENBIER Zipfer Medium, Schlossgold, Heineken, Winterbier, Edelweiss
LOKAL Dieses urige Gasthaus mit großer Stehbar befindet sich in einem 1828 errichteten Gebäude, das zu einem großen Sensenschmiedekomplex gehörte. Die Hammerschmiede galten als „Schwarzen Grafen" der Region – und so fanden Angela Pfarrsbacher und Stephan Sarms 1997 den Namen für ihr Lokal. Im Sinne der Schwarzen Grafen wird natürlich auch das traditionelle Bier-Stacheln praktiziert. Das kulinarische Angebot – viele Wildgerichte! – wurde 2012 vom Landesjagdverband gewürdigt. 100 Sitzplätze im Lokal, 30 Plätze an der Bar, 40 Sitzplätze im Garten.

229
OBERÖSTERREICH

MONDSEE · MOOSDORF · MÖRSCHWANG · MÜNZKIRCHEN

Schlossbräu Mondsee

Wösner

MONDSEE

SCHLOSSBRÄU MONDSEE
5310 Mondsee, Schlosshof 1a
0 62 32/500 12 45
info@schlossmondsee.at
www.schlossmondsee.at/hotel/schlossbraeu
ÖFFNUNGSZEITEN Di–Fr 10.30 bis 24.00 Uhr, Sa–So & Feiertage 9.00 bis 24.00 Uhr, Mo Ruhetag
FASSBIER Paracelsius Zwickl, Stiegl und Franziskaner
FLASCHENBIER Franziskaner Dunkel, Stiegl Freibier, Frankziskaner alkoholfrei
LOKAL KultiWirt, dessen Gastgarten direkt auf dem Marktplatz vor der beeindruckenden Basilika zum Heiligen Michael liegt. Sehr schön „bierig" gestaltete Bar, nette Bedienung. Täglich ofenfrische Ripperl, jeden Sonntag ofenfrisches Bratl, jeden Donnerstag (außer Mai–September) Fondue Abend und jeden ersten Sonntag im Monat Frühschoppen mit Live-Musik und Bieranstich. 80 Plätze im Lokal, 15 an der Bar, 45 im Garten.

MOOSDORF

WIRT Z'FURKERN
5141 Moosdorf, Furkern 5
0 77 48/61 95
landgasthaus@gmx.at
ÖFFNUNGSZEITEN Mi–So 10.00 bis 24.00 Uhr, Mo–Di Ruhetage
FASSBIER Schnaitl Original, Schnaitl Dunkel, Bayern Weisse Hell
FLASCHENBIER Schnaitl Pils, Bayern Weisse Dunkel, Franziskaner Weißbier Alkoholfrei, Schnaitl Radler Naturtrüb, Clausthaler
LOKAL Hier stand schon um das Jahr 1300 ein Gasthof, im Jahr 2002 wurde er von Familie Hochradl auf den neuesten Stand gebracht und zu einem der schönsten Landwirtshäuser Oberösterreichs herausgeputzt – die alte Jukebox ist schon eine Rarität. Die Küche ist traditionell. 100 Sitzplätze in den Stüberln, bis zu 250 Sitzplätze im Saal, 100 Plätze im Garten.

MÖRSCHWANG

DORFHAUS
4982 Mörschwang, Nr. 1
0 77 58/267 14
gruessgott@dorfhaus.at
www.dorfhaus.at
ÖFFNUNGSZEITEN Do–Mo 10.00 bis 24.00 Uhr, Di–Mi Ruhetage
FASSBIER Rieder Urecht, Rieder Weißbier
FLASCHENBIER Dunkle Weisse mit Hefe, Rieder Weißbier-Radler, Rieder alkoholfreies Weißbier, Weizen-Bock (zu Weihnachten), Clausthaler
LOKAL Irmi und Günther Brand haben dieses ländliche Wirtshaus an der Stelle eines baufälligen Holzhauses über einem alten Keller errichtet und der kleinen innviertler Gemeinde damit wieder einen Kirchenwirt verschafft. Kleines, feines Lokal mit lokaltypischem Essen (von Günther Brand teilweise mit Bier zubereitet) und gepflegte Bierkultur. Die Nebenräume der Gaststube wie der neu gestaltete Seminarraum und der Veranstaltungssaal können mit oder ohne Ausschank genützt werden und dienen auch für Bälle, Feste, Stammtische, Chorproben, Sitzungen sowie als Wahllokal. 70 Sitzplätze im Lokal, 70 im Garten.

MÜNZKIRCHEN

WÖSNER TENNE, GASTHOF WÖSNER
4792 Münzkirchen, Hofmark 12
0 77 16/72 40
info@woesner.at
www.woesner.at

230
OBERÖSTERREICH

NEUKIRCHEN · NEUKIRCHEN/VÖCKLA · NEUKIRCHEN AN DER ENKNACH · NEUSTIFT

Beim Böckhiasl

Familiengasthof Weiss

ÖFFNUNGSZEITEN Di 10.00 bis 14.00 Uhr, Mi–So 10.00 bis 24.00 Uhr, Mo Ruhetag
FASSBIER Stiegl Goldbräu, Stiegl Paracelsus Zwickl, Stiegl Weisse, saisonale Biere (Original Stieglbock, Stiegl Herbstgold)
FLASCHENBIER Stiegl Pils, Stiegl Braukunst, Stiegl Grapefruit Radler, Franziskaner Hefeweizen, König Ludwig Weizen, Desperados, Clausthaler
LOKAL Gäste können unter verschiedenen Lokaltypen in einem Haus wählen, die nach und nach in das seit 1900 im Familienbesitz stehende Gasthaus eingebaut wurden. Saisonale Schmankerln. Gaststube: 68 Plätze, Restaurant: 90–130, Ratsherrnkeller: 35, Wösner Tenne: 450, Bar Vincenzo: 70, Hopfengarten: 120 Sitzplätze, teilw. überdacht, Schanigarten: 30. -6

NEUKIRCHEN

ALMGASTHOF WINDLEGERN
4814 Neukirchen, Kollmannsberg 122
0 76 17/28 44
gasthof@windlegern.at
www.windlegern.at
ÖFFNUNGSZEITEN Sommer: Mo–So 9.00 bis 23.00 Uhr, Frühjahr/ Herbst: Mo, Do–So 09.00 bis 23.00 Uhr, Winter: Fr–So 9.00 bis 23.00 Uhr, Betriebsferien im Januar und Februar.
FASSBIER Stiegl Goldbräu
FLASCHENBIER Stiegl Pils, Stiegl Weizen, Clausthaler
LOKAL Franz Grashäftl führt diesen Almgasthof auf 850 m Seehöhe, der auch ein beliebtes Ausflugsziel ist. Gemütlich rustikal eingerichtet, bodenständige Küche mit Produkten aus eigener Landwirtschaft (Galloway-Rinder!) und selbst gejagtem Wild. Schöne Gästezimmer mit Himmelbetten. 130 Sitzplätze im Lokal, 40 Sitzplätze auf der Terrasse mit tollem Blick auf den Traunstein. -16

NEUKIRCHEN / VÖCKLA

BEIM BÖCKHIASL
4872 Neukirchen / Vöckla, Hauptstraße 14
0 76 82/71 06
info@boeckhiasl.at
www.boeckhiasl.at

ÖFFNUNGSZEITEN Di–Sa 8.00 bis 24.00 Uhr, So 8.00 bis 17.00 Uhr, Mo Ruhetag
FASSBIER Zipfer Märzen, Weihenstephaner Hefetrüb, Gösser Zwickl, Gösser Naturradler
FLASCHENBIER Edelweiss Hofbräu Alkoholfrei, Zipfer Limetten Radler, Schlossgold, Kaiser Doppelmalz, Zipfer Urtyp Medium, Weihenstephaner Weizenbier Dunkel, Zipfer Doppelgold, Weihenstephan Alkoholfrei
LOKAL Familie Streibl betreibt diesen großen Einkehrgasthof in der Nähe der Zipfer Brauerei mit zentraler Bar, mehreren Gaststuben und einem Saal für Veranstaltungen sowie 2 Kegelbahnen. Besonders der Bereich rund um die Bierbar ist heimelig eingerichtet – von der altertümlich wirkenden Wandbemalung bis hin zur Pendeluhr, die auch im nahen Museum Stehrerhof einen würdigen Platz finden könnte. 200 Plätze im Lokal, 220 im Saal. -45

NEUKIRCHEN AN DER ENKNACH

GASTHAUS HOFER
5145 Neukirchen an der Enknach, Untere Hofmark 11
0 77 29/22 82
hoferwirt@aon.at
www.gasthaus-hofer.com
ÖFFNUNGSZEITEN Mi–So 9.00 bis 24.00 Uhr, Mo–Di Ruhetage
FASSBIER Stiegl Goldbräu, Stiegl Zwickl, Stiegl Weisse, Grapefruit Radler
FLASCHENBIER Stiegl Pils, Stiegl Weisse Radler, Stiegl Sport-Weisse, Franziskaner Leichte Weisse
LOKAL Typisches Landgasthaus mit regionalen und saisonalen Angeboten. Kultwirt 2012 – Gudrun im Service und Franz in der Küche sorgen dafür, dass Gaumen und Gemüt verwöhnt werden. 90 Sitzplätze im Lokal, 55 im Gastgarten.

NEUSTIFT

FAMILIENGASTHOF WEISS
4143 Neustift, Pühret 5
0 72 84/81 04
info@hotel-weiss.com
www.hotel-weiss.com
ÖFFNUNGSZEITEN Di–So 8.00 bis 2.00 Uhr
FASSBIER Baumgartner Märzen, Schlägl Stifter Bier, Schlägl

OBERÖSTERREICH

OBERHOFEN AM IRRSEE · OBERKAPPEL · OBERNBERG AM INN

Bio Roggen Naturtrüb, Paulaner Weizen
FLASCHENBIER Hofstettner Honigbier, Hofstettner Granitbier, Hofstettner Sündenbock, Hofstettner Kübelbier, Baumgartner Pils, Schlägl Kristall, Schlägl Kristall Leicht, Schneider Weisse, Neuzeller-Klosterbräu Schwarzer Abt, Cantillon Kriek, Young's Double Chocolate Stout, Wolferstetter Dunkelweizen, Wolferstetter Weizen Alkoholfrei, Schlägl Doppelbock, Engelszeller Trappisten Bier Gregorius und Benno, Clausthaler
LOKAL Familiär geführter Mühlviertler Landgasthof. Martina und Gerhard Weiss (er ist Bier-Sommelier und auch bei der BierIG engagiert) bieten eine umfangreiche Bier-Speisekarte mit Bierkulinarium, Pilsner Geschnetzeltes und Bier-Schmankerlmenü, Bierbuffet, Bierverkostungen, Mühlviertler Bierschnitzel, Bierfleischkas, Schweinsrücken in Bier-Kräutersaft'l, Kalbsmedaillons in Honig-Bier-Senfsauce, Salzburger Bierfleisch und Malzkartoffeln an. 150 Plätze, Garten: 80. 🛏-60

OBERHOFEN AM IRRSEE

ZUR WESTBAHN 🍺🍺🍺
4894 Oberhofen am Irrsee, Römerhof 1
0 62 13/82 19
office@hitzl.at
www.hitzl.at
ÖFFNUNGSZEITEN So–Mo 9.00 Uhr bis 24.00 Uhr, Do–Sa 16.00 bis 24.00 Uhr, Di & Mi Ruhetage
FASSBIER Schönramer Zwickl

FLASCHENBIER Schönramer Pils, Schönramer Dunkel, Schönramer Saphir Bock, Schönramer Gold (Weizen), Camba IPA, Camba Porter, Camba Stout
LOKAL Dieses gemütliche Lokal hat seinen Namen von der Lage unmittelbar an der Haltestelle Oberhofen/Zell am Moos. Die Züge der Westbahn AG halten hier aber gar nicht, Regionalzüge der ÖBB selten. Aber der Trip lohnt: Die Chefin Anneliese Hitzl kocht selber – unter anderem „Zoamglegte Knödel in Butter mit geröstetem Selchfleisch". Und wenn der Sohn des Hauses selbst gebraut hat, gibt es auch dessen Biere zu verkosten. Von Zeit zu Zeit werden Bierverkostungen mit Speisenbegleitung und Anwesenheit einiger Brauer durchgeführt. 40 Plätze in zwei Stuben, 30 unter den Kastanien im Garten.

OBERKAPPEL

GASTHOF SÜSS 🍺
4144 Oberkappel, Oberkappel 15
0 72 84/2 15
info@gasthofsuess.com
www.gasthofsuess.com
ÖFFNUNGSZEITEN Di 17.00 bis 21.00 Uhr, Mi–So 11.00 bis 14.00 Uhr und 17.30 bis 21.00 Uhr, Mo Ruhetag
FASSBIER Kaiser Märzen, Gösser, Edelweiss Weizen Hefetrüb, Kaiser Sport Radler, Hofstetter Kübelbier
FLASCHENBIER Honigbier der Brauerei Hofstetten, Dunkles Bier Brauerei Hofstetten, Weihenstephaner Hefeweizen, Edelweiss Weizen Dunkel, Schlossgold, Zipfer Medium
LOKAL Alteingesessener Gastbetrieb, seit dem Jahr 1885 im Besitz der Familie Süss. Beste Wirtshausstimmung, die rustikale Bar unter einer uralten Tramdecke ist ein beliebter Treff in der Gemeinde. Deftige Kost, gelegentlich Spezialitätenwochen (Spargel, Erdäpfel, Pasta). Der Hotelbereich wurde 2008 renoviert. 250 Sitzplätze im Lokal, 35 Plätze an der Bar, Gastgarten: 25 Sitzplätze. 🍴 🛏-17

OBERNBERG AM INN

ALTE SCHMIEDE 🍺
4982 Obernberg am Inn, Vormarkt Gurten 21
0 77 58/36 88 oder 0 66 4/401 21 22
office@alteschmiede-obernberg.info
www.alteschmiede-obernberg.info

OBERÖSTERREICH

OBERNBERG AM INN · OSTERMIETHING · OTTENSHEIM

Thor-Bräu – Das Brauhaus in Ottensheim

ÖFFNUNGSZEITEN Täglich 17.00 bis 2.00 Uhr
FASSBIER Eggenberger Hopfenkönig, Schneider Weisse Dunkel, Radler
FLASCHENBIER Schneider Weisse Hell, Raschhofer Zwickl, Birell
LOKAL Dort, wo bereits vor über 250 Jahren das Schmiedefeuer loderte, werden jetzt ganz besondere Gaumenfreuden zubereitet. Vor einem Vierteljahrhundert wurde die alte Bausubstanz in einen Gastronomiebetrieb umgebaut. 70 Plätze im Lokal, 100 im Garten.

BADWIRT
4982 Obernberg am Inn, Zollamtstraße 12
0 77 58/400 73
badwirt.obernberg@speed.at
wirtshaus-badwirt.stadtausstellung.at
ÖFFNUNGSZEITEN Do–Di 10.00 bis 24.00 Uhr, Mi Ruhetag
FASSBIER Rieder Urecht, Rieder Weisse Hell, Rieder Naturtrüb, Rieder Radler
FLASCHENBIER Rieder Dunkel, Rieder Weisse Dunkel, Rieder Pils, Rieder Weizendoppelbock Hopfen g'stopft (limitiert)
LOKAL Biergerichte wie z.B. Chicoreecremesuppe mit Weißbier oder „Besoffene Wildsau" in einer Honig-Dunkel Bier Sauce.

OSTERMIETHING

WIRT Z' ERNSTING 🍺🍺🍺
5121 Ostermiething, Ernsting 6
0 62 78/63 25
wirt-ernsting@aon.at
www.kleinbrauereien.at/24-ernsting.html
ÖFFNUNGSZEITEN 9.00 bis 24.00 Uhr, Di Ruhetag
FASSBIER Ernstinger Wirts-Bräu (aus der eigenen Hausbrauerei), Schnaitl Florian, Kellerbräu Ried Naturtrüb Drive (alkoholreduziert)
FLASCHENBIER Bayern Weisse Hell und Dunkel, Schnaitl Dunkel, Uttendorfer Pils, Schnaitl Original, Clausthaler
LOKAL Stefan Borer hat in einem 1875 gegründeten und immer noch sehr einfach und bodenständig wirkenden Gasthaus eine Gasthausbrauerei eingerichtet: laufend wechselnde Angebote mit typisch bierigen Speisen, in denen Bier verkocht wird. 70 Plätze, bis zu 200 im Garten.

OTTENSHEIM

S' WIRTSHAUS ZUR HOFMÜHLE 🍺
4100 Ottensheim, Höflein 20
0 72 34/824 18
camping.hofmuehle@aon.at
www.hofmuehle.at
ÖFFNUNGSZEITEN Di–Sa 16.30 bis 23.00 Uhr; So & Feiertage 9.30 bis 22.00 Uhr, Mo Ruhetag
FASSBIER Baumgartner Pils
LOKAL Wirtshaus mit nettem Biergarten am westlichen Rand von Ottensheim – Stützpunkt für Radler, Camper und Freunde der oberösterreichischen Küche: Brat'l in der Rein, Schweinerei am Tisch, jeden Sonntag und Feiertag mittags frisches Schweinsbratl. 40 Plätze in der Stube, 50 im Naturgarten.

THOR-BRÄU –
DAS BRAUHAUS IN OTTENSHEIM 🍺🍺🍺🍺
4100 Ottensheim, Hostauerstraße 2
0 67 6/460 95 34
thor.braeu@aon.at
www.thor-braeu.at
ÖFFNUNGSZEITEN Mo–Mi 10.30 bis 13.30 Uhr und 17.30 bis 24.00 Uhr, Do–Fr 10.00 bis 24.00 Uhr, Sa 16.30 bis 24.00 Uhr, So & Feiertage geschlossen
FASSBIER Ottensheimer Spezial, Zaubertaler Altbier, Odin Stout, Mühlviertler Weizenbier, saisonale Spezialitäten nach Geschmack des Braumeisters
FLASCHENBIER Mühlviertler Weisse, Mühlviertler Vierkorn, Chilibier, Schlotfeger Rauchbier, Whisky Ale, India Pale Ale
LOKAL Modern gestaltete Bierbar mit Blick auf die Brauanlage, die in einem ehemaligen Fleischerbetrieb eingebaut wurde. Auch wenn der Name des Thor-Bräu auf altnordische Verbindungen hindeutet, ist es nach offizieller Lesart von Ingo Laska einfach eine Abkürzung für „Tradition, Handwerk, Originalität und Reinheit", wofür auch der Ottensheimer Brauanlagenbauer Labu steht. Die ganze Familie ist dem Bier verbunden, es gibt Bierlikör, Biermarmelade, Bierbrand, Schwarz- und Pilsner-Essig sowie einen Hopfengeist von Ingos Schwester. 30 Sitzplätze und 8 Stehplätze in dem kleinen Lokal, 38 im Garten.

OBERÖSTERREICH

PASCHING · PERG · PETTENBACH IM ALMTAL

Wirtshaus Hofer

Bierhotel Rankleiten

PASCHING

ROBKINS OLD IRISH PUB
4061 Pasching, Tennispointstraße 1
0676/848 81 12-40
roman@irish-pub.at
www.irish-pub.at
ÖFFNUNGSZEITEN Mo–Sa 18.00 bis 2.00 Uhr, So 18.00 bis 24.00 Uhr
FASSBIER Guinness, Kilkenny, Wieselburger Spezial, Zipfer Medium, Edelweiss
FLASCHENBIER Foster's, Bud (Anheuser Busch), Desperados, Schlossgold, Heineken, Hirter Pils Spezial
LOKAL Wie es sich für ein Irish Pub gehört, gibt es natürlich auch Cider – und zwar gleich zwei verschiedene: den Klassiker Strongbow vom Fass und den schwedischen Kopperberg aus der Flasche. Neben den Bieren gibt es auch Cocktails und sogar Teespezialitäten – das tröstet darüber hinweg, dass es kein Irish Stew (oder anderes warmes Essen) gibt. 85 Sitzplätze, 50 Plätze im Garten.

PERG

WIRTSHAUS HOFER
4320 Perg, Herrenstraße 9
0 72 62/525 88
info@hoferwirt.com
www.hoferwirt.com
ÖFFNUNGSZEITEN Mo, Mi–Fr 10.00 bis 23.00 Uhr, So 9.00 bis 12.00 Uhr und 18.00 bis 22.00 Uhr, Di & Sa Ruhetage
FASSBIER Puntigamer „das Bierige", Schlägl Kristall, Gösser Zwickl
FLASCHENBIER Freistädter Ratsherrntrunk, Rotschopf, Gösser Naturgold, Edelweiss Hofbräu, Edelweiss Alkoholfrei, Andechser Weißbier
LOKAL Edith Wagner führt den Hoferwirt, ein gepflegtes Wirtshaus im Zentrum von Perg. Dunkles und helles Holz der Einrichtung sorgen für einen gepflegten, urigen Chrarakter. Ca. 45 Sitzplätze im Lokal, 8 an der Bar, 45 im Gastgarten.

PETTENBACH IM ALMTAL

BIERHOTEL RANKLLEITEN
4643 Pettenbach im Almtal, Ranklleiten 8
0 69 9/14 13 31 40
info@ranklleiten.com
www.ranklleiten.com
ÖFFNUNGSZEITEN Mi–Mo 11.00 bis 22.00 Uhr, Di Ruhetag
FASSBIER Schloss Eggenberg Hopfenkönig, Schloss Eggenberg Bio Naturtrüb, mind. ein weiteres Sonderbier saisonal
FLASCHENBIER Gusswerk, Hofstetten, Engelszell, Brauerei Ried, weitere 100 Bierspezialitäten rund um den Globus befinden sich im Bierkeller.
LOKAL Nach Generalsanierung wurde das Traditionsgasthaus Ranklleiten Mitte 2015 mit Hotelbetrieb wieder eröffnet. Jetzt dreht sich alles um's Bier – und Karl Stöhr aus der Brauereibesitzerfamilie von Schloss Eggenberg schaut persönlich darauf! Bierspezialitäten aus der Region werden im Bierheurigen angeboten, Küche mit und rund um's Bier. Weiters werden auch geführte Bierverkostungen mit Speisebegleitung angeboten. Nur auf Voranmeldung kann man den gut bestückten Verkostungskeller besuchen. 70 Sitzplätze im Lokal, 5 an der Bar, 70 im Gastgarten.

OBERÖSTERREICH

PRAMET · PUCKING · RAINBACH · REICHERSBERG AM INN

Franzl's Stiftsbraustüberl

PRAMET

WIRT Z'EBERSAU
4925 Pramet, Ebersau 18
0 77 54/83 34
ÖFFNUNGSZEITEN Mo–Sa 11.00 bis 4.00 Uhr, So ab 9.00 Uhr, kein Ruhetag
FASSBIER Zipfer Märzen, Edelweiss Hefetrüb
FLASCHENBIER Weißbierbock, Zipfer Medium, Schlossgold, Gösser Zwickl, Weihenstephaner, bei Feiern gibt es bis zu 20 verschiedene Flaschenbiere.
LOKAL Von außen unscheinbar wirkendes Landgasthaus – der schattige Vorgarten ist so einladend, dass man erst später sieht, dass drinnen auch mit Liebe dekoriert wurde. 120 Sitzplätze, Bar: 50 Plätze, Garten/Terrasse: ca. 100 Sitzplätze.

PUCKING

GASTHAUS STEINDL
4055 Pucking, Hasenufer 12
0 72 29/875 44
mail@gasthaus-steindl.at
www.gasthaus-steindl.at
ÖFFNUNGSZEITEN Mi–Sa 10.00 bis 23.00 Uhr, So bis 14.00 Uhr
FASSBIER Grieskirchner Pils, Grieskirchner Tradition, Paulaner Hefe Weizen, Saisonbiere
FLASCHENBIER Clausthaler
LOKAL Günther und Karoline Steindl haben den Traditionsbetrieb (er wurde im Jahr 1883 gegründet) nett herausgeputzt und servieren zum gepflegten Bier ein Bratl in der Rein, Ripperl und im Herbst Wild oder Gansl. Fünf große Kastanienbäume spenden viel Schatten im Gastgarten rund um einen schönen Brunnen aus Granit, unmittelbar am Traun-Radweg. 120 Sitzplätze im Lokal, im Garten 70 Sitzplätze, 10 an der Bar.

RAINBACH

MAURERWIRT RAINBACH
4261 Rainbach, Marktplatz 6
0 79 49/62 60
gasthaus.maurerwirt@aon.at
www.maurerwirt.org

ÖFFNUNGSZEITEN Di–So 8.00 bis 2.00 Uhr, Mo Ruhetag
FASSBIER Freistädter Ratsherrn Premium, Freistädter Midium, Freistädter Bio Zwickl, Freistädter Junghopfen Pils, Stiegl Goldbräu, Stiegl Pils, Stiegl Spezial, Stiegl Weisse, Hirter Privat Pils
FLASCHENBIER Freistädter März'n, Dunk'l, Hofstettner Granit, Hofstettner Kübelbier, Eggenberger Hopfenkönig, Grieskirchner Pils, Neufeldner s'Hopferl, Mikkeller Green Gold IPA, Hoegaarden Wit-Blanche, Lindemans Kriek, Steamworks Steam Wors Pale Ale, Fourcorners Hardcore IPA, La Trappe Quadrupel, Anchor Steam Beer, Fuller's London Pride, Clausthaler, Stiegl Sport-Weisse Alkoholfrei, Zwettler Luftikus Alkoholfrei
LOKAL Dietmar Greul ist einer von inzwischen 46 Betrieben der Mühlviertler Wirtshauskultur – und profiliert sich in diesem Rahmen besonders mit seiner Bierauswahl. 60 Sitzplätze, 20 im Extrastüberl. -20

REICHERSBERG AM INN

FRANZL'S STIFTSBRÄUSTÜBERL
4981 Reichersberg am Inn, Nr. 1
0 77 58/23 24
reichersberg@franzls.at
www.franzls.at
ÖFFNUNGSZEITEN Mo–So 9.00 bis 22.00 Uhr
FASSBIER Raschhofer Klassik Hell, Raschhofer Weißbier, Gösser Naturradler, Zipfer Märzen, Gösser Stift Dunkel
FLASCHENBIER Raschhofer Pils, Raschhofer dunkles Weißbier, Hofbräu Weizen Alkoholfrei, Gösser Naturgold
LOKAL Franz Schickbauer hat dieses schöne Bierlokal im Herbst 2011 übernommen – es gibt jetzt gehobene Hausmannskost zu fairen Preisen und eine noch größere Bierauswahl als früher. Tatsächlich hat das Lokal einmal zu einer von 1350 bis zum Zweiten Weltkrieg bestehenden kleinen Stiftsbrauerei gehört. Vom kleinen, schattigen Gastgarten hat man einen schönen Blick über den Inn weit hinein nach Bayern. Geboten wird Innviertler- und Österreichische Wirtshausküche. 250 Sitzplätze im Lokal (140 Nichtraucherplätze), 10 Plätze an der Bar, 220 Sitzplätze im Garten. -50

OBERÖSTERREICH

RIED IM INNKREIS

Biergasthof Riedberg

Braugasthof Träger

RIED IM INNKREIS

BIERGASTHOF RIEDBERG
4910 Ried im Innkreis, Südtiroler Straße 11
0 77 52/826 10-0
gasthof@riedberg.at
www.riedberg.at
ÖFFNUNGSZEITEN Montag „sanft" von 17–23 Uhr, Di–Fr 6.00 bis 14.00 und 16.00 bis 1.00 Uhr, Sa & So 8.00 bis 14.00 und 17.00 bis 23.00 Uhr
FASSBIER Zuser's Bürgerbräu (Sondersud der Rieder Brauerei), Rieder Märzen, Rieder Weißbier Hell, Rieder Naturtrüb (wird als Spezialität der Bierregion Innviertel zusätzlich angeboten), jeweils ein Bier des Monats aus der BIERregion Innviertel, internationale Biere wechselnd wie z.B. Punk IPA von den Brewdogs.
FLASCHENBIER Insgesamt befinden sich mehr als 300 Spezialitäten im einzigartigen Bierkeller, 150 Spezialitäten sind permanent auf der Bierkarte wie z.B. Rieder Weißbier Leicht, Rieder Weißbier Dunkel, Guinness, Rieder Weißbierbock (verschiedene Jahrgänge), Chimay Grande Réserve (verschiedene Jahrgänge), Samichlaus (auch holzfassgereift), Urbock 23°, sämtliches Trappistenbier, Weißbräu Schwendl „Dono No. 1 Impala", Schneider Weisse TAP 4 „Mein Grünes", Schneider Weisse TAP 5, „Meine Hopfenweisse", Schneider Aventinus Eisbock, Forstner 5 vor 12 Barley Wine 2011, Frank Boon Kriek, Geuze „Mariage Parfait", St. Peter's Honey Porter, Brew

Dog Hardcore IPA, Rieder Weißbier Alkoholfrei, Clausthaler
LOKAL Karl Zuser ist einer der Stars der modernen Bierkultur in Österreich – stark verbunden mit der Innviertler Bierszene, für die er monatlich einen Stammtisch ausrichtet. Er hält sich aber nicht strikt an das lokale Bierangebot, sondern nimmt auch andere regionale und überregionale Biere auf die Karte. Oft sind es Mitbringsel von seinen eigenen Bier-Safaris, wobei auch Starkbiere für längere Reifung erjagt und im Keller eingelagert werden. 2012 wurde ein Bierkeller gebaut, der ca. 15 Personen eine Auswahl an mittlerweile 300 Bieren bietet! Geführte Verkostungen werden bereits ab 5 Personen angeboten – einen kurzen Blick kann man aber jederzeit „erhaschen". Dazu gibt es auch monatlich wechselnde Biermenüs – und wer es lieber alkoholfrei möchte, kann auch unter mehreren alkoholfreien Bieren wählen. Jeden Mittwoch ist Bierverkostung zu einem Thema, z.B. IPA oder Biere vom Fass. Dann gibt es eine kleine Auswahl dieser Biere für kleines Geld. ✕ ⛺-28

BRAUGASTHOF TRÄGER
4910 Ried im Innkreis, Rossmarkt 27
0 77 52/821 60
office@hotel-traeger.at
www.hotel-traeger.at
ÖFFNUNGSZEITEN Mi–Fr 16.30 bis 1.00 Uhr, Sa 8.00 bis 14.30 Uhr, So Ruhetag

OBERÖSTERREICH

RIED IM INNKREIS

Platzlwirt – Das andere Wia Z'Haus

The Irish Viking Pub

FASSBIER Rieder Naturtrüb, Märzen, Rieder Weißbier Hell, Rieder Weißbier Dunkel, Rieder Weißbierbock, saisonal dunkles Zwickl
FLASCHENBIER Arco Weissbier Alkoholfrei, Rieder Stelzhamer, Rieder UrEcht, Rieder Pils, Rieder Leichte Weisse, Rieder Weisse Alkoholfrei, Rieder IPA, Clausthaler und je nach Saison Honigbier, Kürbiskernbier
LOKAL Familienbetrieb seit über 100 Jahren – hier war 1931 bis 1985 die kleine Weißbierbrauerei Lechner untergebracht (die Anlage kann im hauseigenen Weißbiermuseum noch besichtigt werden). Die Gaststube wurde behutsam renoviert und im Schanigarten eine nette Gartenbar eingerichtet. Braumeister-Steak mit Bier-Cognacsauce und verschieden Beilagen auf Vorbestellung! 140 Sitzplätze im Lokal, 10 Plätze an der Bar, Garten: 30 Sitzplätze. ✿ ♨ ⌂ -20

BRAUWIRTSHAUS KELLERBRÄU 🍺🍺
4910 Ried im Innkreis, Am Kellerbräuberg 1
0 77 52/703 30
office@kellerbraeu.at
ÖFFNUNGSZEITEN Mo–Fr 11.00 bis 14.00 Uhr und 17.00 bis 24.00 Uhr, Sa ab 17.00 Uhr. Ab April: Mo–Fr 11.00 bis 24.00 Uhr
FASSBIER Rieder Märzen, Rieder Weißbier, Rieder Kellerbräu Naturtrüb, Stiegl Pils
FLASCHENBIER Rieder Weißbier Dunkel, Rieder Weißbier Alkoholfrei und saisonal wechselnde Biere
LOKAL Einstmals Ausschank des benachbarten Kellerbräu – einer der ältesten Brauereien Österreichs, die 2013 ihren Betrieb eingestellt hat. Die Gaststätte wurde zwar von der Baumgartner Brauerei in Schärding erworben, im November 2014 ist aber auf OGH der Rechtsmeinung des Pächters Alois Stamminger gefolgt, dass er kein Schärdinger Bier ausschenken muss. Ca. 120 Sitzplätze im Lokal, 17 an der Bar und 170 im Gastgarten.

PLATZLWIRT – DAS ANDERE WIA Z'HAUS 🍺🍺🍺
4910 Ried im Innkreis, Linzer Gasse 2
0 77 52/825 93
kontakt@platzlwirt.at
www.platzlwirt.at

ÖFFNUNGSZEITEN Mi–So 10.00 bis d'Leit hoam gengan, Mo–Di Ruhetage
FASSBIER Rieder Urecht, Rieder Weißbier und Dunkel naturtrüb
FLASCHENBIER Rieder Weißbier, Rieder Weißbier Alkohofrei, Null Komma Josef
LOKAL „Bei mia z'Haus bin i nia z'Haus", aber im Wirtshaus bin i wia z'Haus" – nach diesem Motto wurde dieses Traditionsgasthaus als urgemütliches und doch zeitgemäßes Wirtshaus gestaltet – mit Bar, Kachelofen und von einander abgegrenzten Tischen, was eine normale Unterhaltung in Zimmerlautstärke ermöglicht. Der Betrieb darf sich auf eine ins späte 16. Jahrhundert zurückreichende Geschichte berufen – schon 1595 wurde an dieser Stelle ein Bäcker „In der Höll" erwähnt, der Name leitet sich wahrscheinlich von der Enge des damaligen Linzer Tores ab. Im Bäckergewölbe „Anno 1595" steht ein Wurlitzer Baujahr 1956. Die gschmackige Biersuppe und das Stachelbier beweisen, dass die Wirtsleut' Hans und Barbara Karl sich wirklich sehr um Bier bemühen. 110 Sitzplätze im Lokal, 10 an der Bar plus 90 Sitzplätze im Garten. ✿

THE IRISH VIKING PUB 🍺🍺🍺
4923 Ried im Innkreis, Rainerstrase 23
0 67 6/509 94 21
heinz@irish-viking-pub.at
www.irish-viking-pub.at
ÖFFNUNGSZEITEN Di–Sa ab 18.00, So–Mo, Fei geschlossen
FASSBIER Zipfer Märzen, Guinness, Kilkenny, Starobrno, Heineken, Edelweiss Weißbier Hell und Dunkel
FLASCHENBIER Heineken, Desperados, Corona, Edelweiss Hofbräu, Edelweiss Alkoholfrei, Gösser Naturradler, New Castle Brown Ale, London Pride, Schlossgold; Cider: Magners Original, Bulmers Original, Bulmers Pear, Strongbow
LOKAL Heinz Schauberger hat das seit 1998 bestehende „Old Irish Pub" behutsam renoviert – es ist nun Treffpunkt junger Fans der irischen Trinkkultur (mehr als 85 verschiedene Whiskys stehen zur Auswahl), aber auch ältere Gäste haben hier offensichtlich Spaß. Wer dazu gehören will, kleidet sich schwarz – entsprechende Merchandise ist ebenfalls erhältlich. Jeden dritten Mittwoch im Monat „open stage", jeden Freitag ist „Burgertime". 30 Plätze im Lokal, 20 Plätze an der Bar, 20 im Schanigarten.

OBERÖSTERREICH

RIED IM INNKREIS · ROHR IM KREMSTAL · ROHRBACH

Weber Bräu

Bertlwieser's – Rohrbachs bierigstes Wirtshaus

WEBER BRÄU 🍺🍺🍺🍺
4910 Ried im Innkreis, Weberzeile 1
0 77 52/700 17
office@weberbraeu.at
www.weberbraeu.at
ÖFFNUNGSZEITEN Mo–Sa 10.00 bis 22.00 Uhr (Restaurant); 9.00 bis 24.00 Uhr (Bar), So & Feiertage geschlossen
FASSBIER Rieder Urecht, Rieder Naturtrüb, Rieder Weisse, Rieder Weißbier Dunkel, gelegentlich auch IPA
LOKAL Bierrestaurant des Jahres, siehe Seite 89

ROHR IM KREMSTAL

SCHUPF'N 🍺🍺🍺
4532 Rohr im Kremstal, Oberrohr 10
072 58/70 73
schupfn@aon.at
www.schupfn.at
ÖFFNUNGSZEITEN Di–Sa 11.00 bis 24.00 Uhr, So 10.00 bis 22.00 Uhr, Mo und Feiertage Ruhetage
FASSBIER Schupf'n Naturtrüb (Zwicklspezialität aus dem Hause Zipfer), Gösser Gold, Gösser Naturgold, Ennstaler Weisse (Brauerei Schladming), im Sommer Gösser Kräuterradler, im Herbst Oktoberbräu, zur Weihnachtszeit Weihnachtsbock; immer wieder saisonal abwechselnde Biersorten.
FLASCHENBIER Affligem Blonde, Wieselburger Stammbräu, Edelweiss Weißbier Alkoholfrei, Wieselburger Dunkel, Edel-

weiss Hoamatradler, Gösser Kracherl, diverse Craft Biere (meist vom Hofbräu Kaltenhausen).
LOKAL Die Kulti- und Genusswirte Silke und Reinhard Guttner haben einen ehemaligen Schupfn (der Scheune des gegenüber liegenden Bauernhauses) 1998 zu einer rustikal wirkenden Gaststätte eingerichtet. Hier wird in letzter Zeit auch immer mehr Craft Bier ausgeschenkt – ein eigener Kühlschrank mit Glasfront macht das wechselnde Angebot transparent. Zentral angelegt die Bierbar und das Buffet. Auf der Speisekarte mit Produkten ausschließlich aus der Region findet sich auch ein Braumeistergulasch (Rindsgulasch im Schupfnbräusaft „angesetzt"), dazu gibt es im Jänner die Bierwochen: Zwicklbiersuppe, Rostbraten im Zwiebel-Malzbierrahm, Pils- Käsespätzle und Karpfen im Bierteig – anschließend dazu Bierpunsch und Bierbowle. Und das ganze Jahr über gibt es das bierige Käseangebot aus der nahen Stiftskäserei Schlierbach. 80 Sitzplätze im Lokal, 30 Plätze an der Bar, 80 Sitzplätze im Garten.

ROHRBACH

BERTLWIESER'S – ROHRBACHS BIERIGSTES WIRTSHAUS 🍺🍺🍺🍺🍺
4150 Rohrbach, Stadtplatz 34a
0 72 89/213 01
office@bertlwiesers.at
www.bertlwiesers.at

238
OBERÖSTERREICH

ROHRBACH · RUTZENHAM BEI SCHWANENSTADT · SANKT GEORGEN AM WALDE

Landgasthof Dorfner

Zum Alfons

ÖFFNUNGSZEITEN Di–Sa 9.00 bis 24.00 Uhr, So 9.00 bis 22.00 Uhr, Mo Ruhetag
FASSBIER Schlägl Urquell, Hofstettner Granit, Freistädter Bio Zwickl
FLASCHENBIER Schlägl Pils, Schlägl Abtei Bier, Schlägl Bio Roggen, Schlägl gelagerter Doppelbock, Schlägl Jahrgangs Doppelbock, Schlägl In Primus, Schlägl der Vielschichtige, Hofstettner Sündenbock, Hofstettner Granitbock, Hofstettner Granitbock ICE, Hofstettner G'froren's Iced IPA, Hofstettner Granitbock Reserve 2009, Hofstettner Bio Honigbock, Hofstettner Hidden Gem, Freistädter Dunk'l, Canba Hop Gun, Gusswerk Horny Betty, Gusswerk Das Schwarze Schaf, Raschhofer Lebenskünstler, Flying Dog, Engelszeller Gregorius, Rieder IPA, BrewAge Pale Ale Hopfenauflauf, Brew Dog Punk IPA, Lindemans Cassis, Duvel, Corona Extra, Andechser Weißbier, Franziskaner Weißbier, Gösser Naturgold, Gösser Naturradler, Forstner Brew-Secco
LOKAL Bierlokal des Jahres, siehe Seite 194.

LANDGASTHOF DORFNER 🍺🍺
4150 Rohrbach, Stadtplatz 25
0 72 89/43 32
willkommen@gasthof-dorfner.at
www.gasthof-dorfner.at
ÖFFNUNGSZEITEN Mo–Fr 8.00 bis 24.00 Uhr, So 8.00 bis 15.00 Uhr, Sa Ruhetag
FASSBIER Schlägler Urquell, Schlägler Stifter-Bier, zusätzlich im Sommer: Schlägler Kristall leicht, Schlägler Bio Roggenbier
FLASCHENBIER Schlägler Malz, Schlägler Pils, Andechser Weizen
LOKAL Bierorientiertes Wirtshaus im Mühlviertler Hopfenanbaugebiet – direkt gegenüber vom Rathaus in Rohrbach. Auf den Tischen finden sich Aufsteller mit einem Tischgebet, das Kruzifix hängt an der Wand, alles sehr authentisch. Die Wirtin Ernestine Zippusch ist nicht nur in der katholischen Frauenbewegung engagiert, sie organisiert auch Verkostungen, zeigt Brauereivideos und serviert Trebernbrot und Mühlviertler Bierschnitzel. 70 Sitzplätze im Lokal, 150 im Garten
🍴🚫🛏-40

RUTZENHAM BEI SCHWANENSTADT
ZUM ALFONS 🍺🍺🍺🍺
4690 Rutzenham bei Schwanenstadt, Bergern 2
0 76 73/24 42
office@zum-alfons.at
www.zum-alfons.at
ÖFFNUNGSZEITEN Mi–So 16.00 bis 24.00 Uhr
FASSBIER Alfons Bräu Hell, Weizen, zu Ostern und Weihnachten Bockbier
FLASCHENBIER Zipfer Märzen, Clausthaler
LOKAL Auf den ersten Blick ein Bauernhof wie viele andere, auf den zweiten ein gut besuchtes Ausflugslokal. Wenn man aber eintritt, eröffnet sich eine völlig neue Welt des Biergenusses. Die Wirtsleute Alfons und Dorothe, die den Betrieb – der 2001 oberösterreichisches Bierlokal des Jahres war – immer mit guter Laune führen, haben sich darauf spezialisiert, die Gäste mit lustigen Aktionen zu unterhalten: Und weil es so viel Spaß macht, hat Alfons unter anderem 36.000 Teddybaren an seine Gäste verkauft. Sehenswert auch der zum Gastgarten ausgebaute Innenhof mit teils überdachten Lauben, die im Herbst und Winter sogar beheizt werden können – übrigens gibt es neuerdings eine Fotovoltaikanlage mit 150 Quadratmetern Fläche. Im Winter befindet sich im Innenhof eine Kunsteisstockbahn. Ca. 200 Sitzplätze im Lokal, 20 an der Bar, Garten: 200 Sitzplätze und 15 Stehplätze.

SANKT GEORGEN AM WALDE
BRATL-BRÄU 🍺🍺🍺
4372 Sankt Georgen am Walde, Markt 13
0 79 54/ 22 03
sengst@bratl.at
www.bratl.at
ÖFFNUNGSZEITEN Mo, Mi–Sa 7.30 bis 13.30 Uhr und 16.00 bis 24.00 Uhr, So 8.30 bis 22.00 Uhr, Di Ruhetag
FASSBIER 4sam Bräu (Märzen), Friedis Eselbräu, Bratl Weizenbier
FLASCHENBIER Corona, Heineken, Bratlbräu Waldreich, Wieselburger Stammbräu
LOKAL Der Braugasthof Sengstbratl verfügt nicht nur über eine kleine Brauerei, die gerne vorgeführt wird, sondern auch über eine angeschlossene Fleischerei, die auch die Zutaten für die

239
OBERÖSTERREICH

SANKT GEORGEN IM ATTERGAU · SANKT GEORGEN/GUSEN · SANKT MARTIN/INNKREIS · SANKT MARTIN/MÜHLKREIS

Wöhrer

bierigen Speiseangebote liefert. Einmal im Monat Brauerstammtisch mit Verkostung rarer Biere. 150 Plätze im Lokal, 30 an der Bar, 70 im Garten. ⌧-25

SANKT GEORGEN IM ATTERGAU

ATTERGAUHOF
4880 Sankt Georgen im Attergau, Attergaustraße 41
0 76 67/64 06
hotel.attergauhof@netway.at
www.attergauhof.at
ÖFFNUNGSZEITEN Mo–So 10.00 bis 23.00 Uhr
FASSBIER Gösser Gold, Hirter Morchl, Biere aus der Brauerei Attersee
FLASCHENBIER Clausthaler
LOKAL Unkomplizierte Hotel-Bar und Restaurant mit guter Bierpflege und freundlicher Bedienung. ⌧-20

SANKT GEORGEN/GUSEN

LONGHORN SALOON
4222 Sankt Georgen/Gusen, Mauthausener Straße 76
0 72 37/53 54
longhorn.saloon@24speed.at
www.longhorn-saloon.at
ÖFFNUNGSZEITEN Mo–Do 14.00 bis 24.00 Uhr, Fr–Sa 10.00 bis 24.00 Uhr
FASSBIER Zipfer Urtyp, Puntigamer Panther
FLASCHENBIER Guinness (Dose), Corona, Zipfer Urtyp Medium, Edelweiss Hell und Dunkel, Kaiser Doppelmalz, Schlossgold
LOKAL Country-Lokal in texanischem Stil, vorwiegend männliche Gäste (Biker und Reiter sind willkommen), Livemusik an Freitagen im Sommer – und immer wieder neue Ideen für Feste, etwa ein Western-Halloween. Walter Schabl empfiehlt zum Bier Whisky (es gibt auch eine große Auswahl). 34 Plätze im Lokal, 16 an der Bar, 62 im Garten.

SANKT MARTIN/INNKREIS

HOFWIRTSHAUS
4973 Sankt Martin/Innkreis, Diesseits 10
0 77 51/808 80 oder 0 69 9/10 59 20 47
office@hofwirtshaus.at
www.hofwirtshaus.at
ÖFFNUNGSZEITEN Di–Do 10.00 bis 14.00 Uhr und 17.00 bis 1.00 Uhr, Fr–Sa 17.00 bis 2.00 Uhr, So 10.00 bis 15.00 Uhr
FASSBIER Arcobräu Urfass, Arcobräu Zwickl, Arcobräu Pils
FLASCHENBIER Arcobräu Pils, Arcobräu Zwickl, Arcobräu Urfass, Arcobräu Hefeweißbier Dunkel, Arcobräu Hefeweißbier Alkoholfrei, Arcobräu Urfass Alkoholfrei
LOKAL Sehr eindrucksvolles altes Wirtshaus mit modernem Interieur und einer sehr einladenden, zentralen Bar. Im Sommer jeden Donnerstag ab 18.00 Uhr Grillabend. Von Oktober bis Weihnachten jeden Sonntag großes Wildbuffet, im September gibt es Bier-Schnaps-Bratl mit kommentierter Bierverkostung. 140 Plätze, 30 an der Bar, Garten: 80 Sitzplätze.

SANKT MARTIN/MÜHLKREIS

WÖHRER
4113 Sankt Martin/Mühlkreis, Markt 6
0 72 32/22 21
office@woehrer.co.at
www.woehrer.co.at
ÖFFNUNGSZEITEN Mo–So 5.30 bis 1.00 Uhr, Ruhenachmittag: Do 13.00 bis 17.00 Uhr
FASSBIER Hofstettner Märzen, Graf Arco Weissbier Hell
FLASCHENBIER Graf Arco Weizen Dunkel, Hofstettner Pils, Hofstettner Granitbier, Hofstettner Honigbier, Clausthaler
LOKAL 130 Jahre altes Landwirtshaus mit modernem Flair, sehr der lokalen Hofstettner Brauerei verbunden. Die Karte bietet unter anderem Malzzelten mit Grammel-Gerstlaufstrich, Plöckinger Bierroulade und geeistes Eierbier. Das Gebäck kommt übrigens aus der hauseigenen Bäckerei (was auch die frühen Öffnungszeiten erklärt). 150 Sitzplätze, 50 Sitzplätze im Garten.

www.bier-guide.net   2016 BIER GUIDE

OBERÖSTERREICH

SANKT STEFAN AM WALDE

SANKT STEFAN AM WALDE

AVIVA ALM / BRAU-BOUTIQUE
4170 St. Stefan am Walde, Höhenweg 1
0 72 16/376 00
info@hotel-aviva.at
www.aviva-alm.at ; www.brau-boutique.at
ÖFFNUNGSZEITEN Aviva: Mo–So 7.00 bis 21.00; Aviva Alm: Mi–Fr ab 14.00, Sa, So & Feiertage ab 10.00, Mo–Di Ruhetage
FASSBIER Alm Bräu Hellblond, Alm Bräu Dunkelblond, Bier des Monats
FLASCHENBIER Glüxx als Damenbier, Biere aus den Mühlviertler Brauereien und einige Spezialitäten – ähnlich wie im benachbarten Aviva Hotel.
LOKAL Am 29. Mai 2016 eröffnet Werner Pürmayer die Kleinbrauerei und Brau-Lounge „Brau-Boutique" am Standort der Aviva-Alm, der an das Hotel Aviva angeschlossenen Event-Location. Die Brau-Boutique ist zugleich Biertreff und bietet u.a. verschiedenste selbst gebraute Craftbiere sowie Bierempfänge, Führungen und Degustationen. 100 Plätze im Lokal.

HOTEL AVIVA FOR BEERFRIENDS
4170 St. Stefan am Walde, Höhenweg 1
0 72 16/376 00
info@hotel-aviva.at
www.hotel-aviva.at
ÖFFNUNGSZEITEN Aviva: Mo–So 7.00 bis 21.00; Aviva Alm: Mi–Fr ab 14.00, Sa, So & Feiertage ab 10.00, Mo–Di Ruhetage
FASSBIER Alm Bräu Hellblond, Alm Bräu Dunkelblond, Bier des Monats
FLASCHENBIER Glüxx als Damenbier, Braucommune Freistadt Junghopfenpils, Braucommune Freistadt Biozwickl, Neufeldner S'Hopferl, Neufeldner Rotschopf, Neufeldner Weizenbock, Hofstettner Granitbier, Hofstettner Hochland Bio Honigbier, Schlägl Abtei Bier, Schlägl „Der Starke", Schlägl „Tripel", Zwettler Saphir Premium Pils, Schremser Bio Roggen, Hirter Morchl, Schloss Eggenberg Samichlaus, Stift Engelszell Gregorius, Pilsner Urquell, Franziskaner Weißbier Dunkel, Camba Bavaria – Hop Gun und Dry Stout, Lindemans Framboise, La Chouffe Golden Ale, Chimay Rouge, Rochefort 6, Guinness extra Stout, Salitos Tequilabeer, Gusswerk Austrian Amber Ale, Nicobar India Pale Ale, Clausthaler Zwickl Alkoholfrei, Edelweiss Weizen Alkoholfrei, Braucommune Freistadt Zwickl Radler
LOKAL Zum Bergergut gehörendes Seminar- und Single-Hotel in unmittelbarer Nachbarschaft der Aviva Alm mit der eigenen Brauerei. Im Hotel lockt eine große, moderne Bar und eine Sonnenterrasse. 100 Plätze, 20 an der Bar, 40 auf der Terrasse.

241
OBERÖSTERREICH

SANKT ULRICH I. MÜHLKREIS · SCHALCHEN · SCHÄRDING

Gasthaus Bräu

Baumgartner Stadtwirt

SANKT ULRICH I. MÜHLKREIS

MÜHLVIERTLER HOPFENSTUBN – HOPFENERLEBNISHOF
4116 Sankt Ulrich i. Mühlkreis, Pehersdorf 7
0 72 82/822 28 oder 0 66 4/234 26 41
info@hopfenerlebnis.at
www.hopfenerlebnis.at
ÖFFNUNGSZEITEN Do und Fr ab 16.00 Uhr, Sa, So und feiertags ab 10.00 Uhr (mit warmer Küche), Gruppen gerne jederzeit nach Voranmeldung!
FASSBIER Hofstettner Märzen, Schlägl Kristall, Freistädter Bio Zwickl
FLASCHENBIER Neufeldner Bio-Hopferl, Hofstettner Honig- und Granitbier, Andechser Weißbier, gelegentlich weitere Spezialitäten, Clausthaler
LOKAL In der urigen Hopfenstub'n werden bäuerliche Schmankerln aus der Region geboten wie z.B. Brat'l in der Rein, Ripperl, Kudl-Mudl, Knödelvariationen, Hopfenspargel und hausgemachter Topfenstrudel. Gegen Voranmeldung können jederzeit Bierverkostungen mit Mühlviertler Biersorten und einem speziellen Biermenü gebucht werden, und auch Biercocktails werden angeboten. Bis zu 55 Sitzplätze im Lokal und 100 Sitzplätze im Garten mit Blick auf die Hopfenfelder. Das erste und einzige Hopfenmuseum Österreichs, welches direkt in die Produktion des HopfenErlebnisHofes eingebunden ist, gibt Einblicke in die Geschichte und Kultur der bäuerlichen Arbeit rund um die Gewinnung des grünen Goldes. Und wer den unverfälschten und einzigartigen Geruch des Mühlviertler Hopfens erleben möchte, kann dies mit einem Besuch zur Erntezeit Ende August bis Mitte September tun.

SCHALCHEN

GASTHAUS BRÄU
5231 Schalchen, Hauptstraße 25
0 77 42/30 06 oder 0 66 4/536 45 01
info@gasthausbraeu.at
www.gasthausbraeu.at
ÖFFNUNGSZEITEN Di, Mi, Fr, Sa, So 9.00 bis 24.00 Uhr; Mo, Do Ruhetage
FASSBIER Stiegl Pils, König Ludwig Weizen Hell u. Dunkel, Stiegl Weisse, Stiegl Zwickl

FLASCHENBIER Stiegl Pils, Stiegl Sport-Weisse Alkoholfrei, Clausthaler
LOKAL Schön renoviertes Gasthaus der Familie Weinbrenner mit kleinem Biergarten und gepflegtem Stiegl Bier. 60 Plätze im Lokal, 50 im Biergarten.

SCHÄRDING

SEIT 1609
Baumgartner Stadtwirt Schärding

BAUMGARTNER STADTWIRT
4780 Schärding, Knörleinweg 1
0 77 12/28 28
reservierung@baumgartner-stadtwirt.at
www.baumgartner-stadtwirt.at
ÖFFNUNGSZEITEN Do–Di 10.00 bis 24.00 Uhr, Mi Ruhetag
FASSBIER Baumgartner Märzen, Baumgartner Zwickl hell und dunkel, Baumgartner Gartenradler, Baumgartner Weisse
FLASCHENBIER Baumgartner Weisse dunkel/leicht/alkoholfrei Baumgartner Pils, Baunti, Baunti Lemon, Schlossgold Alkoholfrei, Baumgartner Braujuwel
LOKAL „Traunstein und Erding, Vilshofen und Schärding – im Bayernland der Städte vier, wo man braut das beste Bier", steht an der Wand des ehemaligen Brauereiwirtshauses der Kapsreiter Brauerei, das seit März 2013 von der benachbarten Baumgartner Brauerei beliefert wird. Schon 1868 wurden im Kellergebäude an dieser Stelle Bier und Branntwein ausgeschenkt, der heutige Bau geht auf das Jahr 1912 zurück. Helles, freundliches Lokal mit kleiner Schank gegenüber dem

242
OBERÖSTERREICH

SCHÄRDING · SCHENKENFELDEN · SCHIEDLBERG · SCHÖRFLING/ATTERSEE

Wirtshaus zur Bums'n

Brauhof Goldberg

Eingang. Seit Jänner 2014 gibt es mit Elisabeth Pucher und Patrick Manhartsberger neue Pächter. 345 Sitzplätze in zwei Räumen, 15 an der Bar, 120 im Garten.

WIRTSHAUS ZUR BUMS'N
4780 Schärding, Denisgasse 8
0 77 12/30 61
wirtshaus@bumsn.at
www.bumsn.at
ÖFFNUNGSZEITEN Mo–Sa 8.00 bis 2.00 Uhr
FASSBIER Baumgartner Zwickl und Märzen, Urbier Dunkel, Radler, saisonal Bockbier
FLASCHENBIER Baumgartner Pils, Baunti Lager, Wolferstetter Weizenbier Hell, Dunkel, Leicht und Alkoholfrei, Baunti Lemon, Schlossgold
LOKAL Dem Namen „Bums'n" haftet nichts Unanständiges an. Er ist jahrhundertealt und erklärt ein kleines Detail früherer Bierführerarbeiten: Die Bierfässer wurden vom Rossgespann abgeladen und über den leicht abschüssigen Boden in die Gaststube gerollt. Am mächtigen Schanktresen „bumsten" die Fässer an und kamen so zum Stillstand. Das heutige Lokal stammt aus dem Jahr 1930, wurde 1996 sorgfältig renoviert und der Garten erweitert: Mehr denn je ist es Aushängeschild der 1609 gegründeten Baumgartner Brauerei. Mit dabei die „Bierapotheke" in der eigentlichen Brauerei, zusammengestellt aus dem Inventar der 1938 von Baumgartner übernommenen Niklas-Brauerei in Wesenufer (sie stellte den Braubetrieb 1976 ein) – gegen Voranmeldung kann dieses Museum besucht werden. Braumeisterstüberl (20 Plätze), Gambrinuskeller (100 Plätze), Gaststube (80 Plätze), Bürgerstüberl (50 Plätze), Gartenstüberl (40 Plätze), Hopfengarten (150 Plätze), Schanigarten (85 Plätze).

SCHENKENFELDEN

STEINSCHILDWIRT
4192 Schenkenfelden, Steinschild 7
0 72 14/44 08
steinschildwirt@funkweb.at
ÖFFNUNGSZEITEN Do–Di 9.00 bis 23.00 Uhr
FASSBIER Kaiser Goldquell, Kaltenhauser Bernstein, Zipfer Märzen, saisonal Oktoberbräu und Zipfer Stefanibock

FLASCHENBIER Edelweiss Weizen Hefetrüb, Zipfer Urtyp, Zipfer Limettenradler, Weizen Hoamatradler, alkoholfrei: Edelweiss Weizen, Gösser Naturtrüb, Zipfer Limetten Radler
LOKAL Wirtshaus am Märchenteich südlich von Schenkenfelden: Die Petrijünger aus Schenkenfelden und Umgebung, die sich im Fischerbund Steinschild zusammengeschlossen haben, kümmern sich nicht nur um die Bewirtschaftung des Märchenteiches (Tageskarten hier erhältlich), sondern haben auch den Steinschildwirt zum Vereinslokal erkoren. Zahlreiche Wege für Wanderer laden zu einem Ausflug ins hügelige Mühlviertel ein, im Winter führt die präparierte Loipe direkt am Haus vorbei. Die Küche bietet Hausmannskost, die man im Sommer im gemütlichen Gastgarten genießen kann, und im Oktober werden Wildspezialitäten angeboten. Ein Extrazimmer steht für Veranstaltungen und Feiern zur Verfügung.
-4

SCHIEDLBERG

BRAUHOF GOLDBERG
4521 Schiedlberg, Weichstettenstraße 119
0 72 51/592 oder 0 69 9/17 25 15 92
office@brauhof-goldberg.at
www.brauhof-goldberg.at
ÖFFNUNGSZEITEN Do–Sa 16.00 bis 24.00 Uhr, So & Feiertage 14.00 bis 22.00 Uhr, für größere Gruppen gegen Voranmeldung auch außerhalb der Öffnungszeiten
FASSBIER Hausgebrautes Goldberger Helles, Goldberger Weisse, saisonal Goldberger Dunkles und Goldberger Alt
FLASCHENBIER Clausthaler
LOKAL Im Juni 2004 errichtete Gasthausbrauerei in ehemaligen Stallungen eines Bauernhofs – gleich beim Hereinkommen stößt man auf die Braunlage. Herrliche Gewölbearchitektur, großer Gastgarten und Kinderspielplatz. 70 Sitzplätze im Lokal, 150 Sitzplätze im Garten, 10 Plätze an der Bar.

SCHÖRFLING/ATTERSEE

ERSTER ATTERSEER BIERGARTEN
4861 Schörfling/Attersee, Hauptstraße 4
0 76 62/64 55
hendlbrater@1abiergarten.at
www.1abiergarten.at

BIER GUIDE 2016   www.bier-guide.net

# OBERÖSTERREICH

SCHÖRFLING/ATTERSEE · SCHWANENSTADT · SCHWERTBERG

Mühlviertler Hof – Gasthof Geirhofer

ÖFFNUNGSZEITEN 10.00 bis 24.00 Uhr, von Oktober bis April Mo–Di Ruhetage
FASSBIER Zipfer Märzen, Argus-Bräu (aus der Kleinbrauerei in Oberachmann bei Lenzing)
FLASCHENBIER Clausthaler
LOKAL Selbstbedienungslokal mit Steckerlfisch und Bierjause. 70 Sitzplätze, Garten: 250 Sitzplätze.

ZENZ'N STUBN
4861 Schörfling/Attersee, Marktwaldstraße 19
0 76 62/34 94
a.zenz@aon.at
www.zenznstubn.com
ÖFFNUNGSZEITEN So–Sa 11.00 bis 23.00 Uhr, So 9.00 bis 22.00 Uhr, Mo Ruhetag
FASSBIER Eggenberger Hopfenkönig Pils, Eggenberger Naturtrüb
FLASCHENBIER Eggenberger Urbock, Eggenberger Freibier, Eggenberger Medium, Die Weisse Hell/Dunkel/Bock, König Ludwig Dunkel, König Ludwig Weißbier Hell/Dunkel, Die Weisse Alkoholfrei, Erdiger Weißbier Alkoholfrei
LOKAL Im Tiroler Stil mit Kachelofen eingerichtetes gemütliches Bierlokal mit zwei Wintergärten und Sommerterrasse, jeweils mit herrlichem Blick über den Attersee. Die Chefin Frau Helga kocht gutbürgerliche Schmankerln. Lokal: ca. 50 Plätze, Wintergarten: ca. 40 Plätze, Panorama-Veranda: ca. 50 Plätze & Sonnenterrasse: ca. 70 Plätze.

SCHWANENSTADT

ZIGEUNERWIRT SCHWANENSTADT
4690 Schwanenstadt, Einwarting 8
0 76 74/628 45
karin_schatzl@hotmail.com
ÖFFNUNGSZEITEN So–Do 17.00 bis 24.00 Uhr, Do auch 9.00 bis 14.00 Uhr, Fr–Sa Ruhetage
FASSBIER Zipfer Doppelgold, Zipfer Medium
FLASCHENBIER Schlossgold, Weihenstephan, Edelweiss Alkoholfrei
LOKAL Sehr beliebtes Ausflugslokal. Der Betrieb wurde 1962 von Franz und Ernestine Wolfsteiner gegründet und im Jänner 2000 von ihrer Tochter Karin Schatzl übernommen. Das Bier lagert hier in einem natürlichen, in den Berg gegrabenen Keller. Ca 70 Sitzplätze im Lokal, im Garten ca. 120 Sitzplätze und im neu renovierten Salettl ca. 50 Sitzplätze.

SCHWERTBERG

MÜHLVIERTLER HOF – GASTHOF GEIRHOFER
4311 Schwertberg, Hauptstraße 10
0 72 62/612 62
info@gasthof-geirhofer.at
www.gasthof-geirhofer.at
ÖFFNUNGSZEITEN Mi–So 9.00 bis 24.00 Uhr, Mo–Di Ruhetage
FASSBIER Gwölb Zwickl, Zipfer Urtyp, Weihenstephaner Weizen, Schlägl – abwechselnd Kristall od. Bio Roggen und ein Saisonbier
FLASCHENBIER Guinness, Gösser Naturgold, Edelweiß Alkoholfrei
LOKAL In der Mühlviertler Stube dieses 1965 gegründeten Gasthofs bildet ein alter Eichenstammtisch den Kern der urigen Wirtshausstube, und im angeschlossenen Restaurant „Gwölb" kann man saisonale Speisen aus der traditionellen österreichischen Küche sowie internationale Schmankerl genießen. Jeden Donnerstag findet ein Diner-Abend statt. 120 Sitzplätze im Restaurant, 300 im Veranstaltungssaal, 80 im Garten.

SCHWERTBERGER BRÄU
4311 Schwertberg, Ing. Schmiedl-Straße 7
0 66 4/100 34 75
office@schwertberger-braeu.at
www.schwertberger-braeu.at
ÖFFNUNGSZEITEN Ganzjährig Di–Fr (ausgenommen Feiertage) 15.00 bis 19.00 Uhr
FASSBIER Schwertberger Bräu Helles und Dunkles
FLASCHENBIER Schwertberger Bräu Helles und Dunkles
LOKAL Kleines, gemütliches „Stehbeisl" im Zentrum von Schwertberg, in dem der interessierte Bierkonsument und Bierliebhaber im Biersommelier und Brauereibesitzer Dipl.-Ing. Karl Kiesenhofer einen gleichgesinnten Gesprächspartner findet, bei einem gepflegten Glas Bier über die Vorzüge des Gerstensaftes und vieles andere mehr philosophieren und die Produkte der Brauerei Schwertberger Bräu käuflich erwerben kann.

OBERÖSTERREICH

STEINBACH AM ATTERSEE · STEYR

STEINBACH AM ATTERSEE

BIERSCHMIEDE
4853 Steinbach am Attersee, Seefeld 56
0 66 4/54 863 21
office@bierschmiede.at
www.bierschmiede.at, www.facebook.com/bierschmiede.at
ÖFFNUNGSZEITEN Do–Sa 17.00 bis 23.00 Uhr
FASSBIER „Bierschmiede", „Werkstück" Märzen, „Meisterstück" Pils, „Rotglut" Altbayrisch Dunkel, „Weißglut" Weißbier
FLASCHENBIER Bierschmiede „Zunder" Rauchbier, „Hammer" Baltic Porter, „Amboss" Imperial Stout
LOKAL Bier & Käse-Lokal des Jahres, siehe Seite 87.

STEYR

BLACK SHEEP IRISH PUB
4400 Steyr, Gleinkergasse 14–16
0 66 0/428 52 65
www.facebook.com/BlackSheep-IrishPub-15917802544233670
ÖFFNUNGSZEITEN Mo–Do 20.00 bis 24.00 Uhr, Fr–Sa 20.00 bis 4.00 Uhr, So Ruhetag
FASSBIER Guinness, Kilkenny, Budweiser, Fosters, Staropramen, Hirter Pils, ein „Guest Beer of the Month"
FLASCHENBIER Newcastle Brown Ale, Foster's, Heineken, Desperados, Erdinger, Grolsch, Castlemaine XXXX, Corona Extra, Lapin Kulta, Stella Artois, Beck's, Beck's Lemon, Beck's Alkoholfrei, Hirter Radler
LOKAL Wo Eamon Doherty acht Jahre seine Bar betrieben hat, ist im Sommer 2015 das Black Sheep eingezogen. 160 Plätze, Bar/Stehtisch: 30.

KNAPP AM ECK
4400 Steyr, Wehrgrabengasse 15
0 72 52/762 69
wirtshaus@knappameck.at
www.knappameck.at
ÖFFNUNGSZEITEN Di–Sa 11.00 bis 14.00 Uhr und 18.00 bis 24.00 Uhr, Feiertage 11.00 bis 14.00 Uhr, So–Mo Ruhetage
FASSBIER Poldi Bier (Kleinbrauerei von Leopold Schmidthaler in Erlenbrunn), König Ludwig Dunkel, Zipfer Urtyp, Zwickl aus Schladming, Erdinger Weißbier
FLASCHENBIER Zipfer Pils, diverse Bockbiere nach Saison, Schlossgold, Weihenstephan Weisse Alkoholfrei, Silverbottle Veranstaltungsbier Eggenberg und im Sommer jeweils ein Gastbier, z.B. Schnaitl Original oder Freistädter Ratsherrn Premium
LOKAL Schon seit rund drei Jahrzehnten betreibt Familie Klement dieses Schmuckstück von einem Wirtshaus im Wehrgrabenviertel von Steyr, das nun von Jürgen Klement geführt wird. Es sieht heute historischer und gleichzeitig schmucker aus als je zuvor, der angenehm strukturierte Garten wirkt fast wie ein privater Rückzugsbereich für die Gäste. 80 Sitzplätze im Lokal, 5 bis unendlich Plätze an der Bar, 120 Sitzplätze im Garten.

VERMISSEN SIE IHR LIEBLINGS-BIERLOKAL?

DANN SCHREIBEN SIE UNS:
bierguide2017@gmx.at

OBERÖSTERREICH

STEYR

Schwechaterhof

Sir Patrick

SCHWECHATERHOF 🍺🍺🍺🍺🍺
4400 Steyr, Leopold Werndlstraße 1
0 72 52/530 67
office@schwechaterhof.at
www.schwechaterhof.at
ÖFFNUNGSZEITEN Mo 17.00 bis 24.00 Uhr, Di–Sa 9.30 bis 24.00 Uhr, So 9.00 bis 14 Uhr
FASSBIER Schwechater Hopfenperle, Schwechater Zwickl, Budweiser Budvar, Weihenstephaner Hefetrüb, Schlägl Stifterbier, Gösser Naturradler, Kaltenhauser Biere, Saisonbiere (z.B. Schlägl Fastenbier, Trumer Herbstbier, Schwechater Zwicklbock, Gösser Barbarabier, Hofbräu Kaltenhausen Maroni Style, Steyrer Hofbräu)
FLASCHENBIER Bevog Kramah, Gusswerk Nikobar IPA, Gusswerk Krinnawible, Dies Irae, Weihenstephaner Dunkel, Weihenstephaner Alkoholfrei, Rieder Weisse, Zipfer Drei, Gösser Naturgold, Wildbrett (Brauerei Hofstetten), Spezialsude aus Kaltenhausen. Das Sortiment wird laufend geändert (aktuelle Bierkarte unter www.schwechaterhof.at).
LOKAL Der Schwechaterhof führt den Namen der Schwechater Brauerei im eigenen Logo, das 1805 gegründete Wirtshaus war von 1889 bis 1961 im Besitz der Brauerei Schwechat – dass man hier perfekt gezapftes Schwechater Zwickl bekommt, überrascht also nicht. Aber Wolfgang Pötzl – er führt den Familienbetrieb in dritter Generation – macht mehr daraus. Er ist Biersommelier und hat sich auf heimische Craft-Biere (die kleinen Flaschen durchaus zu zivilen Preisen) spezialisiert. Gemütliche Stuben, uriger Biergarten mit Kastanienbäumen und Bierbar zeigen: Hier steht das Bier im Mittelpunkt. Und wenn man genau schaut, findet man auch eine Sammlung historischer Bierkrüge und eine Kollektion von Modellen von Bier-Lkws. Es gibt auf Vorbestellung eigene Bierzapf-Programme und Bierverkostungen für Gäste. Jeden Monat Aktionen rund ums Bier. Mit dem Barbarabieranstich – inklusive Schwerttanz und Knappenumzug – am Hauptplatz wird traditionell der Weihnachtsmarkt eröffnet. 250 Sitzplätze im Lokal, 20 an der Bar, 150 im Garten. ✦ ♿ ✕ 🍴-13

SEIDL-BRÄU 🍺
4400 Steyr, Haratzmüllerstraße 18
0 72 52/417 00
helm.klaus@promenteooe.at
www.atzooe.at/seidl-braeu
ÖFFNUNGSZEITEN Mo 10.00 bis 14.00 Uhr, Di–Fr 10.00 bis 14.00 und 18.00 bis 23.00 Uhr
FASSBIER Wieselburger Spezial, Edelweiss Hefetrüb
FLASCHENBIER Edelweiss Dunkel, Zipfer Urtyp Medium, Schlossgold
LOKAL Hier gab es von 1868 bis 1880 die Brauerei Johann Seidl – heute ist das Haus mindestens so sehr Kulturtreffpunkt (Live Musik jeden Dienstagabend, immer wieder Ausstellungen) wie es Wirtshaus ist. Und: Es ist auch ein Sozialprojekt, denn es bietet Menschen mit psychischen und sozialen Problemen ein Arbeitstraining. Den Gästen bietet es neben schön gezapftem Bier österreichische gutbürgerliche Küche – Käseschnitzel, Mostviertler Krauttaschen, Kalbsrahmbeuschel – aber auch wechselnde internationale Schwerpunkte. Café: 30 Sitzplätze, Gaststube: 70 Plätze, Hofgarten: 40 Sitzplätze im Lokal, Laube: 30 Sitzplätze.

SIR PATRICK 🍺🍺
4400 Steyr, Sieringer Straße 2
0 72 52/801 29 20 oder 0 67 6/394 34 07
hollaender@b-shop.at
www.steyr.info/mangiare/c/bar-pub/p/pub-sir-patrick.html
ÖFFNUNGSZEITEN Mo–Sa 18.00 bis 4.00 Uhr, So Ruhetag
FASSBIER Kaiser Märzen, Weihenstephaner Hefeweizen, Guinness (Surger)

246
OBERÖSTERREICH
TIMELKAM · TRAUN

Fruhstorfer

Brauhaus Traun

FLASCHENBIER Heineken, Gösser Naturgold
LOKAL Seit 1981 steht das Sir Patrick für Pub-Kultur. Zentrale Bar, hinter der eine äußerst freundlich und kompetent wirkende Bedienung werkt. 23 Plätze an der Bar, 15 an Tischen, 12 im Schanigarten.

TIMELKAM

BART
4850 Timelkam, Linzer Straße 18
0 66 4/232 83 29
office@bart.co.at
www.bart.co.at
ÖFFNUNGSZEITEN Mi–Do 19.00 bis 24.00 Uhr, Fr–Sa und vor Feiertagen 19.00 bis 4.00 Uhr
FASSBIER Guinness, Zipfer Märzen, Hirter Märzen
FLASCHENBIER Franziskaner Hell/Dunkel, Grolsch, Corona, Heineken, Rochefort, Kilkenny, Desperados, Astra Urtyp, Kwak, Tegernseer, Duvel, Peroni, Hoegaarden, Kozel Premium, Stiegl Grapefruit Radler, Paulaner Alkoholfrei, Gösser Naturtrüb Alkoholfrei
LOKAL Neben der üblichen Gesichtsbehaarung steht Bart für eine alternative Bar im Herzen von Timelkam mit alternativer Musik, Konzerten von lokalen bis internationalen Independent Bands. Überraschend, dass es hier eine kleine Karte mit belgischen Bieren gibt – und Barpersonal, das sich damit auskennt. Kleine, feine, saisonal abgestimmte Speisekarte. 15 Plätze an der Bar, 50 im Lokal.

FRUHSTORFER
4850 Timelkam, Oberthalheim 6
0 76 72/728 34
gasthof@fruhstorfer.at
www.fruhstorfer.at
ÖFFNUNGSZEITEN Mo, Mi, Do, Fr, So 9.00 bis 14.00 Uhr und 16.30 bis 23.00 Uhr, Di 9.00 bis 14.00 Uhr, Sa Ruhetag
FASSBIER Zipfer Märzen, Edelweiss Weißbier, Zipfer Limetten Radler, saisonal Zipfer Kellerbier
LOKAL Alteingesessener, stattlicher Gasthof mit mehrfach prämiertem, windgeschützten Gastgarten. 2015 absolvierte Karl Fruhstorfer gemeinsam mit seiner Lebensgefährtin eine Bier-Sommelier Ausbildung – und seither wird hier Craft Bier

auch jenen Gästen schmackhaft gemacht, die bisher nur das Zipfer aus der nahen Großbrauerei getrunken haben. Die Familie Fruhstorfer ist erblich vorbelastet: Sie hat früher selber eine Brauerei betrieben. 50 Plätze in der Gaststube, 110 im Speisesaal, 6 im Stüberl, 200 im Gastgarten.

TRAUN

BRAUHAUS TRAUN
4050 Traun, Madlschenterweg 7
0 72 29/211 09
office@traunerbier.at
www.traunerbier.at
ÖFFNUNGSZEITEN Mo–Do ab 17.00 Uhr, Fr 14.00 bis 24.00 Uhr, Sa 17.00 bis 24.00 Uhr, So und Feiertage Ruhetage
FASSBIER Trauner Spezial, Dunkles, Weißbier, Spezial Naturtrüb, Dunkles Naturtrüb, Bockbier
FLASCHENBIER Trauner Spezial, Trauner Dunkles
LOKAL Im Brauhaus von Traun spiegeln sich Tradition und Moderne nicht nur im Gebäude, sondern auch im Verkostungsraum wider. Alte Ziegelwände, schwere, handgearbeitete Tische und Bänke, dazu eine moderne Schank und das Sudhaus, welches nur durch eine Glasscheibe vom Verkostungsraum getrennt ist. Familie Koll ist es ein Anliegen, Bierliebhaber (und solche, die es noch werden möchten) zu erreichen, welche auf der einen Seite regionales Bier unterstützen und das Bier naturbelassen und als Naturprodukt zu schätzen wissen. Ca. 75 Sitzplätze, 120 im Garten.

SCHLOSS TRAUN
4050 Traun, Schlossstraße 8
0 72 29/66 88 22
office@schlosstraun.at
www.schlosstraun.at
ÖFFNUNGSZEITEN Mo–So 11.00 bis 24.00 Uhr
FASSBIER Stiegl Pils, Trauner Schlossbier (Stiegl Paracelsus), Stiegl Weisse
FLASCHENBIER Clausthaler
LOKAL Ambitionierter Kulturbetrieb und angenehme Gastronomie (netter Garten im Schlosshof), regelmäßige Frühschoppen, Oster-, Weihnachtsmarkt, Konzerte, Ausstellungen. Im Lokal hängt ein Lobgedicht auf das Trauner Bier: „Des Bier

247
OBERÖSTERREICH
TUMELTSHAM · UNTERACH · UTTENDORF

Restaurant Tauer

Braugasthof Vitzthum

dort is bei Gott a Traum / Goldgelb mit am weissen Schaum". 80 Plätze im Lokal, 90 im Saal, 5 an der Bar, 100 im Garten.

TUMELTSHAM

SCHACHINGER
4910 Tumeltsham, Walchshausen Nr. 5
0 77 50/32 23
info@gh-schachinger.at
www.gh-schachinger.at
ÖFFNUNGSZEITEN Mi, Do, So 10.00 Uhr bis 24.00 Uhr, Fr–Sa 10.00 bis 1.00 Uhr, Mo–Di Ruhetage
FASSBIER Kellerbräu Märzen, Kellerbräu Zwickl, Rieder Weizen
FLASCHENBIER Aldersbacher Weizen Hell/Dunkel, Clausthaler
LOKAL Musikantenwirtshaus (Senior- und Juniorchef sind selber Musikanten) in der kleinen Ortschaft Walchshausen vier Kilometer nördlich von Ried im Innkreis. Sehr bodenständig, mit freundlichen Wirtsleuten und schönem Gastgarten. Hausgemachte Innviertler Spezialitäten und Bierschmankerln. 100 Sitzplätze, 20 an der Bar, Garten: 60 Sitzplätze. -10

GASTHOF STRASSER – WIRT IN ESCHLRIED
4910 Tumeltsham, Eschlried 3
0 77 50/34 10
office@gasthof-strasser.com
www.gasthof-strasser.com
ÖFFNUNGSZEITEN Do–Di ab 8.00 Uhr, Mi Ruhetag
FASSBIER Zipfer, Weihenstephaner Weizen
FLASCHENBIER Heineken, Weihenstephaner Dunkel, Zipfer Limetten Radler, Schloßgold, Weihenstephaner Alkoholfrei, Gösser Naturgold
LOKAL Gemütliches Wirtshaus mit nettem Schankraum und sehr schönen Biergarten. Restaurant: 60 Plätze, großer Festsaal: 240, kleiner Saal: 60, Gastgarten: 180 Plätze. -44

UNTERACH

RESTAURANT TAUER
4866 Unterach, Hauptstraße 17
0 76 65/60 00
j.tauer@aon.at
www.tauer.cc
ÖFFNUNGSZEITEN Mo–So 11.00 bis 22.00 Uhr
FASSBIER Schnaitl Helles, jeden Freitag 16.00 Uhr Müllnerbräu Bier vom Fass (Augustiner Bräu Salzburg)
FLASCHENBIER Schnaitl Dunkel, Frankenmarkter Weißbier, Null Komma Josef
LOKAL Aus der ehemaligen Bäckerei Hammerl und dem alt-Café-Restaurant Salzkammergut ist das Eisbar-Restaurant Tauer mit Pub-Charakter geworden. Gute, bodenständige Küche und kultivierte Bierpflege. Augustiner Bier gibt es aus dem Tonkrug, der Bieranstich des Müllner Bräu am Freitag um 16 Uhr wird ordentlich zelebriert. Preiswerte bodenständige Kost, jeden Samstag Spareribs. 60 Plätze im Lokal, 80 Plätze im teilweise überdachten Biergarten.

UTTENDORF

BRAUGASTHOF VITZTHUM
5251 Uttendorf, Nr. 25
0 77 24/25 08-24
privatbrauerei.vitzthum@gmx.at
www.uttendorf-bier.com
ÖFFNUNGSZEITEN Mo–So 8.00 bis 24.00 Uhr
FASSBIER Uttendorf Export, saisonal Uttendorfer Zwickl Bock
FLASCHENBIER Uttendorf Märzen, Export, Pils, Falstaff, Einhundert BE, Dunkler Bock, Weißbier Hell u. Dunkel, Leichtbier Hell, Premium
LOKAL Mächtiges Gast- und Bräuhaus an der Stirnseite des Hauptplatzes von Uttendorf. Einfache Einrichtung, ebenso einfache Gasthausküche und ein besonders schöner Innenhof mit Arkaden. Die Brauerei und der dazugehörende Braugasthof werden seit Generationen von der Familie Vitzthum geführt. Ca. 150 Plätze und Innenhof, 50 im Garten. -7

OBERÖSTERREICH

VÖCKLABRUCK · VORCHDORF · WALDING

Gasthaus Six

Wirt Z'Walding

VÖCKLABRUCK

GASTHAUS SIX
4840 Vöcklabruck, Dörflstraße 20
0 66 0/ 34 85 713, 0 69 9/10 05 13 97
gasthaus.six@gmx.at
www.gasthaus-six.at
ÖFFNUNGSZEITEN Mi–Fr 16.00 bis 24.00 Uhr (im Sommer auch mittags von 11.30 bis 14.00 Uhr), Sa–So & Feiertage 11.00 bis 24.00 Uhr, Mo und Di Ruhetage
FASSBIER Weihenstephan Hefetrüb, Zipfer Märzen, Zipfer Kellerbier, Weihenstephan Hefetrüb, Kaltenhausener Bernstein, Schlossgold, Zipfer Limetten- und Orangenradler
FLASCHENBIER Zipfer Doppelgold, Reinighaus Jahrgangspils, Oktoberbier, Rotglut (Bierschmiede), Affligem Double, Black Sheep (Gusswerk), Nicobar IPA (Gusswerk), Waldbier (Trumer/Bundesforste), Nessie, Jörger Weisse hell und dunkel, Weihenstephan Weizen Alkoholfrei, Edelweiss Alkoholfrei, Desperados, saisonal Bockbier
LOKAL Familiär geführtes (aber auch mit dem Navi nicht ganz leicht zu findendes) Gasthaus nördlich der Stadt mit großer Bierkompetenz – die Bierkarte ist gut kommentiert, Nachfragen beantwortet ein ausgebildeter Biersommelier. Schöner Biergarten (Kastanien und Nussbäume), der einen tollen Blick zum Traunstein bietet. Bodenständige Kost (Bratl in der Rein, Erdäpfelkas, Kürbiskernlaibchen mit Kohlrabisauce) zu fairen Preisen. 100 Sitzplätze im Lokal, 120 Plätze im Garten.

VORCHDORF

GASTHAUS HINTERREITNER
4655 Vorchdorf, Eggenberg 4
0 76 14/62 54
hinterreitner@aon.at
www.ghhinterreitner.at
ÖFFNUNGSZEITEN Di–So 10.00 bis 14.00 Uhr, 17.00 bis 24.00 Uhr, Ruhetag: So Abend, Mo
FASSBIER Eggenberger Märzen, Hirter Zwickl, Saisonbiere (Weinachtsbock), ev. Sonderbiere
FLASCHENBIER „Eggenberger Ur-Bock 23°", Nessie, Samichlaus, Birell, Salzburger Weissbierbrauerei „Die Weisse Hell"
LOKAL Sehr bemühte Küche, die sich am Bier orientiert, wobei die Bodenhaftung nie verloren geht. Herr Hinterreitner erzählt stolz, dass die meistverkauften Speisen in seinem Haus jene sind, die tatsächlich Bier enthalten: „Zu den wichtigsten Bierrezepten gehören unser Eggenberger Bierfleisch, der Schweinslungenbraten nach Brauherrenart (mit Grammelkräuterfülle) und auch unsere überbackene Bierpalatschinke." Unter der Bierpalatschinke muss man sich übrigens eine Fleischpalatschinke vorstellen (das Haus war einmal die zum Schloss gehörende Fleischerei) – und zum Nachtisch gibt es Birnen mit Samichlaus-Sabayon. Zwei Räume mit je 30 Sitzplätzen, Gastgarten: ca. 30 Plätze.

HOFTAVERNE ZIEGELBÖCK
4655 Vorchdorf, Lambacher Straße 8
0 76 15/63 35
info@hoftaverne.at
www.hoftaverne.at
ÖFFNUNGSZEITEN Mo–Fr 7.00 bis 24.00 Uhr, So 8.00 bis 22.00 Uhr, Feiertage 8.00 bis 15.00 Uhr, Sa auf Anfrage
FASSBIER Eggenberger Hopfenkönig, Eggenberger Naturtrüb, Eggenberger Festbock trüb (saisonal), Wildschütz (Herbst), Sommerfrisch (Sommer)
FLASCHENBIER Eggenberger Märzen, Hopfenkönig Medium, Eggenberger Urbock, Samichlaus, Eggenberger Spezial Dunkel, König Ludwig Weißbier Dunkel, Erdinger Weißbier Hell, Erdinger Urweisse, Eggenberger Birell, Eggenberger Freibier (alkoholfrei)
LOKAL Bereits seit Ende des 16. Jahrhunderts gilt diese historische Hoftaverne als Hort ländlicher Gastlichkeit – die Hoftaverne ist ein gelungenes Beispiel für die zeitgemäße Adaptierung eines ländlichen Großgasthofs. Hier findet sogar jeden Freitag ein Bauernmarkt statt! Und wenn man einmal zu viel getrunken hat – in den oberen Stockwerken ist ein für die gebotene Qualität ausgesprochen günstiger Hotelbetrieb. Gastraum: 70 Sitzplätze, Eckstüberl: 40, oberes Stüberl: 50, Versammlungs- und Hochzeitssaal: 200, 10 Plätze an der Bar, 40 im Garten.

WALDING

WIRT Z'WALDING
4111 Walding, Raiffeisenplatz 9
0 72 34/823 08
bergmayr@aon.at

OBERÖSTERREICH

WALDNEUKIRCHEN · WARTBERG/AIST · WAXENBERG

Da Dinghofer – Mei Wiaz`Haus

ÖFFNUNGSZEITEN Di–So 8.00 bis 24.00 Uhr
FASSBIER Gösser Zwickl, Baumgartner Zwickl, Kaiser Premium, Gösser Naturradler
FLASCHENBIER Wolferstetter Weizenbier, Null Komma Josef, Gösser Naturgold
LOKAL Ländlich-rustikales Gasthaus mit barock-klassizistischer Fassade aus dem späten 18. Jahrhundert — im Kern geht das Haus auf das Eschelbergsche Pflegamt aus dem 16. Jahrhundert zurück. Im Vorhaus steht ein Modell des Anwesens, das im vorigen Jahrzehnt auch eine eigene kleine Brauerei hatte, die aber inzwischen wieder stillgelegt wurde. Die Fleischspeisen auf der Karte kommen aus eigener Schlachtung. Weißwurst mit Bierweckerl, Schweinsschnitzel in Bierkruste. Mehrere Stüberln mit insgesamt 275 Sitzplätzen, Biergartl: 60 Plätze.

WALDNEUKIRCHEN

ZUR HOHEN LINDE
4594 Waldneukirchen, Hohe Linde Straße 13
0 72 57/70 34
office@hohelinde.at
www.hohelinde.at
ÖFFNUNGSZEITEN Do–So 10.00 bis 24.00 Uhr
FASSBIER Zipfer Urtyp, Gösser Naturradler, wechselndes Monatsbier
FLASCHENBIER Schladminger Schnee Weisse, Edelweiss Hofbräu, Edelweiss Hefetrüb, Weihenstephan, Zipfer Limettenradler, Gösser Naturgold
LOKAL Schon 1880 wurde die „Seidlhuberlinde" erstmals erwähnt, später wurde das Gebäude mit den 2 hoch aufragenden Linden zu einer Jausenstation umgebaut. Heute ist dieser „Kulti-Wirt" ein gutbürgerliches Ausflugsgasthaus. Im März und April gibt es jeweils donnerstags „Bratl in der Rein". Herrlicher Ausblick vom Gastgarten auf das Steyrtal – und bei gutem Wetter sogar weit über das Donautal und das Mühlviertel hinaus nach Tschechien. 120 Plätze im Lokal, 10 an der Bar, 120 im Garten.

WARTBERG/AIST

DA DINGHOFER – MEI WIAZ'HAUS
4224 Wartberg/Aist, Hauptstraße 35
0 72 36/23 62
office@dinghofer.at
www.dinghofer.at
ÖFFNUNGSZEITEN Mo, Di, Do–Sa 8.00 bis 24.00, So 8.00 bis 15.00 Uhr
FASSBIER Zipfer Urtyp, Gösser Dunkles Zwickl, Edelweiss Hofbräu, Kaltenhauser Bernstein, Gösser Naturradler
FLASCHENBIER Schlossgold Alkoholfrei, Edelweiss alkoholfreies Weizenbier, Edelweiss Hoamatradler
LOKAL Der Rüstbaum im Wirtshaus von Hermine und Gerhard Dinghofer trägt die Jahreszahl 1672 – eine Erinnerung an die ursprüngliche „kleine Taverne zu Hagenberg". Das Zipfer Urtyp wird aus einem 1000 Liter Tank gezapft. Räumlichkeiten: Gaststub'n 60 Personen, Panoramastub'n 90 Personen, Aiststub'n 50 Personen, Wenzelsstub'n 80 Personen, Himmelstiag'n 150 Personen, Gastgarten 130 Personen. Eigene „Dingi-Bar"", die nur zu speziellen Events geöffnet wird. -15

WAXENBERG

HOFTAVERNE ATZMÜLLER
4182 Waxenberg, Nr. 9
0 72 17/60 80
gasthof@hoftaverne-atzmueller.at
www.hoftaverne-atzmueller.at
ÖFFNUNGSZEITEN Di–Sa 11.00 bis 24.00 Uhr, So 9.30 bis 17.00 Uhr, Mo Ruhetag
FASSBIER Mühlviertler Bio Bier, Granitbier, Kübelbier, Graf Arco Hefe Weizen Naturtrüb, Kübelradler

Bier MIT GERSTE AUS EIGENER LANDWIRTSCHAFT GEBRAUT

t.1229 · www.hofstetten.at

250
OBERÖSTERREICH
WEISSENKIRCHEN · WELS

Bauer's Bierquelle

Black Horse Inn

FLASCHENBIER Eggenberger Medium, Garf Arco Hefe Weizen Alkoholfrei, Clausthaler
LOKAL Dieser bodenständige Landgasthof mit Mühlviertler Bierspezialitäten aus der Brauerei Hofstetten wurde 2005 völlig renoviert – ohne seinen Charme zu verlieren. Über 350 Jahre Tradition als Gastwirtschaft. Das vorwiegend aus Familienmitgliedern bestehende Küchen- und Servierpersonal ist stets bemüht, seinen Gästen im Sinne von Adalbert Stifters Mahnung „Pflicht des Wirtes ist, den Gast zu pflegen", kulinarische Leckerbissen, zubereitet aus Produkten der heimischen Landwirtschaft, zu bieten. Bierkulinarium – 5-gängiges Menü, alles mit Bier oder zum Thema Bier gekocht, dazu 5 verschiedene Biersorten zum Verkosten. 250 Sitzplätze im Lokal, 10 an der Bar, 50 Sitzplätze im Garten. ⊨-60

WEISSENKIRCHEN

WIRTSHAUS IN FREUDENTHAL
4890 Weißenkirchen, Freudenthal 7
0 76 84/606 38
wirtshaus@freudenthal.cc
www.freudenthal.cc
ÖFFNUNGSZEITEN Mi–Mo ab 11.00 Uhr, Di Ruhetag
FASSBIER A-Bier von der Brauerei Attersee, Märzenbier von Bräu am Berg
FLASCHENBIER Weißbier von Bräu am Berg
LOKAL Das Freudenthal war einmal ein Zentrum der lokalen Glasindustrie – und das heutige Wirtshaus begann seine Existenz 1848 als Postamt, schon zwei Jahre später war es aber auch schon eine Gaststätte. Heute ist es als Ausflugsziel beliebt, weil es im selben Gebäude ein Glasmachermuseum gibt. Speisen: Bratl in der Rein, deftige Jausen, Wildgerichte. Diverse Musikveranstaltungen (Klassik, Volksmusik …). 80 Sitzplätze im Lokal, 200 im Garten. ♨

WELS

BAUER'S BIERQUELLE 🍺🍺🍺
4600 Wels, Salzburger Straße 145
0 72 42/672 51-0
office@bauer-wels.at
www.bauer-wels.at
ÖFFNUNGSZEITEN Mo–Fr 10.00 bis 14.00 Uhr und 16.30 bis 23.00 Uhr, Ruhetage: Sa–So & Feiertage
FASSBIER Gösser Spezial, Zipfer Medium, Bad Reichenhaller Bürgerbräu Braumeister/Hefeweizen, jeweils ein Bier des Monats, zur Bocksaison: Gösser Bock oder Bad Reichenhaller Hallgrafen Bock
FLASCHENBIER Wieselburger Spezial, Gösser Stiftsbräu, Gösser Naturgold
LOKAL Die Bierquelle ist – im Kontrast zu Waniks Gössebräu – der „ländliche" Gösser-Wirt von Wels. Die Wirtsfamilie Bauer führt den traditionellen Gastbetrieb bereits seit dem Jahr 1905. Der „Pepi-Stadl" wurde aus teils 100 Jahre altem Stadlholz neu errichtet. Zu essen gibt es im Ganzen gebratenes Spanferkel oder im Ganzen gebratenen Riesentruthahn, der vor den Augen der hungrigen Gäste tranchiert wird. Einmal im Jahr gibt es eine Bierwoche, in der ausschließlich mit Bier gekocht wird, ebenso werden dabei auch zusätzliche Biersorten angeboten. Die rustikal eingerichtete Gaststube (140 Sitzplätze) und der Bierzapftisch zum Selberzapfen laden zu einem gemütlichen Aufenthalt ein. Besonders für urige Feiern bietet sich der dem Gastgarten (216 Sitzplätze) angeschlossene – im Sommer und Winter benützbare – „Pepi-Stadl". Für Feiern im Pepi-Stadl wird Reservierung empfohlen (70 Sitzplätze). ♨ ♨

BLACK HORSE INN 🍺🍺🍺
4600 Wels, Salzburger Straße 53
0 67 6/453 13 51
blackhorsewels@gmail.com
https://blackhorsewels.wordpress.com
ÖFFNUNGSZEITEN Täglich 17.00 bis 4.00 Uhr
FASSBIER Hirter, Kozel, Freistädter Ratsherrn Trunk, Rieder IPA 5,1, Guinness sowie ein Bier des Monats
FLASCHENBIER Freistädter Bio Zwickl, Freistädter Rotschopf, Hofstettner Granit und Honig Bier, Kozel Dunkel, Rieder Dun-

OBERÖSTERREICH
WELS

kel, Beck's Lemon, Beck's Ice, Beck's Alkoholfrei, Hacklberg Weizenbier, Rieder helle und dunkle Weisse, Franziskaner 0,3l, Franziskaner Alkoholfrei, Hacklberg Alkoholfrei, Kilkenny, Newcastle Brown Ale, Rieder IPA 6,0 und Stelzhammer Jubiläum
LOKAL Familiäres Pub, sehr freundliche, zweisprachige Bedienung durch irisches Personal, das auch die Craft Biere kundig empfiehlt. Täglich ein frisch gekochtes Menü. Uriger Gastgarten mit Kastanien, der noch daran erinnert, dass das Black Horse früher das Gasthaus zum Schwarzen Rössl war. 70 Plätze, 15 an der Bar, 120 Plätze im Garten.

GASTHAUS HOFWIMMER
4600 Wels, Vogelweiderstraße 166
0 72 42/466 97
wirt@gasthaus-hofwimmer.at
www.gasthaus-hofwimmer.at
ÖFFNUNGSZEITEN Fr–Di ab 10.00 Uhr, Mi–Do geschlossen
FASSBIER Wieselburger Spezial, Zipfer Pils, Schladminger Schneeweiße, Schladminger Bio Zwickl, Zipfer Limettenradler
FLASCHENBIER Zipfer Drei, Edelweiss Alkoholfrei, Gösser Naturgold, im Sommer Gösser Kracherl, im Herbst Kaltenhausen Maroni Style 0,3 lt
LOKAL Aus einem ehemaligen Bauernhaus (seit 1463) entwickelte sich ein gestandenes Landgasthaus, das Mitglied der Kultiwirte, des Genussland Österreich und mit dem AMA-Gastrosiegel ausgezeichnet ist. Hausgemachte Blunzen und Surbraten, Backhendl, Gerstlrisotto oder einfach a guate Palatschink'n mit selbagmachta Marmelad sind die Leibspeisen vieler Stammgäste. Besonders viel Wert wird nicht nur auf Regionalität, sondern auch auf das Bier gelegt – sowohl vom Fass als auch in Form von saisonalen Spezialbieren. Ebenso findet das Bier immer wieder Einzug in Tagesgerichten. Besonders erwähnenswert ist die Schmankerlroas durch's Joar – 2 Wochen jeden Monat mit kulinarischen Themenschwerpunkten. 250 Sitzplätze, 100 im Garten.

OBERMAIRS' WIRTSHAUS
4600 Wels, Wimpassinger Straße 100
0 72 42/456 89
office@gasthaus-obermair.at
www.gasthaus-obermair.at
ÖFFNUNGSZEITEN Mi–Sa 10.00 bis 24.00 Uhr, So 9.30 bis 22.00 Uhr
FASSBIER Gösser Spezial, Zipfer Doppelgold, Weihenstephan Weißbier vom Fass, Gösser dunkles Zwickl (im Winterhalbjahr), Gösser helles Zwickl (im Sommerhalbjahr) „HEDU" Helles+Dunkles Bier, Gösser Naturradler
FLASCHENBIER Reininghaus Jahrgangspils, Kaltenhauser Original, Kaltenhauser Maroni Style, Schwechater Zwickl, Rieder Pale Ale, Rieder Schwarzmann, Affligem Blonde und Double, Gösser Naturgold, Kaiser Doppelmalz (auch zum Mischen für das HEDU – Hell+dunkel-Bier – in Wien "Schnitt" genannt), Edelweiß alkoholfreies Weizenbier
LOKAL Stammt aus dem späten 19. Jahrhundert, und der Hausname „Unterbäck z' Wimpassing" erinnert daran, dass es früher eine Backstube war. 2006 renoviert und neu eröffnet. Die Speiseangebote sind saisonal ausgerichtet und die Zutaten werden von den regionalen bäuerlichen Erzeugnissen geliefert. Ebenso wird die Bierkarte saisonal abgestimmt. Schöner Gastgarten mit Kastanienbäumen am Grünbach – und im Advent gibt es originale Stubenmusik. 200 Plätze im Lokal, 12 an der Bar, 140 im Garten.

OBERÖSTERREICH

WELS · WEYREGG/ATTERSEE

S´Gerstl

Wanik´s Gösserbräu

S' GERSTL 🍺🍺🍺
4600 Wels, Freiung 9–11
0 72 42/35 15 00
info@sgerstl.at
www.sgerstl.at
ÖFFNUNGSZEITEN Di–Sa ab 17.00 Uhr, So & Mo Ruhetage
FASSBIER Gerstl Bier, sGerstl Weisse
FLASCHENBIER Zipfer Pils, Heineken, Guinness, Zipfer Doppelgold, Gösser Stiftsbräu, Schladminger Bio Zwickl, Reininghaus Jahrgangs Pils, Affligem Blonde, Affligem Double, Edelweiß Alkoholfrei, Gösser Naturgold, Bevog Tak Pale Ale, Birra Antoniana Altinate, Liefmans Cuvée Brut
LOKAL Das ehemalige Gerstl-Bräu heißt nunmehr „s' Gerstl", hat eine komplette (und gut kommentierte) Bierkarte von der BrauUnion bekommen und sich wieder im Welser Nachtleben etabliert. Die Wiederaufnahme des Braubetriebs war bei Redaktionsschluss dieser Ausgabe in Planung. 160 Plätze, Garten: 80.

WANIKS GÖSSERBRÄU 🍺🍺🍺
4600 Wels, Kaiser-Josef-Platz 27
0 72 42/470 09
office@goesserbraeu.at
www.goesserbraeu.at
ÖFFNUNGSZEITEN täglich 10.00 bis 24.00 Uhr
FASSBIER Gösser Spezial. Stiftsbräu Dunkel, Weihenstephan Weizenbier, Gösser Dunkles Zwickl, Radler, Gösser Alkoholfrei (Natur Gold)
FLASCHENBIER Edelweiss Alkoholfrei, Gösser Alkoholfrei (Natur Gold)
LOKAL Das Gösserbräu ist schlechthin das Traditionsgasthaus in Wels, mit alter Gösser-Werbung dekoriert. Die Geschichte des Hauses geht auf das 16. Jahrhundert zurück, im Eingangsbereich dokumentierte Ausgrabungen verweisen aber auch auf römerzeitliche Funde auf demselben Grundstück. Im 19. Jahrhundert gab es hier auch eine Brauerei (Würzburger Brauerei) – an ihrer Stelle entstand einer der schönsten Biergärten des Landes. Im Dezember „Gösser Advent". Hier wird auf Wunsch eine „langsame Halbe" gezapft, und der Wirt Hans-Jörg Wanik verspricht: „In diesem traditionell gastlichen Haus findet man alles, was Körper und Seele einfach gut tut." Ca. 300 Sitzplätze in den Gaststuben, im Garten ca. 600 Sitzplätze.

ZUR LINDE
4600 Wels, Ringstraße 45
0 72 42/460 23
martin.boedecker@gmx.at
www.gasthaus-zur-linde.at
ÖFFNUNGSZEITEN Di–Sa 9.30 bis 14.30 Uhr und 16.30 bis 24.00 Uhr, So & Mo Feiertag / geschlossen
FASSBIER Zipfer Urtyp, Weihenstephaner Hefetrüb, Zipfer Urtyp Medium, saisonal: Zipfer Stefanibock und Edelweiss Gamsbock, Zipfer Limetten Radler, Gösser Natur Gold Alkoholfrei
FLASCHENBIER Schlossgold, Weihenstephaner Alkoholfrei, Neufeldner Bio-Zwickl
LOKAL Die Linde ist eines der ältesten Gasthäuser in Wels. Man blickt auf eine 200-jährige Gasthauskultur zurück. Der auch als „Zipferwirt" bekannte Betrieb ist ein Familienunternehmen: Die Männer servieren, die Frauen kochen. 120 Sitzplätze im Lokal und 80 Sitzplätze im Garten.

WEYREGG/ATTERSEE

KAISERGASTHOF & GELI'S 🍺
4852 Weyregg/Attersee, Weyregger Straße 75
0 76 64/22 02-0
info@kaisergasthof.at
www.kaisergasthof.at
ÖFFNUNGSZEITEN ganzjährig geöffnet, von Oktober bis Mai Ruhetag: Mo & Di, Betriebsferien: im November
FASSBIER Zipfer Märzen, Trumer Pils, Weihenstephaner, Gösser Radler
FLASCHENBIER Trumer Pils, Zipfer3, Edelweiss Dunkel, Edelweiss Alkoholfrei, Weihenstephaner, Gösser Naturgold Alkoholfrei, Corona, Gösser Radler, Salzburger Weisse, Heineken, Desperados
LOKAL Liebevoll dekoriert mit k.u.k. Exponaten ist der Kaisergasthof ein nostalgisches Schmuckstück, das sogar Aufnahme in den Oberösterreichischen Museumsführer fand und von Alfred Komarek literarisch gewürdigt wurde. Jeden Sonntag klassischer Frühschoppen mit Weißwürsten und Beuschel. 117 Sitzplätze, Meierei (Stadl): 350 Sitzplätze für spezielle Feste, Schanigarten: ca. 35 bis 50 Sitzplätze, Strandgarten: 60 Sitzplätze. Angeschlossen ist auch das Geli's - ein Szene-Lokal mit mediterranem Flair und Panoramablick zum See, ca. 65 Plätze (inkl. Plätze an der Bar). ⚭ ⛄ ✕ 🛏-25

OBERÖSTERREICH
WINDISCHGARSTEN

WINDISCHGARSTEN

BRAUGASTHOF MISTELBERGER
4580 Windischgarsten, Hauptstraße 6
0 75 62/52 51
braeuhaus.wanda@aon.at
www.braugasthof-windischgarsten.at
ÖFFNUNGSZEITEN
Di–Sa 9.00 bis 22.00 Uhr, So 9.00 bis 14.00 Uhr
FASSBIER Gösser dunkles Zwickl, Kaltenhausener Bernstein, Gösser Zwickl Alkoholfrei, immer 7 Biere vom Fass
FLASCHENBIER Eggenbergers Birell, Rieder Weisse, Rieder Weisse Alkoholfrei
LOKAL Die ehemalige „Fruwirttaverne" aus dem Jahr 1500 ist ein uriges, traditionell eingerichtetes Gasthaus mit vielen Gewölben, wo ab 1662 Bier gebraut wurde. Die ehemalige Brauerei gehörte ab 1904 der Familie Mayr in Kirchdorf, die schließlich auch den Kirchdorfer Braubetrieb einstellen musste. Gepflegt wird hier die sonntägliche Stammtischkultur, ab 14 Uhr ist damit allerdings Schluss. Die Speisekarte enthält nun viele mit Bier zubereitete Spezialitäten – wobei die Zutaten aus ökologischem Anbau kommen. Neu auf der Karte sind das Backhendl, die original Innviertler Knödeln in der Kanone serviert sowie verschiedene herzhaft zubereitete Salatvariationen. 100 Sitzplätze, 10 Plätze an der Bar, Garten: 50 Sitzplätze.

KEMMET-BRÄU
4580 Windischgarsten, Hauptstraße 22
0 75 62/200 66
office@kemmet.at
www.kemmet.at
ÖFFNUNGSZEITEN Mo-So 9.00 bis 24.00 Uhr
FASSBIER Kemmet Bräu Hell/Dunkel und Weizen, Eggenberger Hopfenkönig
LOKAL Der Kemmet-Müller ist seit 1797 in Familienbesitz und hat immer wieder neue Trends aufgegriffen: So gab es hier erst Pferdehandel, dann eine (auch nicht mehr bestehende) Tankstelle, während des Zweiten Weltkriegs wurde die Lamperie mit neuen Schnitzereien verziert. Im Jahr 2001 wurde eine Brauanlage installiert und die einzelnen Gästezimmer gewinnen dadurch an Charme, dass jedes einem eigenen Thema gewidmet ist. Das vom Chef Franz Mayerhofer gebraute Weizenbier hat einen völlig eigenständigen Charakter, weil es mit einer Weinhefe vergoren ist. 97 Sitzplätze im Lokal, 20 Plätze an der Bar, 80 Sitzplätze im Garten.
-25

OBERÖSTERREICH

WINDISCHGARSTEN · ZELL AN DER PRAM · ZIPF

Zellerei

Zipfer Brauhaus

LANZA'S BARISSIMO
4580 Windischgarsten, Hauptstraße 1 / Am Lanzaplatz
0 75 62/84 94
altstadt@utanet.at
www.lanzas-barissimo.sta.to
ÖFFNUNGSZEITEN Mo–So 11.00 bis 4.00 Uhr
FASSBIER Stiegl Goldbräu, Kaltenhausener Bernstein, Zipfer Märzen, saisonale Bierspezialitäten
FLASCHENBIER Corona, Heineken
LOKAL Das ehemalige „Charlie's Pub" hat sich zu einem guten Restaurant (mit teilweise exotischem Angebot von Krokodil und Känguruh-Fleisch) und einer Burger-Bar (auch hier recht kreativ mit Surf&Turf oder auch der Pesto-Sauce im Italian Burger) gemausert.

ZELL AN DER PRAM

ZELLEREI 🍺🍺
4755 Zell an der Pram, Hofmark 20
0 68 1/81 52 43 04
info@zellerei.at
ÖFFNUNGSZEITEN Mo, Do, Fr, Sa 10.00 bis 22.00 Uhr, So 8.30 bis 22.00 Uhr
FASSBIER Baumgartner Märzen, Baumgartner Weizen, Baumgartner Zwickl (und gelegentlich auch Saisonbiere wie das Herbstbier)
FLASCHENBIER Rieder Weizen Hell, Dunkel und Alkoholfrei, Baumgartner Weizen Dunkel, Baumgartner Weizen Alkoholfrei, Baumgartner Zwickl Dunkel, Schlossgold
LOKAL Auf halbem Weg zwischen Passau und Wels liegt Zell an der Pram – und mitten im Ort ist die Zellerei – schräg gegenüber dem Landesbildungszentrum Schloss Zell in einem über 440 Jahre alten Holzhaus. Man kann hier verfeinerte Innviertler Kost mit regionalen und monatlich wechselnden saisonalen Schwerpunkten schmausen. Vor allem im Sommer lädt der beliebte und einer der schönsten Biergärten wie im Herzen des Innviertels ein, ein erfrischendes Bier unter über 100 Jahre alten Kastanienbäumen zu genießen. Gelegentlich finden Freiluftkonzerte und andere kulturelle Veranstaltungen im Gastgarten statt. Höhepunkte im Sommer sind unter anderem das Steckerlfischgrillen und der Zeller Kirtag. 120 Plätze im Lokal, 110 im Garten. ✂

ZIPF

ZIPFER BRAUHAUS 🍺🍺🍺
4871 Zipf, Nr. 4
0 76 8/20 380
info@brauhaus-zipf.at
www.brauhaus-zipf.at
ÖFFNUNGSZEITEN Mo–So 10.00 bis 24.00 Uhr, in den Wintermonaten (November bis April) Mo Ruhetag.
FASSBIER Zipfer Biere
FLASCHENBIER Zipfer Sparkling, Schlossgold
LOKAL Anlässlich des 150-Jahr-Jubiläums der Zipfer Brauerei wurde 2008 ein ganz moderner Brauhaustyp errichtet, der durch seine Gliederung besonders elegant wirkt. Sehr schöne, mit modernster Zapftechnik ausgestattete Bar mit freundlichem, flinken Service. Da gibt es etwa auch Churchill (einen Drink aus Campari und Pils) sowie Weißbiertestarossa (Weißbier mit Himbeermark). Zwischen dem neuen Brauhaus und der altehrwürdigen Brauerei befindet sich ein Biergarten, wie er sein soll – dort gibt es jeweils an Donnerstagen Kellerbier. 180 Sitzplätze im Lokal, 20 an der Bar. Im historischen Gastgarten finden 1200 Personen Platz, auf der Terrasse des neuen Brauhauses 110.

INNVIERTEL. SEHENSWÜRDIG, KOSTBAR

Hochkarätig ist alles, was Ihnen das Innviertel im Bierglas serviert. Achzig Sorten aus sieben Privatbrauereien glänzen golden – in allen erdenklichen Farb- und Geschmacksnuancen. Den würdigen Rahmen stellen Landschaft und Menschen, die genau so authentisch sind wie deren Lieblingsgetränk.

Im wahrsten Sinne des Wortes „kostbar" und „sehenswürdig" ist die vielfältigste Bierregion Österreichs und immer einen Ausflug wert.

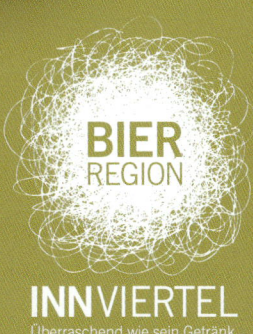

BIER REGION

INNVIERTEL
Überraschend wie sein Getränk.

www.innviertelbier.at

Erlebnisreiche
GRUPPEN-ANGEBOTE
online:
innviertelbier.at

FÜR DIE VIELEN SEITEN IN MIR.

DIE WEISSE®

SEIT 1901

GEBRAUT IN ÖSTERREICHS ÄLTESTER WEISSBIERBRAUEREI
www.SALZBURGERWEISSBIER.at

VON **A** WIE ABTENAU BIS **Z** WIE ZELL AM SEE

SALZ
BURG

SALZBURG

GOOD TIMES AT GOODMAN'S 🍺🍺🍺🍺
5020 Salzburg, Schallmoser-Hauptstraße 8
0 66 2/87 02 65
goodtimes@goodmans.at
www.goodmans.at
ÖFFNUNGSZEITEN Mo–Sa 11.00 bis 22.00 Uhr, So Ruhetag
FASSBIER Stella Artois Lager, Stiegl Pils, Steamworks Pale Ale, Guinness, Hoegaarden Witbier
FLASCHENBIER Brooklyn IPA, Sierra Nevada Torpedo, Sierra Nevada Hefeweizen, Founders Porter, Sam Adams Lager, Kona Longboard Lager, Anchor Steam Beer, Flying Dog Raging Bitch IPA, Victory Dirt Wolf Double IPA; Loncium IPA,Tiger Lager, Tiny Rebell Full Nelson, Frank Boon Oude Geuze Boon, Gusswerk Glutenfrei, Dju Dju Mango/Banane, Porterhouse Brainblasta, American Bud, Rouge Hazelnut, EgorFiorde La Vivda, Einstök Tostet Poter, Oppigards Amarillo Pale Ale, Quilmers Lager, Bevog Pale Ale, Kuehn Kunz Rosen Lager, Stiegl Freibier

LOKAL Das seit Juli 2015 geöffnete Craft Bier Lokal besticht durch den Stil eines American Diner. So werden alle großen amerikanischen Feste wie Halloween, Thanksgiving, Independence Day gefeiert, was auch die Gäste aller Altersgruppen zu schätzen wissen. Typisch amerikanisch ist auch die Speisekarte (NY Club Sandwich, Philly Cheesesteak, Cesar Salad, Surf & Turf sowie alle Burger-Varianten) – und ebenso das stets freundliche Sevice, das die große Bierauswahl kundig kommentieren kann. 45 Sitzplätze im Lokal, 4 Plätze an der Bar, 25 im Garten.

259
SALZBURG
ABTENAU · ADNET · ALTENMARKT IM PONGAU

Struwelpeter

Markterwirt – Der Alpenbierwirt

ABTENAU

STRUWELPETER
5441 Abtenau, Markt 286
0 67 6/410 90 71
info@struwelpeter.at
ÖFFNUNGSZEITEN Mo–Fr 16.00 bis 1.00 Uhr, Sa–So & Feiertage von 14.00 bis 1.00 Uhr, Mo Ruhetag in der Nebensaison.
FASSBIER Trumer Pils, Paulaner Hefeweizen
LOKAL Kleines Pub mit langer Bar, an der Pils schön gezapft wird. 10 Sitzplätze, 15 Stehplätze, 15 Plätze im Schanigarten.

ADNET

PRIESTERWIRT – GASTHAUS ZUM STEINBRUCH
5421 Adnet, Adnet 46
0 62 45/809 23
priesterwirt@sbg.at
ÖFFNUNGSZEITEN Mo, Di, Do, Fr, Sa 9.00 bis 23.00 Uhr, So 9.00 bis 14.00 Uhr (ausgen. bei diversen Veranstaltungen), Mi Ruhetag
FASSBIER Kaiser Märzen, Edelweiss Hefetrüb, Kaltenhauser Kellerbier
FLASCHENBIER Edelweiss Dunkel, Edelweiss Alkoholfrei, Edelweiss Hefeweizen Alkoholfrei, Gösser Naturgold, Gösser Naturradler
LOKAL Wolfgang Felder hat dieses schmucke Gasthaus aus dem Jahr 1880 dem Namen „Zum Steinbruch" entsprechend mit viel Adneter Marmor ausgestattet. Dass das Haus seit 1919 ein Familienbetrieb ist, sorgt ebenso für hohe Kontinuität wie die Stammtischrunden, die sich hier treffen – auch Kutschenfahrten zu den Adneter Steinbrüchen werden angeboten. 140 Plätze im Lokal.

ALTENMARKT IM PONGAU

MARKTERWIRT – DER ALPENBIERWIRT
5541 Altenmarkt im Pongau, Marktplatz 2
0 64 52/54 20
info@markterwirt.at
www.markterwirt.at
ÖFFNUNGSZEITEN Täglich 11.00 bis 22.00 Uhr, von Ostern bis Juni: Mi Ruhetag
FASSBIER Stiegl Goldbräu (auch im 5l-Fass zum Selberzapfen) – wahlweise auch mit Kirsch-Rum, Hollunder- oder Preiselbeerlikör, Stiegl Paracelsus Zwickl, Stiegl Weisse, Stiegl Radler Zitrone
FLASCHENBIER Stiegl: Pils 0,3l, Sport Weisse, Freibier, Max Glaner's Wit, Max Glaner's IPA, Wildshuter Sortenspiel, Wildshuter Gmahde Wiesn Kräuterbier, Wildshuter Männerschokolade, Monatsbiere (z.B. Gipfelstürmer, Fastenbier), saisonal Stiegl Bock, Franziskaner Hefe-Weißbier Hell & Dunkel, König Ludwig Dunkel, Hacker-Pschorr (Bügelverschluss), Jahrgangsbiere von Stiegl: Double IPA 2012, Sonnenkönig 2013, Franz Ferdinand 2014, Sonnenkönig II 2015, Guinness, Brewdog Punk IPA, Sierra Nevada Pale Ale, Duchessa, Crew Republic Roundhouse Kick Imperial Stout, Barney Flats Oatmeal Stout, Guinness Extra Stout
LOKAL Dieses Lokal ist schon seit neun Jahrhunderten das „erste Haus am Platz", in der Gästeliste findet sich auch

260
SALZBURG

ANIF · BAD GASTEIN

Friesacher Einkehr

Eden's Pub

Kaiser Franz Joseph. Sehr schöne alte Wirtsstube mit einer beachtlichen Sammlung alter Biergläser und Krügeln – dazu eine kleine, aber feine Auswahl an Craft Bieren. Kleine Bierverkostungen mit jeweils 3 Bieren, große Bierverkostung mit Speisenbegleitung nach Absprache. Ca. 250 Sitzplätze in mehreren Stuben, 100 im Gastgarten. 🛏-65

ANIF

FRIESACHER EINKEHR 🍺🍺🍺🍺
5081 Anif, Brunngasse 6
0 62 46/897 70
office@friesacher-einkehr.com
www.friesacher.com
ÖFFNUNGSZEITEN Mo–So 17.00 bis 1.00 Uhr
FASSBIER Augustiner Märzen (Holzfass), Augustiner Märzen (KEG), Trumer Pils, Stiegl Zwickl Paracelsus, Gösser Naturradler, Guinness, Budweiser
FLASCHENBIER Kaltenhausener Kaiser 1475 Pale Ale, Brew Dog Dead Pony, Duvel, König Ludwig Weisse Hell, Die Weisse Hell, Die Bio Weisse Hell Glutenfrei, Die Weisse Dunkel, Libertine Black Ale, Eggenberg Urbock 23°, Ayinger Celebrator, Die Weisse Jubilator, Blanche de Namur, Aventinus Weizenstarkbier, Eggenberg Doppelbock, Brewdog Punk IPA, Forstner Tripple 22, Hoegaarden Wit Blanche, Gulden Draak, Aventinus Weizen-Eisbock, Forstner 5 vor 12, Samichlaus Classic, La Chouffe, Chimay Bleue, Bavaria's Best Imperial Stout, Gusswerk Horny Betty, Bonifatius Barrique

LOKAL Sehr gepflegtes historisches Wirtshaus, das ganz auf das Bierthema ausgerichtet ist. Jeden Abend wird ein Holzfass angeschlagen, dazu kommt ein wohlausgewogenes (und wechselndes) Angebot regionaler und internationaler Spitzenbiere vom Fass. Wirklich einzigartig ist aber der Bockbier-Keller, in dem die Familie Friesacher eine Auswahl an Jahrgangs-Bockbieren gesammelt hat. Küchenchef Bernhard Hauser kocht dazu traditionelle Wirtshausgerichte – wer aber lieber auf 180° heißen Lavasteinen am Tisch grillen will, findet ein Angebot an Lammkotelettes, Garnelen, Schweinsfilet oder Ochsenlende. 100 Sitzplätze, 15 an der Bar, 60 im Garten.

BAD GASTEIN

EDEN'S PUB 🍺🍺🍺
5645 Bad Gastein, Karl-Heinrich-Waggerl-Straße 16
0 64 34/207 60
hoteleden@salzburgerhof.com
www.salzburgerhof.com/urlaub-oesterreich/hotel-eden/edens-pub.html
ÖFFNUNGSZEITEN Mo–So 15.30 bis 1.00 Uhr
FASSBIER Guinness, Kilkenny, Fuller's London Pride, Heineken, Fosters, Trumer Pils
FLASCHENBIER Paulaner Weissbier, Corona
LOKAL Eden's Irish Pub ist die Bar des Hotel Eden – das seinerseits wieder zum benachbarten Salzburger Hof gehört. Sehr internationales Publikum, sehr weltgewandtes Personal, das diese Gäste bedient, als ob alle Stammgäste wären. 50 Plätze im Lokal, 15 an der Bar. 🛏-120

VERMISSEN SIE IHR LIEBLINGS-BIERLOKAL?

DANN SCHREIBEN SIE UNS:
bierguide2017@gmx.at

SALZBURG

BERGHEIM · BISCHOFSHOFEN · BRUCK AN DER GLOCKNERSTRASSE

Franz Der Wirt

Ortners

BERGHEIM

DER JÄGERWIRT 🍺🍺
5101 Bergheim bei Salzburg, Kasern 4
0 66 2/45 21 77
info@jaegerwirt-salzburg.at
www.jaegerwirt-salzburg.at
ÖFFNUNGSZEITEN Mo–Sa 6.30 bis 24.00 Uhr, Küche 11.30 bis 21.30, So & Feiertage Ruhetage
FASSBIER Stiegl Goldbräu, Stiegl Weisse, Stiegl Radler Zitrone
FLASCHENBIER Stiegl Pils, Stiegl Freibier, Clausthaler, Franziskaner Weißbier Dunkel, Franziskaner Weißbier Alkoholfrei
LOKAL Schöner Gasthof am Salzburger Stadtrand (ganz in der Nähe der Autobahnabfahrt Salzburg Nord). Sehr gute Bierpflege – der Chef war früher beim Stiegl-Keller in der Salzburger Altstadt tätig und hat daher große Biererfahrung. 180 Plätze in mehreren Stuben. 🛏-40

FRANZ DER WIRT 🍺🍺🍺
5101 Bergheim, Dorfstraße 35
0 66 2/45 21 24-70
franz.wirt@gmachl.at
www.franz-bergheim.at
ÖFFNUNGSZEITEN Mo–Fr 11.00 bis 24.00 Uhr, Sa 17.00 bis 24.00 Uhr, So Ruhetag
FASSBIER Stiegl Goldbräu, Trumer Pils, „Franz"iskaner Weißbier, Stiegl Grapefruit Radler, ein wechselndes Gastbier
FLASCHENBIER Die Weisse Original, Die Weisse Alkoholfrei, Stiegl Freibier, die Weisse Original Dunkel, Die Weisse 0,3 l
LOKAL Weil seit fünf Generationen ein Franz Gmachl die Gastronomie hier führt, bekam die Gmachl Dorfstube 2013 den neuen Namen „Franz - Der Wirt". 2015 wurde das Lokal von der Stiegl-Brauerei zum Salzburger Bierwirt des Jahres erkoren. Spektakulär ist die von Architekt Franz Kirchmayr mit heimischen Hölzern gestaltete zentrale Bar, an der flink und freundlich gezapft wird. Die Gäste können hier wählen, welches Bier sie als Gastbier haben wollen. Und das Essen dazu passt auch, schließlich ist eine Metzgerei angeschlossen: Bergheimer Bratwurst, Maishendl, Leberkäs. Preiswerte Mittagsmenüs. 90 Plätze im Lokal, 25 an der Bar.

BISCHOFSHOFEN

ORTNERS 🍺🍺
5500 Bischofshofen, Alte Bundesstraße 4
0 64 62/329 78
restaurant@ortners.at
www.ortners.at
ÖFFNUNGSZEITEN Di–Sa 11.30 bis 14.00 Uhr, 17.30 bis 22.30 Uhr, So–Mo Ruhetag
FASSBIER Trumer Pils, Guinness
FLASCHENBIER Clausthaler
LOKAL Sehr schön gestaltetes Restaurant (Fisch- und Grillgerichte sind die Spezialitäten) mit großer Bar und sehr guter Bierpflege. 70 Sitzplätze. ✂

BRUCK AN DER GLOCKNERSTRASSE

KOHLSCHNAIT 🍺🍺🍺
5662 Bruck an der Glocknerstraße, Niederhof 3
0 65 45/61 12
info@kohlschnait.at
www.kohlschnait.at
ÖFFNUNGSZEITEN Sommer: Mai bis Oktober Mi–So 11.00 bis 22.00 Uhr, Mo–Di Ruhetage; Winter: 15. Dezember bis 30. März täglich ab 11.00 Uhr
FASSBIER Kohlschnait Kellerbier, Dinkel-Weißbier Hell, Dunkles Weizen, saisonale Bockbiere, India Pale Ale
FLASCHENBIER Clausthaler
LOKAL Familie Eder betreibt auf ihrem Bergbauernhof einen

SALZBURG

ELIXHAUSEN · ELSBETHEN-GLASENBACH · EUGENDORF · FAISTENAU

Die solide Alm

Holznerwirt

rustikalen Biergasthof, in dem eigene Produkte (neben Bier auch Brot und Speck) angeboten werden. Der Hof ist nicht ganz leicht zu finden, hilfreich ist es, sich an der Beschilderung zur Rodelbahn zu orientieren, die im Winter auch von der Familie Eder betrieben wird (beschneit, 3 km lang). Seit 2013 ist Robert Eder diplomierter Biersommelier. Direkt vor der Hütte befindet sich eine Snowtubingbahn (im Winter), im Sommer ein Kinder-Spielplatz mit Abenteuer-Spielgeräten. Zu den Attraktionen gehört eine Bogensportanlage mit naturgetreu nachgebildeten 3D-Tieren und ein Motorsäge-Museum. Spektakulär ist die Show, die die Hunde liefern, wenn sie die Schafe von der Weide in den Stall treiben. 100 Plätze im Lokal, 30 im Garten. ⋈⊨-16

ELIXHAUSEN

DIE SOLIDE ALM
5161 Elixhausen, Weichenbergstraße 1
0 66 2/23 02 15
info@solide-alm.at
www.solide-alm.at
ÖFFNUNGSZEITEN Mo–Fr 11.00 bis 24.00 Uhr, Sa 14.00 bis 24.00 Uhr, So Ruhetag
FASSBIER Stiegl Spezial
FLASCHENBIER Stiegl Pils, Stiegl Freibier Alkoholfrei, Stiegl Radler Grapefruit naturtrüb, Stiegl Sport-Weisse
LOKAL Der Klassiker von Hubert von Goisern hat diesem auf Hüttengaudi, einfaches, doch wohlschmeckendes Essen und ordentliche Bierpflege spezialisierten Lokal an der Straße von Salzburg nach Obertrum den Namen gegeben. Familie Zipperer sorgt auch dafür, dass immer wieder Live-Bands auftreten.

ELSBETHEN-GLASENBACH

LANDGASTHOF RECHENWIRT
5061 Elsbethen-Glasenbach, Austraße 1
0 66 2/62 34 49
office@rechenwirt.at
www.rechenwirt.at
ÖFFNUNGSZEITEN Mo–So 9.00 bis 23.00 Uhr, durchgehend warme Küche von 11.30 bis 22.00 Uhr
FASSBIER Stiegl, Stiegl Weisse, Maisel's Weisse, König Ludwig Hell

FLASCHENBIER König Ludwig Dunkel, König Ludwig Alkoholfrei, Clausthaler, Stiegl Sport-Weisse, Stiegl Holunder-Radler
LOKAL Direkt am Stadtrand von Salzburg liegt der Landgasthof Rechenwirt mit seiner gemütlichen Gaststube, dem schön renovierten Saal und dem kastanienbeschatteten Gastgarten. Bis zu 200 Sitzplätze im Lokal (70 Plätze im Raucherbereich).

EUGENDORF

HOLZNERWIRT
5301 Eugendorf, Dorf 4
0 62 25/82 05
hotel@holznerwirt.at
www.holznerwirt.at
ÖFFNUNGSZEITEN Di–So 7.00 bis 24.00 Uhr, Sept–Juli: So ab 16.00 Uhr geschlossen
FASSBIER Zipfer Märzen, Gösser Naturradler
FLASCHENBIER Bittburger Pils, Kaiser Doppelmalz, „Die Weisse" aus Salzburg Naturtrüb und Alkoholfrei, Erdinger Hefeweizen Hell, Erdinger Hefeweizen Dunkel, Erdinger Hefeweizen Alkoholfrei, Clausthaler
LOKAL Stattlicher Gasthof im Zentrum von Eugendorf, dessen Wurzeln auf das Jahr 1389 zurückgehen und der seit 1590 als Gastwirtschaft (damals „Obertaverne") belegt ist. Holznerwirt heißt das Haus, seit es 1698 von Michael Holzner gekauft wurde. Seit 2014 heißt der Holznerwirt Gerhard Martin Schönbauer – und er pflegt nicht nur die Tradition, sondern auch das Bier liebevoll. Sehr schöner Biergarten. 120 Plätze im Lokal, 130 im Gastgarten. ⋈⊨-28

FAISTENAU

BRAMSAU-BRÄU
5324 Faistenau, Bramsaustraße 36
0 62 28/25 66
gasthof@bramsau-braeu.com
www.bramsau-braeu.com
ÖFFNUNGSZEITEN Mi–Sa 15.00 bis 24.00 Uhr, So 11.30 bis 22.00 Uhr, Mo–Di Ruhetage
FASSBIER Bramsau-Bräu Kellerbier (Faistenauer Gerstl), Bramsau-Bräu helles und dunkles Weizenbier, diverse Spezialbiere (Festbiere), Bockbier im Advent
FLASCHENBIER Maisel's Weisse Alkoholfrei, Schlossgold

SALZBURG

FLACHAU · GOLDEGG

Flachauer Gutshof

Paularei

LOKAL Mehrere Bereiche in einem großen, schön gegliederten Gastraum, der auch Gruppen separat Platz bietet. Bei der Einrichtung wurden altes Holz und alte Ziegel aus der k.u.k. Monarchie verwendet und neu aufpoliert. Ab 15.00 Uhr warme Küche (Spezialität Bierbrauerpfandl, dazu selbst gebackenes Holzofenbrot, Biergulasch, Schweinsbraten im Biersaftl, Ripperl auf Bestellung) – die im Jahr 2002 eingerichtete moderne Brauanlage ist in einem Nebenraum und kann auf Anfrage besichtigt werden. Der über drei Ebenen verteilte Biergarten ist von Natur umgeben, der Ausblick einmalig und das Klima auch: Ein Lindenbaum spendet Schatten, für die Kinder gibt es einen Abenteuerspielplatz, da können die Eltern in Ruhe ihr Bier genießen. Ca. 90 Sitzplätze im Lokal, 150 Plätze im Garten.

FLACHAU

DORFWIRT
5542 Flachau, Dorfstraße 124
0 66 4/436 65 55
cafezumdorfwirt@aon.at
ÖFFNUNGSZEITEN Mi–Mo 9.00 bis 22.00 Uhr
FASSBIER Gösser Märzen, Weihenstephaner Weizenbier, Gösser Stiftsbräu
FLASCHENBIER Weihenstephaner Alkoholfrei, Schlossgold
LOKAL Kleines, aber feines Bierwirtshaus, das sich mit Hausmannskost und Wildgerichten einen Namen gemacht hat. Besonders Augenmerk ist schön gezapfte Biere. Der Dorfwirt liegt auf einem verkehrsberuhigten Platz im Zentrum von Flachau und ist ein idealer Ausgangspunkt für Wanderungen und Radtouren. 35 Plätze, 20 an der Bar, 40 Plätze im Garten. ⌐-22

FLACHAUER GUTSHOF
5542 Flachau, Pichlgasse 15
0 64 57/319 80
mail@flachauer-gutshof.at
www.flachauer-gutshof.at
ÖFFNUNGSZEITEN im Winter täglich 11.00 bis 4.00 Uhr, im Sommer Di–So 11.00 bis 2.00 Uhr
FASSBIER Ottakringer Helles, Ottakringer Zwickl, saisonale Spezialitäten

FLASCHENBIER Null Komma Josef
LOKAL Ein Touristenmagnet in Flachau mit großem Parkplatz und einer Terrasse, die ganze Busladungen aufnehmen kann. Dennoch sehr flinkes und kompetentes Service in dieser 440 Jahre alten Scheune, die in Kärnten abgetragen und im Jahr 2000 in Flachau wieder original aufgebaut wurde. Oft Livemusik – besonders eindrucksvoll die Sonntags-Frühschoppen. Oktoberfest mit Oktoberbräubier und Frühshoppen mit dem traditionellen Bieranstich. Besonders gepflegte Zapfkultur – und mehrere Mitarbeiterinnen, die sich der Käsekultur verschrieben haben. 35 Sitzplätze beim Bauernschmied, 350 im Musistadl, 120 im Atelier, 200 an der Bar, 500 im Gastgarten.

PAULAREI
5542 Flachau, Flachauer Straße 353
0 64 57/220 58 04
info@paularei.at
www.paularei.at
ÖFFNUNGSZEITEN Mo–So 11.00 bis 2.00 Uhr
FASSBIER Trumer Pils, Erdinger Urweisse
FLASCHENBIER Trumer Sigl's, Erdinger Alkoholfrei
LOKAL Die Paularei gehört zum Hotel Matteo und könnte in jedem amerikanischen Tourismusort Furore machen – aber mit seiner spezifisch österreichischen Ausprägung (inklusive einer Bibliothek voll mit Büchern zur Geschichte der Fotografie) und dem charmanten Service ist es doch wieder sehr heimelig. Die Küche ist offen und einsehbar, die Räume hoch und das Mobiliar im Retrostyle, was sich wohltuend von der allgegenwärtigen „Alpenidylle" abhebt. 120 Plätze im Lokal, 15 an zwei Bars.

GOLDEGG

ZUM BIERFÜHRER
5622 Goldegg, Hofmark 19
0 64 15/81 02
info@bierfuehrer.sbg.at
www.bierfuehrer.sbg.at
ÖFFNUNGSZEITEN Di–So 8.30 bis 23.00 Uhr, Mo Ruhetag
FASSBIER Stiegl Goldbräu, saisonal auch Stiegl Herbstgold und Original Stieglbock
FLASCHENBIER Paracelsus Zwickl, Stiegl Pils, Weizengold Hefe-

SALZBURG

GOLLING · HALLEIN

Döllerer's Wirtshaus

fein und Dunkel, Original Stieglbock, Clausthaler
LOKAL Dies war einmal ein einfaches Bierlokal, hat sich vom einstigen Fuhrmannsgasthof zum bekannten und geschätzten Spezialitätengasthof mit einer Haube gemausert, dennoch ist der Bierführer auch ein bei Einheimischen beliebtes Wirtshaus geblieben. Sehr schöne Bierbar mit bemühter Bedienung. Biersuppe, Salzburger Bierfleisch auf Vorbestellung. Drei Stuben mit 35, 24 bzw. 28 Sitzplätzen, beheiztes Salettl im Garten, Saal: 80 Sitzplätze, im Garten 85 Sitzplätze. ✕⊨-34

GOLLING

DÖLLERER'S WIRTSHAUS 🍺🍺
5440 Golling, Am Marktplatz 56
0 62 44/422 00
office@doellerer.at
www.doellerer.at
ÖFFNUNGSZEITEN Mn 17.30 bis 22.00 Uhr, Di-Sa 11.30 bis 14.00 Uhr und 17.00 bis 22.00 Uhr, So Ruhetag
FASSBIER Reininghaus Jahrgangspils, Gösser Zwickl
FLASCHENBIER Edelweiss Hell, Edelweiss Dunkel, Schlossgold
LOKAL Die Bürgerstube, von Gault Millau mit zwei Hauben ausgezeichnet, wurde 2003 von der BrauUnion auch mit der Bierkrone prämiert – weil hier traditionelle Küchenkultur und Bierpflege zusammenwirken. In betont ländlich-gepflegtem, aber unkompliziertem Rahmen stehen hier kulinarische Klassiker auf der Speisekarte, die – oftmals aufgrund des großen Zubereitungsaufwands – in den meisten Gasthäusern nicht mehr oder nur noch als Halbfertigprodukte angeboten werden. Es ist das gleiche Küchenteam wie im Genießerrestaurant (97 Punkte von Falstaff) am Werk und kocht etwa Salzburger Bierfleisch (aus Rinderfilet). Das Haus ist aus dem 14. Jahrhundert und seit 1909 im Besitz der Familie Döllerer. 40 Sitzplätze im Lokal, 10 Sitzplätze im Schanigarten, 12 an der Bar. ✽⊛✕

GOLDENE TRAUBE
5440 Golling, Markt 3–4
0 62 44/32-0
info@goldene-traube.at
www.goldene-traube.at

ÖFFNUNGSZEITEN So Abend und Mo geschlossen, Betriebsferien: zwei Wochen nach Ostern, drei Wochen im Oktober.
FASSBIER Kaiser Märzen, Edelweiss
FLASCHENBIER Edelweiss Dunkel, Schlossgold
LOKAL Der Gasthof „Goldene Traube" ist ein mittelalterliches Gebäude und in der 4. Generation in Familienbesitz. „Jeder ist bei uns willkommen. Wir schaffen mit unserer Gaststube eine Atmosphäre, in der sich jeder wohl fühlen kann", verspricht der Wirt – und serviert unter anderem Salzburger Bierfleisch. 120 Sitzplätze, Schanigarten: 20 Sitzplätze.

HALLEIN

BRÜCKENWIRT HALLEIN
5400 Hallein, Brückenwirtweg 3
0 62 45/761 94
office@brueckenwirt-hallein.at
www.brueckenwirt-hallein.at
ÖFFNUNGSZEITEN Do–Mo 10.00 bis 24.00 Uhr, Di–Mi Ruhetage
FASSBIER Kaiser Märzen, Kaltenhauser Bernstein, Weihenphaner Hefeweizen, Stiegl Paracelsus Zwickl, Gösser Naturradler, saisonal: Edelweiss Gamsbock, Oktoberbier
FLASCHENBIER Kaiser Doppelmalz, Kaiser Märzen, Edelweiss Dunkel, Schlossgold, Weihenstephan Alkoholfrei
LOKAL Einfaches Landgasthaus an der Salzachtalbundesstraße auf halbem Weg zwischen der Stadt Salzburg und Hallein, eigene Busstation der Salzburger Buslinie 170. Die vielen Stammgäste schätzen das gute Preis-Leistungs-Verhältnis. Salzburger Bierfleisch, Rindszunge in Schwarzbiersauce. 180 Sitzplätze, Gastgarten mit Kastanienbäumen: 120 Sitzplätze.

GASTHAUS HAGER 🍺
5400 Hallein,
Salzachtalstraße 10
0 62 45/705 92
gasthaus-hager@gmx.at
www.gasthaus-hager.at
ÖFFNUNGSZEITEN Mo–Fr 10.00 bis 22.00 Uhr, So 9.30 bis 14.00 Uhr
FASSBIER Kaltenhauser Kellerbier, Kaltenhauser Bernstein, Kaltenhauser Märzen, Kaltenhauser Original, Gösser Radler, Edelweiss

SALZBURG

HALLEIN

Hofbräu Kaltenhausen Braugasthof

Gasthof Hohlwegwirt

FLASCHENBIER Edelweiss Alkoholfrei, Gösser Naturgold
LOKAL Gemütliches Gasthaus mit uriger alter Gaststube und schönem Kachelofen in der – auf dem, je nach Bedarf, Lesebrillen oder Scheuklappen bereitliegen. Freundliches Service, die gutbürgerliche Küche bietet unter anderem mit Bier zubereitete Speisen wie Schweinsbraten mit Bier aufgegossen oder Bierfleisch, aber auch internationale Highlights, die in den hinteren Stuben bei gedecktem Tisch genossen werden können. 120 Sitzplätze im Lokal, 120 Sitzplätze im Garten.

GASTHOF HOHLWEGWIRT

GASTHOF HOHLWEGWIRT
5400 Hallein, Salzburgerstraße 84
0 62 45/82 41 50
gasthof@hohlwegwirt.at
www.hohlwegwirt.at
ÖFFNUNGSZEITEN Mi–Sa 9.00 bis 24.00 Uhr, So 9.00 bis 16.00 Uhr, Di 18.00 bis 24.00 Uhr, Mo Ruhetag (außer Festspielzeit)
FASSBIER Brauerei Sigl: Trumer Pils, Brauerei Stiegl: Zwickl naturtrüb, Radler – Zwickl mit Orangeade, saisonal Sigl Herbstbrau, Original Stieglbock
FLASCHENBIER Brauerei Wieninger: Hefe Weißbier Dunkel, Weißbier naturtrüb Premium, Null Komma Josef, Erdinger Weißbier Alkoholfrei
LOKAL Bierlokal und Restaurant in traditionellem Stil. Johannes Kronreif, Moar der Brauerei Kaltenhausen, hat den jetzigen Gasthof Hohlwegwirt am 23. September 1874 gekauft – und seither ist das Lokal, bei dem seinerzeit noch ein Kramerladen und eine k.u.k. Poststelle dabei waren, in Familienbesitz. Ernst Kronreif fuhr als Kind noch Telegramme aus – heute ist er „Wirt aus Überzeugung" und bemüht sich um die traditionelle Küche. Empfehlenswert ist unter anderem das Salzburger Bierfleisch in Dunkelbiersauce sowie die Fischspezialitäten, die mit passendem Bier angeboten werden. Außerdem werden im Gasthof Hohlwegwirt Bierverkostungen abgehalten. 100 Sitzplätze im Lokal, Terrasse: 24 Sitzplätze, Garten: 30 Sitzplätze.

HOFBRÄU KALTENHAUSEN BRAUGASTHOF

5400 Hallein, Salzburgerstraße 67
0 62 45/802 33
info@kaltenhausen.at
www.kaltenhausen.at
ÖFFNUNGSZEITEN Täglich von 9.00 bis 24.00 Uhr
FASSBIER Kaltenhauser Original, Kaltenhauser Kellerbier, Kaltenhauser 1475 Pale Ale, Kaiser Märzen, Edelweiss Hofbräu Hefetrüb, Gösser Naturradler, Kaltenhauser Bernstein; saisonal Edelweiss Gamsbock, Oktoberbräu, Kaltenhauser Bock
FLASCHENBIER Kaiser Doppelmalz, Edelweiss Dunkel, Edelweiss Alkoholfrei, Edelweiss Hoamat Radler, Gösser Kracherl, Gösser Naturgold, Heineken, Desperados
LOKAL Sehr typischer Braugasthof, in dem nunmehr seit über 500 Jahren Bier ausgeschenkt wird. Anfang 2014 wurde er von Hans Kreuzer übernommen, der ihn im typischen Brauhausstil weiterführt. Am Eingang zum Bräustüberl werden verschiedenste Bierspezialitäten gezapft, die Küche liefert dazu eine zünftige Jause, Stelze, Schweinsbratl und vieles andere mehr. Mitten im Lokal befindet sich die Schaubrauerei der Biermanufaktur, die die Brautradition des 1475 gegründeten Hofbräu Kaltenhausen mit Bierspezialitäten fortführt. Für größere Veranstaltungen steht das historische Ruperti Gwölb zur Verfügung (ca. 200 Sitzplätze). Ganz im Zeichen der Bierkultur werden in Kaltenhausen auch Brauereiführungen und Biersommelier-Ausbildungen angeboten – näheres zu diesen Führungen online. Insgesamt 500 Sitzplätze, ca. 300 Sitzplätze im Garten.

SALZBURG

HALLEIN · HALLWANG · HOF BEI SALZBURG

Santa Fé

Bierpub – Brauhaus Gusswerk

LECHENAUERS
5400 Hallein, Molnarplatz 16
0 62 45/754 20
info@leckerbissen.at
www.leckerbissen.at
ÖFFNUNGSZEITEN Mo–Do 8.00 bis 24 Uhr, Fr–Sa 8.00 bis 2.00 Uhr
FASSBIER Murauer Märzen, Murauer Weißbier, Radler
FLASCHENBIER Erdinger Weißbier Dunkel, Erdinger Weißbier Alkoholfrei, Clausthaler, Murauer Preisel&Bier-Radler
LOKAL Sehr schöne, gut besuchte Bar mit flinkem Service – hier kommt man morgens zum Frühstücken, nachmittags zum Jausnen und abends zum Plaudern. 40 Plätze an Tischen, 40 an der Bar.

HALLWANG

SANTA FÉ
5300 Hallwang, Wiener-Bundesstraße 7
0 66 2/66 58 24
office@santafe.at
www.santafe.at
ÖFFNUNGSZEITEN Di–Sa von 17.00 bis 2.00 Uhr, So–Mo Ruhetage
FLASCHENBIER Puntigamer Panther, Wieninger Hell (Bügelflasche), Die Weisse, Corona, Schwechater Zwickl, Wieslauer Stammbräu, Gösser Naturgold, Weihenstephan Alkoholfrei
LOKAL Seit Jahren gut etablierte „Show"-Bar mit mexikanischer Küche (Santa-Fé-Steak vom Austria BIO-Weidebeef), auch die Ensaladas und Fajitas erfreuen sich hoher Beliebtheit. Monatliche Specials und typische Bar-Snacks runden das Angebot ab. Öfters Veranstaltungen. 150 Sitzplätze, 40 an der Bar, Garten: 100 Sitzplätze.

HOF BEI SALZBURG

BIERPUB - BRAUHAUS GUSSWERK
5322 Hof bei Salzburg, Römerstraße 3
0 62 29/397 77
info@brauhaus-gusswerk.at
www.brauhaus-gusswerk.at
ÖFFNUNGSZEITEN Mi und Do ab 16.00 Uhr, Fr und Sa ab 13.00 Uhr geöffnet, an Feiertagen geschlossen
FASSBIER Edelguss, Weizenguss, Jakobsgold, Steinbier und gelegentlich Spezialsude
FLASCHENBIER Cerevinum, Edelguss, Weizenguss, Jakobsgold Bio-Zwickl, Jakobsgold AF, Jakobsgold, Urbankeller's Steinbier, Wiener Lager, Dies Irae, Krinnawible, Black Betty, Horny Betty, Austrian Amber Ale (AAA), Nicobar India Pale Ale, Weisses Nicobar IPA, Black Sheep Stout, Die Schwarze Kuh Imperial Stout, saisonal Wintersteinbier, Bio-Klosterdunkel (Br. Baumburg), gelegentlich weitere Biere anderer (Bio-) Brauereien.
LOKAL Seit bald einem Jahrzehnt der Trendsetter im Craft Beer Markt – und seit dem Herbst 2013 an der neuen Location in Hof bei Salzburg. Mehrfach im Bier Guide als Lokal und für die Bierkreationen ausgezeichnet. Auch Kurier-Kolumnist Florian Holzer nennt das Brauhaus Gusswerk an der Spitze seiner „Top 5 Craft Beer Lokale auf dem Land". Die Speisen sind großteils Bio – denn genau wie beim Bier stehen auch in der Küche die Nachhaltigkeit und das Bewusstsein für die Umwelt im Vordergrund. Gruppen ab sechs Personen können ein Bratl in der Rein buchen – dazu in der Kombi: Ein Zehnliterfass Bier zum Selberzapfen am Tisch eingestellt um 2,80 Euro pro Halbe. Das Lokal dient auch als Shop für die beim Gusswerk gebrauten Biere. 40 Plätze im Lokal, 12 an der Bar.

WWW.BRAUHAUS-GUSSWERK.AT
BRAUHAUS GUSSWERK
AUF FUNDAMENT GEBRAUT

267
SALZBURG

KAPRUN · KOPPL BEI SALZBURG · KRIMML

Gasthof am Riedl

KAPRUN

HILBERGER'S BEISL
5710 Kaprun, Wilhelm-Fazokas-Straße 12
0 65 47/724 61
hilberger@hilberger.at
www.hilberger.at
ÖFFNUNGSZEITEN Mi–Mo 11.30 bis 24.00 Uhr, Di Ruhetag
FASSBIER Trumer Pils, Trumer Zwickl, Hofbräu Traunstein Weisse, Trumer Naturradler
FLASCHENBIER Die Weisse Salzburg Hell/Dunkel, Hofbräu Traunstein Alkoholfrei, saisonal Die Weisse Bock, Die Leichte Weisse, Clausthaler
LOKAL Wolfgang Hilberger hat zusammen mit seiner Frau Andrea mitten in Kaprun ein Stück Steiermark zum Leben erweckt: Die Einrichtung ist heimelig-rustikal, auf der Karte stehen herzhafte steirische Schmankerl aus eigener Produktion sowie lokale und internationale Spezialitäten. 60 Plätze im Lokal, 12 an der Bar, 30 m Garten.

KITSCH & BITTER
5710 Kaprun, Wilhelm-Fazokas-Strasse 7b
0 65 47/86 63
kitschundbitter@kaprun.at
www.kitschundbitter.at
ÖFFNUNGSZEITEN Täglich ab 17.00 Uhr
FASSBIER Trumer Pils, Maisel's Weisse
FLASCHENBIER Heineken, Corona, Desperados, Clausthaler, Maisel's Dunkel, Maisel's Alkoholfrei
LOKAL Eckpunkt des Kapruner Bermudadreiecks. Gemütliches Stimmungslokal mit zentraler Bar und freundlicher Bedienung. Große Auswahl an Pizzen und Pastagerichten – und wer mag, kann auch aus einer großen Weinkarte wählen. 120 Sitzplätze, 50 Stehplätze, im Garten 100 Plätze.

KOPPL BEI SALZBURG

GASTHOF AM RIEDL
5321 Koppl bei Salzburg, Eisenstrasse 28
0 62 21/72 06
info@riedlwirt.at
www.riedlwirt.at
ÖFFNUNGSZEITEN Mi–Mo 9.00 bis 24.00 Uhr, Di Ruhetag
FASSBIER Schönramer Hell, Zipfer Märzen, Nocksteiner (Hausbier), Franziskaner Weizenbier
FLASCHENBIER Hofbräu Traunstein Dunkel, Schönramer Weißbier Hell & Dunkel, Bavaria's Best, Schönramer Gold, Erdinger Weizenbier Alkoholfrei, Schloßgold, gelegentlich belgische Spezialitäten.
LOKAL Der Riedlwirt ist ein vom Touristenstrom der B 158 abgelegener Gasthof am Fuß des Nocksteins auf halbem Weg zwischen der Stadt Salzburg und den Salzkammergutseen, dessen Geschichte als Landwirtschaft bis ins Jahr 1610 und als Gastwirtschaft immerhin bis 1860 zurückreicht. Nette Gaststube mit kleiner, den ganzen Tag über von einer netten Kellnerin betreuten Bar, gemütlicher Hotelbetrieb und eine Terrasse mit schönem Ausblick. Im Winter ist davor ein kleiner Schilift in Betrieb, im Sommer gibt es einen Mountainbikeparcours und einen Tennisplatz. 120 Sitzplätze, 30 Sitzplätze im Extrastüberl, 80 Plätze im Garten. -50

KRIMML

ANTON WALLNER BRÄU
5743 Krimml, Oberkrimml 118
0 66 4/503 61 84
brauerei@krimml.com
www.krimml.com
ÖFFNUNGSZEITEN Täglich ab 16.00 Uhr
FASSBIER Helles u. Dunkles Krimmler Märzen, Helles u. Dunkles Krimmler Weizen, Apfelbier, Hollerbier, Zirbenbier, saisonal Fest- und Weizenbock
FLASCHENBIER Alle Biersorten zum Mitnehmen in der 0,5 l Mehrwegflasche, im 5 l Partyfass oder in der 2 l und 5 l Siphon-Flasche erhältlich.
LOKAL Das Anton Wallner Bräu wurde 2008 gegründet, nachdem Manfred Opresnik die Ausbildung zum Diplom-Biersommelier gemacht hat. Den Namen für seine Brauerei nahm er vom Gastwirt Anton Wallner, der am Hinterlehen-Gut in Krimml geboren wurde und sich als Kampfgefährte von Andreas Hofer im Befreiungskrieg von 1809 gegen Bayern und Franzosen hervorgetan hat. Er zeichnete sich mit seinen Schützen in den Kämpfen um den Pass Lueg besonders aus. Von ihm ist auch das Motto der kleinen Brau-

SALZBURG

LEOGANG · MARIA PLAIN BEI SALZBURG · MATTSEE

Gasthof Maria Plain

Landgasthof Fürst

erei übernommen: Man will frei und unabhängig brauen. Dabei wagt sich Opresnik auch an ungewöhnliche Bierkreationen wie ein Apfelbier. Spezialität der Küche: knusprige Backhendl! Bierkulinarium und Brauereiführung mit Jause nach Voranmeldung. 40 Sitzplätze im Lokal, 16 Plätze an der Bar. ⌂-50

LEOGANG

ASITZ BRÄU
5771 Leogang, Rain 6
0 65 83/82 46-0
office@krallerhof.com
www.asitzbraeu.com
ÖFFNUNGSZEITEN Zu den Betriebszeiten der Leoganger Bergbahnen im Winter bzw. auf Anfrage für Veranstaltungen auch im Sommer – an der Asitz Bergstation (mit der Gondel oder im Sommer zu Fuß/per Bike erreichbar)
FASSBIER Asitz'Bräu (aus der Braucrci Falkenstein), Franziskaner Hefe Weißbier, Gösser Natur Radler
FLASCHENBIER Kaiser Export, Gösser Naturgold, Franziskaner Hefeweizen Alkoholfrei, Franziskaner Hefeweizen Dunkel
LOKAL Brauhausatmosphäre für eine gemütliche Einkehr oder für ganz besondere Veranstaltungen: Das Asitz Bräu, eine ehemalige Schihütte, wurde auf drei Ebenen mit historischem Brauhaus-Equipment eingerichtet. Die unzähligen Brauhausgeräte sind liebevoll restauriert, inmitten befindet sich der Mälzereiturm. Geboten wird eine original Brauhausküche und Bier aus der ältesten Brauerei Osttirols, der Gösser-Braustätte Falkenstein bei Lienz. 500 Sitzplätze in den Stuben, 500 Plätze auf der Sonnenterrasse.

PFIFF
5771 Leogang, Leogang 41
0 66 4/218 31 74
matthiashirschbichler@gmail.com
ÖFFNUNGSZEITEN Fr–Mi 15.00 bis 2.00 Uhr, Do Ruhetag
FASSBIER Stiegl Goldbräu, Franziskaner Weißbier
FLASCHENBIER Pinzgau Bräu Zwickl und Weizen, Franziskaner Weizen Dunkel, Franziskaner Weizen Alkoholfrei
LOKAL Szenetreff und Nachbarschafts-Pub in einem: Dieses kleine, freundliche Lokal bietet bei eher gedämpftem Licht

gepflegt serviertes Bier. Der Chef steht meist selbst hinter der Theke und sorgt für die Gäste. 30 Sitzplätze im Lokal, 8 Plätze an der Bar.

MARIA PLAIN BEI SALZBURG

GASTHOF MARIA PLAIN
5101 Maria Plain bei Salzburg, Plainbergweg 41
0 66 2/45 07 01
info@mariaplain.com
www.mariaplain.com
ÖFFNUNGSZEITEN Täglich 9.00 bis 21.00 Uhr
FASSBIER Stiegl Goldbräu, Stiegl Grapefruit Radler
FLASCHENBIER „Die Weisse" Hell und Dunkel, König Ludwig Dunkel, Stiegl Pils, Stiegl Freibier, „Die Weisse" Alkoholfrei
LOKAL Ein stattlicher Gasthof in unmittelbarer Nachbarschaft der Wallfahrtskirche von Maria Plain. Das ursprüngliche Haus war ein Meierhof aus dem frühen 16. Jahrhundert und gehörte dem Begründer der Plainer Wallfahrt, dem Baron Rudolf v. Grimming. Schon im Jahre 1654 wird die Familie Moßhammer als „Bestand-Wirt" genannt und es wird bis heute in der 15. Generation als Traditionshaus geführt. Zur Tradition gehört auch seit 1830 die patentierte Original Moßhammer´s Plainer Bratwurst. Am besten zu einem Bier auf der sehr schönen Terrasse zu genießen. Ca. 150 Sitzplätze im Restaurant, 180 in zwei Sälen, ca. 300 im Kastaniengarten/windgeschützte Terrasse. ⌂-50

MATTSEE

LANDGASTHOF FÜRST
5163 Mattsee, Aug 01
0 62 17/54 00
gasthof_fuerst@gmx.at
www.landgasthof-fuerst.at
ÖFFNUNGSZEITEN Fr–Di 9.00 bis 24.00 Uhr
FASSBIER Trumer Märzen, Schönramer Festbier, Unser Hausbier, Schönramer Festweisse
FLASCHENBIER Trumer Pils, Schneider Weisse Original, Kristall, Alkoholfrei, Ottakringer Null Komma Josef, Schönramer Dunkles
LOKAL Gestartet hat dieser gemütliche Landgasthof im Jahr 1850 – da war er zuerst eine Gemischtwarenhandlung samt

269
SALZBURG

MAUTERNDORF · MICHAELBEUERN · MITTERSILL

Gasthof Weitgasser

eigener Landwirtschaft. Später erhielten die Fürsts die Lizenz zum Flaschenbierverkauf. Und dann für den Bierausschank in einer eigenen Wirtshausstube, aus der sich schließlich das „richtige" Gasthaus entwickelte. Heute ist die vierte Fürst-Generation für ihre Gäste da. Einer der schönsten Biergärten Salzburgs mit traumhaftem Blick ins Moor. Hermann Fürst hat eine ganze Partie alter Biergläser aus der aufgelassenen Mundenhammer Brauerei in Munderfing beschafft und bemüht sich, nun die Marke wieder aufleben zu lassen. Ca. 110 Sitzplätze im Lokal, 5 an der Bar, ca. 80 im Garten. -22

MAUTERNDORF

GASTHOF WEITGASSER
5570 Mauterndorf, Markt 106
0 64 72/73 66
hotel@gasthof-weitgasser.at
www.gasthof-weitgasser.at
ÖFFNUNGSZEITEN Mo–So 11.00 bis 21.00 Uhr
FASSBIER Murauer Märzen, Murauer Hefeweizen
FLASCHENBIER Murauer Pils, Murauer Doppelmalz, Hefeweizen Erdinger Dunkel, Franziskaner Hefeweizen, Erdinger Alkoholfrei, Clausthaler Classic, Murauer alkoholfreier Radler, Gösser Naturgold
LOKAL Hinter dem Salettl, auf dem seltsamerweise manchmal eine Sowjetflagge weht, entdeckt man einen ehemaligen Braugasthof, 1651 unter dem adelig klingenden Namen „Hofstatt an der Eden bei der Docken" erbaut. 1745 begann die Brautradition und damit verbunden auch die Wirtshaustradition, die bis heute mit Begeisterung gelebt wird. Gaststube mit Gewölbe und Kachelofen. Der Wirt kocht selbst: Lungauer Schafaufbratln im Herbst, Martinigansl im November. Ca. 130 Sitzplätze im Lokal, 60 im Garten. -30

MICHAELBEUERN

STIFTSKELLNEREI
5152 Michaelbeuern, Michaelbeuern 2
0 65 0/520 60 10
info@kellnerei-michaelbeuern.at
www.kellnerei-michaelbeuern.at
ÖFFNUNGSZEITEN Mo–So 10.00 bis 23.00 Uhr
FASSBIER Augustiner Bier von der Augustinerbrauerei Kloster Mülln, an der das Kloster Michaelbeuern beteiligt ist – Märzen, Augustiner Fastenbier, Augustiner Herbstbier, Augustiner Weihnachtsbock
FLASCHENBIER Augustiner Weissbier Hell (vom Augustiner Bräu in München), Franziskaner Weissbier Hell und Dunkel, Stiegl Freibier
LOKAL Die Stiftskellnerei Michaelbeuern hat seit 2015 einen neuen Pächter: Martin Gröbner versucht, mit regionaler Küche und dem Bier von Augustiner Salzburg einen bodenständigen Betrieb zu führen. Es hat einen sehr eindrucksvollen Kastaniengarten mit Blick auf die in unmittelbarer Nähe befindliche Benediktinerabtei. Das Salzburger Augustiner Bräu wird hier traditionsgerecht in Steinkrügen serviert – an sonnigen Sonntagen kann es im Garten eng werden. 100 Sitzplätze, 6 an der Bar, Gastgarten: 80 Sitzplätze.

MITTERSILL

BRÄURUP
5730 Mittersill, Kirchgasse 9
0 65 62/62 16-0 oder 0 67 6/729 35 94
hotel@braurup.at
www.braurup.at
ÖFFNUNGSZEITEN Mo–So 8.30.00 bis 24.00 Uhr
FASSBIER Aus eigener Brauerei: naturtrübes Bräurup Märzen, Bräurup Weizen, saisonal: Bräurup Bauernherbstbier, Bockbier, Weizenbock, Dinkelbier, Roggenbier, Heidelbeerbier, Urbräu, Stadtbräu, Mehrkorn Dunkel, ARONIA Märzen, Ale und Choco Ale
FLASCHENBIER Hofbräu Traunstein: HBT Pils, HBT Helles, HBT Weizen Dunkel, HBT Alkoholfreies Weizen, vom Anton Wallner Bräu: Krimmler Helles, Dreikorn Dunkel, Trumer Pils, Stiegl Pils, Clausthaler, Maisel's alkoholfreies Weizen, saisonale Gastbiere
LOKAL Dieses gemütliche Hotel am Tor zum Nationalpark Hohe Tauern geht auf das 14. Jahrhundert zurück, 1681 bis 1917 wurde es schon einmal als Brauerei betrieben. In den seit 1823 im Besitz der Familie Gassner befindlichen Lokalitäten mit altem Gewölbe und 200 Jahre alter Zirbenstube herrscht Pinzgauer Tradition und Gastlichkeit in Viersternequalität. Und es wird auch mit Bier gekocht – zum Beispiel Salzburger Bierfleisch. Fischliebhaber schätzen die Gerichte aus eigenen Fischgewässern. Im September 2006 wurde die neue Brauan-

SALZBURG

MITTERSILL · NIEDERNSILL · OBERTRUM

lage installiert. Während die Gaststuben eher dem Restaurantbetrieb dienen, ist das „Pub Brezel" ein Treffpunkt für alle Schichten und alle Menschen, die Bier lieben. 110 Plätze im Hotelrestaurant, 80 Plätze im Gasthaus, 100 im Biergarten, 15 an der Bar des Hotels. -55

MEILINGER TAVERNE
5730 Mittersill, Am Stadtplatz 10
0 65 62/42 26
essen@meilinger-taverne.at
www.meilinger-taverne.at
ÖFFNUNGSZEITEN Täglich ab 10.00 Uhr, Mi Ruhetag außerhalb der Saisonzeiten.
FASSBIER Trumer Pils
FLASCHENBIER Die Weisse aus Salzburg Hell, Dunkel, Alkoholfrei, Leicht, saisonal auch das Bockbier, Trumer Märzen, Null Komma Josef
LOKAL Wegen seiner roten Fassade markantes Wirtshaus mit einer der ältesten „Tavernengerechtigkeiten" (also Ausschankrechten) im Oberpinzgau. Im Service sorgt Robert Klackl mit seiner jungen Mannschaft dafür, dass sich die Gäste rundum wohl und zufrieden fühlen, in der Küche sichert sich Anneliese Klackl seit hervorragenden 23 Jahren eine Gault Millau-Haube. Ihre Küche ist spezialisiert auf Rindfleisch vom Pinzgauer Rind. Jeden Freitag ist Weißbiertag: Zu jeder Salzburger Weissen gibt's an diesem Tag einen Obstler auf Kosten des Hauses. Ca. 65 Sitzplätze, 6 an der Bar, im Garten ca. 12 Sitzplätze.

NIEDERNSILL

GASTHOF KRÖLL
5722 Niedernsill, Steindorf 50
0 65 48/82 30
info@gasthof-kroell.at
www.gasthof-kroell.at
ÖFFNUNGSZEITEN Mo–Do ab 15.00 Uhr, Fr–So ganztags geöffnet, Di und/oder Mi Ruhetag
FASSBIER Zipfer Märzen, Zipfer Pils, Edelweiss, Radler (Oktober Bräu, Gamsbock)
FLASCHENBIER Zipfer Märzen, Zipfer Urtyp, Schlossgold, Edelweiss

LOKAL „Wirtshaus mit Herz" für Einheimische und Gäste. Als „Gastwirt Nationalpark Hohe Tauern" hat sich Ralf Kröll ganz traditionellen und saisonellen Gustostückerln und vielen beliebten „Pinzgauer Schmankerln" verschrieben. Die Zutaten für diese Gaumenfreuden stammen aus der heimischen Landwirtschaft. Ausgezeichnet mit der Schaumkrone der BrauUnion-Bierakademie. Im Herbst Bierfleisch auf der Karte. 150 Plätze, Garten: 70 Plätze.

OBERTRUM

BRAUGASTHOF SIGL
5162 Obertrum, Dorfplatz 1
0 62 19/77 00
office@braugasthof-sigl.at
www.braugasthof-sigl.at
ÖFFNUNGSZEITEN Mo–Sa 11.00 bis 24.00 Uhr, So & Feiertage 9.00 bis 22.00 Uhr, Mi Ruhetag
FASSBIER Trumer Pils, Trumer Märzen, Trumer Hopfenspiel, Erdinger Urweisse, saisonal Trumer Zwickl, Herbstbier
FLASCHENBIER Sigls, Erdinger Dunkel, Kiesbye's Waldbier, Erdinger Alkoholfrei, Chimay, Chocolate Porter, Delirium Tremens, holzfassgereiftes Bier
LOKAL Vielleicht der Inbegriff eines ländlichen Brauereigasthofs, geführt von Walter Maislinger, der früher in Obertrum das legendäre Bierlokal Hendrix hatte. Jetzt konzentriert er sich gegenüber der Brauerei in seinem prächtigen alten Gemäuer und auf den schönen Kastaniengastgarten. Wunderbar gestalteter Gastraum, in dem heimische Schmankerl serviert werden. Gastgarten: ca 300 Personen, Gaststube: 80 Personen, Kirschstube: 40 Personen, Knechtstube: 30 Personen, Saal: 300 Personen.

GASTHOF NEUMAYR
5162 Obertrum, Dorfplatz 8
0 62 19/63 02
gasthof.neumayr@aon.at
www.gasthof-neumayr.at
ÖFFNUNGSZEITEN Mi–Sa 9.00 bis 24.00 Uhr, So 9.00 bis 16.00 Uhr, Di 16.00 bis 24.00 Uhr
FASSBIER Trumer Pils, Trumer Märzen, Trumer Weizen
LOKAL Behutsam auf den Stand der Zeit gebrachtes Dorf-

SALZBURG

PIESENDORF · PUCH BEI HALLEIN · RADSTADT · RAURIS

Road House

Stegerbräu

gasthaus (1920 als Mostschenke in einem alten Bauernhof eingerichtet), sehr gemütliche Bar, bodenständige Küche (empfehlenswert: Kaspressknödelsuppe, Braumeisterschnitzel) und freundliche Bedienung. Der Garten vor dem Haus ist sehr gemütlich, man hat die Brauerei Sigl im Blick. Zudem ist der Gasthof Neumayr weit und breit eines der besten Hotels.

PIESENDORF

GASTHOF MITTERWIRT
5721 Piesendorf, Dorfstraße 44
0 65 49/72 03
gasthof-mitterwirt@sbg.at
www.gasthof-mitterwirt.at
ÖFFNUNGSZEITEN Mi–Mo 10.00 bis 24.00 Uhr, Di Ruhetag
FASSBIER Stiegl Goldbräu
FLASCHENBIER Hofbräu Traunstein
LOKAL 1358 erstmals urkundlich erwähnt, machten hier schon die Postkutschen Halt und die Reisenden konnten sich von der Vielfalt aus Küche und Keller überzeugen. Heute bietet der familienfreundlicher Drei-Sterne-Gasthof Komfort und Gastlichkeit in seiner traditionellsten Form.

PUCH BEI HALLEIN

BIO-GASTHAUS SCHÜTZENWIRT
5412 Puch bei Hallein, Sankt Jakob am Thurn, Dorf 96
0 66 2/63 20 20-0
info@gasthaus-schuetzenwirt.at
www.gasthaus-schuetzenwirt.at
ÖFFNUNGSZEITEN Do–So 12.00 bis 23.00 Uhr
FASSBIER Gusswerk Jakobsgold, Stiegl Paracelsus Zwickl, Stiegl Goldbräu
FLASCHENBIER Gusswerk Weizenguss, Gusswerk Zitronenradler, Jakobsgold Alkoholfrei, Heinz vom Stein Weizenbier Alkoholfrei
LOKAL Ein traditionelles Gasthaus und Vorzeigebetrieb der Bioküche, der 2015 zum besten Bio-Restaurant Österreichs gekürt wurde. Ein Slow Food Betrieb, mit angeschlossener Kulturstätte, der als Hausbiermarke das bei Vollmond gebraute Demeter-Bier Jakobsgold vom Brauhaus Gusswerk in Hof bei Salzburg bietet.

RADSTADT

ROAD HOUSE
5550 Radstadt, Hoheneggstraße 1
0 664/142 07 29
gerhard.farmer@haym.info
www.facebook.com/pages/Pub-Bar-Road-House
ÖFFNUNGSZEITEN Mo–So 17.00 bis 4.00 Uhr
FASSBIER Gösser, Puntigamer, Weihenstephan, Guinness
FLASCHENBIER Fosters, Heineken, Schlossgold
LOKAL Ein Pub mit australischem Einschlag. Nach kurzem Facelift im Dezember 2010 wieder eröffnet.

STEGERBRÄU
5550 Radstadt, Schernbergstraße 14
0 64 52/43 13
info@stegerbraeu.at
www.stegerbraeu.at
ÖFFNUNGSZEITEN Mo–So von 10.00 bis 22.00 Uhr
FASSBIER Weihenstephaner Weizen, Kaiser Premium, Puntigamer
FLASCHENBIER Schlossgold
LOKAL Eindrucksvoller ehemaliger Braugasthof – der Braubetrieb selbst wurde 1896 eingestellt. Der ehemalige „Brausaal" beherbergt eine modern gestaltete Bar, durch die man in den Biergarten gelangt. Dieser ist einer der schönsten weit und breit – er wurde über den mittelalterlichen Stadtmauern hinter dem Hotel errichtet und bietet eine tolle Aussicht auf das gewaltige Massiv der Radstädter Tauern. Schade, dass am Abend schon sehr zeitig Schluss ist. 180 Sitzplätze im Lokal, 30 Plätze an der Bar, 70 Sitzplätze im Garten. -60

RAURIS

LANDGASTHAUS WEIXEN
5661 Rauris, Seidl-Winkelstraße 114
0 65 44/64 37
weixen@rauris.net
www.weixen.at
ÖFFNUNGSZEITEN Di–So von ca. 11.30 Uhr bis der Letzte geht, Montag Ruhetag

SALZBURG

SAALFELDEN

Hindenburg

FASSBIER Weixenbier Hell, Weixenbier Dunkel und gelegentlich Weixen Weizen
FLASCHENBIER Stiegl Freibier, Franziskaner Weizenbier Alkoholfrei
LOKAL Seit 1976 ein ruhig gelegenes Speise- und Ausflugslokal mit eigenen Fischteichen, großem Kinderspielplatz, Streichelzoo mit verschiedensten Tieren (Lamas!) und seit Sommer 2003 einer eigenen Hausbrauerei. Biersommelier und BierIG-Mitglied Daniel Brandstätter hat den Familienbetrieb 2007 übernommen. Zahlreiche Spezialitäten wie zum Beispiel fangfrische Forellen sowie Gerichte vom heimischen Wild (speziell Gamsbraten, der mit Bier zubereitet wird) und sogar ein eigenes Speiseeis in verschiedenen Sorten wird angeboten. 75 Sitzplätze im Lokal, 3 an der Bar, 80 Sitzplätze im Garten.

SAALFELDEN

HINDENBURG
5760 Saalfelden, Bahnhofstraße 6
0 65 82/793
hotel@hindenburg.at
www.hindenburg.at
ÖFFNUNGSZEITEN Täglich ab 10.00 Uhr
FASSBIER Hindenburg Bräu (gebraut von Ottakringer) helles Märzen, Stiegl Märzen, Zwickl, Paulaner Weißbier
FLASCHENBIER Erdinger Weißbier Dunkel, Clausthaler
LOKAL 500 Jahre altes Haus am Rande des Stadtzentrums von Saalfelden (in unmittelbarer Verbindung zum Kongresszentrum). Sehr stilvoll als Viersternehotel renoviert – und dennoch mit viel unkomplizierter Freundlichkeit geführt. In den Monaten Juni, Juli und August jeden Freitag ab 18.00 Uhr Grillfest im Garten, wer will, kann selber grillen. 140 Sitzplätze im Lokal, 30 an der Bar, 150 in der Kastanienlaube. -145

GASTHOF HUBERTUS
5760 Saalfelden, Bachwinkl 23
0 66 4/211 81 98
office@gh-hubertus.at
http://gh-hubertus.at
ÖFFNUNGSZEITEN Do–So 11.00 bis 23.00 Uhr
FASSBIER Palfen Craftbier
FLASCHENBIER Palfen Craftbier
LOKAL Schöner Gasthof mit Lounge Bereich und offenem Kamin nördlich vom Zentrum von Saalfelden. Wirt Reinhard Riedlsperger ist passionierter Fischer und Jäger und bietet je nach Saison frisch zubereitete Fisch- und Wildspezialitäten an. Doch auch das Bierbrauen gehört zu seiner Leidenschaft, und so hat er im Keller des Hauses eine Hausbrauerei eingerichtet. Hier werden verschiedene Sorten Craftbier gebraut. Das Bier fließt direkt aus den Lagertanks im Keller in die Zapfsäulen des Lokals. 45 Sitzplätze, Gastgarten mit Aussicht auf die Berge und einem Pavillon.

KAP VERDE
5760 Saalfelden, Lofererstraße 44
0 68 0/218 62 24
office@kap-verde.at
www.kap-verde.at
ÖFFNUNGSZEITEN Di–Sa 15.00 bis 4.00 Uhr, So & Feiertage 17.00 bis 2.00 Uhr, Montag Ruhetag
FASSBIER Erdinger Hefeweizen, Ottakringer Hell
FLASCHENBIER Beck's, Kaiser, Corona, Desperados, Erdinger Urweisse, Erdinger Hefeweizen Dunkel, Franziskaner Hefeweizen Dunkel, Heineken, Erdinger Alkoholfrei
LOKAL Erfrischend jugendliche Bierbar mit heller Einrichtung und fröhlichem Personal. Happy Hour täglich von 18.00 bis 20.00 Uhr mit halbiertem Bierpreis sowie Dienstag bis Donnerstag Lucky Days mit speziellen Angeboten. Zur Unterhaltung gibt es Darts und Billard. 45 Sitzplätze im Lokal, 16 an der Bar.

VERMISSEN SIE IHR LIEBLINGS-BIERLOKAL?

DANN SCHREIBEN SIE UNS:
bierguide2017@gmx.at

SALZBURG

SALZBURG

Alchimiste Belge

Alter Fuchs

SALZBURG

ALCHIMISTE BELGE 🍺🍺🍺🍺
5020 Salzburg, Bergstraße 10
0 66 0/464 69 40
office@alchimiste-belge.at
www.alchimiste-belge.at
ÖFFNUNGSZEITEN Mo–So 17.00 Uhr bis 1.00 Uhr
FASSBIER Troubadour Westkust, Leffe Dunkel, Verhaeghe Pils, Nocksteiner Tripel, Lupulus Blonde, Hoegaarden – aktueller Überblick und in seiner Gültigkeit temporär begrenzt, da das Bier selbst importiert wird und somit eine große Dynamik im Sortiment entsteht.
FLASCHENBIER Über 150 verschiedene, wechselnde Sorten im Programm. Darunter verschiedene Geuze und Lambics, verschiedenste Fruchtbiere von Boon, Floris, St.Luis, Mongozo, diverse Dubbels und Tripels, z.B. von St. Bernardus, Chimay, Trappistes Rochefort, Westmalle und auch andere belgische Spezialitäten wie Duchesse de Bourgogne, Barbar, Malheur Bière Brut, Karmeliet Tripel, Delirium Tremens, Houblon Chouffe, Orval, Duvel, Gulden Draak und viele weitere belgische Biere.
LOKAL Der diplomierte Biersommelier Dirk Baert aus Belgien hat sich zu einem echten Salzburger gemausert und mit dem Alchimiste Belge ein viel beachtetes (und in diesem Guide bereits 2012 als Bierlokal des Jahres ausgezeichnetes) Zentrum der Starkbierkultur geschaffen. Von der Vielfalt belgischer Biere – allein die Zahl der jährlich gebrauten Weihnachtsbiere übersteigt 500 – kann man in einem einzigen Lokal allerdings immer nur eine Auswahl bieten. Die im Alchimiste Belge ist besonders gut getroffen, und im Lagerverkauf kann das Bier auch mitgenommen werden. Neuerdings gibt es auch eigens für das Lokal gebraute Sondersude. Und eine besonders schöne Anekdote, die Kollege Peter Gnaiger von den Salzburger Nachrichten verbreitet: Da erschien ein Gast und gestand der holländischen Kellnerin: „Entschuldigung. Ich habe gestern die Zeche geprellt." Sie antwortete voller Mitgefühl: „Oh! Tut's noch weh?" 35 Plätze an der Bar.

ALTER FUCHS 🍺🍺
5020 Salzburg, Linzergasse 47–49
0 66 2/88 20 22
info@alterfuchs.at
www.alterfuchs.at
ÖFFNUNGSZEITEN Mo–Sa 12.00 bis 24.00 Uhr, So Ruhetag
FASSBIER Wieninger Bräufass Märzen, Wieninger Zwickl, Wieninger Hefeweizen Hell und Dunkel
FLASCHENBIER Wieninger Lagerbier Dunkel (Bügelflasche), Wieninger Hefeweißbier Alkoholfrei, Wieninger Helles Alkoholfrei, Radler, Festbiere nach Saison
LOKAL Der Alte Fuchs war schon vor mehr als zehn Jahren Salzburger Bierlokal des Jahres – Touristen und Einheimische schätzen den Charakter dieses sensibel modernisierten Stadtwirtshauses. 80 Plätze im Lokal, 10 Plätze an der Bar, 30 Plätze im Gastgarten, im Innenhof ca. 45 Plätze.

BÄRENWIRT 🍺🍺
5020 Salzburg, Müllner Hauptstraße 8
0 66 2/ 42 24 04
prost@baerenwirt-salzburg.at
www.baerenwirt-salzburg.at
ÖFFNUNGSZEITEN Mo–So 11.00 bis 23.00 Uhr
FASSBIER Augustiner Märzen, saisonal Festbock, Fastenbier
FLASCHENBIER Franziskaner, Augustiner Weißbier, Augustiner Bockbier, Augustiner Fastenbier, Clausthaler
LOKAL Der Augustiner Braumeister Johannes Höplinger ist Stammgast in diesem unscheinbaren, von außen sehr einfach wirkenden Wirtshaus, dessen Reiz sich erst erschließt, wenn man in das wohnliche Stiegenhaus tritt. Hier kann man

SALZBURG

SALZBURG

Beffa Bar

Bierheuriger

Bier trinken und schauen, was sich sonst abspielt: Da werden köstliche Speisen vorbeigetragen, Biernachschub ist auch gesichert, und wenn man diesen Verlockungen nicht widerstehen kann, geht man eben in eine der Stuben, um zu speisen. Dies übrigens mit einem wunderschönen Ausblick auf die Salzach. Gelegentlich gibt es hier auch Bierverkostungen. Ca. 100 Sitzplätze, Terrasse: ca. 50 Sitzplätze.

BEFFA BAR
5020 Salzburg, Bergstraße 13
0 66 0/464 69 40
office@alchimiste-belge.at
www.alchimiste-belge.at
ÖFFNUNGSZEITEN Di–Sa 19.00 bis 2.00 Uhr
FASSBIER Trumer Imperial, Schönramer IPA, Brew Dog Punk, Leffe Dunkel, Verhaeghe, Hoegaarden, Barbe Ruby und immer wieder wechselnde Sondersude wie das Pale Ale vom Hofbräu Kaltenhausen.
FLASCHENBIER Pietra, Keto Reporter, Moinette Bons Voeux, Barbar, Noir de Dottignies, Ename Blond und Dubbel, X.O. Beer, Cuvée des Trolls und diverse Floris – über 40 verschiedene, wechselnde Sorten im Programm, darunter verschiedenste internationale und belgische Spezialitäten. Unter anderem Biere von den Brauereien Eskilstuna Ölkultur, Brew Dog, Birrificio del Ducato, Samuel Smith Brewery, Sierry Nevada Brewing Company und Brasserie des Sources.
LOKAL Der diplomierte Biersommelier Dirk Baert vom gegenüber liegenden Alchimiste Belge hat dieses alteingesessene Bierlokal – früher bekannt als „Pro Bier's" – zu einem weiteren Vorzeigeobjekt internationaler Bierkultur entwickelt. Auch hier gibt es belgische Biere, dazu aber auch britische und amerikanische Spezialitäten. Das Flaschenbierangebot wechselt allerdings häufig. Im Jahr 2014 wurde die Bar verlegt und eine umfassende Renovierung wurde durchgeführt. Nun ist der Raum noch einladender. 48 Sitzplätze und 60 Stehplätze.

BIERHEURIGER
5020 Salzburg, Gaisbergstraße 20
0 66 2/64 13 15
kontakt@bierheuriger.at
www.bierheuriger.at

ÖFFNUNGSZEITEN Täglich ab 11.30 Uhr geöffnet
FASSBIER Gösser Zwickl (Hausbier), Wieselburger Spezial, Erdinger Urweisse, Murauer Märzen, Kaltenhauser Bernstein, Gösser Naturradler und eine monatlich wechselnde Fassbierspezialität wie z.B. Budweiser, Gösser Zwickl Dunkel, Starobrno, Köstritzer Schwarzbier, Pilsner Urquell, Schönramer Pils
FLASCHENBIER Erdinger Dunkel, Erdinger Alkoholfrei, Kaiser Doppelmalz, Gösser Naturgold, Gösser Kracherl, Zipfer 3
LOKAL Gut besuchtes Bierlokal mit guter Bierpflege und angenehm freundlichem Personal. Sehr vorteilhaft: Die Strukturierung der Räume sorgt dafür, dass es auch dann nicht zu laut wird, wenn es voll ist. Neu auf der Speisekarte: „Wirtshaus.Tapas" – kleine, aber feine Schmankerl zum Bier. 160 Sitzplätze, 40 Plätze an der Bar, Garten: 210 Plätze.

DIE WEISSE / SUDWERK BAR
5020 Salzburg, Rupertgasse 10
0 66 2/87 22 46
prost@dieweisse.at
www.dieweisse.at
ÖFFNUNGSZEITEN Mo–Sa von 10.00 bis 24.00 Uhr (Sudwerk: 17.00 bis 2.00 Uhr), Sonn- und Feiertage geschlossen
FASSBIER Hausgebraut: Die Weisse Original 1901, Die Weisse Hell, saisonal Ruperti Spezial, Max Märzen, Trumer Pils (Brauerei Sigl)
FLASCHENBIER Hausgebraut: Die Weisse Original, Die Weisse Dunkel, Die Weisse 2.9 (2,9 % Alk.), Die Weisse Alkoholfrei, Null Komma Josef, saisonal: Die Weisse Bock, Die Weisse Jubilator. Alle Flaschenbiere sind naturtrüb und flaschenvergoren.
LOKAL Die Weisse hat eine gestandene Biertradition, die durch den Umbau zu Beginn unseres Jahrhunderts weiter gefestigt worden ist. Man merkt dem Serviceteam an, wie gern es Gastgeber für ganz Salzburg ist. Die Sudwerk Bar ist 2002 als Abendlokal dazugekommen und hat sich seither in der Szene gut etabliert. Aus der Küche des Hauses kommen Weißbiersuppe mit Speck und Schweinskotelett im Weißbiersaftl. Immer wieder spannend ist das Erlebnis, wie sich die sehr unterschiedlich gestalteten Bereiche dieses Lokals im Lauf eines Abends wandeln und gemütliches Hocken und ausgelassenes Feiern auf relativ engem Raum nebeneinander

Fuxn – Salzburger Volkswirtschaft

Goldene Kugel

Platz finden. Und wer es auf die fassgereiften Spezialitäten abgesehen hat, wird hier auf Nachfrage gut bedient – für ein Massenangebot sind die einfach zu schade! 300 Sitzplätze in der Ausschank, 100 Plätze in der Sudwerk Bar (ab 18.00 Uhr geöffnet), Gastgarten: 300 Plätze.

FUXN – SALZBURGER VOLKSWIRTSCHAFT

5020 Salzburg, Vogelweiderstraße 28
0 66 2/26 55 14
prost@fuxn.at
www.fuxn.at
ÖFFNUNGSZEITEN Di–Sa 10.00 bis 2.00 Uhr, Feiertage sind Ruhetage.
FASSBIER Fuxn-Bier (vom Brauhaus Gusswerk), Tegernseer Spezial, Schönramer Hell, Stiegl Paracelsus, Budweiser
FLASCHENBIER Schönramer Weisse, Tegernseer Dunkel, Karg Staffelseer Gold, Brewdog 5 A.M. Saint, La Chouffe, Liefmanns Kriek, Schönramer Bayrisch Pale Ale, Vivat Triple, Null Komma Josef
LOKAL Diese „Salzburger Volkswirtschaft" hat 2014 die Salzburger Gastroszene entscheidend bereichert: Ein schönes altes Gebäude – das Fuchsengut im Stadtteil Schallmoos – wurde modern ausgestattet und der Biergarten ist eine Klasse für sich! Sympathisch: Wer sich bei der Biervielfalt nicht entscheiden kann, kann einen Kranz „Die glorreichen Sieben" bestellen – und bekommt sieben Proben à 0,2 Liter. 250 Plätze im Lokal, 200 im Garten.

GABLERBRÄU

5020 Salzburg, Linzergasse 9
0 66 2/889 65
office@gablerbrau.at
www.gablerbrau.at
ÖFFNUNGSZEITEN Täglich 10.00 bis 24.00 Uhr
FASSBIER Gösser braufrisch, Gösser Zwickl, Kaltenhausener Bernstein, Gösser Naturradler, Edelweiß Hofbräu
FLASCHENBIER Edelweiß Dunkel, Edelweiß Alkoholfrei, Gösser Naturgold
LOKAL Das Gablerbräu war eine der ältesten Brauereien Salzburgs, 1429 wurde erstmals ein „Pirprew" namens Peter Zeysar erwähnt. Heute wird das Haus von Robert Maurer –

ehemals Wirt im nahen Fidelen Affen – geführt. Bierangebot vom Kaltenhausener Bernstein bis zum Gösser Zwickl vom Fass. Österreichische Küche, modern interpretiert. Aus der Speisekarte: Gedünsteter Ochsenschlepp in Rotweinsauce mit Petersilienerdäpfeln, Salzburger Nockerln für eine Person. Markantes Interieur mit Glasmalereien, Wappenstube mit bedeutenden Holzschnitzarbeiten von Carl Mayr (1875–1942). Beliebter Schanigarten in der neuen Flaniermeile Cornelius-Reitsamer-Platz mit aufsehenerregenden architektonischen Akzenten (Wasserspielen). 160 Plätze im Lokal, 100 im Schanigarten.

GOLDENE KUGEL

5020 Salzburg, Judengasse 2
0 66 2/26 53 82
gasthaus@goldene-kugel.at
www.goldene-kugel.at
ÖFFNUNGSZEITEN Mo–Fr 11.00 bis 24.00 Uhr, Sa–So 10.00 bis 24.00 Uhr
FASSBIER Augustiner München Lagerbier Hell, Edelstoff und Dunkles
FLASCHENBIER Augustiner Pils, Augustiner Weißbier Hell, Erdinger Weißbier Dunkel, Erdinger Weißbier Alkoholfrei, Clausthaler
LOKAL Historisches Gasthaus, das kunstgerecht frisch herausgeputzt wurde. Zur Eröffnung im Herbst 2013 ernannte es

SALZBURG

SALZBURG

Good Times at Goodman's

das Bundesdenkmalamt zum Denkmal des Monats. Biergeschichtlich interessant ist, dass den im Jahr 1327 erstmals urkundlich erwähnte Haus von 1472 bis 1869 das Guglbräu oder Kuglbräu beherbergte, so benannt nach den ersten bekannten Eigentümern Hanns und Dorothea Gugler. Der Tapezierer Franz Pfanzelter errichtete 1905 das heute so einladend wirkende Geschäftsportal in sezessionistischen Formen für das damals bereits nicht mehr als solches betriebene Gasthausgebäude. Diesem Jugendstilportal – das einzige seiner Art in Salzburg – verdankt das Haus seine markante äußere Erscheinung. Nachdem das Einrichtungsgeschäft Franz Pfanzelter hundert Jahre später geschlossen wurde, erwarb die Edith-Haberland-Wagner-Stiftung, Mehrheitseigentümerin der Augustiner-Bräu München, das Haus und führte 2011 bis 2013 eine umfassende Restaurierung durch. Es entstand ein besonders gastliches Wirtshaus mit bodenständiger Küche auf durchaus vertretbarem Preisniveau. 280 Plätze in verschiedenen Stuben.

GOOD TIMES AT GOODMAN'S

5020 Salzburg, Schallmoser-Hauptstraße 8, Salzburg
0 66 2/87 02 65
goodtimes@goodmans.at
www.goodmans.at
ÖFFNUNGSZEITEN Mo–Sa 11.00 bis 22.00 Uhr, So Ruhetag
FASSBIER Stella Artois Lager, Stiegl Pils, Steamworks Pale Ale, Guinness, Hoegaarden Witbier
FLASCHENBIER Brooklyn IPA, Sierra Nevada Torpedo, Sierra Nevada Hefeweizen, Founders Porter, Sam Adams Lager, Kona Longboard Lager, Anchor Steam Beer, Flying Dog Raging Bitch IPA, Victory Dirt Wolf Double IPA, Loncium IPA, Tiger Lager, Tiny Rebell Full Nelson, Frank Boon Oude Geuze Boon, Gusswerk Glutenfrei, Dju Dju Mango/Banane, Porterhouse Brainblasta, American Bud, Rouge Hazelnut, EgorFiorde La Vivda, Einstök Tostet Poter, Oppigards Amarillo Pale Ale, Quilmers Lager, Bevog Pale Ale, Kuehn Kunz Rosen Lager, Stiegl Freibier
LOKAL Bierlokal des Jahres siehe Seite 258

ITZLINGER HOF

5020 Salzburg, Itzlinger Hauptstraße 11
0 66 2/45 12 10
check-in@itzlinger-hof.at
www.itzlinger-hof.at
ÖFFNUNGSZEITEN Mo–Fr 12.00 bis 21.00 Uhr, Küche von 18.00 bis 21.00 Uhr; Frühstücksbuffet Mo–Fr 7.00 bis 10.00 Uhr, Sa–So & Feiertage 7.00 bis 11.00 Uhr
FASSBIER Trumer Pils, Zipfer Märzen, Budweiser Budvar, Gösser Zwickl, Radler Orange
FLASCHENBIER Weihenstephaner Weißbier Hell, Schneider Weisse Dunkel, Zipfer Urtyp, Zipfer Sparkling, Schlossgold
LOKAL Reinhard Schwabenitzky und Elfi Eschke führen ein familiäres Hotel und ein Restaurant mit hervorragender Bierauswahl. Jeden Freitag gibt es einen Schauspieler Stammtisch. 100 Plätze plus 35 im Stüberl, 100 im Garten und 50 auf der Terrasse.

Finden Sie die **BESTEN BIERLOKALE** und Ihr **LIEBLINGSBIER** in Ihrer Umgebung. Mit Conrad Seidls **BIER GUIDE APP**.
Jetzt **GRATIS DOWNLOAD** im Play- oder Appstore!

KRIMPELSTÄTTER

5020 Salzburg, Müllner Hauptstraße 31
0 66 2/43 22 74
gasthof@krimpelstaetter.at
www.krimpelstaetter.at
ÖFFNUNGSZEITEN Di–Sa 11.00 bis 24.00 Uhr, So–Mo Ruhetage
FASSBIER Augustiner (vom benachbarten Müllner Bräu)
FLASCHENBIER Augustiner Weißbier (von Augustiner München)

SALZBURG

SALZBURG

Kuglhof

Kurvenwirt

LOKAL Traditionsreiches Wirtshaus, dessen Gründung bereits 1548 erfolgt ist. Angenehm traditionelle Stimmung, gediegene Einrichtung und bodenständige Küche. Jeden zweiten Donnerstag Musikertreffen. 203 Plätze im Lokal, 210 Plätze im Garten.

KOHLPETER
5020 Salzburg, Hauptstraße 23
0 66 2/433 64 10
office@kohlpeter.at
www.kohlpeter.at
ÖFFNUNGSZEITEN Di–So 7.00 bis 24.00 Uhr
FASSBIER Stiegl Goldbräu, Stiegl Zitronenradler, Stiegl Zwickl, Franziskaner
FLASCHENBIER Weihenstephaner, Franziskaner Dunkel, Stiegl Pils, Stiegl Bock, Clausthaler
LOKAL Traditioneller Landgasthof im westlichen Salzburger Stadtteil Liefering – eine dörfliche Idylle im typischen Salzburger Stil mit allem zeitgemäßem Komfort. 160 Sitzplätze, 10 an der Bar, Garten: 90 Sitzplätze.

KUGLHOF
5020 Salzburg, Kugelhofstraße 13
0 66 2/83 26 26
info@kuglhof.at
www.kuglhof.at
ÖFFNUNGSZEITEN Di–So 11.00 bis 23.00 Uhr, Montag Ruhetag
FASSBIER Stiegl Goldbräu, Stiegl Zwickl, Stiegl Weißbier und alkoholfreies Weißbier sowie Radler und Herbst- und Bockbier
FLASCHENBIER Monatsbiere der Stiegl Brauwelt
LOKAL Der traditionsreiche Kuglhof steht seit 2013 unter neuer Führung (Cornelia Stöllinger und Peter Preslmayer) – und diese achtet peinlich darauf, dass die Traditionen hier hochgehalten werden. Sonntags gibt's Bierbrat'l mit mitgebratenen Erdäpfeln, Knödel und Speck-Krautsalat. 120 Sitzplätze, an der Bar 10, 250 im Garten.

KURVENWIRT

KURVENWIRT
5020 Salzburg, Bergerbräuhofstraße 41
0 66 4/272 64 12
ÖFFNUNGSZEITEN Mo–Fr 9.00 bis 22.00 Uhr, Sa–So 9.00 bis 20.00, feiertags geschlossen
FASSBIER Schönramer Weißbier, Schönramer Hell
FLASCHENBIER Schönramer Pils, Erdinger Weißbier Alkoholfrei, Steiner Bräu Alkoholfrei
LOKAL Der Kurvenwirt ist der ehemalige H&O Imbiss, der sich seit 2007 unter der Führung von Otto Schörghofer zu einem vollwertigen Gasthaus gemausert hat. Freundliches Service und gute Bierpflege haben den Kurvenwirt von einem Fernfahrertreff zu einem Neighbourhood-Pub für die Beschäftigten der Umgebung heranwachsen lassen. Sitzplätze im Lokal ca. 30, 70 im Saal und im Garten ca. 50 Sitzplätze.

LEMONCHILLI
5020 Salzburg, Nonntaler Hauptstraße 24
0 66 2/84 25 58
office@lemonchilli.at
www.lemonchilli.at
ÖFFNUNGSZEITEN So–Mo 11.00 bis 1.00 Uhr, kein Ruhetag
FASSBIER Trumer Pils
FLASCHENBIER Erdinger Urweisse Hell, Erdinger Hefe Dunkel, Erdinger Alkoholfrei, Sigls
LOKAL Nach 15-jährigem Bestehen frisch renovierte Bar –

SALZBURG

SALZBURG

Müllner Bräustübl – Augustiner Bräu Kloster Mülln

Raschhofer's Rossbräu Herrnau

auch wenn der Schwerpunkt des Barbetriebs mehr auf Cocktails gelegt wird, ist Trumer Bier hier augenscheinlich das beliebteste Getränk. Seit Beginn gibt es mexikanische Küche – sowie Burger & Steaks. 90 Plätze im Lokal, 12 an der Bar. Grosser Gastgarten!

MÜLLNER BRÄUSTÜBL – AUGUSTINER BRÄU KLOSTER MÜLLN
5020 Salzburg, Lindhofstraße 7
0 66 2/43 12 46
info@augustinerbier.at
www.augustinerbier.at
ÖFFNUNGSZEITEN Mo–Fr 15.00 bis 23.00 Uhr, Sa–So und Feiertag von 14.30 bis 23.00 Uhr
FASSBIER Augustiner Märzenbier, saisonal: Fastenbier, Bockbier
FLASCHENBIER Augustiner Märzenbier, Fastenbier, Bockbier
LOKAL Das Müllner Bräu hat Österreichs größte und schönste Bierhalle und gleichzeitig den Biergarten mit den meisten Plätzen. Das Bier kommt aus demselben Haus – seit 1621 treffen sich hier Braukunst und Gemütlichkeit. Das Bier holen sich die Gäste im Bräustübl meist selbst an der Schank, wo vom Holzfass direkt in den Steinkrug eingeschenkt wird. Seit 10 Jahren gibt es für die 214 (!) Stammtischgesellschaften einen Stammtischpass. Das Augustiner Bier wird von Johannes Höplinger nach wie vor handwerklich gebraut, dahinter steckt aber eine 2012 erneuerte Sudhaustechnik. Rund 1.000 Sitzplätze in mehreren Sälen (neuerdings mit barrierefreiem Zugang), 1.500 Plätze im Biergarten.

MURPHY'S LAW IRISH PUB
5020 Salzburg, Gstättengasse 33
0 66 2/84 28 82, 0 65 0/842 88 24
brian.oconnor37@gmail.com
www.irishpub-salzburg.com
ÖFFNUNGSZEITEN Mo–Fr 14.00 bis 2.00 Uhr, Sa–So 11.00 bis 2.00 Uhr
FASSBIER Guinness, Murphy's Irish Stout, Murphy's Irish Red Beer, Egger Premium, Egger Zwickl, Velkopopovický Kozel, Stowford Press Cider
FLASCHENBIER Guinness West Indies Porter, Guinness Dublin Porter, O'Hara's Leann Follain, O'Hara's Irish Stout, O'Hara's Irish Red Ale, O'Hara's Irish Pale Ale, Porterhouse Oyster Stout, Porterhouse Plain Porter, Porterhouse Red, Porterhouse Hop Head, Benediktiner Weißbier, Raschhofer Lebenskünstler Witbier, Raschhofer Roter Engel Red Ale, Egger Zisch, Peroni, San Miguel, Stella Artois, Magner's Original Irish Cider, Magner's Irish Pear Cider, Magner's Irish Berry Cider
LOKAL Das Murphy's Law bietet als einziges Lokal weit und breit das Irish Red von Murphy's an. Große Auswahl an Irish Whiskeys (mehr als 90). Täglich Happy Hour von 19.00 bis 20.00 Uhr, und mit der Murphy's Beer Card gibt es elf Biere zum Preis von zehn. Selbstverständlich gibt es auch hier Sky Sport. Ca. 50 Sitzplätze im Lokal, 30 Stehplätze an der Bar, 20 im Garten (April bis Oktober).

PITTERKELLER
5020 Salzburg, Rainerstraße 7 / Ecke Auerspergstraße
0 66 2/88 97 87 80
pitterkeller@imlauer.com
www.pitterkeller.at
ÖFFNUNGSZEITEN Di–Sa 11.00 bis 14.00 Uhr und 17.00 bis 24.00 Uhr
FASSBIER Stiegl Goldbräu, Stiegl Paracelsus Zwickl, Stiegl Weisse, Pils Premium Verum Warsteiner, Wieninger Guidobald Dunkel, Wieninger dunkles Weizen, Zitronenradler
FLASCHENBIER Gusswerk Steinbier, Wieninger Impulsator, Horny Betty, Murauer Märzen, Affligem Blonde, Stiegl Sondereditionen wie Wildshuter Sortenspiel oder Men's Chocolate Stout, Schönram Bayrisch Pale Ale, Kilkenny Red Ale, Nicobar India Pale Ale, AAA-Austrian Amber Ale, American Bud, Carlsberg, Corona, Bevog Ond (Smoked Porter), Guinness, Clausthaler, Stiegl Freibier, Stiegl Sport Weisse, Stiegl Grapefruit Radler, Szegeti Chambier, Cerevinum
LOKAL Ein traditioneller Bierkeller – ehemals die erste Salzburger Adresse für Gösser Bier – im Hotel Crowne Plaza. Sehr angenehm auf die modernen Anforderungen eingerichtet. Die Bar ist so angelegt, dass man unbedingt die Bierspezialitäten aus dem Kühlschrank kosten will – hier ist ein Großteil der Gusswerk-Biere zu haben. Und wer nur „ein Bier" haben will, bekommt eine gute Auswahl an untergärigen Markenbieren. Die Karte bietet Schmankerl zum Bier passend. Biercocktails: Stiegl Aperol, Stiegl Goldcampa, Stiegl Hugo, Blue

279
SALZBURG
SALZBURG

Zoom, Mozarts Schokoweißbier. 150 Sitzplätze, 20 Stehplätze an der Bar.

RASCHHOFER'S ROSSBRÄU EUROPARK 🍺🍺🍺
5020 Salzburg, Europastraße 1
0 66 2/44 21 51
europark@raschhofer.at
www.rossbraeu.at/europark

ÖFFNUNGSZEITEN Mo–Fr von 10.30 bis 1.00 Uhr, Sa 10.00 bis 1.00 Uhr, So & feiertags geschlossen
FASSBIER Rossbräu Zwickl Bier, Rossbräu Spezial Bier, Rossbräu Kutscher Bier, Raschhofer Weißbier Hell
FLASCHENBIER Raschhofer Weißbier Dunkel, Raschhofer Bockbier, Tausendsassa, Lebenskünstler, Musenkind, Roter Engel, Stiegl Freibier, Franziskaner Weißbier Alkoholfrei, Trumer Hopfenspiel, Hoegaarden Wit Blanche, Brewdog Dead Pony, Brewdog Punk IPA, Mikkeller Pale Ale, abwechselnd Spezialbiere von der Brauerei Raschhofer, z.B. Porters, Witbier, Bock, Altbier, Red Ale ...)
LOKAL Wie der Schwesterbetrieb in Herrnau ist dieses Rossbräu ein zeitgeistiges und dennoch bodenständig dekoriertes Brauwirtshaus mit guter Musik, Innviertler Schmankerln und Bier aus der Raschhofer Brauerei in Altheim – die Spezialität ist das Raschhofer Zwicklbier. Hervorragendes Preis-Leistungs-Verhältnis – Spezialitätenwochen mit bierigen Spei-

sen, saisonale Feste zu Halloween, Erntedank, Sommerfest. Hot-Spot bei Fußballübertragungen auf riesigen Leinwänden in HD. Terrasse mit tollem Blick auf den Gaisberg, Maria Plain und den Untersberg. 150 Sitzplätze im Lokal, 10 Plätze an der Bar, auf der Terrasse 350 Sitzplätze.

RASCHHOFER'S ROSSBRÄU HERRNAU 🍺🍺🍺🍺
5020 Salzburg, Alpenstraße 48
0 66 2/62 64 44
herrnau@raschhofer.at
www.raschhofer.at

ÖFFNUNGSZEITEN Mo–Sa 11.30 bis 1.00 Uhr, So und Feiertage 11.00 bis 1.00 Uhr
FASSBIER Raschhofer IPA, Rossbräu Zwickl Bier, Rossbräu Spezial Bier, Rossbräu Kutscher Bier, Raschhofer Weißbier Hell
FLASCHENBIER Raschhofer Weißbier Dunkel, Raschhofer Bockbier, Tausendsassa, Lebenskünstler, Musenkind, Roter Engel, Stiegl Freibier, Franziskaner Weißbier Alkoholfrei, Trumer Hopfenspiel, Hoegaarden Wit Blanche, Brewdog Dead Pony, Brewdog Punk IPA, Mikkeller Pale Ale, abwechselnd Spezialbiere von der Brauerei Raschhofer, z.B. Porters, Witbier, Bock, Altbier, Red Ale ...
LOKAL Dieses in einem Einkaufszentrum eingerichtete Brauwirtshaus hat sich zu einem der Craft Beer Schwerpunkte

SALZBURG

SALZBURG

SOG – Société Olivier Glousieau

Steinlechner

der Stadt gemausert — mit IPA vom Fass! Innviertler Knödel und andere Schmankerln (die Küche hat bis 23 Uhr offen) und saisonale Feste wie Halloween und Erntedank. Schön dekoriert und sehr stimmungsvoll. An Montagen der warmen Jahreszeit ist ab 18 Uhr Grillabend „all you can eat" mit Livemusik. Hot-Spot bei Fußballübertragungen in HD auf riesigen Leinwänden. Ca. 250 Sitzplätze, 60 an der Bar, Garten mit Schirmbar: 350 Sitzplätze.

RESCH & LIEBLICH
5020 Salzburg, Toscaninihof 1a
0 66 2/84 36 75
office@resch-lieblich.at
www.resch-lieblich.at
ÖFFNUNGSZEITEN Mo–Sa 10.00 bis 23.00 Uhr
FASSBIER Stiegl Goldbräu, Stiegl Weisse
FLASCHENBIER Stiegl Pils, Uttendorfer Pils, Weihenstephaner Weißbier, Schneider Aventinus, saisonal belgische Kirschbiere
LOKAL Künstlertreff neben dem Festspielhaus, täglich Hausmannskost (das Gulasch gilt als eines der besten in der Stadt Salzburg). 30 Sitzplätze im Lokal, ca. 150 Sitzplätze im Garten.

'S KLOANE BRAUHAUS IN DER KASTNERS SCHÄNKE
5020 Salzburg, Schallmooser Hauptstraße 27
0 66 2/87 11 54
www.kastnersschenke.at
ÖFFNUNGSZEITEN Mo–Fr 17.00 bis 24.00 Uhr, Sa–So Ruhetage
FASSBIER 's Guate Weizenbier, 's Guate Gerstel
FLASCHENBIER 2-Liter-Bügelverschlussflasche
LOKAL Das 1889 erstmals erwähnte Botenwirtshaus „Bruckbacher" hat seit 1998 eine Brauanlage der Firma Fleck, auf der ein außergewöhnliches, etwas säuerlich-erfrischendes Weißbier gebraut wird. Das Interieur entspricht eher dem eines Bier-Heurigen. Schmankerl wie Ochsenlende vom Grill, selbst gemachtes Bier-Trebern-Brot oder Apfelradln in Bierteig. 115 Sitzplätze, 25 Stehplätze in der Brauerei, Gastgarten: 110 Sitzplätze, im Garten mit Laube: 40 Sitzplätze.

SHAMROCK IRISH PUB
5020 Salzburg, Rudolfskai 12
0 66 2/84 16 10
info@shamrocksalzburg.com
www.shamrocksalzburg.com
ÖFFNUNGSZEITEN Mo–Mi 12.00 bis 3.00 Uhr, Do–Sa 12.00 bis 4.00 Uhr, So 12.00 bis 2.00 Uhr
FASSBIER Guinness, Kilkenny, Edelweiss, Zipfer Märzen
FLASCHENBIER Augustiner Helles, Wieselburger, Heineken, Corona, Desperados, Zipfer Limettenradler, Schlossgold, Snake Bite, Black & Tan, Black & Velvet
LOKAL Ein lautes, vor allem von jungen Leuten frequentiertes Pub. Seit 1997 gibt es jeden Tag Livemusik im Shamrock Irish Pub. Augenscheinliches Detail: Man sitzt hier nicht, bestenfalls hockt man auf den bereitgestellten Hockern. Man kann hier unter anderem Pool-Billard spielen – wurde auf www.bierpapst.tv vorgestellt! 150 Stehplätze.

SOG - SOCIÉTÉ OLIVIER GLOUSIEAU
5020 Salzburg, Erzabt-Klotz-Straße 21
0 66 2/83 18 27
office@sog.at
ÖFFNUNGSZEITEN Di–Do 9.00 bis 24.00 Uhr, Fr–Sa 9.00 bis 1.00 Uhr, So 9.00 bis 17.00 Uhr
FASSBIER Fürstentrunk, Hofbräu Hefeweizen
FLASCHENBIER Hofbräu Traunstein Fürstenpils, Weizenbier
LOKAL Neuer Anlauf für dieses seit 1973 bewährte Studentenlokal: Im März 2016 hat der Elsässer Oliver Glousieau den Laden übernommen, von dem niemand genau weiß, warum er bisher Sog geheißen hat. Mit seinem Namen gab er dem Sog eine neue Deutung: „Société Olivier Glousieau". Glousieau hat die in seiner Heimat beliebten Flammekuchen und andere französische Gerichte auf die Karte gesetzt und frisches Bier vom Hofbräu Traunstein ausgeschenkt. 35 Plätze im Restaurant, 5 an der Bar, 80 im Kellerlokal.

STEINLECHNER
5020 Salzburg, Aigner Straße 4–6
0 66 2/63 36 33
info@meinsteinlechner.at
www.meinsteinlechner.at

WENN BIER DEINE WELT IST, IST DAS DEINE APP.

GRATIS DOWNLOAD! App für Android und iOS

Die coolen APPs von **medianet**
WIRTSCHAFTSZEITUNG FÜR MARKETING & SALES

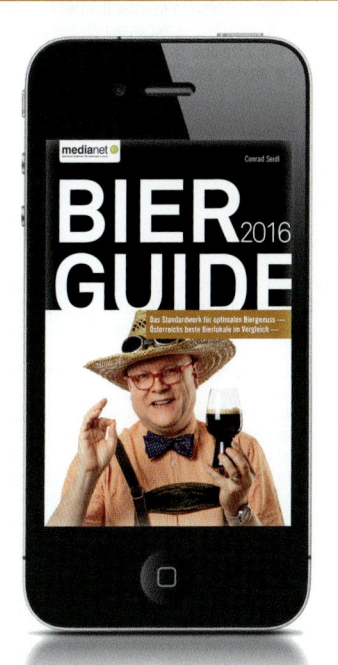

MAN MUSS NICHT ALLES WISSEN.

Man muss nur wissen,
wo man nachschauen kann.

Mehr unter www.bier-guide.net

SALZBURG

SALZBURG

Sternbräu

ÖFFNUNGSZEITEN Täglich ab 11.00 Uhr
FASSBIER Trumer Pils, Trumer Zwickl, Erdinger Urweisse
FLASCHENBIER Erdinger Weizen Dunkel, Erdinger Weizen Alkoholfrei, Corona
LOKAL Der Steinlechner wurde von Berti Mielach zu einem Kultlokal mit mehreren Veranstaltungen ausgebaut. Das Publikum kommt aus dem gehobenen Mittelstand und genießt die gepflegte Bierkultur. Kann gelegentlich ziemlich voll sein. Dafür gibt es von einigen Plätzen einen direkten Blick in die Schau-Küche. 200 Sitzplätze in mehreren Stuben, 30 an der Bar, Garten: 320 Sitzplätze.

STERNBRÄU 🍺🍺🍺🍺
5020 Salzburg, Griesgasse 23
0 66 2/84 21 40
office@sternbrau.at
www.sternbrau.com
ÖFFNUNGSZEITEN Täglich 9.00 bis 24.00 Uhr, SternZeit täglich bis 2 Uhr morgens
FASSBIER Sternbier (hauseigenes Naturtrübes), Kaltenhausener Bernstein, Edelweiss Hofbräu, Gösser Braufrisch und Gösser Naturradler
FLASCHENBIER Original Weisse (Salzburg), Edelweiss Dunkel, Edelweiss Alkoholfrei, Stiegl Wildshuter Sortenspiel, Stiegl Weisse Holunderradler, Gösser Naturgold
LOKAL Das Sternbräu gehörte ab 1411 zu den mehr als einem Dutzend Brauereien der Salzburger Altstadt, im Jahr 1911 hatte es die zweithöchste Bierproduktion in Salzburg nach Stiegl. 1929 wurde die Brauerei (inzwischen in den Stadtteil Riedenburg verlegt) Teil der BrauAG, der Braubetrieb wurde in den 1950er-Jahren nach Kaltenhausen verlegt. Das 1542 erstmals erwähnte Wirtshaus wuchs gleichzeitig zur größten Gaststätte Österreichs. Am 1. Oktober 2014 wurde es nach zweijähriger Umbauphase (Kosten: 25 Millionen Euro) in völlig neuem Glanz wiedereröffnet. Es gibt nun ein eigenes Sternbier, erstmals wieder seit 58 Jahren, gebraut in der Spezialitäten-Manufaktur Hofbräu Kaltenhausen, ein dottergelbfarbenes Naturtrübes – und dazu eine durchaus "Klassisch & Bierige Küche" mit Fiakergulasch und Sternbräu-Bratwurst nach eigenem Rezept. Braumeisterstube und Bürgersaal blieben unverändert aus dem Jahr 1926, wurden aber komplett renoviert. Weitere neun Stuben und Säle, darunter die Bierstube mit Selber-Zapf-Möglichkeit.

STIEGL BRÄU RESTAURANT & PILSKANZLEI 🍺🍺🍺
5020 Salzburg, Rainerstraße 14
0 66 2/87 76 94
restaurant@imlauer.com
www.imlauer.com
ÖFFNUNGSZEITEN Mo–So 11.00 bis 24.00 Uhr
FASSBIER Stiegl Goldbräu, Stiegl Pils, Stiegl Weizengold
FLASCHENBIER Stiegl Leicht, Stiegl Spezial, König Ludwig, Clausthaler
LOKAL Gehobenes Brauereirestaurant im Hotel Imlauer Bräu. Die Bar Pilskanzlei ist ein gelungenes Beispiel für eine bierig orientierte Hotelbar – hier gibt es auch Lady Pils und einen Pils-Cocktail. Im Restaurant (gegen Vorbestellung) Salzburger Bierfleisch, Salzburger Bierbretzensuppe, Braumenüs mit Schwarzbiersauce. Sehr schöner Biergarten, 25 Sitzplätze in der Pilskanzlei, 400 Sitzplätze in diversen Sälen des Restaurants, 20 Plätze an der Bar, 200 Sitzplätze im Garten. 🍴-100

STIEGL-BRAUWELT – BRAUEREIAUSSCHANK 🍺🍺🍺🍺
5020 Salzburg, Bräuhausstraße 9
0 50/14 92-14 42
brauwelt@stiegl.at
www.brauwelt.at
ÖFFNUNGSZEITEN Mo–So 10.00 bis 24.00 Uhr. Museum: Mo–So 10.00 bis 17.00 Uhr (Juli und August 10.00 bis 19.00 Uhr)
FASSBIER Stiegl-Bier Sortiment inkl. Hausbiere aus der Stiegl-Hausbrauerei
FLASCHENBIER König Ludwig Dunkel, Franziskaner Hefeweißbier, Pilsner Urquell
LOKAL Vielleicht das stimmungsvollste Brauwirtschaus Europas: Im Gemäuer der ehemaligen Mälzerei und Energiezentrale der Stieglbrauerei wurde 2007 die Stiegl-Braugastronomie eröffnet, die direkt an die Brauerei und die Bier-Ausstellung angeschlossen ist. Es gibt auch außerhalb der Ausstellung ansehnliche Belege für die ehemalige Nutzung zu sehen. In der Paracelsusstube ist eine sehenswerte hölzerne Decke integriert, die früher im Direktionszimmer verborgen war. Und das Maschinenhaus ist ein Verkostungszentrum geworden, in dem die diplomierten Biersommeliers täglich die Gäste bera-

Die Biererlebniswelt
STIEGL HAUTNAH ERLEBEN

Im Herzen einer 500 Jahre alten Brauerei kann man was erleben: Würze verkosten und Jungbier zwickeln. Den Gerstensaft auf einer Panoramaleinwand mit neuen Augen sehen. Und sich zu einem frisch gezapften Stiegl-Bier sein Leibgericht servieren lassen. Appetit auf noch viel mehr? Entdecken Sie die schönste Welt der Stadt – die Stiegl-Brauwelt.

Stiegl-Brauwelt | Bräuhausstraße 9 | 5020 Salzburg | +43 (0)50-1492-1492 | brauwelt@stiegl.at | www.brauwelt.at

Stiegl
Events
Museum
Gastronomie
BRAUWELT

SALZBURG

SALZBURG

Stieglkeller

The Coffee & Booze

ten. Zudem gibt es einen Saal mit einem weiteren Ausschank, der auch für Veranstaltungen dient. Degustationsmenüs, welche das perfekt zur Speise passende Bier beinhalten. Das Menü wird nach saisonalem und regionalem Angebot gestaltet. 150 Sitzplätze im Bräustüberl, 80 Sitzplätze in der Paracelsusstube, 250 Sitzplätze im Veranstaltungssaal, 200 Plätze im Garten.

STIEGLKELLER 🍺🍺🍺
5020 Salzburg, Festungsgasse 10
0 66 2/84 26 81
stieglkeller@gassner-gastronomie.at
www.stieglkeller.at
ÖFFNUNGSZEITEN Jän & März: Mi–So 11.30 bis 22.00 Uhr, Februar Betriebsurlaub, ab April täglich 11.00 bis 23.00 Uhr
FASSBIER Stiegl-Goldbräu, Stiegl-Weisse, Stiegl-Paracelsus Zwickl, Stiegl-Radler Grapefruit
FLASCHENBIER Stiegl-Pils, Stiegl-Leicht, Stiegl Weisse Hulunder-Radler, Stiegl-Sport-Weisse, Franziskaner Dunkel, Clausthaler, Stiegl Hausbiere (Monatsbiere), Stiegl-Herbst-Gold (Saisonal), Orig. Stieglbock (saisonal)
LOKAL Diese mächtigen Gebäude sind im Jahr 2012 neu verpachtet worden – sie waren im 19. Jahrhundert erst Festungsbauwerke, dann tatsächlich der Lagerkeller der Stiegl-Brauerei, heute eine Großgaststätte mit Ganzjahresbetrieb. Auf Bestellung gibt es neben der Biergasthausküche auch ganze Menüfolgen mit bierigen Speisen (Salzburger Bierfleisch, Salzburger Bierbretzensuppe) und entsprechenden Bierspezialitäten. Besonders lobenswert: Zum Brausilvester wurde eine eigene Wochenkarte mit Bier-Schmankerln aufgelegt. Die Sensation ist wie nach wie vor die Lage: Der Gastgarten bietet den schönsten Blick auf den Salzburger Dom und die Altstadt – das Tempo des Service gibt einem recht lang Zeit, diesen Blick zu genießen. Ca. 650 Sitzplätze, 50 an der Bar, im Gastgarten ca. 1000 Sitzplätze.

THE COFFEE & BOOZE 🍺🍺
5020 Salzburg, Linzer Gasse 48
0 66 2/87 23 00
hotel@krone1512.at
www.krone1512.at
ÖFFNUNGSZEITEN So–Do 14.30 bis 1.00 Uhr, Fr–Sa 11.00 bis 1.00 Uhr
FLASCHENBIER 50 verschiedene, darunter jedenfalls Pilsner Urquell, Duvel, aber auch etliche belgische Spezialitäten.
LOKAL Ungewöhnliche Bier- (und Wein- und Kaffee-) Bar im Hotel Krone. Es befindet sich in einem Gebäude, das 1361 einem „Chlampfenschmied" als Werkstatt diente. 1512 wurde im Nebenhaus einer der sieben Brunnen der Salzburger Altstadt errichtet. Ein Hotel gibt es am Standort seit 1920.

TRIANGEL 🍺
5020 Salzburg, Wiener-Philharmoniker-Gasse 7
0 66 2/84 22 29
triangel@aon.at
www.triangel-salzburg.co.at
ÖFFNUNGSZEITEN Di–Sa 12.00 bis 24.00 Uhr, So–Mo Ruhetage – in der Festspielzeit kein Ruhetag
FASSBIER Trumer Pils und Trumer Weizen
LOKAL Festspielwirt Franz Gensbichler gilt als einer der Vorzeige-Wirte der Salzburger Sommer-Gastronomie. In seinem hellen, freundlichen Lokal trifft man während der Sommerzeit etliche Künstler und Prominente in ungezwungener Atmosphäre auf ein gepflegtes Pils. Mittags ist hier Mensabetrieb für die Studenten. 70 Plätze im Lokal, 8 an der Bar, 100 im Garten.

TRUMEREI 🍺🍺🍺🍺
5020 Salzburg, Strubergasse 26
0 66 2/26 54-32
bier@trumerei.at
www.trumerei.at
ÖFFNUNGSZEITEN Mo–Sa 9.30 bis 24.00 Uhr
FASSBIER Trumer Pils, Trumer Hopfenspiel, Trumer Märzen, Erdinger Urweisse und ein saisonal wechselndes Bier (Trumer Zwickl, Trumer Herbstbier, Trumer Imperial)
FLASCHENBIER Trumer Hopfenernte 2014, Trumer Holzfassgereift, Kiesbye's Waldbier Schwarzkiefer 2014, Die Weisse, Mohrenbräu Eisbock, Schloss Eggenberg Urbock, Hirter Morchl, BrewAge Garden Eden, BrewAge Hopfenauflauf, BrewAge Dunkle Materie, Stift Engelszell Gregorius, Samichlaus, Hirter Beerique, Erdinger Pikantus Weizenbock, Schön-

SALZBURG

SALZBURG

Überfuhr

ramer Bayrisch Pale Ale, Schneider Unser Aventinus, Don Impala, Trois Monts Golden Beer, Theresianer Vienna Lager, Ama Mora, Keto Reporter, Hoegaarden, Leffe Blonde, Urthel Hop-It, XX Bitter, Bloemenbier, Orval, Frank Boon Oude Geuze, Mikkeller Green Gold IPA, Frank Boon Geuze Marriage Parfait, Framboise Boon, Delirium Tremens, Deus, Maximus Pandora, Emelisse Double & Triple IPA, Brew Dog Dead Pony Club, Punk IPA, 5 A.M. Saint, Samuel Smith Oatmeal Stout, Samuel Smith Imperial Stout, Meantime Chocolate Porter, Meantime London Pale Ale

LOKAL Die Trumerei ist gut mit der Schnellbahn (Station Mülln-Altstadt) erreichbar: Im ehemaligen Platzlkeller, der optimal zwischen Volkshochschule, Universität und zahlreichen Unternehmenssitzen eingebettet ist, hat der Trumer Braueriechef Seppi Sigl das Aushängeschild seiner Brauerei in der Landeshauptstadt als Bierlokal & Trumer Shop eingerichtet: Er mischt moderne Architektur mit traditionellen Versatzstücken und schafft so eine zeitgeistige Bieratmosphäre. Der neue Wirt in der Trumerei ist Gastroprofi Michael Kaiser. Zusammen mit Küchenchef Alexander Linde bewirtet das Team seine Gäste nach dem Slogan „Grenzenlos regional". Das Biersortiment wechselt stark, es gibt also immer etwas Neues zu entdecken. 200 Plätze im Lokal, 140 im begrünten Gastgarten.

Finden Sie die **BESTEN BIERLOKALE** und Ihr **LIEBLINGSBIER** in Ihrer Umgebung. Mit Conrad Seidls **BIER GUIDE APP.**
Jetzt **GRATIS DOWNLOAD** im Play- oder Appstore!

ÜBERFUHR 🍺🍺

5026 Salzburg, Ignaz-Rieder-Kai 43
0 66 2/62 30 10-0
ueberfuhr.sbg@aon.at
www.ueberfuhr.at

ÖFFNUNGSZEITEN Di–So 8.00 bis 23.00 Uhr, Mo Ruhetag, Betriebsferien: Februar

FASSBIER Gösser Märzen, Murauer, Weihenstephaner Weißbier, Gösser Radler Naturtrüb, eine saisonale Bierspezialität

FLASCHENBIER Die Weisse, Weihenstephaner Hefe Dunkel, Gösser Naturgold 0,5l/0,3l, Edelweiss Alkoholfrei

LOKAL Das gehobene bürgerliche Gasthaus, direkt an der Salzach gelegen und mit Blick auf die Festung, bietet heimische, fast vergessene Spezialitäten. Der Gastgarten mit alten Kastanienbäumen und verträumtem Salzach-Blick wird von Radlern gern besucht. Die bemühte Küche bietet immer wieder mit Bier zubereitete Speisen. Stube: 40 Sitzplätze, im Stüberl mit Kachelofen: 50 Plätze, Saal: 85 Plätze, Garten: 130 Plätze. ✕🍴-20

WEISERHOF 🍺🍺🍺

5020 Salzburg, Weiserhofstraße 4
0 66 2/87 22 67
essl@weiserhof.at
www.weiserhof.at

ÖFFNUNGSZEITEN Mo–Fr 11.00 bis 23.00 Uhr

FASSBIER Gösser Märzen, Kaltenhauser Kellerbier, Kaltenhauser Bernstein, saisonale Bierspezialitäten wie Oktoberbier, Maronenbier sowie neue Innovationen der Biermanufaktur Kaltenhausen.

FLASCHENBIER Edelweiss Weizen Dunkel, Edelweiss Hofbräu, Edelweiss Alkoholfrei, Gösser Märzen Alkoholfrei, Gösser Naturradler, Schlossgold, saisonal: Gamsbock und neue Innovationen der Biermanufaktur Kaltenhausen.

LOKAL Roland Essl führt dieses 1948 erbaute Schmankerlwirtshaus in der Weiserhofstraße hinter dem Bahnhof. Seine Speisekarte bietet „Gerichte mit Geschichte aus Salzburg und dem Alpenraum". Vom Brot bis zur Marmelade wird im Haus alles selbst erzeugt (als Beispiel seien hier an dieser Stelle Blut- und Breinwurst aus eigener Metzgerei, gerollter Kalbskopf, Schlutzkrapfen, Schottnocken, Stinkerknödel, gebackene Ochsenschoas oder hausgemachte Germknödel

SALZBURG

SALZBURG · SEEKIRCHEN

Zipfer Bierhaus

Zum fidelen Affen

genannt). Essl hat den Weiserhof 2005 von der BrauUnion in Pacht übernommen und zu einem Treffpunkt für die Salzburger gemacht. Ist inzwischen ein Ankerpunkt der Salzburger Bierkultur geworden. Sehr schöner Biergarten mit flottem Service, das gutes Essen bringt. Salzburger Bierlokal des Jahres 2009. Das Nichtraucherlokal ist seit 2011 von Slow Food mit einer Schnecke ausgezeichnet. 80 Sitzplätze im Lokal, 10 Plätze an der Bar, Garten: 90 Plätze.

ZIPFER BIERHAUS
5020 Salzburg, Sigmund-Haffner-Gasse 12 (= Universitätsplatz 19)
0 66 2/84 07 45
schwarzbier@wasi.tv
www.zipfer-bierhaus.at
ÖFFNUNGSZEITEN Mo–Sa 10.00 bis 24.00 Uhr
FASSBIER Zipfer Urtyp, Gösser Zwickl Dunkel, Edelweiss Weizenbier hefetrüb und Dunkel, abwechselnd „Bernstein" (Jänner bis Sep.), Oktoberbier (Sep. bis Nov.), Winterbock (Nov. bis Jänner), Radler
FLASCHENBIER Zipfer Märzen, Kaiser Doppelmalz, Edelweiss Weizenbier Dunkel, Edelweiss Weizenbier Alkoholfrei, Gösser Naturgold Alkoholfrei, Monatsbier (Craft Beer)
LOKAL Das Zipfer Bierhaus wurde um 1300 erbaut und bestand ursprünglich aus zwei Gebäuden, die schon 1407 miteinander verbunden wurden – daher die beiden Adressen. Wolfgang Amadeus Mozarts geliebte Schwester Nannerl wohnte vom 28. Oktober 1801 bis zu ihrem Tode am 29. Oktober 1829 in diesem geschichtsträchtigen Haus, aber damals gab es noch keinen Bierausschank, der kam erst 1875 dazu, 102 Jahre später übernahm es die Familie Schwarz, nun wird das Haus von einem Biersommelier geführt. Es ist eines der wirklich unverfälschen Bierlokale im Zentrum – eine klassische „Bierschwemme" im historischen Gewölbe und einem großen Speisesaal mit denkmalgeschützter und kunstgeschnitzter Holzdecke. Der offene Bierausschank mit Sitz- und Stehplätzen befindet sich in der Bierschwemme. Ca. 120 Plätze im Innenbereich, ca. 50 im Gastgarten.

ZUM FIDELEN AFFEN
5020 Salzburg, Priesterhausgasse 8
0 66 2/87 73 61
info@fideleraffe.at
www.fideleraffe.at
ÖFFNUNGSZEITEN Mo–Sa 17.00 bis 24.00 Uhr, So Ruhetag
FASSBIER Trumer Pils, Die Weisse Hell, saisonale Biere wie das Trumer Herbstbier, Weihnachtsbock etc.
FLASCHENBIER Trumer Hopfenspiel, Erdinger Hefeweizen Dunkel, Erdinger Hefeweizen Alkoholfrei, Null Komma Josef
LOKAL Seit 1978 das tonangebende Lokal für Pilskultur, sehr professionelle und freundliche Bedienung – das Herzeigelokal für Fans der Biere der Trumer Privatbrauerei Josef Sigl in Obertrum. Sepp Sigl war seinerzeit gemeinsam mit Peter Daimler an der Gründung dieser Kultkneipe federführend beteiligt. 2015 hat Michael Rodler das Lokal übernommen und führt es mit dem bewährten Team in hoher Qualität weiter. 65 Sitzplätze und 40 Stehplätze im Lokal, Garten: 60 Sitzplätze.

SEEKIRCHEN

GASTHAUS KOTHÄUSL
5201 Seekirchen, Schöngumprechting 29
0 62 12/71 98
gasthaus@kothaeusl.at
www.kothaeusl.at
ÖFFNUNGSZEITEN Mo, Di, Fr, Sa 10.00 bis 24.00 Uhr, Mi 10.00 bis 15.00 Uhr, So 10.00 bis 16.00 Uhr, Do Ruhetag
FASSBIER Trumer Pils, Trumer Märzen, saisonal hauseigenes Bockbier („Josef Pernetstätter Bock") aus der Brauerei Hofstetten
FLASCHENBIER Erdinger Urweisse, Erdinger dunkles Weizen, Null Komma Josef
LOKAL Einfaches Einkehrgasthaus an der Mattseer Landesstraße, dessen Chef sich sehr um das Bier bemüht – das steckt inzwischen auch das Personal an, das sich ebenfalls sehr anstrengt. Eines der wenigen Lokale, das das Märzenbier der Brauerei Sigl aus Obertrum ausschenkt. Aus der Küche ist die Spezialität der „gemischte Knödelteller". 80 Sitzplätze, Schanigarten: 15 Sitzplätze.

287
SALZBURG

SIEZENHEIM · SANKT GILGEN · SANKT JOHANN

Allerberger

Batzenhäusl

SIEZENHEIM

KAMML 🍺🍺
5072 Siezenheim, Brückenstraße 5
0 66 2/85 02 67
hotel@kamml.com
www.kamml.com
ÖFFNUNGSZEITEN Mo–So 9.00 bis 24.00 Uhr
FASSBIER Stiegl Goldbräu, Stiegl Paracelsus, Clausthaler
FLASCHENBIER Stiegl Weisse, Franziskaner, Stiegl Sport Weisse, Die Weisse Hell/Dunkel, Franziskaner Alkoholfrei
LOKAL Stattlicher Gasthof im Zeichen des Kamels, der heute noch von Pferdewagen von der Stiegl-Brauerei beliefert wird. Sympathisch: Hier wird der Radler nicht vorgefertigt, sondern frisch mit Sprite gemixt. 150 Plätze im Lokal, 90 im Garten.
🛏-90

SANKT GILGEN

BATZENHÄUSL 🍺🍺
5340 Sankt Gilgen, Schmalnau 1
0 62 27/23 56
info@batzenhäusl.at
www.batzenhäusl.at
ÖFFNUNGSZEITEN Täglich 11.30 bis 14.30 und 17.30 bis 21.30 Uhr, im Winter Mi & Do Ruhetage, im Sommer Mi Ruhetag
FASSBIER Augustiner Helles
FLASCHENBIER Augustiner Edelstoff, Augustiner Weißbier, „Die Weisse" Alkoholfrei, „Die Weisse" Dunkel, Stiegl Freibier
LOKAL Stattlicher Gasthof – 1603 von Rosina Patzerin als „Patzerheisl" gegründet – in grüner Umgebung. Gut gezapftes Augustiner im Gastgarten. Die Küche ist berühmt für die Zubereitung fangfrischer Fische. 80 Sitzplätze im Lokal und 80 im Gastgarten. 🍴-14

SANKT JOHANN

PLATZL 🍺🍺
5600 Sankt Johann, Hauptstraße 20
0 64 12/419 23
platzl@sbg.at
www.platzl.cc
ÖFFNUNGSZEITEN Mo–Sa 10.00 bis 2.00 Uhr
FASSBIER Gösser Märzen, Gösser Zwickl Naturtrüb, Gösser Naturradler, Weihenstephaner Hefeweizen Hell

ALLERBERGER 🍺🍺🍺
5072 Siezenheim, Doktorstraße 1
0 66 2/85 02 70
landgasthof@allerberger.com
www.allerberger.com
ÖFFNUNGSZEITEN Mi–Sa 16.00 bis 24.00 Uhr, So 9.00 bis 24.00 Uhr, Mo–Di Ruhetage
FASSBIER Allerbergers Hausbier (Märzen), Allerbergers Weisse, saisonal Bauernherbstbier, Bock, Fastenbier, Schwarzbier
FLASCHENBIER Clausthaler, Stiegl Sport Weisse
LOKAL Prächtiger Landgasthof mit einer ins 13. Jahrhundert zurückgehenden Geschichte. Das jetzige Haus wurde 1724 als Jagdschloss erbaut (das Stiegenhaus ist noch so erhalten) – mit mehreren Stüberln, die alle sehr dezent renoviert wurden. Die Hausbiere werden tatsächlich im Haus (genauer genommen: in einem Nebengebäude) gebraut, zum Beispiel ein spezieller Sud für das jährliche Bauernherbst-Fest. Der Hausherr Franz Allerberger ist selber nicht nur Bierbrauer und Mitglied der BierIG, sondern auch Jäger: Da findet man gelegentlich Bierfleisch vom Hirschschlögel auf der Tageskarte, und die Küche verarbeitet beste Zutaten von den umliegenden Bauern. 240 Plätze, 25 an der Bar, bis zu 300 im Garten. 🍴-53

SALZBURG

SANKT MICHAEL/LUNGAU · TAMSWEG · UTTENDORF IM PINZGAU

Café Mandl

10yards

FLASCHENBIER Kaiser Doppelmalz, Edelweiss Weizen Hell u. Alkoholfrei, Schlossgold
LOKAL Modern gestaltetes Restaurant mit überglaster Terrasse, schöner Bar und günstigen Tagesgerichten. 90 Plätze im Lokal, 15 an der Bar, 120 auf der Terrasse.

SANKT MICHAEL/LUNGAU

CAFÉ MANDL
5582 Sankt Michael/Lungau, Marktstraße 10
0 64 77/71 34
musikus@sbg.at
http://cafe-mandl.members.cablelink.at
ÖFFNUNGSZEITEN Mo–Sa 8.30 bis 19.30 Uhr, So Ruhetag
FASSBIER Mandlbier, Weiblbier
LOKAL Kleines, familiär geführtes Café, das sich seit 2014 mit zwei eigenen Bieren selbst versorgt. Im Lungau ist es damit zu einem Geheimtipp geworden.

WASTLWIRT
5582 Sankt Michael/Lungau, Poststraße 13
0 64 77/71 55-0
info@wastlwirt.at
www.romantikhotel-wastlwirt.com
ÖFFNUNGSZEITEN Täglich 7.30 bis 11.00 Uhr und 18.00 bis 22.00 Uhr
FASSBIER Wastlbräu, Gösser Gold, Edelweiß Hofbräu
FLASCHENBIER Edelweiß Alkoholfrei, Schlossgold
LOKAL Rudi und Elfi Baier führen seit dem Herbst 2006 das 1499 gegründete und 1510 zum ersten mal erwähnte imposante Haus mit traditioneller Hausmannskost und eigenem Hausbier – dem Wastlbräu von der BrauUnion. Rauchkuchl, die für Schaukochen genutzt wird. Wahrscheinlich war das Haus bereits seit der Gründung ein Wirtshaus, jedenfalls wurde 1745 für „immerwährende Zeiten die Wirtsgerechte" verliehen. Im 19. Jahrhundert befand sich hier eine Brauerei, die dem Haus (und dem angeschlossenen Lifestyle-Hotel) den Namen gibt. 230 Plätze, 30 an der Bar, Schanigarten: 20 Plätze. -60

TAMSWEG

10YARDS
5580 Tamsweg, Marktplatz 10
0 64 74/203 21
restaurant@10yards.at
ÖFFNUNGSZEITEN Di–So 11.00 bis 24.00 Uhr
FASSBIER Budweiser Budvar, Murauer
FLASCHENBIER American Bud, Corona, Salitos
LOKAL Ferenc Katrein war Offensive Lineman der Ujbuda Rebels, einem American Football-Team aus Budapest. In Tamsweg ist es ihm gelungen, ein weitgehend authentisches American Sports Pub einzurichten – viele Burger und Steaks auf der Karte, die Biervielfalt ist allerdings ausbaufähig. Auf den Flachbildschirmen laufen vor allem amerikanische Sportereignisse. 70 Plätze im Lokal, 12 an der Bar.

GELLNWIRT
5580 Tamsweg, Marktplatz 12
0 64 74/60 92
info@gellnwirt.at
www.gellnwirt.at
ÖFFNUNGSZEITEN Täglich 11.00 bis 2.00 Uhr
FASSBIER Murauer Bier
FLASCHENBIER Murauer, Radler, Erdinger Hefeweizen, Clausthaler
LOKAL Traditionelles Wirtshaus (gegründet vor 1430, im Familienbesitz seit 1897) im Stadtzentrum mit zwei einfachen Gaststuben, einem nobleren Restaurantbereich und einem relativ großen Schanigarten rund um einen Kastanienbaum auf dem Marktplatz. Im Keller ist ein Bierpub eingerichtet. Gaststube: 80 Sitzplätze, Gastgarten: 100 Sitzplätze.

UTTENDORF IM PINZGAU

GASTHOF WALTL
5723 Uttendorf im Pinzgau, Dorfbachstr. 8
0 65 63/82 32
www.uttendorf-info.at/waltl
ÖFFNUNGSZEITEN Mo–So 9.30 bis 22.00 Uhr
FASSBIER Kaiser
FLASCHENBIER Edelweiß

# SALZBURG

UTTENDORF IM PINZGAU · WAGRAIN · WALS HIMMELREICH · ZELL AM SEE

Riverside-Pub

Revolution

LOKAL Gemütlicher Urlaubsgasthof mit langer Tradition (gegründet 1642!) und schattigem Gastgarten. 90 Plätze im Lokal, 70 im Garten. ⌂-21

GRÖFLER
5723 Uttendorf im Pinzgau, Metzgerbichl 15
0 65 63/82 57
groefler@sbg.at
www.sbg.at/groefler
ÖFFNUNGSZEITEN Café: Do–Di 10.00 bis 24.00 Uhr, Mi 17.00 bis 24.00 Uhr, Discothek: Do 20.30 bis 2.00 Uhr, Fr–Sa 20.30 bis 4.00 Uhr
FASSBIER Stiegl, Franziskaner Weizen, Stiegl Weizen
FLASCHENBIER Franziskaner Weißbier, Gösser Naturradler, Heineken, König Ludwig Dunkel, alkoholfreies Weizenbier, Clausthaler, Corona, Desperados
LOKAL Das Gröfler liegt direkt im Zentrum von Uttendorf, eine gemütliche Lounge mit schöner Terrasse und offener Feuerstelle. Das Café wurde im Dezember 2011 renoviert. 140 Sitzplätze im Lokal (in 2 Räumen), 70 Sitzplätze auf der Terrasse.

WAGRAIN

RIVERSIDE-PUB
5602 Wagrain, Markt 46
0 64 13/83 80
info@riverside-wagrain.at
www.riverside-wagrain.at
ÖFFNUNGSZEITEN Wintersaison: tägl. ab 16.00 Uhr, Sa und So ab 11.30 Uhr, Sommersaison: tägl. ab 11.30 Uhr, Di Ruhetag
FASSBIER Heineken, Guinness, Kaiser Märzen, Edelweiß
FLASCHENBIER Edelweiß, Schlossgold, Corona, Desperados
LOKAL Nettes, mit viel Holz ausgestattetes und besonders für junge Gäste (gerade auch für junge Touristen aus dem Ausland) attraktives Lokal, spezialisiert auf Schnitzel. Abends oft Livemusik, 50 Plätze im Lokal, 60 an der Bar, 40 auf der Terrasse.

WALS HIMMELREICH

REVOLUTION
5071 Wals Himmelreich, Josef-Lindner-Straße 20
0 66 2/85 42 74 oder 0 66 4/539 80 90
revolution@revocoffee.eu
www.revocoffee.eu
ÖFFNUNGSZEITEN Mo–Sa 11.30 bis 24.00 Uhr, Sa 10.00 bis 24.00 Uhr
FASSBIER Puntigamer, Kaltenhauser Bernstein, Kilkenny Red, Guiness Draught, Heineken, Weihenstephaner Hefeweißbier, Gösser Naturradler
FLASCHENBIER Weihenstephaner Dunkel, Horny Betty, Austrian Amber Ale, NicoBar India Pale Ale, Starobrno, Kozel Hell und Dunkel, Fuller's London Porter, India Pale Ale, Golden Pride, Kwak, Duvel, Delirium Tremens, Stella Artois, Chimay Blue, Victoria Bitter und Coopers
LOKAL Moderne Bierbar mit guter Auswahl und freundlicher Bedienung. Das Bemühen ums Bier wird auch durch eine ausführliche Bierkarte unterstützt, auf der die Basics der Bierstile erklärt werden. Breites Angebot an Snacks: Chrunchy Chicken Burger mit Pommes, Fingerfood, Spare Ribs mit Potato Wedges, diverse Paninis, diverse Salate. 80 Plätze im Lokal, 12 an der Bar, 62 im Garten.

ZELL AM SEE

SPORTSTÜBERL
5700 Zell am See, Dreifaltigkeitsgasse 7
06542 7760
zell@hotel-lebzelter.at
www.hotel-lebzelter.at
ÖFFNUNGSZEITEN Täglich 16.00 bis 24.00 Uhr
FASSBIER Zipfer, Edelweiß
FLASCHENBIER Edelweiss, Schlossgold
LOKAL Das Sportstüberl ist eine kleine, mit vielen Skisport-Devotionalien eingerichtete Bar im Zentrum von Zell – ein gelegentlich sehr voller Treffpunkt auch für internationale Gäste. Kein Wunder: Das altehrwürdige (erste Erwähnung 1482!) Hotel Lebzelter ist ein beliebtes Quartier gerade auch für Skisportler. 15 Sitzplätze, 30 Plätze an der Bar, 10 im Garten.

Murauer BIER
Seit 1495
Rein das Beste

BIST DU ANANAS!

MURAUER ANANAS WEISSE

DIE GRENZGENIALE MISCHUNG

www.murauerbier.at

VON **A** WIE ADMONT BIS **Z** WIE ZEUTSCHACH

STEIER MARK

292
STEIERMARKS BIERLOKAL DES JAHRES
MARKT HARTMANNSDORF

GASTHOF GRUBER 🍺🍺🍺🍺
8311 Markt Hartmannsdorf, Hauptstraße 112
0 31 14/22 77
office@gasthof-gruber.at
www.gasthof-gruber.at

ÖFFNUNGSZEITEN Do–Sa, Mo 7.00 bis 22.00 Uhr, So 7.00 bis 20.00 Uhr
FASSBIER Hermax Hell, Puntigamer, jeweils ein Sondersud von der Hermax-Brauerei
FLASCHENBIER Hermax-Spezial (Dunkel), Hermax-Hanf, Bevog-Deetz (Kölsch-Style), Bevog-Kramah (IPA), Bevog-Ond (Smoked Porter), Bierol Mountain Pale Ale, Bierzauberei-Aleysium No. 1852 (English Burton Ale), Gusswerk Nicobar IPA, Gusswerk Schwarze Kuh (Imperial Stout)
LOKAL Siegfried Gruber hat in seinem Traditionsgasthaus – Familienbetrieb seit 1896 – einen Schwerpunkt mit steirischer Bierkultur gesetzt. Das Hausbier kommt von der nahen Hermax-Brauerei, eine weitere Leitung ist für das saisonale Hermax-Bier reserviert. Meist ist aber auch eine gute Auswahl anderer Craft Biere zu haben. Von seinen Urlauben bringt Herr Gruber immer Bier-Raritäten mit, die dann – in begrenzter Menge – auf der Tageskarte stehen. Die Küche ist steirisch ausgerichtet, ambitioniert und erfreulich erschwinglich. Das Speiseeis kommt aus eigener Produktion, es wird unter anderem mit Kernöl und gehackten Kürbiskernen angeboten, ideales Pairing zu einem Imperial Stout! 120 Plätze in mehreren Räumen, 4 an der Bar, 15 im Schanigarten. ✕🛏-45

293
STEIERMARK

ADMONT · AFLENZ · ALTAUSSEE · BAD GAMS

Galerie

Gasthaus Kamper

ADMONT

GALERIE
8911 Admont, Hauptstraße 21
0 66 0/511 74 74
ÖFFNUNGSZEITEN Mo–Sa 18.00 bis 2.00 Uhr
FASSBIER Gösser Gold
FLASCHENBIER Edelweiss, Heineken, Desperados
LOKAL Nette, amerikanisch gestylte Bar, viel Metall, Dartboard – und eine sehr freundliche Bedienung. 20 Plätze im Lokal, 20 an der Bar.

GASTHAUS KAMPER
8911 Admont, Hauptstraße 19
0 36 13/36 88
bacher@gh-kamper.at
www.gh-kamper.at
ÖFFNUNGSZEITEN Di–So 8.30 bis 24 Uhr
FASSBIER Gösser Gold, Gösser Zwickl, Gösser Naturgold (alkoholfrei), Gösser Radler
FLASCHENBIER Gösser Märzen, Stiftsbräu, Edelweiss Hefetrüb, Edelweiss Alkoholfrei, Gösser Naturgold
LOKAL Seit 120 Jahren liegt dieses Gasthaus am Eingang zum Gesäuse – und in Gehnähe zur größten Stiftsbibliothek der Welt. Sehr urige Gaststube mit vielen Stammgästen und einer Gastgeberfamilie, der man anmerkt, wie gern sie ihre Gastgeberrolle spielt. Für Stammgäste gibt es Bier-Treuepässe. 30 Plätze in der Gaststube, 50 im Stüberl, 40 im schattigen Gastgarten.

AFLENZ KURORT

HOTEL POST KARLON
8623 Aflenz Kurort, Mariazeller Straße 10
0 38 61/22 03
office@hotel-post-karlon.at
www.hotel-post-karlon.at
ÖFFNUNGSZEITEN Mo–So 7.30 bis 23.00 Uhr
FASSBIER Stiegl Pils, Kaltenhauser Bernstein im Winter, Starobrno im Sommer, Stiegl „Die Weisse", Stiegl Grapefruitradler
FLASCHENBIER Clausthaler, Stiegl Sport-Weisse, Stiegl Holunder Radler

LOKAL Der Betrieb ist seit dem 17. Jahrhundert im Familienbesitz. Urgemütliche, mit viel Holz gestaltete Gasträume, altsteirische Gaststube mit Holzvertäfelung, Kachelofen und Holzdecke, in denen sowohl steirische Schmankerl (mit Produkten aus der eigenen Landwirtschaft) als auch internationale Spezialitäten angeboten werden. 140 Sitzplätze im Lokal (90 Nichtraucherplätze), 50 Sitzplätze im Garten.

ALTAUSSEE

SCHNEIDERWIRT
8992 Altaussee, Nr. 19
0 36 22/721 17 oder 0 66 4/131 26 14
der.schneiderwirt@aon.at
ÖFFNUNGSZEITEN Mi–Mo 10.00 bis 24.00 Uhr, Di Ruhetag, außer Feiertage
FASSBIER Gösser Märzen, Gösser Zwickl
FLASCHENBIER Gösser Stiftsbräu, Weihenstephaner Weißbier, Schlossgold
LOKAL Originales und originelles Wirtshaus im Eigentum der örtlichen Feuerwehr, auch Treffpunkt der eigenen, im Jahr 1859 gegründeten Schützengesellschaft – zahlreiche Gedenk-Scheiben. Der Schneiderwirt ist damit ein Traditionsgasthaus, wie es im Buch steht: Schweinsbraten, Geselchtes mit Kraut und Knödel, Kasspatzen, das sind nur einige der Gerichte, mit denen die „Schneiderwirtin" Barbara Seitz ihre Gäste bei bester Laune hält. Einmal in der Woche gibt es Weißwurst mit Bierbrezn. 60 Sitzplätze im Lokal, Sommergarten: ca. 50 Sitzplätze, davon etwa 30 überdacht.

BAD GAMS

WESTSTEIRISCHER HOF
8524 Bad Gams, Müllegg 40
0 34 63/21 34
weststeirischerhof@aon.at
www.weststeirischerhof.at
ÖFFNUNGSZEITEN Di–Sa 10.00 bis 24.00 Uhr, So 10.00 bis 16.00 Uhr, Mo Ruhetag
FASSBIER Gösser Gold, Hausbier (Brauerei Löscher in Flamberg)
FLASCHENBIER Edelweiß Hefeweizen, Puntigamer Märzen, Reininghaus Pils, Schlossgold

www.bier-guide.net   2016 BIER GUIDE

STEIERMARK

BAD MITTERNDORF · BAD RADKERSBURG · BRODINGBERG · BRUCK AN DER MUR

Steirisch Ursprung Neuwirth

Gasthof zur Post – Restaurant Riegler

LOKAL Seit 1986 ein im Grünen gelegener Weingasthof mit ambitionierter, betont steirischer Küche. Der Wirt kocht selbst. Hat die Bierkultur als Gegengewicht zum Wein entdeckt und mit den Löscher-Bieren Raritäten auf der Karte. Herbst-Bierfest mit Schlachtbuffet und Kommentierung durch den Braumeister. Bierfeste im Gastgarten, Bockbierfest mit Live-Musik und Bierschmankerlbüffet. 120 Sitzplätze im Lokal, 20 Plätze an der Bar, 60 Sitzplätze im Garten. -48

BAD MITTERNDORF

PETERWIRT
8983 Bad Mitterndorf, Nr. 68
0 36 23/25 97
pension@peterwirt.com
www.peterwirt.com
ÖFFNUNGSZEITEN Täglich ab 15.00 Uhr
FASSBIER Peterwirtsbräu
LOKAL Gasthof-Pension mit eigenem Bräustüberl. Zum Bier gibt es Brotzeiten und, damit man das Bier nicht so trocken runterwürgen muss, auch Schnäpse. Und wer ausgiebig gefeiert hat, kann im Haus übernachten. -14

BAD RADKERSBURG

METZGERWIRT
8490 Bad Radkersburg, Emmensstraße 2–6
0 34 76/21 68
metzgerwirt@aon.at
www.metzger-wirt.at
ÖFFNUNGSZEITEN Mo–Fr 9.00 bis 23.00 Uhr, Sa 9.00 bis 14.00 Uhr
FASSBIER Murauer Pils, Murauer Dunkel
FLASCHENBIER Stiegl Braukunst, Stiegl Weisse, Murauer Zitronen Bier, Stiegl Paracelsus Zwickl
LOKAL Mitten in der Altstadt von Bad Radkersburg, gleich gegenüber vom Museum im alten Zeughaus, findet sich dieser Schmankerlwirt mit ruhigem Gastgarten. Steirische Spezialitäten, jeden Mittwoch „Schmankerlabend". 80 Sitzplätze im Lokal, 30 Plätze an der Bar, 80 Sitzplätze im Garten.

BRODINGBERG

STEIRISCH URSPRUNG NEUWIRTH
8200 Brodingberg, Brodersdorfstraße 85
0 31 17/51 71
hotel@steirischursprung.at
www.steirischursprung.at
ÖFFNUNGSZEITEN Do–Sa 16.00 bis 22.00 Uhr, So 11.00 bis 16.00 Uhr
FASSBIER Buchweizen Bier, Dinkelbier, Honigbier, Gerstenbier
FLASCHENBIER Buchweizen Bier, Dinkelbier, Honigbier, Gerstenbier in der 1 l und 2 l Bügelverschlussflasche
LOKAL Stattliches Gebäude, das eine seltsame Mischung aus Gaststätte und Museum darstellt. In der Braustube kommt das selbst gebraute Bier direkt mit Eigendruck vom Lagerkeller zur Schank. Barbereich mit urigem, offenen Kamin, eine 200 Jahre alte Holztramdecke und ein Kupferbraukessel schaffen eine heimelige Atmosphäre. Im angeschlossenen Hotel gibt es auch ein Bierbad. Ca. 120 Sitzplätze, 50 im Gastgarten mit dem größten Bienenstock der Welt. -26

BRUCK AN DER MUR

GASTHOF ZUR POST – RESTAURANT RIEGLER
8600 Bruck an der Mur, Koloman-Wallisch-Platz 11
0 38 62/549 04
info@restaurant-riegler.at
www.restaurant-riegler.at
ÖFFNUNGSZEITEN Di–So 9.00 bis 24.00 Uhr
FASSBIER Hausbier (bernsteinfärbig, von Murauer), Murauer Steirergold, Gösser Naturgold, saisonal: Weihnachtsbock wechselnder Brauereien, orig. Bayrisches Bier – welches, stand bei Drucklegung noch nicht fest.
FLASCHENBIER Gösser Stiftsbräu, Murauer Weißbier, Edelweiss Alkoholfrei
LOKAL Sehr familiär geführtes Schmankerlwirtshaus am Stadtplatz von Bruck, der nach dem Februarkämpfer Koloman Wallisch benannt ist. Das Haus ist seit dem 16. Jahrhundert Gastwirtschaft, 1552 war hier sogar ein Elefant zu Gast. Ausgezeichnet als „gute steirische Gaststätte" mit eindeutigem Schwerpunkt auf der lokalen Küche, passend zum Bier. Um dieses kümmert sich der Chef persönlich, er

295
STEIERMARK

EGGERSDORF · EIBISWALD · EISENERZ

Niederleitners Schöckllandhof

Bedarfswirtshaus Erzbergbräu

erklärt den Gästen gern, wie man sein Hausbier bewusst genießt. Die Happy Hour ist hier schon am Vormittag (9.00 bis 11.00 Uhr). Zum Oktoberfest gibt es Löwenbräu Wiesenbier aus dem Maßkrug mit Weißwurst, süßem Senf und Brezn. 200 Plätze in verschiedenen Stuben, je 15 an zwei verschiedenen Bars (eine davon mit eindrucksvollem Whiskyangebot), 100 im Garten mit Murblick.

EGGERSDORF

NIEDERLEITNERS SCHÖCKLLANDHOF
8063 Eggersdorf, Rabnitzstraße 25
0 31 17/22 79
schoeckllandhof@aon.at
www.schoeckllandhof.at
ÖFFNUNGSZEITEN Mo–So 8.00 bis 2.00 Uhr
FASSBIER Puntigamer Panther naturgezapft vom Tank, eine saisonale Bierspezialität
FLASCHENBIER Weihenstephaner Hefeweißbier trüb, Puntigamer Märzen, Gösser Stiftsbräu, Gösser Naturradler, Gösser Naturgold, Edelweiss Alkoholfrei, Wieselburger
LOKAL Großer, familienfreundlicher Gasthof mit heller Bar, an der das Puntigamer liebevoll gezapft wird. Von der BrauUnion gab es dafür auch mehrere Auszeichnungen. Angeschlossen sind eine 4-Platz-Tennishalle, Fitnessstudio sowie Gymnastikraum. Ca. 200 Plätze im Lokal, 70 Sitzplätze im Gastgarten. -20

EIBISWALD

HASEWEND´S KIRCHENWIRT
8552 Eibiswald, Kirchplatz 39
0 34 66/422 16
gasthof@hasewend.at
www.hasewend.at
ÖFFNUNGSZEITEN Mi–So 10.00 bis 23.00 Uhr, Mo & Di Ruhetage
FASSBIER Murauer, Puntigamer Panther, Murauer Doppelmalz, Gösser Zwickl oder Saisonbier, Gösser Naturgold
FLASCHENBIER Wechselnde Spezialbiere von „Die Brauerei" Leutschach, Puntigamer Märzen
LOKAL Schön gezapftes Bier in ansprechenden Gläsern. Das Lokal gibt es seit 1856, Familie Hasewend besitzt es seit 1958 und hat es zu einer kulinarischen Institution gemacht,

ohne dabei zu abgehoben zu wirken – ausgezeichneter „Genussregionswirt" für das Jahr 2007. Juniorchef Bernd hat den Küchenbetrieb übernommen und kocht noch herrlich regionaler und saisonaler mit Pfiff. In Österreich einmalige Kombination von Gasthof – Meisterfleischerei (Spezialität: die Sulmtaler Želodec) – Kino – Gästezimmer – Apartments. So gibt es Filmfrühstück, Kino-Kürbis-Kultur, „Kürbinarische" Wochen. 120 Sitzplätze im Lokal, 5 Plätze an der Bar, 30 Sitzplätze im Garten. 14

EISENERZ

BEDARFSWIRTSHAUS ERZBERGBRÄU
8790 Eisenerz, Trofengbachgasse 2
0 66 4/320 23 40, 0 38 48/489 00
sra@erzbergbraeu.at
www.erzbergbraeu.at
ÖFFNUNGSZEITEN Ganzjährig freitags von 11.00 bis 23.00 Uhr (urlaubsbedingte Schließungen laut Website) und nach voriger Vereinbarung für Gruppen ab 35 Personen.
FASSBIER Kellerbier „Gruamhunt", Porter „Noar", hopfengestopftes Pale Ale „DreiHops" und Saisonbiere aus der eigenen Brauerei.
FLASCHENBIER Spezialitäten von Boon, Bush, Rochefort, Bosteels, Dupont, De Struise, De Ranke, Dupont, Rodenbach, Verhaege, Hoegaarden, Brasserie du Bocq, Westmalle, Duboisson, Corsendonk, DeMolen, Samuel Smith, Thornbridge, Guinness, Youngs, Saint Peters, Brewdog, Samuel Adams, Sierra Nevada, Goose Island, Del Ducato, Amarcord, Schlenkerla, Schneider, Kulmbacher, Handbrauerei Forstner, Schloss Eggenberg, Trumer, Reininghaus, Gösser
LOKAL Schade, dass dieses nette Bierlokal am Mautbühel – am südlichen Stadtrand von Eisenerz – nur an Freitagen (und, wie der Name sagt: bei Bedarf) geöffnet hat. Wenn es aber geöffnet hat, ist es gut besucht – die Gäste wissen offenbar, dass Familie Schenkermaier dem Slow-Food-Gedanken und der Nachhaltigkeit verpflichtet ist. Auf der übersichtlichen Speisekarte finden sich nur frisch gekochte Gerichte, getreu dem Motto: regional, saisonal, bio & fair. Und natürlich findet häufig auch Bier den Weg in den Kochtopf. Nach Voranmeldung werden Degustationsmenüs mit Bierbegleitung angeboten, kommentiert durch den Diplom-Biersommelier und Brauereieigentümer Reini Schenkermaier.

www.bier-guide.net
2016 BIER GUIDE

STEIERMARK

EISENERZ · FELDBACH · FRIESACH BEI PEGGAU · FÜRSTENFELD

Bräustüberl

Thomahan

In dem musikantenfreundlichen Wirtshaus dürfen die Gäste auch gerne zu ihren Instrumenten greifen und die Stimmbänder aktivieren. Bis zu 50 Sitzplätze im Lokal, 36 Sitzplätze auf der Terrasse mit Blick auf die Bergwelt rundum.

BRÄUSTÜBERL
8790 Eisenerz, Flutergasse 5
0 38 48/23 35
braustueberl@twin.at
www.dorfwirt.at/steiermark/dorfwirte/leoben/gasthof-braeustberl.html
ÖFFNUNGSZEITEN Di–Sa 9.00 bis 24.00 Uhr, So 9.00 bis 14.00 Uhr
FASSBIER Puntigamer, Gösser Naturradler, Gösser Gold, Gösser Naturgold, Gösser Zwickl Naturtrüb
FLASCHENBIER Weihenstephaner Weizen, Gösser Stiftsbräu Dunkel, Gösser Schlossgold, Clausthaler
LOKAL Schöner Altstadtgasthof am Fuße des Erzbergs, in dem sich die lokale Bevölkerung trifft – allein schon wegen der Einrichtung (Stammtisch der Bergmusik Eisenerz) sehenswert. Gut gezapftes Bier. Dorfwirtaktionen je nach Jahreszeit. 70 Plätze im Lokal, 30 im Extrazimmer, 30 im Garten.

FELDBACH

ZUM STERNGUCKER
8330 Feldbach, Auersbach 43
0 31 14/21 76
office@zumsterngucker.at
www.zumsterngucker.at
ÖFFNUNGSZEITEN Mo, Do, Fr ab 16.00 Uhr, Sa ab 14.00 Uhr, So ab 11.00 Uhr, Di–Mi Ruhetage
FASSBIER Lava Bräu, Puntigamer Panther
FLASCHENBIER Lava Bräu (Geschmacksrichtungen: Ost, Süd, Nord, West), Lava Luna (Vollmondbier), Hermax – Hanf, Clausthaler, Schlossgold
LOKAL Diese Heurigenschenke hat sich deshalb in den Bierguide „verirrt", weil hier in der Nachbarschaft der Vulkanland-Sternwarte und des Lava-Bräu der Direktausschank dieses steirischen Microbrews ist. 170 Sitzplätze im Lokal (davon 50 direkt in der Heurigenschenke), 100 Sitzplätze auf der Terrasse.

FRIESACH BEI PEGGAU

THOMAHAN
8114 Friesach bei Peggau, Grazer Bundesstraße 15
0 31 27/415 55
gasthof@thomahan.at
www.thomahan.at
ÖFFNUNGSZEITEN Mo–Fr 6.30 bis 24.00 Uhr, So 9.00 bis 16.00 Uhr, Sa Ruhetag
FASSBIER Puntigamer, Gösser Zwickl, Gösser Radler, Gösser Naturgold
FLASCHENBIER Puntigamer, Weihenstephaner
LOKAL Seit 1709 Gasthof, seit 1955 im Familienbesitz. Gemischtes Publikum – der Generaldirektor sitzt neben dem Lagerarbeiter, und alle genießen die preiswerten Mittagsmenüs. Saisonal bietet die Küche Bierbratl. 110 Sitzplätze im Lokal, 20 an der Bar, 80 im Gastgarten. ⌀-27

FÜRSTENFELD

DIE AKTE
8280 Fürstenfeld, Stadt-Zug-Platz 3
0 66 4/983 09 40
office@dieakte.at
www.dieakte.at
ÖFFNUNGSZEITEN Mo–Sa 17.00 Uhr bis open end
FASSBIER Starobrno, Puntigamer
FLASCHENBIER Erdinger Weizen Hell, Dunkel und Alkoholfrei, Guinness
LOKAL Kleines Lokal mit großer, um zwei Ecken führender Bar, die sehr stilvoll mit Tartans dekoriert ist. Wolfgang Niederl führt das Haus mit Einfühlungsvermögen für die Gäste, die Bierberatung verdient besonderes Lob. Erstaunlich, wie es hier auf beschränktem Platz gelingt, immer wieder Kulturveranstaltungen unterzubringen. Wenn sonst nichts los ist, kann man Darts spielen – oder einfach der nicht zu lauten, aber sehr guten Musik zuhören. Im Sommer jeden Donnerstag Grillabend (T-Bones, Filet, Fische, Knoblauchwurstspirale, Schafskäse in der Folie vom Grill etc.), Schinkenspezialität: Culatello di Zibello immer lagernd! 58 Plätze im Lokal, 30 Plätze an der Bar, 50 im Schanigarten.

STEIERMARK

FÜRSTENFELD · GABERSDORF · GLEISDORF

Fürstenbräu

Red Baron

FÜRSTENBRÄU 🍺🍺🍺
8280 Fürstenfeld, Hauptstraße 31
0 33 82/552 55-0
gasthaus@fuerstenbraeu.at
www.fuerstenbraeu.at
ÖFFNUNGSZEITEN Mo ab 17.00 Uhr, Di–So ab 10.00 Uhr
FASSBIER Fürstenbräu Hell und Dunkel, in der Fastenzeit Fastenbier
FLASCHENBIER Fürstenbräu Märzen, Clausthaler
LOKAL Das Fürstenbräu mit seiner zentralen Salm-Brauanlage hinter der Bar und mehreren Nebenräumen, in denen sich nachmittags etwa Bridge-Runden treffen, ist eine Institution in der oststeirischen Bierszene. Im Jahr 2011 wurde Fürstenbräu „das Dunkle" bei den Staatsmeisterschaften der Haus- und Kleinbrauereien auf Platz 1 prämiert, auch das Fastenbier wurde bei den Staatsmeisterschaften mit einer Medaille bedacht. Einige Gäste wissen das allerdings nicht zu schätzen und bestellen das Dunkle verschnitten mit dem Hellen als „Mischbier". Die Küche bedient sowohl den traditionellen als auch den modernen Geschmackssinn mit regionalen Produkten. Täglich umfangreiches Mittagsbuffet. 130 Plätze in mehreren Stuben, 25 an der Bar, 50 Plätze im Biergarten.

GABERSDORF

SAJACHER SCHLÖSSLBRÄU
8424 Gabersdorf, Sajach 23
0 34 52/748 79
0 66 4/261 03 77
bier@bierbrauerei.info
www.bierbrauerei.info
ÖFFNUNGSZEITEN Mo-Sa 10.00 bis 22.00 Uhr, So und Feiertage geschlossen
FASSBIER Schlößlbräu Lager, Schlösslbräu Weizenbier, im Winter Spezial Dunkel und ein Doppelbock
LOKAL Der Braumeister Siegfried Neuhold hat seine Lehre im Jahr 1955 bei Peter Reininghaus absolviert und sich 1999 den Lebenstraum einer eigenen Kleinbrauanlage erfüllt. Seitdem braut er nach seinen alten Rezepten, so wie er es gelernt hat. Auf Vorbestellung gibt es einen im Holzofen gebratenen Leberkäse.

GLEISDORF

LAURENZI-BRÄU 🍺
8200 Gleisdorf, Hauptplatz 3
0 31 12/367 95
post@laurenzibraeu.at
www.laurenzibraeu.at
ÖFFNUNGSZEITEN Di–Sa 9.00 bis 22.00 Uhr, So–Mo 9.00 bis 15.00 Uhr
FASSBIER Laurenzi-Bräu Hell und Dunkel, saisonale Biere
FLASCHENBIER Laurenzi-Bräu Bio-Bier, Gösser Naturgold
LOKAL Ursprünglich ein „Kirchenwirt" mit traditionellen Wurzeln, behutsamer Anpassung an die Gegenwart und besonders nettem Service, seit 2013 umgestaltet zu dem, was die Besitzer einen „Stadheurigen mit eigener Brauerei" nennen. Die Verbindung zur Kirche bleibt: Die Stadtpfarrkirche von Gleisdorf ist dem Heiligen Laurentius geweiht – der seinerseits wieder ein Schutzpatron der Mälzer ist. 70 Sitzplätze, 10 Plätze an der Bar.

Finden Sie die **BESTEN BIERLOKALE** und Ihr **LIEBLINGSBIER** in Ihrer Umgebung. Mit Conrad Seidls **BIER GUIDE APP**.
Jetzt **GRATIS DOWNLOAD** im Play- oder Appstore!

RED BARON 🍺🍺
8200 Gleisdorf, Franz Josef Straße 10
0 66 4/859 65 68
katzbeck@gmx.at
ÖFFNUNGSZEITEN So–Do 17.00 bis 24.00 Uhr, Fr–Sa 17.00 bis 2.00 Uhr

STEIERMARK

GLEISDORF · GRATKORN · GRATWEIN-STRASSENGEL

Das Beisl

Victoria Pub

FASSBIER Guinness, Kilkenny, Starobrno, Puntigamer Panther
FLASCHENBIER Heineken, Corona extra, Edelweiss Weizen Hefetrüb, Edelweiss Alkoholfrei, Gösser Naturgold
LOKAL Irish Pub, das von außen ein wenig an ein China-Lokal erinnert – innen aber sehr authentisch irisch wirkt. 70 Plätze im Lokal.

WAHNSINNS BEISL
8200 Gleisdorf, Bürgergasse 9
0 31 12 / 35 38
wahnsinnsbeisl@aon.at
www.facebook.com/wahnsinnsbeisl
ÖFFNUNGSZEITEN Mo–So 16.00 bis 24.00 Uhr
FASSBIER Gösser Gold, Gösser Zwickl
FLASCHENBIER Heineken, Puntigamer, Erdinger, Schlossgold Corona
LOKAL Traude Robausch hat schon im Sappalot in Weiz – heute heißt das Lokal dort Roadhouse – zur steirischen Bierkultur beigetragen und pflegt sie jetzt im Zentrum von Gleisdorf. Schöner Barbereich, in dem die Chefin oft selber Bier zapft. 25 Sitzplätze, 10 Plätze an der Bar.

GRATKORN

DAS BEISL
8101 Gratkorn, Grazer Straße 66
0 31 24/237 14
dasbeisl@gmx.at
ÖFFNUNGSZEITEN Mo–Fr ab 7.45 Uhr
FASSBIER Reininghaus Pils, Starobrno Altbrünner Gold, Reininghaus Radler, Bier des Monats sowie saisonale Bierspezialitäten.
FLASCHENBIER Puntigamer „das bierige" Bier, Wieselburger Schwarzbier, Affligem Blonde, Edelweiss Naturtrüb, Edelweiss Alkoholfrei, Schlossgold
LOKAL Hermann Prietl war schon 1998 Landesmeister der damals von Kaiser ausgeschriebenen Zapfkaiser-Meisterschaft. Sein Beisl ist der Treffpunkt für die lokale Bevölkerung, die sich hier zum Plaudern und Kartenspielen trifft. 25 Plätze im Lokal, 5 an der Bar.

VICTORIA PUB
8101 Gratkorn, Brucker Straße 6
0 31 24/290 38
victoria@englishpub.at
www.englishpub.at
ÖFFNUNGSZEITEN Mo–So 16.00 bis 1.00 Uhr
FASSBIER Reininghaus Pils, Guinness
FLASCHENBIER Warsteiner, Beck's, Budweiser, Heineken, Corona, Foster's, Kilkenny, Miller, Wieselburger, Weihenstephaner, Clausthaler
LOKAL Ein Klassiker der steirischen Barszene. Ursprünglich als ein Pub gedacht, wie es in vornehmen Vierteln von London zu finden ist, hat sich das Victoria zu einer internationalen Bar entwickelt. Das Ambiente gleicht einem britischen Wohnzimmer, ausgestattet mit englischen Teppich, Lederbänken, Clubsesseln und vor allem einer anheimelnden Bar. Im Victoria wird jeden zweiten Tag im original schottischen Kilt serviert, das Service ist aber jeden Tag froundlich. 100 Sitzplätze, zwei Terrassen: 40 und 60 Plätze.

GRATWEIN-STRASSENGEL

HOTEL-RESTAURANT FISCHERWIRT
8112 Gratwein-Straßengel, Bahnhofstraße 40
0 31 24/512 76
fischerwirt@aon.at
www.hotel-fischerwirt.com
ÖFFNUNGSZEITEN Mo–Sa 6.30 bis 24.00 Uhr, So & Feiertage Ruhetage
FASSBIER Edelweiss Weizenbier, Puntigamer Panther, Hausbier, Gösser Zwickl, Schladminger
FLASCHENBIER Puntigamer Märzen, Gösser Stiftsbräu Dunkel, Edelweiss Weizenbier Alkoholfrei, Gösser Naturgold
LOKAL Der gut 300 Jahre alte Hotel-Gasthof am Rand von Gratwein wurde Anfang 2011 behutsam neu gestaltet, vom Gwölb gibt es nun die Variante „gwölb 2.0". Sehr unterschiedliche Stüberln, die 1911 eingerichtete altdeutsche Stube etwa ist Ottokar Kernstock gewidmet. Auch der Garten mit der aus einem Baum gewachsenen Bar ist ein Schmuckstück, lädt zum Grillen ein (jeweils Do/Fr). Steirische Biersuppe mit Mohnfritatten. Engagiert und herzlich betreibt die Familie Reinprecht ihr Haus, das seit fast 70 Jahren in Familienbesitz ist. 400 Sitzplätze, 35 an der Bar, 130 im Garten. -40

STEIERMARK

GRAZ

GRAZ

BAR 28
8010 Graz, Gartengasse 28
0 31 6/419 546
office@bar28.at
www.bar28.at
ÖFFNUNGSZEITEN Mo—So 8.00 bis 1.00 Uhr
FASSBIER Puntigamer Märzen, Guinness, Heineken
FLASCHENBIER Edelweiss, Gösser Naturgold, Clausthaler
LOKAL Dieses Ecklokal gegenüber der Alten Technik hieß jahrelang „Pro&St", nach kleiner Renovierung ist es nun ein gut besuchtes Nachbarschaftslokal. Halbrunde Theke im ersten Raum, ruhigeres, gediegenes Hinterzimmer mit dunkler Lamperie. Und ein Partykeller, in dem es auch oft Live-Auftritte gibt. 60 Sitzplätze.

BIERBARON – DAS ORIGINAL
8020 Graz, Heinrichstraße 56
0 31 6/32 15 10
bierbaron@diebausatzlokale.at
www.diebausatzlokale.at
ÖFFNUNGSZEITEN Mo—So 10.00 bis 2.00 Uhr
FASSBIER Schladminger Naturbier, Puntigamer Panther, Gösser Spezial, Reininghaus Pils, Wieselburger Spezial, Guinness, Heineken, Edelweiss Hefetrüb, Weihenstephaner Hefetrüb, Veltins Pils, Altbrünner Gold, saisonal: Oktoberbräu, Puntigamer Winterbier
FLASCHENBIER Veltins, Desperados, Schwechater, Guinness, Gösser Stiftsbräu, Weihenstephaner Dunkel, Reininghaus Pils, Kaiser Fasstyp, Zipfer Sparkling, Gösser Zwickl, Zipfer Urtyp Medium, Kaiser Premiumradler, Wieselburger Stammbräu, Edelweiss Kristall, Schlossgold
LOKAL Es ist wohl kein Zufall, dass man sich hier amerikanisches Fast-Food (Spezialität: Burger, es gibt aber auch Pizze, Salate, Toasts und Ofenkartoffel) nach eigenem Wunsch zusammenstellen kann. Dieses Bierlokal ist nämlich nicht nur eine Grazer Legende: Der Name ist inzwischen so populär, dass der weltberühmte Brickskeller nahe dem Dupont Circle in Washington DC inzwischen ebenfalls auf Bierbaron umbenannt wurde. Die Bierqualität in Graz passt wie eh und je, auch wenn die Auswahl in Washington deutlich größer ist – und die Bedienung ist jung und motiviert. Es gibt ein eigenes „Hausgeld", das auch in der Posaune, im Grammophon und im Zeppelin akzeptiert wird – allerdings wird gewarnt: Man kann das Hausgeld weder in bar noch in Kondomen einlösen. Überdachter Innenhof, Gastgarten. 180 Plätze, Terrasse: 60.

BLAUKRAH
8020 Graz, Sparbersbachgasse 22
0 31 6/22 52 62
blaukrah@aon.at
www.blaukrah.at
ÖFFNUNGSZEITEN Mo–Fr 10.00 bis 24.00 Uhr, Sa–So u. Feiertage geschlossen
FASSBIER Puntigamer Panther, Starobrno
FLASCHENBIER Schladminger, Pock Biere (etwa Black Pock)
LOKAL Holzgetäfelte Wände, viel Blau und eine kleine, einladende Schank machen dieses Lokal besonders heimelig. Benannt ist dieses kleine Wirtshaus der neuen Art nach der Blauracke, einem in der Südsteiermark heimischen Vogel, der vom Blaukrah-Chef und Biologen Werner Ilzer in einem Projekt geschützt wird. 37 Sitzplätze im Lokal, 8 Plätze an der Bar.

BRAUHAUS PUNTIGAM
8055 Graz, Triesterstraße 361
0 31 6/29 71 00
office@brauhaus-puntigam.at
www.brauhaus-puntigam.co.at
ÖFFNUNGSZEITEN Mo–Sa 10.00 Uhr bis 23.00 Uhr (Küche bis 21.00 Uhr), So 10.00 bis 15.00 Uhr (Küche bis 14.00 Uhr), an Feiertagen geschlossen
FASSBIER Puntigamer Panther, Gösser Zwickl, Gösser Naturradler, Reininghaus Pils, Edelweiss Hefeweizen Naturtrüb, Gösser Stiftsbräu
FLASCHENBIER Edelweiss Hefeweizen Alkoholfrei
LOKAL Rustikale Bierstube mit Veranstaltungssälen. Behindertengerechte Einrichtung. Im einladenden Biergarten mit Kastanienbäumen wird ein Mittagsbrunch angeboten. Speisen wie Brauhausgulasch, Braumeistersalat, Kürbiscremesuppe, außerdem vegetarische Menüs und täglich wechselnde bodenständige Speisen. Toller Biergarten im

300
STEIERMARK
GRAZ

überraschend leisem Innenhof. 268 Sitzplätze im Lokal, 1150 im Veranstaltungsbereich, 10 Plätze an der Bar, im Garten: 520 Sitzplätze.

BROT & SPIELE
8020 Graz, Mariahilfer Straße 17
0 31 6/71 50 81
info@brot-spiele.com
www.brot-spiele.com
ÖFFNUNGSZEITEN Mo–Fr 10.00 bis 2.00 Uhr, Sa–So & Feiertage 13.00 bis 2.00 Uhr
FASSBIER Puntigamer Panther, Guinness, Weihenstephaner, Starobrno, Gösser Zwickl, Leffe Blonde, Gösser Naturradler, Gösser Naturgold
FLASCHENBIER Abbaye des Rocs, Affligem, Duvel, Westmalle Tripel, Punk IPA, Schneider Weisse, Heineken, Corona, Gösser Stiftsbräu, Schneider Weisse... über 100 verschiedene Biersorten aus der ganzen Welt, unter www.brot-spiele.com/bierkatalog.html, auch für Smartphones optimiert.
LOKAL Das Bierangebot in den Kühlschränken im Eingangsbereich sucht seinesgleichen: Da gibt es Biere der St. Peter's Brewery, von Brew Dog und von einigen der besten belgischen Brauereien (Heineken hat hier das Affligem platziert) sowie einige Steirer. 2005 gab es schon die Auszeichnung als steirisches Bierlokal des Jahres in diesem Guide, wobei es sich eigentlich um mehrere Lokalkonzepte in unterschiedlichen Räumen (etwa eine Sportsbar und ein Billard-Raum) handelt. Es gibt hervorragende Steaks, und Vegetariern wird fröhlich erklärt: „Unsere Rinder sind Vegetarier". Sympathisch: Das Unternehmen unterstützt Sozialprojekte in Nepal und Burma. 230 Plätze in den verschiedenen Räumen und Bars, 40 im Vorgarten.

CENTRAAL
8020 Graz, Mariahilfer Straße 10
0 66 4/88 46 87 00
office@centraal.at
www.centraal.at
ÖFFNUNGSZEITEN Mo–Sa 8.00 bis 2.00 Uhr, So 8.00 bis 24.00 Uhr
FASSBIER Puntigamer Panther (Tank oder Fass), Laško Pivo, Starobrno, Radler mit Puntigamer Panther
FLASCHENBIER Gösser Märzen oder Puntigamer Märzen, Augustiner Edelstoff oder Augustiner Helles, Heineken, Schladminger Schneeweisse, Schlossgold oder Gösser Naturgold
LOKAL Großstädtisch wirkendes, offenbar bei der gemäßigt linken Szene beliebtes Beisl gleich hinter dem Kunsthaus. 50 Plätze im Lokal, 20 an der Bar, 60 im Garten.

CHEERS
8020 Graz, Josefigasse 22
0 67 6/420 05 42
office@cheers-graz.at
www.cheers-graz.at
ÖFFNUNGSZEITEN Mo–Fr 15.00 bis 24.00, Sa 9.00 bis 24.00, So & Feiertage 17.00 bis 24.00
FASSBIER Andechser, Puntigamer, Guinness, Flamberger Hausbier, Pernstejn, ein Zapfhahn immer für eine Kleinbrauerei (abwechselnd)
FLASCHENBIER Derzeit 190 Sorten Bier, z.B. Raschhofer Pils, Gösser Spezial, Gösser Zwickl, Gösser Stiftsbräu, Schladminger Bio Zwickl, Reininghaus Jahrgangspils, Schremser Dunkel, Schremser Märzen, Hirter BIO Bier, Hirter Morchl, Stiegl, König Ludwig Weißbier Hell und Dunkel, Schneider Weisse, Maisel's Original Weißbier, Gösser Naturgold, Stiegl Sport-Weisse, Beck's Blue Alkoholfrei, Augustiner Edelstoff, Tegernseer Spezial, Hacker Pschorr, Ayinger Jahrhundertbier,

301
STEIERMARK

GRAZ

Continuum

Die Scherbe

Zwickel´s Kellerbier, Jever, Rothaus Pils „Tannenzäpfle", Astra Urtyp, Kaltenberg Spezial, König Ludwig Dunkel, New Castle Brown Ale, Kilkenny, Fuller's London Pride, Fuller's London Porter, Hollow´s Ginger Beer, Fuller's Honey Dew, Miller, Corona, Heineken, Grolsch, Kozel Velkopopvicky Dunkel und Hell, Pilsner Urquell, Lasko, Karlovacko, San Miguel, Desperados, Leffe Blonde, Budweiser, Moretti, Singha Beer, Bierol Mountain Pale Ale, Rock Ale, Loncium Austrian Amber Lager und Spezialitäten von Brew Age, der Handbrauerei Forstner, Alefried, Bevog, Gratzer, der Brauerei Leutschach, Flamberger, Hengist, Rieder, Riedenburger, Thornbridge, Mikkeller, Einstöck u.v.m.

LOKAL Dieses modern eingerichtete kleine Ecklokal in der Volksgartenstraße bietet eine gute Bierauswahl zu sehr fairen Preisen. Puntigamer ist am Mittwoch in Aktion. Die Flaschenbiere kann man aus mehreren Kühlschränken selber auswählen. Besonders hervorzuheben ist das Bemühen, bierige Küche – inklusive Fischgerichte wie Wels und Tintenfisch – anzubieten. Aber auch außerhalb solcher Aktionswochen gibt es schmackhaftes Essen nach dem in Graz gebräuchlichen System, dass man sich seine Pizza (oder einen Toast) individuell belegen lassen kann. Extrem freundliche Bedienung. 20 Plätze im Lokal, 10 an der Bar.

CONTINUUM
8010 Graz, Sporgasse 29
0 31 6/81 57 78
continuum@diebausatzlokale.at
www.diebausatzlokale.at
ÖFFNUNGSZEITEN Mo–Sa 15.00 bis 2.00 Uhr, So ab 16.00 Uhr
FASSBIER Pilsner Urquell, Stiegl Goldbräu
FLASCHENBIER Stiegl Braukunst, Stiegl Weisse, Stiegl Sport-Weisse
LOKAL Zeitgeistiges Lokal mit weichen Diwanen und einer eleganten Bar. Und als „Bausatzlokal" bietet es auch die in Graz beliebten selbst zusammengestellten Speisen (der Schwerpunkt liegt hier bei Burgern, Grill und Waffeln). Freitag und Samstag ist Party-Abend mit lokalen DJs. 70 Sitzplätze im Lokal, 12 Sitzplätze an der Bar, einige elegante Stehtische im Garten.

DER STEIRER
8020 Graz, Belgiergasse 1
0 31 6/70 36 54
office@der-steirer.at
www.der-steirer.at
ÖFFNUNGSZEITEN Mo–So 11.00 bis 24.00 Uhr
FASSBIER Hausbier (gebraut in Kaltenhausen), Reininghaus Jahrgangspils
FLASCHENBIER Laško Pivo, Schladminger Weizenbier, Gösser Naturgold
LOKAL Großzügig angelegtes, modern möbliertes Gasthaus mit bodenständiger Küche, die Auswahl an steirischen Spezialitäten richtet sich nach der Saison. Spezialität Brathuhn. 120 Sitzplätze.

die scherbe

DIE SCHERBE
8020 Graz, Stockergasse 2
0 31 6/76 06 54
office@scherbe.com
www.scherbe.com
ÖFFNUNGSZEITEN Mo–Sa 9.00 bis 1.00 Uhr, So 9.00 bis 24.00 Uhr, Küche bis 23.00 Uhr, So bis 22.00 Uhr
FASSBIER Laško Pivo, Murauer Steirergold, Gratzer Naturbier Johann
FLASCHENBIER Eule Koffeinbier, Laško Pivo, Gratzer Naturbier Johann, Murauer Doppelmalz, Murauer Märzen, Murau-

STEIERMARK

GRAZ

Eckhaus

Eschenlaube

er Weißbier, Murauer Zitronenradler, Erdinger Alkoholfrei, Schloß Eggenberg Freibier Alkoholfrei
LOKAL Schöne, große Bar mit freundlicher Bedienung. Im Keller oft Live-Bands zu hören – zu ebener Erde gibt's ein Bücherregal für Bookcrosser.

ECKHAUS
8010 Graz, Rechbauerstraße 15
0 66 4/461 06 07
eckhaus@eckhaus.at
www.eckhaus.at
ÖFFNUNGSZEITEN Täglich 9.00 bis 2.00 Uhr, kein Ruhetag
FASSBIER Puntigamer, Starobrno, Paulaner Hefeweizen
FLASCHENBIER Wieselburger Stammbräu, Corona, Heineken, Gösser Gold, Reininghaus Doppelmalz, Schlossgold
LOKAL Stimmungsvolles Studentenlokal bei der Alten Technik mit interessanten Snacks: Pizza-Puzzle, Toast-Puzzle, Salat Puzzle. Lange Theke, viele Cocktails – unter anderem Speed-Beer mit Red Bull. Sehr bemühtes Personal, auch die Bierpflege ist einwandfrei. 60 Sitzplätze, 20 an der Bar.

ESCHENLAUBE
8010 Graz, Glacisstraße 63
0 31 6/81 04 57
info@eschenlaube.at
www.eschenlaube.at
ÖFFNUNGSZEITEN Mo–Sa 11.30 bis 1.00 Uhr, So u. Feiertage Ruhetag
FASSBIER Puntigamer Panther (Tank), Starobrno Altbrünner Gold, Gösser Zwickl Naturtrüb
FLASCHENBIER Gösser Stiftsbräu Dunkel, Gösser Märzen, Gösser Naturradler, Edelweiss Hefetrüb, Edelweiss Alkoholfrei, Weihenstephaner Weizen, Schlossgold, Gösser Naturgold
LOKAL Die Eschenlaube war ursprünglich im Jahr 1795 als Pferdestall erbaut worden. Im Jahr 1858 wurde das kleine Gebäude erstmals ein Gasthaus. Es entwickelte eine große Tradition, die nach einer gründlichen Renovierung zur Einrichtung dieses Lokals im Mai 2005 führte. Nun zelebriert man hier Bier und internationale Küche (z.B. nordafrikanische, italienische und französische Speisen). Immer wieder Veranstaltungen, samstag meist Livemusik – und wechseln-

de Ausstellungen. Besonders schöner, romantischer Garten. 95 Sitzplätze im Lokal, 30 Plätze an der Bar, 100 Sitzplätze im Garten.

FEINKOST MILD
8010 Graz, Stubenberggasse 7
0 316/82 13 55
feinkostmild@gmx.at
www.feinkostmild.at
ÖFFNUNGSZEITEN Mo–Fr 11.00 bis 21.30 Uhr, Sa 18.00 bis 21.30 Uhr
FASSBIER Puntigamer, Starobrno, Schladminger Bio-Zwickl, Reininghaus Jahrgangspils
FLASCHENBIER Eule Koffeinbier, Astra Rotlicht, Astra Urtyp, Flensburger Pilsner, Kaltenhauser Pale Ale, Augustiner Edelstoff, drei Gratzer Biere
LOKAL Aus einem ehemaligen Feinkostgeschäft – schon der Großvater des heutigen Besitzers betrieb hier 1956 einen Feinkostladen, das alte Geschäftsschild ist heute ein vielbestauntes Dekorationsstück – wurde 2015 ein moderner Sandwich-Club gestaltet: Ein Renault Voltigeur (Baujahr 1963) wurde aufgeschnitten und als Sandwich-Bar im rechten Teil des Lokals installiert. Links geht es weiterhin nach hinten an die Feinkost-Bar. 15 Sitzplätze, 15 Stehplätze an zwei Bars.

FLANN O'BRIEN
8020 Graz, Paradeisgasse 1
0 31 6/82 96 20
office@flannobrien.at
www.flannobrien.at
ÖFFNUNGSZEITEN Mo–Do 11.00 bis 2.00 Uhr, Fr–Sa 11.00 bis 3.00 Uhr, So 15.00 bis 1.00 Uhr
FASSBIER Guinness, Kilkenny, Heineken, Gösser Gold, Wieselburger, Fosters, Warsteiner, Starobrno
FLASCHENBIER Beck's, Newcastle Brown Ale, Budweiser, Edelweiss Hefetrüb und Dunkel, Wieselburger Stammbräu, Heineken, Fosters Ice, Schlossgold
LOKAL Schöne, typisch irische Bar: Das größte Irish Pub von Graz heißt nach einem irischen Nationaldichter (eigentlich mit bürgerlichem Namen Brain O'Nolan) – und die Um-

3 x Bier & Kulinarik in Graz

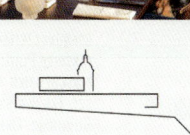

Glöckl Bräu
Bierseminare aus dem Holzfass

Graz, Glockenspielplatz 2-3
Tel. 0316 / 81 47 81
www.gloecklbraeu.at

Täglich 10.30-24 Uhr

SCHLOSSBERG
Restaurant | Veranstaltungszentrum

Graz, Am Schlossberg 7
Tel. 0316 / 84 00 00
www.schlossberggraz.at

Mo-Mi: 17-24, Do-Sa: 11-24, So: 11-18

Gösser Bräu

Graz, Neutorgasse 48
Tel. 0316 / 82 99 09
www.goesserbraeugraz.at

7 Tage geöffnet

Fotos: Krug

BETRIEBE DER GROSSAUER-GRUPPE

STEIERMARK

GRAZ

Glöckl Bräu

Gösser Bräu Graz

gangssprache hier ist Englisch. Sehr authentisch gemacht, die gesamte Einrichtung stammt aus Irland, sogar der Fisch für Fish 'n' Chips kommt aus Galway Bay. Solides Pub-food zu fairen Preisen. Es gibt Burger, Wedges, Pommes und einen ausgezeichneten Irish Stew als Bierbegleitung. Alles zu fairen Pub Preisen. Immer wieder Livemusik. Ca. 300 Plätze.

GLÖCKL BRÄU

8010 Graz, Glockenspielplatz 2–3
0 31 6/81 47 81
office@gloecklbraeu.at
www.gloecklbraeu.at
ÖFFNUNGSZEITEN Täglich 10.30 bis 24.00 Uhr
FASSBIER Glöckl Bräu aus dem Holzfass, Glöckl Zwickl, Reininghaus Pils, Schneider Weisse, Saisonbiere wie Maibock, Winterbier und Sommerbier
FLASCHENBIER Schneider Weisse Aventinus, Schneider Weisse Eisbock, Gösser Stiftsbräu, Reininghaus Malz, Schlossgold, Schneider Weisse Alkoholfrei
LOKAL Das Glöckl Bräu wird von der Brauerei Puntigam exklusiv für die Familie Grossauer gebraut und aus dem Holzfass gezapft. Apropos anzapfen: Wenn die Glocke läutet, bedeutet das, dass ein neues Fass angeschlagen wird. Die Grossauers sind hervorragende Gastgeber, alle Biere werden mit Expertise auf der Karte erklärt. Sie schauen auch darauf, dass im Glöckl Bräu immer etwas für alle ist – so wird etwa für den Mai eines der wenigen Maibock-Biere Österreichs gebraut. Vormittags gibt es ein spezielles Weißwurst-Angebot, täglich ab 17 Uhr gibt's Ripperl. 160 Sitzplätze im Lokal, 30 an der Bar im Erdgeschoß. 170 Sitzplätze im Schanigarten.

VERMISSEN SIE IHR LIEBLINGS-BIERLOKAL?

DANN SCHREIBEN SIE UNS:
bierguide2017@gmx.at

GÖSSER BRÄU GRAZ

8010 Graz, Neutorgasse 48
0 31 6/82 99 09
office@goesserbraeugraz.at
www.goesserbraeugraz.at
ÖFFNUNGSZEITEN Mo–Mi 11.30 bis 22.00 Uhr, Do–Sa 11.30 bis 24.00 Uhr, So 11.00 bis 21.00 Uhr
FASSBIER Gösser, Spezial, Stiftsbräu, Zwickl, Schladminger Schneeweisse, Naturradler, Naturgold. Saisonal: Bock, Sommerbier, Oktoberbräu, Dunkles Zwickl, Winterbock
FLASCHENBIER Heineken, Schlossgold
LOKAL Wirt Robert Grossauer von der Grazer Gastronomen-Familie führt „die Gösser", wie liebevoll von den Grazern genannt wird, seit 2005. Beim Betreten der Gösser sieht man gleich die imposante Bar mit der Kupferhaube aus dem ehemaligen Sudhaus von der Brauerei Göss. Traditionell bestellt man ein „Spezial von oben", so nennen die Steirer ihre langsame Halbe. Kulinarisch ist die Gösser bekannt für das Gulasch und Riesenschnitzel. Am Wochenende empfiehlt man das saftige steirische Backhendl mit Erdäpfelsalat. Brauhausbrunch mit Harmonikaspieler und Bierfesttermine unter www.goesserbraeugraz.at 400 Sitzplätze im Lokal, 40 an der Bar, 150 im Biergarten.

HOPFENLAUBE

8010 Graz, Brockmanngasse 87
0 31 6/82 61 53
office@hopfenlaube.at
www.hopfenlaube.at
ÖFFNUNGSZEITEN Mi–Sa von 20.00 bis 2.00 Uhr
FASSBIER Puntigamer, Wieselburger
FLASCHENBIER Heineken, Wieselburger Stammbräu, Budweiser, Edelweiss Dunkel, Edelweiss Kristall, Carlsberg, Tuborg, Guinness, Clausthaler
LOKAL Ein Lokal, das irgendwie aus der Zeit gefallen ist: Gute Rockmusik (ab und zu live), freundliche Bedienung (der Chef Markus zapft selber) und eine Stimmung, wie man sie aus Studententagen kennt. Man ist mit jedem rasch befreundet. Um hineinzukommen, muss man durch ein unscheinbares Haustor und einen langen Gang zum Stiegenabgang gehen. Für treue Wieselburger-Fans gibt es ab und zu Verlosungen. Happy Hour 19.00 bis 20.00 Uhr. 100 Sitzplätze, 5 an der Bar.

STEIERMARK
GRAZ

Landhauskeller

O' Carolan's

LANDHAUSKELLER 🍺🍺🍺
8010 Graz, Schmiedgasse 9
0 31 6/83 02 76
landhauskeller@aiola.at
www.aiola.at
ÖFFNUNGSZEITEN Mo–Fr 12.00 bis 2.00 Uhr
FASSBIER Puntigamer Panther, Reininghaus Jahrgangspils
FLASCHENBIER Reininghaus Doppelmalz, Edelweiss Hefetrüb und Alkoholfrei, Gösser Zitronenradler, Gösser Alkoholfrei
LOKAL Gutbürgerliches Wirtshaus, das einerseits die „gute Stube" von Graz darstellt, andererseits aber auch einlädt, einfach auf ein Bier an die Schank zu kommen. Und das alles seit 1561. Nach einem Pächterwechsel und Umbau offeriert das Team regionale Schmankerln. Der Restaurantbereich wurde durch einen Barbereich ergänzt. Cocktailbar mit internationalem Konzept, Club Katze Katze.Keller. Restaurant: 130 Sitzplätze, ca. 60 an der Bar, ca. 120 Sitzplätze im Garten.

MOLLY MALONE 🍺🍺
8010 Graz, Färbergasse 15
0 31 6/83 30 80
office@molly-malone.at
www.molly-malone.at
ÖFFNUNGSZEITEN Mo–Sa 11.00 bis Open End, So Ruhetag
FASSBIER Guinness, Kilkenny, Starobrno, Puntigamer Panther, Heineken, Weihenstephaner Hefetrüb und ein Bier nach Saison.
FLASCHENBIER New Castle Brown Ale, Fuller's London Pride, Augustiner Edelstoff, Wieselburger, Gösser Stiftsbräu, Gösser Naturradler Zitrone, Corona, Gösser Naturgold und Edelweiß Alkoholfrei
LOKAL Wirkt sehr authentisch, auch wenn die Kellner eher Steirisch als Englisch sprechen – dafür bieten sie neben den Bieren auch eine große Auswahl an Cider an. 150 Sitzplätze, 30 an der Bar, 60 im Garten, getrennter Nichtraucherbereich.

O'CAROLAN'S 🍺🍺🍺🍺
8010 Graz, Badgasse 2
0 31 6/82 87 91
agneskasper@hotmail.com, o.carolan.s@hotmail.com
www.facebook.com/OCarolansIrishPubGraz
ÖFFNUNGSZEITEN Jänner–Juni: 19.00 bis 4.00 Uhr, Juli–August: 20.00 bis 4.00 Uhr, September–Oktober: 19.00 bis 4.00 Uhr, November–Dezember: 18.00 bis 4.00 Uhr
FASSBIER Murphy's Stout, Guinness, Kilkenny, Fuller's Indian Pale Ale, Starobrno, Murauer Steirergold, Magners Cider
FLASCHENBIER Heineken, Budweiser, Corona, Miller, Stella Artois, Paulaner Hefe, Grolsch, Desperados, Murauer Radler, Karlovacko, Velkopopovický Kozel, Newcastle Brown Ale, Velkopopovický Kozel Dunkel, Beck's Alkoholfrei, Somersby Cider, Bulmers Cider
LOKAL Obwohl (oder vielleicht weil?) dieses Pub zu den kleinsten Irish Pubs Österreichs zählt, ist dieses unscheinbare Lokal sehr authentisch. Es ist stets gut besucht und beeindruckt seit mehr als 15 Jahren mit einer Auswahl, wie man sie sonst vergeblich sucht, es ist das einzige Irish Pub in Graz, das Murphy's Stout zapft. Ca. 30 Plätze und 20 an der Bar.

O'RIGINAL IRISH PUB 🍺🍺
8010 Graz, Schönaugasse 5
0 31 6/83 59 19
info@originalirishpub.com
www.originalirishpub.com

STEIERMARK

GRAZ

Posaune

Propeller im Schuberthof

ÖFFNUNGSZEITEN Mo–Fr 12.00 bis 4.00 Uhr, Sa–So & Feiertage 16.00 bis 4.00 Uhr
FASSBIER Guinness, Kilkenny, Murauer Steirergold, Murauer Zwickl, Laurenzi Bräu, Strongbow Cider
FLASCHENBIER Astra Urtyp, Augustiner Edelstoff, Fuller's London Pride, Fuller's Golden Pride, Fuller's Honey Dew, Newcastle Brown Ale, Victoria Bitter, Gösser Märzen, Puntigamer, Wieselburger Stammbräu, Corona Extra, Desperados, Paulaner Weißbier, Gösser Naturgold, Murauer Lemongras, Murauer Preisel&Bier, Heineken. Cider: Somersby Apple, Magners Pear, Kopparberg Strawberry Lime, Kopparberg Elderflower Lime
LOKAL Seit 1998 ein Fixstern der steirischen Pub-Szene. Neuübernahme im März 2012 durch Wirt Fabian Alexander. Original Beer Garden, komplett überdacht im Innenhof mit Bildschirm für diverse Sport Live Events. 100 Plätze, 30 Plätze im Schanigarten.

POSAUNE

8010 Graz, Zinzendorfgasse 34
0 316/32 70 73
posaune@diebausatzlokale.at
www.diebausatzlokale.at
ÖFFNUNGSZEITEN Mo–So 10.00 bis 2.00 Uhr
FASSBIER Murauer, Erdinger, Murauer Radler
FLASCHENBIER Gösser, Puntigamer, Wieselburger, Clausthaler
LOKAL Studentenkneipe in der Nähe der Karl Franzens Universität, etwas laut, aber das Bier wird auch spätnachts noch sorgsam gezapft. Und man kann sich recht preiswert Jacket Potatoes, Pizza, Toast und Salat essen: Dafür gibt es – wie auch im Bierbaron – einen Bausatzzettel, auf dem man die gewünschten Zutaten ankreuzen kann. 60 Plätze.

PROPELLER IM SCHUBERTHOF

8010 Graz, Zinzendorfgasse 17
0 316/22 50 53
contact@propeller.co.at
www.propeller.co.at
ÖFFNUNGSZEITEN Mo–So 10.00 bis 2.00 Uhr
FASSBIER Pilsner Urquell (Tank), Stiegl Goldbräu, Stiegl Grapefruit Radler, Stiegl Zwickl
FLASCHENBIER Stiegl Braukunst, Stiegl Weisse, Stiegl Sport-Weisse – gelegentlich importierte Craft Biere.
LOKAL Im Schuberthof gab es schon seit urdenklichen Zeiten ein Studentenlokal – 2013 hat es ein kräftiges Facelifting erfahren und ist nun ein Aushängeschild der Pilsner-Urquell-Kultur in der Steiermark, das auch 2015 als steirisches Bierlokal des Jahres ausgezeichnet wurde. Sehr auffallend sind die Ausschanktanks im Garten und an der Bar. Und gezapft wird das Pilsner je nach Bestellung „milchig" mit viel Schaum oder konventionell. 150 Plätze im Lokal, 50 an den Bars, 200 im Garten.

RUDOLF ERLEBNISBRAUEREI

8020 Graz, Eggenberger Allee 91
0 316/58 13 34
info@rudolf-brau.com
www.rudolf-brau.com
ÖFFNUNGSZEITEN Täglich ab 8.00 Uhr
FASSBIER Rudolf Hausbier, Rudolf Weizen Dunkel, Rudolf Zwickl, Heineken
FLASCHENBIER Heineken, Corona, Desperados, Gösser Naturgold
LOKAL Lässt sich das Bier in Salzburg brauen – und ist damit recht erfolgreich. Vor allem wird auf die richtige Zapftemperatur und auf gepflegtes Einschenken geachtet. Das Ambiente fordert direkt auf, sich ein Time-out zu nehmen und einfach den Abend zu genießen. 400 Sitzplätze im Lokal, 150 im Garten, 100 an der Bar.

S'BIERGARTL

8010 Graz, Schönaugasse 41
0 316/83 99 28
lecker@sbiergartl.at
www.sbiergartl.at
ÖFFNUNGSZEITEN Mo–Fr 10.00 bis 23.00 Uhr
FASSBIER Puntigamer, Schladminger Bio Zwickl
FLASCHENBIER Murauer, Puntigamer, Gösser Naturgold, Gösser Märzen, Gösser Naturradler, Kaiser Doppelmalz, Edelweiss Hefetrüb, Heineken, Bier des Monats
LOKAL Kleine Bierbar, in deren Kühlschrank sich immer wieder Spezialitäten außerhalb der Karte finden (etwa Peroni, Karlovacko, American Bud). Im Herbst gibt es ein Oktoberfestbier

307
STEIERMARK
GRAZ

The Office Pub

vom Löwenbräu München. 40 Sitzplätze im Lokal, 25 Sitzplätze im Biergartl.

RESTAURANT & BIERGARTEN SCHLOSSBERG 🍺🍺🍺
8010 Graz, Schloßberg 7
0 31 6/84 00 00
office@schlossberggraz.at
www.schlossberggraz.at
ÖFFNUNGSZEITEN Biergarten Schloßberg: nach Wetterlage und Jahreszeit tägl. ab 9.00 Uhr; Restaurant Schloßberg: Mo–Sa 11.00 bis 24.00 Uhr (Küche 11.00 bis 22.00 Uhr), So 11.00 bis 18.00 Uhr (Küche 11.00 bis 17.00 Uhr); Bar Schloßberg: Mo–Mi 16.00 bis 24.00 Uhr, Do–Sa 11.00 bis 2.00 Uhr, So & Feiertage 11.00 bis 24.00 Uhr
FASSBIER Puntigamer, Reininghaus (im Garten jeweils nur ein Bier vom Fass), Heineken
FLASCHENBIER Reininghaus Jahrgangspils, Schladminger Schneeweisse, Gösser Naturradler, Gösser Stiftsbräu, Schlossgold
LOKAL Der spektakuläre Umbau des Schlossberg Restaurants gleich bei der Bergstation der Standseilbahn ermöglicht es, auch im Winter ein Bier mit Ausblick auf Graz zu trinken – im Sommer sitzt man gern im Biergarten vor der Tür. Franz Grossauer hat den Biergarten und das Restaurant an der Fernberger Bastei auf dem Schlossberg-Plateau im Jahr 2007 revitalisiert. Man kommt mit der Standseilbahn mit dem Lift hinauf und wieder hinunter in die Stadt. Die Bar bietet auf 464 Meter einen schönen Blick über Graz.

THE OFFICE PUB 🍺🍺🍺
8010 Graz, Trauttmansdorffgasse 3
0 66 0/700 54 60
office@theofficepub.com
www.theofficepubgraz.com
ÖFFNUNGSZEITEN Mo 18.00 bis 3.00 Uhr, Di 17.00 Uhr bis 3.00 Uhr, Mi–Sa 18.00 bis 3.00 Uhr, So 12.00 bis 24.00 Uhr
FASSBIER Guinness, Murauer, Kilkenny, Fuller's Pale Ale, Fuller's India Pale Ale, Heineken, Strongbow Cider
FLASCHENBIER Murauer Pils, Murauer Doppelmalz, Newcastle Brown Ale, Erdinger, Erdinger Urweisse, Clausthaler, Corona, Desperados, Victoria Bitter, Zipfer Radler, Budweiser, Heineken
LOKAL Typisches britisch-irisches Pub in der Grazer Innenstadt mit Wuzzler, Pool Billard, Dart und Großbild TV für Sportübertragungen, neue Bar im 1. Stock. Diverse events: Montag Spiele-Nacht, Dienstag Quiz-Nacht, Mittwoch Erasmus-Nacht, Donnerstag Beat the Boss Quiz. 300 Sitzplätze im Lokal, 60 Plätze in der Bar.

THE PUB ON MARIAHILFERPLATZ 🍺🍺🍺
8020 Graz, Mariahilferplatz 20
0 316 / 77 30 30
www.facebook.com/thepubgraz
ÖFFNUNGSZEITEN Mo–So 17.00 bis 2.00 Uhr
FASSBIER Pub Beer, Guinness, Puntigamer, Gösser Dunkles Zwickl, Heineken, Starobrno, Kilkenny, Newcastle Brown Ale, Murphy's Irish Red and Stout, Edelweiss
FLASCHENBIER Gösser Naturradler, Schlossgold
LOKAL Im Sommer 2012 neu geschaffenes Lokal im Annenviertel: Jürgen Gläser hat am Mariahilferplatz ein britisches Pub mit langer Theke, Dartboard (gratis an Dienstagen) und einem regelmäßigen Pub-Quiz (jeweils Donnerstag um 19.30 Uhr) eingerichtet. 80 Plätze an der Bar, 70 im Schanigarten.

THOMAWIRT 🍺🍺
8010 Graz, Leonhardstraße 40–42
0 31 6/32 86 37
office@thomawirt.at
www.thomawirt.at
ÖFFNUNGSZEITEN Täglich 8.00 bis 1.00 Uhr, Küche von 12.00 bis 24.00 Uhr, Frühstück 8.00 bis 12.00 Uhr
FASSBIER Thomabräu (Murauer Pils), Murauer Märzen, Erdinger
FLASCHENBIER Trumer Pils
LOKAL Eine echte Bereicherung des Grazer Nachtlebens – wegen der langen Öffnungszeiten sowieso, aber auch wegen des schönen Designs (Ziegelwände, viel Kunst, viel dunkles Holz) und der angenehmen Gesamtstimmung. Das Lokal ist auf drei Geschoße verteilt, im Erdgeschoß befindet sich tagsüber ein Café, das sich zu gegebener Zeit in eine Bar verwandelt, darunter liegen ein Restaurant und eine Music Bar. Jeden Sonntag gibt es ab 20.30 Uhr ein Live-Konzert bei freiem Eintritt. 90 Plätze, 15 an der Bar.

STEIERMARK

GRAZ

Zanklstüberl

ZANKLSTÜBERL
8051 Graz, Zanklstraße 45
0 66 4/152 94 28
zanklstueberl@gmx.at
ÖFFNUNGSZEITEN Mo–Fr 9.30 bis 21.00 Uhr, Sa 10.30 bis 21.00 Uhr
FASSBIER Puntigamer, Gösser Zwickl
FLASCHENBIER Edelweiss, Gösser Naturgold
LOKAL Kleine Bierbar in einem alten Industriegebäude, kleiner, feiner Garten am Mühlgang hinter dem Haus. Besonders gute Bierpflege durch Begleitkühlung der Bierleitungen. 20 Plätze im Lokal, 8 an der Bar, 12 im Garten.

ZU DEN 3 GOLDENEN KUGELN – GRIESPLATZ
8020 Graz, Griesplatz 34
0 31 6/71 25 00
office@3goldenekugeln.at
www.3goldenekugeln.at
ÖFFNUNGSZEITEN Mo–Fr 9.00 bis 23.00 Uhr, Sa 10.00 bis 24.00 Uhr, So 10.00 bis 23.00 Uhr
FASSBIER Puntigamer, Wieselburger, Heineken, Budweiser, Weihenstephaner Weizenbier, Saisonbiere
FLASCHENBIER Murauer Märzen, Wieselburger Stammbräu, Edelweiss Weizenbier, Edelweiss Weizenbier Alkoholfrei, Gösser Naturgold, Schlossgold
LOKAL Eine eigenwillige Art von Systemgastronomie – verbindet steirische Wirtshausküche zum Diskontpreis mit durchaus beachtlicher Bierkultur. Die Speisenauswahl belief sich am Anfang nur auf insgesamt 5 Speisen! Die Renner (damals wie heute) das Riesen Wiener sowie das Riesen-Cordon Bleu. Wie eine Bombe schlug dann auch die allseits bekannte Riesen Schnitzelsemmel ein, welche mittlerweile aus gutem Grund in der Uni-Gegend nicht mehr wegzudenken ist. Hier am Griesplatz entstand im Jahr 2000 der erste Tochterbetrieb der Goldenen Kugel. Das Konzept hat sich an mehreren Standorten in Graz und Leoben durchgesetzt, aber dieser ist vom Gebäude her der urigste. 100 Plätze.

ZU DEN 3 GOLDENEN KUGELN – DIE ERSTE KUGEL
8010 Graz, Heinrichstraße 17
0 31 6/36 16 36
office@3goldenekugeln.at
www.3goldenekugeln.at
ÖFFNUNGSZEITEN Mo–Fr 9.00 bis 23.00 Uhr, Sa–So 9.00 bis 22.00 Uhr
FASSBIER Puntigamer, Wieselburger, Heineken, Budweiser, Weihenstephaner Weizenbier, Saisonbiere
FLASCHENBIER Murauer Märzen, Wieselburger Stammbräu, Edelweiss Weizenbier, Edelweiss Weizenbier Alkoholfrei, Gösser Naturgold, Schlossgold
LOKAL Die Familie Stangl hat hier 1996 den inzwischen mehrfach erfolgreich weiterentwickelten Leitspruch „Groß – Gut – Günstig" in einem alten Gastbetrieb erstmals neu umgesetzt. 120 Sitzplätze, 5 Plätze an der Bar.

ZU DEN 3 GOLDENEN KUGELN „FILIALE BAHNHOF"
8010 Graz, Bahnhofgürtel 89
0 31 6/71 43 00
office@3goldenekugeln.at
www.3goldenekugeln.at
ÖFFNUNGSZEITEN Mo–Fr 8.30 bis 24.00 Uhr, Sa–So 10.00 bis 24.00 Uhr
FASSBIER Puntigamer, Wieselburger, Heineken, Budweiser, Weihenstephaner Weizenbier, Saisonbiere
FLASCHENBIER Murauer Märzen, Wieselburger Stammbräu, Edelweiss Weizenbier, Edelweiss Weizenbier Alkoholfrei, Gösser Naturgold, Schlossgold
LOKAL Gegenüber vom Hauptbahnhof und neben dem Hotel Europa. Schöne kleine Bar, der Bereich rundherum ist in der Art eines Indoor-Gartens gestaltet. Witzig die Karte, auf der genau 26 Positionen aufgelistet sind, die im Preis enthalten sind (unter anderem die anteilige Lohn- und Kirchensteuer, die Kammerabgabe und die Sozialversicherung) – daher die Formel „Für Ihren Besuch bedanken sich das Finanzamt, die Gemeinde und der Wirt". 140 Sitzplätze im Lokal, 14 an der Bar, 30 Sitzplätze im Garten.

309
STEIERMARK

GRAZ · HART BEI GRAZ · HARTBERG

Zur alten Press

John Cor

ZU DEN 3 GOLDENEN KUGELN „FILIALE LEONHARD"
8010 Graz, Riesplatz 1
0 31 6/34 66 65
office@3goldenekugeln.at
www.3goldenekugeln.at
ÖFFNUNGSZEITEN Mo–Fr 7.00 bis 21.30 Uhr, Sa 10.00 bis 20.00 Uhr, So 10.00 bis 21.00 Uhr
FASSBIER Puntigamer, Wieselburger, Heineken, Budweiser, Weihenstephaner Weizenbier, Saisonbiere
FLASCHENBIER Murauer Märzen, Wieselburger Stammbräu, Edelweiss Weizenbier, Edelweiss Weizenbier Alkoholfrei, Gösser Naturgold, Schlossgold
LOKAL Uriges Lokal mit Kaminzimmer und Wintergarten, große Terrasse, Kachelofen. Da sich dieses Lokal beim Eingangsbereich des LKH befindet, sind viele Ärzte zu Gast. 150 Sitzplätze im Lokal, 10 an der Bar, 60 im Garten.

ZUR ALTEN PRESS
8020 Graz, Griesgasse 8
0 31 6/71 97 70
skrobanek@zuraltenpress.at
www.zuraltenpress.at
ÖFFNUNGSZEITEN Mo–Fr 10.00 bis 24.00 Uhr, Sa 10.00 bis 15.00 Uhr, So Ruhetag
FASSBIER Budweiser, Puntigamer Panther, Puntigamer Zwickl
FLASCHENBIER Gösser Märzen/Stift/Bock Hell, Puntigamer Märzen, Weihenstephaner Hefe Hell, Clausthaler
LOKAL Traditionswirtshaus in der Murvorstadt, der Südtirolerplatz ist um´s Eck: urig-deftig das Mobiliar, urig-deftig auch das Speiseangebot (Kernöleierspeis mit Speck & Liebstöckl) – aber es gibt auch Verfeinerungen wie in Bier geschmorte Schweinsbackerl mit Lauchgemüse und Erdäpfel-Kren-Püree. 100 Plätze, Garten: 50 Plätze.

HART BEI GRAZ

MARIENBRÄU
8075 Hart bei Graz, Rupertistraße 80
0 31 6/47 11 30
marienbraeu@aon.at
www.marienbraeu.at
ÖFFNUNGSZEITEN Mi–Sa ab 15.00 Uhr. Ab einer Gruppe von 25 Personen sind Reservierungen auch außerhalb der Öffnungszeiten möglich.
FASSBIER Marienbräu Hell, Marienbräu Dunkel, saisonale Sondersorten, z.B. Fastenbier, Frühlingsbier, Herbstbier, Holunderblüten-Weißbier, Kastanienbier, Sommerpils, Vollmondbier, Winterbier u.v.m.
LOKAL Idyllisch am Grazer Stadtrand gelegen, ist das Marienbräu von Anfang (im Juli 2004) an zu einem recht beliebten Ausflugsziel geworden. Die Zutaten der Speisen stammen ausschließlich aus kleinbäuerlicher Produktion der näheren Umgebung. Die kleine Bar ist recht stimmungsvoll – ansonsten entsteht hier wie in vielen Hausbrauereien der Steiermark ein bisschen der Eindruck, dass man sich eher an Buschenschenken als an bürgerlichen Brauhäusern ein Vorbild nimmt. Auch die Biere könnten mutiger sein. 110 Plätze im Lokal, 70 im Garten. Neu: das eigene Bier-Mobil gefüllt mit selbst gebrautem Naturbier (50 bis 200 Liter, Biersorte wählbar, Durchlaufkühler, inkl. Gläser) und jederzeit zu mieten für Firmenfeiern, Geburtstagsfeiern … Anfragen an Edwin Strobl, 0 31 6/47 11 30.

HARTBERG

JOHN COR
8230 Hartberg, Wiener Straße 30
0 33 32/665 22 und 0 66 0/110 19 14
bernhard.scherf@aon.at
ÖFFNUNGSZEITEN Mo–Sa 9.00 bis open end, So geschlossen
FASSBIER Puntigamer, Gösser Zwickl Dunkel, Warsteiner, König

STEIERMARK

HARTBERG · HENGSBERG

Hengistpub

Kirchenwirt – Gasthof Schuchlenz

Ludwig Weizenbier, Guinness, Kilkenny, Starobrno „Altbrünner Gold", verschiedene Saisonbiere
FLASCHENBIER Edelweiss Hofbräu, Schlossgold, Heineken, Gösser Naturradler, Corona, Desperados, Wieselburger Stammbräu, verschiedene Saisonbiere
LOKAL Der Himmel hängt in diesem netten kleinen Irish Pub nicht voller Geigen, sondern voller Blechblasinstrumente. Mit denen ist das Lokal in der Fußgängerzone sehr stilgerecht dekoriert – und auch wenn die Umgangssprache Deutsch ist, wird durch das freundliche Personal eine durchaus irische Gemütlichkeit vermittelt. 40 Sitzplätze, 85 Whisky-Sorten. ✦

ZUM BRAUHAUS 🍺🍺🍺
8230 Hartberg, Wiener Straße 1
0 33 32/622 10
brauhaus@htb.at
www.brauhaus.co.at
ÖFFNUNGSZEITEN Di–Fr 9.00 bis 24.00 Uhr, Sa ab 8.30 Uhr, So 8.30 bis 14.00 Uhr, Mo Ruhetag
FASSBIER Hausbier, Reininghaus Pils, Gösser Stiftsbräu Dunkel, Ennstaler Schneeweisse, Gösser Zwickl, Schlossgold
LOKAL Dieses unmittelbar am Hauptplatz gelegene Haus kann als Aushängeschild der BrauUnion gelten. Sehr bemühte Bierpflege, bodenständige Küche und ein extrem freundlicher Service. Das Haus wurde bereits 1720 als Gasthof erwähnt, es war im 19. Jahrhundert eine Brauerei. Seit 1979 wird das Hartberger „Brauhaus" in fünfter Generation von Werner und Karoline Großschedl geführt. 180 Plätze im Lokal, 25 an der Bar, 60 im Garten. ✦✕🍽-11

HENGSBERG

HENGISTPUB 🍺🍺🍺
8411 Hengsberg, Schönberg 24
0 66 4/420 60 25
alexander.klement@hengistbier.at
www.hengistbier.at
ÖFFNUNGSZEITEN Di–Sa 11.00 bis 21.00 Uhr Uhr
FASSBIER Bernstein-Hausbier, Hengist Blond, Das Schwarze Hengist, Das Leichte Hengist, saisonal auch Starkbiere
LOKAL Ausschank der kleinen Hengist-Kulturbrauerei. Man kann diese während der Öffnungszeigen nebenbei besichti-

gen und im mit Clubsesseln ausgestatteten Pub die hauseigenen Biere verkosten. Die Küche bietet Burger (jede Woche eine Spezialität) und anderes Brewpub-Food.

KIRCHENWIRT – GASTHOF SCHUCHLENZ 🍺
8411 Hengsberg, Hengsberg 16
0 31 85/22 07
kirchenwirthengsberg@hotmail.com
ÖFFNUNGSZEITEN Mi–Mo 6.00 bis 24.00 Uhr, Di 11.00 bis 24.00 Uhr
FASSBIER Puntigamer Panther, Reininghaus Jahrgangspils, Heineken, Gösser dunkles Zwickl, Gösser Naturradler, Gösser Naturgold
FLASCHENBIER Puntigamer Märzen, Gösser Stiftsbräu, Edelweiss Hefetrüb, Desperados, Gösser Kracherl alkoholfrei
LOKAL Schöner Gasthof im Ortszentrum – Familie Bernhardt bietet bodenständige Küche zum fachmännisch gezapften Bier. Und für den kleinen Hunger gibt es Bierbrezen. Ca. 150 Plätze im Lokal, ca. 40 im Gastgarten.

LECKEREI BACHERLWIRT 🍺
8411 Hengsberg, Schrötten 5
0 31 85/296 73
office@leckerei-bacherlwirt.at
www.leckerei-bacherlwirt.at
ÖFFNUNGSZEITEN Di–So 10.00 bis 22.00 Uhr, Mo Ruhetag
FASSBIER Puntigamer Panther, Kaltenhausener Bernstein
FLASCHENBIER Heineken, Desperados, Schlossgold, Edelweiss Hofbräu, Gösser Naturgold, Puntigamer Dreh & Trink
LOKAL Eine „Genuss-Tankstelle" der besonderen Art. In der Schlemmerhütte werden sowohl steirische Schmankerln als auch Hausmannskost oder Steaks vom Rost angeboten. Im Café gibt es die angeblich besten hausgemachten Leckereien, und die Eisinsel bietet 30 eigene Eis-Kreationen. Der Gastgarten lädt danach bei einem kühlen Bier zum Entspannen ein. 250 Sitzplätze, ca. 70 im Garten.

311
STEIERMARK

HOF BEI STRADEN · JUDENBURG · KALSDORF BEI GRAZ · KAPFENBERG · KOBENZ BEI KNITTELFELD

O' Brien's Irish Pub

Hotel Restaurant Meyer

HOF BEI STRADEN

DORFWIRT PUXAMÜHLE
8345 Hof bei Straden, Nr. 34
0 34 73/82 60
gasthof.pock@aon.at
www.dorfwirt.at/steiermark/dorfwirte/radkersburg/puxamuehle.html
ÖFFNUNGSZEITEN 7.00 bis 24.00 Uhr, kein Ruhetag
FASSBIER Reininghaus, Gösser Naturradler
FLASCHENBIER Reininghaus Malz, Erdinger Naturtrüb, Schlossgold
LOKAL Das an der B 66 zwischen Bad Gleichenberg und Bad Radkersburg gelegene Dorfwirtshaus von Elisabeth Pock wurde 1999 von der „Kleinen Zeitung" als schönster Biergarten und 2001 als beliebtestes Lokal des Bezirks ausgezeichnet. Deftige Speisen (Kürbisspezialitäten, Heidensterz, Schwammerlsuppe) und Karpfen aus eigener Zucht. 250 Plätze im Lokal, Garten: 50 Plätze. ⊨-25

JUDENBURG

O' BRIEN'S IRISH PUB
8750 Judenburg, Hauptplatz 2
0 67 6/726 07 26
office@obriens.at
www.obriens.at
ÖFFNUNGSZEITEN Mi-Fr 17.00 bis open end, Sa 19.00 bis open end, So Ruhetag
FASSBIER Puntigamer, Guinness, Kilkenny, Puntigamer Almradler
FLASCHENBIER Franziskaner Weizen Hell, Franziskaner Weizen Dunkel, Heineken, Carlsberg, Budweiser Budvar, Foster's, Wieselburger Stammbräu, Corona, Desperados, Miller Genuine Draft, Strongbow Cider, Warsteiner, Beck's, Beck's Gold, Beck's Green Lemon, Murauer Preisel&Bier, Schlossgold
LOKAL Typisches irisches Bierpub an der Ecke von Hauptplatz und Herrengasse — allerdings spricht man hier deutsch. Und ziemlich kundig über Bier, denn Markus Kowatsch ist Biersommelier. Geboten wird Musik aus den 70ern, 80ern, 90ern & heute, dazu regelmäßig Live-Konzerte. Wer mit dem Bierangebot nicht das Auslangen findet, kann auch unter 20 verschiedenen Whiskys wählen. Themenpartys einmal im Monat, sechs Mal Feste im Innenhof. 30 Plätze im Lokal, Bar:15, Innenhofgarten: 25.

KALSDORF BEI GRAZ

HOTEL RESTAURANT MEYER
8401 Kalsdorf bei Graz, Bahnhofstraße 45
0 31 35/524 10
info@restaurant-meyer.at
www.restaurant-meyer.at
ÖFFNUNGSZEITEN Di–Sa 10.00 bis 22.00 Uhr, So 10.00 bis 18.00 Uhr, Feiertage 10.00 bis 15.00 Uhr
FASSBIER Reininghaus Jahrgangspils
FLASCHENBIER Edelweiss, Edelweiss Alkoholfrei
LOKAL Modern ausgestaltete Gaststätte gegenüber vom Bahnhof von Kalsdorf, schöner Gastgarten und gepflegtes Reininghaus-Pils — mit diesem Nobel-Bier ist das Hotel Meyer überhaupt der umsatzstärkste Wirt in der Steiermark. 150 Plätze in zwei Räumen, 5 an der Bar, 100 im Garten. ⊨-40

KAPFENBERG

KULTURCAFÉ QUALTINGER
8605 Kapfenberg, Mürzgasse 3
0 38 62/264 92
ÖFFNUNGSZEITEN Mo–Do 9.00 bis 23.00 Uhr, Fr–Sa 9.00 bis 1.00 Uhr, So–Feiertage 15.00 bis 22.00 Uhr
FASSBIER Gösser Märzen, Puntigamer, Weihenstephaner Weizen
FLASCHENBIER Guinness, Corona, Kilkenny, Heineken, Foster's, Hirter, Desperados, Wieselburger, Schlossgold
LOKAL Gemütliches Café am Tag — lebendiges Beisl am Abend mit attraktivem Bierangebot, öfter auch mit Livemusik. Über den Dächern von Kapfenberg liegende Dachterrasse mit Blick über die Altstadt. Großes Angebot an Zeitschriften und Zeitungen. 40 Plätze im Lokal, 15 an der Bar, 30 auf der Dachterrasse.

KOBENZ BEI KNITTELFELD

RAINER'S
8723 Kobenz bei Knittelfeld, Marktplatz 2
0 35 12/838 53-0
rainers-kobenz@gmx.at
www.rainers-kobenz.at
ÖFFNUNGSZEITEN Mi–So & Feiertage 10.00 Uhr bis Sperrstunde
FASSBIER Puntigamer, Gösser Naturradler, saisonal Schladminger Bio-Zwickl, Weihenspaner ...

312
STEIERMARK
KÖFLACH · LANNACH · LEIBNITZ

Cabasso

FLASCHENBIER Puntigamer, Edelweiss Weizen, Edelweiss Alkoholfrei, Gösser Zwickl, Gösser Stiftsbräu Dunkel, Puntigamer „Dreh", Gösser Naturgold, Heineken
LOKAL Seit drei Jahrzehnten ein Klassiker in der Ortschaft Kobenz im Murtal an den Ausläufern der Niederen Tauern. Kombiniert Bar, Pizzeria (Mittwoch ist Pizzatag mit speziellen Aktionspreisen) und lokale Spezialitäten. 55 Nichtraucher-Plätze, 60 Sitzplätze im hellem Wintergarten (Raucher), 60 Sitzplätze im schattigen Gastgarten, 140 Sitzplätze im Saal.

KÖFLACH

KUNST & KULTURCAFÉ REINISCH 🍺🍺🍺
8580 Köflach, Bahnhofstraße 6
0 67 6/315 03 44
office@reinisch-gasthof.at
www.reinisch-gasthof.at
ÖFFNUNGSZEITEN Mo–So 8.00 bis 24.00 Uhr
FASSBIER Gösser Gold, Puntigamer Panther, Starobrno, Reininghaus Jahrgangspils
FLASCHENBIER Corona, Birra Moretti, Weizen, Weihenstephaner, Heineken, Gösser Stiftsbräu, Schlossgold
LOKAL Sehr trendig gestalteter Ableger des Restaurant Reinisch – mit angeschlossener Schauküche und Salateria. 60 Sitzplätze im Lokal, 20 an der Bar, 40 Sitzplätze im Garten. 🍽-28

LANNACH

ORANGE 🍺
8502 Lannach, Radlpaßstraße 10
0 31 36/832 44
cafe-orange.webs.com
ÖFFNUNGSZEITEN Mo–Do 6.00 bis 24.00 Uhr, Fr 6.00 bis 2.00 Uhr, Sa 8.00 bis 2.00 Uhr, So 13.00 bis 24.00 Uhr
FASSBIER Gösser Gold, Puntigamer
FLASCHENBIER Wieselburger Stammbräu, Heineken, Edelweiss, Schlossgold
LOKAL An einer Ausfallstraße gelegene Bar, die offenbar keine Probleme mit den Nachbarn hat – und bei der örtlichen Jugend sehr beliebt ist. Lange, elegante Bar und ein wenig tropisch angehauchter Gastgarten. 50 Plätze im Lokal, 10 an der Bar, 20 im Garten.

LEIBNITZ

BIG BEN & THE SHAMROCK 🍺🍺🍺
8430 Leibnitz, Hauptplatz 3
0 34 52/734 14
florian.bobelka@belcom.at
www.bigben-leibnitz.at
ÖFFNUNGSZEITEN Do 18.00 bis 24.00 Uhr, Fr–Sa und vor Feiertagen 18.00 bis 2.00 Uhr
FASSBIER Guinness, Puntigamer
FLASCHENBIER Kilkenny, Corona, Heineken, Beck's Green Lemon, Desperados, Desperados Verde, Beck's, Miller's Draft, Wieselburger, Wieselburger Schwarzbier, Weihenstephaner Hefeweißbier, Gösser Alkoholfrei, Gösser Naturradler, Puntigamer
LOKAL Wenn man über die Treppe in den ersten Stock kommt, findet man sich unmittelbar in einem ziemlich authentischen englischen Pub, auch wenn es kein englisches Real Ale vom Fass gibt. Die Bar ist lang und dominiert den Raum, man kann sich aber auch an die Tische zurückziehen. Das angrenzende Irish Pub (mit anderen Öffnungszeiten) hat die Bar am gegenüberliegenden Ende. 70 Sitzplätze im Big Ben, weitere 60 im Shamrock.

CABASSO 🍺🍺
8430 Leibnitz, Hauptplatz 15
0 66 4/249 00 30
office@cabasso.cc
www.cabasso.cc
ÖFFNUNGSZEITEN Mo–Sa 7.00 bis 24.00 Uhr
FASSBIER Murauer Pils
FLASCHENBIER Heineken, Corona, Erdinger, Desperados, Murauer Radler, Clausthaler
LOKAL Die Terrasse dieses im ersten Stock eines Einkaufszentrums gelegenen Lokals ist die Loge, von der aus man ideal das Treiben auf dem Leibnitzer Hauptplatz beobachten kann. Die Bar ist groß und wird durch etliche Stehtische ergänzt – alles sehr zeitgemäß gestylt – gelegentlich finden hier auch Kunstausstellungen statt. Inhaber Thomas Agrinz erweist sich als guter und bierkundiger Gastgeber. 80 Sitzplätze, Terrasse: 30 Plätze.

STEIERMARK

LEOBEN

Arkadenhof – Gasthof Schwarzer Adler

Pub O' Cino

LEOBEN

ARKADENHOF – GASTHOF SCHWARZER ADLER 🍺🍺🍺
8700 Leoben, Hauptplatz 11
0 38 42/420 74
office@arkadenhof.at
www.arkadenhof.at, www.facebook.com/arkadenhof
ÖFFNUNGSZEITEN Mo–Sa 10.00 bis 24.00 Uhr, So und Feiertage bis 23.00 Uhr, kein Ruhetag
FASSBIER Gösser Zwickl Hell, Gösser Zwickl Dunkel, Gösser Stiftsbräu, Gösser Spezial, Gösser Gold
FLASCHENBIER Affligem, Weihenstephaner Hefeweißbier Hell, Weihenstephaner Hefeweißbier Dunkel, Weihenstephaner Hefeweißbier Alkoholfrei, Gösser Naturradler
LOKAL Die älteste Brauereigaststätte Leobens, im Jahr 1550 am Hauptplatz erbaut, ist eines der Traditionslokale von Gösser: „Wir erzählen Biergeschichte, denn wir sind Biergeschichte", lautet das Motto des Hauses, in dem auch immer wieder kommentierte Bierverkostungen stattfinden. Auf Vorbestellung gibt es das „Bierkulinarium", ein viergängiges Menü mit entsprechender Bierbegleitung – nicht zu verwechseln mit dem Biermenü! Das „Biermenü" hat hier Kultstatus, es besteht aus einem korrekt gezapften Gösser Gold und einem langsam gezapften Gösser Spezial (vier bis fünf Zentimeter hohe Schaumkrone!). Die Gäste rufen mit dem Handy von der Autobahn aus an, um sich das rituelle gezapfte Spezial vorab zu bestellen. An bierigen Speisen werden die Gösser Biersuppe, der Bierrostbraten und manchmal Früchte in Bierteig serviert. Der Arkadenhof wurde bereits zum Österreichischen Bier- und Käselokal gekürt. 150 Sitzplätze, 20 Plätze an der Bar, im Gastgarten ca. 80 Sitzplätze. (ca. 100 Betten im Hotel Kongress. Nächtigungsmöglichkeit im Gösser-Zimmer, dem ersten Hotelzimmer Österreichs mit einer integrierten Bierzapfanlage. www.hotelkongress.at).

PUB O' CINO 🍺🍺🍺🍺
8700 Leoben, Hauptplatz 11
0 38 42/420 74
office@arkadenhof.at
www.pubocino.at, www.facebook.com/pubocino
ÖFFNUNGSZEITEN Mo–Sa 10.00 bis 2.00 Uhr, So & Feiertage 10.00 bis 22.00 Uhr
FASSBIER Gösser Gold, Gösser Märzen, Gösser Stiftsbräu, Gösser Zwickl, Stiegl, Zipfer Urtyp, Murauer Märzen, Puntigamer Panther, Wieselburger Stammbräu, Hirter Märzen, Trumer Pils, Guinness
FLASCHENBIER Beck's, Augustiner Weißbier, Bitburger, Jever Pilsner, Diebels Alt, Lapin Culta, Adelscott, Mythos, Newcastle Brown Ale, Amstel, Heineken, Kilkenny, Moretti, Cobra, Kirin, Corona Extra, San Miguel, Tiger Beer, Budweiser, Efes, Anheuser Bush, Miller Genuine Draft u.v.m.
LOKAL Bierspezialitätenlokal als jüngere Alternative zum ehrwürdigen Arkadenhof, ein Aushängeschild der Stadt Leoben in Sachen Bier: jüngeres Publikum und echte Spezialitäten (wöchentlich wechselndes Angebot – etwa belgisches Kriek). Alle Mitarbeiter sind auf die Erklärung der Bierspezialitäten geschult. Immer wieder pfiffige Marketing-Aktionen – so kann man jeweils am Sonntag gegen Vorweis einer aktuellen Bus- oder Bahnkarte ein Freibier bekommen. An den Wänden zeigt ein 9 m langes und 90 cm hohes Bierregal an die 200 Flaschen Bier aus allen Ländern und Kontinenten. Wer eine Bierflasche mit ins Lokal nimmt, die hier noch nicht vorhanden ist, erhält ein Krügerl Gösser Gold, so möchte man die größte Bierflaschensammlung weltweit zusammenstellen. 40 Sitzplätze im Lokal, 20 Plätze an der Bar, 40 Sitzplätze im Garten.

314
STEIERMARK

LEOBEN · LEOBEN-GÖSS · LEUTSCHACH

Zu den 3 goldenen Kugeln

Gösserbräu – Brauhaus Restaurant

ZU DEN 3 GOLDENEN KUGELN
8700 Leoben, Hauptplatz 19 – LSC
0 38 42/450 10
leoben@3goldenekugeln.at
www.3goldenekugeln.at
ÖFFNUNGSZEITEN Mo–Fr 8.00 bis 19.30 Uhr, Sa 8.00 bis 19.00 Uhr, So & Feiertage geschlossen
FASSBIER Puntigamer, Wieselburger, Heineken, Budweiser, Weihenstephaner Weizenbier, Saisonbiere
FLASCHENBIER Murauer Märzen, Wieselburger Stammbräu, Edelweiss Weizenbier, Edelweiss Weizenbier Alkoholfrei, Gösser Naturgold, Schlossgold
LOKAL Direkt am Hauptplatz im Einkaufszentrum Leoben gelegen. Das Lokal wurde von den 3 goldenen Kugeln übernommen und fast zur Gänze neu eingerichtet. 350 Sitzplätze im Lokal. 7 Plätze an der Bar, 200 Sitzplätze im Garten.

ZUM GREIF
8700 Leoben, Waasenstraße 5
0 38 42/214 86
gasthof-zum-greif@aon.at
www.zum-greif.at
ÖFFNUNGSZEITEN Mo–Fr 10.00 bis 24.00 Uhr, Sa 10.00 bis 20.00 Uhr
FASSBIER Gösser Gold, Gösser Spezial, saisonal: Gösser Bock, Zwickl, Gösser Radler
FLASCHENBIER Gösser Märzen, Stiftsbräu, Zwickl, Radler, Edelweiss Hell, Schlossgold
LOKAL Schon am Eingang dieses 350 Jahre alten Wirtshauses prangt der namensgebende Greif – mitsamt den Brauerutensilien Maischescheit und Schöpfkelle. Wenn man kommt oder geht, wird mit dem ortstypischen „Glück Auf" der Bergleute gegrüßt. Ebenfalls ortstypisch: Hinter der kleinen Bar wird die Sitte gepflegt, ein Gösser Spezial möglichst langsam und mit viel kompaktem Schaum zu zapfen. Das kann ziemlich lang dauern – und ist vom Ergebnis her nicht jedermanns Sache. Der Greif ist nicht zuletzt bei Radfahrern beliebt: Der Radfahrweg R2 führt direkt am Haus vorbei und bei Problemen gibt es Radsport Illmaier gleich in der Nähe. 80 Plätze im Lokal, 100 Plätze im Festsaal „Gösseck", 10 an der Bar, 40 Plätze im Innenhofgarten. -20

LEOBEN-GÖSS
GÖSSERBRÄU – BRAUHAUS RESTAURANT
8700 Leoben-Göss, Turmgasse 3
0 38 42/285 30
office@goesserbraeu-leoben.at
www.goesserbraeu-leoben.at
ÖFFNUNGSZEITEN Täglich 9.00 bis 24.00 Uhr, Di Ruhetag
FASSBIER Gösser Gold, Gösser Zwickl, Gösser Märzen, Gösser Stiftsbräu, Gösser Naturradler, Gösser Naturgold
FLASCHENBIER Edelweiss Hefeweizen, Edelweiss Hefeweizen Alkoholfrei, Gösser Märzen
LOKAL Annemarie und Walter Trippolt, der seit 2013 auch Dipl. Biersommelier ist, führen den Brauereiausschank gegenüber der Gösser Brauerei – er hat im Frühjahr 2008 ein Facelifting erfahren und wurde daraufhin Steirisches Bierlokal des Jahres 2009. Es ist nun eines der schönsten Bierlokale der Steiermark – auch wenn das Äußere immer noch an einen Zweckbau der Nachkriegszeit erinnert. Plätze: Speisesaal 120, Abteistüberl 30, Schank 40, Festsaal 220, Gastgarten 120.

LEUTSCHACH
BRAUEREI LEUTSCHACH
8463 Leutschach, Schillerplatz 3
0 69 9/10 43 87 49
wolf@diebrauerei.com
www.diebrauerei.com
ÖFFNUNGSZEITEN Mi ab 14.00 Uhr, Do–Mo ab 10.00 Uhr, Di Ruhetag. September und Oktober durchgehend geöffnet.
FASSBIER RossNatur, Weizenwolf, Ginsengdrache, Weinbier, Bock n' Roll
FLASCHENBIER RossNatur, Weizenwolf, Ginsengdrache, Weinbier, Bock n' Roll
LOKAL Die Brauerei Leutschach ist Erlebnisbrauerei und Bierlokal bzw. Gasthaus, das mitten im steirischen Hopfenland liegt. Eigentlich sollte es nur eine kleine Produktionsstätte sein, in der dann aber auch Brauseminare abgehalten werden, die sich dann aber zu einem Treffpunkt des gesamten Ortes entwickelt hat – und wenn jemand im Haus ist, dann wird auch mal außerhalb der offiziellen Öffnungszeiten ausgeschenkt. Die

STEIERMARK

LEUTSCHACH · MARIAZELL

Brauhaus Mariazell – Girrer Bräu

Innovation des Jahres war das Weinbier: Als Basis dient das helle „RossNatur" genannte Bier. Für den Weingeschmack hat sich nach monatelangen Tests mit den verschiedensten Weinsorten und Jahrgängen der „Morillon Klassik" 2008 vom Weingut Erwin Sabathi als beste Wahl erwiesen. 40 Plätze im Lokal, 25 im Garten.

Finden Sie die **BESTEN BIERLOKALE** und Ihr **LIEBLINGSBIER** in Ihrer Umgebung. Mit Conrad Seidls **BIER GUIDE APP**.
Jetzt **GRATIS DOWNLOAD** im Play- oder Appstore!

TSCHEPPES LANG-GASTHOF 🍺🍺
8463 Leutschach, Hauptplatz 6
0 34 54/246
office@tscheppes-gasthof.com
www.langgasthof-tscheppe.at
ÖFFNUNGSZEITEN Mo–So 9.00 bis 22.00 Uhr
FASSBIER Reininghaus Jahrgangspils, Gösser Gold, Hausbier (Gösser Zwickl) - alle diese Biere sind mit Leutschacher Hopfen gebraut, Gösser Naturradler
FLASCHENBIER Puntigamer Märzen, Gösser Stiftsbräu, Edelweiss, Gösser Naturgold
LOKAL Lang-Gasthof heißt dieser Landgasthof, weil er angeblich der längste (auf einem schmalen Grundstück weit nach hinten reichende) Gasthof der Steiermark ist. Hinten ist der Hotelbereich mit einem der Region entsprechenden Hopfenangebot: Die Bierbäder werden hier mit Leutschacher Hopfen in einem Holzbottich bereitet – der Hopfen als Badezusatz unterstützt die Entspannung ebenso wie das dazu gereichte Hausbier. Vorne ist eine gemütliche Gaststube. Im August Aktionsprogramm „Weinbauer trifft Bierbrauer": Es wird mit Bier und Wein gekocht! 🛏-60

MARIAZELL

BRAUHAUS MARIAZELL – GIRRER BRÄU 🍺🍺🍺🍺
8630 Mariazell, Wiener Straße 5
0 38 82/252 30
brauhaus@mariazell.at
www.bierundbett.at
ÖFFNUNGSZEITEN Mi–Do 10.00 bis 23.00 Uhr, Fr–Sa 10.00 bis 24.00 Uhr, So 10.00 bis 14.00 Uhr. Ruhetage: So ab 14.00 Uhr, Mo und Di
FASSBIER jeweils 2 Sorten hausgebrautes Girrerbräu: Zeller Gold oder Mönch Magnus oder Festbier
FLASCHENBIER Riedenburger Brauhaus Martha Krieger Spitzenpils (BIO), Brasserie Bosteels Karmeliet Tripel, Brasserie van Honsebrouck Kastel Rouge Fruchtbier, Rochefort 10°, De Ranke XX-Bitter, Mikkeller Årh Hvad, Reparationsbier (Typ: American Pale Ale), Samuel Smith Organic Chocolate Stout und Organic Raspberry fruit Beer, Fuller's London Pride, Kona Castaway IPA, Einstöck Ölgerd Icelandic White Ale, Birra Del Borgo My Antonia Pils, Kiuchi Brewery Hitachino Nest, Handbrauerei Forstner Triple 22, Rogue Dead Guy Ale und Brutal IPA sowie Hazelnut Brown Nectar und Mocha Porter, Sierra Nevada Stout
LOKAL Hannes Girrer hat sich hier einen Lebenstraum erfüllt, er hat 1996 die ehemalige Mariazeller Brauerei wiederbelebt und rundum eine Bier-Erlebnisgaststätte eingerichtet: Bei den Pilgern kommt seine wie ein Museum eingerichtete Braustube gut an, die Gaststube hat den historischen Charakter seit den 30er-Jahren beibehalten. Die älteste Hausbrauerei der Steiermark feiert 2016 das 20-jährige Jubiläum und als spezielles Bier in diesem Jahr gibt es das hausgebraute „96er", ein bernsteinfärbiges, hopfenbetontes obergäriges Bier. Auch Kurier-Kolumnist Florian Holzer, der 2014 das Lokal unter die fünf Top-Craft-Beer-Lokale gereiht hat, schwärmt: „Das Gasthaus ist bezaubernd, die Haus-Biere sind überaus speziell." Die Schank neben den Sudkesseln und dem Gärkellerfenster lässt einen Blick auf das gärende Bier zu. Die Küche bietet regionale Schmankerl, es wird großer Wert auf frische und zum Teil biologische Zutaten gelegt. 62 Plätze, Garten: 50 Plätze im Gartensalettl. 🛏 4

STEIERMARK

MARKT HARTMANNSDORF · MELLACH · MURAU

Gasthof Gruber

Hotel zum Brauhaus

MARKT HARTMANNSDORF

GASTHOF GRUBER
8311 Markt Hartmannsdorf, Hauptstraße 112
0 31 14/22 77
office@gasthof-gruber.at
www.gasthof-gruber.at
ÖFFNUNGSZEITEN Do–Sa, Mo 7.00 bis 22.00 Uhr, So 7.00 bis 20.00 Uhr
FASSBIER Hermax Hell, Puntigamer, jeweils ein Sondersud von der Hermax-Brauerei
FLASCHENBIER Hermax-Spezial (Dunkel), Hermax-Hanf, Bevog-Deetz (Kölsch-Style), Bevog-Kramah (IPA), Bevog-Ond (Smoked Porter), Bierol Mountain Pale Ale, Alefried, Gusswerk Nicobar IPA, Gusswerk Schwarze Kuh (Imperial Stout)
LOKAL Bierlokal des Jahres siehe Seite 292

MELLACH

ZUR STUB'N AM MURBERG
8072 Mellach, Murbergstraße 252
0 31 35/826 77
andy@zurstubn.at
www.zurstubn.at
ÖFFNUNGSZEITEN Di 16.00 bis 23.00 Uhr, Mi–Sa 10.00 bis 23.00 Uhr, So 10.00 bis 22.00 Uhr, Mo Ruhetag

FASSBIER Puntigamer, Gösser Stiftsbräu, Weihenstephaner Hefetrüb, Gösser Zwickl, Bier des Monats
FLASCHENBIER Schlossgold
LOKAL Rustikales, uriges Lokal mit mehreren Bereichen (Pizzaplatz, Kaffeehaus), das 2001 an der Abzweigung zum Ortsteil Dillach errichtet wurde. Pizzen werden in der Stubn vom Gast selbst zusammengestellt – die Zutaten können auf einem eigenen Pizzablock je nach Belieben ausgesucht werden. An der Theke lässt es sich gemütlich stehen, und es findet sich stets jemand zum Unterhalten – auch die Mitarbeiter „tratschen" gerne. Übrigens: Am Samstagvormittag gibt es auf dem Parkplatz vor dem Lokal einen Bauernmarkt. 80 Sitzplätze im Lokal, 20 Plätze an der Theke, 30 Sitzplätze im Garten.

MURAU

HOTEL ZUM BRAUHAUS
8850 Murau, Raffaltplatz 17
0 35 32/24 37
hotel@brauhaus-murau.com
www.brauhaus-murau.com
ÖFFNUNGSZEITEN 10.00 bis 24.00 Uhr, Mo Ruhetag
FASSBIER Murauer Märzen, Murauer Doppelmalz, Murauer Weißbier, Murauer Zwickl (Gelägerbier), Murauer Bockbier (saisonal)
FLASCHENBIER Murauer Pils, Clausthaler und alkoholfreier Radler, Murauer Preisel&Bier, Zitro&Bier, Black Hill
LOKAL Altehrwürdiger Ausschank der Murauer Brauerei – eine „ehemalige Brauerei und Eisenniederlage" im ehemaligen Judenviertel, wo bereits seit dem 16. Jahrhundert gebraut wird – in modern eingerichteten Räumen. Die Küche bemüht sich, mitzuhalten, auf Bestellung gibt es ein Braumeistermenü ab 10 Personen, das mit Bier zubereitet wird. 130 Sitzplätze im Lokal, im Garten: 60 Plätze. -78

OPEN SPACE IM GASTHAUS MOSER
8850 Murau, Schillerplatz 2
0 35 32/22 11
office@openspacemurau.at
www.openspacemurau.at
ÖFFNUNGSZEITEN Täglich 9.00 bis 24.00 Uhr

STEIERMARK

MÜRZZUSCHLAG · NEUMARKT · OBDACH · OBERWÖLZ

Hotel Restaurant Winkler

Groggerhof

FASSBIER Murauer Märzen, Murauer Doppelmalz, Murauer Pils, saisonal: Bock
FLASCHENBIER Murauer Radler, Murauer Lemongras, Erdinger Weissbier, König Ludwig, Clausthaler
LOKAL Das Gasthaus Moser ist ein gutbürgerlicher Gastbetrieb im Zentrum der Stadt – die spektakuläre Erweiterung im hinteren Teil des Gebäudes sieht man aber nur, wenn man sich an die Mur begibt. 12 Meter über dem Fluss ist diese offene (und bei gutem Wetter weiter zu öffnende) Lounge angelegt – das größte und auch spektakulärste Fenster ist ein mächtiges, sieben Meter breites Portal, das zur Gänze unter dem scheinbar fliegenden Baukörper versenkt werden kann. Einer der spektakulärsten Plätze, an denen man in der Steiermark ein Bier trinken kann. 90 Sitzplätze im Gasthaus, 20 in der Bar-Lounge, Garten: 40 Plätze. ⌑-1

MÜRZZUSCHLAG

HOTEL-RESTAURANT WINKLER
8680 Mürzzuschlag, Stadtplatz 3
0 38 52/420 00
office@hotel-winkler.at
www.hotel-winkler.at
ÖFFNUNGSZEITEN Mo–Sa von 8.00 bis 24.00 Uhr, So & Feiertage nur Kaffeehausbetrieb von 8.00 bis 12.00 Uhr
FASSBIER Herzog Pils, Herzog Hausbier
FLASCHENBIER Puntigamer, Herzog Weizen, Herzog Dunkel, Gösser Alkoholfrei
LOKAL 2005 hat die Familie Winkler dieses moderne Hotel mit der langen Bar und dem feinen Restaurantbetrieb neu errichtet und ihm einen bierigen Charakter gegeben. Sehr gute Bierpflege und freundliche Bedienung. ⌑-50

NEUMARKT

ZUM BRÄUER
8820 Neumarkt, Hauptplatz 34
0 35 84/22 75
hermine.seidl@aon.at
ÖFFNUNGSZEITEN Do–Di 9.00 bis 24.00 Uhr, Mi Ruhetag
FASSBIER Murauer
FLASCHENBIER Murauer, Clausthaler
LOKAL Auch Hermine Seidl ist nicht mit dem Autor verwandt.

Ihr Gasthof war einmal eine einfache Bauernwirtschaft – und das hiesige Bier war kein bürgerliches, in metallenen Braukesseln gebrautes, sondern ein „unzünftig" gebrautes Steinbier. Das braute man hier bis 1906, das Kontingent wurde damals an den Schafferhof in St. Marein verkauft, da die Hektoliterausstöße zu gering waren. In den Fünfzigerjahren gab es in Neumarkt durchwegs nur Gösser Bier, das Bierkartell zwang dann in den Sechzigerjahren die Neumarkter, geschlossen zu Reininghaus zu wechseln. Die Zutaten für die Küche stammen von bäuerlichen Betrieben aus dem Naturpark Grebenzen, die in naturnaher Weise das Land bewirtschaften. Ca. 110 Plätze, Gastgarten in den Arkaden mit 40 Sitzplätzen.

OBDACH

GROGGERHOF
8742 Obdach, Hauptstraße 23
0 35 78/22 01
office@groggerhof.at
www.groggerhof.at
ÖFFNUNGSZEITEN Di–Sa 7.00 bis 22.00 Uhr, So–Mo Ruhetage; Café-Pub „Holzlage" Wochenende & Feiertage 20.00 bis 4.00 Uhr
FASSBIER Gösser Gold
LOKAL Schöner Gasthof mit alter Lamperie, in die heimatverbundene Sinnsprüche eingearbeitet sind. 90 Sitzplätze in zwei Stuben. ⌑-12

OBERWÖLZ

OBERER BRÄUER
8832 Oberwölz, Stadt 10
0 35 81/83 85
oberer.braeuer@aon.at
www.oberer-braeuer.at
ÖFFNUNGSZEITEN Täglich 8.00 bis 23.00 Uhr
FASSBIER Gösser
FLASCHENBIER Gösser
LOKAL Die Tradition dieses von Barbara und Sepp Wohleser als musikantenfreundliche Gaststätte geführten Hauses lässt sich bis ins Jahr 1749 zurückverfolgen, als Wolfgang Weegmayr hier tatsächlich eine Brauerei betrieb. Gebraut

318
STEIERMARK

PINGGAU · PISCHELSDORF · PÜRGG-TRAUTENFELS · RACHAU

Gasthof Wachmann

wurde damals mit Wasser aus dem oberen Platzbrunnen. Heute ist der Obere Bräuer ein beliebter Treffpunkt nicht nur für Musiker, sondern auch für Motorradfahrer und Radsportler. Ca. 200 Plätze, Kellerbar: 40, Garten: 40 Plätze.

PINGGAU

PUTZ'N BRÄU 🍺🍺
8243 Pinggau, Wieshöf 17
0 66 4/410 00 74
anton.riebenbauer@gmx.at
www.riebenbauer.st
ÖFFNUNGSZEITEN Mi–So 16.00 bis 2.00 Uhr und an den Heurigenterminen
FASSBIER Putz'n Bräu Hell und Märzen, saisonal Helles Weizen, Bio-Bier
FLASCHENBIER Schlossgold
LOKAL Dieses von der Landwirtschaft geprägte Brewpub findet man am leichtesten, wenn man auf der Wechselbundesstraße (B-54) die Ortschaft Pinggau umfährt – an der Straße gibt es dann ein Schild, das zum Hof von Anton Riebenbauer (vulgo Putz) führt. Die kleine Brauerei wurde im Jahr 1998 als landwirtschaftliches Nebengewerbe eingerichtet. Gebraut wird wöchentlich – das Bier kann man auch im 2-Liter-Plutzer oder im 10-, 25- oder 50-Liter-Fass mit nach Hause nehmen. Speisen aus eigener Erzeugung (Styria Beef, Surbraten, Bauernbrot, Bio-Käse). 20 Sitzplätze, 12 Plätze an der Bar, 80 im angeschlossenen Bier- & Most-Heurigen, 80 im Garten. ♿

PISCHELSDORF

GASTHOF WACHMANN 🍺🍺🍺
8212 Pischelsdorf, Romatschachen 55
0 31 13/23 87
gasthof.wachmann@gmail.com
www.gasthof-wachmann.com
ÖFFNUNGSZEITEN Di - So ab 9.00 Uhr
FASSBIER Wieselburger Spezial, Hermax Mischbier und wechselndes Saisonbier, z.B. Starobrno, Zwickl, Bock
FLASCHENBIER Puntigamer Märzen, Bevog: Deez, Ond, Kramath, Baja, Tak, Affligem Blond, Gösser Naturgold, Edelweiss Weizenbier Alkoholfrei, Schlossgold, saisonal auch Dangl Bier, Hermax Rohna u.a.

LOKAL In exponierter Lage mitten in den Weinbergen (und dennoch ohne Navi für Ortsunkundige schwer zu finden) versucht Herr Wachmann, mit Craft Bieren einen Gegenpol zum omnipräsenten Rebensaft zu schaffen. Das Bierangebot wechselt immer wieder, und spezielle Events werden geboten wie Brausylvester, Bierverkostungen – ebenso gibt es Menüs mit Bierbegleitung (auf Vorreservierung). Sonst nur kleine Speisekarte. 90 Plätze im Lokal, acht an der Bar, 30 im Garten.

PÜRGG-TRAUTENFELS

GASTHAUS KRENN 🍺🍺
8951 Pürgg-Trautenfels, Pürgg 11
0 36 82/22 27 4
gasthaus.krenn@puergg.com
www.puergg.at/krenn
ÖFFNUNGSZEITEN Sommer: Mi–So 11.00 bis 23.00 Uhr, Winter: Fr–So 11.00 bis 23.00 Uhr
FASSBIER Schladminger Dachstein Urbräu, saisonal Schladminger Ennstaler Weißbier, Trumer Herbstbier, Stiegl Paracelsus Zwickl, Gösser Naturradler
FLASCHENBIER Schladminger Ennstaler Weißbier, Gösser Märzen, Gösser Stiftsbräu Dunkel, Schlossgold
LOKAL Kleines, traditionelles Gasthaus, erstmals urkundlich im 14. Jhdt. als Taverne erwähnt – und ein schlecht geheim zu haltender „Geheimtipp" unter Biergartlern. 60 Sitzplätze im Lokal (30 Nichtraucherplätze), 8 Plätze am „Stammtisch", 40 Sitzplätze im Garten.

RACHAU

FUCHS + HENNE 🍺
8720 Rachau, Mitterbach 25
0 35 12/71 15 0
info@fuchsundhenne.at
www.fuchsundhenne.at
ÖFFNUNGSZEITEN Mo–So 9.00 bis 22.00 Uhr, während der Wintermonate geschlossen, geöffnet wieder ab April 2016
FASSBIER Stiegl Goldbräu, Stiegl Grapefruit Radler, König Ludwig Weißbier Hell
FLASCHENBIER König Ludwig Dunkel, Stiegl Edition „Erzherzog Johann", Clausthaler
LOKAL Die Erlebnisgastronomie „Fuchs + Henne" ist der Aus-

319
STEIERMARK

ROTTENMANN · PRUGGERN · PÖLLAU · SALLA

Gasthof Bierfriedl

Gasthaus zur Katzbachbrücke

gangs- oder Endpunkt des spektakulären Wipfelwanderweges Rachau und dient gleichzeitig als Dorfwirtshaus in der Rachau.

ROTTENMANN

KOFLER BRÄU IM HOTEL KOFLER
8786 Rottenmann, Hauptstraße 4
0 36 14/22 25
hotelkofler@aon.at
www.hotelkofler.at
ÖFFNUNGSZEITEN Sa–Do 11.00 bis 14.00 Uhr und 18.00 bis 22.00 Uhr, Freitag Ruhetag
FASSBIER Kofler-Bräu „Kellergold", Kofler-Bräu „Starkbier" (nach Saison), Kofler-Bräu „Schwarzer Graf" (nach Saison) – im Sommer „Mandarina Ale"
FLASCHENBIER Kofler-Bräu „Kellergold", Kofler-Bräu „Starkbier", Kofler-Bräu „Schwarzer Graf", Kofler-Bräu „Mandarina", Franziskaner Hefeweizen, Gösser Alkoholfrei
LOKAL Bürgerlicher Gasthof, dessen Wirt Harald Kofler in der ehemaligen Fleischhauerei braut. Im Restaurant werden österreichische Spezialitäten regionaler Herkunft angeboten. 50 Sitzplätze im Lokal, im romantischen Gastgarten 20 Sitzplätze, eingebettet in der Altstadt von Rottenmann. -18

PRUGGERN

GASTHOF BIERFRIEDL
8965 Pruggern, Pruggern 30
0 36 85/222 06
perhab@bierfriedl.at
www.bierfriedl.at
ÖFFNUNGSZEITEN Mi–Mo 9.00 bis 24.00 Uhr, Di Ruhetag
FASSBIER Schladminger, Schladminger Hefe
FLASCHENBIER Schladminger Märzen, Weizen Alkoholfrei, Dunkles Zwickl, Gösser Kracherl, Gösser Naturgold
LOKAL Familie Perhab betreibt im Ennstal am Fuß des Skigebiets Galsterberg und unweit der Abzweigung der Sölkpass-Straße ein gestandenes Wirtshaus mit guter Bierpflege und steirischer Küche (Auszeichnung als „Gute steirische Gaststätte"). Die Ennstaler Kassuppe gilt als legendär. 120 Plätze im Lokal, 30 im Gastgarten. -16

Finden Sie die **BESTEN BIERLOKALE** und Ihr **LIEBLINGSBIER** in Ihrer Umgebung. Mit Conrad Seidls **BIER GUIDE APP**.
Jetzt **GRATIS DOWNLOAD** im Play- oder Appstore!

PÖLLAU

GASTHOF HUBMANN
8225 Pöllau, Herrengasse 21
0 33 35/22 67
office@gasthofhubmann.at
www.gasthofhubmann.at
ÖFFNUNGSZEITEN Do–So 8.00 bis 24.00 Uhr, Mo–Di 8.00 bis 14.00 Uhr
FASSBIER Gösser Zwickl, Puntigamer Märzen, Gösser Radler
FLASCHENBIER Puntigamer Märzen, Gösser Pils, Edelweiss Hefeweizen, Schlossgold
LOKAL Gemütlicher Gasthof, der nach einer Wanderung zur Einkehr einlädt. Ob im Dorfstadl, im Gastzimmer oder im Stüberl. 230 Plätze im Dorfstadl, 12 im Stüberl, insges. 48 in den beiden Extra-Zimmern, 40 Sitzplätze an der Bar und 36 auf der Terrasse.

SALLA

GASTHAUS ZUR KATZBACHBRÜCKE
8592 Salla, Gaberlstraße 6
0 31 47/216
katzbachbruecke@aon.at
ÖFFNUNGSZEITEN Mo–Sa 7.00 bis 24.00 Uhr
FASSBIER Puntigamer Panther
LOKAL Entzückendes, idyllisch gelegenes Wirtshaus an der Straße zum Gaberl. Kleine Gaststube, in der freundlich be-

www.bier-guide.net 2016 BIER GUIDE

STEIERMARK

SANKT GEORGEN OB MURAU · SANKT STEFAN IM ROSENTAL · SCHLADMING

Kirchenwirt

Stadtbräu

dient wird, ebenso kleiner Garten. 12 Plätze im Lokal, drei an der Bar, 12 im Garten.

SANKT GEORGEN OB MURAU

BIERWIRTSHAUS MOSER

8861 Sankt Georgen ob Murau, Kreischbergstraße 15
0 35 37/444
franzmoser@a1.net
ÖFFNUNGSZEITEN Di–Fr 14.00 bis 22.00 Uhr, Sa–So & Feiertage 11.30 bis 22.00 Uhr. In der Hauptsaison ist auch Mo geöffnet.
FASSBIER Murauer Zwickl Dunkel, Murauer Steirergold, Murauer Pils, Murauer Weizenbier Naturtrüb
FLASCHENBIER Murauer Preisel&Bier, Murauer Zitro&Bier
LOKAL Gemütliches, mit viel Holz gestaltetes Gasthaus am Fuße des Kreischbergs mit zentraler Theke, an der auch die persönlichen Krüge der Stammgäste befestigt sind. Neben den Spezialitäten der heimischen Brauerei Murau wird österreichische Küche angeboten. Gekocht wird viel mit Bior, und das schmeckt man auch. Im Sommer lockt die sonnige Terrasse zum Verweilen, und das Beste ist: Das Haus ist leicht mit der Lokalbahn zu erreichen. Allerdings werden die Öffnungszeiten recht spontan flexibel gehandhabt – es macht Sinn, erst einmal anzurufen, ob das Lokal auch wirklich zur angegebenen Zeit offen hat. 80 Sitzplätze im Lokal, 30 Plätze an der Bar, 60 Plätze im Garten.

SANKT STEFAN IM ROSENTAL

ANNI´S WIRTSHAUS

8083 Sankt Stefan im Rosental, Mureckerstrasse 18
0 31 16/813 22
info@annis.at
www.annis.at
ÖFFNUNGSZEITEN Mi–Sa, Mo 10.00 bis 24.00 Uhr, So 10.00 bis 15.00 Uhr, Di Ruhetag
FASSBIER Puntigamer, Gösser Zwickl, saisonal: Zipfer Urtyp Medium, Oktoberbräu
FLASCHENBIER Gösser Zwickl, Schlossgold
LOKAL Ein für seine Küche (Fischspezialitäten) bekanntes Wirtshaus, Mitgliedsbetrieb der steirischen Dorfwirte. Immer wieder Aktionen mit Bier. 80 Sitzplätze im Lokal, 25 Plätze an der Bar.

SCHLADMING

KIRCHENWIRT

8970 Schladming, Salzburger Straße 27
0 36 87/224 35
info@kirchenwirt-schladming.com
www.kirchenwirt-schladming.com
ÖFFNUNGSZEITEN Mo–So 11.00 bis 22.00 Uhr (in der Nebensaison Dienstag Ruhetag)
FASSBIER Schladminger Märzen, Schnee Weisse
FLASCHENBIER Schladminger Bio Zwickl, Reininghaus Doppelmalz, Schlossgold
LOKAL Familiär geführtes, gemütliches Wirtshaus an der Schmalseite des Hauptplatzes. Im Restaurant befindet sich eine Reliefdarstellung einer alten Steinbierbrauerei: Tatsächlich war an dieser Stelle wohl bis 1875 eine solche. Wirt Albert Tritscher überlegt, an die alte Tradition wieder anzuknüpfen. Bürgerliche Küche, zivile Preise auch für Übernachtungen. Gasthof: 250 Sitzplätze, Garten: 30 Sitzplätze. -30

STADTBRÄU

8970 Schladming, Siedergasse 89
0 66 4/517 96 20 oder 0 36 87/244 59
info@stadtbräu-schladming.com
ÖFFNUNGSZEITEN Di–So 10.00 bis 23.00 Uhr, So Ruhetag
FASSBIER Schladminger Märzen, Gösser Naturradler, Schladminger Schneeweisse, Saisonbier
FLASCHENBIER Edelweiss Dunkel, Edelweiss Alkoholfrei
LOKAL Als Schwalbenbräu war dieses Lokal eine der ersten Gasthausbrauereien in der Steiermark. Nachdem der Braubetrieb eingestellt worden ist, wurde das Lokal optisch auf den neuesten Stand gebracht (das winzige Sudwerk dient nun als Dekoration). Das Bier kommt jetzt vor allem aus der Schladminger Brauerei, die Karte ist von steirischer Küche geprägt, das Service sehr locker und freundlich. Ca. 80 Sitzplätze im Lokal, 20 an der Bar, Garten: ca. 40 Sitzplätze.

321
STEIERMARK

SCHLADMING · SEIERSBERG · STUBENBERG AM SEE · TRIEBEN

Szenario

Triebener Hof

SZENARIO
8970 Schladming, Parkgasse 69
0 36 87/237 48
bar@szenario.cc
www.szenario.cc
ÖFFNUNGSZEITEN im Sommer: Mi–Sa 21.00 Uhr bis open end, im Winter ab 20.00 Uhr bis opend end
FASSBIER Schladminger Märzen
FLASCHENBIER Heineken, Stiegl Pils, Desperados, Corona, Maisel's Hefeweizen, Clausthaler
LOKAL Am Eingang wird man vor der „worst music in town" gewarnt und vor „expensive drinks" und „no food" – so schlimm kommt es aber dann doch nicht. Es gib Pizzen, Chicken Wings, Schnitzelsemmeln und Toasts die ganze Nacht. Viele alte emaillierte Werbetafeln und Nummernschilder an den Wänden. Einmal jährlich findet die bei den Gästen beliebte Schlagerparade statt. 40 Sitz- und 20 Stehplätze.

SEIERSBERG

MARY ANN
8054 Seiersberg, Feldkirchnerstraße 15
0 31 6/28 91 51
office@mary-ann.at
www.mary-ann.at
ÖFFNUNGSZEITEN Mo–Do 10.00 bis 24.00 Uhr, Fr 10.00 bis 2.00 Uhr, Sa 18.00 bis 2.00 Uhr, So Ruhetag

FASSBIER Guinness
FLASCHENBIER Wieselburger Stammbräu, Heineken, Budweiser Budvar, Erdinger, Kilkenny, Corona, Gösser Naturgold
LOKAL „Mary Ann" Annemarie Stampler hat dieses Pub in der Nähe der Shopping City Seiersberg im englischen Stil eingerichtet – aber es gibt auch jährlich ein Oktoberfest, bei dem es richtig boarisch zugeht. Neben Guinness und Kilkenny gibt es auch eine Auswahl an irischen und schottischen Whiskys.

STUBENBERG AM SEE

MOAR BRÄU
8223 Stubenberg am See, Vockenberg 46
0 31 76/85 46
moarpeter@aon.at
www.moarbraeu.at
ÖFFNUNGSZEITEN Di–Sa ab 15.00 Uhr, So & Feiertage ab 14.00 Uhr, Mo Ruhetag. Juli/August auch Mo geöffnet.
FASSBIER Lager, Märzen, fallweise Dreikornbier, Weizen und Bock, Stout
LOKAL Wolfgang Steiner hat ein mehr als 400 Jahre altes Stallgebäude in der Nähe der Ruine Altschielleiten im Jahr 2001 umgebaut und mit einer kleinen Brauanlage ausgestattet. Man sieht noch das alte Mauerwerk und den offenen Stiegenaufgang zur Galerie. Auch die Einrichtung ist aus altem Holz. Täglich frische Biersuppe, nach Saison Bierstangerl, Bieraufstrich und Bierlikör. 50 Plätze im Lokal, 20 an der Bar, 50 Plätze im Garten.

TRIEBEN

TRIEBENER HOF
8784 Trieben, Trieben 5
0 36 15/22 34, 0 67 6/604 18 34
office@triebenerhof.at
www.triebenerhof.at
FASSBIER Gösser Gold, Gösser Zwickl
FLASCHENBIER Gösser Naturgold, Weihenstephaner Hefeweizen
LOKAL Alteingesessener Gasthof, seit fünf Generationen von der Familie Klarmann geführt. Die Gasträume sind mit viel Holz ausgestattet, das Extrazimmer mit Zirbenholz. Gastzimmer 40 Plätze, Extrazimmer 30 Plätze, Gastgarten 50 Plätze.
🛏-50

STEIERMARK

TURNAU · WEISSKIRCHEN · WEIZ

K.u.K. – Wirtshaus Taverne

Roadhouse

TURNAU

WIRTSHAUS STEIRERECK AM POGUSCH

8625 Turnau, Pogusch 21
0 38 63/20 00 oder 51 51
pogusch@steirereck.at
www.steirereck-pogusch.at
ÖFFNUNGSZEITEN Do–So 10.00 bis 24.00 Uhr
FASSBIER Hausbier „Steirisch Irisch", Guinness; für Feiern Gösser Spezial im 20 l Fass
FLASCHENBIER Wieselburger Stammbräu, Gösser Naturgold, Edelweiß Alkoholfrei; Craft Bier: Kiesbye Waldbier Schwarzkiefer 2014, Waldbier Fichte 2015, BrewAge Hopfenauflauf (Pale Ale), Affenkönig (Imperial IPA), Chixulub (Oatmeal Stout), Nussknacker (Barley Wine), Crew Republic Drunken Sailor (IPA), Escalation 7:45 (Double IPA), Experimental 2.1. (Barley Wine), Roundhouse Kick (Imperial Stout), The Porterhouse Red Ale, Hans Müller Bayrisch Nizza (Wheat Pale Ale), Hofbräuhaus Kaltenhausen Bier-Pur 0,7l (Strong Porter), Gandolf 0,7l (IPA), Eule Koffeinbier, Chimay Bleu, Rouge, Brune, La Trappe Double, Quadrupel, St. Bernardus Abt 12 0,7l, Lindemans Kriek
LOKAL Ein Bilderbuch-Wirtshaus, das immer noch eine beachtliche Mischung von Schicki-Micki und Bodenständigkeit anzulocken versteht. Etwa 21 Tage lang abgehangene Steaks aus der Region. Der Kern dieses Gastrobetriebs ist ein Holzhaus von 1616. Bedeutsam ist, dass hier zu fairen Preisen verpflegt und ausgeschenkt wird. Die Bierkreation des Hauses heißt „Steirisch-Irish" – dabei handelt es sich um Gösser Spezial mit einem kleinen Schuss Guinness. Richtungweisend für ein gehobenes Speiselokal ist, dass seit 2015 ein beeindruckendes Craft Bier Angebot vorhanden ist. An Nachmittagen wird im Garten vor dem Haus Bier ausgeschenkt und der Käsewagen hinausgeschoben – mit einer Auswahl von bis zu 60 Käsen. Ca. 120 Plätze, Bar: 30, Garten: 40.

WEISSKIRCHEN

K.u.K. – WIRTSHAUS TAVERNE

8741 Weisskirchen, Judenburger Straße 13
0 35 77/822 55
info@kuk-wirtshaus.at
www.kuk-wirtshaus.com

ÖFFNUNGSZEITEN Mo, Mi, Do, Fr 11.00 bis 14.00 Uhr und ab 17.30 Uhr, Sa & So durchgehend geöffnet, Di Ruhetag. In den Sommermonaten während der Radsaison ca. Juni bis August auch Dienstagabend geöffnet.
FASSBIER Stiegl Goldbräu, König Ludwig Weißbier
FLASCHENBIER Stiegl Monatsbiere, Gösser Märzen, Gösser Naturgold, König Ludwig Dunkel, Stiegl Naturradler Grapefruit
LOKAL Das Haus geht auf das Jahr 1570 zurück. Seit der Gastwirt Jako Zänggl 1606 das Gebäude gekauft hat, ist hier ein gastronomischer Betrieb belegt. Heute ist es eine gediegene ländliche Taverne mit großer, zentraler Bar und freundlicher Bedienung, die auch noch spätabends köstliche steirische Brotzeiten zuzubereiten imstande ist. Küchenchef Johann Bauer hat sich eine Gault-Millau-Haube erkocht. 75 Sitzplätze im Lokal, 10 an der Bar, 50 im Garten.

WEIZ

BILLARD – THE PUB

8160 Weiz, Dr.-Karl-Widdmann-Straße 4
0 31 72/33 60 oder 0 66 4/516 97 52
billard-the-pub@aon.at
www.billard-pub.at
ÖFFNUNGSZEITEN Mo–So 14.00 bis 2.00 Uhr
FASSBIER Altbrünner Gold, Gösser Gold, Stiegl, Guinness, Kilkenny, Edelweiss Naturtrüb
FLASCHENBIER Puntigamer, Beck's, Heineken, Foster's, Wieselburger, Corona, Beck's Lemon, Schlossgold
LOKAL Großes Irish Pub mit langer Bar, einigen Tischchen und einem Billardtisch im Erdgeschoß. Weitere Billardtische gibt es im ersten Stock. 70 Plätze im Lokal, 40 an der Bar.

ROADHOUSE

8160 Weiz, Kapruner Generator Straße 22
0 66 4/644 09 09
office@roadhouse-weiz.at
http://roadhouse-weiz.at
ÖFFNUNGSZEITEN Mi–Sa ab 17.00 Uhr, So ab 14.00 Uhr, Mo–Di Ruhetag
FASSBIER Puntigamer, Radler
FLASCHENBIER Puntigamer, Weihenstephaner Weizen, American Bud, Heineken, Corona, Gösser Naturradler, Schlossgold

STEIERMARK

WEIZ · WUNDSCHUH · ZEUTSCHACH

Bierbotschaft Herzog

LOKAL Music Bar, die sich recht erfolgreich bemüht, ein amerikanisches Konzept umzusetzen – was sich auch auf der Speisekarte (Burger, Baked Potatoes, Wraps) niederschlägt. Häufig Live Konzerte. 100 Plätze im Lokal.

CAFÉ WEBERHAUS

8160 Weiz, Südtirolerplatz 1
0 31 72/444 46
info@cafe-weberhaus.at
www.cafe-weberhaus.at
ÖFFNUNGSZEITEN Mo–Do 8.00 bis 22.00 Uhr, Fr 8.00 bis 1.00 Uhr, Sa 8.00 bis 13.30 Uhr – ab Mitte Mai 20.00 bis 2.00 Uhr, So und Feiertag geschlossen
FASSBIER Gösser Gold, Edelweiss Weizen Dunkel, Puntigamer 20 l zum Selberzapfen
FLASCHENBIER Heineken, Corona, Puntigamer Panther, Puntigamer Dreh&Drink, Puntigamer „das bierige Bier", Gösser Naturradler, Gösser Kracherl, Edelweiss Weizen Alkoholfrei
LOKAL Direkt vom Südtirolerplatz kommt man in den begrünten, winkeligen Innenhof des Weberhauses, der im Sommer Platz für Theater und kleine Konzerte bietet, aber auch als Ruhezone gedacht ist („Aus dem Alltag raus und ins Weberhaus rein"...). Durch die Fenster des Wintergartens sieht man ins Café Weberhaus – einem Treffpunkt für zahlreiche Kleinveranstaltungen. Es wurde im August des Jahres 2004 völlig neu gestaltet und wird von Manuela Hofer geführt. 60 Sitzplätze im Lokal, ebenso viele Plätze im Garten, 15 Plätze an der Bar.

WUNDSCHUH

BIERBOTSCHAFT HERZOG

8142 Wundschuh, Ponigler Straße 52
0 67 6/353 05 60
die@bierbotschaft.at
www.bierbotschaft.at
ÖFFNUNGSZEITEN Mi-Sa 11.00 Uhr bis 22.00 Uhr, So & Feiertag 10.00 Uhr bis 18.00 Uhr
FASSBIER Es gibt ständig 14 Sorten offene Fassbiere, z.B. Pils, Sauvignon Ale, Stout, Helles, Chili, Ator-Biere (Starkbier), Hausbier, IPA, Kaffeebier, Damenbier, Herzlich Herbe, Leichter Fall, Dunkles u.s.w., saisonal wird noch zusätzlich gewechselt, z.B. Kastanie, Heidelbeer, Kirsch, Festbräu u.s.w. (gleiche Sorten wie Flaschenbiere saisonal im Fass erhältlich)
FLASCHENBIER Hausbier, Helles, Pils, Dunkles, Weizen, IPA, Kaffee, Stout, Damenbier, Chili, Herzlich Herbe, Sauvignon Ale, Leichter Fall, Pater Ator, Schwester Ator, Bruder Ator; saisonal: Maisbier, Kirschbier, Heidelbeerbier, Grünhopfenbier, Walnussbier, Festbräu, Isabellabier, Kastanienbier, Witbier, Kürbisbier, Honigbier, Kölner Typ, Rosenbier, Kokosbier, Knoblauchbier, Thymianbier, Gösser Naturgold, Trappistenbiere aus Belgien
LOKAL Anita Herzog von der gleichnamigen Brauerei hat in diesem prächtig hergerichteten Gebäude ihren Traum von einem modernen Brauereiausschank verwirklicht. Sohn Richard kocht, Sohn Hannes braut auf der neuen, größeren Anlage, die prominent in den Bau integriert wurde. Die Bierbotschaft bietet auch Bierverkostungen, Bierreisen u.s.w. an. 60 Plätze in der Gaststube, 120 im Saal mit Blick auf die Brauerei, 20 an der Bar, 130 im Garten.

ZEUTSCHACH

DER SEIDL – IHR BRAUWIRT

8820 Zeutschach, Zeutschach 7
0 35 84/24 40
brauwirt.seidl@aon.at
www.brauwirtseidl.at
ÖFFNUNGSZEITEN Täglich von 8.00 bis 22.45 Uhr
FASSBIER Hausbier Pilsner, Weizen, Halbdunkel, Hirter Märzen, Hirter Pils
FLASCHENBIER Hirter Pils, Hirter Märzen, Puntigamer Märzen, Schlossgold
LOKAL Seit 1385 bestehendes Landgasthaus im Naturpark Grebenzen – von Robert Seidl (nicht mit dem Autor dieses Guides verwandt) mit einer Bierbar und einer Brauanlage (im ehemaligen Skikeller) ausgestattet. 120 Sitzplätze, 10 Plätze in der Braustuben-Bar, Terrasse: 50 Plätze. -20

WENN OLDTIMER DEINE WELT SIND IST DAS DEIN GUIDE.

Die PREMIUM GUIDES von medianet

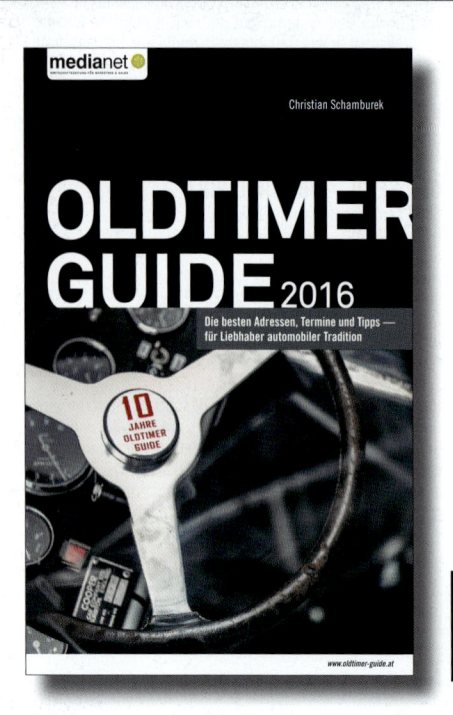

OLDTIMER GUIDE 2016
Christian Schamburek
Die besten Adressen, Termine und Tipps — für Liebhaber automobiler Tradition

www.oldtimer-guide.at

Man muss nicht alles wissen.
Man muss nur wissen,
wo man nachschauen kann.

Weitere Informationen und Bestellung u
www.oldtimer-guide.at

VON **A** WIE ABSAM BIS **Z** WIE ZIRL

TIROL

326
TIROLS BIERLOKAL DES JAHRES
INNSBRUCK

TRIBAUN
5020 Innsbruck, Museumstraße 5
0 66 0/602 73 30
info@tribaun.com
www.tribaun.com

ÖFFNUNGSZEITEN Mo–Do 17.00 bis 2.00 Uhr, Fr–Sa 17.00 bis 4.00 Uhr, So 17.00 bis 24.00 Uhr
FASSBIER 20 verschiedene. Meist dabei Forstner Blond, Forstner Red, Styrian Ale, Camba Bavaria Triple, Camba Bavaria IPA, Zillertaler Schwarzbier
FLASCHENBIER Zwischen 850 – 950 Biere, meistens aus Europa, wobei Gueuze und Lambic einen besonderen Platz einnehmen.
LOKAL Im Februar 2015 eröffnete die 300 m² große Craft Beer Bar in einer Seitengasse der Museumstraße. In dem alten Gewölbe stößt man an eine sehr lange Bar mit 20 sonst schwer erhältlichen Bieren bestückten Taps, wobei österreichische kreative Kleinbrauereien im Vordergrund stehen. Die jeweilige Bierauswahl kann man am Bildschirm ablesen, das Angebot wechselt auch im Lauf des Abends. Auf Facebook oder der Website findet man eine App, damit man „in real time" sehen kann, was gerade gezapft wird. Zum Bier angeboten werden Flammkuchen – und Live-Musik an Dienstagabenden. Angeschlossen ist auch ein Shop-Bereich für Biere zum Mitnehmen (wer die Flaschen im Lokal trinken will, zahlt einen kleinen Aufpreis.) 100 Plätze im Lokal, 25 an der Bar, 42 Sitzplätze im Gastgarten.

327
TIROL

ABSAM · ACHENKIRCH

Gasthof Ebner

Alpin – Gründler's Geniesserwirtshaus

ABSAM

GASTHOF EBNER
6067 Absam
Karl Zanger Straße 17
0 52 23/579 23-5
office@gasthofebner.at
www.gasthofebner.at

ÖFFNUNGSZEITEN Di–Do 16.00 bis 24.00 Uhr, Fr–So 9.00 bis 24.00 Uhr, Mo Ruhetag
FASSBIER Ebner Gold (helles Gerstenmalzbier), Ebner Pils, Ebner Weizen
FLASCHENBIER Gösser Naturgold
LOKAL Der Gasthof ist seit 1930 in Familienbesitz und seit Juni 2012 wird hier auch Bier gebraut – Schnaps gebrannt wird schon seit Beginn. Die Verbindung zum Brauen findet sich auch in der Speisekarte. So gibt es mit speziell auf das selbst gebraute Bier abgestimmte Speisen wie z.B. Bandnudeln mit Pilzen in Biersauce oder auch Besonderes wie Bierbrot, Bieressig etc. Alle 3 Lokale sind Nichtraucher-Bereiche, insgesamt gibt es 115 Sitzplätze im Innenbereich, im Gastgarten mit Kastanienbäumen ca. 80 Sitzplätze. Auf Anfrage werden Bier- und Destillat-Führungen und Verkostungen mit und ohne Verpflegung durchgeführt.

Finden Sie die **BESTEN BIERLOKALE** und Ihr **LIEBLINGSBIER** in Ihrer Umgebung. Mit Conrad Seidls **BIER GUIDE APP**.
Jetzt **GRATIS DOWNLOAD** im Play- oder Appstore!

ACHENKIRCH

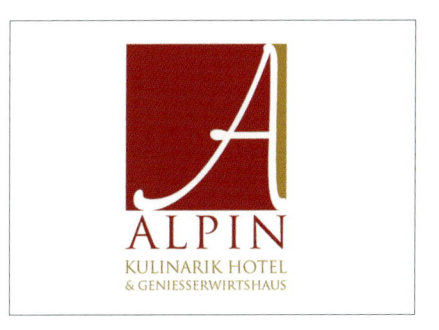

ALPIN – GRÜNDLER'S GENIESSER-WIRTSHAUS 🍺🍺🍺
6215 Achenkirch, Achenkirch 35
0 52 46/68 00
hotel@kulinarikhotel-alpin.at
www.kulinarikhotel-alpin.at

ÖFFNUNGSZEITEN Täglich 8.00 bis 23.00 Uhr, Küche 11.30 bis 14.00 Uhr und 17.30 bis 21.00 Uhr
FASSBIER Zillertal Pils
FLASCHENBIER Zillertal: Weißbier Hell und Dunkel, „das Schwarze", „das Dunkle", Zwickl, Radler Naturtrüb, Stiegl Grapefruit Radler, Paulaner Weißbier Alkoholfrei, Stiegl Freibier; Zillertal 514 Grande Reserve, Weißbier Bock, Gauder Bock, Braufactum: Marzus, Darkon, Roog; Gauder Bockbierbrand, Märzenbier Zigarrenbrand
LOKAL In der malerischen Umgebung der Tiroler Berge und des Achensees wird man in Gründler's Geniesser-Wirtshaus in einem sehr familiären Ambiente herzlich willkommen geheißen. Die Küche bietet internationale und Tiroler Spezialitäten und wurde mit dem „Bewusst Tirol"-Award 2011 ausgezeichnet. Die vom mit zwei Gault Millau-Hauben ausgezeichneten Küchenchef Alexander Gründler verwendeten Produkte stammen zum Großteil von örtlichen Produzenten und das Bier kommt aus der nahen Zillertaler Brauerei. 60 Sitzplätze im Lokal und 60 Sitzplätze auf der Terrasse. 🛏-24

www.bier-guide.net   2016 BIER GUIDE

TIROL

AMPASS · AURACH · BERWANG · ELLMAU · GOING

Hallerwirt

AMPASS

RÖMERWIRT
6060 Ampass, Römerstraße 13
0 51 2/34 54 49
roemerwirt@aon.at
ÖFFNUNGSZEITEN Di–Sa 11.00 bis 24.00 Uhr, So 9.00 bis 22.00 Uhr, Mo Ruhetag
FASSBIER Zillertal Märzen
FLASCHENBIER Erdinger Hefeweizen Hell und Dunkel, Zillertal „Das Schwarze", Clausthaler
LOKAL Bürgerliches Gasthaus mit großem Gastgarten, Zirbenstube. Mit Bier gekochte Speisen: Blunzentascherl in Biervinaigrette, Tiroler Bierschaumsuppe, Schweinsbraten in Biersauce. Zum Einsatz kommen nur frische Produkte, die teilweise von den heimischen Bauern stammen. 100 Sitzplätze im Lokal, 60 Sitzplätze im Garten mit Kinderspielplatz.

AURACH

HALLERWIRT
6371 Aurach, Oberaurach 4
0 53 56/645 02
willkommen@hallerwirt.at
www.hallerwirt.at
ÖFFNUNGSZEITEN Mo–So 11.30 bis 23.30 Uhr
FASSBIER Huber Bräu Biere – St. Johanner Original, Augustinus, Tiroler Hefeweizen Hell, manchmal Meisterpils oder Zwickl
FLASCHENBIER Tiroler Hefeweizen Dunkel, Huber Meisterpils, Huber Hefeweizen Hell/Leicht/Alkoholfrei, Clausthaler
LOKAL Das Gasthaus, seit 1785 in einem der größten und ältesten Holzblockhäuser im Raum Kitzbühel, steht unter Denkmalschutz und kommt auch immer wieder im Fernsehen vor (etwa bei SoKo Kitzbühel). Der Name Hallerwirt geht auf die Hallerischen Ahnen von 1665 zurück. Im Jahr 1720 heiratete Elisabeth Haller den Georg Filzer. Seitdem wurde der Besitz der Familie Filzer von Generation zu Generation weitergegeben, Monika (geborene Filzer) und Jürgen Stelzhammer führen die Familientradition seit 2002 weiter. Österreichische Küche, teilweise gibt es Produkte aus der eigenen Landwirtschaft, hier wird die Rinderrasse Jochberger Hummeln weitergezüchtet und bei Bedarf zu schmackhaften Speisen zubereitet. Je 90 Sitzplätze im Lokal und im Saal, 10 Plätze an der Bar, Terrasse: 50 Sitzplätze.

BERWANG

HOTEL THANELLER – STADL BRÄU
6622 Berwang, Rinnen 38
0 56 74/81 50
heustadl@aon.at
www.hotelthaneller.at
ÖFFNUNGSZEITEN Mo–So 10.00 bis 24.00 Uhr
FASSBIER Stadl-Bräu Hell/Dunkel/Weizen
FLASCHENBIER Stadl-Bräu Hell/Dunkel/Weizen, auch in 1- und 2-l-Flaschen zum Verkauf
LOKAL Urige Gasthausbrauerei, zu der Gäste busweise aus dem benachbarten Bayern anreisen. Die Ansprüche der bayerischen Biertrinker sind eine Garantie dafür, dass das Bier durchwegs okay ist. Man kommt aber nicht nur wegen des Bieres: Hier geht es um die Verbindung von Bier und Volksmusik. Die Wirts-Familie Zobl hat selber viele Musiker hervorgebracht und schafft es seit Jahren, eine bierige Stimmung zu vermitteln. Dazu kommt, dass der angeschlossene Beherbergungsbetrieb sich inzwischen zu einem tollen Wellness-Hotel gemausert hat. 280 Sitzplätze im Stadl, Restaurant: 250, Bar: 25, Garten: 50. -100

ELLMAU

ALTE POST
6352 Ellmau, Dorf 24
0 53 58/22 25
info@hotelaltepost.com
www.hotelaltepost.com
ÖFFNUNGSZEITEN Täglich 8.00 bis 24.00 Uhr
FASSBIER Huber Bräu, Augustiner Bräu, Wolferstetter Weißbier
FLASCHENBIER Clausthaler
LOKAL Viersternehotel mit einer bis 1836 zurückreichenden Familientradition. Tiroler Stuben, in denen ebensolche Küche serviert wird. Ca. 120 Plätze, Garten: 120, Bar: 20. -60

GOING

LANZENHOF
6353 Going, Dorfstraße 16
0 53 58/35 34
info@lanzenhof.at
www.lanzenhof.at

329
TIROL

GOING · HALL IN TIROL

Augustiner Keller

Die Geisterburg

ÖFFNUNGSZEITEN Mo–Sa 10.00 bis 24.00 Uhr
FASSBIER Huberbräu Meisterpils, Huberbräu Weizenbier, Huberbräu Dunkelbier
FLASCHENBIER Huber Weizen Leicht, Huber Weizen Dunkel, Clausthaler, Franziskaner Alkoholfreies Weißbier
LOKAL Tradition und Gemütlichkeit stehen in den original gestalteten Holzstuben dieses im Jahr 1627 erstmals erwähnten Hauses hoch im Kurs. Es handelt sich um ein Hotel-Restaurant mit feiner Küche (Bauernenten stehen jeweils am Wochenende auf der Karte) und Tiroler Brauchtum. Gleichzeitig ist es aber auch ein richtiges Wirtshaus, das auch die Leute aus der Nachbarschaft zu schätzen wissen. Ortsansässige Bauern wie der Bichlbauer oder der Heisingerbauer garantieren als Lieferanten für einwandfreie Fleischqualität bei Blutwurstgröstl, Kalbshax'n oder Schöpsernem vom Tiroler Steinschaf, die Traditionsbrauerei Huber aus St. Johann liefert den Gerstensaft dazu. Wenn im Sommer dann in Going die traditionellen Handwerkskunstmärkte stattfinden, sind die ofenfrischen Schweinshax'n beim „Lanzen" besonders gefragt. 80 Plätze, Bar: 7, Garten: 35. -45

STANGLWIRT
6353 Going, Kaiser Sonnseite 50
0 53 58/20 00
info@stanglwirt.com
www.stanglwirt.com
ÖFFNUNGSZEITEN Täglich 8.00 bis 24.00 Uhr
FASSBIER Veltins, Erdinger, Huber Pils
FLASCHENBIER Huber Biere
LOKAL Balthasar Hauser führt hier am Wilden Kaiser einen kitschig-schönen Riesenbetrieb mit mehreren Stuben und Bars. Hier wurde von den Käsesommeliers Österreichs 2002 die Initiative „Bier und Käse" vorgestellt. Weißwurstparty jeweils im Jänner. Ca. 250 Sitzplätze im Lokal, 50 an verschiedenen Bars, 150 Sitzplätze im Garten.

HALL IN TIROL

AUGUSTINER KELLER
6060 Hall in Tirol, Unterer Stadtplatz 5
0 52 23/546 21-0
info@goldener-engl.at
www.goldener-engl.at

ÖFFNUNGSZEITEN Mo–Do 10.30 bis 24.00 Uhr, Fr–Sa 10.00 bis 1.00 Uhr, So 10.00 bis 21.00 Uhr
FASSBIER Augustiner Hell, Augustiner Edelstoff, Augustiner Dunkel
FLASCHENBIER Augustiner Weizen, Augustiner Pils, Erdinger Alkoholfrei
LOKAL Nach kurzer Pause wurde der Goldene Engl mit seinem originalen Gewölbe-Bierkeller 2015 wieder aufgesperrt – dem Augustiner Bier aus München ist man glücklicherweise treu geblieben. Lange Bar mit freundlicher Bedienung, gediegene Atmosphäre in den uralten, behutsam renovierten Räumen. 140 Sitzplätze im Bierverlies, 90 im Restaurant und je 40 Plätze in beiden Stuben. -35

DIE GEISTERBURG
6060 Hall in Tirol, Stadtgraben 18
0 52 23/419 10
info@geisterburg.at
www.geisterburg.at
ÖFFNUNGSZEITEN Mo–So 10.00 bis 24.00 Uhr
FASSBIER Wieselburger Märzen, Gösser Märzen, Erdinger Urweisse, Gösser Naturradler
FLASCHENBIER Stiegl Märzen, Zipfer 3, Erdinger Hefe Dunkel, Hirter Pils, Erdinger Alkoholfrei, Gösser Alkoholfrei
LOKAL In die alte Stadtmauer integriertes, uriges Lokal mit Burgatmosphäre und einer Speisekarte mit Fokus auf Pizza

www.bier-guide.net 2016 BIER GUIDE

TIROL

HOLZGAU · IGLS · IMST · INNSBRUCK

Strickers Dorf-Alm

Oldy-Bräu

und Pasta. Im Mittelpunkt des Lokals befindet sich dann auch ein großer Buchenholzofen mit Schauküche. Geboten werden auch saisonale Spezialitäten. 150 Sitzplätze, im Garten 100 Sitzplätze.

HOLZGAU

STRICKERS DORF-ALM
6654 Holzgau, Nr. 71
0 56 33/55 86
info@dorfalm.com
www.dorfalm.com
ÖFFNUNGSZEITEN Im Sommer: 18.00 bis 1.00 Uhr, im Winter: 16.00 bis 1.00 Uhr, Dienstag Ruhetag
FASSBIER Eigenbier – Stricker Hell, Stricker Dunkel und Stricker Weizen
FLASCHENBIER Kaiser Fasstyp, Duvel, Schloßgold, Franziskaner Weizen Alkoholfrei
LOKAL Dieser imposante Holzbau beherbergt seit 1996 ein familiär geführtes, rustikales Erlebnislokal mit Getränkeschwerpunkt und der erwartbaren Mischung von Oldies, Volks- und Après-Ski-Musik. Zum Essen gibt's Bierbrezen, Toast, Braujause und manchmal Spareribs. Zudem gibt es seit Herbst 2008 eine eigene Hausbrauerei mit einer Dreher-Anlage, die inzwischen in ein (ebenso rustikales, aber innen technisch gut ausgestattetes) Nebengebäude verlegt wurde. Auf Anfrage gibt es auch Verkostungen und Brauereiführungen. 80 Sitzplätze im Lokal, 12 an der Bar.

IGLS

ÄGIDIHOF
6080 Igls, Bilgeristraße 1
0 51 2/37 71 08
aegidihof@aon.at
www.aegidihof.at
ÖFFNUNGSZEITEN Mo–So 10.00 bis 24.00 Uhr
FASSBIER Zillertal Pils
FLASCHENBIER Zillertal Märzen, Zillertal „Das Schwarze", Clausthaler, Paulaner Hefe Hell, Paulaner Hefe Dunkel
LOKAL Renommierter Landgasthof und Hotel aus dem Jahr 1600 – serviert unter anderem Schweinsbraten in Biersauce. 100 Sitzplätze im Lokal, 40 Sitzplätze im Garten.

IMST

DOW JONES
6460 Imst, Kramergasse 18
0 67 6/334 90 51
https://de-de.facebook.com/pages/Dow-Jones
ÖFFNUNGSZEITEN Täglich 17.00 bis 2.00 Uhr
FASSBIER Guinness, Zipfer Urtyp, Edelweiss Hofbräu
FLASCHENBIER Zipfer Märzen, Heineken, Desperados
LOKAL Nettes, irisch angehauchtes Pub mit guter Bierpflege und freundlichem Service. Kann am späteren Abend etwas verraucht sein.

OLDY-BRÄU
6460 Imst, Josef-Koch-Straße 3
0 54 12/648 19
oldy-brau@gmx.at
ÖFFNUNGSZEITEN Mo–Fr 16.00 bis 23.00 Uhr
FASSBIER Oldy Bräu
FLASCHENBIER Weihenstephan Hefeweizen, Weihenstephan alkoholfreies Hefeweizen
LOKAL Versteckt, kurz vor dem Stadtende von Imst rechts an der B 171 gelegenes (und nicht von jedem Navi-System auffindbares) gemütliches Lokal mit Terrasse, einer mit vielen Bierdeckeln dekorierten Bar und einem insgesamt sehr bierigen Ambiente. 60 Plätze im Lokal, 15 an der Bar, 20 auf der Terrasse.

INNSBRUCK

11ER HAUS
6020 Innsbruck, Herzog-Friedrich-Straße 11
0 51 2/58 28 75
info@elferhaus.at
innsbruckplus.at/elferhaus
ÖFFNUNGSZEITEN Täglich 10.00 bis 2.00 Uhr
FASSBIER Wieselburger Spezial, Gösser Zwickl, Franziskaner Weißbier, Mohrenbräu, Kaiser Doppelmalz
FLASCHENBIER Insgesamt 27 verschiedene, vom American Bud über Kirin, Hoegaarden, San Miguel, Grolsch, Guinness und Desperados bis zum EKU 28. Sogar das Liefman's Kriek ist auf der umfangreichen Karte zu finden!

331
TIROL
INNSBRUCK

Bierstindl – Kulturgasthaus

Bierwirt

LOKAL Direkt beim Goldenen Dachl befindet sich der Klassiker unter den Tiroler Bierlokalen – sehr hoher Standard im Angebot und im Service, das uns bei jedem Test mit Freundlichkeit und Fröhlichkeit empfangen hat. Es gibt eine große Bar im Eingangsbereich – und als Sitzgelegenheiten unter anderem nachgebaute Chorstühle vom Kloster Wilten. Populär bei Studenten ebenso wie bei vielen Touristen. 120 Sitzplätze, im Garten 40 Sitzplätze.

GASTHAUS ANICH

6020 Innsbruck, Anichstraße 15/ Fallmerayerstraße 8
0 512/57 04 50
verwaltung@stift-wilten.at
ÖFFNUNGSZEITEN Mo–Sa 9.00 bis 24.00 Uhr
LOKAL Eines der ältesten „echten" Gasthäuser der Innenstadt ist dieses zum Stift Wilten gehörende Lokal, das seit einigen Jahren von Familie Kleewein als Gasthaus Anich geführt wird – mit liebenswürdigen Anklägen an die gute alte Zeit, als etwa die Suppe noch bei Tisch in den Suppenteller geleert wurde. Gelungene Mischung aus traditionellen Bauernstuben und modernen architektonischen Noten. Bemühtes Service und gute Bierpflege. Mittags gibt es preiswerte Menüs – da ist Reservierung empfohlen! 50 Plätze im Lokal.

BIERSTINDL – KULTURGASTHAUS

6020 Innsbruck, Klostergasse 6
0 51 2/58 00 00
info@bierstindl.eu
www.bierstindl.eu
ÖFFNUNGSZEITEN Mai–Sept.: täglich 10.00 bis 24.00 Uhr, Okt.–April: Di Ruhetag
FASSBIER Augustiner Vollbier Hell, Augustiner Edelstoff Hell
FLASCHENBIER Augustiner Pils, Augustiner Dunkel, Augustiner Weißbier, Erdinger Weißbier Alkoholfrei, Clausthaler
LOKAL Kulturgasthaus mit großem Biergarten im südlichen Stadtteil Wilten am Fuß des Bergisel. Mit der ersten urkundlichen Erwähnung 1641 einer der ältesten Betriebe in diesem Guide – 2014 frisch renoviert und mit seiner Open-Air-Bühne wieder dem Publikum zugänglich gemacht. Dies ist eine Leistung der Edith-Haberland-Wagner-Stiftung, die

als Haupteigentümerin der Augustiner Brauerei in München auch kulturelle Aufgaben übernimmt. Der Name Bierstindl dürfte sich auf einen der ersten Wirte namens Augustin Nocker, vulgo „Stindl", zurückführen lassen. Die Inneneinrichtung wurde teilweise nach Originalentwürfen des 19. Jahrhunderts wiederhergestellt – besonders sehenswert der Saal mit der Bühne und der Schankbereich. 520 Plätze im Lokal, 200 im Biergarten.

BIERWIRT

6020 Innsbruck, Bichlweg 2
0 51 2/34 21 43
hotel@bierwirt.com
www.bierwirt.com
ÖFFNUNGSZEITEN Mo–Fr 10.30 bis 14.00 und 17.00 bis 24.00 Uhr, Sa 17.00 bis 24.00 Uhr, So Ruhetag
FASSBIER Tiroler Bier (Hausbrauerei Baumgartner), Stiegl Goldbräu, Erdinger Urweisse, Clausthaler, Radler
FLASCHENBIER Zillertaler Gamsbock, Zipfer Märzen, Erdinger Alhoholfrei
LOKAL Der Bierwirt ist ein originales, aufwendig renoviertes Tiroler Wirtshaus aus dem 16. Jahrhundert mit einer schönen Bar, wo der sich im Herrgottswinkel gleich unter dem Kruzifix eine Figur eines Bierwirtes befindet. Sehr freundliches Service. Gemütliche Bauernstube, eleganter Speisesaal. Bierige Spezialitäten wie die Alpbachtaler Biersuppe finden sich immer wieder auf der wechselnden Speisekarte oder Schmankerl wie die Bierwirt Tris – Schlutzkrapfen, Kartoffelblattl'n und Zillertaler Kaskrapfen mit Sauerkraut serviert. 250 Plätze, 20 an der Bar, Garten: 120 Plätze.

BURENWIRT „ZUM HEURIGEN"

6020 Innsbruck, Dorfgasse 9
0 65 0/983 00 16
ingrid_marzani@hotmail.com
ÖFFNUNGSZEITEN Mo 16.00 bis 24.00 Uhr, Mi–Fr 16.00 bis 24.00 Uhr, Sa 12.00 bis 24.00 Uhr, So & Feiertage 10.00 bis 24.00 Uhr, Di Ruhetag
FASSBIER Zipfer
FLASCHENBIER Affligem Blonde, Affligem Dubbel, Edelweiss
LOKAL Dieses im nördlichen Stadtteil Hötting gelegene Gast-

www.bier-guide.net
2016 BIER GUIDE

332
TIROL
INNSBRUCK

Cammerlander

Das Nax

haus pflegt einen einfachen, unkomplizierten Stil – und gilt (auch wenn es sich dem Namen nach um einen „Heurigen" handelt) als guter Platz, ein Bier in fast ländlicher Umgebung und doch in der Stadt zu genießen. 100 Plätze in drei Stuben.

CAMMERLANDER
tapabar · restaurant · mexico arriba

CAMMERLANDER
6020 Innsbruck, Innrain 2
0 51 2/58 63 98
info@cammerlander.at
www.cammerlander.at
ÖFFNUNGSZEITEN Mo–So 11.30 bis 24.00 Uhr
FASSBIER Zipfer Märzen, Wieselburger, Erdinger Urweisse, Gösser Naturradler
FLASCHENBIER Gösser Zwickl, San Miguel, Heineken, Erdinger Hefe Dunkel, Erdinger Hefe Alkoholfrei, Schlossgold
LOKAL Andrea und Herbert Cammerlander haben 2003 eine Bar mit deutlich spanischem Einschlag und ein ebensolches Restaurant geschaffen – im Jahr 2010 wurde die Bierkarte umgestaltet und die ursprüngliche Bierkompetenz wiederbelebt und das Personal perfekt auf Bier geschult. Ein Teil des Teams reiste sogar nach Wien ins Schweizerhaus, um das Zapfen zu üben! Die Küche bietet vielfältige internationale Spezialitäten wie auch Tiroler Schmankerl und eine schöne Auswahl an vegetarischen Gerichten. 200 Plätze im Lokal, 200 im Garten.

DAS NAX
6020 Innsbruck, Kapuzinergasse 8
0 66 4/599 63 20
www.facebook.com/naxinnsbruck
ÖFFNUNGSZEITEN Mo–Sa 17.00 bis 1.00 Uhr, So & Feiertage geschlossen
FASSBIER Thorbräu Hell
FLASCHENBIER Zuletzt 34 verschiedene, darunter das Tiroler Bier von der lokalen Brauerei Baumgartner, die gesamte Palette der Wochinger und Augsburger Thorbräu-Biere, Tegernseer etc.
LOKAL An dieser Ecke fand man jahrelang das Sowieso, später dann ein leicht mexikanisch angehauchtes Bierlokal namens Esquina – und seit Ende 2015 gibt es hier ein modernes Bierlokal, das von Max Schmid und Niki Schweiger (einem Studenten und einer Studentin, die ihre Vornamen zum Lokalnamen zusammengezogen haben) betrieben wird. Wirkt mit den jagdlichen Stilelementen vor grellgrünem und mattgelbem Hintergrund ziemlich postmodern. Die Bierauswahl ist deutlich kleiner als früher, Niki verrät, dass ihr Konzept weg vom Craft Bier (und den früher hier vertretenen englischen und belgischen Importen) hin zu tirolisch-bayerischer Regionalität führen soll. Insges. 39 Sitzplätze im Lokal und Barbereich.

GÖSSER'S
6020 Innsbruck, Adolf-Pichler-Platz 3
0 51 2/57 26 29
kontakt@goessers.at
www.goessers.at
ÖFFNUNGSZEITEN Mo–Sa 9.00 bis 2.00 Uhr, Küche durchgehend, So Ruhetag
FASSBIER Gösser Gold, Weihenstephaner Hefeweizen, Gösser Stiftsbräu, Gösser Naturradler, saisonal: Oktoberbräu, Gösser Zwickl Naturtrüb
FLASCHENBIER Heineken, Wieselburger Stammbräu, Desperados, Guinness, Corona, Schlossgold
LOKAL Dieses zentral gelegene Lokal verfügt über eine eindrucksvolle 15 Meter lange Bar aus Eichenholz. Kreative, feine Hausmannskost. Und für alle, die kein Bier mögen, gibt es eine lange Cocktailkarte. Freitags und samstags legt ein DJ ab 22.00 Uhr Hits von den 60er-Jahren bis heute sowie Hausmusik auf. 100 Sitzplätze, Garten: 110 Sitzplätze.

333
TIROL
INNSBRUCK

INNSIDE PILSPUB IM MONDSCHEIN-HOTEL
🍺🍺🍺
6020 Innsbruck, Mariahilfstraße 6
0 51 2/22784
info@innside.at
www.innside.at
ÖFFNUNGSZEITEN Mo–So 18.00 bis 24.00 Uhr
FASSBIER Zillertal Edelpils, saisonales Zusatzangebot (z.B. Holzar Bier, Celtic, Chili Bier, Charly-Weizen, Engel Bier)
FLASCHENBIER Stiegl Goldbräu, Zillertal Schwarzes, Zillertal Weizen Hell, Franziskaner Weizen Hell, Holzar Bier, Corona, Stiegl Radler
LOKAL Ein paar Schritte vom Altstadtzentrum über die Innbrücke liegt neben dem Metropol-Kino eine mit gemauertem Ziegelgewölbe und Granitsäulen aufs Bier ausgerichtete Bar des Best Western Hotels, wo einerseits Hotelgäste, andererseits viele Studenten im alten Gewölbe verkehren. Ca. 80 Sitzplätze im Lokal, 20 an der Bar, ca. 40 im Extraraum für Feiern. ⌨-46

KAPUZINER 🍺🍺🍺🍺
6020 Innsbruck, Kaiserjägerstraße 4a
0 51 2/58 58 10
kapuziner@aon.at
www.facebook.com/kapuziner6020
ÖFFNUNGSZEITEN Mo–Fr 9.00 bis 1.00 Uhr, Sa 18.30 bis 1.00 Uhr, So & Feiertage geschlossen
FASSBIER Ottakringer Helles, Ottakringer Wiener Original, Ottakringer Zwickl, Ottakringer Braumeister Spezial (wechselnde Bierspezialität aus dem Hause Ottakringer), Ottakringer Naturradler
FLASCHENBIER Budweiser Budvar, Craft-Biere Brauwerk Wien: Hausmarke 1 Blond, Hausmarke 2 Session IP, Hausmarke 3 Porter sowie saisonale Biere wie Barley Wine oder Gose, Augustiner Helles, Paulaner Weißbier, Heineken, Corona, Beck's Alkoholfrei, Paulaner Weißbier Alkoholfrei, Null Komma Josef
LOKAL Seit mehr als einem Jahrzehnt ist diese Bar gegenüber dem SOWI-Gelände ein Fixpunkt im Innsbrucker Studenten- und Künstlerleben, seit 2014 hat sie auch einen neuen Gastgarten. Innen ist sie künstlerisch ausgestaltet: warme Farben und damit die richtige Stimmung für Biergenuss. Immer wieder interessante Gastbiere – und neuerdings auch ein Ankerpunkt für Freunde der Brauwerk-Biere aus Ottakring. Soweit verfügbar, gibt es auch die Sondersude wie die Gose oder den Barley Wine aus dem Sudkessel von Martin Simion. Ausgezeichnet als Tiroler Bierlokal des Jahres 2006. 50 Sitzplätze, 15 an der Bar, im Garten: 60.

KRAHVOGEL 🍺🍺🍺🍺
6020 Innsbruck, Anichstraße 12
0 51 2/58 01 49
info@krahvogel.at
www.krahvogel.at
ÖFFNUNGSZEITEN Mo–Sa 10.00 bis 2.00 Uhr, So u. Feiertage 17.00 bis 1.00 Uhr
FASSBIER Wieselburger Spezial, Mohrenbräu, Kaiser Zwickl, Kaiser Doppelmalz, König Ludwig Weißbier Dunkel, Franziskaner Weißbier, Hoegaarden, Guinness, Leffe Brune
FLASCHENBIER Heineken, Corona, Desperados, Wieselburger Stammbräu, Franziskaner Hefeweizen Dunkel, Aventinus, Schneider Weisse, Budweiser, Hirter Privat Pils, Erdinger Weißbier Alkoholfrei, Beck's Blue Alkoholfrei
LOKAL Nach wie vor eine Top-Adresse für gutes und nicht alltägliches Bier im Westen Österreichs – und dabei zentral in Innsbuck. Die lange Bar erleichtert die Kommunikation. Das Krahvogel verdiente sich im Jahr 2000 den ersten Platz im Bierguide für das Land Tirol. Oft voll und auch laut – gelegentlich gibt es auch Livemusik. 150 Plätze, Garten: 40.

LIMERICK BILL'S 🍺🍺🍺
6020 Innsbruck, Maria Theresien-Straße 9
0 51 25 / 58 20 11
limerick@netway.at
ÖFFNUNGSZEITEN Mo–So 16.00 bis 6.00 Uhr
FASSBIER Guinness, Kilkenny, Heineken, Zipfer Urtyp
FLASCHENBIER Corona, Desperados, Heineken, Wieselburger, Edelweiss Hell, Schlossgold
LOKAL Durch einen langen Hauseingang kommt man in diese tief im Innenstadtgemäuer versteckte Bar. Das Personal spricht überwiegend Englisch, das lockt neben dem studentischen Publikum viele Touristen an, „nordisches Après-Ski" inbegriffen. Als Musik werden in der Regel irische Folksongs

TIROL

INNSBRUCK

Löwenhaus

Raschhofers Rossbräu Soulkitchen

oder Radioklassiker gespielt, das Bier bestellt man traditionell selbst an der Bar. 422 Sitzplätze im Lokal.

LÖWENHAUS 🍺🍺🍺
6020 Innsbruck, Rennweg 5
0 51 25 / 58 54 79
info@loewenhaus.at
www.loewenhaus.at
ÖFFNUNGSZEITEN Mo–So 11.30 bis 22.30 Uhr
FASSBIER Wieselburger Märzen, Budweiser, Gösser Zwickl, Erdinger Urweisse, Gösser Naturradler
FLASCHENBIER Erdinger Dunkel, Erdinger Alkoholfrei, Schlossgold
LOKAL Gehobene Wirtshauskultur herrscht in diesem von der Firma Cammerlander nahe der Talstation der Hungerburgbahn sensibel betriebenen Wirtshaus am Inn – das drückt sich nicht nur im Ambiente, sondern auch in der Speisekarte aus, die sowohl Ur-Tirolerisches wie Schlutzkrapfen und Kässpätzle als auch etwas Ausgefalleneres von der Art Topinambur-Cremesuppe oder Rhonen-Walnuss-Risotto bietet. Spezialität des Hauses sind allerdings die Fladen, die mit allem denkbaren Belag einen guten Begleiter zum Bier abgeben. Das Ambiente ist von einer Balance aus traditioneller Wirtshausarchitektur und modernem, elegantem Gestaltungswillen (bis hin zum offenen Grill) geprägt und der Gastgarten direkt am Inn bietet einen schönen Ausblick auf die Nordkette. 160 Plätze im Lokal, 200 im Garten. ✄

PANGEA 🍺🍺🍺🍺
6020 Innsbruck, Adolf-Pichler-Platz 2
0 51 2/93 83 25
office@pangea.bar
www.pangea.bar
ÖFFNUNGSZEITEN Mo–Mi 12.00 bis 24.00 Uhr, Do–Sa 11.00 bis 1.00 Uhr, So Ruhetag
FASSBIER Stiegl Goldbräu
FLASCHENBIER Stiegl Paracelsus, Stiegl Weisse, Stiegl Männerschokolade, Wildshuter Sortenspiel, König Ludwig Dunkel, Bierol Mountain Pale Ale, Orval, Chimay Bleu, Rochefort 6, Engelszell Gregorius, Delirium Nocturnum, Liefmanns Kriek, Lindemanns Pecheresse, Stiegl Sport Weisse, wechselnde Monatsbiere, Craft- und Trapisten-Biere
LOKAL Modern gestyltes Café mit kulinarischem Schwerpunkt auf teilweise asiatisch inspiriertem „Urban Food" (sensationell der Schweinebauch mit Lauch!). Nette Auswahl an Craft Bieren und Craft-Food Events, wo verschiedene Brauer ihr Bier präsentieren und passende Kreationen dazu angeboten werden wie z.B. Craft Food @ Pangea by Bierol. Inhaber Punit Sikand versucht, eine geschmackliche Kombination zwischen feinem Bier und Essen herzustellen, in einigen Speisen wird auch Bier eingesetzt und er bietet Gerichte – die sogenannten Bites – die mit den diversen Bieren harmonieren sowie Events mit allem rund ums Bier. 40 Sitzplätze im Lokal, 50 m Gastgarten.

RASCHHOFER'S ROSSBRÄU SOULKITCHEN 🍺🍺🍺🍺
5020 Innsbruck, Egger-Lienz-Straße 118
0 51 2/31 91 92
ibk-soulkitchen@raschhofer.at
www.rossbraeu.at
ÖFFNUNGSZEITEN Mo–Sa 11.00 bis 24.00 Uhr, So 9.00 bis 23.00 Uhr
FASSBIER Raschhofer Märzen, Raschhofer Zwickl, Raschhofer Spezial, Raschhofer Weizen, dazu stets mehrere Craft Biere als Gastbier
FLASCHENBIER große, wechselnde Auswahl, u.a.: Achel Blond, Achel Bruin, O Hara's Stout, Flying Dog Raging Bitch, Rogue American Amber, Taras Boulba de la Senne, Mikkeler: I'm a Kombo, To Ol: Cloud 9, Kriek Marriage Parfait, Raschhofer Pils, Franziskaner Alkoholfrei

Frisch.
Aus der Natur.

Zillertal Bier. Quellfrisch!
www.zillertal-bier.at

TIROL

INNSBRUCK

Stiegl-Bräu

Stiftskeller

LOKAL Tiroler Erweiterung der etablierten Salzburger Lokalkette – hier mit besonderem Schwerpunkt auf Craft Bieren (viele aus der Raschhofer Brauerei in Altheim) und deren professioneller Präsentation. Passend zu den Craft-Bieren werden auch kulinarische Leckerbissen von zünftig bis stylish geboten, die Betreiber rühmen sich, das beste Schnitzel und die besten Burger anzubieten. Und wer sich durchkosten will, bestellt einen Bierkranz mit jeweils sechs Bieren – für Männer und Frauen werden unterschiedliche Größen, aber die gleiche Auswahl angeboten. Besonders hervorzuheben ist die Karte für „Craft Beer Rebellen und Whisky-Kenner", auf der alle Biere und Whiskies detailliert beschrieben sind. Sonntags ab 9 Uhr Brunch. 120 Plätze im Lokal, 60 im Garten.

SIXTYTWENTY
6020 Innsbruck, Universitätsstrasse 15 a-b
0 66 4/911 03 34, 0 65 0/980 89 80
armen_sommer@hotmail.com, robert-wolf@gmx.at
www.sixtytwenty.at
ÖFFNUNGSZEITEN Mo–Fr 8.00 bis 3.00 Uhr, Sa 14.00 bis 4.00 Uhr
FASSBIER Ottakringer Helles, Ottakringer Spezial
FLASCHENBIER Innstadt Weisse, Null Komma Josef
LOKAL SixtyTwenty liegt direkt gegenüber dem Haupteingang der Innsbrucker SoWi. Am Tag bietet das nach der Postleitzahl von Innsbruck benannte Lokal ein studentisches Coffeeshop-Konzept, ab den Abendstunden wird SixtyTwenty zum urbanen Club. Bei Schönwetter laden die großzügigen Sitzmöbel vor dem Lokal zum Relaxen ein, im Inneren regieren orangefarbige Töne und Schwarz/Weiß Bilder mit Lifestyle-Attitude. Im SixtyTwenty kann man auch Sponsionen oder Geburtstage feiern. 30 Plätze im Lokal, 20 davor.

STIEGL-BRÄU
6020 Innsbruck, Wilhelm-Greil-Straße 25
0 51 2/57 53 10
info@stiegl-braeu-innsbruck.at
www.stiegl-braeu-innsbruck.at
ÖFFNUNGSZEITEN Mo–Mi 10.00 bis 1.00 Uhr, Do–Sa 10.00 bis 2.00 Uhr, Sonn- u. Feiertage geschlossen
FASSBIER Stiegl-Goldbräu, Stiegl-Paracelsus Zwickl, Stiegl-Weisse Naturtrüb, Stiegl-Radler Zitrone, saisonale Bierspezialitäten: Stiegl-Herbstgold (Sept.-Okt.), Original Stieglbock (Nov.-Dez.)
FLASCHENBIER Stiegl Hausbiere, Stiegl Pils, Stiegl-Radler Grapefruit, Stiegl-Weisse Holunderradler, Hugo Weisse (Stiegl Weisse Holunder-Radler eingeschenkt im Stielglas mit Eiswürfeln, Limette und Minze) Franziskaner Weißbier Dunkel, König Ludwig Dunke, Stiegl Freibier, Stiegl Sport-Weisse
LOKAL Seit dem Jahr 2012 präsentiert sich dieser Treffpunkt für alle, die in Tirol wichtig sind, ganz neu herausgeputzt. Die Stieglitz Bar am Landhausplatz erhebt den Anspruch, der Szenetreff mit Events im bierigsten Wirtshaus Innsbrucks zu sein: Am Donnerstag in der Ladies Beer Night gibt es für alle Damen von 20 bis 22 Uhr Stiegl Bier gratis. Braustube: 170 Plätze, im Garten 60 Plätze, 20 im Straßencafé.

STIFTSKELLER
6020 Innsbruck, Stiftgasse 1
0 51 2/57 07 06
info@stiftskeller.eu
www.stiftskeller.eu
ÖFFNUNGSZEITEN Mo–So 10.00 bis 24.00 Uhr
FASSBIER Augustiner Vollbier, Augustiner Edelstoff
FLASCHENBIER Augustiner Dunkel, Augustiner Weißbier, saisonal Augustiner Maximator bzw. Augustiner Heller Bock, Augustiner Oktoberfest Bier, Besonderheit: Augustiner Bier aus

TIROL
INNSBRUCK

The Galway Bay

Theresienbräu

dem Holzfass (Do u. Fr abends), solange der Vorrat reicht, Erdinger Alkoholfrei, Clausthaler
LOKAL 1765 wurde in diesem Anbau der Hofburg ein adeliges Damenstift zum Gedenken an Franz Stephan von Lothringen eingerichtet. Dessen Stallungen wurden 1930 von Clemens Holzmeister zu einer Gaststätte umgestaltet – nach einer Renovierung ist dieses Lokal nun die Innsbrucker Ausschankstätte des Münchner Augustinerbräu. Holzmöbel und Augustiner Bierkrüge (die man als Souvenir kaufen kann) sorgen für den bierigen Teil des Ambientes, Heiligenfiguren erinnern daran, dass das Stift in den oberen Stockwerken immer noch besteht. Und im Bereich der Bar wurden Teile der alten Stadtmauer freigelegt. Tiroler Bierlokal des Jahres 2009. Herz, was willst Du mehr? Zum Beispiel: Augustiner Pils – dieses fehlt erstaunlicherweise im Angebot. 800 Plätze in verschiedenen Sälen, 200 im Garten.

THE GALWAY BAY 🍺🍺🍺
6020 Innsbruck, Kaiserjägerstraße 4
0 51 2/25 15 41
info@thegalwaybay.com
www.thegalwaybay.com
ÖFFNUNGSZEITEN Oktober bis Mai: Mo–Do 17.00 bis 1.00 Uhr, Fr–Sa 17.00 Uhr bis 2.00 Uhr, So 17.00 bis 24.00 Uhr; Juni bis September: Mo–Do 19.00 bis 1.00 Uhr, Fr–Sa 17.00 bis 2.00 Uhr, So geschlossen
FASSBIER Guinness, Connemara Independent Pale Ale, Connemara Independent Red Ale, Kilkenny, Carlsberg, Budweiser, Franziskaner, Hirter Pils, Hirter Zwickl, Trumer Pils
FLASCHENBIER Beck's, Beck's Gold, Miller, Bitburger, Grolsch, Corona, Erdinger, Heineken
LOKAL Ein Klassiker unter den österreichischen Irish Pubs. Dass im vorderen Raum gelegentlich Bierbänke den Platz verstellen, ist schwer zu verstehen. Und das langsame Service hängt vielleicht damit zusammen, dass Galway weit im Westen der irischen Insel liegt, wo man Gemütlichkeit der Hektik vorzieht. 60 Sitzplätze, 28 Plätze an der Bar.

THE SHAKESPEARE 🍺🍺🍺
6020 Innsbruck, Viaduktbogen 80
0 69 9/19 17 49 53
shakespeare_ibk@gmx.at
www.the-shakespeare.at
ÖFFNUNGSZEITEN Mo, Mi, Do 19.00 bis 1.00 Uhr, Fr–Sa 19.00 Uhr bis 4.00 Uhr, So 19.00 bis 24.00 Uhr, Di Ruhetag
FASSBIER Guinness, Zipfer
FLASCHENBIER Wieselburger, Heineken, O'Hara's Irish Pale Ale, Mc Mallow, Country Ale, Schneider Weisse
LOKAL In einem der Viaduktbögen gegenüber der Innsbrucker Messe befindet sich dieses kleine, sehr gemütliche Irish Pub, in dem man auch zu später Stunde freundlich bedient wird. Viele Schilder von verschiedenen Biersorten und anderen Getränken zieren die Wände. Im Lokal selbst gibt es einen „Raum im Raum", der über eine Stiege erreichbar ist und etwa 25 Leuten Platz bietet. Neben den zahlreichen Biersorten gibt es auch Kleinigkeiten zu essen wie z.B. Toast, Ciabattas, Knoblauchbrot. Und in den Monaten mit „r" gibt es einmal im Monat Muschelessen. Die Musik ist in angenehmer Lautstärke. 50–60 Plätze, 8 an der Bar.

THERESIENBRÄU 🍺🍺🍺
6020 Innsbruck, Maria-Theresien-Straße 51–53
0 51 2/58 75 80
office@theresienbraeu.com
www.theresienbraeu.com
ÖFFNUNGSZEITEN Mo–Mi 10.00 bis 1.00 Uhr, Do–Sa 10.00 bis 2.00 Uhr, So 12.00 bis 21.00 Uhr
FASSBIER Theresien-Stammbräu, Weizen, Dunkel, Theresien Radler, Russn Radler, Dunkler Radler, Theresien Ale, Theresien Stout. Alle 2 Monate gibt es eine saisonale Spezialität.
FLASCHENBIER Corona, Wieselburger, Heineken, Desperados, Schlossgold, Paulaner Weizen Hell und Dunkel, Paulaner Alkoholfrei
LOKAL Seit zwei Jahrzehnten der bierige Anziehungspunkt auf der Maria Theresien Straße – die eindruchsvolle Schalttafel gegenüber der Bar stammt aus dem Sudhaus der alten Adambrauerei. Immer wieder Sondersude – wobei weder das Pale Ale noch das Stout ganz den Stilkriterien entsprechen. Übrigens kann man das Bier auch in 0,5 l, 1 l und 2 l Flaschen oder Fässern (5 l, 10 l & 20 Liter) für Partys mit nach Hause nehmen.

338
TIROL

INNSBRUCK · ISCHGL · KIRCHDORF

450 Sitzplätze, 200 im Garten. Auf der Speisekarte finden sich Gerichte mit Bier wie der Schweinsbraten im Malzbiersaftl oder das Brauhausgulasch im Stammbräu geschmort.

TRIBAUN 🍺🍺🍺🍺🍺
5020 Innsbruck, Museumstraße 5
0 66 0/602 73 30
info@tribaun.com
www.tribaun.com
ÖFFNUNGSZEITEN Mo–Do 17.00 bis 2.00 Uhr, Fr–Sa 17.00 bis 4.00 Uhr, So 17.00 bis 24.00 Uhr
FASSBIER 20 verschiedene. Meist dabei Forstner Blond, Forstner Red, Styrian Ale, Camba Bavaria Triple, Camba Bavaria IPA, Zillertaler Schwarzbier
FLASCHENBIER Zwischen 850 – 950 Biere, meistens aus Europa, wobei Gueuze und Lambic einen besonderen Platz einnehmen.
LOKAL Bierlokal des Jahres, siehe Seite 326

ZAPPA 🍺🍺🍺🍺
6020 Innsbruck, Rechengasse 5
0 69 9/10 10 51 80, 0 69 9/15 81 05 70
office@zappa.at
www.zappa.at
ÖFFNUNGSZEITEN Täglich von 18.00 bis 2.00 Uhr
FASSBIER Fohrenburger, Budweiser, König Ludwig Hell, Augustiner Edelstoff, verschiedene Saisonbiere wie etwa Paulaner Oktoberfestbier
FLASCHENBIER Thorbräu Celtic, Thorbräu Mac Mallow, Fohrenburger Jubiläum, Mohren Pfiff, Hirter Privat Pils, Heineken, Corona, Desperados, Hacker Pschorr, Paulaner Hefe Hell, Augustiner Edelstoff, Engel Aloisius, Guinness Stout (Dose), Engel Hefeweizen Hell, Thorbräu Dunkel Augsburger Altstadtweisse, Tannenzäpfle, Astra Urtyp, Franziskaner Hefeweizen Hell, Null Komma Josef, Schneider Weisse Alkoholfrei
LOKAL Das Zappa ist Studentenkneipe in einer musikdurchfluteten Kellerbar, erreichbar durch einen Hauseingang beim Internationalen Studentenhaus. Das Lokal ist vor allem das Stammlokal der vorarlberger Studenten, nicht zuletzt, weil es Fohenburg vom Fass gibt. Aber auch die Flaschenbierauswahl kann sich sehen lassen – sie ist weit größer als die gedruckte Bierkarte zeigen kann, daher am Besten nach Craft Bier fragen. Hier ist jeden Tag etwas los, z.B. Montag ist Spieleabend, Donnerstag Zappa Kick-off, Freitag ist Crazy Friday. Diverse Feste wie das Rocktoberfest. 100 Plätze, Bar: 10.

ISCHGL

TROFANA ALM
6561 Ischgl, Nr. 266
0 54 44/601
alm@trofana.at
ÖFFNUNGSZEITEN 15.00 bis 24.00 Uhr (bei Schlechtwetter und Samstag ab 12.00 Uhr)
FASSBIER Kaiser Premium, Edelweiss Hofbräu, Gösser Naturradler, Veltins Pils
FLASCHENBIER Edelweiss Dunkel, Kaiser Doppelmalz, Heineken, Edelweiss Alkoholfrei
LOKAL Hier herrscht uriger Tiroler Stil, die Mitarbeiter des Hauses haben eine spezielle Schulung in Sachen Bier. Ca. 300 Sitzplätze im Lokal.

KIRCHDORF

GASTEIGER JAGDSCHLÖSSL
6382 Kirchdorf, Gasteiger Straße 57
0 53 52/645 32
info@jagdschloessl.at
www.jagdschloessl.at
ÖFFNUNGSZEITEN Täglich 7.30 bis 24.00 Uhr
FASSBIER Huber Bräu Original, Tiroler Hefeweizen
FLASCHENBIER Huber Bräu
LOKAL Viersternehotel mit gehobener Küche und dem Anspruch, das Bier aus der regionalen Brauerei Huber in St. Johann in entsprechender Qualität zu kredenzen. Wildspezialitäten aus dem eigenen Revier, der Kaiserjagd und Gerichte vom Gasteiger Bauernlamm. 60 Plätze. 🍴 32

GRIESNERALM
6382 Kirchdorf, Kaiserbachtal 6
0 53 52/644 43
info@griesneralm.com
www.griesneralm.com

339
TIROL
KITZBÜHEL

Hagstein

ÖFFNUNGSZEITEN 8.00 bis 24.00 Uhr (vom 20. Dezember bis Ende Oktober)
FASSBIER Huber Bräu Original, Tiroler Hefeweizen
FLASCHENBIER Huber Bräu Dunkel
LOKAL Ausflugslokal auf 1.024 Meter Seehöhe. Gemütliche Gaststuben und eine große Sonnenterrasse mit Blick auf das Bergmassiv des Wilden Kaisers laden zum Verweilen ein. 200 Plätze und Terrasse mit ebenfalls 200 Plätzen. ⌨-28

KITZBÜHEL

HAGSTEIN
6370 Kitzbühel, Hagsteinweg 95
0 53 56/652 16
info@gasthof-hagstein.at
www.gasthof-hagstein.at
ÖFFNUNGSZEITEN Do–Mo ab 9.00 Uhr, Di–Mi Ruhetage
FASSBIER St. Johanner Original
FLASCHENBIER Franziskaner Weissbier Dunkel, Erdinger Weißbier, Erdinger Weißbier Alkoholfrei, Clausthaler
LOKAL Ausflugsrestaurant, über Kitzbühel gelegen mit Blick auf Hahnenkamm und Hohe Tauern. Eigene Landwirtschaft und Metzgerei, fallweise gibt's Bierkraut oder Spanferkel in Biersauce. 140 Sitzplätze im Lokal, Terrasse: 140 Sitzplätze.

HUBER-BRÄUSTÜBERL
6370 Kitzbühel, Vorderstadt 18
0 53 56/656 77
ÖFFNUNGSZEITEN Mo–Sa 8.30 bis 24.00 Uhr, So 10.00 bis 24 Uhr. Außerhalb der Saison wird auch mal früher geschlossen.
FASSBIER Huber Bräu Hell, Huber Augustinus
FLASCHENBIER Huber Bräu Weizenbiere, saisonal Huber Bock
LOKAL Ein einfaches Tiroler Wirtshaus ohne Schnickschnack (wie man ihn sonst in Kitzbühel häufig findet) – imposante Steinsäule im Gastraum, nette Bedienung an der Schank. 80 Sitzplätze im Lokal, 40 davor im Schanigarten.

Finden Sie die **BESTEN BIERLOKALE** und Ihr **LIEBLINGSBIER** in Ihrer Umgebung. Mit Conrad Seidls **BIER GUIDE APP.**
Jetzt **GRATIS DOWNLOAD** im Play- oder Appstore!

STEUERBERG
6370 Kitzbühel, Bichlachweg 78
0 53 56/648 87
steuerberg@kitz.net
www.steuerberg.com
ÖFFNUNGSZEITEN Do–So 11.00 bis 24.00 Uhr
FASSBIER Huber Bräu Biere – St. Johanner Original, Augustinus, Tiroler Hefeweizen Hell
FLASCHENBIER Tiroler Hefeweizen Dunkel, Huber Weißbier Alkoholfrei, Clausthaler
LOKAL Das seit rund 100 Jahren bestehende Lokal liegt, umgeben von saftigen Wiesen und dichten Wäldern, auf einer Anhöhe über dem Kitzbühler Schwarzsee in der ursprünglichen Hochmoorlandschaft des Bichlachs und ist zum Treffpunkt für Einheimische und Promis am „Logenplatz von Kitzbühel" geworden. Bierwochen im Herbst. 70 Sitzplätze im Lokal, 30 im Stüberl, kleine Bar. Terrasse: 130 Sitzplätze.

THE LONDONER
6370 Kitzbühel, Franz Reisch Str. 4
0 53 56/714 28
info@thelondoner.at
www.thelondoner.at
ÖFFNUNGSZEITEN Täglich 15.00 bis mindestens 4.00 Uhr
FASSBIER Stiegl Goldbräu
FLASCHENBIER Stiegl Pils, Heineken, Corona Extra, Erdinger,

340
TIROL
KUFSTEIN

Egger Bräustüberl

Felsenkeller

Beck's, Beck's Lemon, Guinness, Franziskaner Weißbier Alkoholfrei, Clausthaler
LOKAL Ein Pub, in dem stets Partystimmung herrscht – und in dem Gäste wie Personal tatsächlich englisch sprechen. Es wurde 1976 vom englischen Musikmanager und Clubbesitzer Rik Gunnell (in seinen Londoner Lokalen verkehrten Louis Armstrong, The Who und die Rolling Stones) und seiner Tiroler Gattin Edith gegründet. Nach Riks Tod im Jahr 2007 wird das Lokal mit demselben Elan weitergeführt – ab und zu machen sich Skistars einen Spaß daraus, hier als Kellner auszuhelfen! 80 Sitzplätze, 30 an der Bar.

KUFSTEIN

EGGER BRÄUSTÜBERL
6330 Kufstein, Oberer Stadtplatz 5a
0 53 72/610 90
info@braeustueberl-kufstein.at
www.braeustueberl-kufstein.at
ÖFFNUNGSZEITEN Mo–Fr 10.00 bis 14.30 und 16.30 bis 24.00 Uhr, Sa 10.00 bis 24.00 Uhr, So Ruhetag (an Feiertagen manchmal geöffnet)
FASSBIER Egger Premium, Egger Zwickl, Erdinger Urweisse
FLASCHENBIER Erdinger dunkles Weißbier, Erdinger alkoholfreies Weißbier
LOKAL Das „Egger Bräustüberl" ist das Traditionslokal der früher in Kufstein beheimateten Egger Brauerei. Schon vor mehr als 100 Jahren wurde in den Räumlichkeiten am Oberen Stadtplatz Bier gebraut und ausgeschenkt. Die Karte bietet die erwarteten „Bräustüberl-Gerichte". Ein „Fiaker Gulasch" und ein „Musikantenschnitzel" stehen ebenso auf der Speisekarte wie Steaks, frischer Fisch und Pasta. Der Chef ist ein großer Bierfan, gelegentlich hat er auch die eine oder andere Bierspezialität außerhalb der Karte im Kühlschrank. Frisch Gezapftes gibt es aus dem Holzfass, wenn gewünscht in gekühlten Tonkrügen serviert, und im Sommer stehen im Gastgarten „Kühlschrank-gekühlte"' Biergläser bereit. Jeweils 70 Sitzplätze im Lokal und im Gastgarten.

Gasthof Felsenkeller

FELSENKELLER
6330 Kufstein, Kienbergstraße 35, Tirol
0 53 72/627 84
info@felsenkeller.at
www.felsenkeller.at
ÖFFNUNGSZEITEN Mi–So 8.00 bis 23.00 Uhr, Mo–Di Ruhetage; Hotel: 24/7
FASSBIER Kaiser Premium naturgekühlt
FLASCHENBIER Unertl Weisse Dunkel, Unertl leichte Weisse, Unertl Alkoholfrei, Unertl Weizenbock (saisonal)
LOKAL Ein paar Gehminuten vom Kufsteiner Stadtzentrum entfernt liegt am Waldrand dieses Wirtshaus, das die heikle Balance zwischen bodenständiger Gastronomie und modernem Tourismusbetrieb – eine Burn-Out-Prävention eigener Art – auf eigenwillige Weise bewältigt. Der Chef steht selber hinter der kleinen Bar und orchestriert den Betrieb – das Bier (er schwört auf den Biergenuss beim Kaiser Premium) zapft er selber, außerdem hat Herr Thaler auch den exklusiven Weißbierimport (das Unertl bezeichnet er als Meisterweissbier) selber organisiert. Und die Gebirgsforellen, die hier in ungewöhnlicher Vielfalt serviert werden, passen hervorragend zum Weißbier. 120 Plätze in den Restaurantbereichen, 12 an der Bar.

341
TIROL

KUFSTEIN · LANDECK · LANS

Purlepaus

JOE'S PUB – IRISH LIFESTYLE
6330 Kufstein, Herzog-Stefan-Straße 3
0 53 72/210 95
info@joespub.at
www.joespub.at
ÖFFNUNGSZEITEN Mo–Fr 17.00 bis 1.00 Uhr, Sa–So und Feiertage 18.00 bis 1.00 Uhr, kein Ruhetag
FASSBIER Guinness, Kaiser Premium, Kellerbier – die neue Spezialität, alle zwei Wochen ein wechselndes Gastbier
FLASCHENBIER Kilkenny, Beck's Gold, stets acht verschiedene Weißbiere (etwa Franziskaner Hefeweizen, Kuchlbauer Hefeweizen, 1543 Weißbier), Erdinger Alkoholfrei, Maxlreiner Alkoholfrei, Jever Fun Alkoholfrei, Beck's Alkoholfrei
LOKAL Irgendwie „das große Wohnzimmer von Kufstein" – kleine Snacks (verschiedene Toastvariationen). 60 Sitzplätze plus 20 an der Bar, Raucher- und Nichtraucherraum und kleines Stüberl für gemütliche Runden sowie ein zusätzliches separates Lokal, „Die Kellerbar".

PURLEPAUS
6330 Kufstein, Unterer Stadtplatz 18
0 53 72/636 33
restaurant@purlepaus.at
www.purlepaus.at
ÖFFNUNGSZEITEN Mo–So 10.00 bis 22.00 Uhr
FASSBIER Zipfer Märzen, Gösser Zwickl, Hofbräu München Weizen
FLASCHENBIER Hofbräu Weizen Dunkel, Hofbräu Weizen Alkoholfrei, Hofbräu Pils, Maxlrainer Weißbier, Maisel Weißbier Leicht, Köstritzer Schwarzbier, Affligem Blonde, Affligem Double, Reininghaus Jahrgangspils, Wieselburger Stammbräu, Kaltenhauser Kellerbier, Gösser Stiftsbräu, Kaltenhauser 1475 Pale Ale, Maisel & Friends Stefan's Indian Ale, Gusswerk Dies Irae, Gusswerk Krinnawible,
LOKAL Schönes Restaurant (Flammkuchen!) und Bierbar am Fuße der mächtigen Festung Kufstein. Der Name Purlepaus leitet sich von der Eroberung Kufsteins durch Kaiser Maximilian (der „der letzte Ritter", aber auch „der erste Kanonier" genannt wird) her: 1504 brachte er die Geschütze Weckauf und Purlepaus in Stellung, die die Festungswälle durchbrachen. Heute geht es friedlicher zu – es gibt eine kleine Bar und zwei Speisesäle, wo man zu vernünftigen Preisen essen

kann und die Bedienung ist auch besonders freundlich. Schöner, kleiner Gastgarten mit Kastanienbäumen auf dem Stadtplatz. 45 Plätze im Restaurant, 15 an der Bar.

LANDECK

GREIF
6500 Landeck, Marktplatz 6
0 54 42/622 68
info@gasthof-greif.at
www.gasthof-greif.at
ÖFFNUNGSZEITEN Täglich von 8.00 bis 24.00 Uhr, Mi Ruhetag
FASSBIER Starkenberger
FLASCHENBIER Clausthaler
LOKAL Diesen schönen Gasthof ziert ein ebenso schöner schmiedeeiserner Ausleger mit dem namensgebenden Greif – die Stube mit dem Stammtisch ist ebenso schön und die Bedienung freundlich (der neuere Anbau ist nicht ganz so schön, er beherbergt dafür eine schöne, große Gaststube. Der Gasthof ist offenbar bei örtlichen Stammtischrunden ebenso beliebt wie bei Bikern, die hier einen idealen Stützpunkt für Ausflüge in die bergige Umgebung finden. 90 Sitzplätze, 20 Plätze im Vorgarten. ⌑-30

PICASSO
6500 Landeck, Malser Straße 24
0 54 42/644 41
oliver.len@gmx.at
ÖFFNUNGSZEITEN Täglich 8.00 bis 24.00 Uhr
FASSBIER Hirter Märzen, Schneider Weisse
FLASCHENBIER Stiegl Goldbräu, Clausthaler
LOKAL Gemütliches Souterrainlokal mit kleiner, zentraler Bar und aufmerksamer Bedienung. Ca. 25 Sitzplätze, 15 im Schanigarten.

LANS

GASTHOF WALZL
6072 Lans, Dorfstraße 56
0 51 2/37 03 80
info@gasthof-walzl.at
www.gasthof-walzl.at

342
TIROL

LEUTASCH · LIENZ

Zur Brücke

Adlerstüberl

ÖFFNUNGSZEITEN Mo–So 7.00 bis 24.00 Uhr
FASSBIER Zillertal Pils, Zillertal „das Schwarze", Zillertal Märzen, Trumer Pils
FLASCHENBIER Zillertal Märzen, Erdinger Hefe Hell und Dunkel, Clausthaler
LOKAL Gasthof der gehobenen Klasse mit einer in hellem Holz gestalteten Bar und entsprechend stimmungsvollen Zirbenholz-Stuben. Unter dem Portrait von Andreas Hofer hängt der gestickte Spruch „Tirol - Glaube, Heimat, Vaterland". In der Jagdsaison sorgen der Wirt Johannes Jennewein und sein Vater Josef dafür, dass immer frisches Wildfleisch von Hirsch, Reh oder Gämse auf den Teller kommt. Bei der Hausmannskost wird überall Bier oder Bierschaum verwendet - etwa beim Spanferkel in Biersauce. 130 Sitzplätze im Lokal, 150 im Festsaal, 15 an der Bar, 60 Sitzplätze im Garten. -30

LEUTASCH

ZUR BRÜCKE
6105 Leutasch, Burggraben 257
0 52 14/69 30 oder 62 75
zur.bruecke@aon.at
www.zurbruecke-leutasch.com
ÖFFNUNGSZEITEN Do–Di 9.00 bis 23.00 Uhr
FASSBIER Mittenwalder Helles
FLASCHENBIER Erdinger Weissbier, Erdinger Schwarze Weisse, Zipfer, Warsteiner, Mittenwalder Weihnachtsbock, Löwenbräu alkoholfrei
LOKAL 2004 renoviertes freistehendes Gasthaus mit langer Theke und zwei Stuben, alles mit viel Holz gestaltet. Aus der Küche kommen mehrere mit Bier zubereitete Speisen, etwa Bierschnitzel oder Eisparfait mit Bockbier. Ausgezeichnet von der Tiroler Wirtshauskultur. 50 Plätze, 8 an der Bar, 50 im Garten. -6

LIENZ

Adlerstüberl seit 1742

ADLERSTÜBERL
9900 Lienz, Andrä-Kranz-Gasse 7
0 48 52/625 50
adlerstueberl@speed.at
ÖFFNUNGSZEITEN Mo–So 8.30 bis 24.00 Uhr
FASSBIER Falkensteiner (Gösser Märzen), Gösser Zwickl, Edelweiss Dunkel
FLASCHENBIER Gösser/Falkenstein Märzen, Gösser Stiftsbräu, Gösser Naturgold, Gösser Naturradler, Edelweiss Weizenbier alkoholfrei
LOKAL Mitten im Zentrum von Lienz liegt das alteingesessene Restaurant. Die gutbürgerliche Küche hat im Adlerstüberl schon seit 1742 Tradition. Bereits damals war es für die Bauern und Händler aus Osttirols Tälern Pflicht, auf ein obligates Gulasch und Bier im Adlerstüberl einzukehren. In gemütlichen Stuben wird vornehmlich traditionelle Tiroler Kost serviert, während des Sommers auch im Biergarten. Regelmäßige kulinarische Wochen mit speziellen Gerichten. 100 Sitzplätze im Lokal, 60 Sitzplätze im Garten.

ANSITZ HAIDENHOF
9900 Lienz, Grafendorferstraße 12
0 48 52/624 40
www.haidenhof.at

TIROL
LIENZ

Bierbistro im Eck

Gösserbräu im alten Rathaus

ÖFFNUNGSZEITEN Hotel: täglich 7.00 bis 24.00 Uhr, Bräukeller: 16.00 bis 24.00 Uhr
FASSBIER vier verschiedene Haidenhofbräu-Biere: Luis (helles Untergäriges), H-Stout (obergäriges Dunkles), Haiden Weisse (obergäriges Weißbier), alle vom Chef selbst gebraut. Zusätzlich wechselnde saisonbezogene, selbstgebraute Biere (Sommerbier, Grantnzipfl Bier – untergäriges Helles mit Grantn(Preiselbeer)note, Schnittbier, H's H (Haidenhof's Holler), RabaBier (Rhabarber Bier)
FLASCHENBIER Gösser Falken, Corona, Punk IPA Brew Dog, Stiegls 0,7 Saisonbiere, Duvel TripleHop, Beck's Alkoholfrei, Gösser Alkoholfrei, Erdinger Weißbier Alkoholfrei, laufend weitere Sorten.
LOKAL Dieses historische Haus oberhalb von Lienz hat sich im Lauf der Jahre immer weiter zu einem Kompetenzzentrum für Bier entwickelt. Anfang 2010 hat Michael Wildauer auch noch eine Brauanlage eingebaut. Aus diesem Anlass wurde auch der Bierkeller im alten ca. 800 Jahre alten Gewölbekeller geschaffen, wo stets mehrere Biere direkt vom Lagertank gezapft werden – täglich ab 16 Uhr geöffnet. Es gibt im Bräukeller zusätzlich zur Restaurantkarte noch eine eigene Speisekarte – dort findet man auch bieriges wie die BIERhuhnsuppe à la TomKaGai, Weißbier Bananen Curry Suppe, Bräuwürstln, Pizzen wie die Braumeisterpizza, Wildauers Braumeister Burger, Steaks, die Apfelschlutzer mit Biertreben, Trebernbrot. Bräukeller mit Bar für ca. 40 Personen, Bräustüberl für 10 Personen, Waschkuchl für 18 Personen und 60 Personen im neuen Biergarten mit Bierbrunnen. 130 Sitzplätze in den Restaurants und Stuben, 80 Plätze auf der Terrasse.

BIERBISTRO IM ECK
9900 Lienz, Hauptplatz 20
0 48 52/647 80
altstadthotel.eck@utanet.at
ÖFFNUNGSZEITEN Mo–Do, So und Feiertage 8.00 bis 24.00 Uhr Fr–Sa 8.00 bis 2.00 Uhr
FASSBIER Guinness, Falkenbräu, Gösser Zwickl, Stiegl Goldbräu, Paulaner Hefeweizen
FLASCHENBIER Edelweiss Hofbräu, Beck's, Heineken, Desperados, Corona Extra, Gösser Naturgold
LOKAL Gemütliches Pub in einem historischen Gemäuer, sehr nette Bedienung.

BRAUGASTHOF FALKENSTEIN
9900 Lienz, Pustertaler Straße 40
0 48 52/622 70 oder 0 69 9/10 52 23 11
artur@brauereiwirt.at
www.brauereiwirt.at
ÖFFNUNGSZEITEN Täglich 9.00 bis 24.00 Uhr, kein Ruhetag
FASSBIER Falkenbräu Gösser Zwickl, Gösser Märzen, Gösser Naturradler, Reininghaus Jahrgangspils. Saisonale Spezialbiere, z.B. Gösser Bock, Oktoberbier
FLASCHENBIER Ca. 70 Biere, darunter sämtliche Trappisten-Biere und internationale Bierspezialitäten.
LOKAL Das Bräustüberl der hier ansässigen Brauerei Falkenstein (hier wird unter anderem das Gösser Zwickl gebraut) liegt an der Ausfallstraße von Lienz nach Sillian – und wird von lokalen Gästen ebenso wie von durchreisenden Südtirol-Touristen gern besucht. Wirt Artur Wieser ist Diplombiersommelier und hält national und international kommentierte Bierverkostungen ab – daher hat sich das Bierangebot weit über das der BrauUnion hinaus verbreitert. Als Spezialität der Küche wird der hauseigene Zwicklschinken mit Zwicklbier-Senf angeboten, ebenso wie 4- bis 8-gängige Überraschungsbiermenüs. Das umfangreiche Angebot an internationalen Bierspezialitäten hat dem Braugasthof 2013 den Titel als „Bierlokal des Jahres" eingetragen. 220 Sitzplätze und 25 im sonnigen Biergartl.

GÖSSERBRÄU IM ALTEN RATHAUS
9900 Lienz, Johannesplatz 10
0 48 52/721 74
rathaus@goesserbraeu-lienz.at
www.goesserbraeu-lienz.at
ÖFFNUNGSZEITEN Mo–Do 9.00 bis 1.00 Uhr, Fr–Sa 9.00 bis 2.00 Uhr, So 9.30 bis 24.00 Uhr
FASSBIER Gösser Falken Märzen, Stiftsbräu, Edelweiss, Gösser Zwickl Dunkel, Kräuter Radler, Bier des Monats
FLASCHENBIER Heineken, Gösser, Edelweiss Hefetrüb Dunkel, Zipfer, Desperados, Gösser Naturgold
LOKAL Dieses Haus war schon Kaserne und Verwaltung der Tiwag, Rathaus und Musikschule – aber als Bierlokal hat es seine wahre Bestimmung gefunden. Das Gösser Bräu ist gleichermaßen Bar, Restaurant und Gasthof, In-Treff und Bierlokal. Sehr ambitioniert nach wie vor die Küche von Chefkoch

344
TIROL

LIENZ · MATREI IN OSTTIROL · MAYRHOFEN · NEUSTIFT · OBERTILLIACH

Dorf-Pub

Gasthaus Unterwöger

Erwin Ganeider, der mit Bier zubereitete Speisen wie Bierschaumsuppe mit Brezenknödel, Bierbratl oder Schokolade-Bieramisù bietet. 140 Sitzplätze im Lokal, 30 Plätze an der Bar, 100 Sitzplätze im Garten.

ZEITLOS
9900 Lienz, Zwergergasse 3a
0 67 6/636 12 68
sabs.gerry@aon.at
ÖFFNUNGSZEITEN Di–Do 8.00 bis 24.00 Uhr, Fr 8.00 bis 4.00 Uhr
FASSBIER Gösser/Falkenbräu Märzen, Weihenstephaner
FLASCHENBIER Gösser Märzen, Heineken, Beck's, Beck's Lemon, Beck's Alkoholfrei, Stiegl Braukunst, Desperados
LOKAL 2004 neu eingerichtete Café-Bar mit Kuchen- und Eisspezialitäten. Gemischtes Publikum. 120 Plätze im Lokal, 80 an der Bar, 40 Plätze im Garten.

MATREI IN OSTTIROL
MÜLLER'S BIERSCHENKE
9971 Matrei in Osttirol, Lienzer Straße 4
0 48 75/65 50
muellersbierschaenke@aon.at
ÖFFNUNGSZEITEN Di–So 16.30 bis 1.00 Uhr
FASSBIER Stiegl, Murauer, Gösser Falkenbräu, Gösser Zwickl Falkenbräu
FLASCHENBIER Gösser Falkenbräu, Gösser Stiftsbräu, Zipfer, Stiegl, Becks, Heineken, Franziskaner Hefe hell und dunkel, Desperados, Becks alkoholfrei
LOKAL Bierpub mit alpin-bieriger Einrichtung, Treffpunkt jeder Gästeschicht vom Doktor bis zum Arbeiter, natürlich auch viele Touristen. 50 Sitzplätze im Lokal, 20 Plätze an der Bar, Garten: 20 Plätze.

MAYRHOFEN
SCOTLAND YARD PUB
6290 Mayrhofen, Scheulingstraße 372
0 52 85/623 39 oder 0 66 4/515 82 67
pub@scotlandyard.at
www.scotlandyard.at
ÖFFNUNGSZEITEN täglich 18.00 bis 3.00 Uhr

FASSBIER Egger Premium, Stiegl, Fat Cat Lager, Erdinger Weißbier, Franziskaner Weißbier, Guinnes, Kilkenny, Snakebite
FLASCHENBIER Foster's, Heineken, Corona, Desperados, Köstritzer Schwarzbier, Franziskaner Weißbier Dunkel, Beck's Alkoholfrei/Lemon/Orange/Ice
LOKAL Gepflegtes Bier und heimelige Atmosphäre, englisch angehaucht (Dartboard ohne Elektronik-Firlefanz). Nette Mädels im Service zapfen hier zügig und „nicht pilsmäßig", das überzeugt selbst die deutschen Bierbanausen aller Altersschichten. Am Wochenende wird eher härtere Musik geboten, am frühen Abend wird es dann eher gemütlich. Neuer Wintergarten. 90 Sitz- und Stehplätze, Garten: 90, teilweise überdacht.

NEUSTIFT
DORF-PUB
6167 Neustift, Dorf 722
0 52 26/22 22
info@dorfpub.at
www.dorfpub.at
ÖFFNUNGSZEITEN im Winter 16.00 bis 24.00 Uhr, im Sommer 10.00 bis 24.00 Uhr
FASSBIER Dorfbräu Weizen, Dorfbräu Helles, Dorfbräu Ale (im Winter), Dorfbräu Bock, Dorfbräu Red Chilli, Löwenbräu, Löwen Weisse, Kilkenny, Guinness
FLASCHENBIER Budweiser, Beck's, Corona, Desperados, Miller, Foster's, Anheuser Busch B, Köstritzer, Löwenbräu Kristallweizen, Fuel Starkbier, Schlossgold
LOKAL Das Dorf-Pub in Neustift ist ein äußerst lebendiger Laden, es hat seine Bierkompetenz stark ausgebaut und im Sommer 2005 zusätzlich eine urig-gemütliche Braustube eröffnet. Jeden Mittwoch wird Livemusik von Bands aus dem In- und Ausland geboten. 280 Plätze im Lokal, Bar: 5, Garten: 70.

OBERTILLIACH
GASTHAUS UNTERWÖGER
9942 Obertilliach, Dorf 26
0 48 47/52 21
info@hotel-unterwoeger.at
www.hotel-unterwoeger.at
ÖFFNUNGSZEITEN Mo–So 9.00 bis 21.30 Uhr
FASSBIER Gösser Märzen, Edelweiss Hefetrüb

345
TIROL

PERTISAU · PINSWANG · PRÄGARTEN AM GROSSVENEDIGER · RATTENBERG

Karlwirt

Brauhaus Rattenberg

FLASCHENBIER Gösser Stiftsbräu, Gösser Märzen, Schlossgold
LOKAL Sepp Lugger ist ein Meister am Zapfhahn, sein etwa 300 Jahre altes Lokal ist auf einheimische Gäste ausgerichtet – wer von weiter her kommt, wird herzlich (mit Urlaub am Bauernhof und eigenen Ferienwohnungen) aufgenommen. 150 Plätze im Lokal, 40 im Garten. -70

PERTISAU

KARLWIRT
6213 Pertisau, Pertisau 26
0 52 43/52 06
info@hotelkarlwirt.at
www.hotelkarlwirt.at
ÖFFNUNGSZEITEN Mo–So 8.00 bis 23.00 Uhr
FASSBIER Achensee Bier Hell, Achensee Bier Weizen, Saisonbiere verschiedener Brauereien
FLASCHENBIER Achensee Biere in der 1 l und 2 l Bügelflasche, Verkauf zum Mitnehmen, Gösser Naturgold, Gösser Stiftsbräu, Edelweiss dunkles Weizen, Edelweiss Weizen Alkoholfrei, Reininghaus Pils
LOKAL Behutsam gewachsene Tradition, eine familiäre Atmosphäre und eine mehr als 200 Jahre bewährte Gastlichkeit prägen den Charakter des Hauses. Die Karte reicht von der deftigen Tiroler Hausmannskost bis zu den Leckerbissen der internationalen und vegetarischen Küche, dazu das Achensee Bier, das es exklusiv im Karlwirt (und dem dazugehörigen Langlaufstüberl, wo auch die Brauerei steht) gibt. Was die Sache besonders macht: Weil die Familie Rupprechter auch Beziehungen zur Käserei im Alpbachtal hat, gibt es die Gelegenheit, Bier und Käse fachkundig kombiniert präsentiert zu bekommen. 250 Sitzplätze, 50 auf der Terrasse. -60

PINSWANG

GUTSHOF ZUM SCHLUXEN
6600 Pinswang, Unterpinswang 24
0 56 77/89 03
info@schluxen.com
www.schluxen.com
ÖFFNUNGSZEITEN Mo–So 9.00 bis 23.00 Uhr
FASSBIER Gösser Märzen, Gösser Naturradler, Weihenstephaner Weizen

FLASCHENBIER Weihenstephaner Weißbier Dunkel u. Alkoholfrei, Reininghaus Jahrgangspils, Gösser Stiftsbräu, Gösser Zwickl, König Ludwig Dunkel, Schlossgold, Gösser Naturgold Alkoholfrei, Gösser Naturradler
LOKAL Über den Fürstenweg kann man vom Gutshof zum Schluxen in etwa einer Stunde das Märchenschloss Neuschwanstein jenseits der Grenze zu Bayern erreichen. Ob König Ludwig seinerzeit gewandert oder geritten ist, weiß man nicht sicher, jedenfalls war er öfters hier Gast. Neben der gemütlichen Stube mit Kachelofen steht auch eine Gutshofstube und ein weiterer Raum für Feiern zur Verfügung. Ca. 150 Sitzplätze im Lokal, 130 Sitzplätze auf der Sonnenterrasse. -70

RATTENBERG

BRAUHAUS RATTENBERG
6240 Rattenberg, Bienerstraße 84
0 53 37/638 70
info@brauhaus-rattenberg.at
www.brauhaus-rattenberg.at
ÖFFNUNGSZEITEN Mo–So 10.00 bis 14.00 und 17.00 bis 22.00 Uhr. Im Winter: Mo, Di Ruhetage
FASSBIER Original Rattenberger, Märzen von der Kristallbrauerei Alpbach
LOKAL Das Bierbrauen wurde in Rattenberg erstmals im Jahr 1675 erwähnt. Im Jahr 1701 erhielt Dominicus Lederer die

346
TIROL
REUTTE

Schwarzer Adler

Zum Mohren

„Brau-Gerechtigkeit" verliehen, bis zum Jahr 1924 wurde in diesem sehr zentral gelegenen Haus Bier gebraut. 2005 hat Josef Fürst die Tradition in einer Mini-Brauanlage (600 Liter pro Woche) wieder aufgenommen – inzwischen aber ist die Anlage zu klein geworden und der Großteil des Bieres kommt aus der Kristallbrauerei im nahen Alpbach. Dazu deftige Tiroler Küche und eine beachtliche Käseauswahl (aus der Natursennerei Reith im Alpbachtal), hausgemachter Bierlikör, Bierbrand und Bieressig. Besonders positiv fällt auf, dass seit einigen Jahren auch Gastbiere aus anderen kleinen Tiroler Brauereien angeboten werden. Das hat 2008 die Auszeichnung als Tiroler Bierlokal des Jahres eingebracht. 120 Sitzplätze im Lokal, 20 Plätze an der Bar, 150 im Garten.

REUTTE

BRÄUKELLER
6600 Reutte, Untermarkt 7a
0 66 4/163 41 07
ÖFFNUNGSZEITEN Mo–Sa 19.00 bis 1.00 Uhr, So Ruhetag
FASSBIER Franziskaner Hefeweizen Hell, Paulaner Premium, Stiegl Pils
FLASCHENBIER Franziskaner Hefeweizen Dunkel, Franziskaner Kristallweizen, Franziskaner Hefeweizen Alkoholfrei, Heineken, Beck's Lemon, Steinbier (auf heißem Stein gebraut), Litovel (Mähren), Clemens Spezial (Allgäu), Landbier Hell (Franken), Maximilian's Kellerbier, Altstadthefe Dunkel, Thorbräu Dunkel und Hefeweizen Leicht/Leichtes Weizen aus dem Hause Thorbräu/Augsburg
LOKAL Der vom Untermarkt etwas zurückversetzte Bräukeller wurde in einem ehemaligen Eislagerkeller mit 300 Jahre altem Tonnengewölbe errichtet, das dem Lokal eine einmalige Atmosphäre verleiht. Der Besitzer Engelbert Petschnig eröffnete den Bräukeller 1996. Speisen wie Weißwurst mit Breze, Käsekrainer mit Knoblauchbrot, Baguettes mit Schinken und Salami, Toast und Butterbrezen werden angeboten. Viele Live-Musikveranstaltungen. Als „Highlight" von Mitte Mai bis Anfang September jeden Donnerstag ab 16.00 Uhr „Biergarten" mit Live-Musik und kulinarischen Schmankerln (Käsespätzle, Tiroler Gröstl, Schweinhax'n, Schweinebraten, Brotzeit- oder Käseplatte, Grammelschmalzbrot, hausgemachter Liptauer usw. 45 Sitzplätze im Lokal, 48 Sitzplätze im Garten.

SCHWARZER ADLER
6600 Reutte, Obermarkt 75
0 56 72/625 04
schwarzer.adler@aon.at
ÖFFNUNGSZEITEN Mi–Mo 8.00 bis 23.00 Uhr
FASSBIER Schwechater Zwickl, Kaiser Premium, Guinness (Surger)
FLASCHENBIER Kaiser Pils, Heineken, Gösser Naturradler, Zipfer Medium
LOKAL Alter gutbürgerlicher Gasthof mit gemütlicher Gaststube, und langer Tradtition: Ab 1471 stand hier schon ein Tanzhaus. Die Fassadenmalerei entstand um 1800 – Joseph Anton Köpfle hat die Auferstehung Christi dargestellt. 80 Plätze. ⌑-38

ZUM MOHREN
6600 Reutte, Untermarkt 26
0 56 72/623 45
info@hotel-mohren.at
www.hotel-mohren.at
ÖFFNUNGSZEITEN Mo–Sa 17.00 bis 1.00 Uhr, So Ruhetag
FASSBIER Hacker Pschorr Weisse, Kaiser Premium, Zipfer Medium, Mohrenbräu
FLASCHENBIER Zipfer Pils, Kaiser Märzen, Kaiser Doppelmalz, Schlossgold
LOKAL Die Familie Ruepp beschreitet in ihrem seit dem Jahr 1765 bestehenden Hotel den Weg einer gepflegten Tiroler Gastlichkeit, die sich ihre Ursprünglichkeit bewahrt hat und zugleich offen ist für die Ansprüche unserer Zeit – so finden sich sehr viele einheimische Gäste in den gemütlichen Stuben und an der Bar. Jeweils im Frühjahr gibt es Biermenüs unter dem Motto „Köstliches mit Bier gekocht". 120 Sitzplätze im Lokal, 7 an der Bar. ⌑-80

VERMISSEN SIE IHR LIEBLINGS-BIERLOKAL?

DANN SCHREIBEN SIE UNS:
bierguide2017@gmx.at

TIROL

SANKT ANTON · SANKT JOHANN IN TIROL

Mooserwirt

SANKT ANTON

ALIBI
6580 Sankt Anton, Dorfstraße 78
0 66 4/542 54 17
alibi@st-anton.at
www.stantonalibi.com
ÖFFNUNGSZEITEN Täglich 16.00 bis 1.00 Uhr
FASSBIER Guinness, Wieselburger Spezial, Edelweiss Hofbräu
FLASCHENBIER Heineken, Corona
LOKAL Gemütliches, am späteren Abend lautes Pub, dekoriert mit einer Bierflaschensammlung. Wegen der Bierauswahl bei internationalen Gästen beliebt. 34 Sitzplätze im Lokal, Bar: 16, Garten: 16.

JACKSY'S BAR
6580 Sankt Anton, Im Gries 5
0 54 46/24 79
apart.spiss@tirol.com
www.spiss.at
ÖFFNUNGSZEITEN Mo–So 16.00 bis 2.00 Uhr
FASSBIER Fohrenburger Pils, Guinness, Kilkenny, Fohrenburger Weißbier
FLASCHENBIER Heineken, Beck's, Budweiser, Corona, Fohrenburger Alkoholfrei
LOKAL Ein Pub, das die alpine Tradition mit jener der ersten englischen Touristen, die den Skisport hier etabliert haben, verbindet. Vor allem für englische und irische Gäste ist es seit über 15 Jahren ein beliebter Treffpunkt in ihrer zweiten Heimat, dem Skiparadies am Arlberg. Selbst irische Pubbesitzer staunen immer wieder über die hohe Qualität des gezapften Guinness. Tolle Stimmung bei den Live-Übertragungen der 6 Nations Cup im Rugby. 80 Sitzplätze, 50 an der Bar. -18

MOOSERWIRT
6580 Sankt Anton, Moos 108
0 54 46/35 88
info@mooserwirt.at
www.mooserwirt.at
ÖFFNUNGSZEITEN Im Winter von 11.00 bis 20.00 Uhr
FASSBIER Trumer Pils, Fohrenburg 1881, Erdinger, Stiegl Goldbräu, Egger Radler, Kaiser Sportradler
FLASCHENBIER Beck's Pils, Beck's Gold, Erdinger Dunkel, Tegernseer Hell, Löwenbräu Alkoholfrei
LOKAL Im Jahr 2000 völlig erneuert und laut Eigendefinition die „wahrscheinlich schlechteste Skihütte der Alpen". Aber das ist Understatement. In der Bier-Akademie der BrauUnion wird gemunkelt, dass das Lokal den größten Bierumsatz pro Quadratmeter in Österreich aufweist. Und nach einem Lokalaugenschein ist man geneigt, diesen Gerüchten Glauben zu schenken. Zwischen Dezember und Ende März ist die Hütte (bzw. bei Schönwetter auch die Terrasse) jedenfalls fast täglich brechend voll. Das hat nichts mit etwaigen Diskontpreisen zu tun: „Billig sind wir sicherlich nicht." Die regionaltypische Küche der Anfangsjahre hat den Geschmack der Holländer und Engländer nicht wirklich getroffen. Heute kann man dafür auch bei Chicken Wings und Hamburgern glücklich werden. 150 Sitzplätze, 1000 Sitzplätze im Schnee.

SANKT JOHANN IN TIROL

ANGERER ALM
6380 Sankt Johann in Tirol, Almen am Kitzbüheler Horn 5
0 53 52/627 46
angereralm@aon.at
www.angereralm.com
ÖFFNUNGSZEITEN Täglich 10.00 bis 24.00 Uhr
FASSBIER Huber Hefe Hell, Huber St. Johanner Märzen Spezial, Huber Radler
FLASCHENBIER Huber Pils, Huber Hefe Dunkel, Chambier von Szigeti
LOKAL Annemarie Foidl ist Präsidentin des Sommelierverbandes und führt die älteste Hütte in St. Johann auf 1300 Metern unkompliziert, aber auf hohem kulinarischen Niveau. Urige Stube mit Kachelofen und offenem Kamin. Hier wird bodenständige und auch internationale Küche geboten, wo Produkte aus der eigenen Landwirtschaft zu Slow Food verarbeitet werden. Mitgliedsbetrieb der Qualitätsunion „Tiroler Wirtshaus", tagsüber bodenständiges Wirtshaus, am Abend kreative internationale Küche, etwa Bierparfait, Bierbratl, Biersuppe. 100 Sitzplätze im Lokal, auf der Terrasse 100 Sitzplätze. -13

348
TIROL

SANKT JOHANN IN TIROL

Huberbräu Turmstüberl

CHEZ PAUL 🍺🍺
6380 Sankt Johann in Tirol, Wieshoferstraße 11
0 53 52/644 19
ÖFFNUNGSZEITEN Mo–Sa 10.00 bis 23.30 Uhr, April und Oktober geschlossen
FASSBIER Huber Bräu Meister Pils
FLASCHENBIER Tiroler Hefeweizen Hell und Dunkel, Schneider Weisse, Beck's Alkoholfrei
LOKAL Stets sehr beliebtes Lokal im Stadtzentrum von St. Johann, große Bar und angenehme Stimmung. 25 Plätze, 15 Plätze an der Bar, Terrasse: 35 Sitzplätze.

GASTHOF MAUTH 🍺🍺
6380 Sankt Johann in Tirol, Hauptplatz 7
0 53 52/622 42
brunner@gasthof-mauth.at
www.gasthof-mauth.at
ÖFFNUNGSZEITEN Mo–So 7.30 bis 24.00 Uhr (während Nebensaison Mittagspause von 14.00 bis 17.00 Uhr)
FASSBIER Huber Original
FLASCHENBIER Huber Weizen Hell, Huber Weizen Dunkel, Huber Doppelmalz, Huber Hefeweizen Alkoholfrei, Clausthaler
LOKAL Der Gashof Mauth mit seinen gemütlichen Gaststuben und schönem Gastgarten liegt in der Fußgängerzone von St. Johann. Ein Treffpunkt für Freunde vom lokal gebrauten „Huber Bier" — und den im Haus gemachten Würsten. 🍽-35

GRANDER SCHUPF 🍺🍺
6380 Sankt Johann in Tirol, Eichenhof 6
0 53 52/639 25
info@eichenhof-lifte.at
www.eichenhof-lifte.at
ÖFFNUNGSZEITEN Sommer: Mi–So 11.00 bis 24.00 Uhr, Winter: Mo–Di 9.00 bis 18.00 Uhr, Mi–So 9.00 bis 23.00 Uhr
FASSBIER Egger Premium, Huber St. Johanner Original, Tiroler Hefeweizen Hell & Dunkel, Radler
FLASCHENBIER Tiroler Spezial, Huber Leichtes Weißbier
LOKAL Rustikal nach alten Bauernhausvorbildern errichtetes Almgasthaus (900 m), vermeidet geschickt den Kitsch – bietet dafür eine moderne Küche, einen selbst gekästen Käse und volkstümliche Musik. 250 Plätze, Bar: 30. Terrasse: 200.

HUBERBRÄU TURMSTÜBERL 🍺🍺🍺🍺
6380 Sankt Johann in Tirol, Brauweg 4
0 53 52/622 21
info@huberbraeu.at
www.huberbraeu.at
ÖFFNUNGSZEITEN Mo–So 10.30 bis 22.00 Uhr, warme Küche 11.00 bis 20.45 Uhr
FASSBIER Huber Bräu Biere – Spezial (12,7°), Augustinus (11,5°), Dunkel (11,6°), St. Johanner Zwick'l (12,7°), Tiroler Hefeweizen Hell (12,5°), Tiroler Hefeweizen Dunkel (12,5°), Radler (9,8°), Saisonbiere: Oktoberfestbier (13,8°) zur Wies'n-Zeit, Bock (16,4°) ab Mitte November
FLASCHENBIER St. Johanner Engerl (9,4°), Leichte Weisse (8,3°), Hefeweizen Alkoholfrei (5,5°), Hefeweizen Grapefruit Radler (7,5°), Clausthaler
LOKAL Alles echt, alles Tirol – verspricht (und hält) Brauereichef Günther Huber. Das ungewöhnlichste Braugasthaus Österreichs wurde am 8. November 1959 auf einem Turm oberhalb des Sudhauses in 27 Meter Höhe eröffnet – tolle Aussicht. Wer richtigen Durst mitbringen will, nimmt die Treppe, die anderen den Lift. Freundliche Bedienung – und eine Karte, auf der deftige Speisen als „Wellnessgerichte" empfohlen werden. Alles wohlschmeckend und reichlicher als man es mit normalem Hunger verputzen könnte. Brauhausteller (Schweinsbraten, Schweinshax'n, Semmelknödel, Sauerkraut und feines Biersaftl), Bierkäse vom Lafferhof. 70 Sitzplätze und 8 Stehplätze im Lokal, 30 Sitzplätze auf der Terrasse.

MICHI´S BAR 🍺🍺
6380 Sankt Johann in Tirol, Kaiserstraße 1 – Hotel Fischer
0 53 52/62 33 2
info@hotel-fischer.com
www.hotel-fischer.com
ÖFFNUNGSZEITEN Winter: Mo–So 15.00 bis 1.00 Uhr, Sommer: Mo–Sa 16.00 bis 1.00 Uhr
FASSBIER Huber Bräu St. Johanner original, Huber Bräu Tiroler Hefeweizen
FLASCHENBIER Huber Bräu Meisterpils, Huber Bräu Augustiner, Huber Bräu Tiroler Hefweweizen Hell und Dunkel, Huber Bräu alkoholfreies Weißbier, Franziskaner Weißbier, Clausthaler
LOKAL Michi´s Bar im Hotel Fischer ist ein beliebter Treffpunkt

349
TIROL

SANKT JOHANN IN TIROL · SCHWAZ · SCHWENDT · SEEFELD

Rummlerhof

Bräukeller Grill im Klosterbräu

für die lokale Szene. Der spezielle Drink: Tiroler Hefeweizen im Sektglas mit einem Schuss Aperol. 40 Sitzplätze im Lokal, 40 Plätze an der Bar, 6 Sitzplätze im Garten. Für Nichtraucher 25 Plätze in der angeschlossenen Lobby und 35 m Tiroler Stüberl.

RUMMLERHOF
6380 Sankt Johann in Tirol, Hinterkaiserweg 68
0 53 52/636 50
gasthof@rummlerhof.at
www.rummlerhof.at
ÖFFNUNGSZEITEN Täglich 11.00 bis 23.00 Uhr
FASSBIER Huber Bräu
FLASCHENBIER Huber Bräu
LOKAL An einen bäuerlichen Betrieb angeschlossenes Ausflugsgasthaus mit sonniger Terrasse. Im Sommer laden leichte und mittelschwere Wanderungen zum „Schleierwasserfall" oder zur „Gmailkapelle". Berühmt sind die „Ripperlessen" und die Kaspressknödel. 70 Sitzplätze und im Garten 80 – 90.

SCHWAZ

GOLDENER LÖWE
6130 Schwaz, Hußlstraße 4
0 52 42/62 37 30
info@goldenerloewe.at
www.goldenerloewe.at
ÖFFNUNGSZEITEN Di–So 9.00 bis 24.00 Uhr, Mo Ruhetag
FASSBIER Zipfer Urtyp, Kaiser
FLASCHENBIER Zipfer Urtyp, Kaiser, Weihenstephan Weizen, Clausthaler, Schlossgold
LOKAL Freundlicher Gastbetrieb, etwas außerhalb des Zentrums von Schwaz. 90 Plätze im Lokal, 15 auf der Terrasse. Großer Saal für Veranstaltungen. ⌐-73

SCHWENDT

MAIRWIRT
6385 Schwendt, Dorfstraße 17
0 53 75/27 77
info@mairwirt.at
www.mairwirt.at

ÖFFNUNGSZEITEN Do–Di 11.00 bis 14.00 Uhr und 17.30 bis 24.00 Uhr, Mi Ruhetag
FASSBIER Stiegl Goldbräu, selbstgebrautes Moa-Bier Naturtrüb, Moa-Weisse
FLASCHENBIER König Ludwig Dunkel, König Ludwig Weißbier Dunkel, König Ludwig Weizen Alkoholfrei, Schlossgold
LOKAL Wer diese Gasthausbrauerei betritt, kommt in eine „entschleunigte" Welt – gemütlich, ruhig und mit viel Herz für's Wesentliche. Das Haus liegt im Ortskern von Schwendt, der idyllisch-romantischen Ferienoase im Kaiserwinkel – und gleich hinter dem Haus kann man schöne und aussichtsreiche Wanderungen beginnen. Seit dem Mai 2011 gibt es eine Schaubrauerei, gebraut wird regelmäßig donnerstags. Ca. 150 Sitzplätze im Lokal, 40 Sitzplätze im Garten. ⌐-26

SCHWENDTERWIRT
6345 Schwendt, Nr. 4
0 53 75/67 16
info@schwendterwirt.at
www.schwendterwirt.at
ÖFFNUNGSZEITEN Di–So 8.00 bis 2.00 Uhr
FASSBIER Huber Bräu Pils Hell, Kiesel Traunstein
FLASCHENBIER Huber Bräu Doppelmalz, Tiroler Hefeweizen, Stiegl Märzen
LOKAL Der Schwendterwirt wurde um 1300 als Jagdgehöft vom Kloster Herrenchiemsee erbaut und ist seit 1554 als Herberge bekannt. 2006 mit viel Holz renoviert. 120 Sitzplätze, Garten: 70 Sitzplätze. ⌐-50

SEEFELD

BRÄUKELLER GRILL IM KLOSTERBRÄU
6100 Seefeld, Klosterstraße 30
0 52 12/262 10
info@klosterbraeu.com
www.klosterbraeu.com
ÖFFNUNGSZEITEN Mo–So 12.00 bis 24.00 Uhr, Küche 12.00 bis 22.30 Uhr
FASSBIER „Sigi's Weizen" (benannt nach Sigmund Seyrling I. & II.) und „Bubi's Helles" (benannt nach Alois „Bubi" Seyrling II.)
FLASCHENBIER Ettaler Kloster Dunkel und Edelhell, Kloster An-

350
TIROL

TANNHEIM · TARRENZ · TUX

Schloß Stube auf Starkenberg

Gasthaus Krone Umhausen

dechs Vollbier Hell und Spezial Hell, Augustiner Bräu, Erdinger Alkoholfrei, Schlossgold
LOKAL Das Klosterbräu war bereits während der Zeit des Augustiner Klosters (gegründet 1516, aufgehoben 1785) weit über die Landesgrenzen hinaus für seine Biere bekannt. Zwischen den zwei Weltkriegen wurde die Brauerei stillgelegt und 2014 nach 80 Jahren wieder belebt: Aus dem historischen Gewölbe hat man einen schönen Blick auf das Sudhaus. Regelmäßig werden Braumeister aus umliegenden Klöstern und Kleinbrauereien eingeladen, um den Gästen Spezialbiere anzubieten. Seit 160 Jahren im Besitz der Familie Seyrling. Täglich Live Musik. Sonn- und feiertags Frühschoppen mit Weißwurst und Brezn. 150 Sitzplätze im Lokal, 10 an der Bar, 60 im Garten. -180

TANNHEIM

S´HÖFBRÄUHAUS
6675 Tannheim, Höf 19
0 676/912 26 43
bier@hoef-braeuhaus.at
www.hoef-braeuhaus.at
ÖFFNUNGSZEITEN Im Winter Di–So ab 16.00 Uhr, im Sommer Di–So ab 14.00 Uhr geöffnet, Mo Ruhetag, Betriebsruhe April und November
FASSBIER s´Höfbräu Hell, s´Höfbräu Dunkel, s´Höfbräu Weizen, im Sommer s´Höfbräu Limettenradler
FLASCHENBIER s´Höfbräu Hell, s´Höfbräu Dunkel, s´Höfbräu Weizen, im Sommer s´Höfbräu Limettenradler
LOKAL 2004 gegründete Hausbrauerei im zweitältesten Haus von Tannheim. Ausschank auf zwei Ebenen und einem Gastgarten. Angeboten wird zünftige Tiroler Küche mit Produkten aus der eigenen Landwirtschaft und der Region. Aus den Bieren werden Bieressig, Bierlikör und Bierbrand klar oder im Eichenfaß gelagert erzeugt. Der Treber wird an die eigenen Wollschweine verfüttert – die dann wieder als Speck und Wurst auf dem Brotzeitteller landen.

TARRENZ

SCHLOSS STUBE AUF STARKENBERG
6464 Tarrenz, Griesegg 1
0 65 0/400 67 85
klaus.freigassner@cni.at
www.schlossstube-starkenberg.at
ÖFFNUNGSZEITEN Di–So 10.00 bis 20.00 Uhr, nach Vereinbarung auch abends, Mo Ruhetag, Betriebsurlaub im Jänner und Februar.
FASSBIER Starkenberger Gold Lager, Starkenberger Zwickl, Starkenberger Radler (Spezialabfüllung mit Zwicklbier)
FLASCHENBIER alle Starkenberger Biere, auch Sonderfüllungen wie das Fasnachtsbier und das Starkenberger Spezial Dunkel, Starkenberger Festbock, Starkenberger Bio Perle
LOKAL Das Schloß mit der Brauerei, der sehenswerten Biermythos-Ausstellung und den frisch herausgeputzten Schloss Stuben liegt nur eine Minute von der Bundesstraße entfernt, ist aber nicht nur mit dem Auto erreichbar, sondern auch Anlaufstelle etlicher Wanderwege. Schöne Ausflugsmöglichkeiten zum geschichtsträchtigen Schloss (das Gespenst wurde allerdings seit fast 200 Jahren nicht mehr gesehen) und zum Starkenberger See. Unkomplizierter, bemühter Service und ein netter Biergarten. Judith und Klaus Freigassner bieten herzhafte Spezialitäten aus der Tiroler, der steirischen und der Bierbrauer-Küche. 80 Plätze im Lokal, 100 im Rittersaal, 80 auf der Gartenterrasse.

TUX

BRAUGASTHOF METZGERWIRT
6293 Tux, Lanersbach 363
0 52 87/877 77
info@metzgerwirt.com
www.metzger-braeu.com
ÖFFNUNGSZEITEN Mo–Sa ab 15.00 Uhr, So ab 17.00 Uhr – bei Schlechtwetter täglich ab 12.00 geöffnet. Betriebsurlaub Mitte Mai bis Anfang Juli 2015.
FASSBIER Metzgerbier Lager, Weizen und Bockbier in Partyfässern zu 5 l oder in größeren Fässern
FLASCHENBIER Metzgerbier Lager, Weizen und Bockbier in der 1 l und 2 l Mehrwegflasche
LOKAL Bodenständige Wirtshausbrauerei unweit der Talstati-

TIROL

TUX · UMHAUSEN

on der Eggalmbahn, die neben dem Hausbier deftige Kost anbietet – schließlich ist das Lokal tatsächlich aus einer Metzgerei hervorgegangen. Restaurant mit 60 Sitzplätzen, Brunnenstube mit 40 Sitzplätzen und Nichtraucherstube mit 20 Plätzen.

ERLEBNISHOTEL HOHENHAUS
6294 Tux, Nr. 774
0 52 87/85 01
info@hohenhaus.at
www.hohenhaus.at
ÖFFNUNGSZEITEN Mo–So 10.00 bis 24.00 Uhr
FASSBIER Zillertal Pils, Erdinger Hefe Hell
FLASCHENBIER Zillertal „das Schwarze", Clausthaler
LOKAL Eines der sehenswertesten Lokale im gesamten Alpenraum. Von Oktober bis Ende Mai Après-Ski auf zwei Etagen. Dort kommt man auch in den Genuss der ersten Wellness-WC-Anlage mit Damen-Pissoir. Mäk Tux – das schnelle Restaurant. 700 Sitzplätze im Lokal, 60 Sitzplätze im Garten.

UMHAUSEN

GASTHAUS KRONE UMHAUSEN
6441 Umhausen, Dorf 30
0 52 55/500 48
gasthof@krone-umhausen.at
www.krone-umhausen.at
ÖFFNUNGSZEITEN Mo–Sa 11.00 bis 22.00 Uhr, So 9.30 Uhr bis 22.00 Uhr, Di Ruhetag, warme Küche 11.30 bis 14.00 Uhr und 17.00 bis 21.00 Uhr
FASSBIER Kaltenhauser Kellerbier, Edelweiss Weizenbier, Gösser Naturradler
FLASCHENBIER Zipfer Märzen, Wieselburger Schwarzbier, saisonale Biere der Brauerei Kaltenhausen, Edelweiss Weizen Alkoholfrei, Gösser Naturgold
LOKAL Die Krone in Umhausen ist ein ehrwürdiges Gebäude aus dem Jahr 1790, in dessen erstem Stock sogar ein Saal des Standesamtes untergebracht ist. Auch in den Gaststuben sind noch einige Teile der Originaleinrichtung vorhanden – im Baumann-Raum stammt die Decke aus den ersten Jahren des Hauses, die sonstige Ausstattung hat der Archtekt Franz Baumann 1926 im Stil der neuen Sachlichkeit entworfen – auch heute noch wirkt das auf überraschend liebenswürdige Art modern.

Natürlich aus Tirol

Starkenberger Bier

Hoazgauer Wetterspitze, 2895 m ü. M.

Starkenberger Bier. Natürlich aus Tirol.

Natürlich nur aus edlen, reinen Rohstoffen. Natürlich aus frischem Bergquellwasser. Natürlich mit über zweihundertjähriger Brautradition. Natürlich sortenreich. Natürlich zum Erfrischen und Genießen und natürlich auch als Alkoholfreies.

Starkenberger Bier · Griesegg 1 · 6464 Tarrenz · Tel +43 / 54 12 / 66 201
brauerei@starkenberger.at · www.starkenberger.at

352
TIROL

UNTERPERFUSS BEI INNSBRUCK · VIRGEN · VOMP · WILDSCHÖNAU

Branger Alm

Hurry Curry

UNTERPERFUSS BEI INNSBRUCK

BRANGER ALM 🍺🍺
6175 Unterperfuß bei Innsbruck, Unterperfuß
0 52 32/22 09
brangeralm@aon.at
www.brangeralm.at
ÖFFNUNGSZEITEN Mo–So 11.00 bis 24.00 Uhr
FASSBIER Branger Bräu Märzen, Weizentrüb
FLASCHENBIER Branger Bräu in 1-, 2-, 3-Liter-Flaschen
LOKAL Das Wirtshaus der Branger Alm (die übrigens im Inntal liegt und nicht irgendwo oben in den Bergen) war ursprünglich nur Verpflegungsstation für den Campingplatz, ist nun aber selbst ein begehrtes Ausflugsziel geworden. 300 Sitzplätze im Lokal, Garten: 200 Sitzplätze.

VIRGEN

PANZL-BRÄU 🍺🍺
9972 Virgen, Virgental Straße 85
0 78 74/52 40
panzl-virgen@aon.at
www.panzl-braeu.at
ÖFFNUNGSZEITEN Mo–So 10.00 bis 24.00 Uhr
FASSBIER Panzl Märzen (Sondersud vom Falkenbräu in Lienz)
FLASCHENBIER Weihenstephaner, Schlossgold
LOKAL Hier war tatsächlich von 1720 bis 1914 eine Brauerei. Wirt Paul Aßmair braut aber nicht selbst, sondern kooperiert mit der Brauerei Falkenstein. 110 Plätze im Lokal, 10 Plätze an der Bar, 40 Sitzplätze im Garten. 🍽-40

VOMP

HURRY CURRY 🍺🍺
6134 Vomp, Josef-Heiß-Straße 48
0 68 1/81 96 95 14
hurrycurry@gmx.at
www.hurrycurry.at
ÖFFNUNGSZEITEN Mo–Fr 11.00 bis 14.00 Uhr und 17.00 bis 21.00 Uhr, So 17.00 bis 21.00 Uhr, Sa Ruhetag
FASSBIER Biere vom Freundsberg 66
LOKAL Ein Fast-Food-Lokal hat im Bierguide normalerweise nichts zu suchen – aber dieses rechtfertigt die Ausnahme mit den vom bayrischen Chef Robert Holzleitner in der „1. Schwazer Privatbrauerei" gebrauten „Freundsberg 66"-Bieren, die hier exklusiv ausgeschenkt werden. Mittags wird es ziemlich eng im Hurry Curry, denn da gehen in einer Stunde 60 Essen über den Tresen, also jede Minute ein Schnitzel oder eine Currywurst mit Pommes Frittes oder ein Riesen-Burger. Mehr Zeit fürs Bier ist dann ab 17 Uhr. Im neu gebauten Indoor-Biergarten kann man sich sogar ein kleines Fasserl (5 Liter) hinstellen lassen und mit Freunden ganz gemütlich Seidel für Seidel selber zapfen. Die Bierspezialitäten kann man neuerdings auch in kleinen (0,33 l) und ganz großen (2,0 l) Flaschen mit nach Hause nehmen. 30 Plätze im Lokal.

WILDSCHÖNAU

KELLERWIRT 🍺🍺
6311 Wildschönau, Oberau 72
0 53 39/81 16
info@kellerwirt.com
www.kellerwirt.com
ÖFFNUNGSZEITEN Mo–So 11.00 bis 23.00 Uhr
FASSBIER Augustiner Hell, Augustiner Dunkel
FLASCHENBIER Wolferstetter Weizenbier Hell, Dunkel und Alkoholfrei, Clausthaler
LOKAL Tiroler Traditionswirtshaus gegenüber der Kirche von Oberau in der Wildschönau, hoch geschätzt von einer illustren Schar von Stammgästen, darunter Landwirtschaftsminister Andrä Rupprechter. Das erste Mal erwähnt wurde der Kellerwirt im Jahre 1275: Ein „Kellerer" aus dem oberbayerischen Benediktinerkloster Seeon am Chiemsee wachte hier über die pünktliche Ablieferung des Zehnten der ansässigen Bauern. Seine Gäste fanden schon damals Quartier im „Probsthof", wie er zu der Zeit genannt wurde. Man sieht dem Gebäude sein Alter an, auch wenn die Ausstattung ebenso wie die Küche auf der Höhe der Zeit ist. Auf einem alten Schrank im Obergeschoß gibt es eine exquisite Sammlung von historischen Bierkrügen. Perfekter Bierausschank, freundliche Bedienung und eine gehobene, preiswerte Küche. Normalerweise gehört Schnaps nicht zum Bier, doch hier sollte man die lokale Spezialität „Krautinger" probieren. 100 Plätze im Lokal, 30 auf der Terrasse. 🍽-55

353
TIROL

WILDSCHÖNAU · WÖRGL · ZELL AM ZILLER · ZIRL

Wildschönau Brauerei

Long Pipe

WILDSCHÖNAU BRAUEREI 🍺🍺🍺
6311 Wildschönau, Mühltal-Oberau 313
0 67 7/61 13 38 64
email@wbrau.com
www.wbrau.com
ÖFFNUNGSZEITEN Mo–So 10.00 bis 22.00 Uhr
FASSBIER Mühltaler Hell, Auffacher Dunkel, Diamant Weißbier sowie jeweils ein Saisonbier
LOKAL Rustikales Brewpub und Steakhouse in Wildschönau – von einem bayrischen Brauer mit enormer Herzlichkeit geführt. Die Biere heißen „Der Wilde" und „Die Wilde"-Bier. Happy Hour an Werktagen von 17 bis 19 Uhr, an Samstagen von 13 bis 15 Uhr – da gibt es zwei Biere zum Preis von einem.

WÖRGL

LONG PIPE 🍺🍺
6300 Wörgl, Salzburger Straße 32
0 660/966 66 66
longpipe@gmx.at
ÖFFNUNGSZEITEN Mo–Sa 9.00 bis 1.00, So 13.00 bis 1.00 Uhr
FASSBIER Zipfer Märzen, Weihenstephaner Hell, Hirter Märzen
FLASCHENBIER Corona, Desperados, Heineken, Zipfer Urtyp, Weihenstephaner Dunkel, American Bud, Schlossgold
LOKAL Im Obergeschoß des M4-Shoppingcenters gelegen. Modern und bierig eingerichtet mit Stehtischen. Sehr nette und flinke Bedienung. 100 Sitzplätze im Lokal, 80 Plätze an der Bar.

ZELL AM ZILLER

HOTEL BRÄU 🍺🍺🍺
6280 Zell am Ziller, Dorfplatz 1
052 82/23 13
info@hotel-braeu.at
www.hotel-braeu.at
ÖFFNUNGSZEITEN Mo–So 9.00 bis 23.00 Uhr
FASSBIER Alle Sorten der Zillertal Brauerei werden ausgeschenkt.
FLASCHENBIER Zillertal Märzen, Zillertal Schwarzes, Zillertal Dunkles, Zillertal Weißbier Hell, Zillertal Weißbier Dunkel, Zillertal Gauder Bock (saisonal), Zillertal Gauder Steinbock (saisonal), Zillertal Weißbierbock (saisonal), Zillertal Radler und Radler Naturtrüb
LOKAL Das erste Haus am Platz – schräg gegenüber der 1500 gegründeten Brauerei. Macht dieser alle Ehre (gehört ja auch derselben Familie), hervorragende Küche, die mit vielen Gerichten aufwartet, die zu den Bierspezialitäten passen und mit Bier verfeinert werden. Sehr bemühtes Personal. 110 Plätze in mehreren Stuben, 40 im Garten. 🛏️🍴-28

ZIRL

DAS NETPUB 🍺🍺
6170 Zirl, Kirchstraße 24
0 66 4/870 95 60
surfbar@dasnetpub.com
www.dasnetpub.com
ÖFFNUNGSZEITEN Di–So 17.00 bis 1.00 Uhr, Montag Ruhetag
FASSBIER Augustiner Hell, Radler, Saurer Radler
FLASCHENBIER Starkenberger Gold Lager, Stiegl Goldbräu, Paulaner Hefeweizen Hell und Alkoholfrei
LOKAL Biergenuss mit Internetanschluss: „Wir verbinden beste Gastlichkeit mit der Möglichkeit, im Internet zu surfen, und vieles mehr", versichert der Chef Christian Hilber, der auch Mitglied im Tiroler Sommelierverein ist und sein Angebot zuletzt deutlich ausgeweitet hat. Es spielt ein Wurlitzer, wo sich auch die Gäste ihre Songs wünschen können. Programme wie Oktoberfestwochen, Weinfrühling, Heurigenwochen… Dart und Tischfußball gibt's zur Unterhaltung – und eine Fülle an Angeboten, um zu feiern wie Crêpeparty, Kesselgulasch, belegte Brote usw. 22 Sitzplätze im Lokal, 20 Sitzplätze an der Bar, 10 Sitzplätze auf der Terrasse. ✿

www.bier-guide.net   2016 BIER GUIDE

Natürlich in BIO QUALITÄT
Unsere frastanzer Bio-Biere

Auch außerhalb Vorarlbergs zu bekommen.

Burger & Riegler Getränke GmbH
www.burger-riegler.at

F. Harpf & Co. (IT)
www.harpf.it

Getränke-Express (FL)
www.getraenkeexpress.li

Vinothek Oldie & Wine
www.oldiewine.at

Rudolf Ammersin GmbH
www.ammersin.at

Und jetzt NEU:
Das frastanzer s'bio

/frastanzer
/schwestern3

www.frastanzer.at

VON **A** WIE AU BIS **T** WIE TÜHRINGEN

VORARL
BERG

356
VORARLBERGS BIERLOKAL DES JAHRES
DORNBIRN

MR. FRENCH 🍺🍺🍺
6850 Dornbirn, Marktplatz 10
0 55 72/39 82 22
office@mrfrench.at
www.mrfrench.at

ÖFFNUNGSZEITEN Mo–Sa 10.00 bis 24.00 Uhr, So & Feiertage 10.00 bis 23.00 Uhr
FASSBIER Mohren Spezial und jeweils vier Craft Biere
FLASCHENBIER ca. 15 verschiedene Bierspezialitäten
LOKAL Die ehemalige Kreuzstube ist im Mai 2015 einem Bistro gewichen, das mit einer Auswahl an Craft Bieren beeindruckt und sich als Kommunikationslokal versteht. Auf einer großen Tafel werden die jeweils erhältlichen Bierspezialitäten mit Herkunftsangabe angeschrieben. Die Speisekarte bietet neben internationalen Schmankerln auch Speisen zum und mit Bier, wie z.B. Bierschaumsuppe mit Schwarzbrotwürfel und Speckstreifen, Garnelen im Bierteig, Biergulasch. Die Craft Biere werden in 0,2-Liter-Einheiten im Teku-Pokal angeboten. 40 Plätze im Lokal, 18 an der Bar, 8 im Vorgarten.

357
VORARLBERG
AU · BEZAU · BLUDENZ

Hubi´s Katzawinkl

Kohldampf & Sudkessel-Bar

AU

UR-ALP
6833 Au, Bundesstraße 533
0 55 15/251 92
info@ur-alp.at
www.ur-alp.at
ÖFFNUNGSZEITEN Di–So 9.00 bis 24.00 Uhr, Mo geschlossen
FASSBIER Egger Bier, Zöttler Bier
FLASCHENBIER Mohren Spezial, Franziskaner Weizen Dunkel, Mohren Grapefruitradler, Clausthaler, Franziskaner Weizen Alkoholfrei, Zöttler Weizen Alkoholfrei
LOKAL Dieses sehr rustikal gestaltete Lokal liegt an der Bregenzerwald-Bundesstraße von Au nach Schoppernau – man nennt diese Straße nicht zu Unrecht die „Käsestraße". Draußen wie drinnen wirkt es urig mit rustikalem Flair. Mit Naturladen (Hochalpkäse, Speck, Kaminwurzen, Hirschschinken), Käsekeller, einladender Gartenanlage, großem Kinderspielplatz und großem Busparkplaz auch ideal für Feiern jeglicher Art. Auf der Karte finden sich jederzeit mehrere Speisen, die die Bregenzerwälder Käsespezialitäten im Fokus haben. 300 Sitzplätze im Lokal, 2 x 20 Plätze an der Bar, 100 Sitzplätze im Garten.

BEZAU

GASTHOF HIRSCHEN
6870 Bezau, Platz 40
0 55 14/23 82
office@hirschen-bezau.at
www.hirschen-bezau.at
ÖFFNUNGSZEITEN Mo–Di 8.00 bis 24.00 Uhr, Do–So 8.00 bis 24.00 Uhr
FASSBIER Egger Spezial, Franziskaner Weissbier
FLASCHENBIER Mohrenbier, Clausthaler
LOKAL Drei traditionell eingerichtete gemütliche Gaststuben (davon 2 Nichtraucherstuben), gutbürgerliche österreichische und internationale Küche. Ca. 60 Sitzplätze im Restaurant, 60 Sitzplätze im Gastgarten mit Pavillon.

BLUDENZ

HUBI´S KATZAWINKL
6700 Bludenz, Rathausgasse 20
0 67 6/746 87 79 oder 0 67 6/622 59 16
www.facebook.com/Cafe-Katzawinkl-239094865287
ÖFFNUNGSZEITEN Mo–So 16.00 bis 1.00 Uhr
FASSBIER Puntigamer Panther, Gösser Zwickl, Weihenstephaner, Guinness
FLASCHENBIER Wieselburger Stammbräu, Kilkenny, Desperados, Heineken, Schlossgold
LOKAL Ein Bierbeisl, das besonders bei Sportübertragungen (Premiere Sportsbar) sehr voll werden kann – bei solchen Anlässen gibt es auch immer wieder lustige Aktionen, so wurde beispielsweise allen Gästen, die sich das Match Rapid–Valencia angeschaut haben, ein Freibier versprochen, wenn sie im Rapid-Dress auftauchen. Sehr familiärer Betrieb, für die Stammgäste scheint das das eigentliche Zuhause zu sein. Schön gezapftes Guinness. 35 Plätze im Lokal, Bar: 10, Garten: 20.

Finden Sie die **BESTEN BIERLOKALE** und Ihr **LIEBLINGSBIER** in Ihrer Umgebung. Mit Conrad Seidls **BIER GUIDE APP**.
Jetzt **GRATIS DOWNLOAD** im Play- oder Appstore!

KOHLDAMPF & SUDKESSEL-BAR
6700 Bludenz, Werdenbergerstraße 53
0 55 52/653 85
info@fohren-center.at
wirtshaus@kohldampf.at
www.fohren-center.at/de/kohldampf/aktuelles.html

358
VORARLBERG
BLUDENZ · BREGENZ

Remise

ÖFFNUNGSZEITEN So–Mi 10.00 bis 24.00 Uhr, Do bis 2.00 Uhr, Fr–Sa bis 4.00 Uhr
FASSBIER Fohrenburger Jubiläum, Fohrenburger Keller, Fohrenburger Pils, Fohrenburger Weizen
FLASCHENBIER Fohrenburger Dunkles, Fohrenburger Ohne, Fohrenburger Radler, Fohrenburger Radler alkoholfrei
LOKAL Ein Bier unmittelbar gegenüber der Fohrenburg-Brauerei genießen — dazu lädt der schöne mit Kastanienbäumen bepflanzte Biergarten ein. Und das früher als Wirtshaus zur Fohrenburg oder Nova Bräu bekannte Lokal erstrahlt als Brauereiwirtshaus Kohldampf seit Juni 2012 in neuem Glanz. Angeschlossen ist die Sudkessel-Bar mit den gleichen Öffnungszeiten. Freundliches Personal — bei dem wir uns allerdings schon über das muffig riechende Bier beschweren mussten. In so geringer Entfernung zur Brauerei sollte es doch kein Problem sein, die Bierleitungen täglich zu reinigen! An den letzten beiden Septemberwochenenden gibt es immer ein Oktoberfest – Details unter www.ozapft.at. 80 Plätze im Restaurant, 60 im Stüble, 250 im Biergarten.

REMISE
6700 Bludenz, Am Raiffeisenplatz 1
0 55 52/624 48
info@cafe-remise.at
www.cafe-remise.at
ÖFFNUNGSZEITEN Mo–Sa ab 10.00 Uhr, So & Feiertage Ruhetage
FASSBIER Frastanzer, Frastanzer Bio Kellerbier, Radler Süß/Sauer
FLASCHENBIER Franziskaner Weizen, Corona, Franziskaner alkoholfreies Weizen
LOKAL Der schöne Gastgarten und die nostalgische Außenhaut der Remise machen sie zum Fixstarter in diesem Guide. Schüler, Studenten und Künstler beleben die Bar, in der es auch oft Live-Veranstaltungen und Präsentationen bildender Kunst gibt. 45 Sitzplätze im Lokal, 5 Plätze an der Bar, 200 Sitzplätze im Garten.

BREGENZ

Gösser Bräu

GÖSSER BRÄU
6900 Bregenz, Anton-Schneider-Straße 1
0 55 74/424 67 oder 0 67 6/736 46 66
info@goesserbregenz.at
www.goesserbregenz.at
ÖFFNUNGSZEITEN Mo–So 9.00 bis 24.00 Uhr
FASSBIER Gösser Zwickl Hell, Gösser Zwickl Dunkel, Gösser Gold, Weizenbier, Märzen, Reininghaus Pils, Gösser Naturradler, Hofbräu Weizenbier, saisonal Gösser Bockbier
FLASCHENBIER Gösser Stiftsbräu, Gösser Naturgold, Gösser Kracherl Alkoholfrei, Wieselburger, Heineken, Desperados, Edelweiss Alkoholfrei
LOKAL Das historische Gebäude des Gösserbräu – 1641 zum ersten Mal als „zum Schwanen" wegen Steuerhinterziehung (!) erwähnt – ist 2013 komplett renoviert worden. Mehr als 3,5 Millionen Euro hat der neue Eigentümer Claus Haberkorn in Kauf und Komplettsanierung investiert und damit ein Juwel der Bierkultur geschaffen. Aus dem Jahr 1890 (damals kannte man die Liegenschaft als „Deutsches Haus" und den Betrieb als „Café Central") stammt die heute noch perfekt erhaltene Zirbenstube, seit 1945 ist hier das Gösser-Bräu. Es bietet einen Mix an bierigen Lokaltypen, darunter ein Restaurant mit Schauküche (und sehr zivilen Preisen!), eine postmoderne Bierschwemme und ein großer Veranstaltungssaal. Daher kann es weit über 600 Personen (allein 460 im Gösser-Saal) aufnehmen. Kleiner Schanigarten.

VORARLBERG

BREGENZ

KESSELHAUS BAR & RESTAURANT 🍺🍺
6900 Bregenz, Mariahilfstraße 29
0 55 74/215 07
office@kesselhausbregenz.at
www.kesselhausbregenz.at
ÖFFNUNGSZEITEN Mo–Di 9.30 bis 15.00 Uhr, Mi–Fr 9.30 bis 1.00 Uhr, Sa 17.00 bis 1.00 Uhr
FASSBIER Egger Spezial und Dunkel (aus dem Bregenzerwald)
FLASCHENBIER Wälderle, Zwickl, Franziskaner Weizen, Clausthaler
LOKAL Mediterranes Restaurant im ehemaligen „Kesselhaus" des Schöller-Areals mit einer modernen Messing Bar. Stets gut besucht, und Bier-Liebhaber kommen entweder bei einer tollen Bar-Atmosphäre oder auch in romantischer Zweisamkeit während eines Abendessens voll auf ihre Kosten. Restaurant: 60 Sitzplätze, Bar: 35 Sitzplätze, Garten: 55 Sitzplätze.

KORNMESSER 🍺🍺🍺
6900 Bregenz, Kornmarktstraße 5
0 55 74/548 54
salzgeber@kornmesser.at
www.kornmesser.at
ÖFFNUNGSZEITEN Di–So 9.30 bis 24.00 Uhr, Mo Ruhetag. Während der Sommermonate u. Festspielzeit kein Ruhetag
FASSBIER Augustiner Lager Hell, Augustiner Maximator (nur in der Fastenzeit vor Ostern)
FLASCHENBIER Augustiner Lager Hell, Augustiner Edelstoff, Augustiner Maximator (nur in der Fastenzeit vor Ostern), Augustiner Dunkel, Augustiner Weißbier
LOKAL Der Umbau des um 1720 errichteten Barockbaus hat Bregenz eine außergewöhnliche Gaststätte beschert – Altes wurde hervorgekehrt, Neues hat seinen Platz gefunden. Der ursprüngliche Gastraum wurde wieder in den Originalzustand zurückversetzt und der Nebenraum stilistisch angepasst. Mit dem Gastgarten wird der letzte klassische Biergarten der Stadt wieder zu neuem Leben erweckt und die Kastanien rauschen wie in alten Zeiten. Die Speisekarte bietet „g'hörige" Gasthausküche, aber auch moderne leichte Speisen stimmen den Gaumen fröhlich.

MAURACHBUND 🍺🍺
6900 Bregenz, Maurachgasse 11
055 74 / 450 29
office@maurachbund.at
www.maurachbund.at
ÖFFNUNGSZEITEN Mo–So 11.00 bis 23.00 Uhr
FASSBIER Fohrenburger Alkoholfrei
FLASCHENBIER Egger Zwickl, Franziskaner Weissbier Hell und Dunkel, Clausthaler Extra Herb
LOKAL Das „Maurach" war im 13. Jahrhundert das erste Bregenzer Viertel, das außerhalb der Mauern der Oberstadt besiedelt wurde. Die Maurachgässler fühlten sich als eigene Gemeinde, hatten einen eigenen Bürgermeister und Gemeinderäte. Sie hatten eine eigene Flagge und eine eigene Musikkapelle. Aus dieser Tradition heraus gründet sich der Stolz der Maurachgässler, die mit dem „Maurachbund" auch eine der ältesten Bregenzer Gastwirtschaften in ihrem Viertel haben. Im Frühjahr 2011 hat Heino Huber das Maurachbund übernommen – seine Küche pflegt einen starken regionalen Bezug und das Marktangebot bestimmt die Speisekarte. So gibt es hier z.B. das steirische Backhendl mit Kartoffelsalat oder einen karamellisierten Kaiserschmarren. Maurach-Stube: 34 Sitzplätze, Gallus-Stube: 30-35 Sitzplätze (Raucher), auf der Terrasse 40 Plätze. ✂

360
VORARLBERG

BREGENZ · BÜRS

Uwe's Bierbar

UWE'S BIERBAR
6900 Bregenz, Kirchstraße 25
0 55 74/448 83
seeber-bierlokal@gmx.at
ÖFFNUNGSZEITEN Täglich 19.00 bis 1.00 Uhr
FASSBIER Fohrenburger Jubiläum, Fohrenburger Premium Hefeweizen, Hirter Privat Pils, Fohrenburger Bock, Guinness, Gösser Zwicklbier, Budweiser Budvar
FLASCHENBIER Heineken, Desperados, Corona, Kilkenny, Beck's Pils, Schneider Weisse, Aventinus, Farny Hefeweizen Hell, Falkensteiner Cola-Weizen, Fohrenburger Premium, Fohrenburger Lager, Mohren Spezial, Mohren Pfiff, Mohren Kellerbier, Stiegl Goldbräu, Wieselburger Stammbräu
LOKAL Ein Vorarlberger Bierlokal-Klassiker, in dem es am Abend immer hoch hergeht, hauptsächlich junges Publikum zwischen 16 und 30. Laut, aber nicht ungemütlich – und sehr freundliche Bedienung. 50 Sitzplätze, 70 Stehplätze.

VIVA CANTINA MEXICANA & BAR
6900 Bregenz, Seestraße 7
0 55 74/422 88
info@cantina.at
www.cantina.at
ÖFFNUNGSZEITEN Mo–So 17.00 bis 3.00 Uhr, in den Wintermonaten Mo und Di Ruhetage
FASSBIER Mohren Ländle, Meckatzer Helles Hefeweizen
FLASCHENBIER Corona, Sol, Dos Equis, Negra Modelo, Pacifico, Desperados, Heineken, Trumer Pils, Meckatzer Weiss-Gold, Meckatzer Urweizen, Weihenstephaner Kristallweizen, Mohren Pfiff, Mohren Kellerbier, Beck's Alkoholfrei, Erdinger Hefeweizen Alkoholfrei, Mohren Radler Grapefruit
LOKAL Christoph Wellinger hat hier 1995 ein sehr ambitioniertes mexikanisches Restaurant eingerichtet – Schauküche und eine breite, gut passende Bierauswahl. Schöner Palmengarten mit traumhaftem Sonnenuntergang über dem Bodensee. 150 Sitzplätze im Lokal, 180 im Garten.

WIRTSHAUS AM SEE
6900 Bregenz, Seeanlagen 2
0 55 74/422 10
info@wirtshausamsee.at
www.wirtshausamsee.at
ÖFFNUNGSZEITEN Mo–So 9.00 bis 24.00 Uhr
FASSBIER Mohren Spezial, Meckatzer Hefeweizen, Naturtrübes Mohren Kellerbier
FLASCHENBIER Beck`s Alkoholfrei, Radeberger-Pilsner, Mohren Pfiff
LOKAL Das Wirtshaus am See in Bregenz, direkt am Bodensee und mitten in den Bregenzer Seeanlagen, ist einer der Logenplätze am Bodenseeufer. 70 Sitzplätze im Lokal, 15 Plätze an der Bar, 400 Sitzplätze im Garten.

WUNDERBAR
6900 Bregenz, Bahnhofstraße 4
0 55 74/477 58
wunderbar@wunderbar.at
www.wunderbar.at
ÖFFNUNGSZEITEN Mo–Sa 10.00 bis 4.00 Uhr, So 14.00 bis 1.00 Uhr
FASSBIER Mohren Spezial
FLASCHENBIER Clausthaler Extraherb
LOKAL Café-Bar mit kleinen Tischchen und angenehmer Bar sowie einem Gastgarten zum Sehen und Gesehen werden. 45 Plätze im Lokal, 8 an der Bar, 35 im Garten.

BÜRS

GEORGE@JOE
6706 Bürs, Hauptstraße 4
0 55 52/347 34
info@sgeorge.at
www.sgeorge.at
ÖFFNUNGSZEITEN Mo–Sa 8.00 bis 2.00 Uhr, So und Feiertag 9.00 bis 2.00 Uhr
FASSBIER Fohrenburger, Fohrenburger Weizen
FLASCHENBIER Corona, Clausthaler
LOKAL Mehr Cocktail- als Bierbar, Show-Barkeeper, die manchmal auch Feuer speien. Jede Woche Live-Musik. 200 Sitzplätze, 22 an der Bar.

VORALBERG

DOREN · DORNBIRN

DOREN

GASTHOF ADLER
6933 Doren, Kirchdorf 9
0 55 16/20 14
gasthof@adler.co.at
www.adler.co.at
ÖFFNUNGSZEITEN Mi–Fr 16.00 bis 24.00 Uhr, Sa–So 10.00 bis 24.00 Uhr
FASSBIER Mohren Spezial, Mohren Kellerbier, Meckatzer Weizen Hell
FLASCHENBIER Mohren Spezial, König Ludwig Weißbier, Clausthaler
LOKAL Seit 1795 bestehend, mit Gästen aus dem Dorf und der Umgebung, eigene Bio-Landwirtschaft mit bekannter Braunviehzucht zum Besichtigen, Produkte aus eigener Landwirtschaft, alte, erhaltene Bregenzerwälder Bauernwirtschaft. Mitglied der Käsestraße Bregenzerwald. 70 Sitzplätze im Lokal, 40 im Garten.

DORNBIRN

21 ZEITGENUSS - CAFÉ & MEHR
6850 Dornbirn, Marktstraße 21
0 55 72/38 61 59
cafehaus@zeitgenuss.at
www.21-und-mehr.at
ÖFFNUNGSZEITEN Mo–Sa 8.00 bis 1.00 Uhr, So 14.00 bis 22.00 Uhr
FASSBIER Trumer Pils, Mohrenbräu
FLASCHENBIER Weihenstephaner Hefeweizen, Corona, Clausthaler
LOKAL Das mit Zeitgenuss überschriebene Lokal ist einer der beliebtesten Treffpunkte in Dornbirn – zum Sehen und Gesehen werden und zum Genuss von verschiedenen Tapas-Kombinationen und Sushi. Sehr freundliches Personal. Die Fassbierpflege harrt einer Optimierung – obwohl die Mohrenbrauerei keine 100 Meter entfernt ist… 70 Plätze im Lokal, 25 im Schanigarten in der Fußgeherzone.

BIERLOKAL
6850 Dornbirn, Marktstraße 12
0 55 72/538 50
info@bierlokal.at
www.bierlokal.at
ÖFFNUNGSZEITEN Mo–Fr 11.00 bis 24.00 Uhr, Sa 10.00 bis 24.00 Uhr, So 11.00 bis 23.00 Uhr
FASSBIER Mohren Spezial, Mohren Naturtrübes Kellerbier, Erdinger Weißbier
FLASCHENBIER Clausthaler, Mohren Gambrinus, König Ludwig Weizenbier Hell und Dunkel, Erdinger Weißbier Alkoholfrei, Grapefruit Radler
LOKAL Dieses zentral gelegene Lokal war schon eine Druckerei, einige Jahre lang auch eine Brauerei. Nach rascher Umbauphase im Winter 2009 wurde die Decke ins Obergeschoß geschlossen – dieses bietet mit einem großen Speisebereich nun genügend Platz für Feiern. Im Erdgeschoß wurde der Barbereich großzügig ausgebaut und der neue Sitzbereich ist zum Verweilen oder einem gemütlichen Hock mit Freunden und Bekannten genau das Richtige. Jeden Freitag werden die beliebten Kässpätzle serviert. Zu den Spezialitäten der Speisekarte gibt es immer wieder eine Bierbegleitung mit Spezialbieren wie das Kriek von Lindemann, Russian Imperial Stout, Mohren Eisbock, Mohren Pils, Mohren Bockbier… Seit 2014 werden von den beiden Biersommeliers des Hauses Verkostungen angeboten. 160 Plätze im Lokal, 34 an der Bar, 100 im Garten.

FREI
6850 Dornbirn, Marktstraße 2
0 66 4/160 61 22
info@frei.rocks
www.frei.rocks
ÖFFNUNGSZEITEN Mo–So 8.00 bis 0.30 Uhr
FASSBIER Mohren Spezial
FLASCHENBIER Erdinger Weißbier, Erdinger Alkoholfrei
LOKAL Das im Herbst 2015 in unmittelbarer Nachbarschaft zum Roten Haus eröffnete Lokal will Freiraum für ein Ambiente mit einem Gespür für das Detail schaffen. Und das mit einem fein ausgewogenen Sounderlebnis, denn am Abend wird die Bar zum Club – die Vorarlberger Szene hat den Laden jedenfalls gut angenommen. Man futtert gesund (täglich

362
VORARLBERG

DORNBIRN · EGG · FELDKIRCH

S' Lädele

Ochsen

Mittagsmenü) und kommt auch zum Sehen und Gesehenwerden. 80 Plätze im Lokal, 20 davor.

MR. FRENCH 🍺🍺🍺
6850 Dornbirn, Marktplatz 10
0 55 72/39 82 22
office@mrfrench.at
www.mrfrench.at
ÖFFNUNGSZEITEN Mo—Sa 10.00 bis 24.00 Uhr, So & Feiertage 10.00 bis 23.00 Uhr
FASSBIER Mohren Spezial und jeweils vier Craft Biere
FLASCHENBIER ca. 15 verschiedene Bierspezialitäten
LOKAL Bierlokal des Jahres, siehe Seite 356

'S GLÖGGELE 🍺🍺
6850 Dornbirn, Am Steinebach 7
0 55 72/39 45 95
office@gloeggele.com
www.gloeggele.allmenda.com
ÖFFNUNGSZEITEN Mo—Mi 11.00 bis 14.00 und 17.00 bis 1.30 Uhr, Do—Fr 11.00 bis 14.00 und 17.00 bis 2.00 Uhr, Sa 17.00 bis 2.00 Uhr, So u. Feiertag geschlossen
FASSBIER Mohren Spezial, Mohren Kellerbier, Mohren Pils
FLASCHENBIER Weihenstephaner Weizenbier, Beck's Alkoholfrei, Erdinger Alkoholfrei, Clausthaler
LOKAL Tolles Ambiente im Gewölbekeller und freundliche Bedienung. Das „Glöggele Hus" verkündete seinerzeit den wohlverdienten Feierabend mit Glockenschlägen – bei der Revitalisierung des Areals wurde es zum Zentrum für die Betriebserweiterung im Steinebach – auch aus kommunikativer Sicht. Leichte saisonale Küche. 50 Sitzplätze und großer Barbereich, Garten: 60 Plätze.

S' LÄDELE
6850 Dornbirn, Dr.-Waibel-Straße 2
0 55 72/377 72 24
laedele@mohrenbrauerei.at
http://shop.mohrenbrauerei.at
ÖFFNUNGSZEITEN Mo—Fr 9.00 bis 12.00 und 13.30 bis 17.00 Uhr, Sa 9.00 bis 12.00 Uhr

LOKAL Nicht einfach ein Rampenverkauf einer Brauerei, sondern ein Geschenkeshop, das von Hand hergestellte Köstlichkeiten mit Bierbezug aus der Region anbietet – da gibt es zarte Verschmelzungen von Schokolade und bierigen Rohstoffen, Dips und Sugos und sogar Kosmetika. Zudem Geschenkpackungen der Mohren Bierspezialitäten, Verkostungsgläser und Mohren-gebrandete Kleidung.

EGG

OCHSEN 🍺
6863 Egg, Loco 7
0 66 4/434 90 11
carla@ochsen-egg.at
www.ochsen-egg.at
ÖFFNUNGSZEITEN Mo—Do 9.00 bis 24.00 Uhr, Fr—Sa 9.00 bis 1.00 Uhr, So 9.00 bis 20.00 Uhr
FASSBIER Egger Spezial
FLASCHENBIER Wälder, Wälder Radler, Franziskaner Weizen, Franziskaner Alkoholfrei, Clausthaler
LOKAL 1914 gegründetes Gasthaus an der zentralen Kreuzung von Egg. Jahrelang war im Erdgeschoß der Oxenstopp untergebracht – nun ist hier eine zeitgemäße Bierbar eingerichtet worden, die wieder als Treffpunkt für die örtliche Bevölkerung dient. Sehr kleine Speisekarte. 20 Plätze im Lokal, 10 an der Bar, 12 im Schanigarten.

FELDKIRCH

DOGANA 🍺🍺🍺
6800 Feldkirch, Neustadt 20
0 55 22/751 26
dogana@dogana.com
www.dogana.com
ÖFFNUNGSZEITEN Di—Do 8.30 bis 1.00 Uhr, Fr—Sa bis 2.00 Uhr
FASSBIER Frastanzer Gold, Frastanzer Kellerbier, Frastanzer Dunkel, Frastanzer Naturradler, Guinness, Franziskaner Hefeweizen Hell
FLASCHENBIER Clausthaler, Franziskaner Alkoholfrei
LOKAL Moderne Kombination aus Café (im vorderen Bereich) und abendlicher Bar im hinteren Bereich – beides nicht zu laut. Gut gezapftes Guinness den ganzen Tag über. Ca. 90 Plätze, 12 an der Bar.

BIER GUIDE 2016   www.bier-guide.net

363
VORARLBERG

FELDKIRCH

Ox Mini / Ox Deli

Braugaststätte Rössle Park

JAMES COOK
6800 Feldkirch, Alberweg 2a
0 55 22/369 57
friedl@jamescook.at
www.jamescook.at
ÖFFNUNGSZEITEN Mo–Sa 10.00 bis 1.00 Uhr, So & Feiertage 14.00 bis 1.00 Uhr, kein Ruhetag
FASSBIER Hirter Privat Pils, Hirter Weizen, Hirter Morchl Dunkel
FLASCHENBIER Hirter 1270er, Leikeim Steinbier 0,5 l Bügelverschluss, Fohrenburg Alkoholfrei, Franziskaner Alkoholfrei
LOKAL Das kleine Dorflokal im Länderdreieck Österreich-Schweiz-Liechtenstein ist Vorarlbergs erstes Lokal mit dem Hirter Bier-Vollsortiment. Dezente Hintergrundmusik – wenn nicht gerade (wie einmal im Monat angesetzt) eine Live-Band spielt. 45 Sitzplätze, Garten: 35 Plätze.

OX MINI / OX DELI
6800 Feldkirch, Marktgasse 7 / Ochsenpassage
05522 / 23374
info@ox-feldkirch.at
www.rauchgastronomie.at/ox
ÖFFNUNGSZEITEN Mo–Sa 8.00 bis 24.00 Uhr, So 10.00 bis 20.00 Uhr
FASSBIER Frastanzer
FLASCHENBIER Brew Dog Punk IPA, 5 A.M. Saint, La Chouffe
LOKAL „Aber kein Genuss ist vorübergehend, denn der Eindruck, den er zurücklässt, ist bleibend", lautet das Zitat aus Goethes Wilhelm Meisters Lehrjahren, das quasi als Motto über diesem modernen Deli steht – und auch wenn der folgende Satz nicht im Geschäft angeschrieben ist, wahr ist er doch: „Was man mit Fleiß und Anstrengung tut, teilt dem Zuschauer selbst eine verborgene Kraft mit, von der man nicht wissen kann, wie weit sie wirkt." Fleiß und Anstrengung stehen tatsächlich hinter dem Lokal und den hier mit großer Freundlichkeit servierten Bieren. „Craft beer for the people", lautet das hier durchgehaltene Motto. Und es gibt viel zu schauen: Es ist ein ziemlich buntes Lokal mit innenarchitektonischen Zitaten aus den 1960er-Jahren, das hier in der Ochsenpassage entstanden ist. 40 Plätze in der Lounge, 15 an der Bar.

BRAUGASTSTÄTTE RÖSSLE PARK
6800 Feldkirch, Rösslepark
0 55 22/765 43
info@roesslepark.at
www.roesslepark.at
ÖFFNUNGSZEITEN Mo–Sa 9.00 bis 1.00 Uhr, So Ruhetag
FASSBIER Frastanzer Gold, Frastanzer Bio Kellerbier, Eis Kellerbier, Frastanzer s'Dunkle, Frastanzer Naturadler Zitrone, Franziskaner Hefeweizen Hell
FLASCHENBIER Frastanzer s'Honig, Franziskaner Hefeweizen Dunkel, Franziskaner Weizen Alkoholfrei, Paulaner Weizen Dunkel, Beck's Alkoholfrei, Liefmans Kriek Cuvée Brut, Lindemans Gueuze, Brewdog Punk IPA, Bierol Mountain Pale Ale, Schneider & Sohn „Meine Hopfenweisse" (TAP5), Hitachino Nest Real Ginger Ale, Tiny Rebel „Dirty Stop out", Samuel Smith Organic Chocolate Stout, Schlenkerla Rauchbier, Well's & Youngs Double Chocolate Stout sowie die Craft Biere der Frastanzer Bauerei Horney, Dark, Hoppy
LOKAL Seit 1999 verbinden sich hier Brauhauskultur und moderne Architektur (Architekturbüro „Rainer und Amann"), die trotzdem Gemütlichkeit bietet. Feldkirchs Gastronomie und die Frastanzer Brauerei verbindet eine lange Geschichte. Wurde doch die Brauerei, die als Genossenschaft geführt wird, 1902 unter tatkräftiger Mithilfe von Feldkircher Wirten aus der Taufe gehoben. Bierige Kupferdekorationen, Zeugnisse der Brautradition zieren das Lokal. Rösslepark-Wirt Markus Nagele achtet aber auch auf das richtige Speisen-

VORARLBERG

FELDKIRCH · GARGELLEN

Gasthof-Pension Wulfenia

angebot: zum Beispiel Biersuppe, Krustlbraten (mit dunklem Bier aufgegossen), verschiedene Salate mit Bierdressing etc. Bierhalle: 80 Sitzplätze, Stube: 80 Sitzplätze, Schenke/Bar: 25 Plätze, Biergarten: 120 Plätze.

SHAMROCK

6800 Feldkirch, Zeughausgasse 7a
0650/970 82 65
info@shamrock-feldkirch.at
www.shamrock-feldkirch.at
ÖFFNUNGSZEITEN Sommerzeit: So–Do 18.00 Uhr bis 2.00 Uhr, Fr–Sa u. an Werktagen vor Feiertagen 18.00 bis 4.00 Uhr Winterzeit: So–Do 17.00 bis 2.00 Uhr, Fr–Sa u. an Werktagen vor Feiertagen 17.00 bis 4.00 Uhr
FASSBIER Guinness, Fohrenburger Jubiläum, Kilkenny, Edelweiss Hofbräu, Augustiner Lager, Hofbräu Kaltenhausen Bernstein, Gösser Zwickl, Gösser Zwickl Dunkel, Radler, O'Hara's Red Ale und wechselnde Bierspezialitäten
FLASCHENBIER Affligem, Heineken, Desperados, Corona, Franziskaner Hefeweizen Hell, Franziskaner Hefeweizen Dunkel, Schneider Weisse, Aventinus, Wieselburger Stammbräu, Budweiser, Leffe Brune, Foster's, Frastanzer s'klenne, New Castle Brown Ale, O'Hara's, O'Hara's Double IPA, Clemens Special, Hereford Pale Ale
LOKAL Dieses kleine, aber sehr gemütliche Irish Pub hat schon eine lange Tradition in der Vorarlberger Bierszene – vor allem das Spezialitätenangebot ist beeindruckend. Und um den Ausschank des Affligem in zwei Gläser wird ein richtiger Kult getrieben. Besondere Aktion an Donnerstagen: Wer sechs Pints vom Guinness trinkt, bekommt ein T-Shirt und ein Guinness-Glas. Selber Auto fahren sollte man dann halt nicht mehr! Originelle Barhocker aus kleinen Bierfässern. 26 Sitzplätze, 60 Stehplätze, Garten: 12 Sitzplätze.

VERMISSEN SIE IHR LIEBLINGS-BIERLOKAL?

DANN SCHREIBEN SIE UNS:
bierguide2017@gmx.at

GARGELLEN

Gasthof | Pension
WULFENIA
Fam. Bachmann

GASTHOF-PENSION WULFENIA

6787 Gargellen, Nr. 55b
0 55 57/61 26
info@wulfenia-montafon.com
www.wulfenia-montafon.com
ÖFFNUNGSZEITEN Mo–So 8.00 bis 22.00 Uhr, Küche nur abends – von Mitte April bis Ende Juni und von Anfang Oktober bis Anfang Dezember geschlossen.
FASSBIER Triple B
FLASCHENBIER Schwechater Zwickl, Gösser Stiftsbräu, Affligem Blonde, Affligem Dubbel, Chimay Bleu, Tripel Karmeliet, Brewdog Punk IPA, Delirium Tremens, Stift Engelszell Nivard, Hofbräu Kaltenhausen Spezialsude (je nach Verfügbarkeit), Edelweiss Hofbräu, Edelweiss Dunkel, Edelweiss Gamsbock, Edelweiss Alkoholfrei, Triple B Zwickl, Gösser Naturgold, Mohren Bräu Pale Ale, Mohren Bräu Mandarin Weizen, Reininghaus Jahrgangspils, Kaltenhauser Pale Ale 1475, Gösser Märzen
LOKAL Manfred Bachmann, ein Diplom-Biersommelier mit jahrelanger Erfahrung bei einem großen Brauereiunternehmen, hat dieses kleine, aber feine Gasthaus renoviert und dabei ganz auf Bier gesetzt: Gleich im Eingangsbereich findet man einen Kühlschrank, in dem neben dem ohnehin schon beachtlichen Standardangebot stets ein paar Raritäten zu finden sind – wir verkosteten unter anderem ein viele Jahre

VORARLBERG

GORTIPOHL · GÖFIS · GÖTZIS · HOHENEMS

Diana's Schnitzelstöbli

Kangoo's Pub

gereiftes Tripel Karmeliet und ein Delirium Tremens. Zu jedem Menü gibt es eigene Bierempfehlungen – und oft auch komplette Biermenüs. Die Fassbierauswahl beschränkt sich meist auf das hauseigene Triple B – einen Sondersud aus dem Hofbräu Kaltenhausen. Ab und zu werden aber auch Gastbiere vom Fass angeboten. 30 Plätze im Lokal. ⊨-24

GORTIPOHL

DIANA`S SCHNITZELSTÖBLI
6791 Gortipohl, Blendolmaweg 87
0 55 57/201 00
peterwurzel@aon.at
ÖFFNUNGSZEITEN Di–So ab 12.00 Uhr, Mo Ruhetag
FASSBIER Zipfer Urtyp, Zipfer Limettenradler, Edelweiss Hofbräu, Gösser dunkles Zwickl
FLASCHENBIER Zipfer Hell-Alkoholfrei, Edelweiss Alkoholfrei, Edelweiss Dunkel (Bügelflasche), Affligem Blonde, Affligem Doubel
LOKAL 8 bis 10 Biere mit Empfehlung zu jeder Schnitzelspezialität. Durchgehend warme Küche, frische Fische, Hax'n und Spareribs auf Vorbestellung. Sommer: Juli & August jeden Donnerstag ab 18.00 Uhr grillen mal anders – vom Holzkohlegrill! 60 Sitzplätze, 60 Plätze im Garten.

GÖFIS

CONSUM GÖFIS 🍺
6811 Göfis, Kirchstraße 4
0 66 4/545 32 62
info@consumgoefis.com
www.consumgoefis.com
ÖFFNUNGSZEITEN Di–Do 16.00 bis 24.00 Uhr, Fr 16.00 bis 2.00 Uhr, Sa 10.00 bis 1.00 Uhr, So 10.00 bis 24.00 Uhr, Mo geschlossen
FASSBIER Frastanzer Gold, Frastanzer Kellerbier, Sternbräu Dunkel
FLASCHENBIER Franziskaner Weißbier, Leikeimer Steinweisse, Corona, Zitronenradler, Honigbier, Franziskaner dunkles Weißbier
LOKAL Am Dorfplatz von Göfis im Zentrum gelegenes Kommunikationszentrum, das neben diversen Veranstaltungen auch Treffpunkt für Vereine ist. Geboten wird Hausmannskost und saisonale Spezialitäten wie Steakwochen, Pilzwochen oder Wildpret. Schöner Gastgarten mit Windschutz und einem 50 m² großen, wasserdichten Schirm.

GÖTZIS

GASTHAUS ENGEL 🍺🍺🍺
6840 Götzis, Hauptstraße 31
0 55 23 /546 37
engelingoetzis@gmail.com
ÖFFNUNGSZEITEN Mo–Fr 17.00 bis 2.00 Uhr, Sa–So Ruhetage
FASSBIER Mohrenbräu Spezial, Mohrenbräu Keller Bier, Sternbräu Dunkel
FLASCHENBIER Clemens Spezial, Clemens ohne Filter, Litovel Dark, Litovel Free, König Ludwig Weißbier Hell, Leikeim Steinbier, Leikeim Pilsner
LOKAL Altes, sehr gemütliches Gasthaus mit dem Charme eines echt originalen Wirtshauses, wie es auch in Vorarlberg inzwischen zur Rarität geworden ist. Hier trifft sich Jung und Alt auf ein Bier am Abend. Die getäfelten Wände machen Lust aufs Verweilen, bei der guten Bierauswahl und der freundlichen Bedienung ist das mehr als verständlich. In dem Gebäude befand sich bis in die Zwanzigerjahre des vorigen Jahrhunderts eine Brauerei, von der heute allerdings nur noch die Keller erhalten sind. 40 Sitzplätze im Raucher- und 60 im Nichtraucherbereich. Leider kein Biergarten.

HOHENEMS

KANGOO'S PUB 🍺🍺
6845 Hohenems, Lustenauer Straße 112
0 55 76/427 43
mario@wilfinger-gastro.com
www.wilfinger-gastro.com
ÖFFNUNGSZEITEN Mo–Fr 17.30 bis 1.00 Uhr, Sa–So 13.30 bis 2.00 Uhr
FASSBIER Foster's, Mohren Spezialbier
FLASCHENBIER Corona, Faxe, Bud, Miller, Guinness, Kilkenny, VB, Castlemaine XXXX, Carlton Crown Lager, Clausthaler
LOKAL Australische Bar am Rande des Kinocenters, recht stimmig gemacht, netter Service. 50 Sitzplätze im Lokal, 120 an der großen Bar.

VORARLBERG

HOHENEMS · LECH AM ARLBERG · LOCHAU

Kohldampf

Bodenalpe

KOHLDAMPF 🍺🍺🍺🍺
6845 Hohenems, Lustenauer Straße 112
0 55 76 /427 43
info@kohldampf.at
www.kohldampf.at
ÖFFNUNGSZEITEN Mo–Fr 17.30 bis 1.00 Uhr, Sa–So 13.30 bis 2.00 Uhr
FASSBIER Foster's, Mohren Spezialbier, Mohren-Kohldampf's Kellerbier, Weihenstephaner Hefeweizen, Mohren Light, saisonal Guinness
FLASCHENBIER Wieselburger, Heineken, Corona, Faxe (Dänemark), Bud, Miller, Guinness, Foster's, Kilkenny, VB, Castlemaine XXXX, Carlton Crown Lager
LOKAL Zwei große Kupferkessel, verbunden durch Kupferröhren, sind der erste Blickfang, wenn man in das Kinocenter kommt: Das Kohldampf ist hier die größte Bar, die dem Bierfreund zur Verfügung steht, und das Biermotiv wird konsequent durchgehalten. Im vielfältigen Speiseangebot und Biersortiment verschmelzen Traditionelles und Trendiges, ohne einander zu widersprechen. 150 Sitzplätze auf mehreren Ebenen im Lokal, 200 Plätze an der Bar.

LECH AM ARLBERG

BODENALPE 🍺🍺
6764 Lech am Arlberg, Lech
0 664/240 03 89
p.jochum@aon.at
www.bodenalpe-lech.com
ÖFFNUNGSZEITEN Mi–Mo 12.00 bis 21.30 Uhr, Di Ruhetag
FASSBIER Fohrenburger Jubiläum, Fohrenburger Weizen
FLASCHENBIER Erdinger Alkoholfrei, Fohrenburger Ohne
LOKAL Das 400 Jahre alte ehemalige Bauernhaus liegt direkt an der Bundesstraße Richtung Warth, ca. 1 km von Lech entfernt in idyllischer Umgebung. Verwöhnt wird man in urig dekorierten Stuben mit heimischer Küche und Spezialitäten vom Grill. 40 Sitzplätze in der Stube, 40 auf der Terrasse.

HÛS NR. 8
6764 Lech am Arlberg, Nr. 8
0 55 83/332 20
husnr8@aon.at
www.hus8.at
ÖFFNUNGSZEITEN Mo–So 11.00 bis 1.00 Uhr
FASSBIER Stiegl, Paulaner, Schloss Eggenberg
FLASCHENBIER Clausthaler
LOKAL Zur Parade der revitalisierten Walserhäuser gehört das „Hûs Nr. 8" am Ortseingang von Lech. Das rustikale Walserhaus, das im Jahr 1760 erstmals urkundlich erwähnt wurde, wurde im Jahr 1997 nach einer 6-monatigen Bauzeit in seiner Ursprünglichkeit erhalten und in ein Restaurant umgebaut. Als In-Treff kristallisierte sich die Bar heraus, die sowohl bei den Einheimischen wie auch bei den Gästen sehr beliebt ist. 50 Plätze an Tischen, 15 an der Bar.

LOCHAU

BRAUEREIGASTHOF REINER 🍺🍺
6911 Lochau, Hofriedenstraße 1
0 55 74/442 19
willkommen@reiner-lochau.at
www.reiner-lochau.at
ÖFFNUNGSZEITEN Mo–Sa 11.00 bis 14.00 Uhr und ab 17.00 Uhr, So & Feiertage ab 11.00 Uhr durchgehend geöffnet, Di Ruhetag
FASSBIER Reiner Bier (bernsteinfarbenes Bier mit 4,1 Prozent Alkohol), Zipfer Urtyp, Edelweiss Hofbräu, saisonal Oktoberbier, Gösser Naturradler, Zipfer Limettenradler, Kaiser Granat, Paulaner Salvator Doppelbock…
FLASCHENBIER Meckatzer Leichtweizen und Meckatzer Urweizen Dunkel, Gösser Naturgold 0,33 und 0,5 l, Edelweiss Alkoholfrei
LOKAL Renovierter ehemaliger Brauereigasthof im Zentrum von Lochau, der ursprünglich als Gerichtsgebäude Hofrieden errichtet und von 1789 bis zur Aufhebung der Landstände im Jahre 1808 auch als solches verwendet wurde. Mindestens seit der Übernahme durch die Familie Reiner 1860 bis 1978 war hier dann tatsächlich eine Brauerei. Bei der Renovierung 2007 hat die Künstlerin Andrea Neumeister die Gästezimmer ausgestaltet. 100 Sitzplätze im Lokal, 80 m Gastgarten.
🛏-12

367
VORARLBERG
LUSTENAU · MELLAU · NÜZIDERS · RANKWEIL

Hörnlingen Bar, Bistro & Gwölb

LUSTENAU

NOBODY BILLARD & IRISH PUB
6890 Lustenau, Widum 19
0 66 4/342 94 91
marlene@nobody-pub.at
www.nobody-pub.at
ÖFFNUNGSZEITEN Mo–Sa ab 19.00 Uhr
FASSBIER Guinness, Kilkenny, Mohrenbräu
FLASCHENBIER Weihenstephaner Hefetrüb, Kilkenny, Heineken, Corona, Clausthaler
LOKAL War vor erdenklichen Zeiten mal ein Fitnesscenter. Aber irgendwann lernt ja jeder seine Bestimmung kennen – auch auf der beliebten Newcomer-Bühne, die die Jugendkultur fördert. Ca. 100 Sitzplätze, 25 im Garten.

MELLAU

NAZE´S HUS
6881 Mellau, Tempel 73
0 65 0/462 79 29
info@nazes-hus.at
www.nazes-hus.at
ÖFFNUNGSZEITEN Mi–Mo 14.00 bis 22.00 Uhr, Di Ruhetag
FASSBIER Egger Pils, Franziskaner Weizen
FLASCHENBIER Wälder Senn, Clausthaler
LOKAL In einem unverfälschten Ambiente des einzigen denkmalgeschützten Hauses weit und breit werden typische Bregenzerwälder Gerichte serviert und Egger Bier gezapft. Mitglied der Käsestraße. 50 Plätze, Garten: 25.

NÜZIDERS

GASTHAUS KRONE
6714 Nüziders, Nr. 108
0 55 52/622 74
krone.nueziders@aon.at
www.krone-nueziders.at
ÖFFNUNGSZEITEN 11.00 bis 1.00 Uhr, Mi Ruhetag
FASSBIER Frastanzer
FLASCHENBIER Franziskaner
LOKAL Schöner Gastgarten mit Kastanienbaumbestand, bei schönem Wetter ein beliebter Treffpunkt von Radfahrern und Wanderern. Der Seniorchef ist übrigens ein talentierter Maler, im Haus gibt es viel surrealistische Kunst zu sehen. 130 Sitzplätze im Lokal, Garten: 100 Plätze.

RANKWEIL

BRAUGASTSTÄTTE SCHWARZER ADLER
6830 Rankweil, Ringstrasse 3
0 55 22/443 19
schwarzeradler@cable.vol.at
www.adlerrankweil.at
ÖFFNUNGSZEITEN Di–Fr 15.30 bis 24.00 Uhr, Sa–So 10.00 bis 24.00 Uhr, Mo Ruhetag
FASSBIER Mohrenbräu Kellerbier, Mohrenbräu Spezial
FLASCHENBIER Mohrenbräu Gambrinus, Erdinger Weißbier, Prinzregent Ludwig Weizenbock
LOKAL Moderner Brauereiausschank im Herzen von Rankweil, am Fuße der Basilika. 140 Sitzplätze im Lokal, 10 Plätze an der Bar, 70 Sitzplätze auf der Terrasse.

GLASHAUS
6830 Rankweil, Alemannenstraße 49
0 55 22/205 20
glashaus@glashaus-rankweil.at
www.glashaus-rankweil.at
ÖFFNUNGSZEITEN Mo–Fr 17.00 bis 1.00 Uhr, Sa ab 19.00 Uhr, So geschlossen
FASSBIER Mohrenbräu Spezial, Sternbräu Dunkel, Sternbräu Weisse
FLASCHENBIER Litovel Schwarzbier, Dorothoy Goodbodys Stout, Berliner Weisse, Ayinger Ur-Weisse
LOKAL Das Glashaus ist zu Beginn des Jahrzehnts an diesen neuen Standort übersiedelt und hat sich gut etabliert. Dazu dürfte auch die kleine, aber feine Auswahl internationaler Bierspezialitäten beigetragen haben.

HÖRNLINGEN BAR, BISTRO & GWÖLB
6830 Rankweil, Bahnhofstraße 25
0 55 22/462 72
office@hoernlingen.com
www.hoernlingen.com

2016 BIER GUIDE

VORARLBERG

RANKWEIL

Sternbräu

ÖFFNUNGSZEITEN Bar & Bistro: Di–Sa 16.00 bis 1.00 Uhr, So & Mo Ruhetage; Gwölb: Mi–Sa 20.00 bis 2.00 Uhr
FASSBIER Fohrenburger Jubiläum, Fohrenburger Weizen, Sternenbräu Dunkel, saisonal (Sommer) Kellerbier
FLASCHENBIER Corona
LOKAL Das Hörnlingen hat sich seit 2001 zu einer Institution in der Vorarlberger Gastro-Szene entwickelt. Das „Sitz-, Steh-, Anlehn- und Partygasthaus" hat einen angenehm ruhigen Eingangsbereich mit dezenter Musik und ebenso dezenter Beleuchtung, wo sich selbst am Samstagabend ein nicht ganz junges, sehr gepflegt wirkendes Publikum einfindet. Ein großer alter Ahornbaum gibt dem Garten natürlichen Schatten, die Bierbar wurde eigens in den Garten verlegt, damit ein frisch gezapftes Bier auf dem kürzesten Weg mit einer schönen Krone zum Gast kommt. Bierpflege einwandfrei. 60 Sitzplätze im Bistro, 6 an der Bar, 60 im Gwölb, 60 im Garten.

RANKWEILER HOF
6830 Rankweil, Ringstraße 25
0 55 22/441 13
office@rankweiler-hof.com
www.rankweiler-hof.com
ÖFFNUNGSZEITEN Mi–So 16.00 bis 24.00 Uhr, Mo–Di Ruhetage
FASSBIER Frastanzer Bio Kellerbier, Frastanzer Gold Spezial, Franziskaner Hefe Hell
FLASCHENBIER Franziskaner Hefeweizen Dunkel, Frastanzer s'klenne, Frastanzer s'dunkle, Frastanzer Rübezahl, Clausthaler
LOKAL Das traditionelle Gasthaus, das seine Anfänge 1890 hat, wird seit 35 Jahren von der Familie Vith mit sehr viel persönlichem Einsatz geführt, was ihm den Titel „Wirtshaus des Jahres 2006" eingebracht hat. Die Gaststube steht unter Denkmalschutz (sie ist über 300 Jahre alt). Urig-gemütliches Lokal mit Hausmusik. Sehr großer Gastgarten im Herzen Rankweils, oft mit Bauernbuffet und Musik. Auf der Karte: Biersuppe, Spanferkel in Altbiersauce und Apfelküchle in Bierteig. 70 Sitzplätze, 10 an der Bar, Garten: 150 Plätze.

STERNBRÄU

STERNBRÄU
6830 Rankweil, Walgaustraße 10
0 55 22/442 68
info@sternbrauerei.com
www.sternbrauerei.com
ÖFFNUNGSZEITEN Mo–Fr 14.00 bis 24.00 Uhr, Sa–So & Feiertage 10.00 bis 24.00 Uhr
FASSBIER Sternbräu Lager, Sternbräu Dunkel, Stern Weisse, Zwettler Original, Wernecker Kellerbier, Sternbräu Belgisch Witbier, Härle Gold, mind. ein Bier des Monats
FLASCHENBIER Wechselndes Angebot, aber immer Biere von der Brauerei Härle: Härle's Dunkle Weisse, Clemens Spezial, Clemens ohne Filter, Karg Weizen. Außerdem: Keckeis Still Man's, Mohrenbräu Eisbock, Hopfenfluch, Schlenkerla Rauchbier, Schlenkerla Rauchweizen, Wernecker Landbier Dunkel, Wernecker Edelhell, Litovel Premium Hell, Litovel Schwarzbier, Rothaus Tannenzäpfle, Berliner Kindl Weisse, St. Louis Lambic in den Sorten: Kriek, Framboise, Pêche, Faro, Youngs Waggle Dance, Youngs Special Ale, Double Chocolate Stout, Wells Bombardier, Orval, Chimay Premiere, Caracole Nostradamus, Caracole Saxo, Härles Leichte Weisse, Litovel Free, Engel Aloisius, Augustiner Edelstoff, Augustiner Weißbier, Engel Kristallweizen, Engel Kellerbier Alkoholfrei, Wernecker Weißbier Alkoholfrei, Leikeim Steinbier, Leikeim Premium, Leikeim Steinweisse, Dorothy Goodbody's Wholesome Stout, Dorothy Goodbody's Country Ale, Dorothy Goodbody's Bosbury Best, Dorothy Goodbody's Golden Ale,

369
VORARLBERG

RANKWEIL · RIEZLERN · SANKT GALLENKIRCH

Werkstatt Event-Gastro-Center

Walser Pub im Riezler Hof

Hereford Pale Ale, Butty Bach, Gauloise Blonde, Gauloise Brune, Gauloise Amber, Kastell Triple, Kastell Brune, O'Hara's Irish Stout, Irish Red Ale, Irish Pale Ale, Lean Foillain, Wells Banana Bread Beer, Mac Ewans Export, Courage Directors, Rochefort 8, Brigand, Baccus Brune, Kronburger Bock Hell
LOKAL Landesrat Johannes Rauch ist bekennender Stammgast hier: Beim Sternbräu handelt es sich um eines der wirklich bodenständigen Bierlokale Österreichs. Es befindet sich in einer ehemaligen Brauerei, die im Jahr 2013 ihr 150-jähriges Bestehen feierte. Aber bierige Feste gibt es hier mindestens einmal im Jahr. Veranstalter und Eigentümer von Brauerei und Gastwirtschaft ist seit 1899 die Familie Wetzel, die schon seit 1456 als Bierbrauer und Bierversilberer tätig ist. Hat wahrscheinlich die stilistisch vielfältigste und bestkommentierte Bierkarte Österreichs. Das Sternbräu bietet Biere aus Brauereien, die sonst nur sehr selten angeboten werden, und sie werden außerdem in Original-Gläsern serviert. Das hängt damit zusammen, dass der Chef sich auch schon mal selbst ins Auto setzt, um ein Bier, das ihm wichtig erscheint, aus England, Luxemburg oder Belgien zu holen – daher ist der Gastwirtschaft auch ein Bierhandel angeschlossen. 200 Sitzplätze in verschiedenen Räumen, im Biergarten 350 Sitzplätze. ♨

WERKSTATT EVENT-GASTRO-CENTER 🍺🍺
6830 Rankweil, Langgasse 116
0 55 22/844 22
rankweil@werkstatt.ws
www.werkstatt.ws
ÖFFNUNGSZEITEN Mo–Mi 8.00 bis 24.00 Uhr, Do 8.00 bis 1.00 Uhr, Fr–Sa 8.00 bis 2.00 Uhr, So 9.00 bis 24.00 Uhr
FASSBIER Fohrenburger, Maisel's Weisse und vierteljährlich ein neues Spezialbier
FLASCHENBIER Fohrenburger Weizen Hell u. Dunkel, Heineken, Wieselburger, Corona, Desperados, Fohrenburger Alkoholfrei, Budweiser, Guinness
LOKAL Direkt bei den Autobahnauf- und -abfahrten von Feldkirch Nord und Rankweil – auf 1.200 m² Café und Restaurant. 250 Sitzplätze, 500 Stehplätze, 150 Plätze auf den Terrassen.

RIEZLERN

WALSER PUB IM RIEZLER HOF 🍺🍺🍺
6991 Riezlern, Walserstraße 57
0 55 17/53 77 44
info@riezlerhof.at
www.walser-pub.de
ÖFFNUNGSZEITEN Mo–Do 18.00 bis 1.00 Uhr, Fr–Sa 18.00 bis 2.00 Uhr
FASSBIER Stiegl Pils, Stiegl Gold Bräu, Meckatzer Gold, Warsteiner Premium, Post Hefeweizen, Meckatzer Hefeweizen
FLASCHENBIER Heineken, Beck's, Beck's Lemon, Schneider Weisse, Augustiner Edelstoff, Augustiner Helles, Warsteiner Alkoholfrei, Erdinger Hefeweizen Alkoholfrei
LOKAL Das einzige Bierpub im Kleinwalsertal – daher ein beliebter Treffpunkt, auch zum Dartspielen. Aus der Küche gibt es einfache kleine Snacks, die in die Jahreszeit passen. Immer auch mit Bier zubereitete Speisen auf der Karte. 120 Plätze im Lokal, 60 im Garten, 30 an der Bar. 🍴-28

SANKT GALLENKIRCH

MUNTANELLA STÖBLI 🍺🍺🍺
6791 Sankt Gallenkirch, Ziggamweg 213a
0 55 57/62 30
strudelwirtin@muntanella.at
www.muntanella.at
ÖFFNUNGSZEITEN Mi–Mo ab 13.00 Uhr bis 25(!) Uhr, Dienstag ist Murmeltag, da schläft der Laden wie ein Murmeltier
FASSBIER Murmeli-Bier (Hausmarke), Gösser Jubiläumszwickel, Fohrenburger Export, Edelweiss, saisonale Bockbiere
FLASCHENBIER Fohrenburg Pils, Egger Wälderbier, Clausthaler
LOKAL Der Biersammler Otwin Netzer und seine Gattin, „die Strudelwirtin", öffnen ihr Lokal am Nachmittag für Strudeljausen und halten es am Abend als Bierstube offen. „Wir haben die größte Bierflaschensammlung Österreichs mit Marken aus aller Welt – unsere Gäste sind unsere größten Sammler", freuen sich die Wirtsleute – 11.000 volle Flaschen haben sie bereits beisammen und die seltsamsten stehen in einem eigenen Tresor! Das Muntanella Stöbli lässt sich das eigene Murmeli-Bier brauen. Für den Gassenverkauf gibt es 2-Liter-Flaschen Murmeli-Bier. Besondere Verdienste um die Käsepräsentation in der Gastronomie. Vorarlberger Bierlokal

VORARLBERG

SCHNEPFAU · SCHRUNS · STUBEN AM ARLBERG

Berghaus Kanisfluh

Einbahn

des Jahres 2009. 120 Sitzplätze im Lokal, 40 Plätze an der Bar, 50 Plätze auf der überdachten Terrasse.

SCHNEPFAU

BERGHAUS KANISFLUH
6882 Schnepfau, Schnepfegg 54
0 55 18/21 08
info@kanisfluh.net
www.kanisfluh.at
ÖFFNUNGSZEITEN Mi–So 10.00 bis 21:00 Uhr, im Sommer auch am Di geöffnet. Betriebsferien November bis Weihnachten
FASSBIER Egger Spezial, Franziskaner Hefeweizen
FLASCHENBIER Mohren Spezial, Franziskaner Dunkel, Franziskaner Alkoholfrei, Clausthaler
LOKAL Zu dem von Familie Moosmann geführten Aussichtsgasthof kommt man über eine schmale Bergstraße – aber die etwas mühsame Anreise wird mit einem tollen Ausblick auf die Kanisfluh belohnt. Einer der schönsten Plätze, ein Bier zu trinken und die Berge zu bewundern. Gute Küche, empfehlenswerte Käseplatte. 50 Plätze im Lokal, 60 im Speisesaal, 40 auf der Terrasse.

SCHRUNS

ASTORIA (PUB-BAR)
6780 Schruns, Kronengasse 2
0 55 56/759 00
ÖFFNUNGSZEITEN Mo–Sa 17.00 bis 1.00 Uhr, So Ruhetag
FASSBIER Zipfer Urtyp
FLASCHENBIER Zipfer Pils, Edelweiss
LOKAL Bar in der Fußgängerzone von Schruns mit Tischfußball, Darts, Billard, Airhockey und Computerspielen. Happy Hour zwischen 18.00 und 20.00 Uhr. Ca. 85 Sitzplätze im Lokal.

EINBAHN
6780 Schruns, Batloggstraße 5
0 55 56/752 18
info@heilbronnerhuette.at
ÖFFNUNGSZEITEN Mo–So 20.00 bis 2.00 Uhr
FASSBIER Zipfer, Guinness Draught
FLASCHENBIER Edelweiss Hefeweizen, Wieselburger, Guinness Extra Stout, Guinness Foreign Extra Stout, Kilkenny Irish Cream Ale
LOKAL Die Einbahn ist eine irisch angehauchte, eher rustikale Bar, in der das Wieselburger aus der Bügelverschlussflasche von anno dazumal serviert wird. Jeden Freitag gibt es Live-Auftritte von den unterschiedlichsten Musikern (Eintritt frei!). 50 Sitzplätze im Lokal.

GASTHAUS ZUM KREUZ – KREUZKELLER
6780 Schruns, Kirchplatz 18
0 55 56/72 117
gasthaus.zum.kreuz@montafon.com
www.kreuzschruns.at
ÖFFNUNGSZEITEN Do–Mo 17.00 bis 24.00 Uhr
FASSBIER Egger Bier von der Brauerei Egg
FLASCHENBIER Egger Kellerbier, Franziskaner Weißbier
LOKAL Gleich neben der Kirche liegt dieses sehr liebevoll gestaltete Restaurant mit alten Montafonerstuben im 1. Stock (Fonduespezialitäten) und dem urigen Kreuzkeller mit seiner schönen Bar, in der die Erinnerung an die Montafon-Aufenthalte von Ernest Hemingway (1924, 1925 und 1926) wach gehalten wird – auch mit Hasenpfeffer in Rotweinsauce nach Original-Rezept, das Hemingway gemundet hat. 40 Sitzplätze im Lokal, 20 an der Bar, 40 Sitzplätze im Garten.

STUBEN AM ARLBERG

WILLIS PILSSTÜBLE
6762 Stuben am Arlberg, Stuben 13b
0 55 82/717
info@hausflexen.at
www.pilsstueble.com
ÖFFNUNGSZEITEN Mo–So 15.00 bis open end
FASSBIER Stiegl Goldbräu, Stiegl Gaudi Radler, König Ludwig Hefeweizen, Mohrenbräu Pils
FLASCHENBIER König Ludwig dunkles Weizen, Weihenstephan Kristallweizen, Maisel's Weisse Alkoholfrei, Guinness, Corona, Stiegl Grapefruit Radler, Stiegl Hüttengaudi
LOKAL Mitten im Dorf gelegen, bietet das Pilsstüble ab 14.00 Uhr verschiedenste Skifahrer-Leckerbissen mit bekannten Ski-Hits, toller Stimmung und flotter Bedienung. Willis Pilsstüble ist bekannt für Pizze und Spareribs. SkilehrerInnen-

VORARLBERG

SULZ · SULZBERG · THÜRINGEN

Alpenblick

Bar, Darts und kostenloses WLAN. 30 Sitzplätze im Lokal, 42 Sitzplätze im Garten, 10 Plätze an der Bar.

SULZ

ALTES GERICHT
6832 Sulz, Taverneweg 1
0 55 22/431 11
info@altesgericht.at
www.altesgericht.at
ÖFFNUNGSZEITEN Do–Di 11.30 bis 13.30 und 17.30 bis 24.00 Uhr, Mi Ruhetag
FASSBIER Mohren Spezial, Reininghaus Jahrgangspils
FLASCHENBIER Trumer Pils, Erdinger Hefeweizen
LOKAL Sehr stimmungsvoll in den alten Baubestand integriertes Speiselokal mit 15 von 20 Punkten im Gault Millau 2009. 80 Sitzplätze im Lokal, im Kastaniengarten: 35 Sitzplätze.

SULZBERG

ALPENBLICK
6934 Sulzberg, Dorf Nr. 12
0 55 16/22 17
gasthof@alpenblick.co.at
www.alpenblick.co.at
ÖFFNUNGSZEITEN Fr–Di 11.00 bis 21.00 Uhr, Mi & Do Ruhetage – Juli bis Okt. Do Ruhetag!
FASSBIER Mohren Pils, Hefeweißbier Postbrauerei Weiler
FLASCHENBIER Mohren Spezial, Leichtes Hefeweizen Postbrauerei Weiler, Clausthaler, Erdinger Hefeweizen Alkoholfrei
LOKAL Wir befinden uns hier auf knapp über 1.000 Meter an einem der schönsten Aussichtsplätze Vorarlbergs, wo direkt am Dorfplatz dieses urtümliche und nett renovierte Gasthaus liegt. Traditionsreicher Gasthof mit eigener Brot- und Kuchenbäckerei. In diesem Haus wurde 1860 eine kleine Käserei eingerichtet – und dieser Käse hat den Grundstein für den Erfolg der Käsestraße gelegt. Heute gilt diese als touristische Sensation. Speisekarte mit österreichischen Spezialitäten. 120 Sitzplätze, Garten: 180 Sitzplätze.

THÜRINGEN

STEAKHOUSE DOUGLASS
6712 Thüringen, Walgaustraße 5
0 66 4/491 58 10
steakhouse.douglass@aon.at
ÖFFNUNGSZEITEN Di–Sa 17.00 bis 23.00 Uhr, So u. Feiertag 11.00 bis 14.00 Uhr und 17.00 bis 21.00 Uhr
FASSBIER Gösser, Gösser Zwickl, Edelweiss Hofbräu
FLASCHENBIER Guinness Surger, Schlossgold
LOKAL Das Douglass Stüble, dessen Namen an den Industriellen erinnert, der im 19. Jahrhundert die Textilindustrie in dieses Tal gebracht hat, wurde 2008 zu einem Steakhaus umgestaltet. Sehr gemütlich eingerichtet, die Steaks vom Feinsten, die Bierpflege auch. 80 Sitzplätze im Lokal, 15 Plätze an der Bar, 25 Sitzplätze im Garten.

FISCHER BRÄU

... da hopft das Herz.

Die Erste Wiener Gasthaus-Brauere wurde 1985 gegründet.

UNSERE BIERSPEZIALITÄTEN

- FISCHER HELLES
- FISCHER WEISSES
- FASTENBIER
- OSTERBOCK
- SOMMERBIER
- WEIHNACHTSBOCK

1. WIENER GASTHAUS-BRAUEREI
1190 WIEN, BILLROTHSTRASSE 17
TEL.: 01 / 369 59 49
ÖFFNUNGSZEITEN: 16:00-00:30 UHR
WWW.FISCHERBRAEU.AT

VON **A** WIE ALSERGRUND BIS **W** WIE WIEDEN

WIEN

374
WIENS BIERLOKAL DES JAHRES
WIEN, 7. BEZIRK

THE BRICKMAKERS PUB & KITCHEN 🍺🍺🍺🍺🍺
1070, Zieglergasse 42
01/997 44 14
info@brickmakers.at
www.brickmakers.at, www.bigsmoke.at

ÖFFNUNGSZEITEN Mo–Fr 16.00 bis 2.00 Uhr, Sa 10.00 bis 2.00 Uhr, So 10.00 bis 1.00 Uhr

FASSBIER Pilsner Urquell, Weihenstephaner Hefeweizen, Ottakringer Gold Fassl Spezial, Anchor Steam Beer, Schremser Zwickl, Brauwerk Session IPA, Brauwerk Porter, Crew Republic Drunken Sailor, Thornbridge Vienna IPA, To Öl Single Hop Amarillo, Zinne Bir, Beavertown 8 Ball, Del Borgo ReAle, Thornbridge Colorado Red, O'Hara's Irish Stout, Rogue Chocolate Stout, Leffe Bruin, Mikkeller American Dream, Beavertown Londoner Weisse

FLASCHENBIER Theresianer Premium Pils, Riegele Amaris 50, Forstner Das Rote, Birol Number One Amber, Loncium Helles Zwickl, Carinth IPA, Mc Couffe, Peter Pale & Mary, Bierol Going Hazelnuts, Thornbridge Kill Your Darlings, Sam Adams Lager, Liefmans Goudenband, Rogue Dead Guy Ale, Schleppe No 1, Sierra Nevada Pale Ale, Sierra Nevada Torpedo, Duvel, Forstner Illuminatus, Anderson Valley Hop Ottin etc.

LOKAL Seit März 2015 ist dieses Gastro-Pub ein neues Mekka des Craft- und Tank Biers in Wien mit 33 offenen Bieren (davon zwei bis drei von der Beer Engine) und 150 Flaschenbieren. Die Küche lehnt sich an das Konzept des Big Smoke an – Pulled Pork vom Mangalitza-Schwein, Long Ribs und Brisket. Küchenchef Miro Bartos erkochte sich bereits im ersten Jahr seine erste Gault Millau-Haube. 140 Sitzplätze im Lokal und 40 – 80 im Schanigarten.

375
WIEN

1. BEZIRK

1516 Brewing Company

Augustiner Keller

1. BEZIRK

1516 BREWING COMPANY 🍺🍺🍺🍺🍺
1010, Schwarzenbergstraße 2
01/961 15 16
horst.asanger@chello.at
www.1516brewingcompany.com
ÖFFNUNGSZEITEN Mo–So 10.00 bis 2.00 Uhr
FASSBIER 1516-Hausbiere (Lager, Black & Tan, Weisse). Der von der Victory Brewing Company in Pennsylvania lizensierte „Hop Devil" ist ein Klassiker moderner amerikanischer Braukunst. Überhaupt ist die 1516 Brewing Company berühmt dafür, neue Hopfenzüchtungen (etwa den Saphir im Pils oder den Amarillo in dunklen Ales) einzusetzen. Tsarskaya Imperial, Oyster Stout, Rusty N'Ale, Bavarian Dunkles (100% Dark Malt), Slipper Pale Ale
FLASCHENBIER Super Bock Alkoholfrei, gelegentlich Importbiere
LOKAL „Europe's finest brewpub" überrascht jedes Jahr mit neuen Bierkreationen und mit einem ständig wechselnden kulinarischen Angebot. An der Brauanlage mit Blick auf das Haus der Musik haben schon der damalige technische Direktor von Diageo (Guinness), Christian von der Heide, der Präsident des Bundes der Braumeister, Günther Seeleitner (Zipfer) und der amerikanische Microbrewery-Star Bill Covaleski (Victory Brewing Company) gebraut – von Covaleski stammt auch das Rezept für den Hop Devil. Seit einigen Jahren gibt es auch im Holzfass gereifte Biere – zu einem unschlagbaren Preis. Wegen des amerikanischen Ambientes und der entsprechenden Küche ist die 1516 Brewing Company zum sozialen Mittelpunkt der Englisch sprechenden Gemeinschaft in Wien geworden. Großer Gastgarten vor dem Lokal, Raucherbereich an der langen Bar im Erdgeschoß. 140 Sitzplätze im Lokal, Garten: 100 Sitzplätze, 35 Plätze an zwei Bars.

3 HACKEN MAGAZIN 🍺🍺
1010, Riemergasse 14
01/512 77 87
magazin@zuden3hacken.at
www.zuden3hacken.at
ÖFFNUNGSZEITEN Mo–Sa 10.00 bis 24.00 Uhr, So 10.00 bis 23.00 Uhr
FASSBIER Budweiser Budvar, Zwettler Pils, Zwettler Zwickl
FLASCHENBIER Paulaner Hefeweizen, Grieskirchner Dunkel, Grieskirchner Radler, Paulaner Hefeweizen Alkoholfrei, Clausthaler
LOKAL Nur einen Steinwurf von den „Drei Hacken" ist in der Riemergasse dieses als Vinothek und Feinkostladen (Marmeladen, Öle, eingelegte Früchte) konzipierte Lokal eingerichtet worden. Hier gibt es Wienerische Küche (jeden Samstag und Sonntag ab 12.00 Uhr gefülltes Spanferkel) und eben nicht nur die große Weinauswahl, sondern auch eine beachtliche Bierkultur. 50 Sitzplätze, Schanigarten: 50 Plätze.

AERA – DAS LOKAL 🍺🍺
1010, Gonzagagasse 11
0 67 6/844 26 02 05
lokal-theater@aera.at
www.aera.at
ÖFFNUNGSZEITEN Mo–Sa 10.00 bis 1.00 Uhr, So 10.00 bis 24.00 Uhr, bei Veranstaltungen im Keller auch länger geöffnet.
FASSBIER Gösser Gold, Starobrno, Schwechater Zwickl
FLASCHENBIER Murauer, Wieselburger Gold, Weihenstephaner Hefeweißbier, Kaiser Doppelmalz, Schlossgold, Edelweiss Hefetrüb Alkoholfrei, Gösser Naturradler
LOKAL Studentenorientiertes Café-Restaurant mit hohen Räumen und einem Kulturkeller mit Live-Konzerten im Bereich Jazz, Soul, Funk, Blues, Rock, Metal ... ebenso Kabarett und Klein-Theaterproduktionen, das sich seit 1989 als Fixpunkt im Textilviertel etabliert hat. Große Frühstückskarte – über 80 Speisen werden bis 23.30 Uhr angeboten. 90 Sitzplätze im Lokal, lange Bar mit 20 Plätzen, 60 im Schanigarten.

AUGUSTINERKELLER 🍺🍺
1010, Augustinerstraße 1
01/533 10 26
info@bitzinger.at
www.bitzinger.at
ÖFFNUNGSZEITEN Täglich 11.00 bis 24.00 Uhr, Würstelstand täglich 7.00 bis 4.00 Uhr
FASSBIER Opernbräu Hell, Opernbräu Dunkel, Opernbräu gemischt, Franziskaner Weizenbier
FLASCHENBIER Pilsner Urquell, Stiegl Paracelsus Bio Zwickl, König Ludwig dunkles Weizenbier, Gusswerk Wiener La-

376
WIEN

1. BEZIRK

Badeschiff

ger, Gusswerk Bio Austrian Amber Ale, Gusswerk Nicobar IPA, Zwettler Momentum, Stiegl Jahrgangsbier Double IPA, Clausthaler, Franziskaner Weizenbier Alkoholfrei
LOKAL Bitzinger's Wiener Kulinarium bietet von der traditionsreichen Wiener Küche im Augustinerkeller (AMA-Gastrosiegel) über auserlesene Weine bis hin zu einem schnellen Happen am Würstelstand bei der Albertina und beim Riesenrad. Das Bierangebot zeigt aber, dass Bierliebhaber nicht zu kurz kommen – auch die österreichische Craft Bier Szene ist gut abgebildet. Veranstaltungen zum Thema Bierspezialitäten wurden schon unter anderem vom Wiener Sommelierverein abgehalten. 450 Plätze, 30 Stehplätze im Barbereich, 80 im Schanigarten.

BADESCHIFF
1010, Donaukanal-Lände, gegenüber Franz-Josefs-Kai 5
0 66 0/312 47 03
event@badeschiff.at
www.badeschiff.at
ÖFFNUNGSZEITEN Mo–Fr 16.00 bis 1.00 Uhr, Sa, So 10.00 bis 1.00 Uhr
FASSBIER Pilsner Urquell
FLASCHENBIER Freistädter Bio Zwickl, Rotschopf, Elixier, Schlägl Bio Roggen, In Primus, Neufeldner Mühlviertler Weisse, Bierol Number One, Bierol Going Hazelnuts, Brew Age Chic Xuluc Oatmeal Stout, Hofstetter Kübelbier, Granitbier, Granit Ice Bock, Bio Hochland Honigbier, Sündenbock, Bierpur Barley Wine Jg. 2010, Hofstetter Imperial Stout, Bierzauberei Aleysium no.4 (IPA), Aleysium no.5 (Gose), Aleysium no.6 (Spiced Imperial Ale), Aleysium 1852 (Delicatess-Bier, gewürztes English Burton Ale nach Rezept von 1852), Crew Ale Drunken Sailor IPA, Thornbridge Twin Peaks (American Pale Ale aus England), Brewdog Dead Pony Club, Boon Geuze Mariage Parfait, Bosteels Triple Karmeliet, La Trappe Witte Triple
LOKAL Das Badeschiff ankert schon seit 2006 zwischen Aspernbrücke und Schwedenbrücke – aber erst mit dem Aufblühen der Craft Beer Bewegung in Wien ist es auch biermäßig in Schwung gekommen: Als Fassbier (eigentlich: als Tankbier) gibt es Pilsner Urquell, zudem eine umfangreiche Karte mit Bierspezialitäten. Regelmäßig Verkostung von Bierspezialitäten bis hin zum Sauerbier. Nach den ersten 10 aufregenden Jahren kommt das Badeschiff nun etwas zur Ruhe – das Bad wird um ein Hotel mit Tiefgang ergänzt. Dieser Hoteltypus verbindet Hotelkomfort mit Campinggefühl, Pop-Up-Shops mit trendigen Marktformaten. 70 Plätze im Lokal, 60 auf dem Deck.

BEER STREET
1010, Passauer Platz 2
0 67 6/706 81 24
office@paddysco.at
https://paddysco.at/beerstreet
ÖFFNUNGSZEITEN Mo–Sa 18.00 bis 2.00 Uhr
FASSBIER Heineken, Trumer Pils, Zwettler Sanjana, Schwechater Zwickl, Schremser Vip, Schleppe Pale Ale, Kaltenhausen Bernstein, Kaltenhausen Kellerbier, Leffe blond, Leffe bruin, Tegernseer, Weihenstephaner, Fuller's IPA, Fuller's Black Cab, Fuller's London Pride, Newcastle, O'Hara's Stout, O'Hara's IPA, Starobrno, Palm Belgian Ale, Blanche de Bruxelles, Bierol Mountain Ale, Bierol Funky Wheat, Dom Rep Pils, Bevog Oatmeal Stout, Crew Republic Drunken Sailor, Birra del Borgo Re Ale, Thornbridge Jaipur, Thornbridge Vienna, Thornbridge Colorado Red, Beavertown Gamma Ray, Mikkeller Monks Brew, Mikkeller Peter Pale & Mary, Anchor IPA, Anchor Liberty Ale, Rouge Dead Guy, Rouge Hazelnut, Rouge Amber, Flying Dog Pale Ale, Boon Kriek, Houblon Chouffe, St. Bernardus Triple
LOKAL An der Location, die Wiens studentisches Publikum jahrelang als Paddy's (oder Paddy O' Brien's Pub) kannte, hat am St. Patricks Day 2016 die Beer Street aufgesperrt – ein als im amerikanischen Stil der „Multi-Tap-Bar" völlig neu herausgeputztes Bierlokal. 40 Plätze zu ebener Erde, 140 im Keller.

BEIM CZAAK
1010, Postgasse 15
01/513 72 15
beim@czaak.com
www.czaak.com
ÖFFNUNGSZEITEN Mo–Sa 16.00 bis 24.00 Uhr, So & Feiertage geschlossen
FASSBIER Schwechater Hopfenperle, Kaiser Doppelmalz, Wieselburger Spezial, Schladminger Märzen, Zwickl Naturtrüb, Starobrno
FLASCHENBIER Zipfer Urtyp, Edelweiss Hefetrüb, Kaiser Doppelmalz

377
WIEN
1. BEZIRK

Bermuda Bräu

Bieradies

LOKAL Beliebter Treff all derjenigen, die unverfälschte Wiener Beislatmosphäre in der Innenstadt suchen. Hervorragende Bierkultur (das Lokal ist Mitglied der „Kampagne für Gutes Bier"), ausgezeichnet bereits mit der „Schaumkrone 1996". Zweimal im Jahr Speisekarte rund ums Bier. Küche bis 23.00 Uhr. 68 Sitzplätze, 8 an der Bar, Garten: 55 Sitzplätze.

BERMUDA BRÄU
1010, Rabensteig 6
01/532 28 65
office@bermuda-braeu.at
www.bermuda-dreieck.at
ÖFFNUNGSZEITEN Mi–Sa 11.00 bis 4.00 Uhr, So–Di 11.00 bis 2.00 Uhr, warme Küche täglich bis 23.00 Uhr, Mi–Sa ab 21.00 Uhr bis 4.00 Uhr ist auch die Brennerei im Untergeschoß geöffnet.
FASSBIER Ottakringer Helles, Ottakringer Citrus Radler, Gold Fassl Zwickl, Gold Fassl Dunkles, Paulaner Hefeweisse, Budweise helles Lager
FLASCHENBIER Ottakringer Wiener Original, Hacker Pschorr Münchner Gold, Grieskirchner Pils, Corona, Paulaner Weizenbier Alkoholfrei, Null Komma Josef
LOKAL Vor Weihnachten geht der gelernte Wiener Punsch trinken, um sich und sozialen Einrichtungen etwas Gutes zu tun. Wenn er ins Bermuda Bräu geht, hat er es noch besser: Er kann Bier trinken und gleichzeitig das Kinderhospiz Sterntalerhof unterstützen. Zwei Bierbars, mehrere Gasträume und ein kleiner Schanigarten. Die Wiener Küche – das Bermuda-Team um Christine Salchenegger will sich mit Fiakergulasch, Spareribs oder Bauerngröstl als kulinarisches Herz des Bermuda-Dreiecks profilieren – ist ganz auf Bier abgestimmt. Zum perfekten Service gehört auch die Ausrichtung von Veranstaltungen. Im 1. Stock: 130 Sitzplätze, Erdgeschoß: 60 Sitz- und viele Stehplätze, im Schanigarten: 100 Plätze.

BIERADIES
1010, Judenplatz 1
01/535 66 11
bieradies@aon.at
www.bieradies.co.at
ÖFFNUNGSZEITEN Mo–Do 9.00 bis 1.00 Uhr, Fr 9.00 bis 2.00 Uhr, Sa 10.00 bis 2.00 Uhr, Sonn- und Feiertage 10.00 bis 23.00 Uhr
FASSBIER Villacher Märzen/ Dunkel/ Pils/ Zwickl/ Radler und hauseigenes Bieradies Bräu, Budweiser, Franziskaner Weizen, Hirter Privat Pils, Murauer Steirergold, Bier der Saison
FLASCHENBIER Gösser Naturgold, Gösser Naturradler, Hugo
LOKAL In unmittelbarer Nachbarschaft des Verwaltungsgerichtshofs blüht ein Bierlokal nach bewährtem Kärntner Rezept – lange Bar, kleine Tischchen. Mitten auf dem Judenplatz liegt der Biergarten im Schatten des Lessing-Denkmals – ein schöner Platz für ein schnelles Bier in der Innenstadt. Oder auch für ein, zwei weitere. 70 Sitzplätze, 15 Plätze an der Bar, 60 im Gastgarten.

BIERHOF
1010, Haarhof 3
01/533 44 28
office@bierhof.at
www.bierhof.at
ÖFFNUNGSZEITEN Täglich 11.30 bis 23.30 Uhr
FASSBIER Ottakringer Zwickl, Ottakringer Helles, Ottakringer Schwarzes, Ottakringer Schnitt, Budweiser, Innstadt Hefeweizen, Ottakringer Radler
FLASCHENBIER Schneider Weisse, Murauer Märzen, Corona, Guinness Dunkles, Null Komma Josef
LOKAL Wiens schönster Bierkeller ist aus der österreichischen Bierszene nicht mehr wegzudenken – man könnte meinen, er sei immer schon da gewesen. Aber drei Jahrzehnte in Wien gelten eh schon fast als „immer". Tatsächlich war es die alte Backstube der Bäckerei Fritz, die Sepp Fischer dazu inspirierte, einen zeitgemäßen Bierkeller einzurichten. Hier gibt es sowohl die originalen Schwarzbrot-Toasts als auch Weißwürste, Wokgemüse und viele Speisen, die mit Bier zubereitet werden. Jedes zehnte Mittagsmenü ist gratis. 150 Sitzplätze, 60 im Schanigarten im ruhigen Haarhof. Dort ist auch ein komplett getrennter Veranstaltungsraum für bis zu 80 Personen.

BIERREITHER
1010, Schwarzenbergplatz 3
01/715 71 69
ÖFFNUNGSZEITEN Mo–So 11.00 bis 1.00 Uhr
FASSBIER Ottakringer Spezial, Ottakringer Pils, Ottakringer

www.bier-guide.net   2016 BIER GUIDE

WIEN

1. BEZIRK

Bitzinger's Würstelstand

Bockshorn Irish Pub

Zwickl Hell, Rotes Zwickl, saisonal: Dunkles, Bock
FLASCHENBIER Ottakringer Helles, Schneider Weisse, Innstadt Hefeweizen, Paulaner Dunkel Weizen, Innstadt Neue Weisse, Andechser Hefeweizen, Corona, Innstadt Premium, Null Komma Josef
LOKAL Der Bierreither ist eine Institution schräg gegenüber dem Konzerthaus – Spareribs gibt es in acht Variationen. Brave, leise Gäste dürfen bis Mitternacht im Schanigarten sitzen. Ca. 150 Plätze, 35 an der Bar, Garten: ca. 60 Plätze.

BITZINGER'S WÜRSTELSTAND

1010, Albertinaplatz
wurst@bitzinger.at
www.bitzinger-wien.at
ÖFFNUNGSZEITEN Mo–So 8.00 bis 4.00 Uhr
FASSBIER Opernbräu
FLASCHENBIER Stiegl Goldbräu, Hirter Privatpils, Wieselburger Gold, Heineken, Gösser Marzen, Murauer Märzen, Stiegl Weisse, König Ludwig Dunkel, Pilsner Urquell, Gösser Alkoholfrei, Stiegl (Dose), Stiegl Natur Radler (Dose), Ottakringer „Wiener Original" (Dose)
LOKAL Familie Bitzinger vom benachbarten Augustinerkeller gehört auch der Würstelstand beim Riesenrad und dieser vor der Albertina, der für eine solche Institution ungewöhnliche Bierpflege zeigt. Am Würstelstand sind alle gleich. Nie zeigt sich das besser als in der Nacht des Opernballes, bei der Kiosk am Albertinaplatz jährlich von Fernsehteams aus aller Welt belagert wird. Hier kommen Prominenz, Bühnenarbeiter, Einsatzkräfte und Demonstranten des Opernballes friedlich zusammen. An diesem Würstelstand ist samstags der Weißwursttag — mit original Weißwurstsenf, Laugenbrezel und Weißbier wird die bayrische Köstlichkeit (wie es die Tradition will) bis zur Mittagszeit serviert.

BLOOM 🍺🍺🍺🍺

1010, Rotenturmstraße 15
01/532 22 44
reservierung@cafebarbloom.at
www.cafebarbloom.com
ÖFFNUNGSZEITEN Mo–Sa 8.00 bis 24.00 Uhr, So 8.00 bis 18.00 Uhr

FLASCHENBIER Forstner Styrian Ale, Gusswerk Steinbier
LOKAL Die Café Bar Bloom befindet sich im Eckhaus Lichtensteg 2 / Rotenturmstraße 15 und somit an einem der kulinarischen Hotspots der City. Es ist eines der wenigen Lokale Wiens, in denen Wein und Tee, Bier und Kaffee die gleiche Aufmerksamkeit gewidmet wird. Im Erdgeschoß hat das Bloom einen Bar-Flair mit modernem Design, im ersten Stock gibt es eine großzügig verglaste Lounge, von wo aus man bei Craft Bier das innerstädtische Treiben wie auf einem Catwalk beobachten kann: sehr schick!

BOCKSHORN IRISH PUB 🍺🍺🍺

1010, Naglergasse 7
01/532 94 38, 0 67 6/420 13 42
HansUngersboeck@gmx.at
www.bockshorn.at
ÖFFNUNGSZEITEN Mo–So 16.00 bis 2.00 Uhr
FASSBIER Guinness, Murphys Red, Kilkenny, Newcastle Brown Ale, Murphys Stout, Heineken, Stiegl, Hirter Pils, Starobrno, Fuller's London Pride. Zwei Cider vom Fass: Magners und Strongbow
FLASCHENBIER Edelweiss Hefeweizen, Schlossgold
LOKAL Das älteste Irish Pub in Wien — es ist einem Donegal Pub nachempfunden — befindet sich ziemlich versteckt in einer Seitengasse der Naglergasse. Liebevolle Pflege der irischen Zapfkultur und „Shamrock" (Kleeblattzeichnung auf jedem Guinness Stout). Grosses Whisk(e)y Sortiment mit wechselnden Angeboten (Malt of the Month). Ca. 35 Plätze, 20 an der Bar.

BOGSIDE INN 🍺🍺

1010, Landesgerichtsstraße 18
01/409 64 90
office@bogside.at
www.bogside.at
ÖFFNUNGSZEITEN So–Do 17.00 bis 2.00 Uhr (im Sommer ab 18.00 Uhr), Fr–Sa 17.00 bis 4.00 Uhr.
FASSBIER Pilsner Urquell, Guinness, Kilkenny, Bogside Lager, Trumer Pils, Schremser
FLASCHENBIER American Bud, Bass Pale Ale, Edelweiss, Desperados, Fosters

Champions

Dick Mack's Irish Pub

LOKAL Studentisch anmutendes Kellerlokal gegenüber vom Landesgericht. Zum Bier gibt's gratis Erdnüsse, deren Schalen dann leider am Boden liegen bleiben. „The Bogside Inn" deklariert sich ausdrücklich als „Smoking Pub". Nichtraucher sind immer willkommen, selbstverständlich steht eine rauchfreie Zone zur Verfügung. 60 Sitzplätze im Lokal, 15 Plätze an der Bar.

CHAMPIONS
1010, Parkring 12a (Marriott)
01/515 18 89 01
mhrs.vieat.champions@marriotthotels.com
www.champions.at
ÖFFNUNGSZEITEN Mo–Do von 17.00 bis 24.00 Uhr, Fr 17.00 bis 1.00 Uhr, Sa von 13.00 bis 1.00 Uhr, So von 13.00 bis 24.00 Uhr
FASSBIER Pilsner Urquell, Zipfer Urtyp, Gösser Spezial, Ottakringer Helles, Ottakringer Zwickl, Guinness, Heineken, Stiegl, Schneider Weisse, Puntigamer Panther
FLASCHENBIER Bud (Anheuser-Busch), Corona Extra, Heineken, Miller Genuine Draft, Erdinger Hefetrüb, König Ludwig Dunkel
LOKAL Ein modernes und nicht nur für Sportfans interessantes Pub an der Ecke des Marriott Hotels – vor allem in der Pause zwischen den Sportereignissen kann man auch einfach nur dasitzen, plaudern und das Bier genießen. Und amerikanisch essen: herzhafte Burger, erfrischende Salate, köstliche Quesadillas, scharfes Chili, Steaks und viele weitere Spezialitäten der amerikanischen Küche. Während populärer Sportereignisse kann es im Lokal ganz schön laut werden. 60 Plätze im Lokal, 20 im Garten.

CROSSFIELD'S AUSTRALIAN PUB
1010, Maysedergasse 5
01/241 00-230
office@crossfield.at
www.crossfield.at
ÖFFNUNGSZEITEN Mo–Do 10.00 bis 1.00 Uhr, Fr–Sa 10.00 bis 2.00 Uhr, So 10.00 bis 24.00 Uhr
FASSBIER X-Field Lager, Fosters Lager, Magners Cider dry, Ottakringer Zwickl, Kakadu Ale (rotes Zwickl), Ayers Rock Red oder Black, Snake Bite, monatlich ein Gastbier

FLASCHENBIER Coopers Sparkling Pale Ale, Coopers Stout, VB-Victoria Bitter, Leffe Blonde und Bruin, Corona, Fuller's London Pride, Tegernseer Hell, Budweiser Premium, Hirter Pils, Heineken, Brew Dog Punk IPA, Brew Dog Dead Pony Pale Ale, Velkopopovický Kozel, Schneider Weisse, Weihenstephaner Hefeweizen, Bulmers Cider Apfel/Birne, Magner's Berry Cider, Savanna Cider, Paulaner Hefeweizen Alkoholfrei
LOKAL Seit 1997 wohl das authentischste Aussie-Pub Wiens – besonders, was die Bierauswahl betrifft. Insgesamt sehr bemühte Gestaltung: Australien-Fans trinken hier Bier im Dekor einer australischen Opalmine. Im zweiten Raum gelangen sie in den noch „rohen" Bergstollen. Alligatoren, Büffel und Kängurus schauen von den Wänden herab. Auf der Speisekarte sind verschiedene australische Speisen (unter anderem auch Kangaroo Burger und sogar gegrillte Heuschrecken in Kartoffelpüree!) zu finden. Jeden Montagabend ab 20 Uhr „Trivia Night" mit einem zum Kult gewordenen Quiz. 110 Sitzplätze inklusive Bar, Schanigarten: 14 Sitzplätze.

DICK MACK'S IRISH PUB
1010, Marc-Aurel-Straße 7
0 67 6/706 81 24
office@paddysco.at
www.paddysco.at
ÖFFNUNGSZEITEN Mo–So 20.00 bis 4.00 Uhr
FASSBIER Guinness, Heineken
FLASCHENBIER O'Hara's Irish Stout, O'Hara's Irish Pale Ale, O'Hara's Irish Red Ale, Brewdog I.P.A., Karlovacko, Wieselburger Stammbräu, Trumer Pils, Edelweiss Weizen Hefetrüb, Gösser Radler, Hirter Pils, Stiegl, Schwechater Zwickl, Tegernseer Hell, Velkopopovický Kozel, Corona, Desperados, Newcastle Ale, Fuller's I.P.A, Fuller's Black Cab Stout
Bulmers Original, Bulmers Pear, Brothers Strawberry & Pear, Old Rosie
LOKAL Dieses Lokal hieß ursprünglich Doyle's, es wurde 2007 von Billy Reddy übernommen. Hinter dem schmalen Gasseneingang verbirgt sich ein tief gestaffelter, sehr typisch irischer Barbereich, mit 660 m² das größte Irish Pub der Bundeshauptstadt. Zwei Billiard-Tische und sechs Wuzzler. Sportübertragungen über neun Flatscreen TVs. Ca. 400 Sitzplätze im Lokal, ca. 20 Plätze an der Bar.

380
WIEN

1. BEZIRK

EINSTEIN 🍺🍺
1010, Rathausplatz 4
01/405 26 26
albert@einstein.at
www.einstein.at
ÖFFNUNGSZEITEN Mo–Fr 7.00 bis 2.00 Uhr, Sa 9.00 bis 2.00 Uhr, So und Feiertag 9.00 bis 24.00 Uhr
FASSBIER Hirter Privat Pils, Hirter Morchl, Hirter Zwickl, Hirter 1270, Hirter Weizen, Hirter Radler
FLASCHENBIER Weitra Hadmar Bio Bier, Paulaner Roggen, Clausthaler, saisonal Hirter Festbock
LOKAL Das Einstein war eines der ersten Lokale in Wien, das einen Nichtraucherbereich eingeführt hat – und das im Sommer die Biergläser vorkühlt. Und es war das erste Lokal, das eine eigene Lounge für Ex-Raucher eingerichtet hat, die „dampfen" wollen. Leider ist diesem Raum Wiens größte Bibliothek für Gratis-Bücher zum Opfer gefallen – die bei www.bookcrossing.com registrierten Bücher findet man nun auf einem Fensterbrett im Obergeschoß. Die Auswahl ist aber viel kleiner geworden. Frühstück gibt es ganztägig, man ist ja schließlich Nachbar der Universität. 250 Sitzplätze, 30 an der Bar, Garten: 120 Plätze.

FLADEREI SALZGRIES 🍺
1010, Salzgries 15
01/532 57 04
salzgries@fladerei.com
www.fladerei.com
ÖFFNUNGSZEITEN Mo–Sa 11.00 bis 2.00 Uhr, So u. Feiertage 17.00 bis 2.00 Uhr
FASSBIER Hausbier (Pils, Zwickl, Dunkles), Starobrno, Schladminger Märzen, Edelweiss Hefetrüb
FLASCHENBIER Weihenstephaner Hefeweizen, Paulaner Weisse, Schneider Weisse, Aventinus Weizenbock, Hirter Privat Pils, Wieselburger Stammbräu (Bügelflasche), Gösser Naturradler, Gösser Naturgold
LOKAL Das Kolar-Beisl an dieser Location war immer für seine Fladen bekannt – daher heißt es jetzt Fladerei und bietet nach wie vor die interessanten gefüllten Teigtaschen zum Bier (die Hausbiere kommen von der BrauUnion). Jeden Tag in anderen Varianten und immer preiswert. 130 Plätze.

FLANAGANS IRISH PUB VIENNA 🍺🍺🍺🍺
1010, Schwarzenbergstraße 1–3
01/513 73 78
pub@flanagans.at
www.flanagans.at
ÖFFNUNGSZEITEN So–Do 10.00 bis 2.00 Uhr, Fr–Sa 10.00 bis 4.00 Uhr
FASSBIER Guinness, Kilkenny, Fuller's Ale, Strongbow, Carlsberg, Heineken, Stella Artois
FLASCHENBIER Heineken, Corona, Budweiser Budvar, Beck's, Edelweiss, Erdinger Alkoholfrei, Wieselburger Stammbräu, Gösser, Stiegl, Ottakringer Goldfassl, Ottakringer Zwickl, Hirter 1270, Copparberg Cider, Magner's Cider
LOKAL Aus diesem früher fast ausgestorbenen Eck der Stadt ist ein frequentierter Treffpunkt der „International Community" Wiens geworden – die Iren haben dafür echte Pionierarbeit geleistet. Und zwar auf eigene Rechnung: Das Flanagans entspricht zwar in allem den Erwartungen, die man an Irish Pubs außerhalb Irlands stellt, aber es kommt nicht aus den Konfektionswerkstätten von Guinness. Eigentümer Alan Field hat die Einrichtung des Lokals in Irland aus dem Pub Flannerys im Dörfchen Churchtown im County Cork zusammengestellt. Das hat den Vorteil, dass die Bierauswahl um einiges

381
WIEN
1. BEZIRK

Golser Bier & Wein Bar – am Rudolfsplatz

Gösser Bierklinik

größer ist, als bei vielen anderen Iren. Die Küche ist vor allem mittags preiswert. Ab und zu gibt es Live-Konzerte und Sportübertragungen auf Großleinwand. Und das vielleicht Beste für Freunde der englischsprachigen Unterhaltung: Hier gibt es auch einen großen Bücherkasten, aus dem man gratis bei Bookcrossing registrierte Bücher entnehmen kann – vorausgesetzt, man registriert die Entnahme dann auf der Website von www.bookcrossing.com. 130 Sitzplätze im Lokal, 100 im Schanigarten, 60 an der langen Bar.

GOLSER BIER & WEIN BAR – AM RUDOLFSPLATZ
1010, Heinrichsgasse 3
0 66 4/88 34 51 50
rudolfsplatz@pannonisch.at
www.pannonisch.at
ÖFFNUNGSZEITEN Mo–Fr 16.00 bis 24.00 Uhr, Sa 18.00 bis 24.00 Uhr, So & Feiertage geschlossen
FASSBIER Golser Premium (helles Märzen), Golser Rotgold (Wiener Lager), Golser Zwickl (helles, naturbelassenes Märzen)
FLASCHENBIER Golser Weißbier (helles, hefetrübes Weizenbier), Golser Barriquator (holzfassgereifter Doppelbock), Golser Pannonian Pale Ale (Pale Ale), Golser Blond Delight (Blond Ale), Golser Chocolate Arabica Weizen (Kreativ-Weizenbier), Golser Radler Naturtrüb, Golser Nullerl (alkoholfrei), und laufend neue und limitierte Kreativ-Spezialitäten.
LOKAL Brauerei-eigene Gastwirtschaft, in der die Biere kulturgerecht und frisch serviert werden. Bierkarten mit Sommelier-Beschreibungen erklären die aktuellen Spezialitäten und leiten so durch die Vielfalt der Biere. Neben den Golser Bieren werden auch Weine der Burgenländischen Winzerschaft und pannonische Schmankerl angeboten.

GOLSER BIER & WEIN BAR – BEI DER OPER
1010, Mahlerstrasse 13
0 66 4/88 34 51 56
oper@pannonisch.at
www.pannonisch.at
ÖFFNUNGSZEITEN Mo–Fr 16.00 bis 24.00 Uhr, Sa nur für geschlossene Gesellschaften, So & Feiertage geschlossen
FASSBIER Golser Premium (helles Märzen), Golser Rotgold (Wiener Lager), Golser Zwickl (helles, naturbelassenes Märzen), Golser Pannonian Pale Ale (Pale Ale)
FLASCHENBIER Golser Weißbier (helles, hefetrübes Weizenbier), Golser Barriquator (holzfassgereifter Doppelbock), Golser Blond Delight (Blond Ale), Golser Chocolate Arabica Weizen (Kreativ-Weizenbier), Golser Radler Naturtrüb, Golser Nullerl (alkoholfrei), und laufend neue und limitierte Kreativ-Spezialitäten.
LOKAL Auch bei der Oper gibt es einen burgenländischen Bierausschank: Das Lokal ist eine Dependance der Brauerei in Gols, das Konzept ähnlich dem Schwesterlokal im Textilviertel, die Bedienung freundlich und bierkundig. Bierkarten mit Sommelier-Beschreibungen erklären die aktuellen Angebote. Neben den Golser Bieren werden auch Weine der Burgenländischen Winzerschaft und pannonische Schmankerl angeboten. 35 Plätze im Lokal, 6 an der Bar.

GÖSSER BIERKLINIK
1010, Steindlgasse 4
01/533 75 98-12
info@goesser-bierklinik.at
www.goesser-bierklinik.at
ÖFFNUNGSZEITEN Mo–Sa 10.00 bis 23.00 Uhr, Küche bis 22.00 Uhr, So- und Feiertage Ruhetage
FASSBIER Gösser Spezial, Gösser Zwickl, Schladminger Märzen, Gösser Stiftsbräu Dunkel, Reininghaus Pils, Altbrünner Gold, saisonal: Gösser Bock
FLASCHENBIER Gösser Märzen, Wieselburger Stammbräu, Heineken, Guinness Extra Stout, Edelweiss Weizenbier Dunkel und Hefetrüb, Gösser Naturgold, Gösser Kräuterradler und Naturradler; Strongbow Cider
LOKAL Die Gösser Bierklinik ist mit ziemlicher Sicherheit die älteste noch in Betrieb befindliche Gaststätte Wiens: Das Haus Steindlgasse 4 blickt auf eine jahrhundertelange Tradition zurück. 1406 erstmals urkundlich erwähnt, findet es schließlich 1683 mit Johann Steindl seine bis heute währende Bestimmung. Im stimmungsvoll ausgeleuchteten, überdachten Innenhof ist die Speisegastronomie daheim – und im Schankbereich gibt es noch das, was der Wiener als Bierschwemme kennt. Man kommt gern auf ein, zwei Krügel

WIEN

1. BEZIRK

Gustl Bauer

Huth Stadtkrug

herein, ohne unbedingt zum Essen bleiben zu müssen. 250 Sitzplätze.

GUSTL BAUER
1010, Drahtgasse 2
01/533 58 89
info@gustlbauer.at
www.gustlbauer.at
ÖFFNUNGSZEITEN Mo–Fr 11.00 bis 23.00 Uhr, Sa–So u. Feiertage geschlossen
FASSBIER Hirter Privatpils
FLASCHENBIER Trumer Pils, Paulaner Weizen, Hirter Morchl, Beck's Alkoholfrei
LOKAL In diesem 1937 gegründeten Alt-Wiener Gasthaus zwischen dem Platz Am Hof und dem Judenplatz wurde 1948 die Filmcrew verköstigt, die im kriegszerstörten Wien den „Dritten Mann" drehte. Ende der 1970er-Jahre wurde das Lokal um einen Wintergarten erweitert, der die Kapazität der ursprünglich kleinen Gaststube verdreifachte – und das war die Zeit, zu der Helmut Zilk (1927-2008) Stammgast wurde. Sehr bemühtes und flinkes Service und gute Bierpflege. Typischer Wiener Schanigarten, urwienerisch auch die Speisen: ausgelöstes Backhenderl, Rahmgulasch, Maibockschlögel in Wurzelsauce. An jedem ersten Mittwoch des Monats Künstlerstammtisch. 75 Sitzplätze im Lokal, 15 an der Bar, 40 im Garten.

HOPFERL
1010, Naglergasse 13
01/533 26 41
office@bierhof.at
www.bierhof.at
ÖFFNUNGSZEITEN Täglich 11.30 bis 23.30 Uhr
FASSBIER Ottakringer Zwickl, Ottakringer Helles, Ottakringer Schwarzes, Ottakringer Schnitt, Innstadt Hefeweizen, Budweiser, Ottakringer Radler
FLASCHENBIER Murauer Märzen, Schneider Weisse, Corona Helles, Guinness Dunkles, Null Komma Josef
LOKAL Schwesterlokal des darunter liegenden Bierhofs. Ca. 50 Sitzplätze, Schanigarten: ca. 40 Plätze.

HUTH GRILL HOUSE DA MAX
1010, Schellinggasse 6
01/512 81 28
info@zum-huth.at
www.damax.at
ÖFFNUNGSZEITEN Mo–So 12.00 bis 24.00 Uhr, kein Ruhetag
FASSBIER Budweiser Lager, Zwettler Saphir, Goldfassl Rotes Zwickl, Brauwerk Hausmarke 1
FLASCHENBIER Propeller Aufwind, Bevog Pale Ale, Brauschneider Hemp Beer, Braufactum Indra IPA, Braufactum Progusta IPA, Braufactum Colonia, Tennent's Stout, Gusswerk Horny Betty, Gusswerk Black Sheep, Braufactum Palor Pale Ale, Brooklyn East India Pale Ale, Die Weisse Original, Schneider Weisse Aventinus Eisbock, Hirter Morchl
LOKAL Ein paar Jahre lang wurde dieses Lokal einfach als „Bierbeisl" geführt – seit es sich „Grill House" nennt, ist die Bierauswahl sogar noch größer, die bierige Ausrichtung noch deutlicher geworden. Und zwar mit einem klaren Schwerpunkt auf den neuen Stars der Craft Beer Szene. Und die passen wiederum perfekt zu den ebenso perfekt zubereiteten Steaks. Auffallend schön gemacht ist auch die Bierkarte, in der die Biere attraktiv abgebildet und kundig beschrieben werden. 60 Plätze im Lokal, 8 an der Bar, 25 im Garten.

HUTH STADTKRUG
1010, Weihburggasse 3
01/512 09 96
tisch@huth-stadtgasthaus.at
www.zum-huth.at
ÖFFNUNGSZEITEN Mo–So 11.00 bis 24.00 Uhr
FASSBIER Weitra Hell, Zwettler Saphir Pils, Zwettler Zwickl, Radler (mit Almdudler)
FLASCHENBIER Die Weisse, Budweiser Alkoholfrei
LOKAL Kein typisches Bierlokal, aber dennoch ein guter Platz, ein gut gezapftes Bier zu genießen. Der Stadtkrug ist ein Speiselokal mit – wie vom Huth gewohnt – exzellenter Küche, hier mit sehr wienerischem Einschlag, wir sind ja um's Eck von der Kärntner Straße. Zu erwähnen: Die hervorragende Käsekultur, für die Restaurantchef Herbert Schmid (Ex-Steirereck) verantwortlich zeichnet. Dennoch faire Preise und eine Bedienung, die einen schon beim ersten Besuch als Stammgast empfängt. Wobei Stammgäste hier einst Bruno

Kreisky, Hans Moser und Romy Schneider waren. Schöner, moderner Barbereich – wo man eben auch nur „auf ein Bier" hingehen kann – und das in einem auf das 13. Jahrhundert zurückgehenden Gewölbe mit der Lamperie des alten Stadtkrug aus den 1930er-Jahren. 100 Plätze, 12 an der Bar, 60 im Schanigarten.

ILONA STÜBERL
1010, Bräunerstraße 2
01/533 90 29
fodor.maria@aon.at
www.ilonastueberl.at
ÖFFNUNGSZEITEN Di–So 11.30 bis 23.00 Uhr, warme Küche bis 22.00 Uhr, Mo Ruhetag
FASSBIER Zipfer Urtyp
FLASCHENBIER Soproni Vilàgos, Soproni Démon (Schwarzbier), Kaiser Doppelmalz, Edelweiss Hefetrüb, Gösser Naturgold alkoholfrei
LOKAL Das Ilona Stüberl ist seit 1957 ein einzigartiger Anlaufpunkt für gute und preiswerte ungarische Küche in Wien – nur 30 Schritte von der Pestsäule entfernt, hat man hier den Eindruck, bei Freunden in der Puszta zu sein. Das winzige Lokal ist Anziehungspunkt für Gäste aus der ganzen Welt, die Speisekarte ist in 10 Sprachen übersetzt – und seit ein paar Jahren gibt es auch einen Eigenimport von ungarischem Bier! 30 Sitzplätze im Lokal, 25 Sitzplätze im Schanigarten.

KIX BAR
1010, Bäckerstraße 4
0 67 6/603 82 29
kix_bar@me.com
www.kixbar.at
ÖFFNUNGSZEITEN Di–Do 17.00 bis 1.00 Uhr, Fr 17.00 bis 2.00 Uhr, Sa 19.00 bis 2.00 Uhr, So–Mo Ruhetage
FASSBIER Weitra Hell, Hadmar Bio Bier, Zwettler Zwickl, ein Bier des Monats, wechselnde Bierspezialitäten wie z.B. Brew Age Dunkle Materie
FLASCHENBIER Budweiser, „Die Weisse" Salzburg, Tegernseer Hell, Stift Engelszell Benno, Brew Age: Dunkle Materie, Hopfenauflauf und Affenkönig, Victory Hop Devil, Brooklyn Lager, Robinsons Old Tom Chocolate Ale, Lindemans Gueuze Cuvée René, Toccalmatto Salty Dog, St. Bernardus Tripel, Porterhouse Red Ale, Flying Dog Raging Bitch, Hoegaarden Verboden Vrucht, O'Haras Stout, Beck's Alkoholfrei und weitere wechselnde Spezialitäten.
LOKAL Angenehme Innenstadtbar, wo man bei gedämpftem Licht Craftbier genießen kann. 80 Plätze im Lokal.

KOLAR-BEISL
1010, Kleeblattgasse 5a
01/533 52 25
lokal@kolar-beisl.at
www.kolar-beisl.at
ÖFFNUNGSZEITEN Mo–Sa 11.00 bis 1.00 Uhr, So 15.00 bis 1.00 Uhr
FASSBIER Hausbier (Pils, Zwickl, Dunkles), Starobrno, Schladminger Märzen, Edelweiss Hefetrüb
FLASCHENBIER Weihenstephaner Hefeweizen, Paulaner Weisse, Schneider Weisse, Aventinus Weizenbock, Zipfer Limetten Radler, Schwechater Zwickl, Zwettler Original 1890, Wieselburger Stammbräu, Velkopopovický Kozel Dunkel, Heineken, Gösser Naturgold
LOKAL In diesem Haus befand sich der bekannte Keller „Zum steinernen Kleeblatt", in dem Mozart verkehrt haben soll – und hier wurde dann auch das Kolar-Stammhaus eingerichtet. Seit den späten 1980er-Jahren berühmt für diverse Fladen, gefüllt mit Tomatensauce, Sauerrahm, Ei, Pute, Knoblauchtopfen – und auch mit Nutella, Topfen und Nüssen. Stets gute Bierpflege. Ca. 120 Plätze, Schanigarten: ca. 80.

WIEN

1. BEZIRK

KRAH-KRAH
1010, Rabensteig 8
01/533 81 93
krah-krah@chello.at
www.krah-krah.at

ÖFFNUNGSZEITEN Mo–Sa 11.00 bis 2.00 Uhr, So & Feiertage 11.00 bis 1.00 Uhr
FASSBIER Krah hauseigenes Bier, Stiegl Pils, Budweiser, Grieskirchner Dunkel, Ottakringer Pils, Ottakringer Zwickl, Trumer Pils, Erdinger Hefeweißbier und stets wechselnde Spezialitäten, oft aus kleinen österreichischen Landbrauereien.
FLASCHENBIER Wieselburger Gold, Raschhofer Zwickl, Weitra Bräu, Zwettler Original 1890, Schladminger Vollbier, Murauer Pils, Hirter Privat Pils, Raben Original, Hacker Anno 1470, Augustiner Bräu Edelstoff, Heineken, Löwenbräu Hell, Pilsner Urquell, Thurn & Taxis Pils, Beck's, Beck's Green Lemon, Budweiser Strong Bockbier, Zwettler Kuenringer Festbock, König Ludwig Dunkel, Hirter Morchl, Murauer Doppelmalz, Hirter 1270, Budweiser Dunkel, Hadmar Bio Bier, Schremser Bio Roggen, Schneider Weisse Dunkel, Erdinger Kristall, Pschorr Braurösl Weisse Hefetrüb, Franziskaner Hefeweizen, Paulaner Hefe Dunkel, Andechs Hefe Hell, Stiegl Weisse Naturtrüb, Maisel's Weisse, Stiegl Weisse Radler, Kulmbach EKU 28, Corona, Grolsch Premium Pils Bügelflasche, Guinness, Magner's Irish Cider, Hoegaarden, Moretti
LOKAL Das Krah-Krah war der Pionier des Grätzels, das man heute als Bermudadreieck Wiens kennt – und es war ein Pionier der Bierkultur in Österreich. 1980 glaubte Sepp Fischer als Erster an Biervielfalt und gründete das erste Wiener Bierspezialitätenlokal internationalen Zuschnitts (50 verschiedene Biersorten). Unter der sensiblen Führung der Familie Salchenegger ist das Krah-Krah noch heute ein Aushängeschild der Wiener Bierkultur, die Patina unterstreicht diesen Anspruch noch. Immer nette Bedienung (manchmal durch die Chefin höchstpersönlich). Hausmannskost, Bieraufstrichbrote. 80 Sitzplätze und viele Stehplätze, Schanigarten: 40 Sitzplätze.

LEUPOLD UND KUPFERDACHL
1010, Schottengasse 7
01/533 93 81 12
office@leupold.at
www.leupold.at

ÖFFNUNGSZEITEN Mo–So 10.00 bis 24.00 Uhr, kein Ruhetag
FASSBIER Schwechater Hopfenperle, Schwechater Zwickl, Edelweiss, Starobrno, Gösser Märzen, Kaiser Premium Radler, jeweils ein Monatsbier (z.B. den sonst sehr seltenen Schwechater Zwickl-Bock im Dezember oder das Kaltenhauser Bernstein)
FLASCHENBIER Kaiser Doppelmalz, Gösser Naturgold
LOKAL Familie Leupold betreibt nur einen Steinwurf von der Uni entfernt ein vielschichtiges Lokal, das im vorderen Bereich eine schön „bierige" Stimmung an der Bar vermittelt, dann in ein Gasthaus und schließlich ins Restaurant Kup-

385
WIEN
1. BEZIRK

Lugeck

Mel's Craft Beer Diner

ferdachl übergeht – im Jahr 2011 gab es die Auszeichnung als Bierlokal des Jahres. Ein Herzeigebetrieb der Schwechater Brauerei, seit 1951 auf eine klassische, gutbürgerliche Küche spezialisiert. Der Erfolg ist unter anderem in der Kontinuität beim Personal begründet. Dieses wird in Sachen Bier ständig weitergebildet, ab und zu braut es sogar einen eigenen Sud. Studenten und Geschäftsleute schätzen das schnell servierte Mittagsmenü und das Gratis-WLAN. 320 Sitzplätze im Lokal, Bar: 30 Plätze, Schanigarten: 100 Sitzplätze.

LUGECK
1010, Lugeck 4
01/512 50 60
info@lugeck.com
www.lugeck.com
ÖFFNUNGSZEITEN Mo–So 11.30 bis 24.00 Uhr
FASSBIER Lugeck Spezial, Ottakringer Zwickl, Ottakringer Pils, Schremser Bio Naturparkbier
FLASCHENBIER Gusswerk Black Betty, Gusswerk Edelguss, Gusswerk Weizenguss, Kramah IPA, Null Komma Josef, Ottakringer Naturradler
LOKAL Kaum ein Lokal der Wiener Innenstadt ist in den vergangenen Jahren so rasch zum Liebling von Lokalkritikern und Gästen geworden wie dieses von der Familie Figlmüller (bekannt für ihre Schnitzellokale und das Biergasthaus Figls in Grinzing) im geschichtsträchtigen Regensburger Hof frisch herausgeputzte Wirtshaus. Der Falter hat es gleich nach der Eröffnung zum Stadtgasthaus des Jahres 2014 ausgerufen – und das nicht nur wegen der modern interpretierten Wiener Küche, sondern auch wegen der Bierauswahl. Die Figlmüller-Brüder Hans und Thomas wollten das noble City-Publikum auf den Craft Bier Geschmack bringen – was gelungen ist. Die Biere der (wechselnden) Craft Bier Karte werden stilgerecht im Teku-Pokal serviert.

MEL'S CRAFT BEER DINER
1010, Wipplinger Strasse 9
0 67 6/706 81 24
office@paddysco.at
www.paddysco.at
ÖFFNUNGSZEITEN Mo–So 16.00 bis 2.00 Uhr

FASSBIER 30 verschiedene Fassbiere, z.B. Kaltenhauser Kellerbier, Kaltenhauser Bernstein, Zwettler I.P.A., Schremser Vienna I.P., Schladminger Zwickl, Trumer Pils, Bierol „Collaps 7484 Domrep Pils", Blanche de Bruxelles, Chouffe Blonde, Leffe Blonde und Bruin, St. Bernardus Tripel, Anchor Liberty Ale, Anchor I.P.A., Rogue American Amber Ale, Rogue Chocolate Stout, Rogue Hazelnut, Flying Dog Pale Ale, Beavertown „Gamma Ray" u.v.m.
LOKAL An der Stelle des an diesem Eck neben der böhmischen Hofkanzlei bestehenden „Waxy's" wurde im Jahr 2015 ein Lokal mit Craft Bier Schwerpunkt eingerichtet. Große Auswahl, kompetentes Service hinter der Bar. Das Speiseangebot ist auf Burger (darunter auch den Pesto Portobello), Pulled Pork Sandwich, Tartines und anderes Barfood spezialisiert. Die Preise entsprechen der Innenstadtlage. 60 Sitzplätze im Lokal. 20 Plätze an der Bar. Ca. 400 verschiedene Bier- und Cider-Spezialitäten aus der ganzen Welt – von Amerika über Japan bis Neuseeland ...

MOLLY DARCY'S
1010, Teinfaltstraße 6
01/533 23 11
office@mollydarcys.at
www.mollydarcys.at
ÖFFNUNGSZEITEN Mo–Do 11.00 bis 2.00 Uhr, Fr–Sa 11.00 bis 3.00 Uhr, So 14.00 bis 1.00 Uhr
FASSBIER Guinness, Kilkenny, O'Hara IPA, Heineken, Starobrno, Schwechater Zwickl, Wieselburger Spezial; Snakebite
FLASCHENBIER Newcastle Brown Ale, Grolsch, Martha Krieger Bio Pils, „Zum Wohl" glutenfrei, Weihenstephaner Weißbier Hell und Dunkel, Corona, Gösser Naturgold, Strongbow Cider, Magner's Original Cider, Magner's Pear/Berry Cider
LOKAL Molly Darcy's war eines der ersten Guinness-Pubs in Wien. Drei miteinander verbundene Barräume, insgesamt stehen 2 Videowalls und 3 Flatscreens für Sport Übertragungen zur Verfügung. An den Wochenenden spielen des öfteren Live Bands. Studenten der nahen Uni gehen hier ebenso her wie Redakteure des Standard. Gelegentlich Live-Musik – portraitiert auf www.bierpapst.tv. Ca. 150 Plätze, 20 an der Bar.

386
WIEN

1. BEZIRK

Pfudl

Roo Bar

NIGHTDIVE
1010, Naglergasse 8
01/535 91 66
nightdive@nightdive.at
www.nightdive.at
ÖFFNUNGSZEITEN Mo–Do 11.00 bis 1.00 Uhr, Fr–Sa 11.00 bis 2.00 Uhr, So 11.00 bis 23.00 Uhr
FASSBIER Gösser Gold, Edelweiss Hefetrüb, Gösser Zwickl, Hirter Pils, Stiegl Pils, Stiegl Spezial, Gösser Naturradler, DAVID Gösser Bier zum Selberzapfen (20 l)
FLASCHENBIER König Ludwig Dunkles, Corona, Edelweiss Weizen, Clausthaler
LOKAL Seit zwei Jahrzehnten bestehendes Kellerlokal mit viel Holzoptik. 70 Plätze im Lokal.

PFIFF & CO
1010, Kärntner Straße 10 (Kärntner Durchgang)
01/994 88 55
pfiffundco@chello.at
ÖFFNUNGSZEITEN Mo–Do 10.00 bis 24.00 Uhr, Fr–Sa 10.00 bis 2.00 Uhr
FASSBIER Trumer Pils, Stiegl Goldbräu
FLASCHENBIER Trumer Pils, Stiegl Goldbräu, Hirter Privat Pils, Stiegl Weisse, Hirter Morchl, König Ludwig Weizen Dunkel, Stiegl Radler, Beck's Alkoholfrei
LOKAL Christine Klari führt diese kleine Bierbar in Nachbarschaft der Loos-Bar mit Schanigarten (55 Plätze) direkt auf der Kärntner Straße seit 2002. Sehr familiär, viele Stammgäste. Kleine Snacks (Toast, Sacherwürstel, XL-Debreziner, überbackene Brote). 40 Sitzplätze, Bar: 10, im Garten 60 Plätze. Es werden Feste (Halloween, Gschnas, Krampus, Oktoberfest etc.) sowie Karaoke Abende veranstaltet.

VERMISSEN SIE IHR LIEBLINGS-BIERLOKAL?

DANN SCHREIBEN SIE UNS:
bierguide2017@gmx.at

PFUDL
1010, Bäckerstraße 22
01/512 67 05
office@gasthauspfudl.com
www.gasthauspfudl.com
ÖFFNUNGSZEITEN Täglich 10.00 bis 24.00 Uhr
FASSBIER Grieskirchner Pils, Murauer, Zwettler Zwickl
FLASCHENBIER Erdinger Hefeweizen, Erdinger Dunkel, Beck's Alkoholfrei
LOKAL Ein mehr als 80 Jahre altes wienerisches Bier- und Speiselokal mit schönem Schanigarten, ohne Schnörkel mit einer teilweise noch aus der unmittelbaren Nachkriegszeit stammenden Einrichtung. Die Bänke wurden allerdings inzwischen mit Leder bezogen. Spezialitäten: Broccoli in Bierteig und Spanferkel in Biersaftl. 45 Sitzplätze im Gastraum, 70 im Kellerstüberl und 80 im Garten. 17 Plätze an der Schank.

ROO BAR
1010, Hegelgasse 8
01/293 36 73
info@roobar.at
www.roobar.at
ÖFFNUNGSZEITEN So–Do 17.00 bis 4.00 Uhr, Fr–Sa 17.00 bis 6.00 Uhr
FASSBIER Hirter Pilsner, Hirter 1270, Seasonal Beer

387
WIEN
1. BEZIRK

Sally's

Sparky's

FLASCHENBIER Tegernseer Helles, Augustiner Helles, Corona, Coopers Pale Ale, Victoria Bitter, Brew Dog Punk IPA, O'Hara's Irish Stout, Gutmann Hefeweizen, Hollow's & Fentiman's Ginger Beer
LOKAL Ein Aussie-Pub mit freundlicher Bedienung und fröhlichem Publikum. Jeden Montagabend Pub-Quiz mit Kathie.

SALLY'S 🍺🍺🍺
1010, Judengasse 9
01/958 41 82
office@paddysco.at
https://paddysco.at/sallys
ÖFFNUNGSZEITEN Mo–So 16.00 bis 4.00 Uhr
FASSBIER Guinness, Heineken
Strongbow Cider, Snakebite
FLASCHENBIER Brewdog Punk IPA, O'Hara's Irish Red, O'Hara's Pale Ale, O'Hara's Stout, Karlova?ko, Wieselburger Stammbräu, Trumer Pils, Edelweiss Hefeweizen, Hirter Privat Pils, Hirter Morchl, Schwechater Zwickl, Tegernseer Hell, Velkopopovický Kozel, Corona, Desperados, Newcastle Ale, Fuller's India Pale Ale, Fuller's Black Cab Stout, Gösser Naturradler, Clausthaler
LOKAL Das Sally's, benannt nach einer eher übel beleumundeten Bar in Dublins Grafton Street, hat sich im Wiener Bermuda-Dreieck als eleganter Vertreter der Irish Pubs (mit den nahen Schwesterlokalen Dick Mack's und Beer Street) etabliert. Die Leute hier verstehen wirklich was vom Bier – 2014 hat die Mannschaft einen Kurs in Kiesbyes Bierkulturhaus in Obertrum mit einem Brauseminar absolviert. Kleine, Pub-typische Speisekarte. 60 Sitzplätze im Lokal, 20 Plätze an der Bar, 60 Sitzplätze im Schanigarten, 30 Plätze in der Nichtraucherzone.

SALZAMT 🍺
1010, Ruprechtsplatz 1
01/533 53 32
restaurant@salzamt-wien.at
www.salzamt-wien.at
ÖFFNUNGSZEITEN Mo–Fr 11.30 bis 2.00 Uhr, Sa–So 17.00 bis 2.00 Uhr
FASSBIER Velkopopovický Kozel, Ottakringer Goldfassl Pils

FLASCHENBIER Velkopopovický Kozel Dunkel, Rothaus Tannenzäpfle Pils, Schneider Weisse, Ottakringer Radler, Null Komma Josef
LOKAL Gutes böhmisches Bier zu k.u.k.-Speisen und moderner Küche. Ein Mitarbeiter hat die Ausbildung zum Biersommelier absolviert. Sitzplätze: ca. 80, Schanigarten vor der Ruprechtskirche: ca. 50 Sitzplätze.

SOWIESO 🍺
1010, Fleischmarkt 19
01/532 21 12
office@restaurantsowieso.at
www.restaurantsowieso.at
ÖFFNUNGSZEITEN Mo–Fr 11.00 bis 24.00 Uhr, Sa & Feiertage 15.00 bis 24.00 Uhr, So Ruhetag
FASSBIER Budweiser Budvar, Grieskirchner Pils, Ottakringer Zwickl
FLASCHENBIER Erdinger Hefeweizen, Grieskirchner Dunkel, Beck's Alkoholfrei
LOKAL Wiederbelebung des legendären Lokals in der Grashofgasse, das im Jahr 1977 mit seinen Spareribs einen wahren Kult aufgebaut hatte. Alois Brückl, der seinerzeit im Sowieso-Team dabei war (und inzwischen erfolgreich das Pfudl führt) hat die alte Atmosphäre eingefangen und im ehemaligen Hauptpostamt am Fleischmarkt erfolgreich wiederbelebt. 75 Sitzplätze im Lokal, 10 Plätze an der Bar und 45 Plätze im Schanigarten.

SPARKY'S 🍺🍺🍺
1010, Goldschmiedgasse 8
01/533 61 55
sparkys-unlimited@chello.at
www.sparkys.at
ÖFFNUNGSZEITEN Mo–So 10.00 bis 2.00 Uhr
FASSBIER Gösser Spezial, Heineken, Schwechater Zwickl, Guinness und eine wechselnde Spezialbiersorte: z.B. Bockbier
FLASCHENBIER Wieselburger Stammbräu, Zipfer Medium, Zipfer Pils, Zipfer Sparkling, Zipfer Limette, Zipferradler Orange, Edelweiss Trüb/ Dunkel/ Alkoholfrei, Heineken, Corona, Desperados, Puntigamer Panther, Schlossgold, Gösser Alkoholfrei, Gösser Naturradler Zitrone und Kräuter

388
WIEN
1. BEZIRK

Vulcania

Wiener Stadtbräu

LOKAL Ziemlich authentische Tex-Mex-Bar mit auffallend freundlichem Service – und ein angenehmer Platz, auch spätabends noch ein Bier zu genießen. Werner Wehofschitsch ist stolz auf den 0,7-Liter-Bierausschank im Yard-Glas, das extra für ihn angefertigt wurde. 180 Sitzplätze in der Bar, im Gastgarten stehen 80 Sitzplätze zur Verfügung.

STADTBODEN
1010, Krugerstraße 8
01/512 16 37
wien@stadtboden.at
www.stadtboden.at
ÖFFNUNGSZEITEN Mo–So 10.00 bis 24.00 Uhr, warme Küche täglich bis 24.00 Uhr
FASSBIER Ottakringer Wiener Original, Zwickl, Zwickl Rot, Goldfassl Pils, Braumeister Spezial, Brauwerk Porter, Budweiser
FLASCHENBIER Brauwerk Session IPA, Brauwerk Blond, Sierra Nevada Pale Ale, Brooklyn Lager, St. Austells Proper Job, Del Borgo ReAle, Beer Here Hop Fix, Founders Centennial IPA, Bayerisch Nizza Weisse, Del Borgo Duchessa, Amarcord AMA Bionda, Hook Norton Double Stout, Nogne O Porter, St. Bernardus Prior, Hornbeer Framboise, Del Ducato La Prima Luna, Toccalmatto Bedda Matri, Ottakringer Citrus Radler, Null Komma Josef
LOKAL Cafe – Restaurant – Brasserie – Bierbar ist der weit gespannte Anspruch dieses Lokals mit seiner zentralen Bierbar. Es hat sich seit seiner Eröffnung 2012 zum Ottakringer Aushängeschild in der Wiener Innenstadt gemausert. Sein Name wurde in Anlehnung an den Gerstenboden und den Hefeboden in den historischen Räumen der Ottakringer Brauerei gewählt. Betreiber Georg Jordan hat von dort nicht nur die Standardbiere, sondern auch die neuen Biere aus der Ottakringer Craft-Brauerei Brauwerk mitgebracht – zudem gibt es Craft Bier Importe von bierfracht.at. Der Stadtboden bietet einen Mix aus österreichischen Klassikern sowie internationalen Spezialitäten (Wiener Kalbsschnitzel, int. Würstelkreationen, Elsässer Flammkuchen, Big Bowl Salate …). Unter der Woche preiswerte Mittagsmenüs, am Wochenende Brunch. Der Service macht einer City-Bar alle Ehre – und wer sich durchkosten will: Ein Tragerl mit elf – je nach Wunsch gefüllten – Pfiffgläsern wird um € 19,50 angeboten. Zudem gibt es – vom Spitzensommelier Clemens Kainradl kommentierte – Bierverkostungen. 70 Sitzplätze, 45 im Gastgarten.

VULCANIA
1010, Judengasse 11
01/94 65 28 35
office@vulcania.at
www.vulcania.at
ÖFFNUNGSZEITEN Mo–Mi 17.00 bis 2.00 Uhr, Do–Sa 18.00 bis 4.00 Uhr
FASSBIER Guinness, Stiegl Goldbräu, Stiegl Weizen, Radler, Strongbow Cider
FLASCHENBIER Corona, Hirter Pils, Desperados, Heineken, Budweiser, Wieselburger, Grieskirchner Dunkel
LOKAL International ausgerichtetes Pub mit Bar im Eingangsbereich - regelmäßige Bierangebote: An Montagen gibt es das Heineken verbilligt, an Donnerstagen das Wieselburger. 25 Plätze im Lokal, 15 an der Bar.

WIENER STADTBRÄU
1010, Graben 29A
01/533 50 00
office@chattanooga.at
www.chattanooga.at/stadtbraeu
ÖFFNUNGSZEITEN Mo–So 16.00 bis 2.00 Uhr
FASSBIER Hausbier (Mischung Dunkles mit Schwechater Zwickl), Schwechater Zwickl, Edelweiss, Stiegl Golbräu, Ottakringer Helles
FLASCHENBIER Budweiser, Heineken, Murauer Märzen, Gösser Märzen, Hirter Privatpils, Paulaner Hefeweißbier, Stiegl Radler
LOKAL Angesichts der erstklassigen Lage ist es eigentlich erstaunlich, dass dieser große Bierkeller, der mit viel Ziegeloptik auch sehr authentisch wirkt, unter den Wiener Bierfreunden nicht mehr Beachtung findet. Liegt es daran, dass er ein bisserl versteckt ist und man erst durch den Lokaleingang des Chattanooga gehen muss, um den Keller zu erreichen? Die nabensgebende Stadtbräu-Marke ist jene des ehemaligen Brauhauses der Stadt Wien in Rannersdorf, dementsprechend dominieren die Biere der BrauUnion, die seinerzeit die Stadtbräu-Marke Steffl übernommen hat. 260 Sitzplätze, 70 im gesonderten Bräustüberl.

389
WIEN
1. BEZIRK

ZATTL 🍺🍺🍺🍺🍺
1010, Schottengasse 2
01/533 72 62
zattl@zattl.at
www.zattl.at
ÖFFNUNGSZEITEN Täglich ab 11.00 Uhr bis spät nachts
FASSBIER Pilsner Urquell unpasteurisiert, Velkopopovický Kozel Dunkel, Paracelsus Zwickl, Franziskaner Weißbier, Stiegl Grapefruit Radler
FLASCHENBIER Stiegl Sport Weisse, Stiegl Freibier, Stiegl Hausbier – 5 bis 6 Mal saisonal wechselnde Sorten
LOKAL Im Schottenhof findet sich der schönste Innenstadt-Biergarten Österreichs – und das Lokal, zu dem er gehört, ist auch nicht von schlechten Eltern: Im Zattl wird das Pilsner Urquell in den Mittelpunkt gestellt. Es kommt aus einem Tank im Keller, in den es direkt (und durchgehend gekühlt) aus der Brauerei in Pilsen geliefert wird. Sehr gute Bierpflege, eine preislich attraktive Happy Hour am Nachmittag (Bier des Monats um 2,30 €) und eine kleine, aber stimmige Mittagskarte zeichnen den Bar- und Restaurantbereich aus. 200 Sitzplätze im Lokal, 20 Plätze an der Bar, 75 Sitzplätze im Garten.

ZU DEN 3 HACKEN 🍺🍺
1010, Singerstraße 28
01/512 58 95
gasthaus@zuden3hacken.at
www.zuden3hacken.at
ÖFFNUNGSZEITEN Mo–Sa 11.00 bis 24.00 Uhr, Feiertage 11.30 bis 23.00 Uhr, im November und Dezember auch sonntags geöffnet.
FASSBIER Schwechater Hopfenperle, Starobrno, Zwettler Zwickl, Schladminger
FLASCHENBIER Gösser Märzen, Gösser Dunkel, Gösser Stiftsbräu, Clausthaler, Schlossgold, Edelweiss Hefetrüb, Edelweiss Alkoholfrei, Gösser Naturgold
LOKAL Die „Drei Hacken" in der Singerstraße sind ein Traditionswirtshaus im besten Sinne: In den historischen Gasträumen tafelten einst illustre Gäste wie Franz Schubert, Moritz von Schwind und Johann Nestroy, der die „3 Hacken" sogar in einem seiner Couplets erwähnte. Die Einrichtung ist aus den 20er-Jahren des 20. Jahrhunderts, die Küche aus Wien (aber etwas böhmisch angehaucht), und die Schaumkronen sind der Stolz der Kellner. 100 Sitzplätze im Lokal, Schanigarten: 60 Sitzplätze.

Finden Sie die **BESTEN BIERLOKALE** und Ihr **LIEBLINGSBIER** in Ihrer Umgebung. Mit Conrad Seidls **BIER GUIDE APP**.
Jetzt **GRATIS DOWNLOAD** im Play- oder Appstore!

ZUM BETTELSTUDENT 🍺🍺🍺
1010, Johannesgasse 12
01/513 20 44
info@bettelstudent.at
www.bettelstudent.at
ÖFFNUNGSZEITEN Mo–Do 11.00 bis 2.00 Uhr, Fr–Sa 11.00 bis 3.00 Uhr, So 11.00 bis 1.00 Uhr
FASSBIER Studentenbräu, Schneider Weisse, Haus-Bräu Hell „Das Bier brauen wir", Haus-Bräu Dunkel, Ottakringer Pils, Rotes Zwickl, Radler
FLASCHENBIER Hirter Privat Pils, Budweiser, Stiegl Pils, Murauer Pils, Corona, Heineken, Kapsreiter Landbier, Null Komma Josef, Franziskaner Hefeweisse, Erdinger Trüb, Paulaner Hefeweisse, Ottakringer Dunkel
LOKAL Wiens erste Bier-Edelkneipe zeigt sich auch nach drei Jahrzehnten als Fixpunkt in diesem Teil der Innenstadt – mit sehr bieriger Einrichtung, viel Kupfer und Stammgästen, die irgendwie Teil des Lokals zu sein scheinen. Das Studentenbier kommt vom Rabenbräu im Burgenland und wird zur Happy Hour (15.30 bis 17.30 an ausgewählten Tagen) verbilligt ausgeschenkt. 250 Sitzplätze, 80 an der Bar, 60 im Garten.

390
WIEN

1. BEZIRK

Zum Holunderstrauch

ZUM HOLUNDERSTRAUCH

ZUM HOLUNDERSTRAUCH 🍺🍺🍺🍺
1010, Schreyvogelgasse 3
01/535 90 75
zum@holunderstrauch.at
www.holunderstrauch.at
ÖFFNUNGSZEITEN Mo–Fr 11.00 bis 24.00 Uhr, Sa & So Ruhetag
FASSBIER Schwechater Hopfenperle, Zipfer Pils, Schwechater Zwickl. Diverse Fasssaisonbiere: Freistädter, Ottakringer Rotes Zwickl, Bockbier, Oktoberbier, Keltenbier, Roggenbier
FLASCHENBIER Gutman Hefe-Weizenbier mit Flaschengärung, Stiegl Goldbräu, Edelweiss Alkoholfrei, Gösser Naturgold, Ottakringer Goldfassl Dunkel, Gösser Naturradler Zitrone
LOKAL Das 1937 mit Weinschwerpunkt gegründete Lokal in der Schreyvogelgasse gegenüber dem Dreimäderlhaus ist inzwischen ein auch durch internationale Publikationen bekannter „Geheimtipp" – dennoch verirren sich nur selten Touristen in den kleinen Schankraum und den nicht viel größeren, urgemütlichen Bierkeller. Das Stammpublikum besteht aus Gewerkschaftern, Journalisten, Studenten und Arbeitern – und diese Stammgäste nennen „ihr" Lokal eher „Hollerbusch" als „Zum Holunderstrauch". Dieses typisch wienerische Beisl hat eine Bierkultur, die als vorbildlich gelten muss. Das beginnt bei der Bierauswahl (Zipfer Pils!), setzt sich über das perfekte Zapfen bis zum kompetenten Service fort. Gerhard Müller holt auch immer wieder rare Biere aus Kleinbrauereien als Gastbiere. Und er hat eine perfekte Versorgung mit frischen Weinviertler Zutaten für seine Wiener Beislküche. 70 Sitzplätze im Lokal, 5 Plätze an der Bar, 18 Sitzplätze im Schanigarten.

ZUM SCHERER 🍺
1010, Judenplatz 7
01/533 51 64
office@zumscherer.at
www.zumscherer.at
ÖFFNUNGSZEITEN Mo–Sa 11.00 bis 24.00 Uhr, So Ruhetag
FASSBIER Ottakringer Goldfassl Spezial, Ottakringer Zwickl
FLASCHENBIER Ottakringer Goldfassl Pils, Ottakringer Dunkles, Innstadt Weisse, Null Komma Josef
LOKAL Der Scherer ist vom Judenplatz gar nicht mehr wegzudenken. Gemütlich und recht wienerisch präsentiert sich das Lokal, das in den 1970er-Jahren eines der ersten Edelbeisel von Wien dargestellt hat. Gehobene Beislküche und der Lage entsprechende Preise. Kleine, zentrale Bar, 45 Sitzplätze, im Garten 70.

ZWILLINGSGWÖLB 🍺
1010, Universitätsstraße 5
01/408 53 15
zwillingsgwoelb@utanet.at
www.zwillingsgwoelb.at
ÖFFNUNGSZEITEN Jän–Okt: Mo–Fr von 9.00 bis 1.00 Uhr, Sa–So und Feiertage geschlossen. Nov–Dez: Mo–Fr von 9.00 bis 1.00 Uhr, Sa 10.00 bis 1.00 Uhr, So und Feiertage geschlossen.
FASSBIER Stiegl Goldbräu, Paracelsus Zwickl
FLASCHENBIER Stiegl Goldbräu, Weizenbier Hell und Dunkel, Radler
LOKAL Mirko Relota und sein freundliches Personal bewirten schon seit längerem die Studenten – das Gewölbe hat in all den Jahren nichts an Attraktivität für das überwiegend studentische Publikum verloren. Ca. 200 Sitzplätze, 6 Plätze an der Bar, 40 im Schanigarten.

WIEN
2. BEZIRK

Brendl

Das Campus

2. BEZIRK

ALTES JÄGERHAUS
1020, Freudenau 255
01/728 95 77
altesjaegerhaus@aon.at
www.altes-jaegerhaus.com
ÖFFNUNGSZEITEN 10.00 bis 23.00 Uhr, April bis September: Mo Ruhetag, Oktober bis März: Mo & Di Ruhetage
FASSBIER Trumer Pils, Budweiser
FLASCHENBIER Paulaner Hefeweizen, Beck's Pils, Beck's Alkoholfrei
LOKAL Eingebettet in den „grünen" Wiener Prater liegt das ehemalige Gesinde- und Stallungshaus des Kaisers, das für seine zahlreichen und geliebten Jagden verwendet wurde und bereits als Zwickl-Restauration 1899 seine erste geschichtliche Erwähnung fand. Im Jahr 2004 wurde es von Thomas Pilcs neu übernommen und renoviert. Spezialität des Hauses ist der Braten im Ganzen im Schwarzbiersaftl. 160 Sitzplätze im Lokal, 200 Sitzplätze im Garten.

AM NORDPOL 3
1020, Nordwestbahnstraße 17
01/333 58 54
www.amnordpol3.at
ÖFFNUNGSZEITEN Mo–Fr 17.00 bis 24.00 Uhr, Sa–So & Feiertage 12.00 bis 24.00 Uhr
FASSBIER Jezek Hell und Dunkel
FLASCHENBIER Hadmar Bio Bier, Budweiser Budvar, Velkopopovický Kozel, Augustiner Hell, Die Weisse Salzburg
LOKAL Den Namen hat dieses gemütliche Lokal von der Adresse an der Ecke zur Nordpolstraße 3. Prager Kuttelfleckssuppe, Knödel aller – aber vor allem: böhmischer – Art und dazu das Jezek-Bier aus Iglau in einem wiedererweckten Wiener Beisl mit altem Parkett und Stutzflügel. 60 Sitzplätze im Lokal, Stüberl für 25 Personen. Schöner Schanigarten für 75 Personen.

BRENDL
1020, Kleine Sperlgasse 1a
0 69 9/19 72 92 71
brendlbar@yahoo.com
www.facebook.com/BrendlBar
ÖFFNUNGSZEITEN Mo–Fr 16.00 bis 2.00 Uhr, Sa & So 17.00 bis 2.00 Uhr
FASSBIER Uttendorfer Pils, Schlägl Abtei-Pils, Schnaitl Original, Schnaitl Naturtrüb, Freistädter Ratsherrntrunk, Uttendorfer Premium, Hopf Helle Weisse, saisonal: Schnaitl Festbock Naturtrüb
FLASCHENBIER Wieselburger Stammbräu, Zwettler Radler, Clausthaler
LOKAL Die auffallend gute Bierpflege, das Bemühen um Zapfkultur und eine bemühte Beratung machten das Brendl zum Wiener Bierlokal des Jahres 2012. In dem 200 Jahre alten Gewölbe im Herzen des Karmeliterviertels, Ecke Kleine- und Große Sperlgasse, gibt es immer wieder Gastbiere, etwa den Ratsherrntrunk aus Freistadt. Auf der Speisekarte steht die legendäre Brendl-Semmel (mit Schweinsbraten und Kren) sowie andere bodenständige Snacks. 50 Plätze im Lokal, 20 im Garten.

DAS CAMPUS
1020, Welthandelsplatz 1
01/729 74 20
welcome@dascampus.at
www.dascampus.at
ÖFFNUNGSZEITEN Mo–Fr 11.00 bis 24.00 Uhr, Sa 9.00 bis 24.00 Uhr, So & Feiertage 9.00 bis 18.00 Uhr
FASSBIER Campus Hausbier (Ottakringer Spezial), Ottakringer Rotes Zwickl, Schneider Weisse
FLASCHENBIER Beck's Pils, Beck's Alkoholfrei, Corona, Budweiser, König Ludwig Dunkel, Gold Fassl Pur, Gold Fassl Dunkles
LOKAL Der Welthandelsplatz ist der zentrale Platz des Campus der WU – dort hat 2013 als erstes Lokal am Campus „Das Campus" eröffnet. Es ist ein Studentenlokal amerikanischer Prägung – sehr unkompliziertes Design (sogar die Biergläser entsprechen amerikanischen Pub-Bechern) und freundliche Bedienung. Mittags gibt es ein Menü zu studentenfreundlichen Preisen, zudem Burger, Flammkuchen, Ripperln. 150 Plätze auf unterschiedlichen Ebenen, etliche in gemütlichen

392
WIEN
2. BEZIRK

Eisvogel

Logen, aus denen man das Treiben im Lokal überblicken kann. Bierige Innovation: Bier kann man hier mit unterschiedlichen Flavorings (bis hin zu Gurke oder Zimt) gemixt bekommen.

DIE AU
1020, Scherzergasse 1a
01/34 26 55
www.dieau.info
ÖFFNUNGSZEITEN Mi–So 10.00 bis 24.00 Uhr
FASSBIER Hirter Privatpils
FLASCHENBIER Gutmann Weizen, Forstner Styrian Ale, Gratzer Hermann, Rieder IPA, Bevog Smoked Porter, Brew Age Malzstraße, Baladin Isaac, Baladin Wayan, Baladin Elixir und etliche weitere Craft Biere aus Österreich und Italien.
LOKAL Dieses am Tabor-Eck des Augartens – unmittelbar bcim Augarten Contemporary-Museum – gelegene Lokal hat sich auf seine Craft Bier Karte spezialisiert. Alles Bier kann verfeinert werden, außer dem Hirter Pils aus der Flasche – wobei das Angebot, das Pils mit Picon nach elsässer Art zu verfeinern, besonders erwähnenswert ist. Und das Bier wird von freundlichem Personal kundig serviert – wenn man von einer teureren Flasche gemeinsam aus mehreren Gläsern kosten will, ist das auch kein Problem. Ebenso, wenn man beschließt, vom Küchenangebot keinen Gebrauch zu machen. 60 Plätze im Lokal, 30 im Garten.

EISVOGEL
1020, Riesenradplatz 5
01/908 11 87
reservierung@stadtgasthaus-eisvogel.at
www.stadtgasthaus-eisvogel.at
ÖFFNUNGSZEITEN Mo–So 11.30 bis 24.00 Uhr
FASSBIER Budweiser, Ottakringer Rotes Zwickl, Innstadt Weissbier
FLASCHENBIER Gösser Naturradler, Null Komma Josef
LOKAL Schon vor 200 Jahren gab es ein Gasthaus „Zum Eisvogel" am Eingang zum Prater, so wie auch heute das 2008 am neu gestalteten Riesenradplatz eröffnete Stadtgasthaus „Eisvogel". Der Käsewagen (vor allem die Laden testen!) ist großartig.

GASTHAUS HANSY
1020, Heinestraße 42 (direkt am Praterstern)
01/214 53 63
office@hansy-braeu.at
www.hansy-braeu.at
ÖFFNUNGSZEITEN Mo–So 9.00 bis 23.00 Uhr
FASSBIER Budweiser, Hansy Helles, Hansy Zwickl
FLASCHENBIER Paulaner Weisse, Grieskirchner Dunkles, Stiegl Goldbräu, Clausthaler
LOKAL Ein Lokal wie aus einer anderen, besseren Zeit – es ist seit 1930 in Familienbesitz. Hier speisen Familien, trinken biedere Familienväter ihr Bier und träumen von einer Ära, als der Praterstern noch keine Verkehrshölle war. Ca. 110 Plätze im Lokal, 10 an der Bar, 110 im Garten.

KOLARIKS LUFTBURG
1020, Waldsteingartenstraße, Prater 128
01/729 49 99
reservierung@kolarik.at
www.kolarik.at
ÖFFNUNGSZEITEN Mo–So von 11.00 bis 23.00 Uhr
FASSBIER Grieskirchner Dunkles, Original Budweiser, Paulaner Weißbier, saisonal Paulaner Winterbier – Sonderabfüllung
FLASCHENBIER Original Budweiser, Hacker Pschorr 1417, Hirter Privat Pils, Paulaner Weißbier, Clausthaler, Paulaner Weizen Alkoholfrei
LOKAL Das traditionsreiche Restaurant Luftburg am Rande des Wiener Praters wurde um einen Glaspalast in moderner Innenarchitektur, eine überdimensionale Bierschank und um gemütliche Sitzplätze auf der Terrasse und im Garten erweitert. Spezialitäten sind Kolariks Grillstelze und die saftigen Spareribs. Kolariks Luftburg erhielt den „Goldenen Schani 2005" und konnte bei der Lieblingswirtewahl 2011 den 1. Platz erringen. Seit dem Sommer 2011 wartet Kolariks Luftburg mit einer neuen »bierigen« Attraktion auf. Getreu dem Motto »Selbstgezapft schmeckt's doch am Besten« wurden auf mehreren Tischen im Gastgarten Tischzapfanlagen zur Selbstbedienung mit dem kühlen Budweiser errichtet. 350 Sitzplätze im Lokal, 12 Plätze an der Bar, Garten: 750 Sitzplätze.

PROMOTION

OFT KOPIERT – NIE ERREICHT
DAS SCHWEIZERHAUS IM PRATER
EIN WAHRZEICHEN MIT TRADITION UND INNOVATION

Die unverwechselbare Atmosphäre gepaart mit Köstlichkeiten aus Küche und Keller machen den seit 1920 von Familie Karl Kolarik geführten „Garten der Wiener" zu einem Treffpunkt für Jung und Alt. Schon immer lag das Augenmerk dabei auf Qualität statt Quantität: Die Rohstoffe für die kulinarischen Schmankerln der traditionellen Altwiener Küche – wie die knusprige und stets frisch zubereitete Stelze – stammen von österreichischen Lieferanten. Nachhaltigkeit und Regionalität sind im Schweizerhaus gelebter Alltag. Die handgemachten Erdäpfelpuffer oder die hausgemachten Mohnnudeln sind der köstliche Beweis dafür!

Einen ganz besonderen Stellenwert nimmt freilich das herrlich-bekömmliche Original Budweiser Budvar vom Fass ein, das seit exakt 90 Jahren im Schweizerhaus ausgeschenkt wird. Eine jahrhundertelange Brautradition prägt die unvergleichliche Persönlichkeit des naturreinen Gerstensaftes, der gänzlich ohne Konservierungsstoffe auskommt und nach höchsten Qualitätskriterien hergestellt wird. Neben den hochwertigsten Rohstoffen macht auch die Lagerung von 90 Tagen (ca. 4mal so lange wie bei industriellen Bieren) das Original Budweiser zu einem wahren Genuss. Die perfekte Schaumkrone entsteht schließlich durch die aufwändige, händisch durchgeführte dreistufige Zapf-Methode des Schweizerhauses. Slowfood vom Allerfeinsten!

Täglich von 15. März bis 31. Oktober
von 11.00 bis 23.00 Uhr geöffnet

Schweizerhaus

SCHWEIZERHAUS
2., Schweizerhausplatz im Prater | TEL +43/1/728 01 52 | MAIL info@schweizerhaus.at | WEB www.schweizerhaus.at

WIEN
2. BEZIRK

Gasthaus Möslinger

Nestroy

LEOPOLD
1020, Große Pfarrgasse 11
01/218 22 81
office@restaurant-leopold.at
www.restaurant-leopold.ats

ÖFFNUNGSZEITEN Mo–Mi 17.00 bis 24.00 Uhr, Do–Sa 17.00 bis 2.00 Uhr, So 10.00 bis 24.00 Uhr (Brunch 10.00–15.00 Uhr)

FASSBIER Leopold Hausbier (von Zwettler), Trumer Pils, Budweiser, Zwettler Zwickl, Hadmar Bio Bier (Weitra Bräu), Paulaner Weißbier und Gastbier (monatlich wechselnd)

FLASCHENBIER Grieskirchner Dunkel, Paulaner Weißbier Alkoholfrei, Beck's, Beck's Alkoholfrei

LOKAL Behutsam modern gestaltetes Ecklokal mit langer Bar und kompetentem Service. An speziellen Tagen (Programmaushang) erlebt man zudem Themenabende mit kulinarischem Schwerpunkt, Live-Musik und anderen Künstlern. 120 Plätze im Lokal, 40 an der Bar und 80 im ruhigen Schanigarten vor der Kirche.

GASTHAUS MÖSLINGER
1020, Stuwerstraße 14
01/728 01 95
office@gasthausmoeslinger.at
www.gasthausmoeslinger.at

ÖFFNUNGSZEITEN Di–Sa 10.00 bis 23.00 Uhr, So & Feiertage 10.00 bis 15.00 Uhr, Mo Ruhetag

FASSBIER Zwettler Original, Schremser Premium, Schremser Roggen, Weitra Hadmar Bio Bier, Hirter Pils, Hirter Morchl

FLASCHENBIER Clausthaler

LOKAL Wer in diesem mit alter Lamperie und einem Feng-Shui-Brunnen dekorierten Gasthaus auf die Bedienung länger warten muss, findet im Lokal verteilt gute Wirtshausliteratur. Zum Oktoberfest gibt es Spatenbier. Falter-Kollege Florian Klenk lobt: „Mohn ist hier ein Thema, Teichfische ebenfalls, weil nämlich Waldviertel, manchmal auch kombiniert (Karpfen in Mohn gebacken), Zwettler Biersuppe mit Mohnfritatten". 120 Sitzplätze im Lokal, 10 Plätze an der Bar, 36 im Garten.

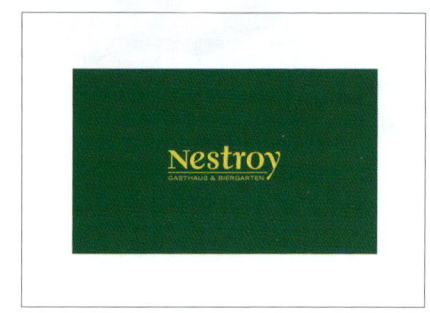

NESTROY
1020, Weintraubengasse 7
01/581 13 46
office@gasthausnestroy.at
www.gasthausnestroy.eu

ÖFFNUNGSZEITEN Mo–Fr 10.30 bis 23.00 Uhr, Küche von 11.30 bis 22.00 Uhr

FASSBIER Hirter Märzen, Augustiner Edelstoff, Kloster Andechs Spezialhell, Hacker Pschorr 1417 Zwickl, saisonal Paulaner Oktoberfestbier, Paulaner Weißbier, Hirter HerbstCult, Hirter 1270er, saisonal Ottakringer Wiener Original

FLASCHENBIER Kloster Andechs Weißbier, Paulaner Weißbier, Hirter Morchl, Grieskirchner Dunkel, Stiegl Goldbräu, Budweiser Budvar, Clausthaler Extra Herb, Hirter Naturkräuter Radler, Schneider Weisse Tap 7 („Unser Original"), Augustiner Edelstoff, Erdinger alkoholfreies Weizenbier, Paulaner alkoholfreies Weizenbier, Stiegl Freibier, Beck's Alkoholfrei, Stiegl Radler, Stiegl Goldbräu, Salzburg „die Weisse"

LOKAL Wiener Traditionsgasthaus unmittelbar an der U-Bahn-station Nestroyplatz. Hans Stöckl betreibt seit Jänner 2003 dieses feine Wirtshaus – und schenkt hier exklusiv das Hirter 1270 als Zwickbier aus. Auf der Speisekarte stehen Wirtshausklassiker wie Gefüllte Paprika, Gulasch, Wiener Backhendl gibt's ebenso wie saisonell abgestimmte Tagesgerichte, etwa ein hervorragendes Eierschwammerl-Risotto. Stöckl hält es mit dem vom Theatermacher Johann Nepomuk Nestroy entlehnten Motto: „Die feinsten Fasan- und

WIEN

2. BEZIRK

Schweizerhaus

S´ Zwara

Austernesser gehn dann und wann wohin auf Knödl und a G'selcht's!" 80 Sitzplätze im Lokal, 5 Plätze an der Bar, 80 Sitzplätze im Garten.

SCHWEIZERHAUS
1020, Prater 116
01/728 01 52
info@schweizerhaus.at
www.schweizerhaus.at
ÖFFNUNGSZEITEN 15. März bis 31. Oktober von 11.00 bis 23.00 Uhr (durchgehend warme Küche), kein Ruhetag
FASSBIER Budweiser Budvar, Budweiser Budvar Schwarzes und G'mischtes, Grieskirchner Dunkles, Budweiser-Grieskirchner G'mischtes, Paulaner Hefeweißbier, Goldfassl Rotes Zwickl, Clausthaler, Radler
FLASCHENBIER Budweiser Budvar Premium Lager, Murauer Märzen, Augustiner Helles, Hacker Pschorr Zwickl (Bügelverschluss), Schneider Hefe-Weisse, Ottakringer Wiener Original, Gusswerk Bio Nicobar, Budweiser Bud Strong, Gusswerk „Zum Wohl" (glutenfrei), Liefmans Fruitesse, Brauwerk Hausmarke 1: Blond, Paulaner Hefe-Weißbier Alkoholfrei
LOKAL Überlieferungen zufolge gab es das Schweizerhaus bereits vor 1766. Es trug damals den Namen „Zur Schweizer Hütte", dann hieß es „Zum russischen Kaiser" und 1868 wurde es als „Schweizer Meierei" eröffnet. Budweiser wird hier seit 1926 ausgeschenkt. Karl Kolarik hat seinen Gastgarten im Sommer 2003 um 300 Sitzplätze erweitert. Die einzelnen Gartenstationen sind nach Wiener Bezirken benannt. So sitzt man etwa mitten im Schweizerhaus-Gastgarten und gleichzeitig in Hütteldorf oder Liesing. Rund 1800 Gäste können nun im Freien das wohl beste Budweiser-Bier der Stadt und die bekannten Stelzen genießen. Der Biergarten ist der beliebteste in Österreich und wurde im Jahr 2000 auch entsprechend ausgezeichnet.

SKOPIK & LOHN
1020, Leopoldsgasse 17
01/219 89 77 und 0 69 9/12 67 91 90
office@skopikundlohn.at
www.skopikundlohn.at
ÖFFNUNGSZEITEN Di–Sa 18.00 bis 1.00 Uhr

FASSBIER Ottakringer PUR, Budweiser
FLASCHENBIER Innstadt Passauer Weizenbier, Schlossgold
LOKAL Urwüchsiges Beisl in moderner Interpretation – mit einer Dekoration des Künstlers Otto Zitko an der Decke. Sehr gute Küche, dazu passende Bierpflege. Ca. 120 Sitzplätze, 4 an der Bar, im Schanigarten ca. 70 Sitzplätze.

S'ZWARA
1020, Schmelzgasse 14
01/212 30 00
info@zwara.eu
www.zwara.eu
ÖFFNUNGSZEITEN Mo–Fr 10.30 bis 1.00 Uhr, Sa u. Feiertage 17.00 bis 1.00 Uhr, So 11.00 Uhr bis 24.00 Uhr
FASSBIER Schladminger, Gösser Zwickl, Kaiser Doppelmalz, Gösser Naturradler Kräuter, Starobrno, saisonal wechselnde Bierspezialität, Guinness (surger)
FLASCHENBIER Gösser Märzen, Wieselburger Gold, Wieselburger Stammbräu, Gösser Naturradler Zitrone, Gösser Spezial, Weihenstephan Weißbier Dunkel, Edelweiß Alkoholfrei, Gösser Naturgold, Heineken, Desperados
LOKAL Seit gut drei Jahren im aufstrebenden Szeneviertel der Leopoldstadt etabliertes Beisl mit eindeutigem Bier-Schwerpunkt (an der sechsten Fassbierleitung werden immer unterschiedliche Biere gezapft) und einigen kuriosen Einrichtungsgegenständen: So gibt es hier einen alten Münzfernsprecher zu bestaunen. Wiener Wirtshausküche, wie sie sein soll: Kalbsrahmbeuscherl, Wiener Kalbsschnitzerl, würzige Schinkenfleckerln oder Oma's Krautstrudel. Zudem eine Selektion ofenfrischer Bagels und am Abend sind die hausgemachten Burger die Stars im „s'Zwara". Im Sommer können die Gäste ein frisch gezapftes Bier auch im kleinen, aber feinen Schanigarten vor dem Lokal im Freien genießen. s'Zwara überträgt alle Fußball-Championsleague-Spiele live auf mehreren Großbildschirmen. An den Wochenenden steht mehrmals im Monat Live-Musik am Programm. Ca. 60 Sitzplätze, Schanigarten: ca. 20 Plätze, Bar: 10.

396
WIEN
2., 3. BEZIRK

Ü – Lokal

Bierteufl

Ü – LOKAL 🍺🍺🍺
1020, Obere Augartenstraße 46
01/969 10 13
info@ue-lokal.at
www.ue-lokal.at
ÖFFNUNGSZEITEN D–Do 12.00 bis 14.00 und 17.30 bis 24.00 Uhr, Fr–Sa 12.00 bis 14.00 und 17.30 bis 2.00 Uhr
FASSBIER Mohren Spezial, Mohren Pale Ale, Mohren Kellerbier, Velkopopovický Kozel plus ein Bier des Monats
FLASCHENBIER Mohren Gambrinus, Mohren Spezial, Mohren Kellerbier, Mohren Mandarinweizen, Mohren Pale Ale, Hofstettner Granitbock, Engelszell Gregorius, Erdinger, Clausthaler
LOKAL Ein sehr typisches Ländle-Lokal in Wien: Die ehemalige „Augartenlaube" wurde 2013 von ein paar Vorarlberger Freunden in ein modernes, minimalistisch gestaltetes Edelbeisel umgebaut. Der Lokalname „Ü" ist bregenzerwäldisch für „Euch". Man kann hier auch einfach nur an die Bar auf ein Bier kommen, aber da versäumt man die originelle Vorarlberger Küche. Die macht übrigens um 21.45 Uhr zu – danach gibt's dann zu den Getränken (Live-)Musik. 40 Plätze im Lokal, 12 an der Bar, 35 im Schanigarten gegenüber vom Augarten.

3. BEZIRK

AMON 🍺🍺
1030, Schlachthausgasse 13
01/798 81 66
office@amon.at
www.amon.at
ÖFFNUNGSZEITEN Mo–Sa 10.00 bis 24.00 Uhr, So & Feiertage 10.00 bis 16.00 Uhr
FASSBIER Amon's Hausbier (Brauerei Zwettl), Zwettler Original 1890, Hadmar Bio-Bier
FLASCHENBIER Golser Weißbier, Zwettler Dunkles, Zwettler Zitronen Radler, Clausthaler extra herb
LOKAL Von außen eine Gaststätte mit modernem Anstrich, von innen eine moderne Weinbar mit guter Küche – aber auf das Bier ist weiterhin Verlass. Hadschi Bankhofer versichert, dass er es hier am liebsten auf dem Heimweg trinkt. Auch die Top-Produkte der Lieferanten vom Amon, besonders der Biobauern, kann der Gast mit nach Hause nehmen. 230 Sitzplätze, davon im Wintergarten 60 Sitzplätze und im Saal 120 Sitzplätze, Gastgarten: 75 Plätze.

BIERAMT 🍺🍺🍺
1030, Am Heumarkt 3
01/712 47 19
bieramt@bieramt.at
www.bieramt.at
ÖFFNUNGSZEITEN Mo–Sa 11.30 bis 24.00 Uhr (Küche von 11.30 bis 23.00 Uhr), So und Feiertage Ruhetage
FASSBIER Amtsbräu Hell, Amtsbräu Zwickl, Puntigamer Panther, Starobrno, Gösser Naturradler, Kaiser Doppelmalz, Weihenstephaner Weizen Hefetrüb, Gösser Zwickl Dunkel, Edelweiss Dunkel, saisonale Bierspezialitäten
FLASCHENBIER Stiegl Goldbräu, Gösser Märzen, Wieselburger Stammbräu in der Bügelverschlussflasche, Zipfer Limettenradler, Gösser Naturgold, Weihenstephaner Alkoholfrei
LOKAL Dieses 1994 nahe dem Hauptmünzamt eröffnete Lokal steht seit Mai 2010 unter neuer Führung – seither gibt es immer wieder auch besondere Biere wie den Schwechater Christkindl-Bock. Gut so! Bierberatung zu Speisen, „gelebte" Bierkompetenz mit eigener Bierkarte, mobiler Zapfanlage und einem Zapftisch zum Selberzapfen. 160 Sitzplätze im Lokal, 30 Plätze an der Bar, getrennter Raucherbereich im Wintergarten für 80 Personen, 28 Sitzplätze im Garten.

BIERTEUFL 🍺🍺🍺
1030, Ungargasse 5
01/712 65 03
office@bierteufl.at
www.bierteufl.at
ÖFFNUNGSZEITEN Mo–Fr 11.00 bis 1.00 Uhr, Sa 17.00 bis 1.00 Uhr, So & Feiertage 17.00 bis 24.00 Uhr
FASSBIER Bierteufl Märzen, Bierteufl Zwickl, Weihenstephaner Weißbier Naturtrüb, Starobrno, Gemischtes, Gösser Naturradler, Ottakringer Zwickl, Trumer Pils, Weitra Bräu Hell, Zwettler Dunkles
FLASCHENBIER Augustiner Edelstoff, Budweiser, Corona, Desperados, EKU 28, Grolsch, Hacker-Pschorr, Heineken, Kilkenny, Lapin Kulta, Leffe Blonde, Löwenbräu Original, Mythos, San

WIEN

3. BEZIRK

Miguel, Spaten Hell, Velkopopovický Kozel Premium, Fohrenburger Jub., Fucking Hell, Gösser Märzen, Gösser Naturradler Kräuter, Hirter Biohanf Bier, Hirter Privat Pils, Kübelbier, Mohren Spezial, Murauer Märzen, Puntigamer Panther, Null Komma Josef, Schladminger Märzen, Schremser Edelmärzen, Schwechater Zwickl, Stiegl Goldbräu, Stiegl Paracelsus Zwickl, Villacher Märzen, Weitra Hadmar Biobier, Wieselburger Gold, Franziskaner Hefe, Franziskaner Dunkel, Die Weisse, Paulaner Hefe, Schneider Weisse, Chimay Rouge, Gösser Stiftsbräu Dunkel, Grieskirchner Dunkel, Guinness Surger, Hirter Morchl, Gösser Naturgold, Edelweiß Alkoholfrei, Weihenstephaner Alkoholfrei, Hoogarden Wit-Blanche

LOKAL Beethoven schrieb in diesem Haus (es hieß damals „Zur schönen Sklavin") seine neunte Symphonie. Seit zwei Jahrzehnten ist das Lokal ein verlässlicher Treffpunkt für Bierfreunde, die sich jenseits des gewöhnlichen Angebots durchkosten wollen. Ein paar zusätzliche belgische oder englische Angebote wären wünschenswert, aber andererseits will man hier nicht allzu weit vom Hüttencharakter des Lokals abgehen. 200 Sitzplätze im Lokal, 25 Plätze an der Bar, 60 Sitzplätze im Garten.

DREIER
1030, Juchgasse 23
01/713 32 59
office@3er.at
www.3er.at
ÖFFNUNGSZEITEN Mo–Sa 7.00 bis 24.00 Uhr, So 8.00 bis 24.00 Uhr
FASSBIER Zwettler Original 1890, Zwettler Zwickl, Guinness, Löwenbräu (im Okt.), Zwettler Radler Zitrone
FLASCHENBIER Wieselburger Gold, Gösser Märzen, Zwettler Dunkles, Franziskaner Hell, Beck's Blue Alkoholfrei
LOKAL Das Dreier hat sich als eines der klassischen Bierlokale des dritten Bezirks etabliert – und ist ein Ankerpunkt für Freunde des Waldviertler Bieres. Preiswerter Mittagstisch. 120 Sitzplätze im Lokal, an der Bar 20 Plätze, im Gastgarten 90 Plätze.

GMOAKELLER
1030, Am Heumarkt 25
01/712 53 10
sebastian.laskowsky@chello.at
www.gmoakeller.at
ÖFFNUNGSZEITEN Mo–Sa 11.00 bis 24.00 Uhr
FASSBIER Trumer Pils, Ottakringer Rotes Zwickl, Ottakringer Helles, Velkopopovický Kozel
FLASCHENBIER Grieskirchner Dunkel, Gutmann Weizen (aus Titting), Velkopopovický Kozel, Clausthaler Extra herb, Schneider Weisse Alkoholfrei
LOKAL 1858 gegründetes, typisch wienerisches Lokal – kein Keller im eigentlichen Sinne, hat es doch unter dem Namen Gmoakeller Berühmtheit erlangt. Dabei hieß es bei der Eröffnung „Zum Kronprinzen" und später „Golser Weinlager" – der Parkettboden und die Thonetsessel sind nach wie vor stilbildend. Besonders frequentiert nach Konzerten im Konzerthaus, Profis eilen schon beim Schlussapplaus hinüber. 150 Sitzplätze im Lokal, rund 15 Plätze an der Bar, 30 Plätze im kleinen Schanigarten und jetzt auch noch 80 Plätze im neu ausgebauten Keller.

WIEN

3. BEZIRK

GOSSIP NO. 2
1030, Ungargasse 2
01/712 32 12 oder 0 69 9/17 12 32 12
pub@gossip.at
www.gossip.at
ÖFFNUNGSZEITEN Mo–Fr 16.00 bis 4.00 Uhr, Sa 18.00 bis 4.00 Uhr, So & Feiertage 18.00 bis 2.00 Uhr
FASSBIER Zipfer Märzen, Starobrno, Schwechater Zwickl, Weihenstephan Weißbier, Guinness Stout, Strongbow Cider
FLASCHENBIER Heineken, Corona, Desperados, Wieselburger Stammbräu, Wieselburger Gold, Gösser Naturgold, Newcastle, Murauer, Zipfer Limetten Radler, Gösser Märzen, Kilkenny
LOKAL Bei der Gründung 1982 hieß das Lokal „Tritsch-Tratsch" und hatte die längste Theke Wiens. Die Bar wurde 2004 umgestaltet und wirkt jetzt deutlich lockerer – man kommt über ein paar Stufen an eine zentrale Zapfstelle, wo man kompetent zum Bier beraten wird und das Bier mit einem Lächeln serviert bekommt. 90 Sitzplätze im Lokal, 30 an der Bar.

GASTWIRTSCHAFT HERLITSCHKA
1030, Traungasse 1
01/713 43 81
gastwirtschaft@herlitschka.at
www.herlitschka.at
ÖFFNUNGSZEITEN Mo–Fr 10.00 bis 24.00 Uhr, Sa 17.00 bis 24.00 Uhr, So 11.00 bis 24.00 Uhr
FASSBIER Puntigamer Panther, Budweiser, Zwickl, Monatsbiere (etwa Hirter, Topvar, Steiger)
FLASCHENBIER Gösser Märzen, Gösser Stiftsbräu Dunkel, Schneider Weisse, Radler, Schlossgold
LOKAL Schon mal Elefantenohren gegessen? Die Gastwirtschaft Herlitschka bietet unter dieser Bezeichnung einen (tatsächlich beinahe elefantenohrengroßen) Zwiebelrostbraten an. Und hat auch sonst alles parat, was eine echte Wiener Gastwirtschaft zu bieten hat, bierige Küche und freundlich Schmäh-führende Kellner inklusive. Historischer Flaschenzug-Kühlraum. 140 Sitzplätze im Lokal, an der Bar 8, 40 im Innenhofgarten.

LANDSTEIN
1030, Landstraßer Hauptstraße 132
01/713 01 08
office@landstein.at
www.landstein.at
ÖFFNUNGSZEITEN Mo–Fr 11.00 bis 2.00 Uhr, Sa 16.00 bis 2.00 Uhr
FLASCHENBIER 170 verschiedene Sorten aus Österreich, Belgien, Dänemark, Deutschland, Frankreich, Großbritannien, Italien, Mexico, Neuseeland, Niederlande, Norwegen, Schweden, Slowakei, Spanien, Ungarn, Tschechien, USA – z.B. Bosteels Deus, Chimay Bleu, Cantillon Kriek, Dolle Brouwers Oerbier, Left Hand - Wake Up Dead, Lost Abbey, Sierra Nevada Pale Ale, Sierra Nevada Torpedo, Del Borgo Hoppy Cat, Keto Reporter, Toccalmatto Stray Dog ...
LOKAL An der Ecke der Steingasse befindet sich der Ausschank des Weinhandels Zarbach, der sich bemüht, auch die Biervielfalt auf hohem Niveau zu halten: Auf der Karte finden sich gelegentlich echte Raritäten. Die Küche zeigt hohes Niveau, das Mittagsmenü ist dennoch leistbar. Da darf es dann schon ein edles (und teureres) Importbier dazu sein. 70 Plätze im Lokal, 15 an der Bar, 40 auf der Terrasse.

MARX BIER UND MEHR
1030, Franzosengraben 3
01/796 99 44
info@marxgastro.at
www.marxgastro.at
ÖFFNUNGSZEITEN Mo–Fr 7.00 bis 24.00 Uhr, Sa 11.00 bis 24.00 Uhr, So geschlossen (außer Reservierungen ab 25 Pers.)
FASSBIER Ottakringer Helles – das Hausbier, Ottakringer Zwickl, Ottakringer Zwickl Rot, Ottakringer Schnitt, Innstadt Weisse Hefe
FLASCHENBIER Schneider Weisse, Augustiner Edelstoff, Corona, Ottakringer Zitronen Radler, Null Komma Josef
LOKAL Für Nichtwiener vorausgeschickt: Der Name hat nichts mit dem Autor des „Kapital", sondern vielmehr mit dem Heiligen Markus zu tun, der der Gegend seinen Namen gegeben hat. Mitten im Industriegebiet von Sankt Marx im dritten Bezirk ist das Marx ein außergewöhnliches Lokal, in dem sich in gemütlicher Atmosphäre die Konzepte von Lounge und Bar einerseits und Restaurant mit zwei Räumen andererseits bes-

WIEN

3. BEZIRK

tens vereinen. Für Sportbegeisterte, die bei Großereignissen nichts versäumen möchten, ist vorgesorgt. Frühstück gibt es ab 7.00 Uhr. 180 Sitzplätze im Lokal (40 Raucherplätze), 100 Sitzplätze im Garten.

MITTE
1030, Landstraßer Hauptstraße 1b
01/919 51 15
www.wienmitte-themall.at/gastronomie/mittecafe
ÖFFNUNGSZEITEN Mo–Sa 11.00 Uhr bis 22.30 Uhr
FASSBIER Schwechater Zwickl, Starobrno, Schneider Weisse
FLASCHENBIER Heineken, Wieselburger, Edelweiss Hefeweizen, Guinness, Desperados, Gösser Naturgold, Gösser Naturradler
LOKAL Helle, freundliche Bierbar im ersten Stock des Einkaufszentrums The Mall (gleich rechts von der Rolltreppe im Bahnhof Wien-Mitte Landstraße): Man kann hier auch ganz gut die preiswerten Tagesgerichte essen, aber eigentlich ist das einer der besten Plätze, wo man in Wien im Sinne einer „Bierschwemme" ein gepflegtes Bier im Vorübergehen konsumieren kann – flinke und freundliche Bedienung inklusive. 80 Plätze an den Tischen, 128 an der Bar.

PETRUS & PAULUS STUBEN
1030, Petrusgasse / Ecke Paulusgasse
0 66 4/101 93 23
office@petrus-paulus.at
www.petrus-paulus.at
ÖFFNUNGSZEITEN Di–Sa 10.00 bis 22.00 Uhr, So 10.00 bis 15.00 Uhr, Mo Ruhetag
FASSBIER Wieselburger, Gösser Zwickl, Gösser Stiftsbräu (dunkel oder gemischt), Gösser Märzen
FLASCHENBIER Gösser Märzen, Edelweiss (hefetrüb), Gösser Naturgold, Zipfer Limettenradler, Gösser Naturradler Kräuter
LOKAL Dem Wiener Gasthaus-Klassiker mit gemütlich rustikalem Ambiente (viel dunkles Holz) wurde von Familie Manhart neues Leben eingehaucht. Bekannt für das Kalbswiener und die Tiroler Leber – gelegentlich werden aber auch fünfgängige Bierkulinarien mit entsprechender Bierbegleitung angeboten. 100 Plätze im Lokal, Extrazimmer und ein schöner, schattiger Gastgarten.

RED LION
1030, Löwengasse 6
01/710 34 22 oder 0 66 4/417 98 91
theredlionvienna@gmail.com
www.redlion-vienna.at
ÖFFNUNGSZEITEN Mo–Do 18.00 bis 1.00 Uhr, Fr–Sa 18.00 bis 2.00 Uhr, So 18.00 bis 24.00 Uhr
FASSBIER Murauer, Starobrno, Stiegl Goldbräu, Hirter Privat Pils, Guinness, Fuller's London Pride
FLASCHENBIER Stiegl Weisse, Wieselburger, Beck's, Corona, Kilkenny, Fuller's ESB, Newcastle Brown Ale, Fuller's IPA, Fuller's Golden Pride, Fuller's 1845, Stiegl Radler, Gösser Naturgold, Stiegl Freibier, Bulmers Cider, Strongbow Cider
LOKAL Im Jahr 2013 neu übernommenes, ziemlich britisch wirkendes Neighbourhood-Pub – ohne besonderen Schnickschnack, aber ähnlich wie die Arbeiter-Pubs in England. Da gibt es Toast, Würstel und verschiedenes „Barfood". Zur Pub-Atmosphäre gehören Steel-Dart, Pool-Billard, Tischfußball und Sky-Sportübertragungen. Und sogar eine Bibliothek mit englischsprachigen Titeln. Ein eigener Partyraum soll ein jüngeres Publikum anlocken – hier muss man reservieren. 30 Sitzplätze im Lokal, 20 Plätze an der Bar, 32 Sitzplätze im Schanigarten.

SALM-BRÄU
1030, Rennweg 8
01/799 59 92
office@salmbraeu.com
www.salmbraeu.com
ÖFFNUNGSZEITEN Täglich 11.00 bis 24.00 Uhr, kein Ruhetag
FASSBIER Salm Bräu: Helles, Märzen, Pils (nach historischem Rezept), Böhmisches Gemischtes, Weizen, Bock (Weihnachten + Ostern), gelegentlich Spezialbiere
LOKAL Das Lokal beim Unteren Belvedere ist das Aushängeschild der Familie Salm, die seit Jahrzehnten erfolgreich Brauereianlagen in die ganze Welt exportiert: Bierausschank auf zwei Etagen (der Keller war einmal Weinkeller des Wiener Bürgermeisters), Biedermeiergarten. In den letzten Jahren hat sich die Familie Welledits auch auf die Produktion von Malz-Whisky spezialisiert, ihr „Monastery Single Malt Cask Whisky" aus Wiener, Münchner und Pilsner Malzen hat einen starken Vanilleton (offenbar von den verwendeten Fässern, in

ID: 400
WIEN

3. BEZIRK

Sofienwirt

Weißgerber Stube im Sünnhof

denen er ein Jahr lang lagert) und ist mindestens so interessant wie die Salm-Biere. 280 Sitzplätze im Lokal, weitere 100 Sitzplätze im Garten.

SOFIENWIRT
1030, Kegelgasse 19 (Ecke Seidlgasse)
01/920 58 24
karl@sofienwirt.at
www.sofienwirt.at
ÖFFNUNGSZEITEN Mo–Fr 11.00 bis 22.00 Uhr, Sa–So & Feiertage Ruhetage
FASSBIER Hubertusbräu Keltenbier, Hubertus Lager
FLASCHENBIER Grieskirchner Weizenbier, Hubertus Dunkel, Hubertus Herrenpils, Clausthaler
LOKAL Gemütliches Ambiente in einem urigen Wiener Wirtshaus. Hausmannskost und Wiener Küche vom Chef persönlich gekocht, saisonale Spezialitäten. 80 Sitzplätze im Lokal (abgetrennter Nichtraucherbereich), Extrazimmer (für 30 und 15 Personen), 36 Sitzplätze im erweiterten Schanigarten.

STADTWIRT
1030, Untere Viaduktgasse 45
01/713 38 28
wirt@stadtwirt.at
www.stadtwirt.at

ÖFFNUNGSZEITEN Mo–Fr 9.00 bis 21.00 Uhr, Sa & Feiertage 11.00 bis 21.00 Uhr, So Ruhetag
FASSBIER Ottakringer Spezial, Ottakringer Pur
FLASCHENBIER Ottakringer Radler, Null Komma Josef, Schneider Weisse
LOKAL Eine kulinarische Institution im 3. Bezirk – schöne Wirtshauskultur, feine Küche (der Wirt steht selber am Herd), leider beschränkte Bierauswahl. 110 Sitzplätze, Garten: 30 Sitzplätze.

THE GOLDEN HARP
1030, Erdbergstraße 27
01/715 13 93
info@goldenharp.at
www.goldenharp1030.at
ÖFFNUNGSZEITEN Mo–Fr 9.00 bis 2.00 Uhr, Sa 10.00 bis 2.00, So 10.00 bis 24.00 Uhr
FASSBIER Hausbier, Guinness, Kilkenny, Starobrno, Snakebite
FLASCHENBIER Fuller's London Pride, Newcastle Brown Ale, Heineken, Wieselburger, Schwechater Zwickl, Weihenstephaner, Kaiser Doppelmalz, Edelweiss Alkoholfrei, Schlossgold, Zipfer Limetten Radler, Gösser Radler, Strongbow Cider, Bulmers, Bulmers Pear
LOKAL Pompös gestaltetes Victorian Style Pub in einem ehemaligen Kaffeehaus. Sehr üppige Dekoration, sehr freundliche Bedienung. Und preisgünstige Mittagsangebote. An den Wänden hängen Weltkugeln und alte Geigen sowie viele alte Bücher und Bilder aus vergangenen Zeiten. Plus: Das Zipfer Bier (leider Märzen und keines der höherwertigen Biere) kommt aus einem Tank im Keller, was beste Qualität garantieren sollte. In der Wintersaison Pub-Quiz. 120 Plätze im Lokal, 10 an der Bar, 20 im Schanigarten.

WEISSGERBER STUBE IM SÜNNHOF
1030, Landstraßer Hauptstraße 28
01/71671514
h5357-fb@accor.com
ÖFFNUNGSZEITEN Mo–So 11.00 bis 22.30 Uhr
FASSBIER Gösser Goldbräu, Schwechater Zwickl, Kaltenhauser Bernstein, Puntigamer, ein Bier des Monats
FLASCHENBIER Edelweiss Hefetrüb, Gösser Naturradler

401
WIEN
4. BEZIRK

LOKAL Als in den 1980er-Jahren der Sünnhof, ein Baujuwel aus der Biedermeierzeit, stilgerecht renoviert und mit einem Hotel ausgestattet wurde, wurde auch dieser Bierausschank im Altwiener Stil eingerichtet. Sieht aus, als ob er schon immer da gewesen wäre. 80 Plätze im Lokal, 10 an der Bar, 40 im Garten.

4. BEZIRK

AMACORD
1040, Rechte Wienzeile 15
01/587 47 09
info@amacord-cafe.at
www.amacord-cafe.at
ÖFFNUNGSZEITEN Mo–So 10.00 bis 1.00 Uhr
FASSBIER Puntigamer Panther, Velkopopovický Kozel, Guinness Extra Stout
FLASCHENBIER Schneider Weisse, Schwechater Zwickl, Weihenstephaner, Amarcord AMA Bionda 0,75 l (Pale Ale mit Orangenblütenhonig), Gösser Naturradler, Gösser Naturgold
LOKAL Amacord ist ein seit dem Jahr 1987 am Naschmarkt etabliertes Szenelokal – intellektuelles, alternatives Publikum, sehr angenehme Musik mit Jazz, Blues und World Music. 45 Sitzplätze im Lokal, 30 Plätze an der Bar, 40 Sitzplätze im Garten.

CAFÉ NEST
1040, Operngasse 25
0 69 9/81 71 71 80
info@cafenest.at
www.cafenest.at
ÖFFNUNGSZEITEN Di – Sa 10.00 bis 24.00 Uhr
FASSBIER Starobrno
FLASCHENBIER Brewdog Punk IPA, Astra, Anchor Old Foghorn, Mikkeller Peter, Pale and Mary, Tegernseer Hell, Bierzauberei Aleysium, Gutmann Hefeweizen
LOKAL Dieses Lokal im Vintage-Look (die Möbel stammen teilweise aus dem Caritas-Laden) wurde 2014 im von Franz Gessner 1936 errichteten Art-Deco-Gebäude an der Ecke zur Margaretenstraße eingerichtet - es hat sich sofort auf Craft Biere spezialisiert.

FASSLDIPPLER
1040, Johann-Strauß-Gasse 42
01/890 15 93
prost@fassldippler.at
www.fassldippler.at
ÖFFNUNGSZEITEN Di–Fr 16.00 bis 1.00 Uhr, Sa 18.00 bis 1.00 Uhr, So–Mo Ruhetage
FASSBIER Trumer Pils, Murauer Märzen, Hirter Privat Pils, Hirter 1270, Schremser Vienna I.P. - insgesamt 8 Fassbiere, davon Biere von wechselnden österreichischen Klein(st)brauereien und eine Leitung für saisonale Spezialitäten.
FLASCHENBIER ca. 70 Flaschenbiere, vor allem von Kleinstbrauereien: Alefried, Bevog, Bierol, Bierzauberei, Brew Age, Craft Country Brewery, Eggenberg, Engelszell, Flecks, Forstner, Gablitzer, Gusswerk, Hofstettner, Next Level Brewing, Rieder Bier, Schwarzbräu etc.
LOKAL Unter einem Biertippler verstand man im Alten Wien einen Stadtstreicher, der die letzten Reste („Hansln") aus den Bierfässern kippte und trank. Der Fassldippler, als Begriff in den gängigen Lexika des Wienerischen nicht aufscheinend, ist ein wenig nobler – aber immerhin geerdet. Man findet hier ein bodenständiges Wiener Lokal (existiert seit 1903) mit Beislcharme, das im Juni 2014 von Gerald Kastner und Christian Müllner übernommen wurde und das als Plattform für gutes österreichisches Bier angedacht ist. Dementsprechend wird Wiener Küche angeboten. Als Fassbiere kommen Biere von Mittelstandsbrauereien in wechselnder Folge,

402
WIEN

4. BEZIRK

dazu mindestens ein Craft Bier. Die Kampagne für Gutes Bier hat dem Fassldippler gleich im Jahr der Eröffnung die Auszeichnung „Stammtischlokal des Jahres" verliehen. 65 Sitzplätze im Lokal, 24 im Schanigarten, 15 an der Bar.

FLADEREI MITTERSTEIG
1040, Mittersteig 2a / Hugo-Wiener Platz
01/585 19 31
mittersteig@fladerei.com
www.fladerei.com
ÖFFNUNGSZEITEN Mo–Fr 11.00 bis 2.00 Uhr, Sa–So u. Feiertage 17.00 bis 2.00 Uhr
FASSBIER Hausbier (Pils, Zwickl, Dunkles), Starobrno, Schladminger Märzen, Edelweiss Hefetrüb, Radler mit Almdudler
FLASCHENBIER Weihenstephaner Hefeweißbier, Paulaner Hefeweißbier, Schneider Weisse, Aventinus Weizenbock, Hirter Privat Pils, Wieselburger Stammbräu (Bügelflasche), Gösser Naturradler, Gösser Naturgold
LOKAL Fast Food at it's best: In der Fladerei hat man sich – in Nachfolge des Kolar – auf die gefüllten Brotteig-Taschen konzentriert. Passen sehr gut zum Bier (das Zwickl ist ein Schwechater, allerdings in ein Weizenbierglas gezapft), werden jeden Tag in anderen Varianten angeboten und sind preiswert. Dazu kommt, dass hier ein sehr freundliches Team am Werken ist – und es eine kleine Bibliothek gibt, in der etliche alte Bücher auf Leser warten, die sich mit der Frakturschrift nicht allzu schwer tun. 90 Plätze im Lokal, 10 Plätze an der Bar (mit Blick auf den Ofen, in dem die Fladen gebacken werden), 40 Plätze im Schanigarten.

FOUR BELLS - IRISH PUB
1040, Schleifmühlgasse 2
01/585 47 85
office@four-bells.at
www.four-bells.at
ÖFFNUNGSZEITEN Mo–So ab 17.00 Uhr (Happy Hour Mo–Fr von 17.00 bis 18.00 Uhr)
FASSBIER Hirter, Villacher, Weihenstephan (Weizenbier), Guinness, Kilkenny, Brewdog Punk IPA
FLASCHENBIER Corona, Wieselburger Gold, Heineken, Clausthaler sowie eine große Auswahl an Craft Bieren.
LOKAL Das Four Bells serviert mit irischem Personal irisches Bier und internationale Pub Küche. Das Pub ist vor allem für seine Burger bekannt. Weiters gibt es hier viele Flat Screens und eine Großbildleinwand für Sportübertragungen mit Hauptaugenmerk auf Fußball. Die Top-Spiele der Englischen Premier League gibt´s live! Die Montage sind die Abende des „Pub Quiz". 20 Fragen aus allen Wissensgebieten und aus dem Musikgenre sowie einiges Quiz sind zu erraten, um den Quiz-Pot zu gewinnen. Pub-Sprachen sind Englisch und Deutsch – und das Motto lautet: „We teach you how to drink". Wie in jedem authentischen Pub dürfen Steel-Darts nicht fehlen! Happy Hour von 17.00 bis 18.00 Uhr. Im Keller befindet sich eine stylische Pub-Lounge, die einfach sehenswert ist! 100 Sitzplätze im Pub, 95 Sitzplätze in der Pub-Lounge. 45 Sitzplätze im Garten, 50 Plätze an der Bar.

FRANZ
1040, Preßgasse 29
01/585 25 57 und 0 69 9/11 15 50 55
yourfranz@franzwien.at
www.franzwien.at
ÖFFNUNGSZEITEN Täglich 16.30 bis 2.00 Uhr
FASSBIER Schnaitl Pils, Murauer Märzen, Hopf Weizen, Schnaitl Zwickl, Uttendof Halbdunkel, Velkopopovický Kozel
FLASCHENBIER Beck's Alkoholfrei, Riegele Weizen
LOKAL Ein gefühlvoll freigelegtes Ziegelgewölbe, teilweise ver-

BIER GUIDE 2016   www.bier-guide.net

WIEN
4. BEZIRK

Orange by Gastrokind

kleidet mit altem Holz – so ergibt sich ein besonderer Ort, in dessen zeitlos-entspannter Atmosphäre das Bier aus regionalen Brauereien im Vordergrund steht.

JOHNNY'S PUB
1040, Schleifmühlgasse 11
01/587 19 21
office@johnnys-pub.at
www.johnnys-pub.at
ÖFFNUNGSZEITEN So–Mo 17.00 bis 2.00 Uhr, Di– Sa 17.00 bis 4.00 Uhr
FASSBIER Guinness, Kilkenny, Johnny's Lager (Brauerei Raschhofer), Stiegl, Starobrno, Black & Tan, Black Velvet, Snakebite, Lager & Lime, Double Irish
FLASCHENBIER Corona, Raschhofer Zwickl, Raschhofer Weizen, Velkopopovický Kozel, Brew Dog Punk IPA, Grolsch, Newcastle Brown Ale, Stella Artois, Caffrey's, Beck's Alkoholfrei
LOKAL Sehr stimmungsvoll, gelegentlich etwas laut. Pub-Quiz (jeden Dienstag 20.30 Uhr). Neben diversen „Baskets" gibt es eine Auswahl an Burgern, 150 Plätze, Schanigarten: 16.

ORANGE BY GASTROKIND
1040, Margaretenstraße 26
01/952 42 09
orangeone@gastrokind.at
www.gastrokind.at
ÖFFNUNGSZEITEN Mo–Sa 10.00 bis 2.00 Uhr
FASSBIER Starobrno, Schladminger Märzen, Kaltenhauser Bernstein, Reininghaus Jahrgangspils
FLASCHENBIER Augustiner Edelstoff, Tegernseer Hell, Trumer Pils, Hofstettner Kübelbier, Hofstettner Granit, Hirter Pils, wechselndes Weißbier, Schwechater Zwickl, Grieskirchner Dunkel, Gösser Naturradler, Gösser Naturgold, Freistädter Ratsherrn und Junghopfen Pils und wechselnde Craft Biere
LOKAL Ein Beisl, wie wir es lieben – ohne falschen Kitsch, aber mit einer Herzlichkeit, wie sie nur gestandene Wirte vermitteln können. Die Karte passt zum hippen Bezirk: Es gibt Frühstück und/oder Jause fast den ganzen Tag – und als Hauptmahlzeit Deftiges aus der Mühlviertler Küche, jedoch sehr fein und auf individuellem Wunsch zubereitet. 30 Sitzplätze, 15 Plätze an der Bar, 12 im Schanigarten.

SCHLUPFWINKEL
1040, Kleine Neugasse 10
01/586 68 22
www.schlupfwinkel.at
ÖFFNUNGSZEITEN Mo–Sa 18.00 bis 2.00 Uhr, im Juli/August Sa geschlossen
FASSBIER Zwettler Original, Zwettler Zwickl, Velkopopovický Kozel Hell, Velkopopovický Kozel Dunkel, Gemisches, Radler
FLASCHENBIER Budweiser, Hirter Privat Pils, Erdinger Weißbier, Zwettler Stiftsbräu, Clausthaler
LOKAL Ein Beisl mit dem Flair der legendären 68er-Jahre (die der Wirt noch miterlebt hat, im Gegensatz zu den Kellnerinnen): Der Journalist und Schriftsteller Bert Steingötter führt hier ein urgemütliches Lokal, wo man bei gepflegten Bieren und Speisen bis spät in die Nacht hinein plaudern kann – wer ein Designer-Lokal sucht, ist hier überhaupt nicht völlig fehl am Platz, sagt er. 85 Sitzplätze im Lokal, Schanigarten: 36 Sitzplätze.

RESTAURANT SPERL
1040, Karolinengasse 13
01/504 73 34
karl@restaurant-sperl.at
www.restaurant-sperl.at
ÖFFNUNGSZEITEN Mo–Do 10.30 bis 22.30 Uhr, Fr–So u. Feiertage 11.00 bis 22.00 Uhr
FASSBIER Schwechater Zwickl, Gösser Spezial, Gösser Stiftsbräu, Gösser Schnitt
FLASCHENBIER Weihenstephaner Hefeweizen Trüb und Dunkel, Schlossgold, Edelweiss Weizen, Edelweiss Alkoholfrei, Gösser Naturtrüb Alkoholfrei
LOKAL Das Gasthaus Sperl im Diplomatenviertel gleich beim Belvedere in der Karolinengasse ist eines der raren Exemplare der einst so viel besungenen Alt-Wiener-Gasthauskultur. Seit 1925 ist das „Sperl" im Familienbesitz und wird bereits in der dritten Generation geführt. Es wurde in eine neue Belüftung investiert, was sich positiv bemerkbar macht. Karl Sperl serviert zum Bier vor allem Hausmannskost (besonders: gebackene und geröstete Leber, Zwiebelrostbraten) und Fischspezialitäten vom Waller oder Zander. 150 Sitzplätze im Lokal (plus Saal für 80 Personen), 120 im Garten.

404
WIEN
4., 5. BEZIRK

Wieden-Bräu

Bierometer

WIEDEN-BRÄU 🍺🍺🍺
1040, Waaggasse 5
01/586 03 00
office@wieden-braeu.at
www.wieden-braeu.at
ÖFFNUNGSZEITEN Mo–So & Feiertage 11.30 bis 24.00 Uhr, im Juli und August: Sa–So u. Feiertage 16.00 bis 24.00 Uhr
FASSBIER Aus eigener Erzeugung: Helles, Märzen, Dunkles, Gemischtes, Radler. Saison- und Monatsbiere wie: Marille Weisse, Rote Weisse, Sommerweisse, Xarifa, Oster Doppelbock, Schwarzes Hafermalzbier, Rotes Hanfbier, Weizenbock, Kirschweisse, Wiedner Weisse …
FLASCHENBIER Gutmann Weizen Hefetrüb, Gösser Naturgold
LOKAL Die dominierende Bar im Eingangsbereich ist sehr einladend – und seit einem Vierteljahrhundert ein guter Platz, um die Vielfalt zu testen: Es gibt jeweils eine saisonale Spezialität, etwa das „Dinkel Malz Bier". Im Sommer ist für viele Biertrinker der schöne Gastgarten im Innenhof (schon im Jahr 1992 mit dem „Gartenkaiser" ausgezeichnet) der Grund, ins Wieden-Bräu zu gehen. Das Wieden-Bräu war das erste Brewpub, das 1997 ein Hanfbier gebraut hat, und das erste, das (bereits 1994) ein Ingwerbier versucht hat. 2007 kam ein Dinkelbier, 2008 ein Roggenbier dazu. Für Stammgäste gibt es einen Krügelsammelpass und einen Menüpass, von 14 bis 16 Uhr ist Happy Hour mit den Hausbieren zum halben Preis. Neben der Speisekarte gibt es eine Wochenkarte mit saisonalen Speisen und Mittagsmenüs. Brautage sind Dienstag und Mittwoch. 200 Sitzplätze im Lokal, im Garten gibt es ca. 110 Sitzplätze.

WIENER WIRTSCHAFT 🍺
1040, Wiedner Hauptstraße 27–29
01/221 11-364
rainer@schick-hotels.com
www.wienerwirtschaft.com
ÖFFNUNGSZEITEN Mo–Sa 11.30 bis 23.00 Uhr, So 11.30 bis 15.00 Uhr, warme Küche: Mo–Sa 11.30 bis 14.00 und 18.00 bis 22.00 Uhr (kleine Karte 14.00 bis 18.00 Uhr), So von 11.30 bis 14.30 Uhr, Sommerpause: 24.07.2016 bis 21.08.2016
FASSBIER Ottakringer Gold Fassl Spezial, Ottakringer Zwickl, Ottakringer dunkles Zwickl, Ottakringer Gemischtes
FLASCHENBIER Innstadt Weißbier, Null Komma Josef, Ottakringer Radler Zitrone
LOKAL Die „Wiener Wirtschaft" (gleich ums Eck vom Wirtschaftsbund gelegen) ist ein sehr angenehmer Platz, unkompliziert typisch wienerische Küche in gehobener Ausführung zu genießen – auf der Speisekarte finden sich bodenständige, saisonale und klassische Wiener Wirtshausgerichte. 60 Sitzplätze im Lokal, 10 Plätze an der Bar, 20 im Garten.
♿🍴-137

5. BEZIRK

BIEROMETER 2 🍺🍺
1050, Margaretenplatz 9
01/9557933
info@bierometer-2.at
www.bierometer-2.at
ÖFFNUNGSZEITEN Mo–Sa 16.00 bis 1.00 Uhr, So & Feiertage 11.00 bis 24.00 Uhr
FASSBIER Budweiser, Hirter Pils, Murauer Steirergold, Grieskirchner Dunkel, Egger Zwickl
FLASCHENBIER Brooklyn Lager, Gusswerk Amber Ale, Braufactum Progusta, Achouffe Golden Ale, Tennent's Stout, Zwettler Original, Hirter Radler, Paulaner Hefeweizen, Heineken, Corona, Beck's Alkoholfrei, Paulander Hefeweizen Alkoholfrei
LOKAL Klassisches Bierlokal im Zentrum von Margareten, angelehnt an das Bierometer bei den Gasometern. Angenehmes Ambiente, schöner, fast südländisch wirkender Schanigarten

WIEN
5. BEZIRK

Haas Beisl

Rupp's

mitten auf dem Platz – und im Winter 2015 ist hier auch Craft Bier eingezogen. Jeden Samstag Live-Musik. 100 Sitzplätze, Schanigarten: 50 Plätze.

GERGELY'S
1050, Schlossgasse 21
01/544 07 67
info@schlossquadr.at
www.schlossquadr.at
ÖFFNUNGSZEITEN Di–Sa 18.00 bis 1.00 Uhr
FASSBIER Margaretner (Eigenmarke aus der Iglauer Brauerei), Zwettler Original, Zwettler Zwickl
FLASCHENBIER Franziskaner Weißbier, Zwettler Dunkel, Null Komma Josef
LOKAL Stefan Gergely hat sein 1990 in der Schlossgasse eingerichtetes „Bierbeisl mit Richtung auf studentisches Publikum" im Jahr 2006 einem sympathischen Face-Lifting unterzogen, ein paar der Biere auf der Karte ausgetauscht, aber den freundlichen Charakter (insbesondere im Biergarten im Innenhof) beibehalten. Interessant ist das markante Gewölbe des Schlossgebäudes aus dem 14. Jahrhundert. Feine Küche mit Zutaten aus ökologischem Anbau und erstklassigen Steaks. Barman Sami Walfisch war „Barman of the Year 2005". 60 Sitzplätze im Lokal, 20 Plätze an der Bar, Garten: 90 Sitzplätze, davon sind 70 Plätze überdacht.

GOLDEN HARP
1050, Kettenbrückengasse 7
0 69 91/587 12 51
1050@goldenharp.at
www.goldenharp.at
ÖFFNUNGSZEITEN Mo–Fr 10.00 bis 2.00 Uhr, Sa–So & Feiertage ab 14.00 Uhr
FASSBIER Guinness, Kilkenny, Zipfer Märzen, Starobrno
FLASCHENBIER Heineken, Wieselburger Stammbräu, Schwechater Zwickl, Gösser Naturradler, Edelweiss Alkoholfrei
LOKAL Dieses mit modernen und traditionellen Elementen gestaltete Irish Pub an der Ecke zur Schönbrunner Straße läuft auch unter dem Namen „Golden Harp II". Angenehme Stimmung, gute Bierpflege – und natürlich ein Dartsboard. 60 Plätze im Lokal, 30 Plätze an der Bar.

HAAS BEISL
1050, Margaretenstraße 74
01/586 25 52
info@haasbeisl.at
www.haasbeisl.at
ÖFFNUNGSZEITEN Mo–Fr 10.00 bis 23.00 Uhr, Sa 11.00 bis 22.00 Uhr, So & Feiertage 11.00 bis 21.00 Uhr
FASSBIER Schwechater Hopfenperle, Gösser Zwickl, Kaiser Doppelmalz, eine saisonale Bierspezialität
FLASCHENBIER Gösser Märzen, Gösser Naturradler Zitrone, Gösser Naturgold, Edelweiss Naturtrüb oder Alkoholfrei, Heineken
LOKAL Wiener Traditionsgasthaus seit 1899, 1935 von Anton Karall gegründet und seit damals Kunde bei Schwechater. 2012 von Christian Tischler und Gerald Schedl übernommen, die auch das Gösser Bräu in Ottakring auf Vordermann gebracht haben. Umfangreiche Speisekarte: Biersuppe, Ente mit Bierkruste, Gemüse im Bierteig. 48 Plätze und einige an der Schank, Gastgarten mit 12 Sitzplätzen.

RUPP'S
1050, Arbeitergasse 46
01/545 22 84
rupp1@chello.at
www.rupps.at
ÖFFNUNGSZEITEN Mo–Do 18.00 bis 2.00, Fr–Sa 19.00 bis 4.00 Uhr (Okt. bis April: So 18.00 bis 2.00 Uhr)
FASSBIER Budweiser Budvar, Zipfer, Guinness, Kilkenny und jeweils ein Bier des Monats
FLASCHENBIER Hadmar Bio Bier, Gösser Märzen, Grieskirchner Dunkel, Hirter Pils, Wieselburger Schwarzbier, Wieselburger Stammbräu, Raschhofer Zwickl, Schladminger Bio Schnee-Weisse, Erdinger Hefe, Erdinger Dunkel, Heineken, Beck's Blue Alkoholfrei, Erdinger Weißbier Alkoholfrei, Gösser Naturgold
LOKAL Rupert Hutter führt seit Beginn der Neunzigerjahre etwas abseits von den bierigen Trampelpfaden Wiens ein leicht irisch angehauchtes Pub mit vegetarischer/veganer Küche (etwa „Chili sin Carne") und mehr als 700 Sorten Whisky. Neben den wechselnden Monatsbieren gibt es auch immer einen Cider vom Fass, lange Jahre war es der Strongbow, jetzt meist der Mangers. Vor allem aber ist eine Hinwendung zum Craft Bier zu erkennen. Zur Pub-Atmosphäre

406
WIEN
5. BEZIRK

The little Stage

Waldviertlerhof

tragen auch zwei Steel-Dartboards bei. Am Sonntag sind die irischen Biere etwas billiger. 45 Sitzplätze, 20 Plätze an der Bar.

SILBERWIRT
1050, Schlossgasse 21
01/544 49 07
info@schlossquadr.at
www.schlossquadr.at
ÖFFNUNGSZEITEN Täglich 12.00 bis 24.00 Uhr
FASSBIER Das Margaretner, Zwettler Original, Zwettler Zwickl
FLASCHENBIER Zwettler Dunkles, Franziskaner Weißbier, Null Komma Josef
LOKAL 1786 gegründet. Stefan Gergely erneuert die Tradition, ohne sie zu verraten. Backhendl steht im Zentrum des kulinarischen Angebots – aber es gibt auch ein wachsendes Angebot innovativer Speisen (Cordon bleu alla Toscana) und viele Bio-Angebote, darunter Kranzbratwurst vom Waldviertler Schwein. Jeden Sonntag Mittag wird ofenfrischer Schweinsbraten serviert. 85 Sitzplätze, 6 an der Bar, Garten: 120 Sitzplätze.

THE LITTLE STAGE
1050, Ramperstorffergasse 66
01/544 26 90
info@littlestage.at
www.anstalt5.at
ÖFFNUNGSZEITEN Mo–Fr 17.00 bis 2.00 Uhr, Sa–So & Feiertage 18.00 bis 2.00 Uhr
FASSBIER Trumer Pils, Trumer Zwickl, Original Budweiser Budvar, Raschofer, Guinness
FLASCHENBIER Paulaner Hefeweizen, Wieselburger Gold, Jever, Heineken, Corona, Gösser Naturgold
LOKAL Der Name des Lokals stammt von einer acht Quadratmeter kleinen Bühne für Kleinstveranstaltungen. Manfred Szendi hat eine Schiebewand eingebaut, die vom Lokal bei Bedarf einen rund 60 Quadratmeter großen Partyraum abtrennt. Stammgast Jedida lobt: „Die wöchentlich wechselnde Karte am schwarzen Brett, mit verschiedenen Schmankerln ist stets sehr empfehlenswert." Gelegentlich findet man hier Bücher zum Bookcrossing, auch wenn es keine offizielle OBCZ (Official Book Crossing Zone) ist. Ca. 100 Sitzplätze im Lokal, 15 Plätze an der Bar, 30 Sitzplätze im Schanigarten.

WALDVIERTLERHOF
1050, Schönbrunner Straße 20
01/586 35 12
office@waldviertlerhof.at
www.waldviertlerhof.at
ÖFFNUNGSZEITEN Mo–Sa 10.00 bis 24.00 Uhr, So & Feiertage geschlossen
FASSBIER Zwettler Original, Zwettler Zwickl, Hadmar Bio-Bier aus der Brauerei Weitra, eine saisonale Bierspezialität
FLASCHENBIER Zwettler Original, Zwettler Dunkel, Gutmann Hefeweizen, Augustiner Edelstoff, Paulaner Hefetrüb, Schneider Weisse Alkoholfrei, Clausthaler
LOKAL Hier gibt es natürlich urtypische Waldviertler Spezialitäten und das schon – man höre und staune – seit 1761. Seit Jänner 2015 wird der Waldviertlerhof von Alexander und Sebastian Laskowsky betrieben. Beide konnten sich in den letzten 15 Jahren einen Namen mit Wiener Wirtshauskultur machen. Der eine als Besitzer des legendären Gmoakeller (seit 1858), der andere als Pächter von Gelbmanns Gaststube (seit 1872). Ofenfrisches Jungschweinsbratl mit Waldviertler Knödel oder Waldviertler Fleischkrapfen passend zum Bier. 250 Plätze sowie 250 Sitzplätze im Biergarten.

407
WIEN
5., 6. BEZIRK

Zur bunten Kuh

Down Under Aussie Pub

BRAUEREI GASTHAUS ZUM SCHWARZEN ADLER - HACKL BRÄU 🍺🍺
1050, Schönbrunnerstraße 40
01/890 49 60
lokal@schwarzer-adler.co.at
www.schwarzer-adler.co.at
ÖFFNUNGSZEITEN Mo–So 11.00 bis 24.00 Uhr
FASSBIER Hackl Bräu Helles, Dunkles, Märzen, Weizen, Schnitt, Radler
FLASCHENBIER Erdinger Weißbier Alkoholfrei, Beck's Alkoholfrei
LOKAL Der Schwarze Adler ist ein Traditionsgasthaus, das seit 2013 eine Gasthausbrauerei beherbergt. Gerhard Hackl hat die Brauanlage in der Geusaugasse und sein früheres Hackl-Bräu in der Ziegelofengasse hier zusammengeführt. Im vorderen Bereich ein klassischer Wiener Bierausschank, im hinteren eher Restaurantbetrieb für Wiener Küche. 100 Plätze im Restaurant, 100 im Adlerstüberl, 30 an der Bar, 90 im Innenhof-Biergarten, 12 im Schanigarten.

ZUR BUNTEN KUH 🍺🍺
1050, Zentagasse 20
01/545 28 85
sand.vroni@gmx.net
www.buntekuh.at
ÖFFNUNGSZEITEN Mo–Do 17.00 bis 2.00 Uhr, Fr bis 4.00 Uhr, Sa 19.00 bis 4.00 Uhr, So & Feiertage 19.00 bis 2.00 Uhr
FASSBIER Trumer Pils, Budweiser, Guinness
FLASCHENBIER Erdinger Weisse, Trumer Weizen, Clausthaler
LOKAL Im Oktober 1979 als eines der ersten Wiener Studentenlokale eröffnetes Beisl – damals eines der ersten Lokale, wo es Guinness vom Fass gab. Seither beinahe unverändert – etwas dunkel, aber das macht vielleicht die spezielle Stimmung aus. Seit 1983 wird das Lokal von Walter Untersteiner betrieben, der als Chemiestudent in die Gastronomie schlitterte und bis heute dort geblieben ist. Die Gäste spielen Flipper, Wuzzler oder Dartboard. Einfache, bodenständige Küche. Ca. 50 Plätze, 10 an der Bar, 16 im Schanigarten.

6. BEZIRK

BAUERNBRÄU 🍺🍺
1060, Gumpendorfer Straße 134–136
01/595 38 38
office@bauernbraeu.com
www.bauernbraeu.com
ÖFFNUNGSZEITEN Täglich von 16.00 bis 2.00 Uhr
FASSBIER ausschließlich eigengebraute Naturbiere: Hausbier (Märzenbier), Bauernbier (Pils), Das Dunkle (mit feinem malzigem Karamellgeschmack), Saisonbiere (Frühlings-, Sommer-, Bock-, Adventbier usw.)
FLASCHENBIER Null Komma Josef, Clausthaler
LOKAL Das „Bräu", das hier ausgeschenkt wird, wird zwar nicht im Haus gebraut, wohl aber in der Familie – Biersommelier und Braumeister Alois Gratzer braut es auf einem steirischen Bauernhof, von wo auch die Zutaten für viele Speisen kommen. 95 Sitzplätze, Bar: 20 Garten: 45.

BITS & BITES 🍺🍺
1060, Webgasse 27
0 66 0/837 25 09
office@bitsandbites.at
www.bitsandbites.at/
ÖFFNUNGSZEITEN Mi, Do 18.00 bis 22.00 Uhr, Fr, Sa 10.00 bis 15.00 und 18.00 bis 22.00 Uhr, So 10.00 bis 16.30 Uhr
FASSBIER Starobrno
LOKAL Eigentlich ein Burgerlokal – aber eines mit voller Dinnerkarte. Da gibt es etwa den Ghorme Sabzi – einen mit Granatapfel zubereiteten Persischen Lamm-Kräutereintopf. Antipasti gibt es hier in der vegetarischen Variante oder mit Ibérico-Schinken. An den Wänden finden sich Werke junger Künstler. Das Craft Bier Angebot aus der Flasche soll noch ausgebaut werden. 40 Plätze im Lokal.

DOWN UNDER AUSSIE PUB 🍺🍺
1060, Magdalenenstraße 32
01/585 73 30
office@downunder.at
www.downunder.at
ÖFFNUNGSZEITEN Mo–Do 18.00 bis 2.00 Uhr, Fr–Sa 19.00 bis

408
WIEN

6. BEZIRK

Dublin

K & K Bierkanzlei

4.00 Uhr, So 17.00 bis 24.00 Uhr
FASSBIER Trumer Pils, Foster's, saisonale Bier von Ottakringer, Snakebite, Strongbow Dry Cider
FLASCHENBIER Coopers Pale/Sparkling Ale, Wieselburger Gold, Gösser, Heineken, Cerná Hora, Corona, Desperados, Victorian Bitter, Newcastle Brown Ale, Cerná Hora Alkoholfrei, Guinness
LOKAL Australische Atmosphäre in Wiener Kellergewölbe-Wärme ergibt ein trendiges Bierabendlokal mit Livemusik. Immer wieder Events mit Australien-Bezug. Ca. 80 Plätze, Kellerraum: ca. 80 Plätze, 20 Plätze an der Bar.

CAFE DRECHSLER
1060, Linke Wienzeile 22
01/581 20 44
office@cafedrechsler.at
www.cafedrechsler.at
ÖFFNUNGSZEITEN Mo–Do 8.00 bis 24.00 Uhr, Fr–So 8.00 bis 2.00 Uhr, So 8.00 bis 24.00 Uhr
FASSBIER Ottakringer Pur, Ottakringer helles Zwickl, Ottakringer rotes Zwickl
FLASCHENBIER Ottakringer Radler, Passauer Weisse, Null Komma Josef
LOKAL Das traditionsreiche Naschmarkt-Café an der Ecke zur Giradigasse wurde 2007 beherzt renoviert, die Öffnungszeiten wurden leider zurückgenommen. Für Nachtschwärmer gibt es Bier und andere Stärkungen. Und das in einer ziemlich einzigartigen Mischung von Kaffeehausatmosphäre und Bierbar-Gefühl — sogar mit eigens gebrandeten Biergläsern. Toll: Der Tresen ist ganz aus Stein. Dass allerdings der Bierschaum – nach niederländischer Art – mit dem Schaumlöffel abgestreift wird, entspricht nicht ganz der Wiener Tradition.

DUBLIN
1060, Gumpendorfer Straße 93
0 66 4/474 49 89
www.dublin-vienna.at
ÖFFNUNGSZEITEN Mo–Do 16.00 bis 1.00 Uhr, Fr 16.00 bis 2.00 Uhr, Sa 17.00 bis 2.00 Uhr, So 17.00 bis 1.00 Uhr
FASSBIER Guinness, Kilkenny, Starobrno, Heineken
FLASCHENBIER Schwechater Zwickl, Gösser Märzen, Gösser Stiftsbräu, Heineken, Wieselburger Stammbräu, Puntigamer,

Fuller's London Pride, Affligem Blonde, Affligem Dubbel
LOKAL Großzügig angelegtes, klassisch-viktorianisch wirkendes Pub. Gut gezapftes Guinness und traditionelles Pub-Food vom Ofenkartoffel bis zu recht aufwendig gemachten Burgern. 50 Plätze im Lokal, 10 an der Bar.

FREIRAUM
1060, Mariahilfer Straße 117
01/596 96 00
info@freiraum117.at
www.freiraum117.at
ÖFFNUNGSZEITEN So–Mi 8.00 bis 2.00 Uhr, Do–Sa 8.00 bis 4.00 Uhr
FASSBIER Weitra Hell, Zwettler Zwickl, Trumer Pils, Franziskaner Weißbier, Heineken Lager, Zwettler Radler
FLASCHENBIER Franziskaner Royal Jahrgangsweißbier 2012 (elegant, malzig, fein herb. 6.0°), Corona, Beck's Alkoholfrei
LOKAL Der von Wolfgang Jappel eingerichtete Freiraum sieht sich als ein kulinarisches „Multiple Choice"-Lokal – aber die lange Bar lädt vor allem zum Biergenuss ein – noch dazu, wo gut gezapft und freundlich bedient wird. Ein Cafe auf zwei Ebenen, eine riesige Cocktailbar und eine Pizzeria. Insgesamt sechs verschiedene Restaurant- und Loungebereiche. Ca. 300 Sitzplätze im Lokal, 30 Plätze an der Bar, 24 Sitzplätze im Garten.

K & K BIERKANZLEI
1060, Windmühlgasse 20
01/581 79 61
ÖFFNUNGSZEITEN Mo–Fr 11.00 bis 21.00 Uhr
FASSBIER Budweiser, Stiegl
FLASCHENBIER Grieskirchner Dunkel
LOKAL Altwiener Beisl, mit kleiner Schank, einigen Tischen und sehr, sehr viel nostalgischer Dekoration mit Bezug zu den alten Kronländern – zudem eine kleine Bibliothek mit einschlägigen Titeln. Einfache Beislküche, preiswerte Menüs. 35 Plätze im Lokal, 5 an der Schank.

409
WIEN
6. BEZIRK

Känguruh

Salzberg

KÄNGURUH 🍺🍺🍺🍺
1060, Bürgerspitalgasse 20
01/597 38 24
office@kaenguruh-pub.at
www.kaenguruh-pub.at
ÖFFNUNGSZEITEN Mo–Sa 18.00 bis 2.00 Uhr, So Ruhetag
FASSBIER Gratzer Hermann, Herzog IPA, Hofstettner Kübelbier, Känguruh Bernsteintrunk (vom Storchenbräu), Pilsner Urquell, Schwarzbräu (wechselnde Spezialitäten), Storchenbräu Märzen
FLASCHENBIER Eigenimport von über 150 Bieren aus Belgien – unter anderem Gruut Blond, Kempisch Vuur Jenever, Prearis Quadrocinno sowie über 40 Flaschenbiere aus Österreich, z.B. BrauSchneider Hanfbier und aus Deutschland z.B. Störtebeker Atlantik Ale, Kuchlbauer Turmweisse, aus Frankreich z.B. 3 Monts, aus Holland z.B. La Trappe PUUR, aus England z.B. Samuel Smith's Imperial Stout, St. Peters Honey Porter
LOKAL Das Känguruh überrascht jedes Mal mit neuen und interessanten Bieren, die Fredi Greiner teilweise exklusiv importiert – mit gut 200 Biersorten hat das Känguruh das vielfältigste Bierangebot Wiens, auch im Hinblick auf die Bierstile. Ähnlich einer Tages-(Speise)karte werden immer wieder neue Biere angeboten – solange der Vorrat reicht. Leider nur eine beschränkte Speisekarte. Schanigartenbetrieb vom 1. April bis 30. September. 51 Sitzplätze im Lokal, 15 Plätze an der Bar, 22 Sitzplätze im Garten.

LAUREL LEAF IRISH PUB 🍺🍺
1060,Theobaldgasse 15
01/585 68 65
1060@laurel-leaf.at
www.laurel-leaf.at
ÖFFNUNGSZEITEN Mo–Do 11.00 bis 1.00 Uhr, Fr–Sa 11.00 bis 3.00 Uhr, So & Feiertage 17.00 bis 24.00 Uhr
FASSBIER Wieselburger, Starobrno, Guinness, Kilkenny, Heineken, Zipfer Märzen, Gösser Naturradler, Snakebite, Car Bomb
FLASCHENBIER St. Peter's Cream Stout, Affligem Blonde, Kaltenhauser Original, Kaltenhausener Kellerbier, Wieselburger Stammbräu, Edelweiss Weizen, Wieselburger Schwarzbier, Schwechater Zwickl, Newcastle Brown Ale, Heineken, Desperados, Gösser Naturgold
LOKAL Hier gibt es Videowalls, außerdem 6 Pool-Billardtische, 2 Dart-Automaten und Tischfußball. Partys und Veranstaltungen zum St. Patrick's Day. Die Küche ist berühmt für Riesen-Spare-Ribs mit Wedges und Dip! Winterspecials: Riesenschwarzbrote, Baked Potatoes, Chili con Carne. Ca. 85 Sitzplätze, 14 an der Bar, ca. 22 im Schanigarten.

MON AMI 🍺
1060, Theobaldgasse 9
01/585 01 35
office@monami.at
www.monami.at
ÖFFNUNGSZEITEN Mo–Sa 18.00 bis 2.00 Uhr, So Ruhetag
FASSBIER Murauer Steirergold
FLASCHENBIER Hadmar, Beck's, Tegernseer Hell, Cerná Hora Kamelot, Cerná Hora Granát, Cerná Hora Sklepni (Weizen), Beck's Alkoholfrei
LOKAL „Mon Ami – Hunde- und Katzenpflege" – so steht es an der Tür. Das Schild ist noch vom Vorbesitzer geblieben, gepflegt wird aber seit 2007 nicht mehr die liebe Haustier, sondern moderne Bierkultur mit Bieren aus der Steiermark und aus Mähren. Es gibt aber auch Bio-Weine und Hausbrandt-Kaffee. 35 Sitzplätze, 14 an der Bar.

SALZBERG 🍺🍺🍺
1060, Magdalenenstraße 17
01/581 62 26
office@salzberg.at
www.salzberg.at
ÖFFNUNGSZEITEN Mo–Fr 11.00 bis 1.00 Uhr, Sa 9.00 bis 1.00, So 9.00 bis 24.00 Uhr
FASSBIER Weitra Helles, Hadmar Bio Bier, Zwettler Zwickl, Zwettler Saphir, Budweiser
FLASCHENBIER Trumer Pils, Hirter Morchl, Stiegl Goldbräu, Paulaner Hefeweißbier, Beck's Alkoholfrei, Gusswerk Bio Weizenguss, Gusswerk Horny Betty, Tennents Scottish Stout
LOKAL Es lohnt immer, im Salzberg zu schürfen. Neben den Bierkennern kommen auch die Weinkenner auf ihre Kosten – ideal für die Einkehr mit Begleitungen, die nicht so bierorientiert sind. Was das Pech einer solchen Begleitung wäre, denn die Bierpflege ist ausgezeichnet hier. Ein großer Stehbereich lädt die besonders Durstigen ein, dazu gibt es ein gemütli-

410
WIEN
6., 7. BEZIRK

Scrappy

Timos Living Room

ches Restaurant für die Hungrigen und ein „Wohnzimmer" mit Lederbänken für die Entspannungsliebenden. Im Oktober gibt's jeweils zwei Wochen Bauernherbst mit Trumer Herbstbier. Ca. 90 Sitzplätze, Bar: ca. 20 Plätze, Schanigarten: ca. 70 Sitzplätze.

SCRAPPY
1060, Mariahilfer Gürtel 18
0 66 4/88 66 42 43
mlbrootsog@gmail.com
www.scrappy.pub
ÖFFNUNGSZEITEN Mo–Sa 16.00 bis 1.00 Uhr
FASSBIER Brauwerk Hausmarke 2 Session Ipa, Brew Age Chixulub Oatmeal Stout, Gold Fassl Zwickl, Ottakringer Wiener Original, Paulaner Münchener Helles
FLASCHENBIER über 70 verschiedene – darunter: Freistädter Rotschopf, Rogue Brutal IPA, Rodonbach Grand Cru, Grieskirchner Pils, Die Weisse, Gusswerk Steinbier, Gusswerk Schwarze Kuh, Schlenkerla Rauchbier, Bevog Tak, Bevog Ond Smoked Porter, Loncium Weizenbock, Anchor Steam Beer, Brooklyn Lager, Schlägl Urquell, Weihenstephaner
LOKAL Gegenüber der – inzwischen koptischen – Kirche „Maria vom Siege" und um's Eck vom Raimundtheater führt seit 2015 Bruno Balaton-Florovici dieses gut sortierte Ecklokal mit Craft-Bier-Schwerpunkt. 40 Sitzplätze, 60 an der Bar.

TIMO'S LIVING ROOM
1060, Bürgerspitalgasse 18
01/595 24 37
office@timoslivingroom.at
www.timoslivingroom.at
ÖFFNUNGSZEITEN Mo–Sa 20.00 bis 2.00 Uhr, So Ruhetag
FASSBIER Pilsner Urquell
FLASCHENBIER Velkepopovický Kozel
LOKAL Das Schwesterlokal des benachbarten belgisch orientierten Känguruh erweist sich als gemütliche Cocktailbar mit einer Vielzahl an Bier-basierten Cocktails. Und wer es pur mag, hält sich an gut gezapftes Pilsner Urquell. 35 Plätze im Lokal, 14 an der Bar.

WILLENDORF
1060, Linke Wienzeile 102
01/587 17 89
willkommen@cafe-willendorf.at
http://cafe-willendorf.at/
ÖFFNUNGSZEITEN Mo–So 17.00 bis 24.00 Uhr, So zusätzlich 10.00 bis 15.00 zum Brunch
FASSBIER Heineken, Puntigamer, Schladminger
LOKAL In der früher der Alternativszene zugerechneten Rosa Lila Villa hat sich diese sehr engagiert geführte Bar etabliert. Eine übergroße Kopie der Venus von Willendorf grüßt die Gäste stumm, sonst kümmert sich ein freundliches Team hinter der Bar um die Gäste – viele davon aus der schwullesbischen Community. 60 Plätze im Lokal, 10 an der Bar, 30 im Garten.

WIND & MILL'S
1060, Gumpendorfer Straße 50
01/971 99 35
windmills@gmx.net
www.windmills.at
ÖFFNUNGSZEITEN Mo–Sa 17.00 bis 2.00 Uhr
FASSBIER Guinness Extra Stout, Kilkenny, Stiegl Goldbräu, Hirter Privat Pils, Zipfer Urtyp, Snake Bite, Black an Tan, Radler, Strongbow Cider
FLASCHENBIER Budweiser Budvar, Budweiser Dark, Stiegl Paracelsus Zwickl, Hirter 1270, Erdinger Hefetrüb, Tsingtao Beer, Corona, Foster's, Heineken, Desperados, Newcastle Brown Ale, Beck's Green Lemon, Clausthaler
LOKAL Sehr gut gestyltes Irish Pub – dekoriert mit einer großen Bibliothek, vielen Bierkrügen und natürlich jeder Menge Guinness-Werbung. Der Name leitet sich von der Location ab: Das Lokal liegt an der Einmündung der Windmühlgasse in die Gumpendorfer Straße.

7. BEZIRK

AMERLINGBEISL
1070, Stiftgasse 8
01/526 16 60
kontakt@amerlingbeisl.at
www.amerlingbeisl.at

Backbone

Brandauer im Gerngross

ÖFFNUNGSZEITEN Mo–So 9.00 bis 2.00 Uhr
FASSBIER Ottakringer Helles, Ottaktinger Zwickl, Ottakringer Pur, Budweiser
FLASCHENBIER Ottakringer Helles, Ottakringer Schnitt, Ottakringer Radler
LOKAL Das künstlerisch angehauchte Lokal mit einem idyllischen Innenhof (der bei schlechtem Wetter ein Dach bekommt) genießt in der Wiener Szene schon seit mehr als drei Jahrzehnten Kultstatus. Immer wieder behutsam erneuert, ist es eine Institution im Spittelbergviertel. 80 Plätze im Lokal, 40 an der Bar.

APOTHEK'N
1070, Neustiftgasse 84
0 699/11 51 68 86
office@apothekn.at
www.apothekn.at
ÖFFNUNGSZEITEN Mo–Do ab 18.00 Uhr (im Sommer ab 20.00 Uhr), Fr–Sa ab 20.00 Uhr, So Ruhetag
FASSBIER Villacher, Velkopopovický Kozel
FLASCHENBIER Wieselburger, Newcastle Brown Ale, Guinness, Erdinger Weißbier, Radler, Krahu Cider
LOKAL Uriges Bierpub, gelegentlich ein bisserl laut, aber immer mit recht guter Stimmung. Quizabende, Tischfußball, Dart, Brettspiele, gelegentliche Live-Musik, Getränkeaktionen, rockige Musik. Und wer kein Bier mag, kann auch österreichischen Cider (Krahu) trinken.

BACKBONE 🍺🍺🍺
1070, Burggasse 100a
01/522 95 79
office@backbone-irishpub.com
www.backbone-irishpub.com
ÖFFNUNGSZEITEN So–Do 17.00 bis 2.00 Uhr, Fr–Sa 17.00 bis 4.00 Uhr, Juli/August täglich 17.00 bis 2.00 Uhr
FASSBIER Stiegl Goldbräu, Guinness, Kilkenny
FLASCHENBIER Augustiner Edelstoff, Augustiner Weißbier, Budweiser Budvar, Budweiser Dark, Clausthaler Classic, Corona, Hirter Pils, Murauer Märzen, Murauer Doppelmalz, Schremser Naturpark Bio Zwickl, Schrems Roggen Bio Bier, Stiegl´s Weisse, Stiegl Zitro Radler, Stiegl Grapefruit Radler,
Teggernseer Hell, Trumer Pils. Craft Bier: Antoniona Altinate Lager, Braufactum Colonia, Braufactum Palor, Brauwerk Hausmarke No.1 Blond, Brauwerk Hausmarke No.2 IPA, Gusswerk Austrian Amber Ale, Gusswerk Black Sheep, Gusswerk Horny Betty, La Chouffe Golden Ale, Tennent's Scottish Stout
LOKAL Bei unserem letzten Besuch sind wir direkt zu einer Session irisch inspirierter Musiker gekommen. Man kann sich also direkt wie in Irland fühlen. Die Bierkarte ist in letzter Zeit um ein paar gute Vertreter aus der Craft Beer Ecke ergänzt worden. Der Cider, der aus dem „Poor Man's Velvet" mit Guinness hergestellt wird, ist Magners vom Fass. Jeden Montag um 21 Uhr Pub-Quiz, jeden Tag von 17 bis 19 Uhr Happy Hour, fallweise Live-Musik (bei freiem Eintritt!), 100 Sitzplätze im Lokal, 25 im Garten.

BRANDAUER IM GERNGROSS 🍺🍺🍺
1070, Mariahilfer Straße 42–48, 5. Stock
01/522 22 25
office7@bierig.at
www.bierig.at
ÖFFNUNGSZEITEN So–Mi 10.00 bis 1.00 Uhr, Do–Sa 10.00 bis 2.00 Uhr
FASSBIER Brandauers Hausbier (Zwettler Pils) Zwettler Zwickl, Zwettler Dunkles, Zwettler Saphir, Weitra Hell, Hadmar, Schneider Weisse, Zwettler Naturradler & saisonale Spezialitäten der CulturBrauer für 2016: Jän/Feb: Hirter 1270er, März/April: Freistädter Bio Zwickl, Mai/Juni: Murauer Weissbier, Juli/August: Trumer Hopfenspiel, Sept/Okt: Schremser Bio Roggen, Nov/Dez: Zwettler Jahrgangsbier 2016
FLASCHENBIER Stiegl Goldbräu, Zwettler Lager, Zwettler Kuenringer Bock, Zwettler Luftikus, Schneider Weisse alkoholfreises Hefeweizen
LOKAL Der Brandauer ist übersiedelt, zumindest mit einem seiner Lokale: In Mauer steht nun das Gösser Bräu im früheren Bierhaus Mauer – dafür gibt es ein neues Bierrestaurant auf 500 Quadratmetern im 5. Stock des Kaufhauses Gerngross. Keine Angst vor den Ladenschlusszeiten: Das oberste Stockwerk ist auch nach den Öffnungszeiten der Geschäfte mit einem separaten Aufzug beim Haupteingang an der Mariahilfer Straße erreichbar und somit bis spät abends besuchbar. Das Restaurant bietet auf verschieden Ebenen einen Nichtraucherbereich, eine Bar als Event- und Kommu-

412
WIEN
7. BEZIRK

Cosmopolitan

nikationsbereich, Balkonterrasse zur Kirchengasse und eine Dachterrasse mit Blickrichtung Gürtel und Aussicht auf die Mariahilfer Kirche. Jeden Sonntag findet von 10.30 Uhr bis 15.00 Uhr ein umfangreicher Brunch statt. 250 Indoor- und 150 Outdoor-Sitzplätze.

CENTIMETER II AM SPITTELBERG
1070, Stiftgasse 4 / Ecke Siebensterngasse
01/470 06 06 42
info@centimeter.at
www.centimeter.at
ÖFFNUNGSZEITEN Mo–Do 8.30 bis 24.00 Uhr, Fr–Sa 8.30 bis 1.00 Uhr, So & Feiertage 8.30 bis 24.00 Uhr
FASSBIER Centimeter Hausbier, Murauer Steirergold, Hirter Pils, Budweiser Budvar, Stiegl Weisse, Zwickl, Hirter Morchl Dunkel, Mischbier, Saurer Radler, Sonderbiere nach Saison (Stiegl Pils, Stiegl light, Bock, Herbstbier, Wiesn'bier u.s.w.)
FLASCHENBIER Franziskaner Hefetrüb, Augustiner Hefetrüb, Paulaner Hefedunkel, Ottakringer Helles, Zwettler Original, Raschhofer Zwickl, Hadmar Bio Bier, Hirter Märzen, Stiegl Goldbräu, Trumer Pils, Murauer Pils, Golser Helles (Bügelflasche), Heineken, Guinness (Dose), Corona Extra, Magner's Cider, Black Hill, Beck's Pils, Beck's Alkoholfrei, Hacker-Pschorr (Bügelflasche), Stiegl Sport-Weisse (alkoholfrei)
LOKAL Das Centimeter ist quasi der Eingang zum Spittelberg-Viertel – und mancher bleibt gleich hier hängen. Sehr lange Bar, Steh- und normale Tische. Die Küche entspricht dem bewährten Centimeter-Konzept, groß, schmackhaft und zu günstigen Preisen. Auch für große Gruppen ist gesorgt, die „Scheibtruhe Mist für die große Gruppenmampferei" oder „Das Schwert" sorgen für die richtige Unterlage beim Bier-Verkosten. 75 Plätze + 15 Barplätze im Raucherbereich, 110 im Nichtraucherbereich, 60 Sitzplätze im Gastgarten.

COSMOPOLITAN
1070, Schottenfeldgasse 2
0 69 9/1 141 36 44
cafe.cosmopolitan@gmx.at
www.cafecosmopolitan.at
ÖFFNUNGSZEITEN Mo–Sa 10.00 bis 24.00 Uhr, So & Feiertage Ruhetage

FASSBIER Heineken, Zipfer Limetten Radler
FLASCHENBIER Gösser Märzen, Gösser Stiftsbräu, Schwechater Zwickl, Edelweiss Hefetrüb, Gösser Naturradler, Gösser Naturgold
LOKAL Perfekt für ein schnelles Bier und einen Snack beim Shoppen auf der Mariahilfer Straße gleich ums Eck. Überbackene Baguettes, Salate, Suppen und Wraps. Freundliches Service.

DAS BIERO
1070, Neubaugasse 57
0 66 4/423 08 44
das.biero@gmx.at
www.facebook.com/DasBieroPub
ÖFFNUNGSZEITEN Mo–So 11.00 bis 24.00 Uhr
FASSBIER Starobrno, Zipfer Märzen, Stiegl Goldbräu, Guinness
LOKAL Als „Institut für Bierologie und Hektoliteratur" eingerichtetes Bierlokal am Rand des Spittelbergviertels. Karaoke-Nights und andere Parties, teilweise mit Live-Musik. Und: Wer Geburtstag hat, trinkt gratis – wobei auch die normalen Bierpreise durchaus leistbar sind.

DAS MÖBEL
1070, Burggasse 10
01/524 94 97
cafe@dasmoebel.at
www.dasmoebel.at
ÖFFNUNGSZEITEN Mo–Fr 14.00 bis 24.00 Uhr, Sa–So 10.00 bis 24.00 Uhr
FASSBIER Wolfsbräu, Velkopopovický Kozel, Hirter Privat Pils
FLASCHENBIER Hirter Privat Pils, Stiegl Weizengold, Velkopopovický Dunkel, Clausthaler, Radler, Goldkehlchen Cider
LOKAL Dieses Lokal wurde 1998 zur Präsentation von jungen Möbeldesignern aus Wien gegründet. Hier haben sie ihre Werke zur Schau und zum Benutzen gestellt. Wer hier nicht nur am Bier Gefallen findet, sondern auch an der Einrichtung, kann Sessel (etwa den extrem schlichten „Pressed Chair" von Harry Thaler), Tische und so weiter gleich mit auf die Rechnung setzen lassen und heimnehmen. Am Nachmittag herrscht hier mehr Kaffeehausstimmung, so richtig „bierig" wird es erst, wenn's draußen dunkel wird. Das Hauptbier

413
WIEN
7. BEZIRK

Der Fuchs und die Trauben

Flatschers

kommt übrigens aus dem Wolfsbräu, das ist das „Bucklige Welt Bier" aus Thernberg – und wem das zu intensiv schmeckt, der kann sich daran erfreuen, dass das Möbel als eines der ersten Lokale auch das extrem schlanke Nixe Extra Dry gelistet hat. 170 Sitzplätze (falls die Sessel nicht gerade ausverkauft sind!)

DER FUCHS UND DIE TRAUBEN 🍺🍺
1070, Kandlgasse 16
01/231 39 17
sourgrapes@derfuchsunddietrauben.com
www.derfuchsunddietrauben.com
ÖFFNUNGSZEITEN Di–Sa 17.00 bis 1.00 Uhr
FASSBIER Tegernseer Hell
FLASCHENBIER Schwechater Zwickl, Weihenstephaner Hefeweizen, Pacifico Clara, La Chouffe, Brewdog Punk IPA, Hardcore IPA, Orval
LOKAL Die Mailadresse weist darauf hin, wenn man sich's beim Lokalnamen nicht ohnehin gedacht hat: Fuchs und Trauben erinnern an die Äsop-Fabel von dem Fuchs, dem die Trauben zu hoch hängen, woraufhin er beschließt, dass ihm diese ohnehin zu sauer wären. Als Bierfreund kommt man in diese leider viel zu lauten Tapas-Bar aber ohnehin nicht wegen der Trauben (bzw. des Rebsaftes), sondern wegen der vernünftigen Auswahl an Flaschenbieren – oder wegen des Hellen vom Brauhaus Tegernsee, das es hier vom Fass gibt. Und wegen der Tapas, die halt gut zum Bier passen. 40 Plätze im Lokal, 25 im Schanigarten.

CAFE EUROPA 🍺🍺
1070, Zollergasse 8
01/526 33 83
party@europa-lager.at
www.europa-lager.at
ÖFFNUNGSZEITEN Mo–So 9.00 bis 5.00 Uhr
FASSBIER Ottakringer Goldfassl Spezial, Ottakringer Zwickl, Ottakringer pur, Budweiser, Schneider Weisse
FLASCHENBIER Ottakringer Mischbier, Corona Extra, Heineken, Stiegl, Ottakringer Null Komma Josef, Ottakringer Radler
LOKAL Lange etablierter Szenetreff und für manche ein „verlängertes Wohnzimmer".

FLATSCHERS 🍺🍺🍺
1070, Kaiserstraße 113–115
01/523 42 68
office@flatschers.at
www.flatschers.at
ÖFFNUNGSZEITEN Täglich 17.00 bis 1.00 Uhr
FASSBIER Augustiner Hell, Augustiner Edelstoff, Murauer Pils, Ottakringer Zwickl, Ottakringer „Wiener Original", Murauer Weißbier, Zwettler Zitronenradler, saurer Radler
FLASCHENBIER Brauwerk Hausmarke 1 (Blond), Brauwerk Hausmarke 2 (Session IPA), Brauwerk Hausmarke 3 (Porter), Corona, Augustiner Hell, Augustiner Edelstoff, Teggernseer Hell, Augustiner Weizen, Budweiser Lager, Budweiser Alkoholfrei
LOKAL Andreas Flatscher hat am Rand des seit Jahren ungebrochen trendigen 7. Bezirks eine moderne, amerikanisch angehauchte Bierbar als Wiener Stützpunkt des Münchner Augustiner Bieres eingerichtet – das legendäre Bier kann man hier auch flaschen- und kistenweise über die Gasse kaufen. Zu Essen gibt es Steaks, verschiedene Burger, gegrillte Garnelen. 80 Plätze im Lokal, 30 an der Bar, 100 im Garten (geöffnet v. 1.6. bis 31.8.).

GLACIS BEISL 🍺🍺🍺
1070, Breite Gasse 4
01/526 56 60
mail@glacisbeisl.at
www.glacisbeisl.at
ÖFFNUNGSZEITEN Mo–So 11.00 bis 2.00 Uhr
FASSBIER Eggenberger Premium Lager, Schloss Eggenberg Naturtrüb, Budweiser Budvar, König Ludwig Weizenbier
FLASCHENBIER Schloss Eggenberg Dunkel, Eggenberg Radler, Birell
LOKAL Wiener Gastronomieinstitution, die seit der Integration in das Museumsquartier ziemlich stylish wirkt. Unter dem Motto „Viennese with a twist" wird die kulinarische Tradition des Lokals fortgesetzt, mit einem Mix aus Klassikern der Wiener und altösterreichischen Küche. Auch die Einrichtung nimmt die Tradition eines echten Wiener Beisls auf. Dunkles Holz kombiniert mit absinthgrünen Resopaltischplatten und ein Gussterrazzo-Boden prägen den Gesamteindruck. Bemüht sich sehr um die Bierkultur – unter anderem mit kom-

www.bier-guide.net   2016 BIER GUIDE

414
WIEN

7. BEZIRK

Schreiners Essen und Wohnen

Shamrock

mentierten Verkostungen. Einladende Schank, Wintergarten. Extrastüberl. 165 Plätze im Lokal, 20 Plätze an der Bar, 180 Sitzplätze im Garten.

OBEN
1070, Urban Loritzplatz 2A
01/522 72 68
reserviert@oben.at
www.oben.at
ÖFFNUNGSZEITEN Mo–-Do 10.00 bis 23,00 Uhr, Fr–Sa ab 9.00 Uhr, So 10.00 bis 15.00 Uhr (Brunch), feiertags geschlossen
FASSBIER Weitra Hell, Gratzer Bauernbräu
FLASCHENBIER Gratzer Hermann (Dunkles), Die Salzburger Weisse, Paulaner Hefeweizen, Weitra Hadmar Bio Bier, Gösser Naturradler, Beck's Alkoholfrei
LOKAL Bar am "oberen" Ende der Treppe zur Hauptbibliothek, was einen schönen Ausblick über den Gürtel in Richtung Favoriten garantiert. Freundliches Personal serviert Bier sachkundig — mittags gibt es preiswerte Menüs. 70 Sitzplätze, 14 an der Bar.

PLUTZER BRÄU
1070, Schrankgasse 2
01/526 12 15
lokal@plutzerbraeu.at
www.plutzerbraeu.at
ÖFFNUNGSZEITEN Mo–So 11.00 bis 24.00 Uhr, kein Ruhetag
FASSBIER Plutzer Helles, Plutzer Dunkles, Plutzer gemischt (aus der Stadtbrauerei Schwarzenberg), Rotes Zwickl, Schneider Weisse, Radler, Saisonbier
FLASCHENBIER Corona extra, Heineken, Augustiner Edelstoff, Null Komma Josef
LOKAL Eckpfeiler der Szenegastronomie am Wiener Spittelberg. Gebraut wurde hier zwar noch nie, aber das Personal bemüht sich trotz mancher Überforderung um das Bier. Im Keller gibt es ein gemütliches Extrastüberl. 450 Sitzplätze, Schanigarten: 100 Sitzplätze, 30 an der Bar.

R&BAR
1070, Lindengasse 1
01/522 44 47
reservierung@dierundbar.com
www.dierundbar.com
ÖFFNUNGSZEITEN Mi–Sa 16.00 bis 2.00 Uhr
FASSBIER Schremser
LOKAL Die im Frühjahr 2015 eröffnete "Rundbar" (geschrieben: R&Bar) wurde von den R&Bar-Machern Lisa Scheid und Thomas Kienast, die im selben Haus eine Filmproduktion betreiben, selbst gestaltet. Das Buntglas, das Küche und Lokal voneinander trennt, hat der Großvater von Frau Scheid über Jahrzehnte gesammelt, die Terrazzo-Tische haben die beiden Betreiber selbst gegossen, die Sessel im originalen Sixties-Design wurden bei einem Design-Antiquitäten-Shop entdeckt.

SCHREINERS ESSEN UND WOHNEN
1070, Westbahnstrasse 42
01/990 37 83
essen@schreiners.cc
www.schreiners.cc
ÖFFNUNGSZEITEN Di–Fr 17.30 bis 24.00 Uhr
FASSBIER Freistädter Ratsherrntrunk, Helles Haselbräu Naturtrüb
FLASCHENBIER Beck's Alkoholfrei
LOKAL Schreiners Gastwirtschaft wurde 2002 in einem typischen Biedermeierhaus eröffnet. Das Haus wurde inzwischen Schritt für Schritt renoviert und der Innenhof mit Garten revitalisiert – Kritikerkollege Florian Holzer hält ihn überhaupt für "einen der schönsten Gastgärten der Welt". Das ausgeschenkte helle Haselbräu Naturtrüb kommt aus einer kleinen Wirtshausbrauerei im südlichen Waldviertel. 30 Sitzplätze im Lokal, 30 Sitzplätze im Garten. Das Lokal ist rauchfrei und im Garten gibt es einen "Smokers Corner".

SHAMROCK & THE DOGSTAR
1070, Kirchengasse 3
01/523 12 04
mario.hanifl@gmail.com
www.facebook.com/thedogstar
www.facebook.com/shamrockvienna

415
WIEN
7. BEZIRK

Shebeen

Siebensternbräu

ÖFFNUNGSZEITEN Mo–Do 16.00 bis 2.00 Uhr, Fr–Sa 13.30 bis 2.00 Uhr, So und Feiertage 16.00 bis 1.00 Uhr
FASSBIER Shamrock House Lager, Starobrno Pils, Puntigamer Panther, Guinness Stout, Murphy's Red, Schladminger Bio Zwick'l, Aspall Premium Cider, Kaltenhauser Kellerbier, Crew Republic Drunken Sailor, Collabs Domrep Pils, O'haras Stout, Brewdog Punk IPA, Bevog Rudeen Black IPA. Bierleitungen, die fassweise oder immer wieder wechseln: Mikkeller Kriek7, Thornbridge Vienna, Thornbridge Colorado Red, Collabs & Thornbridge Uhudler Sour Beer, Thornbridge Cocoa Wonderland, Mikkeller Hoppy X-MAS
FLASCHENBIER Zwischen 60 und 80 Flaschenbiere, wobei davon 20 bis 40 Biere immer wieder wechseln, unterschiedlichste Bierstile von folgenden Brauereien: Ayinger Helles, Augustiner Helles, Gutmann Weizen Hell, Gutmann Weizen Dunkel, Fuller's, Newcastle, Rogue, Thornbridge, Beavertown, Mikkeller, Delirium Tremens, Bevog, Brewdog, Evil Twin, Tiny Rebel, Brusseler, Napar, MAD, Crew Republic, Loncium, Bierol, Xaver, Hollows, Riedenburger, Riegele, Bierra del Borgo, Brooklyn Brewery, Cornish Cider, ToOl, De Molen, Sierra Nevada
LOKAL Ein angenehmes Pub gegenüber von Demmers Teehaus – früher vor allem ein Irish Pub, in den letzten Jahren mehr und mehr eine Craft Beer Location mit stets wechselndem Angebot. Ca. 55 Sitzplätze, 20 weitere an zwei Bars.

SHEBEEN 🍺🍺🍺
1070, Lerchenfelder Straße 45
01/526 79 00
office@shebeen.at
www.shebeen.at
ÖFFNUNGSZEITEN Mo–Fr 17.00 bis 4.00 Uhr, Sa 13.00 bis 4.00 Uhr, So 12.00 bis 2.00 Uhr
FASSBIER Guinness, Kilkenny, Heineken, Raschhofer Zwickl, Stiegl Gold, Wieselburger, Reininghaus, Stiegl Weisse
FLASCHENBIER Grolsch, Beck's, Newcastle Brown Ale, Fuller's London Pride, Hollow Ginger Beer, Corona, Weihenstephan Weißbier, O'Haras I.P.A., Gösser Naturgold, Magners Pear Cider, Magners Irish Cider
LOKAL Shebeen ist die afrikanische Bezeichnung für einfache Lokale der einheimischen Bevölkerung. Die Umgangssprache ist hier vorwiegend Englisch. Die Biere sind entsprechend international, ebenso die Küche, die einen stark amerikanischen Einschlag hat (sonntags Brunch). Die Musik (Weltmusik, Ska, Pop) ist etwas laut – dafür gibt es einen zusätzlichen Partykeller. Gratis-WLAN. 90 Plätze, Bar: 20, Garten im Innenhof: 60 Plätze.

SIEBENSTERN-BRÄU 🍺🍺🍺🍺🍺
1070, Siebensterngasse 19
01/523 86 97
office@7stern.at
www.7stern.at
ÖFFNUNGSZEITEN Mo–So von 11.00 bis 24.00 Uhr
FASSBIER 7Stern Wiener Helles, Märzen, Prager Dunkles, Hanfbier, Bamberger Smoked Porter, Chili-Bier, Weizenbier Hell, diverse Weizenbiere nach unterschiedlichen Rezepten, Saisonbiere
FLASCHENBIER Schlossgold
LOKAL Das erste Brewpub Österreichs, das international Maßstäbe setzen konnte – und daher auch laufend in internationalen Medien (etwa „Il Mondo della Birra") erwähnt. Hier wird Bierkultur zelebriert! Eine beeindruckende Presseschau hängt im Eingangsbereich. Mit dem Pale Ale wurde 1999 die wichtigste Gasthausbrauerei-Innovation geschaffen, das hat die Bierkultur in Wien auf den amerikanischen Geschmack eingestimmt. 2003 hat das India Pale Ale einen neuen Meilenstein gesetzt, der amerikanische Bierjournalist Horst Dornbusch bezeichnete es als besser als alle IPAs von New England. Seit 2005 mit einem neuen Rezept noch interessanter – dieses Bier wird immer wieder als Monatsbier angeboten und zeigt den Weg zu einer modernen Bierkultur in einem traditionellen Umfeld auf. Der Rauchbock von 2004 war ein weiterer Höhepunkt, der ab und zu wieder auf die Karte gesetzt wird. Für den Verkauf über die Gasse gibt es einen Verkaufsautomaten mit 0,5 l pfandfrei. 250 Plätze, Garten: 160, Bar: 30. ✤

STEIRISCH PUB 🍺
1070, Siebensterngasse 17
0 69 9/11 22 71 41
steirisch-pub@hotmail.com
www.steirisch-pub.at
ÖFFNUNGSZEITEN Mo–Fr 15.00 bis 2.00 Uhr, Sa–So 19.00 bis 2.00 Uhr

416
WIEN
7. BEZIRK

Ulrich

FASSBIER Gösser Gold, Hirter
FLASCHENBIER Hirter, Paulaner Hefeweizen, Murauer, Stiegl, Flamberger (Kürbiskernbier, Himbeer Hefeweizen, Dinkelpils, Whiskybier, Hanfbier), Clausthaler
LOKAL Gleich neben dem Siebensternbräu liegt die österreichische Antwort auf die Welle der Irish Pubs. Steirisches (aber nicht nur steirisches) Bier und steirischer Wein — serviert in einer Stube mit viel hellem Holz. Dienstag ist hier Kärntner Tag — da gibt's Hirter Bier billiger. Regelmäßige Steirer-Stammtische. 15 Plätze, 10 an der Bar, 12 Plätze im Schanigarten.

THE BRICKMAKERS PUB & KITCHEN
1070, Zieglergasse 42
01/997 44 14
info@brickmakers.at
www.brickmakers.at, www.bigsmoke.at
ÖFFNUNGSZEITEN Mo–Fr 16.00 bis 2.00 Uhr, Sa 10.00 bis 2.00 Uhr, So 10.00 bis 1.00 Uhr
FASSBIER Pilsner Urquell, Weihenstephaner Hefeweizen, Ottakringer Gold Fassl Spezial, Anchor Steam Beer, Schremser Zwickl, Brauwerk Session IPA, Brauwerk Porter, Crew Republic Drunken Sailor, Thornbridge Vienna IPA, To Öl Single Hop Amarillo, Zinne Bir, Beavertown 8 Ball, Del Borgo ReAle, Thornbridge Colorado Red, O'Hara's Irish Stout, Rogue Chocolate Stout, Leffe Bruin, Mikkeller American Dream, Beavertown Londoner Weisse
FLASCHENBIER Theresianer Premium Pils, Riegele Amaris 50, Forstner Das Rote, Birol Number One Amber, Loncium Helles Zwickl, CarinthIPA, Mc Couffe, Peter Pale & Mary, Bierol Going Hazelnuts, Thornbridge Kill Your Darlings, Sam Adams Lager, Liefmans Goudenband, Rogue Dead Guy Ale, Schleppe No 1, Sierra Nevada Pale Ale, Sierra Nevada Torpedo, Duvel, Forstner Illuminatus, Anderson Valley Hop Ottin etc.
LOKAL Bierlokal des Jahres, siehe Seite 374

THE DUKE PUB
1070, Burggasse 17
01/990 02 32
tisch@boheme.at
www.dukepub.at

ÖFFNUNGSZEITEN Mo–Fr 17.00 bis 2.00 Uhr, Sa–So 15.00 bis 2.00 Uhr
FASSBIER Duke's Lager (Budweiser), Schremser Bio Zwickl, Kilkenny, Guinness, Velkopopovický Kozel Dunkel, Strongbow dry Cider
FLASCHENBIER Hirter Pils, Franziskaner, Grolsch, Heineken, Fuller's London Pride, Newcastle Brown Ale, Corona, Beck's Green Lemon, Beck's Alkoholfrei, Gösser Naturradler und einige Cider
LOKAL Die gemütliche Pub-Atmosphäre allein wäre noch kein Grund zum Feiern. In Kombination mit den angebotenen Getränken bietet ein Besuch jedoch Grund zu großer Freude. Dazu Whiskys ohne Zahl, genossen fachsimpelnderweise am besten direkt an der Bar, während in den allgegenwärtigen 4 Flach-TVs Premiere Sport flimmert. Zu Essen gibt es Chicken Wings, Cheeseburger und Duke-Toast. 100 Sitzplätze im Lokal.

ULRICH
1070, St. Ulrichsplatz 1
01/961 27 82
hallo@ulrichwien.at
www.ulrichwien.at
FASSBIER Schladminger, Schwechater Zwickl
FLASCHENBIER Weihenstephaner Hefeweizen, Beck's Alkoholfrei
LOKAL Neben der St. Ulrichskirche liegt ein Schanigarten, den die Wirtschaftskammer 2015 mit dem „Goldenen Schani" ausgezeichnet hat. In diesem Garten erlebt man immer noch wie das ist, mitten in der Großstadt zu sein – und gleichzeitig am heimeligen Dorfplatz. Vogelgezwitscher und Kirchenglocken. Pflastersteine und bunte, schlichte Holzmöbel – es gibt neben dem Bier (Gabel-)Frühstück, selbstgemachte Flatbreads und im Monatsrhythmus wechselnde kleine und große Teller. Sehr urbanes Publikum, sehr freundliche Bedienung. 90 Plätze im Lokal, 80 im Garten.

UNSAGBAR – PUB&TRÖDEL
1070, Kaiserstraße 76
0 68 1/10 27 02 34
unsagbar@chello.at
ÖFFNUNGSZEITEN Mo–Sa 17.00 bis 2.00 Uhr

WIEN

8. BEZIRK

Blauensteiner – Zur Stadt Paris

Chelsea Musicplace

FASSBIER Murauer Märzen, Schlägl Kristall
FLASCHENBIER Hirter Privat Pils, Schlägl Gold Roggen, Gösser, Corona, Guinness, Beck's Alkoholfrei
LOKAL Gut gelungener Interieur-Mix (verschiedene Sessel, Tische, Wanddekorationen, Lampen – allerlei Trödel also). Gemischtes Publikum (auch jung gebliebenes), vor allem auch den Music-Events entsprechende Klientel. 60 Sitzplätze im Lokal, 15 Plätze an der Bar, 28 im Garten.

8. BEZIRK

BIERKANZLEI AM BREITENFELD
1080, Breitenfelder Gasse 22
0 66 0/666 20 21
manfred.hofmann1@chello.at
www.bierkanzlei.com
ÖFFNUNGSZEITEN Di & Mi 17.00 Uhr bis 24.00 Uhr, Do–Sa 17.00 Uhr bis 2.00 Uhr, So & Mo Ruhetage
FASSBIER Murauer Steirergold (Märzen), Bierkanzlei Hausbier (Kobersdorfer Pils), Schwechater Zwickl, saisonale Bierspezialität (z.B. Hofbräu München etc.)
FLASCHENBIER Wieselburger Märzen, Gösser Radler, Paulaner Hefeweizen, Murauer Doppelmalz, Gösser Naturgold, Edelweiß Alkoholfrei
LOKAL Bierkanzler (und Zapfmeister) Manfred Hofmann führt an der Ecke Breitenfelder Gasse/Blindengasse ein Music-Pub, in dem geduldig gezapft wird – sogar das Gas der Zapfanlage wird entsprechend der Saison angepasst. Stammtisch-Lokal der Red Biker Gruppe Wien. 24 Plätze im Lokal, 10 Plätze an der Bar, 20 im Schanigarten.

BLAUENSTEINER – ZUR STADT PARIS
1080, Josefstädter Straße 4
01/405 14 67
www.gastwirtschaft-blauensteiner.at
ÖFFNUNGSZEITEN Mo–So 11.00 bis 23.30 Uhr
FASSBIER Hubertus Lager Classic, Hubertus Kelten Bier
FLASCHENBIER Die Weisse Salzburg, Hubertus Radler, Beck's Alkoholfrei
LOKAL Traditionelles Wiener Eck-Wirtshaus an der Ecke zur Lenaugasse. Eine kleine Schank und ein paar einfache Tische in zwei Räumen – hier wird hervorragende Wiener Küche serviert (das Wiener Schnitzel ist ebenso empfehlenswert wie das Herz). Interessante, leise Hintergrundmusik aus den 70er-Jahren. 40 Plätze.

CENTIMETER I BEIM RATHAUS
1080, Lenaugasse 11
01/470 06 06 41
info@centimeter.at
www.centimeter.at
ÖFFNUNGSZEITEN Mo–Do 8.30 bis 24.00 Uhr, Fr–Sa 8.30 bis 1.00 Uhr, So 8.30 bis 24.00 Uhr
FASSBIER Centimeter Hausbier, Murauer Steirergold, Hirter Pils, Budweiser Budvar, Stiegl Weisse, Zwickl, Hirter Morchl Dunkel, Mischbier, Saurer Radler, Sonderbiere nach Saison (Herbstbier, Bockbier etc.)
FLASCHENBIER Franziskaner Hefetrüb, Augustiner Hefetrüb, Paulaner Hefedunkel, Stiegl Sport-Weisse (alkoholfrei), Ottakringer Helles, Zwettler Original, Raschhofer Zwickl, Hadmar Bio Bier, Hirter Märzen, Stiegl Goldbräu, Trumer Pils, Murauer Pils, Golser Helles (Bügelflasche), Heineken, Guinness (Dose), Corona Extra, Magner's Cider, Black Hill, Beck's Pils, Beck's Alkoholfrei, Hacker-Pschorr (Bügelflasche)
LOKAL Ein Klassiker des Altwiener Grätzels hinter dem Rathaus und in unmittelbarer Nachbarschaft des Kabarett Niedermair: Große, zentrale Bar. Centimeterbrote, die den Lokalnamen prägen, werden von einem jungen, vorwiegend studentischen Publikum verzehrt. Im Sommer findet man einen gemütlichen Gastgarten. 120 Plätze + 20 Barplätze im Raucherbereich im EG, 145 im Nichtraucherbereich im Kellergeschoss, im Gastgarten 35 Plätze, im Juli und August zusätzliche 30 Plätze.

CHELSEA MUSICPLACE
1080, Lerchenfelder Gürtel / U-Bahnbögen 29–30
01/407 93 09
chelsea@sil.at
www.chelsea.co.at
ÖFFNUNGSZEITEN Mo–So 18.00 bis 4.00 Uhr, kein Ruhetag
FASSBIER Guinness, Kilkenny, Fuller's London Pride, Starobrno Altbrünner Gold, Zipfer Urtyp, Thornbridge Vienna IPA, ein wechselndes Bier von Xaver

418
WIEN
8. BEZIRK

Das Torberg

Franz

FLASCHENBIER Beck's Pilsener, Corona, Weihenstephaner Hefeweißbier, Heineken, Wieselburger Gold, Newcastle Brown Ale, Thornbridge Jaipur, Xaver Pale Ale, Xaver Common, Xaver Stout, Brauwerk Nr. 2 Session IPA, Brauwerk Nr. 3 Porter, Tegernseer Hell, Grolsch, Gösser Naturradler, Gösser Naturgold, Strongbow Cider, Bulmers
LOKAL Seit Mitte der Neunzigerjahre existiert mitten am Gürtel (Höhe Pfeilgasse) diese Institution der Wiener Rock-Konzertszene, die in letzter Zeit das Craft Bier-Angebot deutlich ausgeweitet hat. Das Chelsea besteht aus vier U-Bahnbögen, wobei zwei Bögen als Konzertraum und zwei als Clubraum genützt werden. Im Sommer ist auch ein Schanigarten angegliedert. In den Konzerträumen finden etwa 250 Besucher Platz, bei den Wochenend-Dj-Partys circa 400 Gäste. Bei diesen Events gibt es auch einen Dancefloor. 250 Stehplätze im Lokal, 200 Plätze im Schanigarten.

DAS TORBERG
1080, Strozzigasse 47
01/920 34 99
office@dastorberg.at
www.dastorberg.at
ÖFFNUNGSZEITEN Mo–Sa 17.00 bis 2.00 Uhr, So geschlossen
FASSBIER Hofbräuhaus Traunstein Helles, Hofbräuhaus Traunstein Pils
FLASCHENBIER Hofbräuhaus Traunstein Weizen, Hofbräuhaus Traunstein Dunkles, Hofbräuhaus Traunstein alkoholfreies Weizen, Clausthaler
LOKAL Kleine, gemütliche Bierbar, die sich rühmt, „Europas bestes Bier" auszuschenken – Helles und Pils vom Hofbräu Traunstein haben mehrere DLG-Medaillen und 2009 auch den European Beer Star in ihrer Kategorie gewonnen. Zum Bier gibt es Brezel und Wurzelspeck – leicht durchzogenes, kräftig gewürztes Gustostückerl, sehr mürb und deftig im Biss – kräftig im (Knoblauch-)Geschmack. Ständig werden verschiedene Brettspiele vorrätig gehalten. Über 289 Sorten Gin und 16 verschiedene Tonics. 14 Plätze an der Bar, 20 im Garten.

DIE WÄSCHEREI
1080, Albertgasse 49
01/409 23 75 11
lokal@die-waescherei.at
www.die-waescherei.at
ÖFFNUNGSZEITEN Mo–Fr 17.00 bis 2.00 Uhr, Sa von 9.00 bis 2.00 Uhr, So u. Feiertage 9.00 bis 24.00 Uhr (Early Brunch Sa–So u. Feiertage 9.00 bis 12.00 Uhr / Midday Brunch 12.00 bis 15.00 Uhr
FASSBIER Das Wäscherei Bier Hell/Dunkel, Schwechater Zwickl, Trumer Pils, Starobrno, Gösser Naturradler
FLASCHENBIER Die Weisse Salzburg, Wieselburger Stammbräu, Gösser Märzen, Corona, Gösser Naturgold
LOKAL Trendiges, und auch nach vielen Jahren immer noch originell wirkendes Bierlokal mit Ethno-Küche, Brunch am Wochenende und direktem Draht zur Weißbierbrauerei von Hans Georg Gmachl in Salzburg. Happy Hour täglich von 18.00 bis 20.00 Uhr. 130 Plätze, 30 an der Bar, Terrasse: 80 Plätze.

FRANZ
1080, Florianigasse 19
01/947 84 00
wien@lokal-franz.at
www.lokal-franz.at
ÖFFNUNGSZEITEN Di–Sa 11.00 bis 23.00 Uhr
FASSBIER Piestinger, Pistinger Schneebergland, Radler
FLASCHENBIER Edelweiß Weizenbier Hefetrüb, Villacher Pils, Clausthaler
LOKAL Franz Machart (ex Weinhaus Arlt) hat diese urige Gastwirtschaft an der Ecke zur Langegasse mit gehobener Wiener Küche (es gibt auch Innereien, Kutteln und andere Schmankerln) und frisch gezapftem Piestinger Bier wiederbelebt. Neu: 4-gängiges Überraschungsmenü ab 4 Personen à 38,- Euro/Person. 55 Plätze im Lokal.

WIEN

8. BEZIRK

Fridos

Hofbräu zum Rathaus

FRIDOS 🍺🍺🍺
1080, Lerchenfelder Straße 60
0 660/194 65 20
office@fridos.at
www.fridos.at
ÖFFNUNGSZEITEN Mo–Sa ab 18.00 Uhr, So u. Feiertage ab 17.00 Uhr, **ÖFFNUNGSZEITEN** in den Sommermonaten siehe Homepage
FASSBIER Villacher Märzen, Hausbier (Villacher)
FLASCHENBIER Edelweiss, Villacher Naturradler, Stiegl Goldbräu, Schwechater Zwickl, Guinness, Corona extra, Villacher Hugo, Heineken, Freistädter Ratsherrn, Schlossgold
LOKAL Friedrich und Doris Schandera sind Gast- und Namensgeber dieses Pubs, das sich mit Pubquiz (wie in den meisten Wiener Lokalen am Dienstag) und dem Bemühen um Bierkultur lokale Bedeutung geschaffen hat. Gelegentlich wird sogar ein Bierkulinarium mit Villacher Bieren ausgerichtet. Und als Mixbiergetränk wird eine Kärntner Spezialität, die „Goas" – bestehend aus Villacher Hausbier, Cola und Kirschrum – angeboten. 80 Plätze im Lokal, 12 an der Bar.

FROMME HELENE 🍺
1080, Josefstädter Strasse 15, Ecke Lange Gasse 33
01/406 91 44
restaurant@frommehelene.at
www.frommehelene.at
ÖFFNUNGSZEITEN Mo–So 11.00 bis 24.00 Uhr

FASSBIER Goldfassl Pils, Helenenbräu, Ottakringer Dunkles
FLASCHENBIER Budweiser, Schneider Weisse, Schneider Weisse Alkoholfrei, Citrus Radler, Null Komma Josef
LOKAL Gemütliches Restaurant mit Wiener und internationaler Küche. Vogelkeller (Gewölbekeller aus dem 18. Jahrhundert) und ruhiger Biedermeier-Gastgarten im Innenhof, jeweils für 70 bis 80 Gäste.

GÜRTELBRÄU 🍺🍺🍺
1080, Lerchenfelder Gürtel 24
01/402 41 95
office@guertelbraeu.com
www.guertelbraeu.at
ÖFFNUNGSZEITEN Mo–Do 11.30 bis 2.00 Uhr, Fr 11.30 bis 3.00 Uhr, Sa 18.00 bis 3.00 Uhr, So 18.00 bis 24.00 Uhr
FASSBIER Ottakringer Helles, Ottakringer rotes Zwickl, Ottakringer Dunkles, Hainfelder, Schneider Weisse
FLASCHENBIER Murauer Märzen, Corona, Heineken, Erdinger Weißbier, Wieselburger Stammbräu, Null Komma Josef
LOKAL Zwei Stadtbahnbögen, eine kleine Bierbar mit viel Holz und Kupfer und nettes Personal mit ausgeprägter Bierkompetenz – das sorgt für eine interessante bierige Stimmung, die ein wenig an vergleichbare Lokale unter den Berliner Stadtbahnbögen erinnert. Die Bierauswahl ist von Ottakringer geprägt, es gibt aber auch die raren Biere aus Hainfeld. Diese werden mit passenden Speisen (Bierkalbsbrust, Hendlbrust mit Dunkelbier-Apfelsauce, Lungenbraten in Bierteig) in einer Art „Indoor-Biergarten" unter einem großen Baum serviert. Etwas laute Musik (speziell an Freitagen), aber an Stimmung und Bier gibt's nichts zu meckern. Und zweimal am Tag gibt's sogar eine Happy Hour. Ca. 80 Plätze, 50 an der Bar, 80 Plätze im Garten am Außengürtel.

HOFBRÄU ZUM RATHAUS 🍺🍺🍺
1080, Florianigasse 2
01/408 01 12
info@hofbraeu-zum-rathaus.at
www.hofbraeu-zum-rathaus.at
ÖFFNUNGSZEITEN Mo–So 10.00 bis 1.00 Uhr, kein Ruhetag, geöffnet 365 Tage/Jahr
FASSBIER Hofbräu Original, Hofbräu Dunkel, Münchner Weisse,

420
WIEN
8. BEZIRK

Miles Smiles Jazz Café

Polkadot

saisonal: Münchner Sommer naturtrüb, Hofbräu Oktoberfestbier, Hofbräu Festbier, Hofbräu Maibock
FLASCHENBIER Hofbräu Schwarze Weisse, Hofbräu Kristall Weisse, Hofbräu Alkoholfrei
LOKAL Das Hofbräu zum Rathaus in den Räumen des traditionsreichen Gasthaus Adam unter dem Motto: „Wiener Gemütlichkeit trifft Münchner Bierkultur." Standesgemäß werden auch Weißwurst, Brezn, Obatztn und Stelzen angeboten. 280 Sitzplätze, im „Bayrischen Biergarten" 200 Plätze.

Finden Sie die **BESTEN BIERLOKALE** und Ihr **LIEBLINGSBIER** in Ihrer Umgebung. Mit Conrad Seidls **BIER GUIDE APP**.
Jetzt **GRATIS DOWNLOAD** im Play- oder Appstore!

MILES SMILES JAZZ CAFÉ
1080, Langegasse 51
01/405 95 17
sivad@gmx.at
www.miles-smiles.at
ÖFFNUNGSZEITEN So–Do 20.00 bis 2.00 Uhr, Fr–Sa 20.00 bis 4.00 Uhr
FASSBIER Zwettler Pils
FLASCHENBIER Hirter Privat Pils, Hirter Morchel, Raschhofer Zwickl, Hadmar Bio Bier, Schneider „Unser Original" Weisse, Schneider Aventinus, Zwettler Saphir Premium Pils, Jever Pilsner, Guinnes Draught (Dose)
LOKAL Das Miles Smiles gibt es seit 1981 für ein sehr gemischtes Publikum von Menschen, die Jazzmusik und gepflegtes Bier schätzen. Angenehm schummerige Atmosphäre. 38 Sitzplätze im Lokal, 10 Plätze an der Bar, 16 Plätze im Garten.

NACHBAR
1080, Laudongasse 8
01/406 33 03
office@nachbar.co.at
www.nachbar.co.at
ÖFFNUNGSZEITEN Mo–Sa ab 18.00, So 18.00 bis 24.00 Uhr, Küche Mo–So 18.00 bis 1.00 Uhr
FASSBIER Murauer Märzen, HB Helles, Starobrno, Schwechater Zwickl, HB Altbayrisch, HB Weisse, Gösser Naturradler
FLASCHENBIER Murauer Märzen, Wieselburger Stammbräu, HB Weisse, Weihenstephaner, Die Salzburger Weisse
LOKAL Das ehemalige Kolar 3 ist nun von der benachbarten USW-Bar übernommen worden – und heißt dementsprechend NachBar. Geboten werden Pizzen und Pitas aus dem Holzofen, div. Burger, live Fußball auf 2 Leinwänden und Veranstaltungsräumlichkeiten auf zwei Etagen.

POLKADOT
1080, Albertgasse 12
01/407 41 25
office@polkadot.at
www.polkadot.at
ÖFFNUNGSZEITEN So–Do 19.00 bis 2.00 Uhr, Fr–Sa 20.00 bis 4.00 Uhr
FASSBIER Zipfer Märzen, Hirter Pils, Bier des Monats (etwa: Schladminger Bio-Zwickl)
FLASCHENBIER Brauwerk Session IPA, Anchor Steam Beer, La Chouffe, Duvel, Hoegaarden, Brew Age Chic Xulub, Astra Urtyp, Peroni, Guinness, Kilkenny, Franziskaner Weisse, Corona, Heineken, Wieselburger Gold, Tegernseer Spezial
LOKAL Polkadots sind die Bezeichnung für ein Muster aus einfarbiger Fläche und darauf (regelmäßig) angeordneten Punkten in einer anderen Farbe. Mary Mayr hatte dies wohl im Sinn, als sie im Herbst 2014 das bei Studenten beliebte „Narrnkast'l" in der Albertgasse übernommen hat und es zu einer „Alternative Music Bar for Students, Travelers and Awesome People" umgestaltet hat. Viele Parties – und dem Trend der Zeit entsprechend auch viel Craft Bier. Auch eine der Bierleitungen wird ständig mit aktuellem Bier bespielt. Ca. 80 Sitzplätze und 30 Stehplätze.

WIEN

8. BEZIRK

U.S.W. – Beisl und mehr

Verde 1080

PRINZ FERDINAND
1080, Bennoplatz 2
01/402 94 17
office@prinzferdinand.at
www.prinzferdinand.at
ÖFFNUNGSZEITEN Di–Sa 11.00 bis 23.30 Uhr, So u. Feiertage 11.00 bis 23.00 Uhr, Mo Ruhetag
FASSBIER Schremser Zwickl, Schremser Premium
FLASCHENBIER Tegernsee Hell, Gutmann Hefeweizen, Beck's Alkoholfrei
LOKAL Ein „Edelbeisel" in einem reizenden Biedermeierhaus, mit Wohnzimmeratmosphäre in den drei Bierstüberln und einem stimmungsvollen Gastgarten – von der FAZ unter die besten Beiseln der Welt gereiht, variationsreiche Speisekarte. 80 Sitzplätze im Lokal und 70 Sitzplätze im Garten.

U.S.W. – BEISL UND MEHR
1080, Laudongasse 10
0 69 9/17 15 13 84
office@uswbeisl.com
www.uswbeisl.com
ÖFFNUNGSZEITEN Mo–Do & So 18.00 bis 2.00 Uhr (4.00 Uhr ist wahrscheinlicher), Fr–Sa 18.00 bis 4.00 Uhr
FASSBIER U.S.W. Bräu, Schwechater Zwickl, Murauer Märzen, Starobrno, Gösser Naturradler
FLASCHENBIER Murauer Märzen, Hirter Privat Pils, Stiegl, Schremser Roggenbier, Salzburger „die Weisse", Clausthaler, Murauer Kräuterradler Alkoholfrei, Corona
LOKAL Seit 1980 eine Institution des 8. Bezirks, das Wohnzimmer von Künstlern, Intellektuellen, Originalen. Regelmäßig Veranstaltungen, Konzerte, Kabarett, Lesungen, jeden Mittwoch Quizabend, jeden Sonntagabend eine spezielle Speise gratis, Hausmannskost, Fladen, wechselnde Gerichte, großer Partyraum für geschlossene Gesellschaften, Buffet, Catering, technisches Equipment (2 Sony-Videobeamer, 2 Leinwände, Mikrofon, 16-Kanal-Powermischpult, Boxen, Musikanlage), Couch, Bühne. 100 Sitzplätze im Lokal, 40 Plätze an der Bar, 40 Sitzplätze im Garten.

VERDE 1080
1080, Josefstädterstraße 27
01/405 13 29
office@verde1080.at
www.verde1080.at
ÖFFNUNGSZEITEN Mo–Fr 11.00 bis 18.00 Uhr
FASSBIER Leffe Ruby, Blonde, Brune, Royal, Rituel
FLASCHENBIER Gusswerk Triple A, Dies Irae, Nixe Extra Dry, Eggenberger Hopfenkönig, Hubertus Lager, Mc Chouffe, La Chouffe, Lindemans Kriek, La Trappe, Trois Fourquets Lupulus, Chimay u.v.a. - Riesenauswahl an österr. und internationalen Bieren
LOKAL Ursprünglich eine Greisslerei, das Bierangebot aber gehört zum Besten, was Wien zu bieten hat – es reicht vom leicht zu trinkenden Nixe Extra Dry bis zu schweren Kalibern aus Belgien. Und weil Stefan Kreidl auch ein kreativer Koch ist, gibt es in dem winzigen Lokal einen hervorragenden Mittagstisch – wobei einige Speisen mit belgischem Bier verfeinert werden. Für den kleinen Hunger werden Burger serviert. Es gibt eine sehr umfangreiche Auswahl an Flaschenbieren aus Österreich, Belgien und Großbritannien und Bierzapfgarnituren für Partys zum Ausleihen. Für die enorme Bierauswahl, die man bei Verkostungen probieren kann, wurde das Lokal 2013 auch als Wiener Bierlokal des Jahres ausgezeichnet.

422
WIEN
8., 9. BEZIRK

Beaver Brewing Company

ZUM JOHANN
1080, Lerchenfelderstraße 104
0 66 4/969 37 37
info@zumjohann.at
www.zumjohann.at
ÖFFNUNGSZEITEN Mo–Di 17.00 bis 22.00 Uhr, Mi–Do 12.00 bis 22.00 Uhr, Fr–Sa für private Feiern geöffnet.
FLASCHENBIER Ausschließlich von der Privatbrauerei Schwarz in Krumbach: Schwarz Bräu Helles, Altbier, Golden Strong Ale, Dark Strong Ale, Edition Triad, Spezialitäten in kleinen Auflagen wie Farmhouse Special, Stout, Biker's Favourite
LOKAL Diese Kombination aus Feinkostladen und Bar ist auf die Produkte aus der Buckligen Welt fokussiert – der PR-Fachmann Gregor Panis stammt von dort und hat mit der Einrichtung des Lokals offenbar eine Marktlücke geschlossen. Die Ziegenkäsebällchen kommen ebenso aus Krumbach wie die das Bier vom Schwarzbräu, zu dem sie gut passen. Grammeln und Blunzen, Speck und Selchwürstln für die Brettljause gibt es ebenso aus der Region.

ZUM NARRISCHEN KASTANIENBAUM
1080, Strozzigasse 36
01/405 03 88
sylvia.netousek@kastanienbaum.net
www.kastanienbaum.net
ÖFFNUNGSZEITEN Mo–Fr 11.00 bis 24.00 Uhr, Sa 16.00 bis 24.00 Uhr, So 11.00 bis 17.00 Uhr
FASSBIER Goldfassl Pur, Schneider Weisse, Ottakringer Rotes Zwickl
FLASCHENBIER Ottakringer Dunkles, Ottakringer Zitronen Radler, Null Komma Josef
LOKAL Ein traditionelles Wiener Lokal mit einem schönen Innenhof und dem berühmten „narrischen Kastanienbaum".

9. BEZIRK

9ER BRÄU
1090, Lichtenwerderplatz 2
01/317 53 47
office@neunerbraeu.at
www.neunerbraeu.at
ÖFFNUNGSZEITEN Täglich ab 17.00 Uhr

FASSBIER 9er Bräu, 9er Natur Radler von Gösser, 9er Schnitt, Schwechater Zwickl, Edelweiss Hefetrüb, Gösser Stiftsbräu Dunkel
FLASCHENBIER Desperados, Heineken, Wieselburger Stammbräu, Wieselburger Gold, Schlossgold
LOKAL Gleich beim Hereinkommen stößt man an eine einladende Bar, links und rechts geht es in gemütliche Gasträume. Serviert wird die übliche Bierlokal-Küche zu sehr studentenfreundlichen Preisen. Dass dieses „Bräu" nicht selber braut, muss man ihm nachsehen, die Bierpflege ist okay. Der Club 9Under steht für geschlossene Veranstaltungen zum Mieten zur Verfügung. Und bei Fußball-Großveranstaltungen gibt es Übertragungen auf Großbildschirme – bei Football-Großveranstaltungen auch. 200 Sitzplätze im Lokal, 20 Plätze an der Bar.

BEAVER BREWING COMPANY
1090, Liechtensteinstraße 69
0 6 77/61 01 22 53
office@beaverbrewing.at
www.beaverbrewing.at
ÖFFNUNGSZEITEN So–Do 11.30 bis 24.00 Uhr, Fr–Sa 11.30 bis 1.00 Uhr.
FASSBIER Beaver Brewing: Beaver Blue Ribbon Zwickl, Big Lake Pale Ale, Mrs. Stoutfire-Nitro American Oatmeal Stout, Florida Amber Ale, Pyramid Pils, Buzzz Honey Ale, wechselnde Gastbiere
LOKAL Ende 2015 eröffnetes Brewpub, das einem alten Gastronomiebetrieb – erwähnt in Doderers Strudlhofstiege, dann lange Zeit als Chinese geführt – frisches, amerikanisch angehauchtes Leben gegeben hat. Kleine zentrale Bar, an der es auch gute Beratung zu den Bieren gibt. Das Essen dazu ist herzhaft. Burger oder Salate mit dicken Speckstreifen, beispielsweise. Nett dekoriert, schmeckt gut, allerdings könnten die Portionen etwas größer sein. Die – sehr kleine – Brauanlage steht im Keller. Abends kann es hier richtig voll werden, wer zum Bierkosten kommen will, ist am Nachmittag sicher besser bedient. 80 Plätze im Lokal, 15 an der Bar.

WIEN
9. BEZIRK

Bierheuriger Gangl

Charlie P's Pub & Dining

CAFÉ BERG
1090, Berggasse 8
01/319 57 20
mail@cafe-berg.at
www.cafe-berg.at
ÖFFNUNGSZEITEN Di–Sa 10.00 bis 23.00 Uhr, So 10.00 bis 15.00 Uhr, Mo Ruhetag
FASSBIER Budweiser, Trumer Pils, Grieskirchner Dunkel
FLASCHENBIER Löwenbräu Hefeweizen Hell, Beck's, Beck's Alkoholfrei, Beck's Green Lemon, Corona, Hirter Radler
LOKAL Netter Szenetreff für gemischtes Publikum. Ca. 100 Sitzplätze, 35 im Gastgarten.

BIERHEURIGER GANGL
1090, Alser Straße 4, Hof 1
01/409 19 94
office@gangl.at
www.bierheuriger-gangl.at
ÖFFNUNGSZEITEN Mo–Fr 9.00 bis 24.00 Uhr, Sa–So 11.00 bis 24.00 Uhr
FASSBIER Weitra, Zwettler Pils, Zwettler Zwickl, Zwettler Dunkles, Zwettler Gemischtes, Zwettler Radler
FLASCHENBIER Wieselburger Stammbräu, Edelweiss, Hadmar Bio Bier, Gösser Naturgold
LOKAL Beliebter Treffpunkt im Alten AKH mit Klassikern der heimischen (und Steirischen) Küche, diversen Burgern und Gerichten zum Bier, wie z.B. Weißwurst mit warmer Riesenbrezn. 250 Sitzplätze im Lokal, Galerie (für Feiern) 100 Sitzplätze, 500 im Gastgarten.

CHARLIE P'S PUB & DINING
1090, Währinger Straße 3
01/409 79 23
info@charlieps.at
www.charlieps.at
ÖFFNUNGSZEITEN Mo–Do 14.00 bis 2.00 Uhr, Fr 14.00 bis 3.00 Uhr, Sa 13.00 bis 3.00 Uhr, So 13.00 bis 1.00 Uhr
FASSBIER Guinness, O'Hara's Irish Stout, Kilkenny, O'Hara's IPA, Fuller's London Pride, Hoegaarden, Ottakringer Goldfassl Spezial, Ottakringer Zwickl, Ottakringer Rotes Zwickl, Budweiser, Velkopopovický Kozel, Schneider Weisse, Ottakringer Citrus Radler und wöchentlich ein Gastbier vom Fass.
FLASCHENBIER Craft Biere: Brewdog 5AM Saint, St. Peter's Organic Ale, O'Hara's Irish Red, Samuel Smith's Nut Brown Ale, Bevog Tak, Crew Republic Foundation 11, Brew Age Pale Ale, Sierra Nevada Pale Ale, Rogue Oregasmic Ale, Bierol Mountain Pale Ale, Brewdog Punk IPA, Gusswerk Nikobar IPA, Mikeller Peter, Pale & Mary, Flying Dog Snake Dog IPA, Thornbridge Jaipur, Meantime IPA, Gusswerk AAA, Bierol Number One, Theresianer Vienna Lager, Brooklyn Lager, Thornbridge Kill Your Darlings, Orval, Kwak, Rochefort 6, Karmeliet Triple, Samuel Smith's Imperial Stout, Bierzauberei Aleysium No. 5 Geuze, Die Weisse Original und Big Arlet Organic Cider, Newcastle Brown Ale, Stella Artois, Astra Urtyp, Desperados, Franziskaner Weissbier Hell und Dunkel, Gutmann Hefeweizen, Leffe Blonde und Brune, Grolsch, Heineken, Corona, Augustiner Helles und Edelstoff, Tegernseer Hell und Spezial, Chimay Rot, Die Weisse Hell und Dunkel, Null Komma Josef, Erdinger Alkoholfrei, Hollows & Fentimans Ginger Beer
LOKAL Schon 2002 wurde das Charlie P's – damals noch einfach ein klassisches Irish Pub – in diesem Guide als Bierlokal des Jahres ausgezeichnet. Inzwischen wurde ihm ein Gastro-Pub-Bereich angegliedert, wo sehr gehobene Pub-Küche (Austern, Irische Rib-Eye Steaks und Irisches Lamm) angeboten wird – was von Gault Millau 2015 mit 14 Punkten gewürdigt wurde. Patron Brian Patton wurde ebenfalls 2015 zum Gastronomen des Jahres gekürt. Seine Gäste erwartet ein großes Bierangebot und des internationales Flair – auch der irische Einschlag auf der Bierkarte ist bemerkenswert. Das Lokal ist über mehrere Ebenen verteilt und bietet trotz seiner Größe Nischen, in denen man auch im kleineren Kreis plaudern kann. Wenn's einem nicht zu laut wird – im Keller legen jeden Abend DJs auf, von 80er bis Indie Rock. Ca. 170 Sitzplätze im Lokal, 15 und 20 an den Bars, 16 im Garten.

DREIKLANG
1090, Wasagasse 28
01/310 17 03
herbert.hofer@3klang.info
www.3klang.info
ÖFFNUNGSZEITEN Mo–Fr 9.00 bis 22.00 Uhr, Sa–So u. Feiertage geschlossen

424
WIEN
9. BEZIRK

Fladerei Berggasse

Highlander Scottish Pub

FASSBIER Weitra Bräu
FLASCHENBIER Hadmar Bio Bier, Neufeldner s'Zwickl, Schremser Bio Roggen-Bier, Emmerberg Hanfbier, Mühlviertler Weisse, Lammsbräu Alkoholfrei
LOKAL Das Dreiklang ist seit 1991 das Bio-Bierlokal Wiens – das Motto lautet: „Essen, Trinken & Hoagascht'In" – wobei „Hoagascht'In" gemütlich zusammensitzen, tratschen, plaudern bedeutet. Man kocht vorwiegend, aber nicht nur, vegetarisch, jedenfalls aber biologisch und bietet eine wechselnde Auswahl an Bio-Flaschenbieren. Dies wurde auch mit dem Österreichischen Umweltzeichen belohnt! Die Speisekarte bietet viele leckere Bierschmankerln, jeweils ein (Bio-) Käse des Monats. Einige Nichtraucherplätze. 40 Sitzplätze, Schanigarten: 24 Sitzplätze, Extrazimmer: 20 Sitzplätze (für Gruppen bis 30 Personen), kleine Bar.

FLADEREI BERGGASSE
1090, Berggasse 12
01/310 02 43
berggasse@fladerei.at
www.fladerei.com
ÖFFNUNGSZEITEN Mo–Do 11.00 bis 24.00 Uhr, Fr 11.00 bis 1.00 Uhr, Sa 12.00 bis 1.00 Uhr, So 17.00 bis 22.00 Uhr
FASSBIER Hausbier (Pils, Zwickl, Dunkles), Schladminger Märzen, Starobrno, Edelweiss Weizenbier, Strongbow Cider
FLASCHENBIER Weihenstephaner Hefeweißbier, Paulaner Hefeweißbier, Schneider Weisse, Aventinus Weizenbock, Hirter Privat Pils, Wieselburger Stammbräu (Bügelflasche), Gösser Naturradler, Gösser Naturgold
LOKAL Auch in dieser Fladerei-Location gibt es Fast Food at it's best: Hier hat man sich auf die gefüllten Brotteig-Taschen konzentriert. Diese passen sehr gut zum Bier, werden jeden Tag in anderen Varianten angeboten und sind preiswert, was den Studenten an den nahe gelegenen Universitätseinrichtungen gerade recht kommt. Das Hausbier-Zwickl erweist sich als Schwechater Zwickl, seltsamerweise wird es im Weizenbierglas kredenzt, was dem Geschmack aber keinen Abbruch tut. 75 Plätze im Lokal, 8 an der Bar.

HIGHLANDER BREWPUB
1090, Sobieskiplatz 4
01/315 27 94
ulrichschneiderkg@chello.at
www.the-highlander.at
ÖFFNUNGSZEITEN So–Do 11.00 bis 24.00 Uhr, Fr–Sa 11.00 bis 1.00 Uhr
FASSBIER Märzen, Lager und Stout aus der eigenen Brauerei
FLASCHENBIER Wieselburger Stammbräu, Beck's Alkoholfrei
LOKAL Am Rande des neunten Bezirks am Sobieskiplatz liegt das Bierlokal mit eigener Brauerei „The Highlander" – nur wenige Schritte von der Volksoper entfernt. Das ehemalige Irish Pub bedient die auf Guinness eingeschworenen Gäste mit einer eigenen Version eines Bieres im irischen Stil. Im Lokal streicht gelegentlich die Hauskatze herum, was es noch gemütlicher erscheinen lässt. Der Garten, der praktisch in der Mitte des Sobieskiplatzes unter einer alten Platane liegt, ist besonders sehenswert. 95 Sitzplätze, 10 an der Bar, Partykeller, Schanigarten: 110 Sitzplätze.

HIGHLANDER SCOTTISH PUB
1090, Garnisongasse 3
01/402 18 79
highlanderpub@gmx.at
www.highlanderpub.at
ÖFFNUNGSZEITEN Mo–So 15.00 bis 2.00 Uhr, Küche 17.00 bis 23.00 Uhr
FASSBIER Heineken, Highlander, Schladminger, Wieselburger, Starobrno, Guinness, Kilkenny
FLASCHENBIER Wieselburger Stammbräu, Gösser Märzen, Gösser Naturradler, Franziskaner Weisse Dunkel, Schneider Weisse, Stiegl Weizen, Beck's Alkoholfrei, Fuller's London Pride, Hollows Ginger Beer, Fuller's ESB, New Castle Brown Ale, Augustiner Edelstoff, Hollows Ginger Beer
LOKAL Ein richtig nettes Neighbourhood-Pub mit sehr freundlicher Bedienung. Wie es sich für einen schottischen Pub gehört, gibt es eine reiche Auswahl an Whiskys (mehr als 30 Sorten), Cider (Strongbow, Old Rosie, Magners), obergärigem Bier und verschiedenen britischen Speisen wie „Fish in a Basket". Freitags oft Live-Musik. 110 Plätze im Lokal, 20 an der Sky Sports Bar.

425
WIEN
9. BEZIRK

Isaac's Pub

Café Lassa

ISAAC'S PUB
1090, Schubertgasse 13
01/890 80 84
info@isaacs.at
www.isaacs.at
ÖFFNUNGSZEITEN Mo–Do 17.00 bis 2.00 Uhr, Fr–Sa 17.00 bis 4.00 Uhr, So 17.00 bis 24.00 Uhr
FASSBIER Pilsner Urquell, Murauer Märzen, Lager (Hausbier), Heineken, Kilkenny Guinness, Fuller's London Pride
FLASCHENBIER Velkopopovický Kozel, Augustiner Edelstoff, Stella Artois, Raschhofer Weizen, Raschhofer Zwickl, Desperados, König Ludwig Dunkel, New Castle Brown Ale, Gösser Zitronen Radler, Gösser Naturgold
LOKAL Recht authentisch gemachtes Irish Pub, Montags Pubquiz, öfter Livemusik. Und wer nicht nur Bier trinken will, kann hier auch ordentliche Steaks essen. Ca. 80 Sitzplätze, 40 im Garten. Und dazu gibt es noch einen Partykeller.

CAFÉ LASSA
1090, Thurngasse 19
0 67 6/963 77 95
cafe@lassa-design.com
http://cafe.lassa-design.com
ÖFFNUNGSZEITEN Mo–Sa 18.00 bis 1.00 Uhr, So 18.00 bis 24.00 Uhr
FASSBIER Velkopopovický Kozel Hell, Dunkel und gemischt
FLASCHENBIER Budweiser Budvar Lager, Wieselburger Gold, Stiegl Weisse Naturtrüb, Zinne Bir, La Chouffe, Duvel, Westmalle Tripel, St. Bernardus, Rochefort No. 8, Vedett Blond, Blakstock Cider, Null Komma Josef
LOKAL Bier-Café der belgischen Art. Untergäriges Bier vom Fass, obergäriges aus der Flasche. Monatlich Bierverkostungen von österreichischen Craft Bieren, z.B. von Next Level Brewing Wien, Alefried Bier Graz, Zeux Wien, Craft Country Beer Tirol.

LICHTENTHALER BRÄU
1090, Liechtensteinstraße 108
01/315 22 57
office@lichtenthalerbraeu.at
www.lichtenthalerbraeu.at
ÖFFNUNGSZEITEN Mo–Sa 16.00 bis 00.30 Uhr, So Ruhetag
FASSBIER Lichtenthaler Hell und stets 3 wechselnde Bierspezialitäten. Darunter finden sich unter- und obergärige Klassiker wie auch moderne Craft Beer Stile – darunter so außergewöhnliche Experimente wie ein mit Salbei gebrautes Bier.
FLASCHENBIER Braumeister Spezial – sebst gebraute Spezialitäten aus Flaschengärung.
LOKAL An der Stelle der legendären Bier-Oase am Ende der Althanstraße hat sich 2012 ein ambitioniertes kleines Brewpub etabliert. 60 Plätze im Lokal, 5 an der Bar, 40 im Schanigarten.

PAPPALA PUB
1090, Währinger Gürtel, Stadtbahnbogen 157
01/310 22 17
ppub11@icloud.com
www.ppub.at
ÖFFNUNGSZEITEN Mo–Sa 19.00 bis 4.00 Uhr
FASSBIER Guinness, Schwechater Zwickl, Stiegl Goldbräu
FLASCHENBIER Heineken, Corona, Fosters, Kilkenny, Beck's Alkoholfrei
LOKAL Dieses am späteren Abend recht laute Lokal in den Stadtbahnbögen des U6 ist quasi das Wohnzimmer der Studenten der Universität für Bodenkultur. Freundliche Stimmung, freundliche Bedienung. 70 Plätze im Lokal, 20 an der Bar, 40 im Schanigarten.

SELBSTVERSTÄNDLICH
1090, Augasse 25
01/319 64 02
selbstverstaendlich@aon.at
www.selbstverstaendlich.at
ÖFFNUNGSZEITEN Mo–Sa 11.00 bis 23.00 Uhr, So Ruhetag
FASSBIER Zwettler Zwickl, Zipfer Urtyp, Hirter Pils, Budweiser, Edelweiss Weißbier
FLASCHENBIER Wieselburger Stammbräu, Stiegl Lager, Grieskirchner Dunkel, Corona, Zipfer Limettenradler, Gösser Naturgold
LOKAL Das Studentenbeisl in WU-Nähe schlechthin – viele Wirtschaftskapitäne haben in ihrer Studienzeit oft hereingeschaut und diese Übung auch beibehalten, nachdem sie

WIEN

9. BEZIRK

Speakeasy Pub

Stiegl Ambulanz

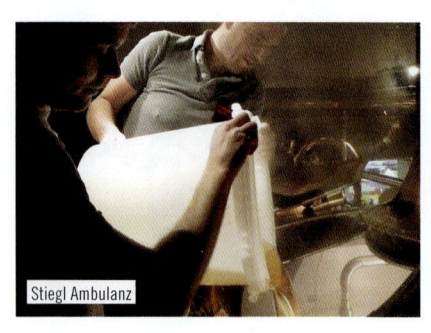

Karriere gemacht haben. Souterrainlokal, durch Galerie und Bar gegliedert, Nockerlspezialitäten, Riesenbrote und was sonst zu einem studentischen Bierlokal gehört. Relativ einfache Küche, viel Sättigendes, geschmacklich einwandfrei, preislich sehr attraktiv. 140 Plätze im Lokal, 15 an der Bar, 50 im Schanigarten.

SPEAKEASY PUB
1090, Hebragasse 9
0 6 50/771 37 51
heinzharl@hotmail.com
www.pub-speakeasy.at
ÖFFNUNGSZEITEN Mo–Fr 9.00 bis 2.00 Uhr, Sa 18.00 bis 2.00 Uhr, So Ruhetag, im Juni, Juli, August und September Sa geschlossen
FASSBIER Guinness, Kilkenny, Starobrno, Zipfer Urtyp, Wieselburger, Strongbow Cider
FLASCHENBIER Edelweiss Hefetrüb, Gösser, Kaiser Doppelmalz (dunkel), Clausthaler
LOKAL Ein gemütliches irisch dekoriertes Pub – aber die Küche ist eher wienerisch: Leberknödelsuppe, Schweinsschnitzel und Käsespätzle machen dem traditionellen „Fish & Chips" gehörig Konkurrenz. Originell: Jeden Tag wird ein anderes Bier verbilligt abgegeben, Guinness-Fans merken sich den Montag und Samstag vor.

STIEGL AMBULANZ
1090, Alser Straße 4
01/402 11 50
info@stiegl-ambulanz.com
www.stiegl-ambulanz.com
ÖFFNUNGSZEITEN Mo–So und Feiertag 8.30 bis 24.00 Uhr, kein Ruhetag
FASSBIER Hausbier von Stiegl, Stiegl-Paracelsus-Zwickl, Stiegl Weisse, König Ludwig Dunkel, Sonderbier je nach Saison: Wiener Lager, Stiegl Pils, Bockbier, Herbstbier usw.
FLASCHENBIER Pilsner Urquell, Stiegl Monatsbiere (aus der Brauerei in Stiegls Brauwelt), Carlsberg, Radler (Zitrone, Himbeere, Grapefruit), Guinness, Clausthaler
LOKAL Durch einen der schönsten Biergärten Wiens – mitten in einer spätbarocken Parkanlage – kommt man in die ehemalige Ambulanz des AKH, die zum zentralen Gastronomiebetrieb auf dem Universitätscampus geworden ist. Es ist ein Herzeige-Betrieb der Stiegl-Brauerei, die hier auch eine kleine Brauanlage betreibt. Unter der Führung von Heinz und Susanne Pollischansky ist ein frischer Wind eingezogen – es gibt mehr Zapfhähne bei einem gleichzeitig etwas reduzierten Platzangebot, was der Servicequalität sehr zuträglich war. Jeden Herbst wird gemeinsam mit dem Universitätsbräu ein Bierfest auf dem Campus veranstaltet. Großer Saal 160 Sitzplätze (Nichtraucher), Salzburger Stube 100 Sitzplätze (Nichtraucher), Lounge 50 Sitzplätze (Raucher), Barbereich 24 Sitzplätze und Stehplätze an der Bar (Raucher), im Garten 700 Sitzplätze.

TAM O'SHANTER'S
1090, Liechtensteinstraße 104–106
0 69 9/17 10 49 02
office@tamoshanters.at
www.tamoshanters.at
ÖFFNUNGSZEITEN Mo–Do 16.30 bis 2.00, Fr–Sa 16.30 bis 4.00 Uhr
FASSBIER Guinness, Kilkenny, Wieselburger, Starobrno
FLASCHENBIER Innis & Gunn, Newcastle Brown Ale, Fuller's Honey Dew, Fuller's London Pride, Strongbow Cider, Fuller's Indian Pale Ale, Hollows Ginger Beer
LOKAL Scottish Pub am Eck von Althanstraße und Liechtensteinstraße – benannt nach einem Gedicht von Robert Burns aus dem Jahr 1790, das nicht nur diesem Lokal, sondern auch der traditionellen schottischen Mütze ihren Namen gegeben hat. Beachtlich: Das im Holzfass gereifte Innis & Gunn Bier aus Edinburgh, das in Österreich sonst schwer zu finden ist. Pub-typisch werden sehr häufig Fußballspiele gezeigt und mehrmals im Monat finden Themen-Parties statt sowie Musik Live- oder DJ-Auftritte. Ca. 70 Sitzplätze.

UNIVERSITÄTS BRÄUHAUS
1090, Alser Straße 4, Altes AKH 1. Hof
01/409 18 15
campus@unibrau.at
www.unibrau.at
ÖFFNUNGSZEITEN 8.00 bis 1.00 Uhr, Küche bis 23.00 Uhr, kein Ruhetag

427
WIEN
9., 10. BEZIRK

Zum roten Bären

Bierochs

FASSBIER Magister Märzen, Doktor Pils, Professor Doppelmalz, Campus Zwickl, Zwickl Doppelbock (saisonal), Andechser Weizen Hefetrüb, Unibräu Altbier
FLASCHENBIER Raxkönig, Unibräu Altbier
LOKAL Seit 1995 eine Bierinstitution in der ehemaligen Anstaltsapotheke des AKH, frequentiert von Studenten, Professoren und Mitarbeitern der benachbarten Nationalbank. Die Familie Haiszan lässt ihr Bier in der Stiftsbrauerei Schlägl brauen. Besonders stolz ist man auf das Altbier nach Düsseldorfer Vorbild, ausgeschenkt im 0,25 l Glas oder für zu Hause in der 1 Liter Glas-Keramikflasche. Der Garten im Alten AKH hat den Vorteil, dass immer etwas los ist – ausgezeichnet wurde er schon einmal mit dem „Goldenen Schani" als schönster Biergarten des Bezirks. Insgesamt fünf Mal fand hier das Falstaff Festival der Bierkultur statt. Auf der Karte viele mit Bier zubereitete Gerichte: Biersuppe, Biersaftfleisch, Lammrückenmedaillons mit Malzbiersaftl. 200 Sitzplätze im Lokal, Bar: 15, Garten: 500 Sitzplätze.

WICKERL
1090, Porzellangasse 24a
01/317 74 89
gasthaus-wickerl@aon.at
www.wickerl.at
ÖFFNUNGSZEITEN Mo–Fr 9.00 bis 24.00 Uhr, Sa 10.00 bis 24.00 Uhr, So 11.00 bis 23.00 Uhr
FASSBIER Puntigamer, Ottakringer Zwickl, Starobrno
FLASCHENBIER Gösser Gold, Edelweiss Hefetrüb
LOKAL Altwiener Gasthaus mit verfeinerter Küche (Rehleberkäs!) und einem Bierangebot, das der Weinkarte Konkurrenz zu machen versucht. Ein großer Tisch gegenüber der Schank steht auf hohen Beinen und dient als Bar. 90 Plätze im Lokal, 8 Plätze an der Bar, 25 im Schanigarten.

ZUM REZNICEK
1090, Reznickgasse 10
0 69 9/13 17 91 40
office@zumreznicek.at
www.zumreznicek.at
ÖFFNUNGSZEITEN Mo–Fr 11.30 bis 15.00 Uhr und 18.00 bis 23.30 Uhr, Sa–So Ruhetag

FASSBIER Kaiser Doppelmalz, Starobrno, Schwechater Zwickl, Schwechater Hopfenperle, Edelweiss Weizenbier, Gösser Naturradler
FLASCHENBIER Edelweiss, Schlossgold
LOKAL Herbert Prockl ist einer jener „Leib- und Seel"-Wirte, die sich jeder Beschreibung verweigern und sich der echten und wahren Wiener Küche verschrieben haben. Nichtraucher 40 bis 50 Plätze, Raucher 35, im Schanigarten 50 Sitzplätze.

ZUM ROTEN BÄREN
1090, Berggasse 39
01/317 61 50
zumrotenbaeren@gmail.com
ÖFFNUNGSZEITEN Mo–So 11.00 bis 24.00 Uhr
FASSBIER Cerna Hora Lezak (Helles), Cerna Hora Granat (Dunkles), Schremser Premium, Zwickel
FLASCHENBIER Cerna Hora Velen (Weizen), Cerna Hora Forman (alkoholfrei), Augustiner Edelstoff, Delirium Tremens
LOKAL Gleich neben der Kriminalpolizei und um's Eck vom Verteidigungsministerium gab es einmal ein Beisl „Zum Braunen Bären" – was politisch irgendwie gar nicht mehr geht. Florian Kovacic wechselte die Farbe des Tiers in (dem Publikum entsprechendes) Rot – das Aushängeschild des Lokals heißt angeblich Leonid. Er besorgte bodenständige Biere und leistbare Speisen. Die Küchentradition umspannt die alte Monarchie: Altwiener Backfleisch in Bioqualität, slowenischer Vorspeisenteller mit Sterz, polnische Pierogi und Rinderschmorbraten mit Butternudeln. 50 Plätze im Lokal, 15 im Schanigarten.

10. BEZIRK

BIEROCHS
1100, Raaber Bahn Gasse 12
01/603 16 75
annaburda9@yahoo.de
www.facebook.com/pages/Bierochs
ÖFFNUNGSZEITEN Mo–Sa 17.00 bis 1.00 Uhr, So Ruhetag
FASSBIER Budweiser, Hirter, Velkepopovický Kozel, Stiegl
FLASCHENBIER 50 Flaschenbiersorten aus aller Welt.
LOKAL Eines der ältesten Bierbeiseln Wiens – in einem Souterrainlokal nur einen Block von der U-Bahnstation Keplerplatz

WIEN

10. BEZIRK

Columbus Bräu

entfernt. Die Kellnerinnen sind immer freundlich und bierkundig. Ca. 90 Sitzplätze im Lokal, 8 an der Bar.

BIERSTADL
1100, Laaer Berg 218a, im Böhmischen Prater
01/689 23 00
nadja.mann@gmx.at
www.bier-stadl.at
ÖFFNUNGSZEITEN März–Nov: Mo–So 10.00 bis 23.00 Uhr
FASSBIER Budweiser, Grieskirchner Dunkel, Hirter
FLASCHENBIER Budweiser, Hirter, Andechs Hefeweißbier, Paulaner Hefeweißbier, Null Komma Josef, Clausthaler
LOKAL Eines der typischen Bierlokale im böhmischen Prater, einfache Gaststube, sehr netter Biergarten – und die für die Location passenden Speisen vom Grillhenderl über die Cevapcici bis zu den Spareribs, die als Spezialität des Hauses gelten. An Wochenenden kann der Betrieb manchmal hektisch werden, da muss man auf das schön gezapfte Bier leider länger warten.

CAMPUS BRÄU
1100, Wiedner Gürtel 1
01/769 15 89
www.campusbraeu.at
ÖFFNUNGSZEITEN Mo–Fr 10.00 bis 2.00 Uhr
FASSBIER Stiegl Goldbräu, Stiegl Paracelsus, Velkepopovický Kozel Hell, Zwettler Original
FLASCHENBIER Maxglaners IPA (von Stiegl), Maxglaners Wit, Stiegl Weisse Hell, Franziskaner Weisse Dunkel, König Ludwig Dunkel, Pilsner Urquell, Hirter Privat Pils, Stiegl Freibier
LOKAL Amerikanisch angehauchtes Bierlokal auf dem Campus der Erste Bank (das ist dort, wo früher der Südbahnhof war), vom Bierangebot her eines der Aushängeschilder der Salzburger Stiegl-Brauerei in Wien. Von den Öffnungszeiten her eher ein Platz zur Verköstigung und für das After Work Beer der in den Bürotürmen arbeitenden Banker. 200 Plätze im Lokal, 30 an der Bar.

CHADIM
1100, Friedrich-Adler-Weg
01/616 78 98
office@das-chadim.at
www.das-chadim.at
ÖFFNUNGSZEITEN Im Winter: Mo–Mi & Fr 16.00 bis 22.00 Uhr, Do & Sa 11.00 bis 22.00 Uhr sowie So & Feiertage 11.00 bis 21.00 Uhr. Im Sommer: Mo 16.00 bis 23.00 Uhr, Di–Sa 11.00 bis 23.00 Uhr, So & Feiertage 11.00 bis 22.00 Uhr. Tagesaktuelle Öffnungszeiten je nach Buchungslage unter www.das-chadim.at
FASSBIER Hausbier „Chadim", Murauer, Trumer Pils, Budweiser, Ottakringer Zwickl, „Chadim Gemischt"
FLASCHENBIER Paulaner Weizenbier, Hirter Pils, Beck's Alkoholfrei
LOKAL Aus der ehemaligen Kantine der Wienerberger Ziegelwerke im grünen Herzen des Wienerberges, von der der Name stammt, ist ein Seminar-Gasthof geworden, was den Gästen unter anderem kostenloses WLAN bringt. Und natürlich kann man nicht nur zu Seminaren herkommen – die finden in getrennten Räumen statt. Viele Speisen, die mit Bier zubereitet werden sowie österreichischen Schmankerl, wie zum Beispiel die Wiener Rindsroulade – gekocht wird nur mit den besten Zutaten, das Restaurant wurde dafür mit dem AMA-Gastrosiegel ausgezeichnet. Fahrbare Bierzapfsäule für 30 Personen und Bier zum Selberzapfen auf dem Stammtisch. Was besonders sympathisch ist: Wer für ein Seminar oder eine größere Gruppe bucht, unterliegt nicht den Öffnungszeiten. 110 Sitzplätze, 20 an der Bar, Gastgarten: 150 Sitzplätze.

COLUMBUS BRÄU
1100, Columbusplatz 6
01/604 23 03-20
gastro@columbusbraeu.at
www.columbusbraeu.at
ÖFFNUNGSZEITEN Mo–Sa 10.00 bis 1.00 Uhr, So & Feiertage 11.00 bis 24.00 Uhr
FASSBIER Hausbier (Ottakringer Rotes Zwickl), Ottakringer Zwickl, Ottakringer Helles, Ottakringer Wiener Original, Innstadt Hefe Weißbier, jeweils eine saisonale Spezialität
FLASCHENBIER Brauwerk Biere (IPA, Porter, Barley Wine), Stiegl Pils, Heineken, Corona, Ottakringer Dunkles, Augustiner La-

429 WIEN
10. BEZIRK

Der Ringsmuth

Magdas Kantine

ger, Augustiner Edelstoff, Null Komma Josef
LOKAL Über die Jahre hat sich dieses freundlich getaltete Bierlokal zu einer Favoritner Institution entwickelt – das Bierangebot umfasst auch die Biere aus dem Brauwerk von Ottakringer, allerdings nur in Flaschen. Sehr freundliches Service, das sich auch bemüht, die Biere zu erklären. 121 Plätze im Lokal, 12 an der Bar, 100 im großen Schanigarten vor dem Columbuscenter.

DER RINGSMUTH
1100, Johannitergasse 1
01/603 18 35
restaurant@der-ringsmuth.at
www.der-ringsmuth.at
ÖFFNUNGSZEITEN Di–Sa 10.30 bis 23.00 Uhr (Küche bis 22.00 Uhr), So u. Feiertage 10.30 bis 16.00 Uhr (Küche bis 15.00 Uhr), Mo Ruhetag
FASSBIER Hausmarke – der Ringsmuth, Zipfer Pils, eine saisonale Bierspezialiät
FLASCHENBIER Edelweiss Hofbräu, Schlossgold, Zipfer Limetten Radler
LOKAL Direkt hinter dem Südbahnhof ist noch lange nicht Endstation – zumindest kulinarisch gesehen. Aus einem unscheinbaren Ecklokal in Favoriten wurde „Der Ringsmuth", in dem ein ehemaliger Koch vom Steirereck groß aufkocht – aber auch die Arbeiter vom Bahnhof bewirtet. Etwa mit Grammelknödeln, die Kollege Rainer Nowak von der Presse als „die derzeit genialsten der Stadt" bezeichnet. 80 Sitzplätze im Lokal.

MABEL'S NO 90
1100, Laxenburger Straße 90
0 66 4/161 60 60
office@mabels.at
www.mabels.at
ÖFFNUNGSZEITEN Mo–Sa 8.00 bis 2.00 Uhr, So 14.00 bis 24.00, Feiertage 14.00 bis 2.00 Uhr
FASSBIER Mabel's Housebeer, Foster's Lager, Guinness Stout, Newcastle Brown Ale, Budweiser Budvar, Trumer Pils, Zwickl Naturtrüb
FLASCHENBIER Brew Dog Punk IPA, Crew Republic Pale Ale, Maximus Stout 6, Newcastle Brown Ale, Corona, Desperados, Erdinger Weißbier Kristallklar, Fuller's London Pride, Fuller's India Pale Ale, Grolsch Premium Lager, Heineken, Hirter Privat Pils, Schneider Weisse Tap 7, Wieselburger Stammbräu, Gösser Radler, Ottakringer Radler, Beck´s Alkoholfrei
LOKAL Eckpfeiler der Wiener Bierkultur mit britischen Anklängen: Dieses abends eher laute Lokal hat sich bereits 2005 den Titel des Wiener Bierlokals des Jahres erworben. Inzwischen sind einige Craft Biere dazugekommen. Ca. 80 Plätze im Lokal, 15 an der Bar 30 im Schanigarten.

MAGDAS KANTINE
1100, Puchsbaumgasse 1c / Absberggasse 27
01/600 57 72
kantine@magdas.at
www.magdas-kantine.at
ÖFFNUNGSZEITEN Mo–Fr 11.00 bis 15.00 Uhr
FASSBIER Baumgartner Zwickl, Baumgartner Märzen
FLASCHENBIER Baumgartner Weizen, saisonal: Baumgartner Bock, Trumer Pils, Meinklang Urkorn Demeter Bier
LOKAL Magdas Kantine, ein Sozialbetrieb der Caritas, ist die Kantine für die Brotfabrik Wien, in der viele Galerien (Anzenberger, Hilger, Ostlicht, Loft 8), Künstler und zwei Bildungseinrichtungen ihre Heimstatt gefunden haben. Es gibt täglich zwei Mittagsteller mit Suppe und/oder Dessert. Außerdem gibt es saisonal wechselnde Speisen à la carte und

430
WIEN

10. BEZIRK

Müller Bräu II – Porr Turm

Oberlaaer Dorf-Wirt

Snacks im Angebot. Der Bierlieferant Baumgartner gehört einer wohltätigen Stiftung, daher passen die Unternehmen gut zusammen. Der Name „Magdas"" kommt übrigens von „ich mag das". 65 Plätze im Lokal.

MEIXNER'S GASTWIRTSCHAFT
1100, Buchengasse 64
01/604 27 10
k.meixner@aon.at
www.meixners-gastwirtschaft.at
ÖFFNUNGSZEITEN Mo–Fr 11.30 bis 21.30 Uhr, durchgehend Küche, Sa–So u. Feiertage Ruhetage
FASSBIER Reininghaus Jahrgangspils 2014, Schladminger Bio Zwickl, Starobrno, saisonal Schwechater Winterbock
FLASCHENBIER Hofbräu Traunstein Dunkel, Hofbräu Traunstein Hefeweisse, Weihenstephan Weißbier Dunkel, Hofbräu Traunstein Weißbier Alkoholfrei, Gösser Naturgold
LOKAL Wahrscheinlich das beste Restaurant im zehnten Bezirk – wobei nicht nur die Küche, sondern auch die Getränkeauswahl weit über dem in Wien erwartbaren Niveau liegen. Karl Meixner ist ein exzellenter Weinkenner, setzt aber auch immer wieder spannende Biere auf die Karte – dieses Bierangebot brachte ihm 2014 die „Bierkrone" des Gault Millau ein. Auf der Speisekarte unter anderem Frischlingsrücken in Bockbiersauce mit Brezenknödel, im Frühjahr Innereien vom Kitz – und sehr gepflegte, gereifte Käse. 120 Sitzplätze, 5 an der Bar. Innenhofgarten: 40 Sitzplätze.

MÜLLER BRÄU I – VIENNA TWIN TOWER
1100, Wienerbergstraße 5
01/918 17 17
gustavo@aon.at
www.muellerbraeu.at
ÖFFNUNGSZEITEN Täglich 9.00 bis 1.00 Uhr
FASSBIER Pils (Hausbier), Schwechater Hopfenperle, Zipfer Urtyp, Kaiser Doppelmalz, Edelweiss Hefetrüb, Starobrno, saisonal: Zwicklbock
FLASCHENBIER Heineken, Wieselburger Stammbräu, Schlossgold
LOKAL Angenehm bieriger Treffpunkt in den Twin Towers – schöne lange Bar. 220 Plätze, 60 an der Bar, 240 im Garten.

MÜLLER BRÄU II – PORR TURM
1100, Laaer Berg Straße 43
01/600 34 07
gustavo@aon.at
www.muellerbraeu.at
ÖFFNUNGSZEITEN Täglich 10.00 bis 1.00 Uhr
FASSBIER Zwickl (Hausbier), Schwechater Hopfenperle, Zipfer Urtyp, Kaiser Doppelmalz, Edelweiss Hefetrüb, Starobrno, saisonal: Zwicklbock
FLASCHENBIER Heineken, Wieselburger Stammbräu, Schlossgold, Desperados, Gösser Radler, Gösser Naturgold
LOKAL Laaer-Berg-Dependance des aus den Twin Towers bekannten Müller Bräu: Klare Linien, unaufdringliches Design, zeitloses Material, viel Holz und Glas. Und bei Minusgraden gekühltes Heineken, für die, die so was mögen. Gut gezapftes Schwechater für die anderen. Vor und nach Fussballmatches viele Fans beim Bier. 160 Plätze, 30 an der Bar, 80 im Garten.

OBERLAAER DORF-WIRT
1100, Liesingbachstraße 75
01/688 76 63
moetzl@dorf-wirt.at
www.dorf-wirt.at
ÖFFNUNGSZEITEN Mo–So 10.00 bis 22.00 Uhr
FASSBIER Zipfer Märzen, Puntigamer Panther, Schwechater Zwickl, Gösser Naturradler
FLASCHENBIER Gösser Märzen, Kaiser Doppelmalz, Edelweiß Hefetrüb und Alkoholfrei, Gösser Naturgold
LOKAL Schon vor 1899 trafen sich die Oberlaaer gerne im damaligen Mandel-Gasthaus. Ausgezeichnet mit dem Titel „Wiener Genusswirt des Jahres 2011". Veranstaltungen und Themenabende wie „Rund um den Fisch" im Fasching, Lamm in der Osterzeit, Kürbis zum Herbstfest und natürlich das „Ganslessen" um Martini sowie Bier-Stacheln im Jänner. Die meisten Produkte bezieht die Wirtin Monika Mötzl aus der unmittelbaren Umgebung, so auch das Schwechater Bier. Und wer keine Lust zum Kochen hat, kann sich das Wirtshausessen einfach mit nach Hause nehmen. Gemütlicher Gastgarten unter großen Linden und Ahornbäumen. 90 Plätze, 130 im Garten.

431
WIEN
10., 11. BEZIRK

Urbans

Zum Werkelmann

URBANS
1100, Antonie-Alt-Gasse 2/1/10a
01/208 70 12
office@urbans.wien
www.urbans.info
ÖFFNUNGSZEITEN Mo–So 11.00 bis 23.00 Uhr
FASSBIER Stiegl Goldbräu
FLASCHENBIER Stiegl Paracelsus Zwickl, Stiegl Weisse, Stiegl Freibier
LOKAL Ein Hotspot im neuen Bahnhofsviertel: Dieses Lokal wird von Syrern geführt, die aromatische und delikate Küche in kosmopolitischem Flair bieten – und dazu freundlich Stiegl Bier servieren. 60 Plätze im Lokal, 6 an der Bar.

WIRTSHAUS „ZUM NEPOMUK"
1100, Troststraße 60
01/607 71 42
nepomuk@nepomuk.at
www.nepomuk.at
ÖFFNUNGSZEITEN Mo–Sa 10.00 bis 22.00 Uhr, So u. Feiertage 10.00 bis 16.00 Uhr
FASSBIER Nepomuk's Hausbier (von Murauer), Budweiser, Zwettler Original 1890, Radler (mit Almdudler)
FLASCHENBIER Murauer Doppelmalz, Wieselburger, Gösser Naturgold
LOKAL Großes, hell eingerichtetes Lokal, das Wiener Gastlichkeit in den Gemeindebau bringt. Es gibt Hausmannskost (Krenfleisch, Beuschel, Kalbskopf) zu sehr zivilen Preisen. 170 Sitzplätze, Bar: 8, 40 im Schanigarten.

ZUM WERKELMANN
1100, Laaerwald 218
01/688 71 06
w.geissler@werkelmann.at
www.werkelmann.at
ÖFFNUNGSZEITEN Geöffnet von März bis Weihnachten Mo–Fr 11.00 bis 23.00 Uhr, Sa–So & Feiertage 10.00 bis 23.00 Uhr
FASSBIER Puntigamer, Gösser Stiftsbräu Dunkel
FLASCHENBIER Clausthaler extra herb
LOKAL Das ehemalige Gasthaus Hutter (so hieß das Lokal bis 1924, als die letzte Hutter-Tochter einen Herrn Staudacher geheiratet hat) hat vielleicht den schönsten Biergarten von Favoriten: Am Eingang sieht man die Henderl auf dem Grill, im Garten sitzt man in einer eigentümlich schwebenden Stimmung zwischen der Urigkeit des Böhmischen Praters und der relativen Ruhe des Laaer Waldes. Die heutige Gastwirtsfamilie (deren Sammlung an Drehorgeln, mit denen jährlich ein Fest stattfindet, dem Lokal auch den Namen gegeben haben) hat das Lokal 1987 renoviert und pflegt die Tradition: Wolfgang Geissler nimmt gelegentlich eine der Drehorgeln zur Freude der Gäste in Betrieb. 120 Plätze im Lokal, 60 im Garten.

11. BEZIRK

BIEROMETER
1100, Guglgasse 11/E21 (Entertainmentcenter)
01/743 79 88
bierometer@bierometer.at
www.bierometer.at
ÖFFNUNGSZEITEN Mo–Sa 9.30 bis 24.00 bis 24.00 Uhr, So & Feiertage 10.00 bis 24.00 Uhr
FASSBIER Budweiser, Hirter Pils, Schremser Premium, Murauer Steirergold, Grieskirchner Dunkel, Egger Zwickl
FLASCHENBIER Grieskirchner Edelsud, Paulaner Hefeweizen, Hirter Radler, Schremser Naturpark Bio Bier, Heineken, Corona, Beck's Alkoholfrei
LOKAL Vielleicht der beste Grund, den in den Gasometern und rund um sie entstandenen neuen Stadtteil zu besuchen, auch wenn das Lokal selbst „im hintersten Winkel" liegt: Der Weg lohnt sich. Ist nett mit Sitznischen und einer großen Bar ausgestattet. Preisgünstige Mittagsmenüs – und Budweiser Schnitzel im Bierteig. 140 Sitzplätze, Terrasse: 100 Plätze.

HOPFEN & MALZ
1110, Kaiser Ebersdorfer Straße 277
01/769 24 73
hopfenundmalz@aon.at
www.hopfenundmalz.at
ÖFFNUNGSZEITEN Di–Sa 11.00 bis 24.00 Uhr, So & Feiertage 11.00 bis 23.00 Uhr, Mo Ruhetag
FASSBIER Kaiserebersdorfer Zwickl (vom Moarbräu am Stubenbergsee, Stammwürze 10,9°, Alk. 4,5 %), Puntigamer

www.bier-guide.net   2016 BIER GUIDE

432
WIEN

11. BEZIRK

Panther, Ottakringer Dunkles, Schneider Weisse
FLASCHENBIER Wieselburger Stammbräu, Schladminger Sepp, Hirter Privatpils, Gösser Naturradler, Gösser Naturgold
LOKAL Seit 1992 gibt es hier gemütliche „Kachelofenatmosphäre". Serviert wird, was Großmutters Rezeptschatz und die Simmeringer Gemüsegärten zusammen ergeben – plus Spareribs sowie 24 verschiedene Riesenbrote. Draußen großer Garten mit vielen Kastanien, der eher an einen Heurigen als an einen Biergarten erinnert. Ca. 90 Plätze, Großer Wintergarten (auch beheizt) 80, im Garten mit Kastanienbäumen ca. 140 Plätze.

SCHMANKERLSPITZ
1110, Kopalgasse 55–61
0 69 9/14 76 40 59
gina@schmankerlspitz.at
www.schmankerlspitz.at
ÖFFNUNGSZEITEN Di–Fr 10.00 bis 22.00 Uhr, Sa–So und Feiertage 11.00 bis 22.00 Uhr
FASSBIER Murauer Steirerbräu (Hausbier), Puntigamer Panther, Starobrno, Schladminger Bio-Zwickl
FLASCHENBIER Wieselburger Gold, Gösser Märzen, Hirter Privat Pils, Schneider Weisse, Murauer Malz Bier, Gösser Naturradler Zitrone, Zipfer Orangen Radler, Gösser Naturgold
LOKAL Seit zehn Jahren befindet sich in dem 1925 von Karl A. Krist errichteten Anton-Schrammel-Hof, einem Gemeindebau am „spitzen" Ende der Kopalgasse, dieses schmucke Bierlokal – ursprünglich als „Beer & More", unter Gina Schwarzenbart heißt es Schmankerlspitz. Aus der Küche alles für den großen und kleinen Hunger, vom Bierteigschnitzerl bis zur Bierbrezen mit Aufstrichen. Sehr preiswerter Mittagstisch, saisonale Spezialitätenwochen (Kürbis, Wild, Gansl, Steaks) und sehr kompetente Bierpräsentation. Saisonale Bier-Events (etwa Oktoberfest). 90 Sitzplätze im Lokal, 90 Sitzplätze im Garten am Spitz (unter schönen Bäumen), 16 Plätze an der Bar.

SIMMERINGER BIER & KULTURSCHMANKERL
1110, Simmeringer Hauptstraße 152
01/76 77 958
info@kulturschmankerl.at
www.kulturschmankerl.at
ÖFFNUNGSZEITEN Mo–Sa 10.00 bis 22.00 Uhr, So & Feiertage 10.00 bis 16.00 Uh
FASSBIER Gösser Gold braufrisch aus dem Frischetank, Gösser Zwickl
FLASCHENBIER Gösser Märzen, Wieselburger Gold, Zipfer Urtyp, Edelweiss Hefetrüb, Kaiser Doppelmalz, Zipfer Limetten/Orangen Radler, Gösser Naturradler Kräuter, Schlossgold, Gösser Naturgold
LOKAL Dieser Kultur- und Biertreff mit Gösser-Ausschank „braufrisch" direkt aus dem Orion-Tank wurde 2015 vom Wiener Bezirksblatt zum beliebtesten Restaurant im Bezirk gewählt. Die Küche ist solide wienerisch – mit preisgünstigen Tagesmenüs und bodenständigem älteren Publikum tagsüber. Als Bier-Cocktail wird Zipferol angeboten. Laufend Veranstaltungen am Nachmittag und Abend. 110 Plätze im Raucher- und Nichtraucherbereich, 45 im Innenhof, 40 Plätze im 2014 neu errichteten Schanigarten, eigener Raum für Hochzeiten für bis zu 90 Personen.

SIMMERINGER BIERGARTL
1110, Geiselbergstraße 41
01/749 17 00
biergartl@a1.net
www.biergartl.at
ÖFFNUNGSZEITEN Mo–So 9.00 bis 24.00 Uhr
FASSBIER Budweiser, Stiegl Goldbräu, Hirter Privat Pils, Murauer Gold, Zwettler Original
FLASCHENBIER Murauer Märzen, Murauer Doppelmalz, Heineken, Hirter Radler, Stiegl Radler, Stiegl Edition, Schneider Weisse, Pschorr Hefeweisse, Murauer Weisse, Paulaner Hefeweisse, Franziskaner, Clausthaler, Beck's Alkoholfrei
LOKAL Von außen unscheinbares, innen sehr gemütliches Beisl, viel Lokalkolorit und bierige Dekoration, gute Bierpflege, freundliche Bedienung. 50 Sitzplätze, 15 an der Bar.

433
WIEN

11., 12. BEZIRK

SIMMERINGER LANDBIER
1110, Simmeringer Hauptstraße 50
01/749 42 54
simmeringer.landbier@gmail.com
www.simmeringer-landbier.at
ÖFFNUNGSZEITEN Mo–Sa 8.00 bis 24.00 Uhr, So 9.00 bis 23.00 Uhr
FASSBIER Hausbier (Ottakringer), Ottakringer Zwickl, Gösser Märzen, Ottakringer Dunkel, Stiegl Goldbräu
FLASCHENBIER Paulaner Hefeweizen Hell, Radler, Heineken, Corona
LOKAL Nach kurzem Umbau und unter neuer Führung öffnete das „Simmeringer Landbier" seine Pforten. Das Restaurant und Pub bietet Wiener Küche wie z.B. knusprig gegrillte Stelze. Abends gibt's Pub-Atmosphäre mit Musik und Unterhaltung. 110 Sitzplätze im Lokal, 30 Sitzplätze im Schanigarten, 30 Plätze an der Bar.

12. BEZIRK

BIERSTÖCKL
1120, Hetzendorfer Straße 79, Areal Schloss Hetzendorf
01/803 21 34
office@bierstoeckl.at
www.bierstoeckl.at
ÖFFNUNGSZEITEN Mo–So 11.00 bis 23.00 Uhr, kein Ruhetag
FASSBIER Budweiser, Ottakringer Zwickl, Hirter Privat Pils, Hirter 1270, saisonal: Paulaner Oktoberfestbier
FLASCHENBIER Hirter Morchl, Stiegl Goldbräu, Beck's Alkoholfrei, Beck's Green Lemon, Erdinger Weissbier Alkoholfrei, Erdinger Weissbier, Franziskaner Weissbier, Murauer Radler
LOKAL Ein altes Schlössl mit einem modernen Bierlokal, frequentiert von Prominenten aus TV, Medien und Theater, den Schülerinnen der Modeschule Hetzendorf, natürlich auch von den Schülern und sogar von deren Eltern. Helles, schlichtes Ambiente und eine Küche, die dem bierigen Tradition durchaus entgegenkommt: Hier gibt es Original Landshuter Weißwürste, Nürnberger Rostbratwürste, aber auch Blunzengröstl. „Hommage an H. Nitsch" – da wird das Essen auf einer Leinwand serviert, die dadurch zum Kunstwerk erklärt und als „WienerBlunzenArt" öffentlich ausgestellt wird. Wurde im Jahr 2007 vom Bezirksblatt zum beliebtesten Wirt des Bezirks gewählt. Das Boutiquehotel Paccassi ist unmittelbar angeschlossen. 100 Plätze im Lokal, 25 Plätze an der Bar und 200 Sitzplätze im Biergarten.

GASTHAUS STAFLER
Das Südtiroler Wirtshaus

GASTHAUS STAFLER
1120, Ehrenfelsgasse 4
01/815 62 35
gasthaus@stafler.at
www.stafler.at
ÖFFNUNGSZEITEN Di–Sa 17.30 bis 23.00 Uhr, Sa auch von 12.00 bis 15.00 Uhr, So & Mo Ruhetage, jeden ersten Sonntag im Monat von 10.00 bis 15.00 Uhr geöffnet.
FASSBIER Hadmar Bio Bier, Weitra Helles
FLASCHENBIER Murauer Märzen, Franziskaner Hefeweizen Hell, Fohrenburger „Ohne" Alkoholfrei, Zwettler Zitronenradler
LOKAL Das ehemalige Weinhaus Wunsch, nahe an der Schönbrunner Straße gelegen, hat sich seit Ende des vorigen Jahrzehnts zu einem vielbeachteten Ankerpunkt Südtiroler Gastronomie in Wien entwickelt. Das Stafler veranstaltet jeden Samstag ab 17.00 Uhr ein traditionelles Südtiroler Törggelen (Brauch, in geselliger Runde eine Mahlzeit einzunehmen). Dazu gehören Spezialitäten wie Eisacktaler Speckjausn, Schlutzkrapfen und diverse Knödelspezialitäten, Hauswürste mit Kraut, Plattln mit Kraut, Schwarzplentene Torte und Eisacktaler Festtagskrapfen. Und natürlich gebratene „Keschtn" (oder Maroni wie der Wiener sagt).

434
WIEN

12. BEZIRK

Hetzendorfer Schloss & Bierheuriger

Lokal in der Fabrik

HETZENDORFER SCHLOSS & BIERHEURIGER 🍺🍺
1120, Hetzendorfer Straße 79, Areal Schloss Hetzendorf
01/803 21 34
schlossheuriger@bierstoeckl.at
www.bierstoeckl.at
ÖFFNUNGSZEITEN Mo–Sa 16.00 bis 23.00 Uhr, So ab 10.00 Uhr, kein Ruhetag
FASSBIER Budweiser, Hirter
FLASCHENBIER Diverse Flaschenbiere und saisonale Bierspezialitäten.
LOKAL Eröffnung Ende April 2013. Neues Bierlokal im Ambiente vom Schloss Hetzendorf mit hausgemachten Wiener Heurigenspezialitäten und österreichischen Weinen. 60 Sitzplätze im Lokal, 80 im Garten.

LOKAL IN DER FABRIK 🍺🍺🍺
1120, Gaudenzdorfer Gürtel 73
01/815 54 50
info@diefabrik.co.at
www.diefabrik.co.at
ÖFFNUNGSZEITEN Mo–Fr 11.00 bis 24.00 Uhr, Sa–So u. Feiertage Ruhetag
FASSBIER Budweiser, Puntigamer Panther, Hirter, Stiegl Goldbräu, Ottakringer Zwickl, Stiegl Weisse, Puntigamer Radler

FLASCHENBIER Gösser Märzen, Grieskirchner Dunkles, Weihenstephaner Hefetrüb, Schneider Weisse, Clausthaler
LOKAL Modernes Biergasthaus mit einladender Bar, eingerichtet in einer ehemaligen Textilfabrik am Gürtel. Das alte Gewölbe wurde liebevoll im Industrie-Stil hergerichtet, der Innenhof hat einen besonders schönen, teilweise mit Glas überdachten Garten mit viel Backsteinromantik. Im Hinterhaus befindet sich ein charmantes Hotel. 110 Sitzplätze, im Garten: 70 Sitzplätze. 🛏-80

MALEFITZ
1120, Meidlinger Markt Stand 37–40
0 65 0/942 95 88
fitz@malefitz.az
www.malefitz.at
ÖFFNUNGSZEITEN Di–Mi 14.00 bis 19.00 Uhr, Do–Sa 11.00 bis 19.00 Uhr, So–Mo geschlossen
LOKAL Ein modern gestalteter Marktstand voller Craft Biere: Alexander Fitz hat zusammengetragen, was das Herz des Craft Bier Freundes höher schlagen lässt – und der Community der Bierfreunde in BierIG und KGBier stets neuen Stoff für Verkostung und Diskussion liefert. Ein kleiner Verkostungsbereich im Stand (und bei Schönwetter auch davor) erleichtert das Kosten von und das Diskutieren über die Biere – und deren Angebot reicht von Alefried über Loncium bis Xaver. Es liegen auch einige Bierbücher und das jeweils aktuelle BierIG Magazin auf.

OTTO 🍺🍺🍺
1120, Altmannsdorfer Straße 101
01/804 76 50
otto@biergasthof-otto.at
www.biergasthof-otto.at
ÖFFNUNGSZEITEN Mo–Sa 11.00 bis 24.00 Uhr, So & Feiertage 11.00 bis 22.00 Uhr
FASSBIER Ottakringer Wiener Original, Ottakringer Zwickl, Ottakringer Dunkles, Ottakringer Rotes Zwickl, Murauer Steirergold, Schneider Weisse, Budweiser, 12er-Radler, Zwickl-Radler, Schneider-Weisse-Radler
FLASCHENBIER Stiegl Pils, Murauer Märzen, Trumer Pils, Inn-

WIEN

12., 13. BEZIRK

Strasser Bräu

Brandauer Schlossbräu

stadt Neue Weisse, Paulaner Hefetrüb, Schremser Edelmärzen, Corona, Heineken, Hirter Morchl, Null Komma Josef, Schneider Weisse Alkoholfrei, Erdinger Alkoholfrei
LOKAL Vermittelt auch nach vielen Jahren immer noch eine moderne, bierige Stimmung mit viel Kupfer und Holz. Effizienter, freundlicher Service – selbst wenn das Lokal wieder einmal zum Bersten voll ist. Im Hintergrund: Jazzmusik, Sonntag: live. Ein Schmuckstück ist der Gastgarten. 200 Sitzplätze im Lokal, Bar: 20 Garten: 250 Sitzplätze.

STRASSER-BRÄU 🍺🍺🍺
1120, Schönbrunner Straße 253
01/812 00 23
office@strasserbraeu.at
www.strasserbraeu.at
ÖFFNUNGSZEITEN Mo–Fr 9.00 bis 24.00 Uhr, Sa 17.00 bis 24.00 Uhr, So & Feiertage geschlossen
FASSBIER Strasser Bräu (rotes Zwickl von Ottakringer), Paracelsus Zwickl, Zwettler Original, Stiegl Goldbräu, Stiegl Weisse, Hirter Privat Pils und gelegentlich Monatsbiere
FLASCHENBIER Ottakringer Wiener Original, König Ludwig Weißbier Hell und Dunkel, Stiegl Weisse Holunder Radler, Stiegl Grapefruit Radler, Stiegl Sport Weisse, Stiegl Freibier Alkoholfrei, Stiegl Monatsbier (7 saisonal wechselnde Sorten, z.B. Mühlviertler Hopfencuvée, Lungauer Gold, Extra Stout...)
LOKAL Nach Methoden der traditionellen Chinesischen Medizin gekochte Speisen zum Bier? Was ungewöhnlich klingt, schmeckt höchst interessant und wird hier mit besonderer Freundlichkeit serviert. Zunächst geht man durch einen relativ schmalen Eingang entlang einer freundlichen, hellen Bar ins Innere dieses modern, aber immer noch gemütlich gestalteten Bierlokals, wo man natürlich nicht nur Exotisches wie geschmortes Rindfleisch auf Quinoa, sondern auch durchaus bodenständige Küche bekommt. Wer speisen will, sollte reservieren. 90 Sitzplätze im Lokal, 70 Sitzplätze im Garten, 15 Plätze an der Bar.

13. BEZIRK

BRANDAUER SCHLOSSBRÄU 🍺🍺🍺🍺
1130, Am Platz 5
01/879 59 70
office13@bierig.at
www.bierig.at
ÖFFNUNGSZEITEN Mo–So 10.00 bis 1.00 Uhr
FASSBIER Brandauers Hausbier (Zwettler Pils) Zwettler Zwickl, Zwettler Dunkles, Zwettler Saphir, Weitra Hell, Hadmar, Schneider Weisse, Zwettler Naturradler & saisonale Spezialitäten der CulturBrauer für 2016: Jän/Feb: Hirter 1270er, März/April: Freistädter Bio Zwickl, Mai/Juni: Murauer Weissbier, Juli/August: Trumer Hopfenspiel, Sept/Okt: Schremser Bio Roggen, Nov/Dez: Zwettler Jahrgangsbier 2016
FLASCHENBIER Stiegl Goldbräu, Zwettler Lager, Tegernseer Hell, Gutmann Hefeweizen Hell, Zwettler Luftikus, Schneider Weisse alkoholfreies Hefeweizen
LOKAL In unmittelbarer Nachbarschaft des Schönbrunner Schlossparks befindet sich am unteren Ende der Maxinggasse dieser verlässliche Platz für wienerische Bierkultur. Thomas Brandauer hat den biedermeierlichen Tanzsaal und den davor liegenden Biergarten im Jahr 2000 mit Millionenaufwand stilgerecht renoviert – man spaziert durch eine schönbrunngelbe Toreinfahrt, sitzt unter den Kastanienbäumen oder an der Bar, die allein rund 80 Gästen Platz bietet. Das Schöne am Garten ist der Laubengang, in dem man auch bei Regenwetter trocken sitzen und Biergartenstimmung tanken kann. Ca. 400 Sitzplätze im Lokal, Biergarten: ca. 480 Plätze. ✂

KLEINE OBER ST. VEITER BIERSTUBE 🍺🍺
1130, Firmiangasse 23
01/876 69 68
office@bierstube-hietzing.at
www.bierstube-hietzing.at
ÖFFNUNGSZEITEN Mo–Fr 17.00 bis 24.00 Uhr, Sa gerne für Privatveranstaltungen geöffnet
FASSBIER Traunsteiner Fürstenquell, Traunsteiner Urweizen, Gösser Märzen, Hirter Privat Pils, Guinness
FLASCHENBIER Hubertus Märzen, Wieselburger Stammbräu, Gösser Märzen, Murauer Märzen, Corona Extra, Stiegl Radler

436
WIEN
13., 14. BEZIRK

Waldtzeile

Martins Biergart'l Bräu

LOKAL Seit über 20 Jahren ist dieses kleine Fuhrwerkerhaus als Pub für die Leute aus dem Viertel bekannt. Überbackene Brote, Riesenlaugenbrezn mit Liptauer. Spezielle Feste zum St. Patrick's Day und am Heiligen Abend. Ca. 75 Plätze, 30 im Garten.

WALDTZEILE
1130, Speisinger Straße 2
01/804 53 94
office@waldtzeile.co.at
www.waldtzeile.co.at
ÖFFNUNGSZEITEN Mo–Sa 11.30 bis 23.00 Uhr, So & Feiertage 11.30 bis 16.00 Uhr
FASSBIER Gösser Märzen, Schwechater Zwickl, Kaltenhausener Bernstein, Gösser Naturgold, wechselnde Saisonbiere
FLASCHENBIER Gösser Stiftsbräu, Reininghaus Jahrgangs Pils, Edelweiss Weißbier, Edelweiss Weißbier Alkoholfrei, Schladminger Märzen
LOKAL Unmittelbar an der Schnellbahnstation Speising befindet sich dieses alte Wiener Gasthaus mit originaler Jahrhundertwende-Einrichtung: Alte Öfen, Jugendstillampen, alte Schank und Kühlung, Gewölbekeller und eine Dachterrasse mit Bar für 2 Fassbiere nach Wunsch. Für eine Bierbrauanlage wurde eigens ein Keller gebaut – installiert ist diese allerdings noch nicht. War im Jahr 2008 der vielbeachtete Ort der Präsentation des Bier Guides und 2009 Biergarten des Jahres. Auch Hochzeiten inkl. Trauung und Holzbierfass werden veranstaltet. 350 Sitzplätze im Lokal, 240 Sitzplätze im Garten.

14. BEZIRK

MARTINS BIERGART'L BRÄU
1140, Huttengasse 1
01/985 47 70
office@martinsbiergartlbraeu.at
www.martinsbiergartlbraeu.at
ÖFFNUNGSZEITEN Mo–Fr ab 16.00 Uhr, Sa–So geschlossen
FASSBIER Trumer Pils, Murauer, Budweiser Budvar, Freistädter Ratsherrn, Zwettler Zwickl, Schleppe Märzen, Hefeweizen, Martins Bräu, Freistädter Zitronen Radler, außerdem jeden Monat ein anderes Bier vom Fass, das je nach Jahreszeit oder Anlass ausgewählt wird.

FLASCHENBIER Freistädter Junghopfen Pils, Rieder IPA, Guinness, Stiegl Freibier, Stiegl Sport-Weisse
LOKAL Kein wirkliches Bräu, aber ein sehr gut besuchtes Lokal an der Kreuzung zur Breitenseer Straße mit deftiger Wiener Küche, vom Wiener Bezirksblatt 2005 zum beliebtesten Wirt des 14. Bezirks gewählt. Wirklich ausgefallene Auswahl an Monatsbieren, z.B. Schönramer Pils, Schlägl Stifterbier, Zwettler Saphir, Schnaitl Dunkel, Schleppe Märzen, Jever Pils. 70 Sitzplätze, 10 an der Bar, Garten: 70 Sitzplätze.

MEDL-BRÄU
1140, Linzer Straße 275
01/914 43 40
office@medl-braeu.at
www.medl-braeu.at
ÖFFNUNGSZEITEN Mo–Sa von 10.00 bis 24.00 Uhr, So & Feiertage geschlossen
FASSBIER Medl-Bräu Märzen, Helles, Dunkles, Bockbier (Weihnachten und Ostern) sowie Weizenbier (Juni bis September), Radler
LOKAL Johann Medls Gasthausbrauerei ist in den 25 Jahren seit der Gründung im Jahr 1989 zu einer Institution geworden – leicht kitschig dekoriert und keine großen Experimente in Küche und im Bierkeller. Das danken die Stammgäste vom Bauarbeiter bis zum Minister. 150 Sitzplätze, Garten: 180.

GASTWIRTSCHAFT JOSEF PESCHTA
1140, Bahnhofstraße 28
01/914 42 47
gasthaus@gasthaus-peschta.at
www.gasthaus-peschta.at
ÖFFNUNGSZEITEN Mo–Fr 8.30 bis 23.00 Uhr, Sa–So & Feiertage Ruhetage
FASSBIER Gösser (Märzen oder Gold), Gösser Stiftsbräu, Gösser Zwickl, Hütteldorfer Bräu
FLASCHENBIER Schlossgold, Hütteldorfer Bräu der Gablitzer Brauerei (saisonales, handgebrautes Bier, Edition 1 – Bernstein Märzen, das exklusiv bei Peschta und Prilisauer ausgeschenkt wird).
LOKAL Ecklokal gegenüber vom Bahnhof Hütteldorf mit sehr guter Stimmung, die nicht zuletzt durch den Herrn Peschta

437
WIEN
14.. BEZIRK

und den Herrn Martin (das ist der junge Ober) geprägt ist, die Kellner und deren Schmäh könnten einem Bilderbuch über Wiener Wirtshauskultur entspringen. Seit 2016 wird hier das Bier aus der ehemaligen Hütteldorfer Brauerei wieder ausgeschenkt – es kommt nunmehr aus der Gablitzer Brauerei als saisonales, handgebrautes Bier, (Edition 1 – Bernstein Märzen), das exklusiv bei Peschta und Prilisauer ausgeschenkt wird. 80 Plätze im Lokal.

PRILISAUER RESTAURANT & BIERSCHANK
1140, Linzer Straße 423
01/979 32 28
prilisauer@vienna.at
www.prilisauer.at
ÖFFNUNGSZEITEN Di 16.00 bis 23.00 Uhr, Mi–Sa 10.00 bis 23.00 Uhr, So 10.00 bis 16.00 Uhr – ab Ostern So 10.00 bis 23.00 Uhr, Mo Ruhetag
FASSBIER Gösser, Budweiser, Schwechater Zwickl, saisonal wechselnd: Ottakringer Rotes Zwickl, Schwechater Zwicklbock, Zipfer Medium, Gösser Naturradler, Hütteldorfer Bräu der Gablitzer Brauerei (saisonales, handgebrautes Bier, Edition 1 – Bernstein Märzen, das exklusiv bei Prilisauer und Peschta ausgeschenkt wird)
FLASCHBIER Zipfer Urtyp, Kaiser Doppelmalz, Edelweiss Hefetrüb, Schlossgold, Gösser Naturgold, Hütteldorfer Bräu der Gablitzer Brauerei (saisonales, handgebrautes Bier, Edition 1 – Bernstein Märzen, das exklusiv bei Prilisauer und Peschta ausgeschenkt wird).
LOKAL Mehr als 130 Jahre Wirtshaustradition in der fünften Generation. Wienerliederabend einmal im Monat. Saisonale und regionale Spezialitäten (Fischwochen im Februar, Osterspezialitäten, Maibock und Bärlauch im Frühling, Kürbis im September, Wildgerichte im Herbst, Martinigansl im November) stehen unter dem Motto: „Respekt vor den Jahreszeiten" sowie einige Bierschmankerln. 114 Sitzplätze im Lokal, Garten (mit schönen Altwiener Kastanien): 60 Sitzplätze.

STAG'S HEAD
1140, Keisslergasse 1–3
01/904 74 81
welcome@stags-head.at
www.stags-head.at
ÖFFNUNGSZEITEN Di–Do 10.00 bis 24.00 Uhr, Fr 10.00 bis 1.00 Uhr, Sa 14.00 bis 1.00 Uhr, So–Mo geschlossen (außer bei Heim- und Auswärtsspielen des SK Rapid Wien)
FASSBIER Stag's Draft (ein Helles von Ottakringer), Ottakringer Zwickl, Ottakringer Radler, Budweiser Budvar, Guinness, Kilkenny
FLASCHENBIER Ottakringer Dunkel, Innstadt Weisse Naturtrüb, Stella Artois, Löwenbräu Urtyp, Bavaria, Astra, Newcastle Brown Ale, Corona, Desperados, Bulmers Original, Bulmers Pear, Brothers Strawberry-Perry, Null Komma Josef
LOKAL Diese irisch-amerikanisch gestaltete Sportsbar liegt unmittelbar bei der U-Bahnstation Hütteldorf und gegenüber vom neuen Allianz-Stadion der Rapid – und hat einen gemeinsamen Eingang mit dem Rapid Fanshop. Fußballübertragungen der österreichischen und deutschen Bundesliga, Englischen Premier League, Champions League und Europa League kann man vor einem futuristisch gestalteten Kamin anschauen. Jeden ersten Donnerstag des Monats Bingo, jeden Montag Karaoke, Oktoberfest (mit Gratis-Brezeln) Anfang Oktober und immer wieder Live-Musik. Die Speisekarte ist amerikanisch (mit einer sehr einladenden Auswahl an Burgern) mit ein paar österreichischen Angeboten für die Fussballfans, auf der Getränkekarte finden sich neben den Bieren viele Ciders, Whiskys sowie Cocktails. Schade, dass die Zapfkultur mit der schönen Ausstattung nicht mithalten kann.

438
WIEN
14., 15. BEZIRK

Bieriger

Hawidere

THE TWINS PUB 🍺🍺
1140, Hütteldorfer Straße 299
01/416 43 93
twins.pub@aon.at
www.twinspub.com
ÖFFNUNGSZEITEN Täglich 16.00 bis 2.00 Uhr
FASSBIER Guinness Stout, Kilkenny Irish Ale, Foster's, Wieselburger, Gösser Gold, Gösser Stiftsbräu, Budweiser Bürgerbräu
FLASCHENBIER Newcastle Brown Ale, Corona, Wieselburger Stammbräu, Desperados, Heineken, Grolsch, Lapin Kulta, Franziskaner Weiße, Hirter Privat Pils, Schlossgold
LOKAL Originalgetreues Irish Pub mit langer, heimelig düsterer Bar – 12 ausgewählte Sorten Whiskey lassen so manches Whiskeyherz höher schlagen! Themenpartys (Halloween, St. Patrick's Day), Karaoke. 89 Plätze im Lokal, 12 im Schanigarten.

15. BEZIRK

BIERIGER 🍺🍺
1150, Schweglerstraße 37
01/789 66 06
info@bieriger.at
www.bieriger.at
ÖFFNUNGSZEITEN Täglich von 10.00 bis 1.00 Uhr
FASSBIER Bierigers Hausbier, Stiegl Pils, Budweiser, Murauer Steirergold, Puntigamer, Grieskirchner Dunkel, Paulaner Hefeweizen, Ottakringer Zwickl/Helles, Murauer Zitronenradler
FLASCHENBIER Stiegl Goldbräu, Heineken, Clausthaler
LOKAL Der Heurige unter den Wiener Bierlokalen ist längst eine Institution geworden. 2011 ist er unter neuer Führung frisch herausgeputzt worden und macht auch ein neues Bierangebot. Die Speisekarte bietet deftige Klassiker, darunter auch eine Käseplatte. 200 Plätze, Bar: 30, Garten: 150. ⚘

HAWIDERE 🍺🍺🍺🍺🍺
1150, Ullmannstraße 31
0 66 4/150 84 29 (ab Mittag)
kowara@hawidere.at
www.hawidere.at
ÖFFNUNGSZEITEN Täglich von 16.00 bis 2.00 Uhr

FASSBIER Tankbier Pilsner Urquell # tankovna, dazu 13 Fassbiere plus 1 Cask Beer: Ganzjahresbiere: 7484 Domrep Pils (der hauseigenen Collabs Brewery), Burgen (Dark Sour with Uhudler Juice von Collabs Brewery, Kollaboration mit Thornbridge Brewery), Velkopopovický Kozel Hell, Ottakringer Wiener Original, Ottakringer Rotes Zwickl, monatlich wechselnde Biere aus den Zapfhähnen: Leitung Nr. 7 (nationale und internationale Biere), Leitung Nr. 13 (nationale und internationale Craft Biere), Thornbridge Tap (Craft Biere der Thornbridge Brewery aus England), Belgian Tap (belgische Biere), Roter Hahn (österreichische Craft Biere), Schwarzer Hahn (Dunkle- und Schwarzbiere), Rickie's Tap (Craft Biere aus dem Portfolio des European Godfather of Craft Beer „Tricky Rickie" Kempen), Schremser Tap (Biere der Privatbrauerei Schrems), Cask Tap (unfiltrierte, unpasteurisierte Biere, die ohne CO2 gezapft werden).
FLASCHENBIER Auszug aus 67 Sorten: Pale Ales: Rogue OREgasmic Alc, Beavertown Gamma Ray, Mikkeller Peter, Pale and Mary – India Pale Ales: Crew Republic Escalation 7:45, Rogue 7 Hops, Loncium Carinth(p)a – Belgian Blondes: La Chouffe – La Guillotine – Amber Ales & Red Ales: Maximus Brutus, Thornbridge Colorado Red – Weiß- und Weizenbiere: Einstök White Ale, Loncium Gailtaler Weisse, Gutmann Hefeweizen – Pils: Collabs Domrep Pils, Riedenburger Martha Krieger, Birra del Borgo My Antonia – Sours, Fruchtlambics & Experimental Sours: Anderson Valley Holy Gose, Boon Kriek Mariage Parfait – Porters, Stouts & Imperial Stouts: Crew Republic Roundhouse Kick, Samuel Smith Chocolate Stout – Spezialitäten: Rogue Voodoo Doughnut Pretzel, Raspberry & Chocolate, Thornbridge Charlie Brown, Anchor Steam – Lager, Märzen Helles: Anchor California Lager, Tegernseer Hell – Barley Wine: Anchor Old Foghorn – Zwickl: Stiegl Paracelsus Zwickl – Dunkles: Velkopopovický Kozel Dunkel – Alkoholfrei: Nanny State, hausgemachte Bier Limonade
LOKAL Ein Bierbeisl, wie es sein soll – und ein Vorreiter in der Wiener Craft Beer Szene. Im Jahr 2015 als Wiener Bierlokal des Jahres ausgezeichnet und inzwischen auch mit einem Tanksystem für Pilsner Urquell ausgerüstet. Die berühmte „Leitung 7" mit dem Gastbier wird monatlich nach dem demokratischen Votum der Gäste mit einem Wunschbier befüllt, dazu gibt es einen Kühlschrank mit Craft Bieren, originell als „Craftkammer" beschriftet. Kostproben aus den 13 Zapfhähnen werden den Gästen als Acht Schätze angeboten. Gäste

Hopfenstuben

können diese auf Verkostungsnotizbögen beschreiben und bewerten. Regelmäßig finden Bierkulturabende und Verkostungen mit der Diplom Biersommelière des Hauses statt, die auch erste Braufrau der hauseigenen Collabs Brewery ist. Zwei- bis dreimal pro Jahr werden neue Kollaborationsbiere gebraut. Das Ambiente ist über die Jahre höchst originell geblieben, ein Teil der Einrichtung mit 50er-Jahre-Charme wurde aus dem Weinhaus Kraft gerettet. Viele Leuchten, Tische und Sessel wurden vom Kowara selbst designt und harmonieren prächtig mit Einzelstücken wie einer Original Straßenbahnsitzgarnitur oder Kinosesseln aus einem Pornokino. Mit einem „Biernotschalter" im Biergarten alarmiert man das Personal mittels Blaulicht, wenn der Durst nach einem frisch gezapften Bier unerträglich wird. 22 Burger Variationen stehen für Fleischliebhaber, Vegetarier und Veganer zur Auswahl. Hier wird auch gerne mit Bier gekocht: Irish Lamb Stew mit O'Hara's Leann Folláin und Honey Chili Chicken mit Fuller's Honey Dew, hausgemachter Hopfentopfen als Biersnack sowie verschiedene Burger mit Craft Beer zubereitet gehören zu den beliebtesten Speisen. 100 Plätze im Lokal, 20 an der Bar, 100 im Garten.

HEIDINGERS GASTHAUS
1150, Selzergasse 38
01/985 99 11
wirt@heidingers.at
www.heidingers.at
ÖFFNUNGSZEITEN Mo–Fr 11.00 bis 22.00 Uhr, Sa 11.30 bis 22.00 Uhr, Sonn- und Feiertag geschlossen
FASSBIER Schladminger, Hainfelder Dunkles, Schwechater Zwickl, Haselbräu-Bier, Xaver Tale Ale
FLASCHENBIER Zipfer Urtyp, Innstadt Hefeweizen, Reininghaus Jahrgangspils, Schlossgold
LOKAL Altes Wiener Wirtshaus für Junge und Junggebliebene in der Nähe des Meiselmarktes. Berühmt für seine Martinigansln, zu denen es dann auch Bockbier gibt. Immer wieder interessante Gastbiere! 65 Sitzplätze im Lokal, 30 Sitzplätze im Gastgarten.

HOPFENSTUBEN
1150, Diefenbachgasse 50
0 66 4/372 74 43
office@hopfenstuben.at
www.hopfenstuben.at
ÖFFNUNGSZEITEN Mo–Do 16.00 bis 24.00 Uhr, Fr 12.00 bis 24.00 Uhr, Sa 18.00 bis 24.00 Uhr, So & Feiertage geschlossen
FASSBIER Hirter 1270, Stiegl Goldbräu, Murauer Märzen, Franziskaner Hefetrüb
FLASCHENBIER Hirter Privat Pils, Hirter Morchl, Schremser Edelmärzen, Beck's Alkoholfrei, div. Radler
LOKAL Einfaches, aber sehr persönlich gestaltetes Pub in der Nähe der U-Bahnstation Meidling. Perfekte Bierpflege, Gäste aus der Nachbarschaft. 40 Sitzplätze im Lokal, Gastgarten: 80 Plätze.

Finden Sie die **BESTEN BIERLOKALE** und Ihr **LIEBLINGSBIER** in Ihrer Umgebung. Mit Conrad Seidls **BIER GUIDE APP.**
Jetzt **GRATIS DOWNLOAD** im Play- oder Appstore!

KRINGERS
1150, Hütteldorfer Straße 4
01/990 80 55
info@kringers.at
www.kringers.at
ÖFFNUNGSZEITEN Mo–So 17.00 bis 2.00 Uhr, Küche bis 24.00 Uhr
FASSBIER Guinness, Budweiser, Ottakringer Zwickl, Ottakringer Red Zwickl, Ottakringer Lager, Strongbow Cider
FLASCHENBIER Augustiner Edelstoff, Velkopopovický Kozel Hell,

WIEN

15. BEZIRK

Mariahilferbräu

Rein Wein

Murauer Märzen, Dunkles Ottakringer, Corona Extra, Innstadt Weizen, Beck's Alkoholfrei
LOKAL Uriges, großes Ecklokal mit langer Bar, an der man Konzertbesucher ebenso wie die jungen Leute von nebenan trifft. Jeden Montag Burgertag, an dem die Burgervarianten 5,50 Euro kosten. Ebenfalls am Montag: Pubquiz. Man spielt Darts. Und an jedem 2. Freitag im Monat wird an zwei WM-Tischfußballtischen die Funwuzzeltour ausgetragen – Profis haben an diesem Tag keine Chance, sie dürfen nicht mitspielen. Für Stammgäste gibt es einen Bierpass (zahle 10, trinke 11). Je 60 Plätze im Raucher-/Nichtraucherbereich, 42 im Schanigarten.

MARIAHILFERBRÄU
1150, Mariahilfer Straße 152
01/897 47 49
office@mariahilferbrau.com
www.mariahilferbrau.com
ÖFFNUNGSZEITEN Mo–So 10.00 bis 24.00 Uhr, jeden ersten Sonntag im Monat Sonntagsbrunch von 10.30 bis 15.00 Uhr
FASSBIER Stiegl Goldbräu, Velkopopovický Kozel, Paracelsus Naturtrüb, Ottakringer Zwickl Rot, Pilsner Urquell, König Ludwig Dunkel, Stiegl Weisse, Ottakringer Wiener Original, Monatsbier saisonal wechselnd
FLASCHENBIER Hirter Privat Pils, Stiegl Grapefruit Radler, Stiegl Sport-Weisse, Null Komma Josef
LOKAL Kein echtes „Bräu", sondern ein weitläufiges, traditionelles Bierlokal. Das Mariahilferbräu gehört zur Kategorie der in Wien weit verbreiteten Eckbeisln, die sich am Zusammentreffen zweier Straßen befinden. Das rustikale Bierlokal zelebriert die schmackhaften Traditionen der hausgemachten Wiener Küche, offeriert Frühstücks- und Mittagsbuffet und setzt auf saisonale, frisch zubereitete Spezialitäten. Es ist nicht nur ein Treffpunkt für alle Generationen, sondern auch gleichermaßen beliebt bei Wienern und internationalen Gästen. Seit 2010 mit dem österreichischen Umweltzeichen ausgezeichnet. Ca. 150 Sitzplätze im Lokal, 12 an der Bar, 70 Sitzplätze im Schanigarten.

GASTHAUS QUELL
1150, Reindorfgasse 19
01/893 2407
willkommen@gasthausquell.at
www.gasthausquell.at
ÖFFNUNGSZEITEN Mo–Fr 11.00 bis 24.00 Uhr
FASSBIER Hirter, Hirter Morchl, Hirter Zwickl, Pilsner Urquell
FLASCHENBIER Erdinger Weißbier, Murauer Märzen, Budweiser, Beck's Alkoholfrei
LOKAL Das „Quell" in der Reindorfgasse ist eines der ältesten urwienerischen Wirtshäuser und war einst Stammsitz von Ostbahn-Kurtis „Schmetterlingen". 2004 von Eduard Peregi neu übernommen, wird dort heute gekonnt und mit frischem Wind (vor allem, was die Speisekarte betrifft) die Tradition des alten „Quell" fortgeführt. 110 Sitzplätze im Lokal (55 Nichtraucherplätze), 50 Sitzplätze im Garten.

REIN WEIN
1150, Reindorfgasse 10
0 65 0/211 81 93
info@reinwein.wien
www.reinwein.wien
ÖFFNUNGSZEITEN Mo–Sa 17.00 bis 01.00 Uhr, So 17.00 bis 23.00 Uhr
FASSBIER Schremser Premium
FLASCHENBIER Gutmann Hefeweizen Hell, Rogue Beard Beer, Del Borgo Rubus, Del Borgo My Antonia, Beavertown Gamma Ray, Kiuchi Hitachino Nest, Rodenbach Grand Cru, Loncium Schwarze Gams, Thornbridge Jaipur IPA, Collabs Domrep Pils, Huyghe La Guillotine, Liefmans Cuvée Brut, Riedenburger Martha Krieger, O'Hara's Leann Folláin Stout, Bevog Rudeen Black, Anderson Valley Holy Gose, Brewdog Punk IPA und viele andere.
LOKAL Anders als der Name vermuten lässt, gibt es hier nicht nur Wein. Vielmehr ist 2015 eine kleine (37 Quadratmeter!), gemütliche Kombination aus Vinothek und Bierbar zwischen Mariahilfer und Sechshauser Straße entstanden – mit vielen Craft Bieren aus der Flasche. Charmant sind auch die mit nostalgischen Pin-ups geschmückten Wände der Herrentoilette. 26 Plätze an der Bar, 16 im Schanigarten.

441
WIEN
15., 16. BEZIRK

ÖFFNUNGSZEITEN Di–Do 18.00 bis 24.00 Uhr, Fr, Sa 19.00 bis 2.00 Uhr
FASSBIER Schladminger Märzen
FLASCHENBIER Freistädter Bio-Zwickl, Augustiner Edelstoff, Weihenstephaner Hefeweizen, Franziskaner Alkoholfrei, wechselndes Craftbier-Angebot
LOKAL Matthias Habringer hat dieses Ecklokal im Jahr 2015 völlig neu konzipiert und dem Bezirk – unter anderem mit Craft-Bieren – einen Schub an Internationalität verpasst.

SCHUTZHAUS ZUKUNFT
1150, Auf der Schmelz
01/982 01 27
schutzhaus.zukunft@aon.at
www.schutzhaus-zukunft.at
ÖFFNUNGSZEITEN Mo–So 9.00 bis 24.00 Uhr
FASSBIER Ottakringer Helles, Gold Fassl Zwickl, Budweiser Budvar
FLASCHENBIER Ottakringer Helles Lager, Ottakringer Citrus Radler, Gold Fassl Dunkles, Paulaner Hefe-Weißbier, Paulaner Hefe-Weißbier alkoholfrei, Null Komma Josef
LOKAL Mitten in der großen Schrebergartenanlage liegt diese typische Ottakringer Gaststätte, die weit mehr als der kulinarische Nahversorger der Kleingärtner ist. Die Stadtzeitung Falter jubelte: „Hier knirscht der Kies" – und nannte die Zukunft den „Prototyp aller Schutzhäuser". Besuche hier haben bei eingesessenen Wienern Kultstatus – und der Biergarten ist besonders schön, der Service auch bei größerem Andrang noch bemüht und effizient, und die Konzert- und Kabarett-Veranstaltungen sind ein beliebter Fixpunkt für Interessierte. 450 Plätze im Lokal, bis zu 1000 im Garten.

16. BEZIRK

BEI MIR
1160, Speckbachergasse 74
0 65 0/366 67 00
www.beimir.at

BIERFINK
1160, Friedrich Kaiser-Straße 69
01/486 52 86
info@bierfink.at
www.bierfink.at
ÖFFNUNGSZEITEN Täglich 11.00 bis 24.00 Uhr, kein Ruhetag
FASSBIER Ottakringer Helles, Budweiser Budvar, Ottakringer Schwarzes, Schnitt, Ottakringer Zwickl, Zwickl Schnitt, Ottakringer rotes Zwickl, Paulaner Hefeweizen, Ottakringer Zitrus Radler
FLASCHENBIER Ottakringer Helles Lager, Ottakringer Wiener Original, Null Komma Josef
LOKAL Bei diesem Lokal im Schatten der Ottakringer Brauerei kann man beobachten, wie aus einem Eckbeisl ein In-Lokal mit kompetenter Bedienung und einem schönen, zwischen hohe Häuserfronten gezwängten Gastgarten wurde, ohne

442
WIEN
16. BEZIRK

Black Pearl Pub

Gelbmanns Gaststube

seinen Charakter zu verlieren. Der Garten wurde vom ORF Wien 1997 unter die fünf besten Biergärten der Stadt gereiht, woran sich wenig geändert hat – außer der leider etwas geschrumpften Bierauswahl. Die Einrichtung des Lokals folgt den Vorstellungen der Ottakringer Brauerei, was als „bierig" erlebt wird. Montag bis Freitag „All you can eat" Mittagsbuffet, die Küche bietet Herzhaftes und Schmackhaftes von Omas Gerichten über Spare Ribs bis Somlauer Nockerl. 100 Sitzplätze im Lokal, 300 Sitzplätze im Garten.

BLACK PEARL PUB
1160, Gutraterplatz 3
blackpearl.pub.wien@gmail.com
www.facebook.com/blackpearlpubwien
ÖFFNUNGSZEITEN Mo–Fr 9.00 bis 1.00 Uhr, Sa 11.00 bis 1.00 Uhr
FASSBIER Guinness, Zipfer, Gösser Zwickl, Starobrno
FLASCHENBIER Heineken, Corona, Wieselburger Stammbräu, Affligem Blond, Schwechater Zwickl, Schlossgold
LOKAL Sehr nettes, früher als „Jack Rabbit's" bekanntes Pub mit guter Bierpflege – die Einrichtung ist nicht unbedingt typisch für angelsächsische oder irische Pubs, aber Stimmung und Einrichtung sind sehr bierig. Es wird Darts gespielt (die Darts WM wurde auch auf dem Großbildschirm übertragen) und immer wieder gibt es Parties – neben dem obligaten Halloween-Fest etwa ein Après-Ski im Jänner. 70 Plätze im Lokal, 10 an der Bar, 8 im Schanigarten.

BLUNZENSTRICKER
1160, Ottakringer Straße 71
01/485 78 49
info@bluzenstricker.at
www.blunzenstricker.at
ÖFFNUNGSZEITEN Mo–Sa 11.30 bis 24.00 Uhr, feiertags 17.00 bis 24.00 Uhr, So Ruhetag
FASSBIER Wieselburger Spezial, Kaiser Doppelmalz, Schwechater Zwickl, Starobrno Gold, Reininghaus Pils, Edelweiss Hefetrüb
FLASCHENBIER Hirter Privat Pils, Gösser Märzen, Schneider Weisse, Schlossgold
LOKAL Traditionelles Ambiente und die richtige Mischung aus

Bier- und gehobenem Speiselokal versprechen einen angenehmen Abend. Freitag ist Steak-Tag. 130 Plätze im Lokal, 28 im Garten.

GELBMANNS GASTSTUBE
1160, Wilhelminenstraße 62
01/486 15 99
reservierung@gelbmanns.at
www.gelbmanns.at
ÖFFNUNGSZEITEN Di–Sa 10.00 bis 23.00 Uhr, So–Mo Ruhetage
FASSBIER Ottakringer PUR, Ottakringer Zwickl (Ottakringer Bock im Dezember), Ottakringer Wiener Original, Ottakringer Braumeister Spezial, Budweiser
FLASCHENBIER Schneider Weisse, Schneider Weisse Alkoholfrei, Ottakringer Dunkles, Ottakringer Null Komma Josef, Augustiner Edelstoff, Brauwerk Craft Beer Nr. 1 Blonde, Nr. 2 Pale Ale, Nr. 3 Porter
LOKAL Ein typisch wienerisches Wirtshaus, Stammbetrieb der Familie Laskowsky, die auch dem Gmoakeller und dem Waldviertler Hof neues Leben eingehaucht hat. In dem 1880 erbauten, ebenerdigen Gebäude pflegt Alexander Laskowsky die „Wiener Beisl"-Kultur mit gehobener Küche und einem reichhaltigen Bierangebot – die Ottakringer Brauerei ist ja nur einen Steinwurf entfernt, sie liefert auch regelmäßig „Braumeister Spezial", die legendären Sondersude aus dem Team von Braumeister Tobias Frank. 90 Nichtraucherplätze im Lokal, 70 Sitzplätze im Garten.

GÖSSER BRÄU WIEN
1160, Thaliastraße 125a
01/492 21 48
info@goesserbraeuwien.at
www.goesserbraeuwien.at
ÖFFNUNGSZEITEN Mo–Sa 10.00 bis 1.00 Uhr, So 10.00 bis 23.00 Uhr
FASSBIER Gösser Spezial, Gösser Stiftsbräu Dunkel, Gösser Zwickl, Gösser dunkles Zwickl (saisonal), Gösser Stiftsbräu, Gösser Braufrisch, Gösser Naturradler Kräuter, Gösser Natur-Gold, Weihenstephaner Weißbier, Starobrno sowie saisonale Bierspezialitäten
FLASCHENBIER Gösser Märzen, Gösser Naturradler Zitrone,

BIER GUIDE 2016 www.bier-guide.net

443
WIEN
16. BEZIRK

Ottakringer Landhaus

Gösser Kracherl, Edelweiß Hefetrüb, Edelweiss Hofbräu, Edelweiss Alkoholfrei, Heineken, Desperados, Affligem Blonde
LOKAL Das ehemalige Bieronymus nahe der Endstation der U3 ist von den Burgenländern Christian Tischler und Gerald Schedl zu einem Ankerpunkt der steirischen Bierkultur in Ottakring umgebaut worden. Von Montag bis Freitag stehen jeweils zwei Mittagsmenüs mit und ohne Fleisch zur Auswahl. Ca. 120 Sitzplätze im Lokal, 30 an der Bar, im Garten ca. 80.

Finden Sie die **BESTEN BIERLOKALE** und Ihr **LIEBLINGSBIER** in Ihrer Umgebung. Mit Conrad Seidls **BIER GUIDE APP.**
Jetzt **GRATIS DOWNLOAD** im Play- oder Appstore!

LIEBHART RESTAURATION
1160, Thaliastraße 63
01/492 21 00
info@liebhart.at
www.liebhart.at
ÖFFNUNGSZEITEN Mo–Sa 11.00 bis 24.00 Uhr, So & Feiertage 11.00 bis 20.00 Uhr
FASSBIER Ottakringer Helles, Goldfassl Zwickl, Goldfassl Rotes Zwickl, Gold Fassl Pils, Goldfassl Radler, Braumeister Spezial, Wiener Original
FLASCHENBIER Brauwerk Hausmarke 1 (Blond), Brauwerk Hausmarke 2 (Session IPA), Brauwerk Hausmarke 4 (Flanders Red), Paulaner Weisse, Null Komma Josef
LOKAL Adam Gortvai hat diese Bierbar in unmittelbarer Nähe der Ottakringer Brauerei im Jahr 2013 übernommen und den Betrieb auf Vordermann gebracht: Das Ziegelmauerwerk wurde komplett renoviert, die Tische sind aus Vollholz, die

Lampen vom Designer. Der Schwerpunkt liegt allerdings jetzt etwas mehr auf den Speisen. Aber man ist ja wegen des Bieres hier – und das sind die aus einer neuen Schankanlage gezapften Ottakringer Standards. Die Speisenauswahl reicht von Zwiebelrostbraten, Rindsgulasch bis hin zu Saisonale Gerichte, sowie Palatschinken mit hausgemachter Marillenkonfitüre. Ca. 100 Sitzplätze, Innenhofgarten: ca. 40 Sitzplätze, Schanigarten: ca. 40 Sitzplätze.

NIGLS
1160, Rankgasse 36
01/494 93 00
info@nigls.at
www.nigls.at
ÖFFNUNGSZEITEN Mo–Sa 10.00 bis 22.00 Uhr, So 10.00 bis 16.00 Uhr
FASSBIER Ottakringer PUR, Budweiser Budvar, saisonale Spezialitäten
FLASCHENBIER Ottakringer Zwickl, Ottakringer Dunkel, Citrus Radler, Innstadt Weisse, Null Komma Josef
LOKAL Gegenüber vom Wilhelminenspital ist im Herbst 2012 dieses nette Eckwirtshaus mit ambitionierter Wiener Küche und guter Bierpflege entstanden. Wenn man beim Verlassen des Lokals am Abend auf einen Fuchs trifft, ist das keine Sinnestäuschung. Im Gelände des Spitals lebt mindestens einer – und macht Ausflüge auf die Straße.

OTTAKRINGER LANDHAUS
1160, Albrechtskreithgasse 38
01/485 23 44
schank@ottakringer-landhaus.at
www.ottakringer-landhaus.at
ÖFFNUNGSZEITEN Mo–Sa 11.00 bis 24.00 Uhr, So 11.00 bis 22.00 Uhr
FASSBIER Ottakringer PUR, Ottakringer Wiener Original, Ottakringer Zwickl, Ottakringer Zwickl Rot
FLASCHENBIER Schneider Weisse, Ottakringer Radler, Null Komma Josef
LOKAL Sehr ruhig an der Bezirksgrenze zwischen Ottakring und Hernals gelegenes Vorstadtwirtshaus mit sehr gastlichem Garten hinter dem Eingangstor. Der Wien-Kenner kann un-

444
WIEN

16. BEZIRK

Plachuttas Grünspan

Schwarzer Rabe

schwer sehen, dass hier ein Fuhrwerkerkaus zum Gasthaus umgestaltet wurde, ur-wienerisch halt. Nette weibliche Bedienung. 100 Plätze im Lokal, 110 im Garten.

PLACHUTTA GRÜNSPAN WIRTSHAUS & BIERGARTEN
plachutta.at

PLACHUTTAS GRÜNSPAN 🍺🍺🍺🍺
1160, Ottakringer Straße 266
01/480 57 30
office@gruenspan.at
www.gruenspan.at
ÖFFNUNGSZEITEN Mo–So 9.30 bis 0.30 Uhr
FASSBIER Grünspan Hausbräu (von Ottakringer, aber das sieht man im Tonkrug nicht), Ottakringer Zwickl, Ottakringer Pils, Ottakringer Schnitt, Ottakringer Zwickl Rot, Ottakringer Dunkles, Innstadt Weißbier
FLASCHENBIER Null Komma Josef
LOKAL Mario Plachutta hat sich mit diesem mit der Straßenbahnlinie 2 leicht erreichbaren, gehobenen Vorstadt-Beisl, in dem man die gewohnte Plachutta-Qualität zu volkstümlichen Preisen bekommt, einen lang gehegten Wunsch erfüllt: Ein ehemaliges Heurigenlokal wurde vor zehn Jahren (und seither immer wieder) aufwendig umgebaut und vor allem mit einem der schönsten Biergärten Österreichs ausgestattet. Der Name Grünspan bezieht sich auf Alan Greenspan, den ehemaligen Präsidenten der Federal Reserve, der es Plachutta besonders angetan hat. Täglich von 9.30 bis 11.00 Uhr Frühstück. 290 Sitzplätze, an der Bar 21, im Garten 600 Sitzplätze. 🍺

SCHWARZER RABE® 🍺🍺🍺🍺
1160, Ottakringer Straße 180
01/486 11 77
office@rabenbraeu.at
www.rabenbraeu.at
ÖFFNUNGSZEITEN Mo–Fr 17.00 bis 1.00 Uhr, Sa–So & Feiertage 18.00 bis 1.00 Uhr
FASSBIER Rabenbräu® (ein bernsteinfarbener Sondersud von Villacher), Starobrno, Schladminger Bio Zwickl, Schleppe Märzen, Guinnes Extra Stout, Biere aus der Brauwerkstatt (4 x pro Jahr, z.B. Raven's Ale, X'mas Porter, Cherry-Stout, Raven's Red Bock, Raven-Alt...)
FLASCHENBIER Schremser Roggenbier, Velkopopovický Dunkel, Franziskaner Hefeweizen, Wieselburger Stammbräu, Schneider Aventinus Weizenstarkbier, Hadmar Bio Bier, Beck´s Alkoholfrei
LOKAL Dieses alte Wiener Vorstadtgasthaus wurde 1905 unter Heinrich Schallmeyer eröffnet und seit zwei Jahrzehnten als „Black Raven" zu einem Zentrum der Pubkultur weiterentwickelt. Die kleine Brauanlage im hintersten Raum ist nur gelegentlich in Betrieb. Jeden Freitagabend Pubquiz. XL-Burger. Umfangreiches Whisky-Angebot (Whiskykarte), Whiskyverkostungen mit Vortrag jeden dritten Samstag im ungeraden Monat. Jeden dritten Montag im Monat „all you can eat" Ripperlessen. Gratis-WLAN. 80 Sitzplätze, 15 bis 20 Stehplätze. 🍺

STUBENHOCKER 🍺
1160, Wattgasse 23
01/481 14 46
office@stubenhocker.at
www.stubenhocker.at
ÖFFNUNGSZEITEN Mo–So 6.00 bis 21.00 Uhr
FASSBIER Villacher Märzen
FLASCHENBIER Gösser Märzen, Gösser Dunkel, Wieselburger, Hirter, Edelweiss Weißbier Hefetrüb, Heineken, Gösser Naturgold
LOKAL Einfaches, aber engagiert geführtes Bierbeisl mit deftigem Speiseangebot – die Kuttelflecksuppe macht so schnell keiner nach!

445
WIEN
16., 17. BEZIRK

Yppenplatz 4

Brandstetter – Wein- und Bierhaus zum Alsegg

THE JACK – BAR, RESTAURANT & SO ON
1160, Gablenzgasse 38
01/495 58 61
info@the-jack.at
www.the-jack.at
ÖFFNUNGSZEITEN Mo–Fr 10.00 bis 24.00 Uhr, Sa–So & Feiertage 17.00 bis 24.00 Uhr (Küche bis 22.00 Uhr)
FASSBIER Stiegl Goldbräu, Stiegl Zwickl, Zwettler Dunkel
FLASCHENBIER Hirter, Corona Extra, Heineken, Guinness, Stiegl Radler div. Sorten, Stiegl Weisse, Stiegl Freibier
LOKAL Rustikales Ecklokal mit viel Country-, Ziegel- und Holzoptik, freundlichem Service und deftiger Küche: Jeder Montag ist Wienerschnitzel-Tag, es gibt aber auch preiswerte Steaks und eine beachtliche Salatauswahl. 90 Plätze im Lokal, 30 im Schanigarten.

YPPENPLATZ 4
1160, Yppenplatz 4
01/402 66 44
lokal@yppenplatz4.at
www.yppenplatz4.at
ÖFFNUNGSZEITEN Mo–Sa 10.00 bis 23.00 Uhr, So & Feiertage geschlossen
FASSBIER Brauwerk Hausmarke 1 (Blond), Brauwerk Hausmarke 2 (Session IPA), Brauwerk Hausmarke 3 (Porter), Brauwerk Hausmarke 4 (Flanders Red), Gold Fassl Zwickl, Gold Fassl Zwickl Rot
FLASCHENBIER Brauwerk Hausmarke 1–4 (auch zum Mitmehmen), Null Komma Josef und wechselnd nationale und internationale Craft-Biere
LOKAL Mitten auf dem Yppenplatz wurde 2015 dieses Lokal mit dem Schwerpunkt auf Craft Bier errichtet – auf mehreren Ebenen kann man sich durch die Bierkarte kosten und dazu hausgemachte Würste essen. 70 Plätze im Lokal.

17. BEZIRK

BRANDSTETTER – WEIN- UND BIERHAUS ZUM ALSEGG
1170, Hernalser Hauptstraße 134
01/486 46 25
gasthaus@derbrandstetter.at
www.derbrandstetter.at
ÖFFNUNGSZEITEN Mo–So 8.00 bis 24.00 Uhr
FASSBIER Velkopopovický Kozel, Villacher Märzen, Pilsner Urquell
FLASCHENBIER Wieselburger Stammbräu, Franziskaner Hefetrüb, Velkopopovický Kozel Dunkel, Villacher Radler, Gösser, Beck's Alkoholfrei
LOKAL Das „Wein- und Bierhaus zum Alsegg" strahlt noch viel von der Atmosphäre der Mitte des 20. Jahrhunderts aus. Die Einrichtung des heute als Brandstetter bekannten Beisls ist größtenteils original erhalten. Das Lokal selbst wurde Ende des 19. Jahrhunderts erstmals als Zinterhof gegründet und diente über viele Jahrzehnte nicht nur als Wirtshaus, sondern darüber hinaus als wichtiger Treffpunkt im Bezirk und gleichzeitig wichtigster Nahversorger. Heute überzeugt es durch die zentrale Schank und das Bierangebot, original Wiener Küche – sowie durch sehr günstige Preise für gute Qualität.

SCHUTZHAUS AM SCHAFBERG
1170, Czartoryskigasse 190–192
01/479 22 79
reservierung@schutzhaus-schafberg.at
www.schutzhaus-schafberg.at
ÖFFNUNGSZEITEN Mi–Sa 12.00 bis 23.00 Uhr, So & Feiertage 10.00 bis 22.00 Uhr
FASSBIER Murauer Märzen, Schnaitl Naturtrüb
FLASCHENBIER „Die Weisse" Hell und Dunkel, Murauer Märzen, Beck's Alkoholfrei
LOKAL Das 1923 eröffnete Schutzhaus der Kleingartenanlage „Schafbergsiedlung" in der verlängerten Klampfelberggasse hat sich unter anderem als Szenetreff (das allererste Konzert vom Ostbahn-Kurti) einen Namen gemacht. 2009 neu übernommen, bietet es nunmehr eindrucksvolle Küche und gepflegte Biere. 200 Plätze, 12 an der Schank, 120 im Garten.

WIEN

17., 18. BEZIRK

Weinhaus Arlt

Bastille Pub

SCHWEIGER'S BIERBEISL 🍺🍺🍺🍺
1170, Hernalser Hauptstraße 212
01/486 86 57
bierbeisl@bierbeisl.at
www.bierbeisl.at
ÖFFNUNGSZEITEN Täglich 16.00 bis 1.00 Uhr
FASSBIER Schweiger, Hirter, Murauer, Zwettler Saphir, Stiegl, Ottakringer Zwickl, Augustiner Edelstoff, Paulaner Weißbier, Radler, Schnitt
FLASCHENBIER 123 verschiedene Flaschenbiere von A wie Adelscott über B wie Brew Dog und so weiter bis Z wie Zwettler, unter anderem finden sind, gibt es auch in Blindenschrift. 35 Plätze, im Veranstaltungsraum im Keller, der für alle Anlässe von Junggesellenabend bis zur Beerdigung angeboten wird ca. 30 Plätze, 10 an der Bar, Garten: 20 Plätze.

WEINHAUS ARLT 🍺🍺
1170, Kainzgasse 17
01/486 02 93
office@weinhausarlt.at
www.weinhausarlt.at
ÖFFNUNGSZEITEN Mi–Fr 17.00 bis 23.00 Uhr, Sa 11.00 bis 23.00 Uhr, So 11.00 bis 16.00 Uhr
FASSBIER Hofbräu Traunstein Fürstenquell, 1612 Zwickl, saisonal Hofbräu Traunstein Bock
FLASCHENBIER Arlt Weisse (Hofbräu Traunstein), Fürstenpils
LOKAL Christina und Thomas Zalud führen mitten in Hernals ein gehobenes Vorstadtgasthaus, das 1898 gegründet wurde und seit den späten 1920er-Jahren nach dem damaligen Besitzer Ernst Arlt heißt. Es ist nicht nur für seine Weinkultur, sondern auch für das gepflegte Bier bekannt. Bierfreunde sollten sich von der umfangreichen Weinkarte und auch nicht von den erlesenen Spirituosen (immerhin sechs verschiedene Bierbrände und etliche rare Single-Malts) ablenken lassen. 50 Plätze im Lokal, 20 im Schanigarten.

18. BEZIRK

ANTON FRANK 🍺
1180, Gymnasiumstraße 25
01/478 14 36
komarek@anton-frank.at
www.anton-frank.at
ÖFFNUNGSZEITEN Täglich 17.00 bis 2.00 Uhr
FASSBIER Ottakringer Helles, Ottakringer Zwickl, Ottakringer Dunkles, Innstadt Hefe Weizen, Ottakringer Rotes Zwickl
FLASCHENBIER Schneider Weisse, Ottakringer Bock, Ottakringer Radler, Corona, Null Komma Josef
LOKAL Das Anton Frank wird von Thomas Komarek mit viel Einsatz und Liebe als gehobenes studentisches Café geführt. Das Lokal besticht durch eine besonders lange Holzbar (15 Meter lang) und sein nüchternes Ambiente – im Krimi „Quoten Killer" spielt eine der Schlüsselszenen hier. Unter anderem finden Live-Auftritte und regelmäßig Vernissagen verschiedenster Kunstrichtungen statt. Unter der Woche Jazz, sonntags klassische Musik. Mittwoch Klavierabend. 120 Sitzplätze im Lokal.

BASTILLE PUB 🍺🍺
1180, Bastiengasse 20
01/994 81 35
info@bastille-pub.at
www.bastille-pub.at
ÖFFNUNGSZEITEN Mo–Sa 18.00 bis 1.00 Uhr, So Ruhetag
FASSBIER Heineken, Schwechater Zwickl, Guinness
FLASCHENBIER Kilkenny, Desperados, Fuller's London Pride, Gutmann Hefeweizen hell, Astra, Victoria Bitter
LOKAL Das ehemalige Café Bastille wurde einige Zeit als Friends Pub geführt und kommt nun als Bastille-Pub langsam in die Jahre. Die Dekoration ist in den irischen Farben grün und orange gehalten. Mittwoch ist Burger-Tag mit vergünstigten Burger-Preisen – von der Bar sieht man in die Küche, die leider nicht den Kriterien einer Schauküche entspricht. Viel studentisches Publikum, gute Stimmung. 30 Plätze im Lokal, 20 an der Bar.

Centimeter VI Gersthof

BIERKONSULAT
1180, Kutschkergasse 22
0 699/19 69 05 31
office@bierkonsul.at
www.bierkonsul.at
ÖFFNUNGSZEITEN Mo–Fr 14.00 bis 24.00 Uhr, Sa 9.00 bis 2.00 Uhr, So & Feiertage 10.00 bis 15.00 Uhr
FASSBIER Ottakringer Helles, Ottakringer Rotes Zwickl, Budweiser, Radler
FLASCHENBIER Ottakringer Hell und Dunkel, Murauer Märzen, Wieselburger Gold, Gösser Märzen, Schneider Weisse, Budweiser, Corona, Null Komma Josef und jeweils ein Bier der Woche
LOKAL Mittwoch Schnitzel Tag, Freitag Spare Ribs Tag, Spezialität: Baskets- Köstlichkeiten aus dem Körberl mit verschiedenen Saucen.

CENTIMETER VI GERSTHOF
1180, Gersthofer Straße 51
01/470 06 06 46
info@centimeter.at
www.centimeter.at
ÖFFNUNGSZEITEN Mo–Do 8.30 bis 24.00 Uhr, Fr–Sa 8.30 bis 1.00 Uhr, So 8.30 bis 24.00 Uhr
FASSBIER Centimeter Hausbier (von Stiegl), Murauer Steirergold, Hirter Pils, Budweiser Budvar, Stiegl Weisse, Zwickl, Hirter Morchl Dunkel, Mischbier, Sonderbiere nach Saison (Stiegl Pils, Stiegl light, Bock, Herbstbier, Wiesn'bier u.s.w.)
FLASCHENBIER Franziskaner Hefetrüb, Augustiner Hefetrüb, Paulaner Hefedunkel, Ottakringer Helles, Zwettler Original, Raschhofer Zwickl, Hadmar Bio Bier, Hirter Märzen, Stiegl Goldbräu, Trumer Pils, Murauer Pils, Golser Helles (Bügelflasche), Heineken, Guinness (Dose), Corona Extra, Magner's Cider, Black Hill, Beck's Pils, Beck's Alkoholfrei, Hacker-Pschorr (Bügelflasche), Stiegl Sport-Weisse (alkoholfrei), Stiegl Radler Zitrone/Grapefruit, Stiegl Weisse Holunder-Radler
LOKAL Der Gersthofer Zweigbetrieb der Centimeter-Kette liegt quasi gegenüber der S-Bahnstation Gersthof – keine Ausrede für Autofahrer, dass man nicht auch öffentlich hierherfahren könnte! Und es lohnt, bei mehr als ein Bier zu bleiben, das Pilsner Urquell wird ordentlich gezapft und freundlich serviert. Das Lokal ist auf zwei Ebenen aufgeteilt, in beiden Stockwerken findet sich eine Bar. Ein gemütlich eingerichteter Garten unter den Alleebäumen darf natürlich auch nicht fehlen. Zu dem reichlichen Bier- und Speiseangebot sind die neuen Burger-Variationen hinzugekommen. 117 Plätze + 10 Barplätze im Raucherbereich im EG, 190 Plätze im Nichtraucherbereich im Obergeschoß, im Gastgarten 60 Sitzplätze.

CENTIMETER VII WÄHRING BEI DEN STADTBAHNBÖGEN
1180, Währinger Gürtel 1 / Ecke Jörgerstraße
01/470 06 06 47
info@centimeter.at
www.centimeter.at
ÖFFNUNGSZEITEN Mo–Do 8.30 bis 24.00 Uhr, Fr–Sa 8.30 bis 1.00 Uhr, So 8.30 bis 24.00 Uhr
FASSBIER Centimeter Hausbier (von Stiegl), Murauer Steirergold, Hirter Pils, Budweiser Budvar, Stiegl Weisse, Zwickl, Hirter Morchl Dunkel, Mischbier, Saurer Radler, Sonderbiere nach Saison (Stiegl Pils, Stiegl light, Bock, Herbstbier, Wiesn'bier u.s.w.)
FLASCHENBIER Franziskaner Hefetrüb, Augustiner Hefetrüb, Paulaner Hefedunkel, Ottakringer Helles, Zwettler Original, Raschhofer Zwickl, Hadmar Bio Bier, Hirter Märzen, Stiegl Goldbräu, Trumer Pils, Murauer Pils, Golser Helles (Bügelflasche), Heineken, Guinness (Dose), Corona Extra, Magner's Cider, Black Hill, Beck's Pils, Beck's Alkoholfrei, Hacker-Pschorr (Bügelflasche), Stiegl Sport-Weisse (alkoholfrei), Stiegl Zitrone/Grapefruit Radler, Stiegl Weisse Holunder-Radler
LOKAL Centimeter-Lokal am unteren Ende der Jörgerstraße – unmittelbar gegenüber der U-Bahnstation Alserstraße (U6). Das gewohnte studentengerechte Centimeter-Angebot bei Speisen und Getränken: viel Essen um wenig Geld, ordentliche Bierauswahl. Wenn man nicht gleich beim Pilsner Urquell hängen bleibt, das hier gut gezapft wird. 78 Plätze + 12 Barplätze im Raucherbereich im EG, 200 Plätze im Nichtraucherbereich im EG und Kellergeschoß, im Innenhof-Gastgarten 80 Plätze, Partykeller im Kellergeschoß.

448
WIEN

18., 19. BEZIRK

Bamkraxler – Bier/Art & Music

Figls

EDELMANN 🍺🍺🍺
1180, Gersthofer Straße 21
01/478 30 52
office@das-edelmann.at
www.das-edelmann.at
ÖFFNUNGSZEITEN Mo–Sa 11.00 bis 24.00 Uhr, So 11.00 bis 23.00 Uhr
FASSBIER Puntigamer das bierige Bier, Gösser Märzen, Schwechater Zwickl, Gösser Dunkel, Gösser Schnitt, Edelweiss Weizenbier Hefetrüb
FLASCHENBIER Schladminger Bio Zwickl, Wieselburger Stammbräu, Zipfer Limetten Radler, Weihenstephaner Naturtrüb, Gösser Naturgold
LOKAL Das Edelmann ist ein besonders schön gemachtes Bierlokal an einer exponierten Ecke des 18. Bezirks. Freundliche Bedienung und gut gezapftes Schwechater Zwickl. Der Biergarten ist besonders einladend. 130 Plätze im Lokal, 120 im Biergarten.

ZUM GEMÜTLICHEN WEINHAUSER 🍺
1180, Gentzgasse 125
01/479 12 05
kontakt@zum-weinhauser.at
www.zum-weinhauser.at
ÖFFNUNGSZEITEN Do–Mo 9.00 bis 24.00 Uhr, Di–Mi Ruhetage, Betriebsurlaub im Februar
FASSBIER Golser Premium, Golser Zwickl, Golser Weizen, Golser Rotgold, Golser Limetten-Zitronen Radler, 1 wechselndes saisonales Bier
FLASCHENBIER Hirter Privat Pils, Golser Weizenbock, Zipfer Urtyp, Murauer Märzen, Wieselburger Gold, Golser Nullerl (alkoholfrei), Stiegl Freibier Zwickl Naturtrüb (alkoholfrei), Zipfer 3
LOKAL Schön renovierte urwiener Gaststätte – seit 1917 in der Familie – mit großer Biertradition. Und einer typisch Wiener Speisekarte (Chefin Claudia zeichnet dafür verantwortlich), die Schmankerln zu vernünftigen Preisen anbietet. 90 Sitzplätze, 5 an der Bar und 80 im Schanigarten.

19. BEZIRK

BAMKRAXLER – BIER/ART & MUSIC 🍺🍺
1190, Kahlenberger Straße 17
01/318 88 00
office@bamkraxler.at
www.bamkraxler.at
ÖFFNUNGSZEITEN Di–Sa 16.00 bis 24.00 Uhr, So & Feiertage 11.00 bis 24.00 Uhr, Mo Ruhetag
FASSBIER Augustiner Bräu, Grieskirchner Pils, Ottakringer Rotes Zwickl, Schneider Weisse, Velkopopovický Kozel Dunkel, laufend ein saisonales Zusatzbier (z.B. Augustiner Weihnachtsbock, Augustiner Fastenbier, Löwenbräu Oktoberfestbier, Velkopopovický Kozel Hell)
FLASCHENBIER Paulaner Hefe-Weißbier, Hirter Privat, Murauer, Löwenbräu Alkoholfrei, Null Komma Josef
LOKAL Der „bamkraxler" ist ein Wirtshaus für die ganze Familie. Schon der Lokalname verweist auf ein Spielzeug. Kinder sind jedenfalls willkommen und werden mit Spielplatz, Spielzeug und Kinderbetreuung unterhalten – besonders beim „Family Brunch" an Sonntagen. Für Bierfreunde wichtiger: Hier wird jeden Tag um 17.00 Uhr zeremoniell ein Holzfass vom Augustiner Bräu in Salzburg angestochen. Der große Garten mit seinem gut 100 Jahre alten Baumbestand blieb aus der Zeit erhalten, als hier noch ein Heuriger war. Regelmäßig Jazzkonzerte. 220 Plätze im Lokal, 10 Plätze an der Schank, 200 im Garten.

BLAUSTERN
1190, Döblinger Gürtel 2
01/369 65 64
blaustern@blaustern.at
www.blaustern.at
ÖFFNUNGSZEITEN Täglich 8.00 bis 23.00 Uhr
FASSBIER Weitra Bräu – Das Helle, Grießkirchner Pils
FLASCHENBIER Tegernseer Hell, Augustiner Edelstoff, Gutmann Hefeweizen Hell & Dunkel, Gusswerk Jakobsgold Alkoholfrei, Gusswerk „Zum Wohl" Glutenfrei, saisonale Biere wie z.B. Gutmann Weizenbock
LOKAL Dort, wo einst das Café Grillparzer beheimatet war, erstrahlt nun das Café Blaustern. Der Name „Blaustern" verweist auf eine althergebrachte Kennzeichnung südame-

rikanischer Kaffeebohnenqualität. Geboten wird eine große Auswahl an Frühstückvariationen, die den ganzen Tag über serviert werden. Abends wird das Café zu einer Bar. 80 Sitzplätze im Lokal, 110 im Schanigarten.

BRANDAUER BIERBÖGEN
1190, Heiligenstädter Straße 31
01/367 68 69
office19@bierig.at
www.bierig.at
ÖFFNUNGSZEITEN Täglich 10.00 bis 1.00 Uhr
FASSBIER Brandauers Hausbier (Zwettler Pils), Hadmar Bio Bier, Weitra Bräu Hell, Zwettler Zwickl, Zwettler Dunkles, Schneider Weisse, Zwettler Citrus Radler, saisonale Spezialitäten
FLASCHENBIER Stiegl Goldbräu, Zwettler Lager, Zwettler Original, Zwettler Kuenringer Bock, Schneider Weisse Alkoholfrei, Zwettler Luftikus Alkoholfrei sowie eine Auswahl an zehn Craftbieren, die immer wieder wechselt.
LOKAL In vier ehemalige Stadtbahnbögen der früheren Gürtellinie, gleich gegenüber der U-Bahn-Station Spittelau, hat Thomas Brandauer ein großzügig gestaltetes Bierlokal als „Flagship"-Lokal der Zwettler Brauerei in Wien eingerichtet – es wurde prompt zum Wiener Bierlokal des Jahres 2009 gewählt und mehrfach im TV vorgestellt. In einem der Bögen befindet sich eine große Bar, in den Obergeschoßen sind loungeartige Bereiche zum gemütlichen Sitzen untergebracht. 300 Sitzplätze im Lokal, 40 an der Bar, 300 im Garten.

FIGLS
1190, Grinzinger Straße 55
01/320 42 57
info@figls.at
www.figls.at
ÖFFNUNGSZEITEN Mo–So 11.30 bis 24.00 Uhr
FASSBIER Figls Hausbier Zwickl (gebraut von Ottakringer), Goldfassl Pils, Ottakringer Rotes Zwickl, Schneider Weisse, Ottakringer Dunkles, Budweiser Original, Null Komma Josef
FLASCHENBIER Bierol Mountain Pale Ale, Stiegl Pale Ale Amarillo, Bevog TAK, Xaver Pale Ale, Gusswerk Austrian Amber Pale Ale, Brauwerk Hausmarke 2 Session IPsA, Bevog Kramah, Brauwerk Hausmarke 3 Porter, Gusswerk Black Sheep Stout, Xaver Stout, Gusswerk Wiener Lager, Brew Age Malzstraße, Schremser Vienna IPA, Hofstettner Granitbier, Schloss Eggenberg Samichlaus, Golser Premium Märzen, Hofstettner Kübelbier, Brauwerk Hausmarke 1 Blond, Gusswerk Weizenguss, Gegenbauer Bio Wiener Bier, Gusswerk Horny Betty, Schremser Roggen, Stiegl Pils, Hirter Privat Pils, Murauer Märzen, Ottakringer Wiener Original
LOKAL Seit mehr als zehn Jahren (eröffnet wurde im Sommer

Nach mehr als **30 Jahren** ist die **1. WIENER GASTHAUSBRAUEREI** besser denn je und dennoch unverändert gemütlich! Die legendären Brote, die köstlichen Stelzen, das „Fischer Helle", diverse Spezialbiere, einer der schönsten Gastgärten Wiens, die wohl hübschesten Serviererinnen haben zurecht den Titel „Stammbeisl des Jahres" verdient!

ACHTUNG: Alle unsere hausgebrauten Bierspezialitäten werden nach dem Reinheitsgebot von 1516 gebraut.

1190 Wien, Billrothstraße 17
Mo–So 16.00 – 00.30 Uhr
Reservierungen nur telefonisch ab 15.30 Uhr unter Tel. 01/369 59 49
www.fischerbraeu.at, office@fischerbraeu.at
Inh. Walter Hejl KG

450
WIEN
19. BEZIRK

Fischer Bräu

2004) ist dieses Wirtshaus der für ihre Schnitzel bekannten Familie Figlmüller ein verlässlicher Platz für Biergenuss im sonst weinseligen Grinzing – und zum zehnjährigen Jubiläum wurde die Bierkarte auch kräftig um Import- und Craftbiere erweitert. Sehr schön dekoriertes Lokal mit langer Bar, hinter der viel Kupfer blitzt. Die Küche bietet neben dem berühmten, weil besonders großen „Figlmüller Schnitzel" auch Speisen, die mit Bier zubereitet werden – wie etwa Schweinsbraten in dunkler Biersauce. 220 Plätze im Lokal, 35 Plätze an der Bar, 300 Plätze im Garten.

FISCHER BRÄU
1190, Billrothstraße 17
01/369 59 49
office@fischerbraeu.at
www.fischerbraeu.at
ÖFFNUNGSZEITEN Mo–So 16.00 bis 0.30 Uhr
FASSBIER Fischer Helles, Fischer Weisses, Hirter Pils, Grieskirchner Pils und Grieskirchner Export Dunkel, ca. alle 6 Wochen ein Spezialsud (derzeit: Osterbock), saisonale Spezialitäten wie Sommerbier, Honigbier, Fastenbier…
FLASCHENBIER Franziskaner Schwarz-Weisse, Hacker-Pschorr Anno 1417, Augustiner Edelstoff, Murauer Pils oder Märzen, Beck's Alkoholfrei, Budweiser, Weihnachts- und Osterbock in der 2 l-Porzellanverschluss-Flasche zum Mitnehmen (Pfand 7,00 Euro)
LOKAL Diese älteste, 1985 vom Bier-Pionier Sepp Fischer gegründete Wiener Gasthausbrauerei steht seit über zehn Jahren unter Führung von Walter und Edith Hejl. Behutsam erneuert – damit ist dieses Brewpub wieder an die Spitze der österreichischen Bierkultur gekommen. Unter anderem von der „Kampagne für Gutes Bier" als Stammtischlokal des Jahres 2005 ausgezeichnet. Sehr bemüht, beim Bier neue Wege zu gehen. Und wem das alles noch nicht reicht: Die Serviererinnen gehören zu den hübschesten und freundlichsten in Österreich. Ca. 180 Sitzplätze, 40 Plätze an der Bar, Garten: ca. 240 Plätze.

GRINZINGER BRÄU
1190, Cobenzlgasse 3 / Ecke Himmelstraße 4
01/320 66 62
grinzingerbraeu@aon.at
www.grinzinger-braeu.at
ÖFFNUNGSZEITEN Mi–Mo 11.00 bis 24.00 Uhr, Dienstag Ruhetag
FASSBIER Grinzinger Bräu Zwickl (Eigenmarke, von Ottakringer gebraut), Ottakringer Dunkles, Ottakringer Zwickl Rot, Ottakringer Zitronen-Radler, Schneider Weisse
FLASCHENBIER Null Komma Josef
LOKAL Bierkultur inmitten der noblen Heurigen: Das Kirchenstöckl aus dem Jahr 1473 (die massiven Säulen im Eingangsbereich dürften noch aus dieser Zeit stammen) ist in den letzten Jahren des 20. Jahrhunderts vom Weinlokal immer weiter zu einem Bierlokal entwickelt worden! Als Spezialitäten zum Bier werden die Grinzinger Bräu Spare Ribs und die Bieraufstrichbrote nach altem Hausrezept angeboten. Und nachher gibt es Süßes aus der hauseigenen Konditorei. Dekoriert ist das Lokal mit Gemälden, die der Hausherr selbst gefertigt hat. 150 Sitzplätze, Garten: 80 Plätze.

LIEBSTÖCKL & CO
1190, Sandgasse 12
01/328 83 10
office@liebstoecklco.at
www.liebstoecklco.at
ÖFFNUNGSZEITEN Mo–So 11.00 bis 23.00 Uhr
FASSBIER Reininghaus Jahrgangspils, Gösser Spezial
FLASCHENBIER Weihenstephaner Weizen, Gösser Zwickl, Gösser Dunkel, Gösser Radler, Schlossgold
LOKAL 2002 gegründetes Wiener Edelbeisl im Herzen von Grinzing, quasi „das kleine Beisl, wie es Peter Alexander schon besungen hat". 2015 wurden die Wirtsleute Iwona und Richard Peterseil von der Stiegl-Brauerei als „Bierwirte des Jahres" ausgezeichnet. Sehr familiäre Wohnzimmer-Atmosphäre – und gehobene Wiener Küche, wo die alten Bezeichnungen (Gollasch, Wiener Fleckerlspeis, Gschnattl vom kälbernen Lichterl) noch hochgehalten werden. Das Rindswadlgollasch wird mit Pils und Schwarzbier zubereitet, es gibt Bierbratl, Schwarzbierkraut, Biersuppe und Spanferkel mit Schwarzbierkruste. Jeden Freitag in der Sommersaison

451
WIEN
19. BEZIRK

Neuland

s' Pfiff

Holzkohlengrill. Und eine neue Grinzingsteak-Linie (Dry aged Stierfilet, Rib Eye, Beiried und T-Bone mit Weintraubenpfeffersosse, Erdäpfelspalten und Blattspinat). 90 Sitzplätze im Lokal, 160 im Garten, 10 an der Bar.

LOCAL
1190, Heiligenstädter Straße 31, Bogen 217
0 66 4/392 73 33
office@local-bar.at
www.local-bar.at
ÖFFNUNGSZEITEN Di–Sa ab 19.00 Uhr, So–Mo lt. Veranstaltungskalender
FASSBIER Ottakringer Helles, Ottakringer Zwickl Hell/Rot
FLASCHENBIER Schneider Weisse, Trumer Pils, Corona, Augustiner Edelstoff, Brauwerk 1 und 2, Bierol, Affligem, Xaver und andere ständig wechselnde Craft Biere, Ottakringer Radler, Null Komma Josef
LOKAL Interessante Mischung aus Bar und Veranstaltungsort für Live-Music-Acts und improvisiertem Theater. Im Local ist fast jeden Tag etwas los und zu den angebotenen Bier-Spezialitäten gibt es kleine Speisen, Speckstangerl und Bierbrezen.

NEULAND
1190, Cobenzlgasse 5
01/320 00 63
office@lokal-neuland.at
www.lokal-neuland.at
ÖFFNUNGSZEITEN Mo–So ab 11.30 Uhr
FASSBIER Hirter Pils, Hirter Zwickl
FLASCHENBIER Nixe (low-carb Bier), Erdinger Weißbier, Gösser Naturgold
LOKAL Modern eingerichtetes Wirtshaus, das im Februar 2013 renoviert wurde und nun in neuem Glanz erstrahlt. Im Extrazimmer kann man auf einer Videoleinwand Sportübertragungen verfolgen kann („Fußball und Bier" jeden Dienstag und Mittwoch). Gratis W-LAN. 200 Sitzplätze im Lokal, 60 an der Bar, 200 in Garten.

S' PFIFF
1190, Rathstraße 4
01/440 27 20
office@s-.at
www.s-pfiff.at
ÖFFNUNGSZEITEN Mi–Sa 11.00 bis 23.00 Uhr, So & Feiertage 11.00 bis 22.00 Uhr, Mo–Di Ruhetage
FASSBIER Stiegl Goldbräu, Stiegl Paracelsus Zwickl, Franziskaner Hefeweizen, Hirter Privat Pils, Pilsner Urquell
FLASCHENBIER König Ludwig Dunkel, Clausthaler, Stiegl Gaudi Radler Grapefruit, Stiegl Weisse, Saisonbier
LOKAL Ein ehemaliger Heuriger in Neustift, dem die lokale Weinbauerndynastie Huber mit Bierkultur neues Leben eingehaucht hat. Es ist sehr hell gehalten, viel helles Holz an der Decke und weiße Wände – und dazu kontrastierend die dunklen Sitzmöbel. Die Bar ist einladend, die Steh- und Sitztische ebenso. Die Küche verbindet die Erwartungen an ein Bierbeisl (überbackene Brote, Suppen, Salate) mit denen an die Neustifter Heurigengastronomie (Beuschel, Specklinsen, Wiener Schnitzel, Backhuhn). 220 Sitzplätze im Lokal, 12 an der Bar, 150 im Garten.

SCHLOSSWERK
1190, Friedlgasse 9
01/946 63 89
ÖFFNUNGSZEITEN Mo–Sa 18.00 bis 24.00 Uhr

452
WIEN
19., 20. BEZIRK

FASSBIER Ottakringer Pur, Brauwerk IPA
FLASCHENBIER Brauwerk No1, Brauwerk No3, Anchor Steam, Bierol Mountain Pale Ale, Brewdog Punk IPA, Brewdog Dead Pony Club, Gutmann Hefeweizen, Corona Extra, Null Komma Josef
LOKAL Unweit der Schnellbahnstation Krottenbachstraße der Vorortelinie ist 2014 diese stylische Craftbier- & Weinbar entstanden, in der es die Biere des Brauwerks der Ottakringer Brauerei teilweise auch vom Fass gibt.

ZUM RENNER
1190, Nussdorfer Platz 4
01/378 58 58
gastro@zum-renner.at
www.zum-renner.at
ÖFFNUNGSZEITEN Mo–Sa 10.00 bis 22.00 Uhr, So Ruhetag
FASSBIER Andechs Hell, Andechs Dunkler Bock
FLASCHENBIER Andechs Weißbier Hell, Andechs Bergbock Hell, Beck's Alkoholfrei
LOKAL Dieses aus dem Jahr 1899 stammende Wiener Edelbeisl hieß bis zur Übernahme durch Werner & Christa Renner im Jahr 1970 „Zur Poldi Tant" und hatte einen eher zweifelhaften Ruf. Mit seinem schönen Gastgarten und gemütlichen Stuben ist es aber nun ein typisches Edelbeisel. Die Wiener Küche und vor allem das gekochte Rindfleisch sind die Lieblinge der Familie Beer-Renner – Schinken, Speck, Geselchtes und Würste werden beim Renner selbst gemacht. 90 Plätze im Lokal, 70 im Garten.

20. BEZIRK

BRIGITTENAUER STADL
1200, Griegstraße 1–3
01/374 92 02
office@brigittenauerstadl.at
www.brigittenauerstadl.at
ÖFFNUNGSZEITEN Mo–Fr 9.00 bis 24.00 Uhr, Sa–So 8.00 bis 24.00 Uhr
FASSBIER Budweiser, Stiegl Goldbräu, Grieskirchner Dunkel, Murauer Steirergold
FLASCHENBIER Murauer Zitronenradler, Hirter Privat Pils, Murauer Weisse Naturtrüb Hell, Beck's Alkoholfrei

LOKAL In einer ziemlich trockenen gastronomischen Wüste am äußersten Ende des 20. Bezirks (Endstation der Buslinie 5) gibt es ein nach wie vor ein für die Gegend typisches Bierwirtshaus mit familiärer Atmosphäre – allerdings mit viel hellem Holz fein herausgeputzt, Lavasteingrill im Sommer. 350 Sitzplätze (Saal für 160 Personen), 15 Plätze an der Bar, Garten: 350 Sitzplätze.

ZUM NUSSGART'L
1200, Vorgartenstraße 80
01/332 51 25
edelbeisl@yahoo.de
www.nussgartl.at
ÖFFNUNGSZEITEN Di–Fr 11.00 bis 14.30 Uhr und 17.00 bis 23.00 Uhr, Sa & Feiertage 11.00 bis 16.00 Uhr, So–Mo Ruhetage – ausgenommen f. Veranstaltungen.
FASSBIER Ottakringer Wiener Original, Stiegl Goldbräu, Budweiser
FLASCHENBIER Schneider Weisse, Ottakringer Schnitt, Ottakringer Dunkles, Ottakringer Zitronen Radler, Null Komma Josef, Wieselburger Stammbräu sowie alle Stiegl-Biere
LOKAL Das Nussgart'l ist ein klassisches Wiener Beisl, das seit der Neuübernahme 2009 sanft veredelt worden ist. Im kleinen namensgebenden Gartl und dem Lokal werden zum gut gezapften Bier fast schon in Vergessenheit geratene Wirtshausklassiker angeboten: Die stetig wechselnde Speisekarte sorgt

WIEN

21. BEZIRK

Birners Strandgasthaus

für Abwechslung und zeugt von der Kreativität der Küche. Hier finden sich ein Salonbeuscherl oder Niernd'ln ebenso auf der Karte wie ein gutes Rahmherz. Weiters bietet dieses liebevoll renovierte, aber noch immer den Charme der „Guten Alten Zeit" versprühende Eckbeisl auch klassische Schmorgerichte wie Lammstelze, Kalbsbackerl oder eine klassische Rindsroulade. Alltagsklassiker wie Kohlwickel, gekochtes Beinfleisch mit eingemachtem Kelch oder Schweinsbrat'l sind ebenso im Angebot wie ein „Knierling" oder eine saftige „Fledermaus". Auf der Dessertkarte finden sich Powidltascherl, Gundelpalatschinken, Buchteln, verschiedene Strudel, Striezlkoch und viele andere Köstlichkeiten. 70 Sitzplätze im Lokal. 10 Plätze an der Bar, 70 Sitzplätze im Garten.

21. BEZIRK

BIER & BROT

1210, Frauenstiftgasse 4
01/947 46 45
durst@bierundbrot.at
www.bierundbrot.at

ÖFFNUNGSZEITEN Mo–Mi 16.00 bis 23.00 Uhr, Do–Sa 16.00 bis 24.00 Uhr, So Ruhetag
FASSBIER Hofbräuhaus Traunstein: Fürstenquell, Sechzehnzwölfer (naturtrüb), Dunkles, Hofbräu Urweizen
FLASCHENBIER HB Fürstenpils, Hirter Pils, Corona, Desperados, Heineken, Zwettler 1890, HB Weißbier Alkoholfrei, Wieselburger Stammbräu, Beck's Alkoholfrei
LOKAL Dieses Lokal hat 2008 und 2009 die Wahl zum Lieblingswirt im 21. Bezirk gewonnen. Es bietet gepflegtes Bier mitten in der Heurigengegend – Happy Hour jeweils an Werktagen von 16 bis 18 Uhr. Auf der Karte: Biersuppe, Biergulasch, Bier-Zwiebelsuppe mit Kaspressknödel, Käsevariationen mit hausgemachtem Brot. Zwei offene Kamine, großer Biergastgarten, großer Barbereich, Stüberl für Veranstaltungen bis 80 Personen, 150 Sitzplätze im Lokal, 200 Sitzplätze im Garten, 60 Plätze an der Bar.

BIERHÜTT'N

1210, Stammersdorfer Kellergasse 133
01/292 50 49, 0 66 4/380 45 25
bierhuettn@a1.net

ÖFFNUNGSZEITEN Mo–So 11.00 bis 21.00 Uhr
FASSBIER Freistädter Ratsherrntrunk, Bio-Zwicklbier
FLASCHENBIER Weihenstephaner Hefeweizen, Hirter Morchl, Beck's Pils, Beck's Alkoholfrei
LOKAL Kleines Landgasthaus inmitten von Weingärten, in dem auch Speisen, die mit Bier zubereitet werden auf den Tisch kommen. 40 Sitzplätze im Lokal, 10 an der Bar, 110 im Garten.

BIRNERS STRANDGASTHAUS

1210, An der oberen Alten Donau 47
01/271 53 36
office@gasthausbirner.at
www.gasthausbirner.at

ÖFFNUNGSZEITEN Sommersaison: täglich 9.00 bis 24.00 Uhr, Wintersaison: täglich 9.00 bis 22.00 Uhr
FASSBIER Schwechater Hopfenperle, Kaiser Doppelmalz, Radler
FLASCHENBIER Schwechater Zwickl, Wieselburger Stammbräu, Edelweiss Naturtrüb, Gösser Märzen, Zipfer Limenttenradler, Edelweiss Alkoholfrei, Gösser Naturgold
LOKAL Es gehört zu den sehenswerten Kuriositäten Wiens, wie hier die flinken Kellner mit Bier und Speisen auf dem Tablett die Straße queren, um auch die Gäste auf der Strandterrasse am Ufer der Alten Donau zu bedienen. Wirklich attraktiv ist vor allem der Garten. In der kälteren Jahreszeit gibt es im Gasthaus Birner attraktive Kulinarische Angebote in Form von Heringsschmaus, Wildbuffet, Gansessen usw. sowie verschiedenste Kabarets. Ca. 100 Plätze, Strandterrasse: ca. 100 Plätze.

VERMISSEN SIE IHR LIEBLINGS-BIERLOKAL?

DANN SCHREIBEN SIE UNS:
bierguide2017@gmx.at

WIEN

21. BEZIRK

Kadlez Grillhaus

GIOVANNIS BIERHAUS
1210, Russbergstraße 76
01/292 94 55
da-giovanni@aon.at
www.da-giovanni.at
ÖFFNUNGSZEITEN Täglich 10.00 bis 24.00 Uhr
FASSBIER Gösser, Zwettler Zwickl, Hirter Privat, Hirter Morchl, Cerná Hora
FLASCHENBIER Clausthaler, Budweiser, Gösser Zitronenradler, Hirter Kräuterradler, Erdinger Weizenbier
LOKAL Mit dunklem Holz und hellem Metall modern gestaltetes Bierhaus mit angeschlossener Pizzeria und Cigar Lounge. Im vorderen Bereich befindet sich eine moderne Sportsbar mit Flachbildschirm. 90 Plätze im Bierhaus, 55 Plätze im Wintergarten, 12 an der Bar. 90 im Garten.

JONAS
1210, Franz Jonas Platz
01/922 24 38
office@jonas-lokal.at
www.jonas-lokal.at
ÖFFNUNGSZEITEN Mo–Sa 9.00 bis 24.00 Uhr, So & Feiertage 9.00 bis 23.00 Uhr
FASSBIER Trumer Pils, Ottakringer Zwickl
FLASCHENBIER Stiegl Pils, Stiegl Zitro Radler, Corona extra, Heineken, Erdinger Hefetrüb, Grieskirchner Dunkles, Beck's Alkoholfrei
LOKAL Das vielleicht urbanste Lokal von Floridsdorf, schöne Bar und gute Auswahl an Speisen von Antipasti bis Wok-Gerichte. 120 Plätze im Lokal, 15 an der Bar, 120 auf der Terrasse.

KADLEZ GRILLHAUS
1210, Hopfengasse 8-12
01/278 33 52
tisch@kadlez.at
www.kadlez.at
ÖFFNUNGSZEITEN Mo–Sa von 16.00 bis 24.00 Uhr, Küche bis 23.00 Uhr, So Ruhetag
FASSBIER Kadlez Zwickl, Kadlez Pils, Schnitt, Radler Kadlez Saisonbier
FLASCHENBIER Gusswerk Jakobsgold Alkoholfrei, Gusswerk Weizenguss, Grieskirchner Dunkel, Null Komma Josef
LOKAL Die Kadlez-Bierkutschn in der Floridsdorfer Hauptstraße hat im Sommer 2014 zugesperrt und ist in die Hopfengasse (in die Nähe der ehemaligen St. Georgs Brauerei) gezogen. Es ist ein modern gestaltetes Lokal, in dem Hausherr Christian Schneider die transdanubische Craft Bier Szene versorgt. 90 Sitzplätze, 30 Plätze an der Bar, 100 Sitzplätze im Garten.

GASTHAUS NEUER
1210, Ferdinand-Kaufmann-Platz 2
01/263 23 17
info@gasthaus-neuer.at
www.gasthaus-neuer.at
ÖFFNUNGSZEITEN Mo–Sa 11.00 bis 21.00 Uhr, So 10.00 bis 21.00 Uhr, von 1. September bis 30. April: Ruhetage: Mi–Do, 1. Mai bis 31. August. kein Ruhetag
FASSBIER Ottakringer Hell, Ottakringer Zwickl
FLASCHENBIER Hirter Pils, Ottakringer Dunkles, Schneider Weisse, Null Komma Josef
LOKAL Ein Wiener Beisl mit unverfälschter Kultur: Sehr familiäre Stimmung und eine Küche, die lokale Spezialitäten zu fairen Preisen anbietet. Den „Köch" (gemeint ist: Kohl) sollte man unbedingt probieren, wenn er auf der Karte steht. Neben kulinarischen Genüssen lohnt sich ein Besuch an der Alten Donau auch wegen einer eventuellen gemütlichen Bootsfahrt – oder man schaut bei schönem Wetter von der Terrasse den Booten auf dem Wasser zu. Ca. 55 Sitzplätze, Garten: ca. 150 Sitzplätze.

SCHABERNACK
1210, Leopoldauer Platz 90
01/258 46 96
schabanack@aon.at
www.schabanack.com
ÖFFNUNGSZEITEN Mo–So 11.00 bis 23.00 Uhr
FASSBIER HB Traunstein Fürstenquell Export Hell, HB Altbayrisch Dunkel, HB gemischtes Bier, HB 1612er Zwickl Hell, Radler mit Almdudler
FLASCHENBIER HB Weisse mit Hefe, Hirter Privat Pils, Null Komma Josef

455
WIEN
21. BEZIRK

Unikat

Wirtshaus am Wasserpark

LOKAL Einkehrgasthof aus dem 19. Jahrhundert, mit Heurigenbänken und netter Dekoration in ein modernes Bierlokal verwandelt. Käsewochen in der zweiten Aprilhälfte. 150 Plätze, 150 im teilweise überdachten Garten.

STIX'S BRÜNNER BRÄU
1210, Brünner Straße 190
01/290 02 00
office@stix-gastro.at
www.stix-gastro.at/stix-gastronomie-bruenner-braeu
ÖFFNUNGSZEITEN Mo–Sa 10.00 bis 24.00 Uhr, So 10.00 bis 23.00 Uhr
FASSBIER Budweiser, Weitra Hell, Grieskirchner Dunkel, Zwettler Zwickl
FLASCHENBIER Hirter Privat Pils, Paulaner Hefeweizen, Zwettler Zitronen-Radler, Murauer Zitro & Bier 0,33l, Beck's Alkoholfrei
LOKAL Nettes, mit viel Holz gestaltetes Bierlokal mit kleiner Bar im ersten Gastraum und einem Restaurantbereich dahinter. Neben der bierigen Dekoration mit alter Bierwerbung und Bildern der guten alten Zeit fallen der große Kinderspielbereich und die originell gestalteten Toiletten (tapeziert mit Illustrierten aus den 1960er-Jahren) auf. Täglich wechselnde Menüs, 120 Sitzplätze im Lokal (Rollstuhl gerecht), Garten: 100, Bar: 12.

STIX'S SCHLEMMER ECK
1210, Prager Straße 165
01/271 52 15
office@stix-gastro.at
www.stix-gastro.at/stix-gastronomie-schlemmer-eck
ÖFFNUNGSZEITEN Mo–Sa 9.00 bis 24.00 Uhr, So 9.00 bis 23.00 Uhr (ausgen. Partykeller)
FASSBIER Zwettler Pils, Zwettler Zwickl, Zwettler Dunkel
FLASCHENBIER Zwettler 1890 Original, Weitra Bräu Helles, Zwettler Export Lager Weizenbier, Zwettler Radler, Murauer Zitro & Bier 0,33l, Beck's Alkoholfrei
LOKAL Gelegentlich etwas lautes Restaurant mit doppelt gewölbtem Partykeller. Täglich wechselnde Menüs. Spielplatz und Spielzimmer, 110 Sitzplätze im Lokal (Rollstuhlgerecht), 70 m Keller. 10 Plätze an der Bar, 150 Plätze im Garten, bis 80 m Partykeller.

UNIKAT
1210, Jedlersdorferplatz 36
01/290 17 17
office@das-unikat.at
www.das-unikat.at
ÖFFNUNGSZEITEN Di–Do 16.00 bis 23.00 Uhr, Fr 16.00 bis 1.00 Uhr, Sa 11.00 bis 1.00 Uhr, So 11.00 bis 20.00 Uhr, Partykeller „Tanzkessel": Fr–Sa 22.00 bis 5.00 Uhr
FASSBIER Unikat Helles, Budweiser, Ottakringer Radler, Ottakringer Schnitt
FLASCHENBIER Ottakringer Unten Ohne, Budweiser, Null Komma Josef, Schneider Weisse
LOKAL Im Restaurant und im Biergarten gibts kulinarische Schmankerln und gepflegten Biergenuss (hauseigenes Unikat Bier von Ottakringer), und Freitag und Samstag öffnet am Abend der Partykeller mit Discobetrieb. Jährlich ein eigenes Oktoberfest. 190 Plätze im Lokal (abgetrennter geschlossener Nichtraucherbereich), 120 Plätze im Gastgarten, 25 m im Wintergarten.

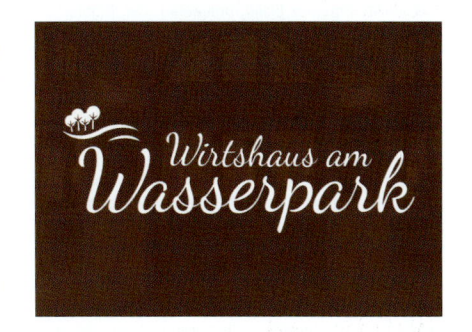

WIRTSHAUS AM WASSERPARK
1210, Freytaggasse 1/14
01/960 16 77
info@wirtshausamwasserpark.at
www.wirtshausamwasserpark.at
ÖFFNUNGSZEITEN Di–Sa 10.00 bis 22.00 Uhr, So & Feiertage 10.00 bis 15.00 Uhr, Mo Ruhetag – auch wenn Feiertag.

WIEN
22. BEZIRK

Das Leo – Kaffeebrauhaus

Lahodny

FASSBIER Stiegl Goldbräu, Zwettler Zwickl
FLASCHENBIER Stiegl Weisse Naturtrüb, König Ludwig Dunkel, Gösser Märzen, Wieselburger, Stiegl Grapefruit Radler, Stiegl Freibier, Stiegl Sport-Weisse
LOKAL Das Wirtshaus am Wasserpark bietet traditionelle Wiener Küche in einem ebenso traditionellen Gebäude – am alten Fussballplatz des Floridsdorfer Athletiker Clubs (FAC). 70 Plätze im Lokal.

22. BEZIRK

DAS LEO - KAFFEEBRAUHAUS
1220, Wagramer Straße 195
0 65 0/725 69 69
www.das-leo.com
ÖFFNUNGSZEITEN Mo–Sa 08.00 bis 24.00 Uhr, So & Feiertage 12.00 bis 22.00 Uhr
FASSBIER Ottakringer Zwickl, Rotes Zwickl, Braumeister Spezial (Ottakringer Sondersud), Schneider Weisse
FLASCHENBIER Brauwerk Blond, Brauwerk Porter, Braufactum Parlor, Bevog Kramah IPA, Bevog Tak Pale Ale, Brooklyn Lager, Gusswerk Wiener Lager, Gusswerk Weizenguss, Gusswerk Black Sheep, Gusswerk Horny Betty, Budweise Budvar, Augustiner Edelstoff, Birra Antoniana, Null Komma Josef
LOKAL Was ein Kaffeebrauhaus sein soll, erschließt sich nicht von selbst. Kaffee wird ja nach dem Verständnis der deutschen Sprache nicht gebraut, sondern aufgebrüht (im Englischen sagt man allerding „brew" zum Aufbrühen), aber das ist hier wohl nicht gemeint. Man kann im Leo natürlich auch Kaffee trinken, aber eigentlich nimmt man die U1 zur Aderklaaer Straße, um Bier in einer modernen Umgebung zu trinken. Im Sockelgeschoß des City Gate ist das auf sehr ansprechende Weise möglich: 2015 wurde diese Bar eingerichtet, viel Holz, viel Leder, viel Bierauswahl, die von freundlichem Personal serviert wird. Und weil es eben doch auch ein Kaffeehaus ist, kann man neben der Brauhausküche (Burger, Ofenfleck, Steaks etc.) auch allerhand Süßes genießen. Sonntags gibt es einen Craft Bier Brunch. 120 Plätze im Lokal, 20 an der Bar.

LAHODNY
1220, Asperner Straße 117a
01/282 22 19
office@lahodny.at
www.lahodny.at
ÖFFNUNGSZEITEN Mo–Sa 10.00 bis 23.00 Uhr, So 9.00 bis 17.00 Uhr
FASSBIER Zwettler 1890, Zwettler Zwickl, Budweiser Budvar sowie jeweils ein Bier des Monats: Andechser Spezial Hell (Jänner & Februar), Weitra Bräu Das Helle (März & April), Schremser Premium (Mai & Juni), Stiegl Pils (Juli & August), Hirter HerbstCULT (Sept. & Okt.), Ottakringer Gold Fassl Zwickl Rot (Nov. & Dez.)
FLASCHENBIER Andechs Hefe Weißbier, Ottakringer Wiener Original, Grieskirchner Export Dunkel, Augustiner Edelstoff, Hadmar Bio Bier, Stiegl Goldbräu, Zwettler Radler Citrus Naturtrüb, Zwettler Luftikus (alkoholfrei), Tennent's Stout, Gusswerk Wiener Lager, Birra Antoniana Altinate
LOKAL Markantes Restaurant im aufstrobenden Stadtteil Aspern – an Wochenenden meist sehr gut besucht. Die Großeltern von Wolfgang Lahodny, Ferdinand und Antonia Weiss, nahmen im Jänner 1933 das Einkehrgasthaus in Pacht. Es war ein Dorfwirtshaus, wo auch Gärtner und Bauern mit ihren Pferdefuhrwerken Rast machten, über die Jahrzehnte hat es sich zu seiner neuen Funktion gemausert. Zwar wird hier stolz die Weinkultur gelebt, aber die Bierpflege wird mindestens so ernst genommen. 165 Plätze im Lokal, Bar: 10, 15 im Garten.

NAPOLEON - DER BIER-FREIHOF
1220, Kagraner Platz 33
01/203 94 00
napoleon@napoleon.at
www.napoleon.at
ÖFFNUNGSZEITEN Mo–So 11.00 bis 24.00 Uhr
FASSBIER Ottakringer Helles, Ottakringer Dunkles, Ottakringer Schnitt, Ottakringer Zwickl, Ottakringer Rotes Zwickl, Ottakringer Citrus Radler, Paulaner Original Münchner Hell, Innstadt Passauer Weisse
FLASCHENBIER Ottakringer Spezial, Ottakringer Pils, Null Komma Josef, Schneider Weisse
LOKAL Laut Überlieferungen hat schon Napoleon hier über-

457
WIEN
22. BEZIRK

Roter Hiasl

Saloon im Donauplex

nachtet und gespeist. Heute gibt es in diesem „Bier-Freihof" Bierverkostungen. 280 Plätze, Garten mit Terrasse: 550 Plätze, 40 an der Bar.

ROTER HIASL
1220, Biberhaufenweg 228
01/280 71 22
office@roterhiasl.at
www.roterhiasl.at

ÖFFNUNGSZEITEN Mo–So 9.00 bis 24.00 Uhr

FASSBIER Hiasl Bräu Helles, Hiasl Bräu Altbier aus der eigenen Wirtshausbrauerei, Puntigamer Bieriges, Schremser Premium, Gösser Zwickl, Gösser Naturradler, Weihenstephaner Weizen, Starobrno

FLASCHENBIER American Bud, Wieselburger Gold, Gösser Märzen, Kaiser Doppelmalz, Edelweiss Weizen Alkoholfrei, Gösser Naturgold

LOKAL Die 1862 von Matthias Turnovsky gegründete Traditionsgaststätte in der Lobau hat mit Roland Reisinger seit 2009 einen neuen Chef, der 2012 begonnen hat, ein eigenes, sehr mildes Bier zu brauen. Bemühte Bierpflege in einer urwienerischen Beisl-Atmosphäre. Bier kommt hier auch in den Speisen zum Einsatz wie z.B. bei der Braumeisterpfanne – ein gegrilltes Schweinskarree im Speck-Zwiebel-Biersaftl, beim Brauhausschmaus – Geselchtes, Spanferkel, Würstel, Breznknödel und Bierkraut oder beim Hausbierbraten – Spanferkelrollbraten im Biersaftl mit Breznknödel und Bierkraut. Mehrmals im Jahr finden Veranstaltungen mit Live Musik, Hüttengaudi, Spanferkelessen, Oktoberfest u.s.w. statt. Und sogar für Hunde steht ein eigenes Hundemenü bereit!

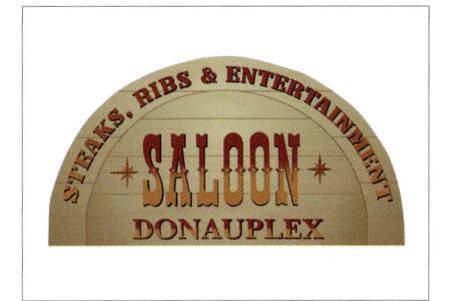

SALOON IM DONAUPLEX
1220, Wagramer Straße 79 (Donauplex) 604a
01/203 45 95
info@saloon.co.at
www.saloon.co.at

ÖFFNUNGSZEITEN Mo–Do 11.00 bis 24.00 Uhr, Fr–Sa 11.00 bis 1.00 Uhr

FASSBIER Indian Draft, Indian Unfiltered, Heineken, Edelweiss, Kaltenhauser Original, Gösser Radler Naturtrüb

FLASCHENBIER Heineken, Corona, Desperados, Sierra Nevada Pale Ale, Anchor Steam Beer, Crew Republic Munich Easy, Gösser Stiftsbräu Dunkel, Wieselburger Stammbräu, Gösser Naturgold

LOKAL In Wiens größten Western-Saloon gibt es freitags, samstags und jeden ersten Mittwoch im Monat live Musik ab 20.30 Uhr. Die Speisekarte bietet sowohl amerikanische- als auch Tex-Mex-Küche mit einem vielfältigen Angebot von Steaks und Spare Ribs über Burger bis hin zu Fingerfood. Highlight ist im Sommer die Gartenterrasse mit 200 Sitzplätzen und Wassernebelsprühanlage, die an heißen Tagen für Abkühlung sorgt.

...Stadlauer Malz® für gutes Bier

STAMAG

www.stamag.at

WIEN

22., 23. BEZIRK

Sternberg

Zum Biergarten

STERNBERG 🍺🍺🍺🍺
1220, Industriestraße 65
01/203 33 95
sternberg-restaurant@aon.at
www.sternberg-restaurant.at
ÖFFNUNGSZEITEN Di–Sa 11.00 bis 2.00 Uhr, So–Mo u. Feiertage 11.00 bis 22.00 Uhr (Winter), So–Mo u. Feiertage 11.00 bis 23.00 Uhr (Sommer), Cocktailbar: Di–Sa 18.00 Uhr bis 2.00 Uhr
FASSBIER Ottakringer Helles, Ottakringer Schnitt, Ottakringer Rotes Zwickl, Ottakringer Zwickl, Innstadt Hefeweizenbier
FLASCHENBIER Ottakringer Pils, Ottakringer Dunkles, Budweiser, Augustiner Lager, Ottakringer Radler, Ottakringer Unten Ohne, Null Komma Josef
LOKAL Modernes Bierlokal an der wenig belebten Industriestraße – an der Ecke zur Langen Allee. Umso erstaunlicher, wie gut es auch am späteren Abend noch besucht ist. Im Inneren fällt gleich die große, sich über fast die ganze Länge des ersten Raums erstreckende Bar auf. Schöner Garten, wo man unter alten Bäumen Bier genießen kann. Interessant der große Grill, bei dem – zum Oxenstopp-Fest – auch ein ganzer Ochs gegrillt werden kann. Auch sonst eine bierige Küche – und das Bemühen, den Trend zu Cocktails durch die Kreation von Bier-Cocktails zu nutzen. Happy Hour (16.00 bis 18.00 Uhr) mit Fassbier zum halben Preis. 160 Sitzplätze im Lokal, 40 Plätze an der Bar, 500 Sitzplätze im Garten. 🍺

ZUM BIERGARTEN 🍺
1220, Lieblgasse 9
01/259 71 65
office@zumbiergartl.at
www.zumbiergartl.at
ÖFFNUNGSZEITEN Mo–Sa 11.00 bis 23.00 Uhr (Küche 11.00 bis 20.00 Uhr), So & Feiertag 11.00 bis 15.00 Uhr (Küche 11.00 bis 14.00 Uhr)
FASSBIER Gösser Gold, Gösser Naturradler
FLASCHENBIER Gösser Märzen, Wieselburger Gold, Hirter, Budweiser, Corona Extra, Gösser Stiftsbräu Dunkel, Desperados, Heineken, Edelweiss Weizen Trüb, Gösser Kräuter Radler, Gösser Naturgold, Gösser Kracherl, Edelweiss Weizen Alkoholfrei, saisonal Gösser Bockbier
LOKAL Einfaches Vorstadtlokal an der Ecke zur Tillmanngasse mit klarer Botschaft an die Gösser- und an die Rapid-Fans. Freundliche Bedienung und preiswerte Küche. 50 Plätze, 100 im Kellerstüberl, 100 im Garten.

ZUR ALTEN KAISERMÜHLE 🍺
1220, Fischerstrand 21A
01/263 35 29
reservierung@kaisermuehle.at
www.kaisermuehle.at
ÖFFNUNGSZEITEN Sommer (15. März bis 17. September) Mo–So 11.30 bis 23.00 Uhr, Winter (18. September bis Weihnachten) Do–Sa 11.30 bis 23.00 Uhr, So 11.30 bis 22.00 Uhr, Winterpause: Jänner bis Mitte März.
FASSBIER Ottakringer Helles, Ottakringer Radler, Ottakringer Zwickl Rot, Ottakringer Dunkles oder Gemischtes, Innstadt Hefe Weissbier
FLASCHENBIER Null Komma Josef
LOKAL Im Jahr 1893 im so genannten „Franz-Josephs-Land" an der Alten Donau eröffnet – und ein wenig vom k. u. k. Charme hat sich in diesem ca. fünf Fußminuten von der U-Bahnstation Alte Donau entfernten Lokal gehalten. Auf der zentralen Feuerstelle im Garten (Holzofengrill rekordverdächtigen Ausmaßes) werden jene kulinarischen Köstlichkeiten zubereitet, die der Mühle das Prädikat kaiserlich verleihen: Spareribs und diverse Steakspezialitäten, Hummer, Goldbrasse etwa, Lachsforelle oder frischer Saibling. Jedes Jahr ein Oktoberfest im Herbst. 100 Sitzplätze im Lokal, 5 Stehtische im Garten, 350 Sitzplätze im Garten. 🍺

23. BEZIRK

DER STASTA 🍺🍺
1230, Lehmanngasse 11
01/865 97 88
hotel@stasta.at
www.stasta.at
ÖFFNUNGSZEITEN Mo–Sa 10.00 bis 23.00 Uhr
FASSBIER Kaiser Premium, Schwechater Zwickl, Hausbier
FLASCHENBIER Edelweiss Hefetrüb, Gösser Spezial, Schlossgold, Sportradler
LOKAL Ein Hotelrestaurant, das nicht nur kulinarischen Ansprüchen (preiswerte Mittagskarte, gediegenes à la carte

WIEN
23. BEZIRK

Liesinger Bräu

Angebot) gerecht wird: Das Personal in diesem Liesinger Traditionslokal ist von ausgesuchter Freundlichkeit, zum perfekt gezapften Bier wird eine Tageszeitung angeboten. Der Gastgarten mit altem Kastanienbestand, einer kleinen Weinlaube und einem Biotop zeigt, dass wir hier schon ganz am Stadtrand sind. Kostenloser Internetzugang über WLAN. 80 Plätze im Lokal, 100 im Gastgarten. -38

GASTHAUS KOCI
1230, Draschestraße 81
01/61 55 626
reservierung@koci.wien
www.koci.wien
ÖFFNUNGSZEITEN Mo–So 9.00 bis 23.00 Uhr
FASSBIER Pilsner Urquell, Gösser, Kozel Dark, Kozel Premium
FLASCHENBIER Gösser Märzen, Wieselburger Gold, Murauer Märzen, Hirter Privat Pils, Grieskirchner Export Dunkel, Grieskirchner Export Dunkel, Paulaner Hefeweizen Hell, Gösser Naturradler, Stiegl Goldbräu, Gösser Naturgold
LOKAL Das Bierhaus Inzersdorf ist im März 2016 (nach Redaktionsschluss dieses Guides) von der Johann Strauß Straße in die nahe Drasche-Straße gezogen – hier gibt es auch einen attraktiven Biergarten und das gewohnte preiswerte Angebot österreichischer Hausmannskost.

GÖSSER SCHLÖSSL IN MAUER
1230, Gesslgasse 4
01/887 45 67
reservierung@goesserbraeuwien.at
www.goesserbraeuwien.at
ÖFFNUNGSZEITEN Mo–Do 8.00 bis 24.00 Uhr, Fr–Sa 8.00 bis 1.00 Uhr, So 8.00 bis 23.00 Uhr
FASSBIER Gösser (Tankbier aus dem Frischetank), Spezial, Zwickl, Naturradler Kräuter, Stiftsbräu, Dunkles Zwickl (saisonal), Starobrno, Weihenstephaner, Bock (saisonal)
FLASCHENBIER Gösser Märzen, Gösser Naturradler Zitrone, Heineken, Desperados, Edelweiss Hefetrüb, Affligem Blonde, Edelweiß Alkoholfrei, Edelweiß Hofbräu
LOKAL In diesem 1883 bis 1885 von Anton Ritter von Oelzelt errichtetem Gebäude fand man bis vor drei Jahren das Bierhaus Mauer. Nach leichtem Face-Lifting und einem Branding als Gösser-Bräu kommen die Gäste hier exklusiv in den Genuss von Gösser Braufrisch, das frisch vom Schautank gezapft wird. Das Küchenkonzept ist auf traditionelle österreichische Brauhausküche mit Alt-Wiener Klassikern ausgerichtet. Von Montag bis Freitag werden zwei Mittagsmenüs – wahlweise mit oder ohne Fleisch – angeboten. Im Sommer wird bei Schönwetter an der 30 m großen Grillstation täglich ein Grillbuffet angeboten. Dazu serviert man herzhafte Erdäpfelpuffer nach Rezept des Hauses. Wer mit dem eigenen Auto anreist, findet in der hauseigenen Tiefgarage immer einen Parkplatz. Ca. 200 Sitzplätze, Rittersaal: ca. 80 Sitzplätze, Biergarten: ca. 300 Plätze, Bar: 30 10 Zimmer, 1 Appartment.

LIESINGER BRÄU
1230, Breitenfurter Straße 372–Riverside/Top 110
01/867 33 80
info@liesingerbrau.at
www.liesingerbrau.at
ÖFFNUNGSZEITEN Mo–Sa 9.00 bis 21.00 Uhr
FASSBIER Liesinger Bräu Kellerbier Naturtrüb, Starobrno, Gösser Märzen, Saisonbier z.B. dunkles Zwickl
FLASCHENBIER Wieselburger, Heineken, Gösser Dunkel, Edelweiss Hefetrüb, Gösser Naturradler Zitrone, Schlossgold, Edelweiss Alkoholfrei
LOKAL Im ersten Stock des Riverside-Centers hat sich dieser Ausschank der BrauUnion etabliert, der daran erinnert, dass an dieser Stelle früher einmal die Liesinger Brauerei gestanden ist. Netter Indoor-Biergarten – und häufig Fussball-Übertragungen.

ZU DEN 3 LINDEN
1230, Atzgersdorfer Straße 161
01/804 41 15
ÖFFNUNGSZEITEN Mo–Sa 10.00 bis 23.00 Uhr, So 11.00 bis 22.00 Uhr
FASSBIER Budweiser, Schremser
FLASCHENBIER Zipfer Urtyp, Gösser Märzen, Wieselburger, Kaiser Doppelmalz, Edelweiss Hefeweizen, Schlossgold
LOKAL Ehemaliger Ausflugsgasthof, jetzt von dichter verbautem Gebiet umgeben. Sehr schöner Biergarten, preiswertes Essen und gut gezapftes Bier. 100 Plätze im Lokal, 90 im Garten.

INDEX

BURGENLAND

Altes Brauhaus 96
Bernie „Das Wirtshaus" 95
Bierkistl Neudörfl 100
Braugasthof Schmidt –
Rabenbräu 101
Cebu 95
Cselley-Mühle 103
Der Stadtwirt 102
Die Bank 102
Fuchs Gasthaus 105
Gasthaus Dankbarkeit 103
Gasthaus zur Grenze 104
Gasthof zur Traube 100
Gernot 98
Gibiser Gerlinde Gasthof 98
Grosshöfleiner Zeche 97
Gut Purbach 104
Habe d'Ere 101
Haydnbräu 95
Jupp's Bierstüberl 103
Largo 100
Leban Gasthaus 98
Ohr Hotel-Restaurant 95
Pannonia Brauerei Gols 97
Paulis Pub 100
Peacock-Pub 99
Pummer Rudolf Gasthof 98
Rathauskeller 98
Ruckendorfer 96
Schütz Restaurant 105
Sigi's Pub 104
Sittinger Gasthaus 96
Sonnenstube 101
Stefans Bistro 96
Tamdhu Irish Pub 94, 102
Taverne Burg Lockenhaus 99
The Irish Rover – Traditional Irish Pub 99
Varga Fischrestaurant 97
Vila Vita Pannonia – Stadlbräu 103
Weinstube Sonnenhof 105
Wurglits – Gasthof zur Post 97
Zum Burgenländer 104

KÄRNTEN

2gether 115
Alpengasthof Hutmannshaus 115
Alpengasthof Malle 132
Alpenhotel Plattner 114
Alte Post 112
Altes Brauhaus 131
Altes Brauhaus – Breznik 110
Annenhof 128
b2 126
Bacher Gasthof 115
Bachler Kulturwirtshaus 109
Bärenwirt 114
Bieradies 125
Bierbaron 131
Biereck 128
Bierhaus zum Augustin 116
Bierwirt 126
Brauhof Franz Josef 132
Brückenwirt 126
Brugger Gasthof 121
Der Stadtwirt 128
Döllacher Dorfwirtshaus 113
Felsenkeller 116
Finnegan´s 127
Fleissner Gasthof 120
Funder 119
Gailtalerhof 125
Gartenrast 122
Gasthaus zur Bauernstubn 115
Gasthof Edelweiss 120
Gasthof zur Schmiede 109
Gegendtalerhof – Familie Kramer 128
Gemsenbräu 120
Gerry's Bernstein 127
Glanwirt Gasthof Pöck 116
Glashaus – Hopfenbar – Garage 127
Grünwald Gasthof 124
Hirter Braukeller 114
Hofbräu zum Lindwurm 116
Hofwirt 129
I Fratelli 110
Jerolitsch Fischgasthof 120
Josef 129
Kirchenwirt 128
Kochwirt Joainig 122
Kohlmayr Gasthof 112
Krall Gasthof 117
Lamplwirt 111
Laterndl 114
Leo's Turmstüberl 129
Lücke 129
Marktstube bei Lotte 111
Melcher 129
Metnitztalerhof Landhotel 112
Metzgerwirt 123
Molly Malone 117
Moser Gasthaus 114
Mosers Wirtshaus 131
Mountain Resort Feuerberg 110
Norischer Forellenwirt 115
Pavlvs 117
Pirker Gasthof 117
Plasch „Auf der Huabn" 118
Gasthof 111
Pontiller Gasthof 121
Post 122
Prechtlhof 109
Prunner Gasthof 112
Pumpe – Gasthaus zum Grossglockner 118
Racer's 130
Rockcafe Filiale 111
S' Wirtshaus 122
S' Wirtshaus Müllmann 120
Schlatte's 111
Schlosswirt 118
Seitner Gasthof 111
Seppenbauer Gasthof 124
Shilling's 123
Stamperl Katschberg 123
Stauber's Wirtshaus 130
Stern 130
Steyrer Hof 125
Terklbauer 132
The Claddagh 118
Traube – Poppmeier Gasthaus 124
Uni.Wirt. 119
Villacher Brauhof 130
Weisses Rössl – Blacha Gaul 108, 127
Wirt in Judendorf 131
Wirtshaus Gelter 126
Wispelhof 130
Wulz Gasthaus 113
Zollner Hotel Restaurant 112
„Zum Goldenen Rössl" Gasthof 124
Zum Weißen Ross 119

NIEDERÖSTERREICH

Adlerbräu 142, 181
Altes Depot 175
Altes Presshaus 171
Amterl 138
Anno 1920 – Landgasthaus Scheugl 148
Arbachmühle 163
Archiv 139
Assl-Wirt 147
Auberg Pub 185
Bäck's Bar & Grill 145
Bahnhofsbräu 169
Bärenwirt 171
Bier17 179
Bierfisch 176
Bierhafen im Goldenen Anker 162
Bierheuriger Bärleiten 184
Bierhof – Bierpub-Restaurant 138
Bierothek 140
Bierplatzl 141
Bierpub Krügerl 186
Böhmischer Hof 150
Bohrturm 144
Bonka – Das Wirtshaus im Wienerwald 169
Braugasthof Diewald 145
Braugasthof Zum Fiakerwirt 161
Brauhaus / Z'Wiesel 188
Brauhaus Marchart 173
Brauhaus Schwechat 178
Brauhotel Weitra 186
Braustüberl Hainfeld 149
Bruckners Bierwelt 143
Brunner's Bräu 168
Buchinger Landgasthof 150
Burgstüberl 150
Café Piccolo 165
Carambol – Havanna Club 151
Carrousel 155
Cello 146
Clappo's 176
Clocktower 140
Corner Bar 152
Denkenhof 153
Die Kramerey 141
Dorfschmiede 190
Dubliner Pub 178
Dunkelsteiner Bräu 152
Edelsberger Wirtin 138
Egon 174
El Gusto Español 170
Eulenspiegel 156
Fabrik Braugasthof 183
Fahrnberger 147
Fally 155
Felmayer's Gastwirtschaft 178
Fidelio 144
Firlefanz 163
Fischl Gasthof 154
Flieger & Flieger 162
„FLÖ" – Café Bar Lounge 152
Foggy Mix 183
Franziskaner Bierpub 163
Fritz 189
Gablitzerhof 143
Gasthof zur Kirche 157
Gasthof zur Roten Säge 174
Gasthof zur Stadt Horn 152
Gastwirtschaft Floh 160
Geier's Gambrinus 144
Genusswerkstatt

INDEX

sieben:schläfer 142
Graselwirtin 167
Gricht 164
Gruber´s Wirtshaus 180
Grüner Baum Gasthof 155
Guinness Island 172
Gwölb 156
Gwörthwirt 153
Haginvelt 150
Harlekin 165
Hehenberger Gasthaus – Ybbstal Bräu 184
Hexenbrau 187
Hubertushof Fromwald 138
Hueber Gasthof 174
„Im Demutsgraben" Wirtshaus 191
Johny's 172
K.U.L.T. 144
Kalteis Gasthof 154
Kartause Gaming 143
Kaufmann Gasthof 162
Kirchenwirt – Kiwi 189
Kirchmayr Landgasthof 185
Klinglhuber Gasthof 157
Klostergasthaus Thallern 149
Klostergasthof Heiligenkreuz 151
Koloman 164
Kreuzeralm 172
Krumbacherhof 159
Kuba – Die Bar 190
Kutscherklause 141
Lindenhof 171
Linko Bräu – Gasthof Linko 161
LoosHaus am Kreuzberg 170
Lorbaer 183
Lumpazibräu – das Bierlokal 157
Markgrafwirtshaus 156
Marktbeisl 137
Mary's Scottish Coffeepub 187
Mautwirtshaus 165
Mitt'n drin 175
Mitter Gasthof 179
Mohnwirt 137
Muhr Landgasthof & Hotel 143
Müller's 140
Nikodemus 173
Outback Roadhouse 153
Palette 139
Papperl à Pub 177
Pfiff 151
Piano-Bierlokal 158
Pillgrab Gasthof „Zur Linde" 175
Pipeline 146
Pohnitzer 152
Rahofer Bräu 180
Rathaus Bar 141
Ratzhaus - Haus der Biere 166
Rax Bräu 170
Reichsapfel Gasthaus 139
Reither Franz Gasthaus 168
Retzbacherhof 182
Riefenthaler Landgasthaus 148
S´Pfandl am Hauptplatz 182
S' Beisl 190
Salzstadl 158
Sappalot 145
Schiffsmeisterhaus 137
Schlapf'n Wirt 179
Schlosserei 166
Schlosswirt 184
Schönauer Gasthof 177
Schönbacher Biergwölb 176
Schwarz Alm 191
Schwarz Gasthaus 169
Schwarzer Peter 159
Seff 189
Shakespeare Pub 173
Shamrock – „The Pub" 162
Sidamo 189
Siegl's Pub 188
Soobar 182
Sowieso 167
Stadt-Pub 191
Stadt-Pub Löffler 183
Stadtwirtshaus Hopferl 146
Stargl-Wirt 188
Steinmühl Landgasthof 190
Sydney 171
Tell 184
Toni's Bier- und Weinstube 154
Tyroler Stub'n „Zum Michl" 178
Unique-Pub 151
Veggie-Bräu 180
Velmer Bierpub 182
Vianko 148
Waidhofner Bierplatzl 185
Waldgasthaus Bockerl 167
Waschka Gasthof– Libellenbräu 186
Weiler Martin Gasthaus 160
Wiglin's Pub 185
Windbichler – „Karnerwirt"

Gasthof 139
Winzerstüberl Essl 173
Wirt am Teich 175
Wirtshausbrauerei Haselböck 168
WirZhaus zum Gwercher 175
Zeitlos 172
Zirbenstube 147
Zum Alten Bräuhaus 169
Zum alten Zollhaus 157
Zum braunen Hirschen 189
Zum Fredy 178
Zum goldenen Adler 149
Zum Goldenen Löwen 164
Zum Goldenen Schiff 182
„Zum Raxkönig" Wirtshaus 168
Zum Schwarzen Elefanten 176
Zum Thaler 181
Zum Waldviertler Sepp 177
Zündwerk – Fine Steaks, Burger & Beer 136, 180
Zur Minatant 177
Zur Rennbahn 137
Zur schönen Wienerin 163

OBERÖSTERREICH

Almesberger 195
Almgasthof Windlegern 230
Alte Schmiede 231
Alte Welt 218
Attergauhof 239
Aviva Alm / Brau-boutique 240
Badhaus & Jamaica Pub 227
Badwirt 232
Bar Solaris 218
Barok België 218
Bart 246
Bauer's Bierquelle 250
Baumgartner Stadtwirt 241
Beim Böckhiasl 230
Bergergut 195
Berggasthaus zur Gis 216
Bertlwieser's – Rohrbachs bierigstes Wirtshaus 194, 237
Biergartl an der Donau 219
Schiffner Biergasthaus 196
Biergasthof Riedberg 235
Bierhotel Ranklleiten 233
Bierschmiede 244

Biertreff Hausboot 199
Bigoli 219
Black Horse Inn 250
Black Sheep Irish Pub 244
Bratl-Bräu 238
Brauhaus Bogner Braunau/Haselbach 201
Brauhaus Gmunden 208
Brauhaus Traun 246
Brauhof Goldberg 242
Brauwirtshaus Kellerbräu 236
Bug's Bar 220
Chelsea Pub 220
Craftwerk Braupub 209
Culinariat - Das GenussAtelier 211
D'Schmöller'n 209
Da Dinghofer – Mei Wiaz'Haus 249
Danzer Hotel Gasthof 198
Das Wirtshaus am Platz 213
Dischgu 199
Dorfhaus 229
Dorfner Landgasthof 238
Ed. Kaiser's Gasthaus 228
Eder-Bräu 212
Eidenberger Alm 203
Engelhof Gasthof 208
Englwirt 197
Erster Atterseer Biergarten 242
Exxtrablatt 220
Foxis Schlosstaverne 206
Franzl's Schlossrestaurant 227
Franzl's Stiftsbräustüberl 234
Freistädter Brauhaus 206
Fruhstorfer 246
Gasthaus Bräu 241
Gasthof König 214
Gasthof Schlögen 210
Gelbes Krokodil 220
Golden Pub 221
Goldener Adler dd 207
Gössnitzer 203
Granit Bierstube 221
Grünes Türl 201
Hinterreitner Gasthaus 248
Hofer Gasthaus 230
Hofer Wirtshaus 233
Hoftaverne Atzmüller 249
Hoftaverne Ziegelböck 248
Hofwimmer Gasthaus 251
Hofwirtshaus 239
Holzpoldl 218
Hotel Aviva for Beerfriends 240

INDEX

Josef – Das Stadtbräu 221
K&K Hofbeisl 200
Kaisergasthof & Geli's 252
Kanzlei Bar 222
Kemmet-Bräu 253
Kinski 214
Knapp am Eck 244
Kulturbar Konrad 222
Kulturwirtshaus Pammer 211
Lackner Gasthau 202
Land-Erl 207
Landhotel Grünberg am See 208
Lanza's Barissimo 254
Leimer Bräu 216
Leonfeldner-Hof 200
Lichtl Gasthaus – Backhendlstation 204
Longhorn Saloon 239
Lui – Linzer Uni Inn 222
Marxrieser Gasthof Bräuhaus 227
Maurerwirt 213
Maurerwirt Rainbach 234
Maximilianstube 198
Mayrwirt 210
Mistelberger Braugasthof 253
Mitten in der Welt – Gasthof Roither 211
Moorhof 204
Mühlviertler Hof – Gasthof Geirhofer 243
Mühlviertler Hopfenstubn – HopfenErlebnisHof 241
Napoleonwirt 197
Obermairs' Wirtshaus 251
Oberndorfer Wirt – Hoftaverne Schmiding 214
Parzer Wirt 201
Paul's 222
Platzlwirt – Das andere Wia z'Haus 236
Pöstlingberg Schlössl 223
Robkins Old Irish Pub 233
Robkins Old Irish Pub II 224
S' Gerstl 252
S' Ofenloch 209
S' Wirtshaus zur Hofmühle 232
S'Budweiser 202
S'Pub 195
Schachinger 247
Schlagerwirt Gasthaus 204
Schloss Traun 246
Schlossbräu Mondsee 229
Schlossbrauerei Weinberg 212
Schnaitl Braugasthof

Gundertshausen 203
Schnaitl Stadtgasthaus 202
Schnitzelkaiser 200
Schupf'n 237
Schwechaterhof 245
Schwertberger Bräu 243
Seidl-Bräu 245
Sir Patrick 245
Six Gasthaus 248
Stadt Wien Hotel 201
Steegwirt 199
Stefan's Stubm 224
Steindl Gasthaus 234
Steiner's Gasthof 210
Steinschildwirt 242
Stellwerk 224
Stern – Café-Bar 224
Stieglbräu zum Klosterhof 225
Stieglitz 225
Stiftskeller Stift Schlägl 196
Stranzinger 228
Strasser Gasthof– Wirt in Eschlried 247
Süss Gasthof 231
Tartuffel 213
Tauer Restaurant 247
Taverne in der Schön 228
The Irish Viking Pub 236
The Old Dubliner 225
Thor-Bräu –Das Brauhaus in Ottensheim 232
Träger Gasthof 235
Tramway im Stockhof 226
Tuba 209
Vis à Vis – Gasthaus & Mehr 207
Vitzthum Braugasthof 247
Vonwiller 211
Walker Bar 226
Waniks Gösserbräu 252
Weber Bräu 237
Weinbeisser 205
Weiss Familiengasthof 230
Weissl Gasthof 199
Weissl-Ober Gasthaus 204
Wia z'haus Lehner 226
Wirt auf da Hoad – Gasthaus Gusenleitner 213
Wirt z' Ernsting 232
Wirt z'Ebersau 234
Wirt z'Furkern 229
Wirt Z'Walding 248
Wirth z'Hareth 205
Wirtshaus in Freudenthal 250
Wirtshaus zur Bums'n 242
Wirtshaus zur Schießhalle 226

Wöhrer 239
Wösner Tenne, Gasthof 229
Wurmhöringer Braugasthof 197
Zellerei 254
Zenz'n Stubn 243
Zigeunerwirt Schwanenstadt 243
Zipfer Brauhaus 254
Zum Alfon 238
Zum Goldenen Kreuz – Gasthof Kreuzmayr 202
Zum Grünen Baum 214
Zum Hoangarten 198
Zum Schindelmacher 212
Zum Schwarzen Grafen 228
Zur Hohen Linde 249
Zur Linde 252
Zur Westbahn 231
Zweimüller 209

SALZBURG

10Yards 288
Alchimiste Belge 273
Allerberger 287
Alter Fuchs 273
Anton Wallner Bräu 267
Asitz Bräu 268
Bärenwirt 273
Batzenhäusl 287
Beffa Bar 274
Bierheuriger 274
Bierpub – Brauhaus Gusswerk 266
Bramsau-Bräu 262
Braugasthof Sigl 270
Bräurup 269
Brückenwirt Hallein 264
Café Mandl 288
Der Jägerwirt 261
Die Solide Alm 262
Die Weisse / Sudwerk Bar 274
Döllerer's Wirtshaus 264
Dorfwirt 263
Eden's Pub 260
Flachauer Gutshof 263
Franz der Wirt 261
Friesacher Einkehr 260
Fürst Landgasthof 268
Fuxn – Salzburger Volkswirtschaft 275
Gablerbräu 275
Gasthof am Riedl 267
Kröll Gasthof 270
Gasthof Maria Plain 268
Gellnwirt 288
Goldene Kugel 275
Goldene Traube 264

Good Times at Goodman's 258, 276
Gröfler 289
Hager Gasthaus 264
Hilberger's Beisl 267
Hindenburg 272
Hofbräu Kaltenhausen Braugasthof 265
Hohlwegwirt Gasthof 265
Holznerwirt 262
Hubertus Gasthof 272
Itzlinger Hof 276
Kamml 287
Kap Verde 272
Kitsch & Bitter 267
Kohlpeter 277
Kohlschnait 261
Kothäusl Gasthaus 286
Krimpelstätter 276
Kuglhof 277
Kurvenwirt 277
Landgasthof Rechenwirt 262
Lechenauers 266
Lemonchilli 277
Markterwirt – der Alpenbierwirt 259
Meilinger Taverne 270
Mitterwirt Gasthof 271
Müllner Bräustübl – Augustiner Bräu Kloster Mülln 278
Murphy's Law Irish Pub 278
Neumayr Gasthof 270
Ortners 261
Paularei 263
Pfiff 268
Pitterkeller 278
Platzl 287
Priesterwirt – Gasthaus zum Steinbruch 259
Raschhofer's Rossbräu Herrnau 279
Resch & Lieblich 280
Revolution 289
Riverside-Pub 289
Road House 271
S' Kloane Brauhaus in der Kastners Schänke 280
Santa Fé 266
Schützenwirt Bio-Gasthaus 271
Shamrock Irish Pub 280
SOG - Société Olivier Glousieau 280
Sportstüberl 289
Stegerbräu 271
Steinlechner 280
Sternbräu 282
Stiegl Bräu Restaurant & Pilskanzlei 282

BIER GUIDE 2016   www.bier-guide.net

INDEX

Stiegl-Brauwelt – Brauereiausschank 282
Stieglkeller 284
Stiftskellnerei 269
Struwelpeter 259
The Coffee & Booze 284
Triangel 284
Trumerei 284
Überfuhr 285
Waltl Gasthof 288
Wastlwirt 288
Weiserhof 285
Weitgasser Gasthof 269
Weixen Landgasthaus 271
Zipfer Bierhaus 286
Zum Bierführer 263
Zum Fidelen Affen 286

STEIERMARK

Anni's Wirtshaus 320
Arkadenhof – Gasthof Schwarzer Adler 313
Bar 28 299
Bedarfswirtshaus Erzbergbräu 295
Bierbaron – Das Original 299
Bierbotschaft Herzog 323
Bierfriedl Gasthof 319
Bierwirtshaus Moser 320
Big Ben/The Shamrock 312
Billard – The Pub 322
Blaukrah 299
Brauerei Leutschach 314
Brauhaus Mariazell – Girrer Bräu 315
Brauhaus Puntigam 299
Bräustüberl 296
Brot & Spiele 300
Cabasso 312
Centraal 300
Cheers 300
Continuum 301
Das Beisl 298
Der Seidl – Ihr Brauwirt 323
Der Steirer 301
Die Akte 296
Die Scherbe 301
Dorfwirt Puxamühle 311
Eckhaus 302
Eschenlaube 302
Feinkost Mild 302
Fischerwirt Hotel-Restaurant 298
Flann O'Brien 302
Fuchs + Henne 318
Fürstenbräu 297
Galerie 293
Gasthaus zur Katzbachbrücke 319

Gasthof zur Post – Restaurant Riegler 294
Glöckl Bräu 304
Gösser Bräu Graz 304
GösserBräu – Brauhaus Restaurant 314
Groggerhof 317
Gruber Gasthof 292, 316
Hasewend's Kirchenwirt 295
Hengistpub 310
Hopfenlaube 304
Hotel zum Brauhaus 316
Hubmann Gasthof 319
John Cor 309
K.u.K. – Wirtshaus Taverne 322
Kamper Gasthaus 293
Kirchenwirt 320
Kirchenwirt – Gasthof Schuchlenz 310
Kofler Bräu im Hotel Kofler 319
Krenn Gasthaus 318
Landhauskeller 305
Laurenzi-Bräu 297
Leckerei Bacherlwirt 310
Marienbräu 309
Mary Ann 321
Metzgerwirt 294
Meyer Hotel Restaurant 311
Moar Bräu 321
Molly Malone 305
Niederleitners Schöcklandhof 295
O' Brien's Irish Pub 311
O'Carolan's 305
O'Riginal Irish Pub 305
Oberer Bräuer 317
Open Space im Gasthaus Moser 316
Orange 312
Peterwirt 294
Posaune 306
Post Karlon Hotel 293
Propeller im Schuberthof 306
Pub o' Cino 313
Putz'n Bräu 318
Qualtinger Kulturcafé 311
Rainer's 311
Red Baron 297
Reinisch Kunst & Kulturcafé 312
Roadhouse 322
Rudolf Erlebnisbrauerei 306
S'Biergartl 306
Sajacher Schlößlbräu 297
Schlossberg Restaurant & Biergarten 307

Schneiderwirt 293
Stadtbräu 320
Steirereck am Pogusch 293
Wirtshaus 322
Steirisch Ursprung Neuwirth 294
Szenario 321
The Office Pub 307
The Pub on Mariahilferplatz 307
Thomahan 296
Thomawirt 307
Triebener Hof 321
Tscheppes Lang-Gasthof 315
Victoria Pub 298
Wachmann Gasthof 318
Wahnsinns Beisl 298
Weberhaus Café 323
Weststeirischer Hof 293
Winkler Hotel-Restaurant 317
Zanklstüberl 308
Zu den 3 goldenen Kugeln 314
Zu den 3 Goldenen Kugeln – Die erste Kugel 308
Zu den 3 Goldenen Kugeln – Griesplatz 308
Zu den 3 Goldenen Kugeln „Filiale Bahnhof" 308
Zu den 3 Goldenen Kugeln „Filiale Leonhard" 309
Zum Bräuer 317
Zum Brauhaus 310
Zum Greif 314
Zum Sterngucker 296
Zur Alten Press 309
Zur Stub'n am Murberg 316

TIROL

11er Haus 330
Adlerstüberl 342
Ägidihof 330
Alibi 347
Alpin – Gründler's Geniesser-Wirtshaus 327
Alte Post 328
Angerer Alm 347
Anich Gasthaus 331
Ansitz Haidenhof 342
Augustiner Keller 329
Bierbistro im Eck 343
Bierstindl – Kulturgasthaus 331
Bierwirt 331
Branger Alm 352
Braugasthof Falkenstein 343
Braugasthof Metzger-

wirt 350
Brauhaus Rattenberg 345
Bräukeller 346
Bräukeller Grill im Klosterbräu 349
Burenwirt „Zum Heurigen" 331
Cammerlander 332
Chez Paul 348
Das Nax 332
Das NETPub 353
Die Geisterburg 329
Dorf-Pub 344
Dow Jones 330
Egger Bräustüberl 340
Erlebnishotel Hohenhaus 351
Felsenkeller 340
Gasteiger Jagdschlössl 338
Gasthaus Krone Umhausen 351
Gasthof Ebner 327
Goldener Löwe 349
Gösser's 332
Gösserbräu im Alten Rathaus 343
Grander Schupf 348
Greif 341
Griesneralm 338
Gutshof zum Schluxen 345
Hagstein 339
Hallerwirt 328
Hotel Bräu 353
Huber-Bräustüberl 339
Huberbräu Turmstüberl 348
Hurry Curry 352
Innside Pilspub im Mondschein-Hotel 333
Jacksy's Bar 347
Joe's Pub – Irish Lifestyle 341
Kapuziner 333
Karlwirt 345
Kellerwirt 352
Krahvogel 333
Lanzenhof 328
Limerick Bill's 333
Long Pipe 353
Löwenhaus 334
Mairwirt 349
Mauth Gasthof 348
Michi's Bar 348
Mooserwirt 347
Müller's Bierschenke 344
Oldy-Bräu 330
Pangea 334
Panzl-Bräu 352
Picasso 341
Purlepaus 341
Raschhofer's Rossbräu

INDEX

Soulkitchen 334
Römerwirt 328
Rummlerhof 349
S'Höfbräuhaus 350
Schloss Stube auf Starkenberg 350
Schwarzer Adler 346
Schwendterwirt 349
Scotland Yard Pub 344
SixtyTwenty 336
Stanglwirt 329
Steuerberg 339
Stiegl-Bräu 336
Stiftskeller 336
Strickers Dorf-Alm 330
Thaneller Hotel – Stadl Bräu 328
The Galway Bay 337
The Londoner 339
The Shakespeare 337
Theresienbräu 337
Tribaun 326, 338
Trofana Alm 338
Unterwöger Gasthaus 344
Walzl Gasthof 341
Wildschönau Brauerei 353
Zappa 338
Zeitlos 344
Zum Mohren 346
Zur Brücke 342

VORARLBERG

21 Zeitgenuss - Café & Mehr 361
Alpenblick 371
Altes Gericht 371
Astoria (Pub-Bar) 370
Berghaus Kanisfluh 370
Bierlokal 361
Bodenalpe 366
Brauereigasthof Reiner 366
Braugaststätte Rössle Park 363
Braugaststätte Schwarzer Adler 367
Consum Göfis 365
Diana`s Schnitzelstöbli 365
Dogana 362
Einbahn 370
Engel Gasthaus 365
Frei 361
Gasthaus Krone 367
Gasthaus zum Kreuz – Kreuzkeller 370
Gasthof Adler 361
Gasthof Hirschen 357
George@Joe 360
Glashaus 367
Gösser Bräu 358

Hörnlingen Bar, Bistro & Gwölb 367
Hubi´s Katzawinkl 357
Hüs Nr. 8 366
James Cook 363
Kangoo's Pub 365
Kesselhaus Bar & Restaurant 359
Kohldampf 366
Kohldampf & Sudkessel-Bar 357
Kornmesser 359
Maurachbund 359
Mr. French 356, 362
Muntanella Stöbli 369
Naze´s Hus 367
Nobody Billard & Irish Pub 367
Ochsen 362
Ox Mini / Ox Deli 363
Rankweiler Hof 368
Remise 358
S' Lädele 362
S' Glöggele 362
Shamrock 364
Steakhouse Douglass 371
Sternbräu 368
Ur-Alp 357
Uwe's Bierbar 360
Viva Cantina Mexicana & Bar 360
Walser Pub im Riezler Hof 369
Werkstatt Event-Gastro-Center 369
Willis Pilsstüble 370
Wirtshaus am See 360
Wulfenia Gasthof-Pension 364
Wunderbar 360

WIEN

1516 Brewing Company 375
3 Hacken Magazin 375
9er Bräu 422
Aera – Das Lokal 375
Altes Jägerhaus 391
Am Nordpol 3 391
Amacord 401
Amerlingbeisl 410
Amon 396
Anton Frank 446
Apothek'n 411
Augustinerkeller 375
Backbone 411
Badeschiff 376
Bamkraxler – Bier/Art & Music 448
Bastille Pub 446
Bauernbräu 407

Beaver Brewing Company 422
Beer Street 376
Bei Mir 441
Beim Czaak 376
Bermuda Bräu 377
Bier & Brot 453
Bieradies 377
Bieramt 396
Bierfink 441
Bierheuriger Gangl 423
Bierhof 377
Bierhütt´n 453
Bieriger 438
Bierkanzlei am Breitenfeld 417
Bierkonsulat 447
Bierochs 427
Bierometer 431
Bierometer 2 404
Bierreither 377
Bierstadl 428
Bierstöckl 433
Bierteufl 396
Birners Strandgasthaus 453
Bits & Bites 407
Bitzinger's Würstelstand 378
Black Pearl Pub 442
Blauensteiner – Zur Stadt Paris 417
Blaustern 448
Bloom 378
Blunzenstricker 442
Bockshorn Irish Pub 378
Bogside Inn 378
Brandauer im Gerngross 411
Brandauer's Bierbögen 449
Brandauer's Schlossbräu 435
Brandstetter – Wein- und Bierhaus zum Alsegg 445
Brendl 391
Brigittenauer Stadl 452
Café Berg 423
Cafe Drechsler 408
Cafe Europa 413
Café Lassa 425
Café Nest 401
Campus Bräu 428
Centimeter VI Gersthof 447
Centimeter I beim Rathaus 417
Centimeter II am Spittelberg 412
Centimeter VII Währing bei den Stadtbahnbögen 447
Chadim 428

Champions 379
Charlie P's Pub & Dining 423
Chelsea Musicplace 417
Columbus Bräu 428
Cosmopolitan 412
Crossfield's Australian Pub 379
Das Biero 412
Das Campus 391
Das Leo – Kaffeebrauhaus 456
Das Möbel 412
Das Torberg 418
Der Fuchs und die Trauben 413
Der Ringsmuth 429
Der Stasta 458
Dick Mack`s Irish Pub 379
Die Au 392
Die Wäscherei 418
Down Under Aussie Pub 407
Dreier 397
Dreiklang 423
Dublin 408
Edelmann 448
Einstein 380
Eisvogel 392
Fassldippler 401
Figls 449
Fischer Bräu 450
Fladerei Berggasse 424
Fladerei Mittersteig 402
Fladerel Salzgries 380
Flanagans Irish Pub Vienna 380
Flatschers 413
Four Bells - Irish Pub 402
Franz 402, 418
Freiraum 408
FriDos 419
Fromme Helene 419
Gasthaus Hansy 392
Gasthaus Neuer 454
Gasthaus Quell 440
Gastwirtschaft Herlitschka 398
Gelbmanns Gaststube 442
Gergely's 405
Giovannis Bierhaus 454
Glacis Beisl 413
Gmoakeller 397
Golden Harp 405
Golser Bier & Wein Bar – Am Rudolfsplatz 381
Golser Bier & Wein Bar – Bei der Oper 381
Gösser Bierklinik 381
Gösser Bräu Wien 442
Gösser Schlössl in Mauer 459

BIER GUIDE 2016 — www.bier-guide.net

465
INDEX

Gossip No. 2 398
Grinzinger Bräu 450
GürtelBräu 419
Gustl Bauer 382
Haas Beisl 405
Hawidere 438
Heidinger's Gasthaus 439
Hetzendorfer Schloss & Bierheuriger 434
Highlander Brewpub 424
Highlander Scottish Pub 424
Hofbräu zum Rathaus 419
Hopfen & Malz 431
Hopfenstuben 439
Hopferl 382
Huth Grill House da Max 382
Huth Stadtkrug 382
Ilona Stüberl 383
Isaac's Pub 425
Johnny's Pub 403
Jonas 454
K & K Bierkanzlei 408
Kadlez Grillhaus 454
Känguruh 409
Kix Bar 383
Kleine Ober St. Veiter Bierstube 435
Koci Gasthaus 459
Kolar-Beisl 383
Kolariks Luftburg 392
Krah-Krah 384
Kringers 439
Lahodny 456
Landstein 398
Laurel Leaf Irish Pub 409
Leopold 394
Leupold und Kupferdachl 384
Lichtenthaler Bräu 425
Liebhart Restauration 443
Liebstöckl & Co 450
Liesinger Bräu 459
Local 451
Lokal in der Fabrik 434
Lugeck 385
Mabel's No 90 429
Magdas Kantine 429
Malefitz 434
Mariahilferbräu 440
Martins Biergart'l Bräu 436
Marx Bier und mehr 398
Medl-Bräu 436
Meixner's Gastwirtschaft 430
Mel's Craft Beer Diner 385
Miles Smiles Jazz Café 420
Mitte 399
Molly Darcy's 385

Mon Ami 409
Möslinger Gasthaus 394
Müller Bräu I – Vienna 394
Twin Tower 430
Müller Bräu II – Porr Turm 430
NachBar 420
Napoleon - Der Bier-Freihof 456
Nestroy 394
Neuland 451
Nightdive 386
Nigls 443
Oben 414
Oberlaaer Dorf-Wirt 430
Orange by Gastrokind 403
Ottakringer Landhaus 443
Otto 434
Pappala Pub 425
Peschta Josef Gastwirtschaft 436
Petrus & Paulus Stuben 399
Pfiff & Co 386
Pfudl 386
Plachutta's Grünspan 444
Plutzer Bräu 414
Polkadot 420
Prilisauer Restaurant & Bierschank 437
Prinz Ferdinand 421
R&Bar 414
Red Lion 399
Rein Wein 440
Roo Bar 386
Roter Hiasl 457
Rupp's 405
S' Pfiff 451
S'Zwara 395
Sally's 387
Salm-Bräu 399
Saloon im Donauplex 457
Salzamt 387
Salzberg 409
Schabernack 454
Schlosswerk 451
Schlupfwinkel 403
Schmankerlspitz 432
Schreiners Essen und Wohnen 414
Schutzhaus am Schafberg 445
Schutzhaus Zukunft 441
Schwarzer Rabe® 444
Schweiger's Bierbeisl 446
Schweizerhaus 395
Scrappy 410
Selbstverständlich 425
Shamrock & The Dogstar 414
Shebeen 415
Siebenstern-Bräu 415

Silberwirt 406
Simmeringer Bier & Kulturschmankerl 432
Simmeringer Biergartl 432
Simmeringer Landbier 433
Skopik & Lohn 395
Sofienwirt 400
Sowieso 387
Sparky's 387
Speakeasy Pub 426
Sperl Restaurant 403
Stadtboden 388
Stadtwirt 400
Stafler Gasthaus 433
Stag's Head 437
Steirisch Pub 415
Sternberg 458
Stiegl Ambulanz 426
Stix's Brünner Bräu 455
Stix's Schlemmer Eck 455
Strasser-Bräu 435
Stubenhocker 444
Tam O'Shanter's 426
The Brickmakers Pub & Kitchen 374, 416
The Duke Pub 416
The Golden Harp 400
The Jack – Bar, Restaurant & So On 445
The Little Stage 406
The Twins Pub 438
Timo's Living Room 410
Ü – Lokal 396
U.S.W. – Beisl und mehr 421
Ulrich 416
Unikat 455
Universitäts Bräuhaus 426
Unsagbar – Pub&Trödel 416
Urbans 431
Verde 1080 421
Vulcania 388
Waldzeile 436
Waldviertlerhof 406
Weinhaus Arlt 446
Weissgerber Stube im Sünnhof 400
Wickerl 427
Wieden-Bräu 404
Wiener Stadtbräu 388
Wiener Wirtschaft 404
Willendorf 410
Wind & Mill's 410
Wirtshaus am Wasserpark 455
Yppenplatz 4 445
Zattl 389
Zu den 3 Hacken 389
Zu den 3 Linden 459
Zum Bettelstudent 389

Zum Biergarten 458
Zum gemütlichen Weinhauser 448
Zum Holunderstrauch 390
Zum Johann 422
Zum narrischen Kastanienbaum 422
„Zum Nepomuk" Wirtshaus 431
Zum Nussgart'l 452
Zum Renner 452
Zum Reznicek 427
Zum roten Bären 427
Zum Scherer 390
Zum Schwarzen Adler - Hackl Bräu Brauerei Gasthaus 407
Zum Werkelmann 431
Zur Alten Kaisermühle 458
Zur bunten Kuh 407
Zwillingsgwölb 390

www.bier-guide.net   2016 BIER GUIDE

IMPRESSUM

BIER GUIDE 2016

HERAUSGEBER	Conrad Seidl, Germanos Athanasiadis
AUTOR	Conrad Seidl
REDAKTIONELLE KOORDINATION	Marion Kaiser
GRAFISCHES KONZEPT	Herbert Winkler
GRAFIK	Alexandra Denk
COVERFOTO	Günter Menzl
FOTOS	BrauUnion/Brauerei Göss (S. 21), Christian Draghici/shutterstock.com (S. 13), Kai (S. 385), KRM für Bieradies (S. 125), Werner Krug/www.derkrug.at für Biergasthof Riedberg (S. 235), Günter Menzl (S. 9); Archiv, Conrad Seidl, beigestellt
PROJEKTLEITUNG	Michael Stein
ASSISTENZ DER PROJEKTLEITUNG	Judith Kaltenbacher
ANZEIGENLEITUNG	Günter Konecny
ANZEIGEN	Lorin Polak, Thomas Parger
MARKETING UND VERTRIEB	Alexandra Otto
ONLINEREDAKTION	Christoph Jelinek
MEDIENINHABER	medianet Verlag AG, 1110 Wien, Brehmstraße 10/4. Stock Tel.: +43/1/919 20-0, Fax: +43/1/298 20-2231, www.medianet.at
DRUCK & BUCHBINDER	Druckerei Bösmüller, 2000 Stockerau
VERTRIEB	Medienlogistik Pichler-ÖBZ GmbH & Co KG, IZ-NÖ Süd, Straße 1, Obj. 34, 2355 Wr. Neudorf
BESTELL-HOTLINE	www.medianet.at/guides oder Tel.: +43/1/919 20-2115 oder Fax: +43/1/298 20-2231
COPYRIGHT	© 2016 by medianet Verlag AG. Alle Rechte, auch die des auszugsweisen Abdrucks oder der Reproduktion einer Abbildung, sind vorbehalten. Das Werk einschließlich aller seiner Teile ist urheberrechtlich geschützt. Jede Verwertung ist ohne Zustimmung des Verlags unzulässig. Dies gilt insbesondere für Vervielfältigungen, Übersetzungen, Mikroverfilmungen und die Einspeicherung und Verarbeitung in elektronischen Systemen.
ISBN	978-3-902843-73-9
VERKAUFSPREIS	14,90 Euro